Innovative Personal- und Organisationsentwicklung

Innovative Personal- und Organisationsentwicklung

herausgegeben von
Kai-Christoph Hamborg
und Heinz Holling

Hogrefe · Verlag für Psychologie
Göttingen · Bern · Toronto · Seattle

PD Dr. Kai-Christoph Hamborg, geb. 1961. 1983-1989 Studium der Soziologie, Psychologie und Sozialwissenschaften in Bonn und Osnabrück. 1989-1990 Wissenschaftlicher Angestellter im Forschungsprojekt MBQ (Multifunktionale Bürosoftware und Qualifizierung) der Universität Osnabrück. Seit 1990 Wissenschaftlicher Angestellter an der Universität Osnabrück im Fachbereich Psychologie, Arbeits- und Organisationspsychologie. 1994 Promotion. 2002 Habilitation.

Prof. Dr. Heinz Holling, geb. 1950. 1969-1976 Studium der Psychologie, Soziologie und Mathematik in Würzburg und Berlin. 1980 Promotion. 1987 Habilitation. Seit 1993 Professor für Psychologie an der Westfälischen Wilhelms-Universität Münster und Direktor der Beratungsstelle für Organisationen (BfO) der Universität Münster.

Bibliografische Information Der Deutschen Bibliothek

Die Deutsche Bibliothek verzeichnet diese Publikation in der Deutschen Nationalbibliografie; detaillierte bibliografische Daten sind im Internet über <http://dnb.ddb.de> abrufbar.

© Hogrefe-Verlag, Göttingen • Bern • Toronto • Seattle 2003
  Rohnsweg 25, D-37085 Göttingen

http://www.hogrefe.de
Aktuelle Informationen • Weitere Titel zum Thema • Ergänzende Materialien

Das Werk einschließlich aller seiner Teile ist urheberrechtlich geschützt. Jede Verwertung außerhalb der engen Grenzen des Urheberrechtsgesetzes ist ohne Zustimmung des Verlages unzulässig und strafbar. Das gilt insbesondere für Vervielfältigungen, Übersetzungen, Mikroverfilmungen und die Einspeicherung und Verarbeitung in elektronischen Systemen.

Umschlagbild: © Bildagentur Mauritius GmbH
Druck: AZ Druck und Datentechnik GmbH, 87437 Kempten/Allgäu
Printed in Germany
Auf säurefreiem Papier gedruckt

ISBN 3-8017-1798-4

Siegfried Greif
zum 60. Geburtstag

Inhaltsverzeichnis

Vorwort IX

I. Personalrekrutierung und -diagnose

Analyse von Arbeitsanforderungen zum Gestalten kooperativer Tätigkeiten
Winfried Hacker 3

Evaluationsaufgaben in Arbeits-, Aufgaben- und Werkzeuganalysen
Günther Gediga 20

Personalmarketing per Internet
Kai-Christoph Hamborg 34

Präferenzmessung im Personalmarketing durch optimal geplante
Conjoint-Analysen
Heinz Holling 53

Verständnis und Erfassung sozialer Kompetenzen
Bernd Runde 73

Dynamische Untersuchungsverfahren in der Personalauswahl
Karl H. Wiedl und Jürgen Guthke 88

II. Personalentwicklung

Motivation maximieren – Von der Theorie zur Praxis
Robert D. Pritchard 113

Selbstwert und Wertschätzung als Themen der arbeitspsychologischen
Stressforschung
Norbert K. Semmer und Nicola Jacobshagen 131

Untersuchung des Job-Strain-Modells von Karasek im
psychophysiologischen Labor
Wolfram Boucsein und Andreas Grass 156

Selbstorganisationsprozesse in Organisationen
Jürgen Kriz 186

Coaching als ergänzendes Instrument zur Personalentwicklung
Martina Offermanns und Andreas Steinhübel............ 211

Selbstorganisiertes Lernen (SoL) in der Praxis: Das SoL Konzept angewendet in einem Seminar „Präsentationstechniken" für Führungskräfte
Anke Finger-Hamborg 236

Spezifische Emotionen im Leistungskontext: Freude und Ärger bei Leistungsrückmeldungen
Alexandra Krone 249

Emotionsarbeit in Dienstleistungsberufen. Das Konzept und seine Implikationen für die Personal- und Organisationsentwicklung
Dieter Zapf, Amela Isic, Andrea Fischbach und Christian Dormann 266

III. Gruppe und Kommunikation

Kommunikation und Medieneinsatz bei Telearbeit
André Büssing 291

Was unterscheidet erfolgreiche von weniger erfolgreichen Gruppen?
Heiner Dunckel und Andreas Krause 312

Gruppen als informationsverarbeitende und handelnde Systeme – Konsequenzen für Gruppentraining
Franziska Tschan und Mario von Cranach 332

IV. Organisationsentwicklung

Organisationsberatung – aus der Perspektive der Arbeitspsychologie
Eva Bamberg 355

Neun (Beratungs-)Konzepte zum organisationalen Lernen
Annette Kluge 381

Organisationale Integration: Vom „Ich" zum „Wir"
Gisela Mohr 401

Zehn Erfolgsfaktoren für die Gestaltung von effektiven Folgeprozessen in Mitarbeiterbefragungen
Franz G. Deitering 424

Erfolg und Misserfolg beim Change Management
Ilka Seeberg 447

Autorenverzeichnis 467

Vorwort

Dieses Buch ist Siegfried Greif zum 60. Geburtstag gewidmet. Die in diesem Band enthaltenen Beiträge hängen eng mit Siegfried Greifs wissenschaftlicher Arbeit zusammen, hat er doch die meisten der Autorinnen und Autoren als Lehrer in ihrer beruflichen Karriere stark geprägt.

Die Forschungsarbeiten von Siegfried Greif erstrecken sich chronologisch betrachtet auf die folgenden Bereiche:

- Intelligenz und psychologische Diagnostik
- Stress
- Mensch-Computer-Interaktion
- Lernen und Selbstorganisation
- Organisationsentwicklung und Organisationsberatung

Die Entwicklung dieser Forschungsgebiete wurde durch Siegfried Greifs Ideen und seine theoretischen wie empirischen Arbeiten maßgeblich beeinflusst. Viele Themenstellungen in diesen Gebieten wurden erst durch ihn begründet, zudem hat er durch interessante Querverbindungen neue wegweisende Perspektiven aufgezeigt.

Seine grundlegenden und innovativen Entwicklungen wurden zu einem großen Teil durch seine zahlreichen Schülerinnen und Schüler weitergeführt. Kaum ein anderer deutscher Hochschullehrer hat so viele Wissenschaftlerinnen und Wissenschaftler ausgebildet, die später ebenfalls eine Hochschullehrerposition übernommen haben. Auch dadurch hat Siegfried Greif wie kaum ein anderer Hochschullehrer die Arbeits- und Organisationspsychologie in Deutschland und auch darüber hinaus nachhaltig beeinflusst.

Siegfried Greif, und das zeigen auch die Beiträge dieses Buches, liegt nicht nur die theoretische und methodische Weiterentwicklung der Arbeits- und Organisationspsychologie am Herzen. Ihm war und ist stets bewusst, dass die Theorie der Praxis und die Praxis der Theorie bedarf. So hielt und hält er immer noch einen engen Kontakt zu seinen ehemaligen Studierenden, die nun in der Praxis tätig sind. Weiterhin ließ er sich für einen Zeitraum von zwei Jahren von seiner Funktion als Universitätsprofessor beurlauben, um in einem internationalen Konzern höchst erfolgreich „vor Ort" arbeits- und organisationspsychologische Probleme zu lösen. Damit basiert seine außergewöhnliche fachliche Qualifikation auch auf intensiven praktischen Erfahrungen, über die nur die wenigsten Hochschullehrerinnen und Hochschullehrer verfügen.

Aber nicht nur diese fachliche Kompetenz und seine immer wieder beeindruckende Kreativität, sondern auch seine uneigennützige, konstruktive und motivierende Art haben dazu geführt, dass Siegfried Greif seinen gegenwärtigen und ehemaligen Schülerinnen und Schülern aus Wissenschaft und Praxis als enger Freund, geschätzter Mentor und wichtiger Ratgeber verbunden geblieben ist. Ihm zu Ehren haben sie, ebenso wie einige befreundete Kollegen, einen Beitrag zu einem aktuellen Gebiet der innovativen Personal- und Organisationsentwicklung verfasst.

Die Beiträge des Buches lassen sich vier größeren Gebieten zuordnen:

1. Personalrekrutierung und -diagnose
2. Interventionen auf der Individualebene (Personalentwicklung im engeren Sinne)
3. Interventionen auf der Gruppenebene und
4. Interventionen auf der Organisationsebene (Organisationsentwicklung im engeren Sinne)

Im ersten Abschnitt des Buches beschäftigen sich mehrere Autoren mit dem Themengebiet *Personalrekrutierung und Personaldiagnose*. Eine wesentliche Voraussetzung für eine erfolgreiche Personal- und Organisationsentwicklung bilden Verfahren der Arbeits- und Anforderungsanalyse. Hacker entwickelt in dem ersten Beitrag zu dieser Thematik einen Ansatz zur Analyse von Arbeitsanforderungen, der Informationen und Entscheidungshilfen für die psychologisch begründete Gestaltung kooperativer Tätigkeiten liefert. Hiermit wird eine bedeutsame Lücke in diesem Gebiet geschlossen.

In dem Beitrag von Gediga zu Evaluationsaufgaben in Arbeits-, Aufgaben- und Werkzeuganalysen werden die Inventarisierung und Klassifizierung von elementaren Beobachtungen näher betrachtet. Der Autor analysiert hier sehr differenziert grundlegende klassische Modelle, z.B. zur Beobachterübereinstimmung, und entwickelt innovative eigene Ansätze.

Personalmarketing, ein inzwischen etabliertes Gebiet innerhalb des Personalmanagements, umfasst im Wesentlichen alle Maßnahmen zur Versorgung eines Unternehmens mit qualifizierten Mitarbeitern. Hamborg stellt in seinem Beitrag dar, wie das Personalmarketing durch das Internet als innovatives Medium unterstützt werden kann. Die technischen Möglichkeiten des Internets in diesem Bereich, die derzeitige Nutzung in der Praxis sowie die Akzeptanz dieses Mediums durch potentielle Bewerber werden anhand empirischer Studien dargestellt und diskutiert.

Eine wichtige Rolle spielen im Personalmarketing Entscheidungs- und Nutzenanalysen. Sie werden benötigt, um die Attraktivität von Organisationen für Bewerber und ihre Arbeitnehmer zu ermitteln und somit im Wettbewerb mit konkurrierenden Organisationen bestehen zu können. Holling stellt mit der adaptiven Conjoint-Analyse ein in der Markforschung bewährtes Verfahren vor, das sich auch vorzüglich zur Präferenzanalyse im Rahmen des Personalmarketings eignet. Die Ökonomie dieses Verfahrens kann durch die Einbeziehung effizienter Versuchspläne noch gesteigert werden.

Der Erfolg von Organisationen, die unter sich immer schneller ändernden Markt- und Wettbewerbsbedingungen operieren, basiert zu einem nicht unbeträchtlichen Teil auf den sozialen Kompetenzen der Mitarbeiter. Runde behandelt verschiedene Verfahren zur Erfassung sozial kompetenten Verhaltens für den Einsatz im Bereich der Personalauswahl und -entwicklung. Insbesondere stellt er ein interessantes multimediales Instrument vor, das aktuellen technischen Möglichkeiten, aber auch den Spezifika dieses Anforderungsbereichs, gerecht wird.

Verfahren zur Erfassung der intraindividuellen Variabilität stellen wichtige diagnostische Methoden in der Personalentwicklung und -auswahl dar. Hier sind Verfahren zur Analyse des Lernpotentials, der Lernfähigkeit oder kognitiven Modifizierbarkeit einschlägig. Wiedl und Guthke identifizieren vier wesentliche Entwicklungslinien:

berufs- und studienbezogene Lerntests, das Trainability-Concept, Prozessanalysen bei herkömmlichen, insbesondere computergestützt dargebotenen Tests sowie Lern-Assessment Center. Die sorgfältige Analyse dieser Ansatzpunkte gibt dem Leser ein detailliertes Bild über Möglichkeiten und Grenzen der Erfassung der intraindividuellen Variabilität.

Der erste Beitrag im zweiten Teil des Buches, der dem Schwerpunkt *Personalentwicklung* gewidmet ist, stammt von Pritchard und befasst sich mit der Steigerung der Motivation von Mitarbeitern in Organisationen. Für diese sehr wichtige und zugleich sehr schwierige Aufgabe in der Personalentwicklung fehlt bisher eine differenzierte theoretische Grundlegung. Genau hier setzt der Beitrag von Pritchard an, in dem der Autor eine neue, sehr elaborierte Motivationstheorie vorstellt, die insbesondere Möglichkeiten zur Steigerung der Motivation aufzeigt.

Eng verwandt mit der Motivation sind Selbstwert und Wertschätzung. Zur Bedeutung des Selbstwerts existiert eine große Anzahl theoretischer und empirischer Beiträge. Wie Semmer und Jacobshagen aufzeigen, ist die Bedeutung dieses Konzepts in der Stressforschung noch nicht ausreichend beachtet worden. Dieses holen die Autoren in ihrem Beitrag nach, in dem sie überzeugend darlegen, dass die Bedrohung des Selbstwerts ein zentrales Element für Erlebnisse in Verbindung mit Stress darstellt. Anschließend entwickeln Semmer und Jacobshagen ein neues Rahmenkonzept zu Selbstwert, Wertschätzung und Stress in der Arbeit.

Boucsein und Grass stellen experimentelle Untersuchungen zum Job-Strain-Modell von Karasek vor. Hier geht es insbesondere um Hypothesen zu arbeitsplatzbezogenen Ursachen koronarer Herzkrankheiten. Aufgrund ihrer Befunde müssen verschiedene Annahmen des Modells von Karasek in Frage gestellt werden, u.a. die, dass eine Kumulation psychophysiologischer Beanspruchungseffekte bei hohen Arbeitsanforderungen und geringem Handlungsspielraum (High-Strain-Jobs) zu stärkeren Gesundheitsbeeinträchtigungen führen.

Ausgehend von einer Kritik an der teilweise „kochbuchartigen" Anwendung von Selbstorganisationstheorien in der Organisationspsychologie stellt Kriz die von ihm ausgearbeitete personenzentrierte Systemtheorie vor. Darauf basierend nimmt er eine innovative theoretische Fundierung des Coaching vor. Sein Ansatz erlaubt eine Erklärung der Funktions- und Wirkungsweise von Coaching sowohl für Individuen als auch für Teams.

Offermanns und Steinhübel behandeln Coaching aus der Sicht der Praxis der Personalentwicklung. Sie charakterisieren diese Intervention anhand von fünf Hauptfunktionen und stellen ein praktisch erprobtes Coachingkonzept vor, welches anhand eines Fallbeispiels illustriert wird.

Krone befasst sich in ihrem Beitrag mit Freude und Ärger als emotionale Reaktion auf Leistungsrückmeldungen und den daraus erwachsenden Folgen für leistungsbezogenes Verhalten von Mitarbeitern. Anwendungsbezüge bestehen insbesondere für die Personalbeurteilung, für Mitarbeitergespräche und situatives Feedback. Weiterhin erfolgen Hinweise für die konstruktive Verarbeitung von Leistungsfeedback und die Förderung der effizienten Regulation negativer Emotionen, auch in Abhängigkeit von Persönlichkeitsunterschieden (Handlungs- und Lageorientierung). Ebenso werden Interventionsmöglichkeiten im Rahmen des Coachings aufgezeigt.

Finger-Hamborg stellt das Konzept des Selbstorganisierten Lernens als innovative Lernmethode im Bereich der Personalentwicklung vor und veranschaulicht es anhand eines konkreten Beispiels. Die Autorin beschreibt die Vor- und Nachteile dieser Methode vor dem Hintergrund praktischer Erfahrungen und gibt wertvolle Hinweise für die betriebliche Anwendung.

Der Beitrag von Zapf, Isic, Fischbach und Dormann widmet sich dem Konzept der Emotionsarbeit. Hierbei geht es um die insbesondere in Dienstleistungsberufen erforderliche emotionale Regulation im Zusammenhang mit Kundeninteraktionen, die in Abhängigkeit von Anforderungen und personalen Faktoren zu negativen psychischen und physischen Symptomen oder aber auch zu Zufriedenheit führen können. Interventionsmaßnahmen werden exemplarisch für Call-Center Tätigkeiten vorgestellt.

Mit dem dritten Themenbereich *Gruppe und Kommunikation* befassen sich insgesamt drei Beiträge. Im ersten Beitrag beschäftigt sich Büssing mit der Telearbeit, die infolge der sich rasch wandelnden Markt- und Wettbewerbsbedingungen eine schnelle Verbreitung erfahren hat. Der Autor analysiert den Einsatz von Kommunikation und neuen Medien bei Telearbeit in Abhängigkeit von organisatorischen und aufgabenbezogenen Bedingungen. Abschließend gibt der Autor wertvolle Hinweise zur Gestaltung der Telearbeit.

Dunckel und Krause beschäftigen sich mit der Frage, welche Faktoren zu positiven Effekten bei der Einführung von Gruppenarbeit in einem Dienstleistungsunternehmen führen. Dabei können sie zeigen, dass die Unterschiede zwischen erfolgreichen und weniger erfolgreichen Gruppen hinsichtlich Produktivität und Zufriedenheit insbesondere durch sozialpsychologische Variablen vorhergesagt werden können, wie z.B. Identifikation mit der Gruppenarbeit, Qualität der Kooperation oder das Verhältnis zum Vorgesetzten.

In den letzten Jahren wurden mehrere Konzepte von Gruppen- und Teamarbeit entwickelt, die Gruppen als handelnde und informationsverarbeitende Systeme begreifen. Tschan und von Cranach stellen diese Konzepte sowie empirische Studien dazu vor. Die Autoren zeigen auf, welche Konsequenzen aus diesem Ansatz für Teamtrainings resultieren.

Im ersten Beitrag des vierten Gebiets *Organisationsentwicklung* geht es um Organisationsberatung. Hier liegt ein beachtlicher Markt vor, der sich momentan allein in Deutschland auf knapp 13 Milliarden Euro beläuft. Bamberg nimmt eine detaillierte Analyse dieses für Arbeits- und Organisationspsychologen wichtigen Praxisfeldes vor. Die Autorin analysiert dabei z.B. Anforderungen, Akzeptanz oder notwendige Qualifikationsvoraussetzungen und weist auf vordringliche Aufgaben in diesem Feld hin.

Kluge verbindet in ihrem Beitrag die Ansätze zum organisationalen Lernen mit den Ansätzen zur lernenden Organisation. Dazu arbeitet sie die Theorie und Beratungspraxis von neun Konzepten zum organisationalen Lernen auf. Eine besondere Aufmerksamkeit widmet die Autorin den Themen Macht, Emotion und Widerstand.

In dem Beitrag von Mohr geht es um organisationale Integration, unter der sie den wechselseitigen Austauschprozess von Zielen und damit verbundenen Werten zwischen Individuum und Organisation versteht. Die Autorin behandelt verschiedene Zielgruppen organisationaler Integration sowie die Erfolgkriterien aus den verschiedenen Perspektiven der Organisation, des Individuums und der Gesellschaft.

Deitering zeigt in seinem Beitrag auf, dass Veränderungsinitiativen in Unternehmen häufig nicht erfolgreich sind. Dies gilt auch für die Durchführung von Mitarbeiterbefragungen und die Umsetzung der erzielten Ergebnisse. Sein aus der Praxis stammender Beitrag formuliert zehn Erfolgsfaktoren für die Durchführung erfolgreicher Mitarbeiterbefragungen, die u.a. auf den Befunden einer internationalen Benchmarkingstudie und einer mehrjährigen Evaluationsuntersuchung eines großen international tätigen IT-Konzerns basieren.

Das Management von Veränderungen ist zu einer überlebenswichtigen Kernanforderung für Unternehmen geworden. Empirische Untersuchungen zeigen jedoch, dass höchstens der Hälfte der Veränderungsprojekte Erfolg beschieden ist. In dem Beitrag von Seeberg werden erfolgs- und misserfolgskritische Faktoren von Veränderungsprojekten aus einem umfangreichen internationalen Projekt dargestellt sowie empirisch abgeleitete praxisorientierte Hinweise für die erfolgreiche Gestaltung von Veränderungsprojekten gegeben.

Zum Gelingen dieses Buches haben viele Personen beigetragen. Zunächst gilt unser Dank Herrn Uwe Nerger für den Satz und das Layout der Beiträge. Herr Alexander Schubek hat freundlicherweise die Korrekturen der Manuskripte übernommen. Frau Ingrid Sidortschuk sei für vielfältige organisatorische Aufgaben gedankt. Ebenso möchten wir uns an dieser Stelle beim Hogrefe-Verlag bedanken. Hier sind wir insbesondere Frau Susanne Weidinger und Herrn Dr. Michael Vogtmeier zu großem Dank verpflichtet. Nicht zuletzt möchten wir uns bei der Firma Wilhelm Karmann GmbH, Osnabrück für die großzügige Unterstützung bei der Erstellung dieses Bandes bedanken.

Osnabrück und Münster, Mai 2003

Kai-Christoph Hamborg und Heinz Holling

I. Personalrekrutierung und -diagnose

Analyse von Arbeitsanforderungen zum Gestalten kooperativer Tätigkeiten

Winfried Hacker

1. Einordnung

Die – zumindest publikatorische – Aufmerksamkeit, die der Gruppenarbeit geschenkt wird, kann davon ablenken, dass es neben den vermutlich seltenen rein individuellen Arbeitstätigkeiten zahlreiche unterschiedliche Arten des Zusammenarbeitens (Kooperierens) gibt. Nicht alle Arten dieses Kooperierens dürften als Gruppenarbeit bezeichnet werden. Beispielsweise gibt es die beständige Zusammenarbeit zweier Personen, die als „Dyade", aber meist nicht als Gruppe bezeichnet wird; das hochbedeutsame gelegentliche, informelle kooperative Problemlösen von entwerfend Tätigen gegebenenfalls fast nebenbei, am Kaffeeautomaten (Römer, Weißhahn, Hacker, Pache & Lindemann, 2001); die wechselseitige Vertretung beim Bedienen beispielsweise von Maschinen oder beim Überwachen von Automaten zur Pausenüberbrückung, die trotz hoher Produktivitätsgewinne ebenfalls nicht als Gruppenarbeit bezeichnet zu werden pflegt oder das wechselseitige Unterstützen räumlich benachbarter oder organisatorisch verbundener Arbeitender bei gelegentlichen Störungen oder Drucksituationen. Diese vielfältigen Möglichkeiten kooperativen Arbeitens versprechen Vorteile fertigungstechnischer, betriebswirtschaftlicher und/oder sozialer Art. Sie betreffen eine erhöhte Flexibilität für den marktbezogenen Produktwechsel, höhere Arbeitsmittelauslastung, Ersparnis von Personalkosten beim unteren Management und wegen besserer Vertretbarkeit der Beschäftigten untereinander auch beim ausführenden Personal, Anforderungsvielfalt und Tätigkeitsspielräume im Sinne vollständiger Tätigkeiten, die durch kooperative, gruppenbezogene Arbeitsbereicherung zu erreichen sind und verbesserte intrinsische Arbeitsmotivierung, abwechslungsbedingte Entlastung, erweiterte Lernangebote sowie mehr soziale Unterstützung wegen der erweiterten Kooperation (z.B. Antoni, 1992a, b).

Vergleichbare Vorteile werden auch für die Gruppenarbeit im Arbeitsprozess im engeren Sinne der sogenannten qualifizierten Gruppenarbeit oder Teamarbeit im Sinne der VDI-Richtlinien 2807 erwartet, obgleich Befunde methodisch unanfechtbarer empirischer Felduntersuchungen in der Wirtschaft hierzu nicht häufig und ihre Ergebnisse nicht einheitlich sind (zusammenfassend z.B. Antoni, 1992a, b; Brandstätter, 1987; Tschan, 2000; Witte, 1983, 1998).

Eine erste Erklärung könnte sein, dass es „den" oft gesuchten Leistungsvorteil von Gruppen nicht gibt. Ob in Gruppenarbeit oder in Einzelarbeit bessere Leistungen erzielt werden, könnte in erster Linie von der Arbeitsaufgabe abhängen. Falls die Aufgabe effizientere Leistungen bei Gruppenarbeit ermöglicht, müssen des Weiteren die geeignete Gruppenstruktur entwickelt und eine gruppenbezogene Ausbildung gewährleistet sein.

Eine zweite Erklärung könnte darin bestehen, dass auch ohne direkten Mengen- oder Gütegewinn, also ohne einen Leistungsvorteil der Gruppe, mehrere indirekte, wirtschaftliche und soziale Gründe bei geeigneten Aufträgen und Ausführungsbedingungen für Gruppenarbeit sprechen können. Dazu gehören die erwähnten möglichen Vorzüge für die Flexibilität und/oder für eine beanspruchungsgünstigere und lernförderlichere – kurz menschengerechtere – Erwerbsarbeit.

Beide Erklärungsmöglichkeiten machen verständlich, dass auch beim Erwägen von Gruppenarbeit zunächst Arbeitsanalysen erforderlich sind, welche die fraglichen Arbeitsaufträge sowie die weiteren Voraussetzungen von lohnender Gruppenarbeit untersuchen und Gestaltungsalternativen – etwa bereicherte Einzelarbeit oder andere Formen kooperativen Arbeitens – prüfen.

2. Prospektive Arbeitsgestaltung – Voraussetzungen und Vorgehen

Bei der Qualität von Erzeugnissen ist es selbstverständlich, dass diese erzeugt werden muss und nicht nachträglich in das Erzeugnis hineinkontrolliert werden kann. Bei der Arbeitsgestaltung ist das weniger selbstverständlich: Üblicherweise erfolgt die Arbeitsgestaltung nachträglich, korrigierend, indem im Sinne einer Reparatur-Ergonomie beim Ausführen von Arbeitstätigkeiten zu Tage tretende Mängel, beispielsweise Gesundheitsgefahren oder Quellen von Langeweile oder Dequalifikation, mehr oder weniger ursächlich verringert oder behoben werden. Nicht selten sind diese nachträglichen Änderungen teurer als es ein rechtzeitiges Berücksichtigen bei der Erstauslegung gewesen wäre.

Entwerfen kann man langweilende, krankmachende oder intrinsisch motivierende und trainierende Tätigkeitsangebote.

Weil über die Ziele hinlängliche Übereinstimmung besteht, könnte alles geklärt erscheinen: Angebotene Tätigkeiten sollen effizient sein, indem sie forderungsgerecht ausführbare, schädigungs- und beeinträchtigungslose sowie gesundheits- und lernförderliche sowie kooperatives Ausführen ermöglichende – und dadurch motivierende – qualifizierte Facharbeit sind. Leider sind aber Ziele nicht mehr wert als ihre Operationalisierungen. Sie ist erforderlich in Begriffen prospektiv gestaltbarer, erwünschter und zu vermeidender Tätigkeitsmerkmale.

Eine erprobte Möglichkeit zum Handhabbarmachen bietet das Konzept der *vollständigen Tätigkeit*.

Vollständig ist eine Tätigkeit in sequentieller Hinsicht, wenn sie neben den Ausführungsfunktionen auch umfasst:
- Vorbereitungsfunktionen (das Aufstellen von Zielen, das Entwickeln von Vorgehensweisen, das Auswählen zweckmäßiger Vorgehensvarianten),
- Organisationsfunktionen (das Abstimmen der Aufgaben und ihrer Ausführung mit anderen Menschen) und
- Kontrollfunktionen, durch die der Arbeitende Rückmeldungen über das Erreichen seiner Ziele sich zu verschaffen in der Lage ist.

Zum Zweiten sind vollständige Tätigkeiten in hierarchischer Hinsicht vollständig, indem sie Anforderungen auf verschiedenen, einander abwechselnden Ebenen der Tätigkeitsregulation stellen. Zu denken ist beispielsweise an das Abwechseln von routinisierten Operationen der Zuordnung von Bedingungen zu Maßnahmen mit algorithmisch vorgegebenen Denkvorgängen und mit Problemfindungs- und -lösungsprozessen. Eine Mindestforderung scheinen Mischformen zu sein, die etwa zur Hälfte der Arbeitszeit intellektuelle Verarbeitungsanforderungen einschließen.

Wenigstens exemplarisch ist belegt, dass mit dem Zurückdrängen der Unvollständigkeit negative Auswirkungen von Arbeitsprozessen verschwinden: So sinkt mit wachsender zyklischer Vollständigkeit die Wahrscheinlichkeit des Auftretens psychosomatischer Beschwerden und erhöhten Krankenstands; mit wachsender hierarchischer Vollständigkeit im Sinne des Hinzutretens auch von Denkanforderungen verschwindet Monotonie-Erleben. Das Beseitigen extremer Einschränkungen des Tätigkeitsspielraums für Entscheidungen über das eigene Vorgehen drängt die Wahrscheinlichkeit des Erlebens von Monotonie zu Gunsten des Erlebens von Anregung durch die Tätigkeit zurück.

Vollständige Tätigkeiten machen Lernangebote, die aus den größeren Anforderungsvielfalten und Tätigkeitsspielräumen entstehen. Verlernen ist bei ihnen weniger wahrscheinlich.

Eine rein individuell konzipierte Tätigkeitsgestaltung ohne Organisationsentwicklung würde alsbald an Grenzen stoßen. Das hat zwei Hauptgründe:

Aufträge gelten für organisatorische Einheiten (z.B. Abteilungen, Betriebsteile), für die Arbeitsgruppen (im weiteren Sinne des Gruppenbegriffs) dieser organisatorischen Einheiten und für die individuellen Mitglieder der Arbeitsgruppen. Es gibt nicht lediglich individuelle Aufträge und Tätigkeiten. Die umfassenderen Aufträge enthalten und bestimmen die weniger umfassenden, also die Abteilungsaufträge die Gruppenaufträge und diese wiederum die individuellen. Mithin gilt: Auftragsgestaltung ist ein umfassender und top-down verlaufender Prozess; er betrifft die Organisation, deren Gruppen und die Individuen.

Die Aufträge bestimmen des Weiteren ausschlaggebend mit, was die zweckmäßige Organisationsform ist.

Beispielsweise ist die arbeitsteilige Einzelarbeit eine zweckmäßige Organisationsform bei Aufträgen mit geringer technologischer Verkoppelung, längerfristigem Gleichbleiben und überschaubaren Entscheidungserfordernissen (sofern dabei eine vollständige Tätigkeit möglich wird). Teilautonome Gruppenarbeit hingegen ist eine zweckmäßige Organisationsform bei Aufträgen mit hochgradiger technologischer Verkoppelung der Einzelschritte, öfterem Wechsel und komplexen Entscheidungserfordernissen (Cummings & Blumberg, 1987).

Also gilt: Prospektive Auftrags- bzw. Tätigkeitsgestaltung muss zugleich auftragsgemäße Organisationsstrukturen schaffen. Meist ist Tätigkeitsgestaltung nur möglich zusammen mit Organisationsentwicklung sowie Qualifizierung.

3. Arbeitsanalyse für Gestaltungszwecke: Das Vier-Stufen-Konzept der Arbeitsanalyse

Die erforderliche Arbeitsanalyse ist ein hypothesengeleitet schrittweise den Untersuchungsgegenstand einengendes Vorgehen, das mehrere Methoden zielgerichtet kombiniert (Hacker, 1995). Diese Kombination folgt dem „Vier-Stufen-Konzept". Abbildung 1 gibt einen Überblick über diese Stufen. Im Folgenden eine Erläuterung:

1. Analyse betrieblicher Dokumente und Daten
Analysen betrieblicher Dokumente und Daten geben Vororientierungen, welche die Untersuchungsfelder und die Untersuchungsfragen näher einzugrenzen helfen. Auswertbare betriebliche Daten sind beispielsweise das Aufträgespektrum, die Anlagen und ihre Auslastung, die Leistungsspannweiten und die Arbeitsfehler oder die Ausfallzeiten. Sie müssen fragegerecht aufbereitet und ausgewertet werden zur Ableitung nunmehr bereits spezieller Fragen:

2. Auftrags- und Bedingungsanalyse
Ausgehend vom Unternehmensziel, dem technologischen Prozess und seiner Aufbau- und Ablauforganisation werden die Arbeitsaufträge für Abteilungen, Gruppen und Individuen mit ihren Ausführungsbedingungen ermittelt und die dafür auszuführenden Solltätigkeiten mit ihren Mitteln beschrieben. In der Regel sind dafür, hinausgehend über das Nutzen vorhandener Betriebsdaten, Erhebungen über komplette Schichten erforderlich, um auch charakteristische Abläufe erfassen zu können.

3. Tätigkeitsanalysen nach quasiexperimentellen Plänen
Solltätigkeiten können meist in unterschiedlich effektiven Varianten ausgeführt werden, die sich auch in ihren psychischen Regulationsgrundlagen unterscheiden. Das Ermitteln effektiver Tätigkeitsformen und deren leistungsbestimmender Tätigkeitsteile erfordert die psychologische Tätigkeitsanalyse. Um mit begründeten Schlüssen bis zu den psychischen Regulationsgrundlagen vorzudringen, ist die Anlage dieser Analysen nach quasiexperimentellen Untersuchungsplänen unerlässlich. Ein nützlicher Planungsaspekt ist beispielsweise der Vergleich der Vorgehensweisen von Experten mit (unter)durchschnittlichen Arbeitskräften.
Die erforderlichen Arbeitsstudien als Beobachtungen gehen mit Gesprächen mit den Arbeitenden (Befragungen) einher. Das Vorgehen wird deshalb als Beobachtungsinterview bezeichnet. Das Beobachtungsinterview kann sich zunehmend auf als leistungsbestimmend erkannte Tätigkeitsteile einengen. Beobachtung und Befragung haben jeweils für sich insbesondere für das Ermitteln von psychischen Anforderungen erhebliche Grenzen. Bei geschicktem wechselseitigem Bezug aufeinander sind diese Grenzen jedoch weitgehend überwindbar. Dieser Bezug ist mehr als eine Addition zweier Methoden, da gezielte Hypothesen und Korrekturen möglich werden.
Leitfragen für das *beobachtende Arbeitsstudium* sind die so genannten W-Fragen:
- Was geschieht wie?
- Wann? Woraufhin?
- Womit? Mit wem?
- Mit welchem Ergebnis?

Die Frage nach dem Woraufhin und die Ergebnisfrage berücksichtigen, dass Arbeitstätigkeiten zusammen mit ihren Ausführungsbedingungen und ihren Wirkungen untersucht werden müssen.
Leitfragen für das begleitende *Befragen* sind:
- Warum tun Sie gerade das?
- Mit welchem Ziel (Absicht, Vornahme)? Nach welchem Plan?
- Aufgrund welcher Kenntnisse? Aufgrund welcher Erwartungen, Vermutungen, Meinungen, Wertungen?

4. Experimentelle Analyse psychischer Regulationsgrundlagen
Diese vierte Methodengruppe ergänzt erforderlichenfalls die Tätigkeitsanalyse. Sie dient der genauen Ermittlung jener psychischen Regulationsgrundlagen, die hocheffektive Ausführungsweisen von weniger effektiven unterscheiden. Diese sind nur teilweise erfragbar.

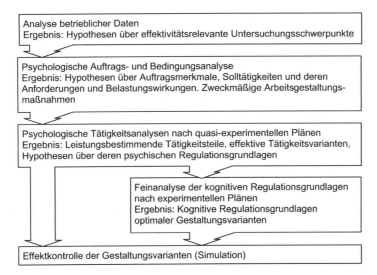

Abbildung 1: Abfolge von Untersuchungsetappen bei Arbeitsanalysen nach dem Vier-Stufen-Konzept (schematische Übersicht; modifiziert nach Matern, 1983)

4. Arbeitsanalyse zur Gestaltung von Gruppenarbeit

4.1 Gruppenarbeit aus arbeitsanalytischer Sicht: Inhalte und Voraussetzungen

Gruppenarbeit bezeichnet eine Form der Arbeitsorganisation. Sie betrifft die so genannte Arbeitsgeschlossenheit mit ihren Möglichkeiten der Teilung und der Vereinigung von Arbeitsaufträgen.

Arbeitsteilung bzw. -vereinigung ist inhaltlich als Mengen- oder als Artteilung bzw. -vereinigung sowie zeitlich als simultane oder sukzessive Teilung bzw. Vereinigung möglich.

Bei der Mengenteilung wird die Arbeit in gleichartige Teilaufgaben für mehrere Bearbeiter zerlegt. Bei der Mengenvereinigung werden einem Arbeitenden mehrere gleichartig sich wiederholende Aufgaben übertragen.

Bei der Artteilung wird der Auftrag in verschiedenartige Teilaufträge für mehrere Bearbeiter zerlegt, bei der Artvereinigung werden einem Arbeitenden verschiedenartige Arbeitsaufgaben übertragen.

Eine Voraussetzung von Gruppenarbeit ist zunächst das Vorliegen von Kooperationsanforderungen. Kooperationsanforderungen können vorhergesagt und gestaltet werden durch
- die zeitlichen Arbeitsumfang (vereinfacht gilt beispielsweise: je kleiner eine Bearbeitungszeit bis zur Wiederkehr der gleichartigen Verrichtungen, desto geringer die mögliche Kooperation);
- den Umfang von dem Arbeitenden übertragenen Organisationsfunktionen;
- die für die Arbeitsausführung notwendigen Kenntnissen der Arbeitenden über die Arbeitsorganisation (Bullinger, 1993; Pack, 1993 unter Nutzung des TBS-Verfahrens):

Bei der Untersuchung von 464 Arbeitsplätzen mit 140 Arbeitsaufgaben bei 21 Montagesystemen konnten Bullinger (1993) und Pack (1993) die Höhe der Kooperationsanforderungen aus den angeführten drei gestaltbaren Tätigkeitsmerkmalen mit einer Trefferwahrscheinlichkeit von 72 % vorhersagen. Damit sind die Kooperationsanforderungen auch mittels dieser drei Merkmale gezielt gestaltbar.

Wie bereits dargelegt, ist nicht jede Kooperation bereits Gruppenarbeit. Die systematisch abgestimmte Zusammenarbeit mehrerer Menschen bei simultaner Artteilung zum Verwirklichen eines Gesamtergebnisses ist eine notwendige, aber noch keine hinreichend differenzierte Beschreibung von Gruppenarbeit im Vergleich mit anderen Arten von Kooperation und von Einzelarbeit.

Die auch arbeitsanalytisch wesentlichen Merkmale einer Kooperation, die als „qualifizierte" Gruppenarbeit bezeichnet werden kann, sind wenigstens
1. ein gemeinsamer, artteilig ausführbarer Auftrag für mehr als zwei Arbeitende; dieser verlangt
2. eine gemeinsame Handlungsorganisation zur Auftragserfüllung und damit
3. gemeinsame Entscheidungsgegenstände auf der Grundlage von zeitlichem und inhaltlichem Tätigkeitsspielraum für die Gruppe.

Für die Abstimmung, die Handlungsorganisation sind des Weiteren
4. arbeitsbezogene Kommunikation und
5. ein Mindestmaß gemeinsamer, geteilter Ziele und Kenntnisse – u.a. über den Arbeitsauftrag, zweckmäßige Vorgehensweisen, die Arbeitsgegenstände, Arbeitsmitteleigenschaften und über das Arbeitsverhalten der Partner – erforderlich, die so genannten geteilten oder gemeinsamen tätigkeitsleitenden Repräsentationen (shared mental models).

Als psychologisch zentrales Unterscheidungsmerkmal für die Art der Gruppenarbeit bietet sich der Tätigkeitsspielraum für Gruppen an, d.h. die der Gruppe eingeräumten Entscheidungsbefugnisse und damit die Zielsetzungsmöglichkeiten der Gruppe.

Der Tätigkeitsspielraum für Gruppen kann – in Weiterführung von Überlegungen bei Gulowsen (1972) und Likert (1961) – gestuft werden nach den kooperativen Entscheidungsbefugnissen nur über periphere oder auch über den Kern der zielgerichteten Gruppentätigkeiten betreffende Sachverhalte: Es ist unbezweifelbar weniger zentral, ob eine Gruppe bei geschlossenen oder offenen Fenstern arbeitet, als wie sie arbeitet, mit wem man zusammenarbeitet oder was eine Gruppe überhaupt tut, herstellt oder lehrt. Das Entscheidendste für eine Tätigkeit ist ihr Ziel; von geringstem Einfluss sind die Umgebungsumstände.

Die Abbildung 2 stellt die möglichen Gegenstände des Abstimmens und Entscheidens bei Gruppentätigkeiten schematisierend dar, wobei von links nach rechts die Bedeutung der Entscheidungsbefugnis der Gruppenmitglieder für die zielgerichtete Tätigkeit, also die Autonomie der Gruppe, wächst.

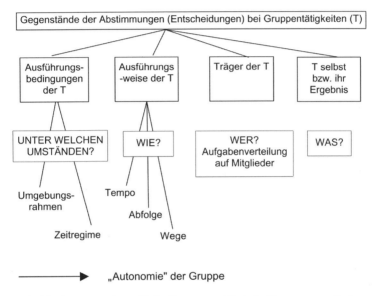

Abbildung 2: Abstimmungs- bzw. Zielstellungs- und Entscheidungsgegenstände von kooperativen Arbeitstätigkeiten zur Einteilung in Gruppenarten

Für die Arbeitsanalyse liegt nahe, diese Einteilung als Analysedimension für die Kooperation überhaupt und für die Art der Gruppenarbeit im Besonderen zu verwenden. Das geschieht beispielsweise in der halbstandardisierten Arbeitsanalyse, -bewertungs- und -gestaltungshilfe „TBS" (Tätigkeitsbewertungssystem; Hacker, Fritsche, Iwanowa & Richter, 1995). In diesem Hilfsmittel bildet die dargestellte Einteilung – kumulativ aufgefasst – die Eingangsfrage der Skala „Formen kooperativer Arbeitstätigkeiten, die sich aus den erforderlichen organisatorisch-technologischen Inhalten der gemeinschaftlichen Festlegungen und Vollzüge ergeben".

Die Findehilfe für diese Analyseskala ist in der Tabelle 1 dargestellt. Die Kopfleiste dieser Tabelle entspricht der eben erörterten Einteilung. Das Beantworten der W-Fragen führt zur Zuordnung in eine der Skalenstufen (Zeilen), welche die Art der Kooperation bzw. in den höheren, unten dargestellten Stufen der immer selbständiger organisierten, autonomen Art der Gruppenarbeit benennen. Die Extremfälle „(0.) isolierte

Einzelarbeit ohne Kooperation" und „(8.) selbstorganisierte Gruppenarbeit bezüglich Zeitregime, Arbeitsmethoden, Arbeitsverteilung und kooperativer Aufgabenfestlegung" dürften hinsichtlich des Vorkommens in der Praxis Ausnahmen darstellen. Zur Verankerung einer arbeitsanalytisch handhabbaren Skala sind sie jedoch nützlich.

Ein „+" in einer Zelle bedeutet das Vorliegen, ein „-" das Nicht-Vorliegen der Entscheidungsbefugnis der Spalte. In einigen Zellen sind sowohl „+" also auch „-" eingetragen; das entspricht aus Abkürzungsgründen der Oder-Aussage bzw. der Und-Aussage im Zeilenkopf; daher sind auch zwei Ziffern zur Zeilenkennzeichnung angegeben. Diese Finde-Hilfe unterstellt eine Kumulation der Entscheidungsbefugnis: Die Entscheidung über die Art der Maßnahmen schließt beispielsweise Entscheidungen über ihre Abfolgen und Zeitpunkte und damit auch über Tempo und Mengen sowie über Ausführungsbedingungen zwingend ein.

Selbstorganisierte Gruppenarbeit ist nicht durch die Weisungen eines Vorgesetzten organisiert, sondern erfolgt als Absprache der Gruppenmitglieder zur Arbeitszeit und/ oder zur inhaltlichen Arbeitsausführung (Stufen 6, 7, 8). Sie kann ein vollständiges Selbsterarbeiten der organisatorischen Lösungen oder auch eine Absprache zum Ausfüllen rahmenhafter Vorgaben sein. Gegebenenfalls kann ein (wechselndes) Gruppenmitglied für das Realisieren von Aufgaben der Gruppenorganisation von der Gruppe beauftragt sein.

Diese Selbstorganisation hat *Voraussetzungen*, deren Vorliegen ebenfalls arbeitsanalytisch zu prüfen ist: Es müssen überhaupt wiederkehrende Organisationserfordernisse bestehen, um Selbstorganisation betreiben zu können. Das setzt also zeitlichen und inhaltlichen Tätigkeitsspielraum und wenigstens gelegentlichen Auftragswechsel voraus. Zur Prüfung dieser Voraussetzungen sind diesbezügliche Skalen halbstandardisierter Arbeitsanalyseverfahren geeignet – beispielsweise das TBS-Verfahren.

Das Arbeitsanalyseverfahren TBS gibt des Weiteren Hilfen zum Ableiten der bei der Kooperation entstehenden *sozialen Anforderungen* an die Arbeitenden. Die Anforderungen können unterfordernde Tätigkeiten bereichern und damit ihre Sozialverträglichkeit sowie ihr anforderungsbedingtes, intrinsisches Motivierungsangebot verbessern. Damit werden mindestens indirekt Effektivitätsbremsen abgebaut.

Tabelle 1: Arten kooperativer Arbeitstätigkeiten in Abhängigkeit von den gemeinsamen Zielstellungs- und Entscheidungsbefugnissen

Formen kooperativer Arbeitstätigkeiten	Erforderliche organisatorisch-technische Inhalte kooperativer Festlegungen bzw. Ziele						
	Allgemeine Umgeb./ Raumeinflüsse	Menge bzw. Tempo	Abfolgen und Zeitpunkte von Maßnahmen	Kooperative Arbeitszeitorganisation	Maßnahmenfestlegung (Diagnose, Wegwahl)	Kooperative Arbeitsteilung	Kooperative Aufgabenfestlegung
0. Isolierte Einzelarbeit	-	-	-	-	-	-	-
1./2. Kooperationslose Arbeit im Raumverband mit unterschiedlichem oder gleichartigem Arbeitsgegenstand	+	+	-	-	-	-	-
3./4. Kooperative Arbeit mit vorwiegend zeitlichem Abstimmungserfordernis (Art- bzw. Mengenteilung) ohne/mit selbstorganisiertem Zeitregime (z. B. selbstorganisierter Arbeitswechsel, Schichtplan)	+	+	+	+	-	-	-
5./6. Gruppenarbeit mit zeitlichem und diagnose-/ maßnahmebezogenem Abstimmungserfordernis sowie ohne/mit selbstorganisiertem Zeitregime	+	+	+	+	+	+	-
7./8. Selbstorganisierte Gruppenarbeit (Artteilung) mit kooperativer Selbstorganisation von Zeitregime, Arbeitsmethoden und Arbeitsverteilung in der Gruppe und ggf. zusätzlicher kooperativer Aufgabenstellung (in vorgegebenem Rahmen)	+	+	+	+	+	+	+

4.2 Arbeitsanalyse zur Indikationsermittlung: Überblick

Wir sahen: Gruppenarbeit ist einer von mehreren organisatorischen Wegen zu effizienterer und sozial verträglicherer Arbeit. Andere organisatorische Wege sind
1. individuell zentrierte Veränderungen der Arbeitsgeschlossenheit, d. h. des Verhältnisses von Arbeitsteilung und Arbeitsvereinigung, realisierbar als Arbeitswechsel, Arbeitserweiterung oder Arbeitsbereicherung,
2. Veränderung der Vorgeschriebenheit von Arbeitsverfahren,
3. Veränderung der zeitlichen Koppelung bzw. Entkoppelung der Arbeit an/von Zeitgebern wie Bändern, Robotern oder getakteten Maschinen,
4. Veränderung der Arbeitsgliederung, beispielsweise als Nutzung des so genannten Gliederungsantriebs (vgl. Hacker, 1998).

Gruppenarbeit ist bezogen auf diese Auflistung eine kooperative Form der auch individuell möglichen Arbeitsbereicherung.

Wie immer, wenn mehrere Wege und Mittel zur Zielerreichung verfügbar sind, sollte ein günstiger, effizienter und sozial verträglicher Weg ausgewählt werden. Für diese Auswahl mit einer Prüfung der Angemessenheit (Indikation) der Gruppenarbeit ist die Arbeitsanalyse unerlässlich.

Die Indikationsprüfung sollte zuvor klar unterscheiden zwischen der Indikation im Grundarbeitsprozess selbst (z. B. der Fertigung, der Pflege oder der Lehrtätigkeit) und der Indikation in Zusatzarbeitsprozessen (beispielsweise bei der Reorganisation einer Abteilung, beim Aufdecken von Ursachen und Behebungsmöglichkeiten von Qualitätsmängeln, bei der Entwicklung eines neuen Lehrprogramms). Die Indikationsprüfung ist also getrennt für Grund- und Zusatzaktivitäten erforderlich. Das geht darauf zurück, dass meistens die Auftragsbeschaffenheit in Grundarbeitsprozessen und in Zusatzarbeitsprozessen sehr verschieden ist. Der Nutzen von Gruppenarbeit hängt aber vom Auftrag ab.

Des Weiteren ist es gelegentlich, nämlich bei komplexen, aus verschiedenartigen Teilaufträgen zusammengesetzten Grundarbeitsprozessen ratsam, für die Indikationsstellung auch im Grundarbeitsprozess weiter nach Teilaufträgen zu trennen. Einige Teilaufträge könnten nämlich effizienter als Gruppenarbeit, andere dagegen effizienter als Einzelarbeit durchzuführen sein. Das zeigen bereits Beobachtungen in nicht dirigistisch geführten Arbeitsbereichen, in denen die Arbeitenden von selbst beispielsweise bei Leistungen vom Typ des Suchens (Hofstätter, 1957) eine Lösung in kleinen Gruppen beraten und nach dem Herausarbeiten und Erörtern einer Lösung getrennt weiterarbeiten.

Arbeitsanalytisch ist also wenigstens bei komplexen Aufträgen eine Zerlegung in Teilaufträge eine Vorleistung für die gezielte Indikationsstellung. Nutzerfreundliche Hilfsmittel der Arbeitsanalyse geben bei dieser Art der Zerlegung Unterstützung. Das gilt beispielsweise für das VERA- (Volpert, Oesterreich, Gablenz-Kolakovic, Krogoll & Resch, 1983) oder das TBS-Verfahren (Hacker, Fritsche, Iwanowa & Richter, 1995).

Die arbeitsanalytisch für den zerlegten Gesamtauftrag zu prüfenden Hauptindikationen für Gruppenarbeit sind:

1. Leistungsvorteile der Gruppe für den fraglichen Aufgabentyp im Vergleich zur Einzelarbeit.
2. Bessere Arbeitsmittelauslastung bei Gruppenarbeit, ohne dass die Pro-Kopf-Leistung höher als bei Einzelarbeit wäre, d. h. es entstehen Effizienzvorteile für das Arbeitssystem.
3. Die Flexibilität der Organisation ist bei Gruppenarbeit besser, ohne dass ein Leistungsvorteil vorliegen muss; der Produktwechsel oder die Vertretbarkeit der Arbeitenden werden besser beherrscht und es entsteht gleichfalls ein Effizienzgewinn für das Arbeitssystem.
4a. Eine Einsparung von nicht direkt produktivem Personal (Wartungs-, Instandhaltungs-, Hilfs- oder Führungspersonal) ist bei selbstorganisierter Gruppenarbeit möglich.
4b. Eine Arbeitsinhaltebereicherung mit indirektem Leistungsgewinn ist nur vermittels Gruppenarbeit möglich.

Die vier letzten Sachverhaltebereiche – zusammenfassbar als betriebliche Effizienzvorteile im Unterschied zu unmittelbaren Leistungsvorteilen – treten nicht völlig unabhängig voneinander auf.

4.3 Arbeitsanalyse zur Identifikation von Gruppenvorteilen bei Leistungen vom Typ des Koordinierens von Funktionen

Leistungen vom Typ des Koordinierens, für die Gruppenarbeit einen Leistungsgewinn ermöglicht, sind in der großen Klasse der Bedien- und Überwachungstätigkeiten, und zwar bei Mehrstellenbedienung, zu erwarten. Zu denken ist beispielsweise an das Überwachen und Bedienen von Großanlagen oder Maschinensystemen, Mehrmaschinenbedienung mit großer Bedienstellenanzahl sowie auch an Pflegearbeit bei einer größeren Zahl Betreuter oder Gästebedienung. Die Arbeitsanalyse hat zu prüfen, ob folgendes Anforderungssyndrom vorliegt:
- Mehrstellenarbeit mit
- zeitlich gebundener Abwicklung bei
- unvollständig vorhersehbarem Auftreten von Bedienerfordernissen mit
- anforderungsmäßig unterschiedlichen Teilaufträgen, deren
- ganzheitliche Ausführung Vorzüge besitzt, die also nicht arbeitsteilig, von verschiedenen Arbeitskräften, ausgeführt werden sollten (beispielsweise Ganzheitspflege, Überwachungstätigkeit mit Fehlerentdeckung und Fehlerbehebung durch die gleiche Arbeitskraft).

Zum Identifizieren dieses Anforderungssyndroms genügen die Dokumenten- und die Auftragsanalyse. Die Auftragsanalyse kann sich dabei mit Gewinn orientieren an mehreren Beschreibungsdimensionen teilstandardisierter Arbeitsanalysehilfen, beispielsweise im Falle des TBS-Verfahrens an den Skalen
- zeitliche Freiheitsgrade,
- Vorhersehbarkeit,
- unvorhersehbare Zeitbindung,

- Aktivität bzw. Reaktivität der Anforderungen,
- Anzahl der Teiltätigkeiten,
- Vollständigkeit der Tätigkeit.

4.4 Arbeitsanalyse zur Identifikation von Gruppenvorteilen bei Leistungen vom Typ des Suchens: Die Arbeitsanalyse als Gruppenprozess

Das gedankliche Suchen nach neuen Lösungen ist im Grundarbeitsprozess nur bei Berufen mit Entwurfstätigkeiten zu erwarten. In Zusatzarbeitsprozessen hingegen kann die Problemidentifikation und die Lösungssuche zeitweilig bei allen Tätigkeiten auftreten, wenn Verbesserungsmöglichkeiten in der Arbeitsabwicklung oder bei den Arbeitsergebnissen von den Arbeitenden unter Nutzung ihres Expertenwissens für die betroffene Tätigkeit in „Qualitätszirkeln" herausgefunden werden sollen.

Arbeitsanalytische Indikationsprüfungen sind in beiden Fällen nicht erforderlich, weil die Entwurfs- und die Verbesserungsaufträge offensichtlich und die Bedingungen, unter denen Gruppenprozesse dabei Leistungsvorteile versprechen, bekannt sind (vergleiche Literaturverweise eingangs).

Gelegentlich könnte es jedoch fraglich erscheinen, ob Zusatzarbeitsprozesse vom Typ der Qualitätszirkel in gegebenem Falle wirklich Verbesserungen finden dürften und daher lohnen. Zu dieser Vorklärung sind Arbeitsanalysen nützlich. Sie müssen nach Defiziten und nach nennenswerten Leistungsschwankungen bzw. Leistungsspannweiten suchen, die stets Hinweise auf Verbesserungsmöglichkeiten sind. Für beide Ansatzpunkte sind Dokumentationen-Auswertungen als der erste Schritt der Arbeitsanalyse bereits aufschlussreich. Aufzudeckende Defizite sind dabei u. a.
- Qualitätsmängel mit ihren verschiedenen Erscheinungsformen wie Beanstandungen, Nacharbeit etc.,
- Unfall- und Krankenstandsschwerpunkte,
- Havarien,
- Auslastungsmängel von Anlagen.

Weitere Hinweise auf Verbesserungsmöglichkeiten sind Leistungsschwankungen und Leistungsspannweiten. Leistungsschwankungen interessieren beispielsweise über die Wochentage. Leistungsspannweiten sollten zwischen vergleichbaren Gruppen oder Einzelarbeitskräften geprüft werden. Beides verweist auf Verbesserungsmöglichkeiten, sofern es gelingt, behebbare Ursachen zu identifizieren.

Auch wenn weder Defizite noch nennenswerte Leistungsschwankungen bzw. Leistungsspannweiten als Indikation für Gruppenprozesse identifiziert werden, können Gruppenprozesse vom Typus des Suchens dennoch nützlich sein. Nach dem Prinzip, dass das Bessere der Feind des Guten ist, können durch kluge Fragen ausgelöste und optimal organisierte Gruppenprozesse bedeutende Prozess- und Produktinnovationen erbringen (Neubert, 1986; Tomczyk, Schwiercz & Neubert, 1986)

Aus arbeitsanalytischer Sicht sollte geprüft werden, ob bei der Suche nach Prozessverbesserungen arbeitsplatzübergreifende Quellen vorliegen können. In diesem Falle sollten nämlich heterogene Gruppen bevorzugt werden (Neubert & Tomczyk, 1986; Herrmann, 1986; Hacker & Jilge, 1993). Sie umfassen im Unterschied zu homogenen

Gruppen Mitglieder mit unterschiedlichem Beruf, unterschiedlichem Erfahrungshintergrund und unterschiedlicher Qualifikation.

Außerdem ist gezeigt, dass bei Prozessverbesserungen Gruppenprozesse dann ergiebiger sind, wenn die Arbeitenden ausreichend lange vor dem Gruppenprozess instruiert und gebeten waren, sich bei ihrer Arbeitstätigkeit reflexiv zu verhalten, d. h. selbst ihre Arbeit gezielt zu beobachten. Die Selbstanalyse des Arbeitsprozesses ist eine nützliche Quelle produktiver nachfolgender Gruppenprozesse bei Leistungen vom Typus des Suchens (Hacker & Jilge, 1993). Gruppenprozesse bei Leistungen vom Typus des Suchens sind generell dann effizient, wenn sie – im Zusammenhang mit dem Einhalten der oben genannten Grundvoraussetzungen für Gruppenvorteile – ein mehrstufiges Vorgehen mit individuellen und gemeinsamen Abschnitten zu einer Mischorganisationsform koppeln (Teske-El Kodwa, 1992).

4.5 Arbeitsanalyse zur Indikations- und Präferenzprüfung: Indirekte Effizienzvorteile von Gruppenarbeit

4.5.1 Arbeitsanalyse zum Prüfen der Vollständigkeit der Tätigkeiten

Wir sahen: Um effizient, also beeinträchtigungsfrei, gesundheits- und lernförderlich und daher produktiv zu sein, müssen Arbeitstätigkeiten zyklisch und hierarchisch vollständig sein. Das ist jedoch für individuelle Tätigkeiten nicht immer zu erreichen. In solchen Fällen kann qualifizierte Gruppenarbeit oft weiterhelfen: Jedem Mitglied einer – in der Regel selbstorganisierten – Gruppe kann durch das Beteiligen an der Gruppenorganisation eine vollständige Tätigkeit angeboten werden. Die Gruppenarbeit hat hierbei Effizienzvorteile, die aus ihrer arbeitsinhaltlich bedingten besseren Sozialverträglichkeit herrühren.

Die Arbeitsanalyse muss hier also
1. unvollständige Tätigkeiten identifizieren,
2. die Möglichkeiten zur Arbeitserweiterung und Arbeitsbereicherung vorausschauend feststellen und vergleichend bewerten,
3. die Verwirklichung der gewählten günstigsten Verbesserungsvariante, die in der Gruppenarbeit bestehen kann, führen und ihre Bewährung kontrollieren.

Das Gesamtvorgehen bei den Arbeitsanalysen zum Prüfen, ob das Einführen von Gruppenarbeit lohnt, fasst die Abbildung 3 zusammen.

Unvollständige Arbeitstätigkeiten können erforderlichenfalls rationell mit Screening-Versionen arbeitsanalytischer Verfahren erkannt werden (z.B. Kurzversionen der TBS-Verfahrensfamilie, etwa den rechnerbasierten TBS-REBA-Versionen (Pohlandt, Jordan, Richter & Schulze, 1999)).

Anforderungsseitig sind Arbeitsplätze mit unvollständigen Tätigkeiten erkennbar an folgenden arbeitsanalytischen Dimensionen organisatorisch-technologischer Art:
- anteiliges Vorherrschen ausführender Tätigkeiten, kaum Vorbereiten, Organisieren oder Kontrollieren,
- niedrige Anzahl von Teiltätigkeiten mit unterschiedlichen Anforderungen,
- hohe Wiederholungsrate gleichartiger Verrichtungen bzw. kurze Zykluszeiten,

- geringe zeitliche und inhaltliche Tätigkeitsspielräume,
- geringe Kooperationserfordernisse.

Gelegentlich, insbesondere bei Bedien- und Überwachungstätigkeiten, treten noch geringe Durchschaubarkeit und Vorhersehbarkeit der Anforderungen sowie hohe Reaktivität hinzu.

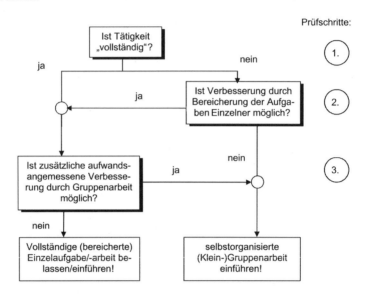

Abbildung 3: Prüfschritte für das Einführen lohnender Gruppenarbeit

Diese organisatorisch-technologische Merkmalskonfiguration bedingt eine mäßige Vielfalt der geistigen Anforderungen, das heißt einen niedrigen Anteil von eigentlichen Denkanforderungen insbesondere von solchen, die über ein Denken, das vorgegebenen Regeln folgt (algorithmisches Denken), hinausgehen. Die Tätigkeit ist also auch hierarchisch unvollständig.

4.5.2 Arbeitsanalyse beim Herstellen vollständiger Tätigkeiten:
   Präferenzprüfung – Umsetzung – Kontrolle

Wir sahen: Das Überwinden unvollständiger Tätigkeiten ist organisatorisch in der Regel durch Arbeitsrotation, Arbeitserweiterung, Arbeitsbereicherung oder durch Übergang zu geeigneten Formen der qualifizierten Gruppenarbeit möglich. Daher ist zu prüfen, welche Wege im gegebenen Falle gangbar sind und welcher Weg aus Aufwands- und Ertragsgründen gewählt werden sollte. Für diese Wahl sind Aufwendungen, Produktivitäts- und Sozialverträglichkeitsgewinne gemeinsam zu bilanzieren. Eine Vorgehensmöglichkeit dafür hat Grob (1984) dargestellt.

Der Ausgangspunkt ist eine Arbeitsanalyse für ausnahmslos alle Arbeitsplätze der organisationalen Einheit, also der Arbeitsgruppe, Abteilung, Anlage oder Station, welcher der neu zu gestaltende Arbeitsplatz zugeordnet ist. Auf der Grundlage dieser

Arbeitsanalyse werden zunächst theoretisch Neukombinationen von Tätigkeiten vorgenommen und bewertet. Rechnergestützte Simulationsverfahren mit einer statistisch begründeten Folgenbewertung wie die erwähnten rechnerbasierten TBS-REBA-Varianten sind hierbei eine wesentliche Hilfe. Die Neukombination erfolgt schrittweise und sollte Auflistungen aller in der Organisationseinheit anfallenden Tätigkeiten nutzen: Die Tätigkeiten werden dazu sowohl in den Zeilen als auch in den Spalten einer Matrix aufgelistet. Die Diagonale und die darunter liegenden Zellen entfallen. In den verbleibenden Zellen der Matrix wird zunächst angekreuzt, welche Tätigkeiten aus örtlicher, zeitlicher und technologischer Sicht miteinander an einem Arbeitsplatz kombinierbar wären. Die möglichen Kombinationen werden in einem nächsten Schritt zeitlich grob bewertet und auf zeitlich realisierbare Kombinationen von Tätigkeiten reduziert. Im Folgenden werden die verbliebenen Kombinationen grob auf ihre Vollständigkeit bewertet, und die am ehesten vollständigen werden für die feinere Bewertung und die endgültige Auswahl herausgegriffen. Beim Einsetzen von rechnergestützten Simulationsverfahren erfolgt die Bewertung durch das Computerprogramm.

Wir hatten eingangs gesehen, dass Gruppenarbeit sich betriebswirtschaftlich sogar dann lohnen kann, wenn die Leistung der Gruppen nicht nennenswert über der Summe der Einzelleistungen liegt. Arbeitsmittel- und Personalkosteneinsparungen sowie Flexibilitätsvorteile wurden als Gründe dafür benannt. Ihr Nachweis bedarf im konkreten Falle weniger arbeitsanalytischen als betriebswirtschaftlichen Vorgehens.

Des Weiteren wurde gezeigt, dass Gruppenarbeit ohne unmittelbare Leistungsvorteile wichtige Verbesserungen der Sozialverträglichkeit der Arbeitsanforderungen ermöglichen kann, die gleichfalls indirekte Effizienzvorteile bieten. Diese Vorteile sind in den meisten Fällen unmittelbar arbeitsanalytisch sowie mittelbar an Folgen wie Fehlzeiten oder Innovationen betriebswirtschaftlich nachweisbar (Grob, 1984).

Literatur

Antoni, C. (1992a). Qualitätszirkel als Modell unternehmensbestimmter Beteiligung in der Bundesrepublik Deutschland. *Mannheimer Beiträge zur Wirtschafts- und Organisationspsychologie.* Heft 1, S. 1-26.

Antoni, C. (1992b). Gruppenarbeit – Ein Königsweg zu menschengerechterer Arbeit und höherer Produktivität? *Mannheimer Beiträge zur Wirtschafts- und Organisationspsychologie.* Heft 1, S. 86-100.

Brandstätter, H. (1987). Gruppenleistung und Gruppenentscheidung. In D. Frey und S. Greif (Hrsg.), *Sozialpsychologie. Ein Handbuch in Schlüsselbegriffen* (S. 182-186). München: Psychologie Verlags Union.

Bullinger, H.-J. (1993). Entwicklungstendenzen in der Serienmontage. In H.-J. Bullinger (Hrsg.), *IAO-Forum „Integrative Gestaltung innovativer Montagesysteme".* Heidelberg: Springer, S. 3-15.

Cummings, T. & Blumberg, M. (1987). Advanced manufacturing technology and work design. In T. Wall, C. Clegg & N. Kemp (Eds.), *The Human Side of Advanced Manufacturing Technology* (pp. 37-60). Chicester: Wiley.

Grob, R. (1984). *Erweiterte Wirtschaftlichkeits- und Nutzenrechnung. Duale Bewertung von Maßnahmen zur Arbeitsgestaltung.* Köln: Wirtschaftsverlag Bachem.

Gulowsen, J. (1972). A measure of work group autonomy. In L. E. Davies & J. C. Taylor (Eds.), *Design of Jobs* (pp. 374-390). Harmondsworth: Penguin.

Hacker, W. (1995). *Arbeitstätigkeitsanalyse.* Heidelberg: Asanger.

Hacker, W. (1998). *Arbeitspsychologie.* Bern: Huber.

Hacker, W. & Jilge, S. (1993). Vergleich verschiedener Methoden zur Ermittlung von Handlungswissen. *Zeitschrift für Arbeits- und Organisationspsychologie, 37,* 64-72.

Hacker, W., Fritsche, B., Iwanowa, A. & Richter, P. (1995). *Tätigkeitsbewertungssystem.* Zürich und Stuttgart: Verlag der Fachvereine Zürich und Teubner.

Herrmann, G. (1986). Aufgabenorientierter Informationsaustausch bei Bedientätigkeiten in der Textilindustrie. *Psychologie für die Praxis, 3,* 224-232.

Hofstätter, P. R. (1957). Gruppendynamik. In P. R. Hofstätter (Hrsg.), *Psychologie* (S. 154-160). Frankfurt/M.: Fischer.

Likert, R. (1961). *New Patterns of Management.* New York: McGraw-Hill.

Matern, B. (1983). *Psychologische Arbeitsanalyse.* Berlin: Deutscher Verlag der Wissenschaften.

Neubert, J. (1986). Kollektive Arbeitsanalyse und Arbeitsgestaltung – Überblick. *Psychologie für die Praxis,* Ergänzungsheft, 71-80.

Neubert, J. & Tomczyk, R. (1986). *Gruppenverfahren der Arbeitsanalyse und Arbeitsgestaltung. Spezielle Arbeits- und Ingenieurpsychologie in Einzeldarstellungen,* Ergänzungsband 1, Berlin: Deutscher Verlag der Wissenschaften.

Pack, J. (1993). Systemgestaltung und Qualifikation. In H.-J. Bullinger (Hrsg.), *IAO-Forum „Integrative Gestaltung innovativer Montagesysteme".* Heidelberg: Springer.

Pohlandt, A., Jordan, P., Richter, P. & Schulze, F. (1999). Rechnergestützte Dialogverfahren zur psychologischen Bewertung von Arbeitsverhalten (REBA). In H. Dunckel (Hrsg.), *Handbuch psychologischer Arbeitsanalyseverfahren* (S. 341-363). Zürich: Verlag der Fachvereine.

Römer, A., Weißhahn, G., Hacker, W., Pache, U. & Lindemann, U. (2001). Effort-saving product representations in design – results of a questionnaire survey. *Design Studies, 22,* 473-491.

Teske-El Kodwa, S. (1992). *Gewinnen von Expertenwissen: Steigerung der Verbalisierungsleistung durch methodische Intervention.* Informationen der TU Dresden 1992. Dresden: TU Eigenverlag.

Tomczyk, R., Schwiercz, L. & Neubert, J. (1986). Arbeiter analysieren ihre Arbeit - ein Versuch der Arbeitsgestaltung in und mit bestehenden Kollektiven. *Psychologie für die Praxis,* Ergänzungsheft 1986, 81-86.

Tschan, F. (2000). *Produktivität in Kleingruppen. Was machen produktive Gruppen anders und besser?* Bern: Huber.

Volpert, W., Oesterreich, R., Gablenz-Kolakovic, S., Krogoll, T. & Resch, M. (1983). *Verfahren zur Ermittlung von Regulationserfordernissen in der Arbeitstätigkeit (VERA).* Köln: TÜV-Rheinland.

Witte, E. H. (1983). *Sozialpsychologie*. München: Psychologie Verlags Union.
Witte, E. H. (1998). (Hrsg.). *Sozialpsychologie der Gruppenleistung*. Lengerich: Pabst.

Evaluationsaufgaben in Arbeits-, Aufgaben- und Werkzeuganalysen

Günther Gediga

1. Einleitung

Im Gebiet der angewandten Arbeitspsychologie gibt es eine Vielzahl von Verfahren und Methoden, die helfen sollen, die Untersuchungsfelder (*Domänen*) wie „Arbeit", „Aufgaben", „Tätigkeiten", „Arbeitende", „Benutzer", „Experten", „Werkzeuge" oder auch das „Umfeld" zu beschreiben, um eine Basis für eine fundierte Aussage über die entsprechende Domäne zu erhalten.

Dieser Vielzahl an Verfahren und Methoden stehen – neben ausgewiesenen Verfahren für spezielle engumrissene Untersuchungsfelder – oft nur eine kleine Zahl von Tätigkeiten gegenüber, die hier als Evaluationsaufgaben bezeichnet werden: So werden Listen erzeugt, Kategorien gebildet, Rangreihen oder Hierarchien als Strukturierungshilfen benutzt. Natürlich werden auch kompliziertere Evaluationsaufgaben als die aufgeführten gestellt und deren Ergebnisse benutzt. All diese Evaluationsaufgaben haben – relativ unabhängig von der gewählten Domäne – zwei Aspekte: Sie dienen einem Strukturierungsziel und beinhalten eine mathematische Struktur, mit der dieses Strukturierungsziel erreicht werden soll.

Die Evaluationsforschung versucht seit einigen Jahren die Evaluationsaufgaben in Richtung der gestellten Ziele zu systematisieren. Diese Systematisierung hat den Vorteil, dass Aufgaben abstrakter formulierbar sind und somit adäquate Methoden von einer inhaltlichen Fragestellung zur nächsten übertragen werden können.

Dass diese Systematisierung notwendig ist, zeigt das Beispiel der Berechnung der Kategorienübereinstimmung: Fragt man einen methodisch halbwegs versierten Psychologen, wie Kategorienübereinstimmung bestimmt werden soll, dann wird (hochgradig konditioniert) die Antwort „Cohens kappa" lauten (Cohen, 1960). Stellt man die gleiche Frage in den Literaturwissenschaften (oder im Bereich der Inhaltsanalyse), so dürfte die Antwort „der Scott Index" (Scott, 1955) lauten. Beide Methoden sind nur „fast" identisch (Krippendorf, 1970; vgl. aber Kap. 4.1) und es ist erstaunlich, dass es eine über Jahrzehnte überschneidungsfreie Kultur der Messung der Kategorienübereinstimmung gibt. Vorsichtige Autoren empfehlen beide Indizes zu nutzen (z.B. Wirtz & Caspar, 2002), aber insgesamt scheint bei der Textanalyse Cohens kappa „problematisch" zu sein, während in der psychologisch orientierten Methodenliteratur Cohens kappa der „richtige" Index zu sein scheint. Es ist kaum vorstellbar, dass z.B. ein Korrelationskoeffizient bei gleicher Datenqualität in unterschiedlichen Domänen unterschiedlich berechnet würde und es eine domänenspezifische Literatur für die unterschiedlichen Koeffizienten gäbe.

Ähnliche – stark inhaltlich fixierte – Methodenvielfalt gibt es auch für andere Evaluationsaufgaben und die Formalisierung dieser Aufgaben führt dann – wie gezeigt werden soll – zu Lösungen, die z.T. stark von den inhaltlich präferierten Methoden abweichen.

Die Ziele dieses Beitrages lassen sich somit wie folgt angeben:
- Auflistung der elementaren Evaluationsaufgaben,
- Anwendung der Systematik auf Vorschläge zu Aufgaben- und Tätigkeitsanalysen
- Diskussion von Methoden auf der Basis relationaler Strukturen.

2. Elementare Evaluationsaufgaben

Elementare Evaluationsaufgaben in dem gewählten Kontext kann man nach Bortz und Döring (1995, S. 358 ff.) den explorativen qualitativen Datenanalysen zuordnen. Allgemein lassen sich diese Aufgaben in Gruppen anordnen, wobei diese Gruppen sowohl in einem zeitlich und logisch aufeinander aufbauenden Zusammenhang gesehen werden können.
- Die *Inventarisierung* verschafft zunächst einen Überblick über die Domäne.
- Das Bilden von *Typen und Strukturen* soll typische Merkmalskombinationen systematisieren und für die folgenden Schritte als Datenbasis dienen.
- Die dynamischen Abläufe werden dann mit *Verläufen* beschrieben.
- In einem weiterem Schritt sind (punktuell) *Ursachen und Gründe* zu ermitteln.
  Parallel dazu – oder auch nachfolgend – kann man versuchen, Systeme für die Beschreibung des gesamten Wirkungsgeflechts in der Domäne zu entwickeln.

Viele Evaluationsaufgaben sind so gehalten, dass ein Großteil der Analysen in den ersten beiden Bereichen angesiedelt ist. Der vorliegende Beitrag fokussiert die methodischen Probleme dieser beiden Aspekte im frühen Stadium einer Evaluation.

2.1 Inventare

Der Beginn einer Strukturierung beginnt mit der Festlegung der Elemente der Domäne. Die Relationen der Elemente zueinander stehen zunächst nicht im Vordergrund, sondern die Frage, welche wichtigen Aspekte oder Komponenten die Domäne umfasst. Ein Beispiel aus dem Feld der Werkzeuganalyse:

Beispiel 1: In der formativen Evaluation von Software-Systemen werden oft lediglich Listen mit „Schwachpunkten der Software" durch expertenbasierte Methoden erhoben (z.B. Nielsen, 1992). Die erfassten Punkte bilden ein Inventar der Schwächen des Systems und sind das Ergebnis der Datenanalyse. Für diese Fragestellung ist es wichtig, dass das eingesetzte Verfahren die Schwachpunkte des Systems auch wirklich entdeckt.

Beispiel 2: Auch eine summative Auswertung von Schwachpunkten ist möglich: Hierfür wird die Liste mit Schwachpunkten kategorisiert, und es werden die Häufigkeiten der Kategorien ausgezählt. Diese Häufigkeiten können dann zum Vergleich mit anderen Software-Systemen (bzw. einer Vorgängerversion) herangezogen werden.

Die Elemente des Inventars sind lediglich Objekte (oder Klassen gleichartiger Objekte). Daher können Ursachen und Folgen, Allgemeines und Spezielles zum gleichen Gesichtspunkt unverbunden nebeneinander stehen.

Im Fall des Beispiels 1 ist diese geringe Struktur unproblematisch, da die Fragestellung nicht viel weitere Struktur verlangt. Allerdings schon bei der Kategorisierung des Inventars – wie im Beispiel 2 notwendig – macht sich die fehlende Struktur durch Probleme bei der Zuordnung zu Kategorien bemerkbar. Die Listen, die durch Inventarisierung erzeugt wurden, lassen sich in ein *Datenlexikon* eintragen, damit für späteres Finden der Relationen zwischen den Inventareinträgen eine Basis geschaffen werden kann.

Muss man einen ersten Überblick über eine Domäne erreichen, wird man immer mit der Inventarisierung beginnen und die Strukturen innerhalb des Inventars zunächst bestenfalls episodisch abfragen. Dies kann bedeuten, dass mehrere strukturell unterschiedliche Experteninterviews für die Darstellung der Domäne erforderlich sind. Der erste Schritt kann dann aus einem exploratorischen Interview bestehen, das so angelegt ist, dass vor allem das Inventar bestimmt wird. Der wichtigste Analyseschritt ist die Ausmessung der Größe des Inventars und – damit eng verbunden – die Frage, wieviele Erhebungsschritte notwendig sind, um das Inventar ausreichend abzudecken. Diese methodische Fragestellung wird in Kapitel 4 näher behandelt.

2.2 Typen und Strukturen

Typen sind übergeordnete Begriffe zu Elementen aus Inventaren, wobei diese Elemente entweder auf „entscheidenden" Merkmalen identische Werte aufweisen, oder zumindest auf diesen Merkmalen sehr ähnliche Werte besitzen. Aus Typen werden „Strukturen", wenn man die Anzahl der „entscheidenden" Merkmale variiert und die Typisierung von den benutzen Merkmalen abhängig macht: Benutzt man wenige Merkmale, erhält man in der Regel Typen mit einer grossen Anzahl zugeordneter Elemente, benutzt man viele Merkmale, ergeben sich meist auch mehr Typen mit weniger Elementen.

Es gibt eine Reihe von Möglichkeiten die Begriffe „Typus" bzw. „Struktur" zu erfragen bzw. durch passende Datenanalyseverfahren zu repräsentieren. Wichtig hierbei ist, welche *mathematische Grundannahme* für den zunächst inhaltlich festgelegten Begriff „Typus" bzw. „Struktur" benutzt wird. Die am meisten benutzte Grundannahme für den Begriff „Typus" ist die Annahme der Existenz einer Äquivalenzrelation auf den Elementen eines geeigneten Inventars. Auf dieser Basis kann man z.B. Experten bitten, die Elemente nach vorgegebenen *Kategorien* zu ordnen oder die Elemente in Klassen zu sortieren. Datenanalysen wie *Clusteranalysen* basieren überwiegend auf der gleichen Grundannahme einer Äquivalenzrelation auf den Elementen.

Andere Repräsentationsformen von „Typen" sind durchaus möglich, z.B. Fuzzy-Typisierungen (vgl. Höppner, Klawonn & Kruse, 1999) oder Rough-Typisierungen (vgl. Düntsch & Gediga, 2000), die einerseits die harten Anforderungen, die eine Äquivalenzrelation stellt, aufweichen, andererseits aber neue Annahmen über das Modell einführen können.

Da „Typen" oder „Cluster" Ausgangspunkte für komplexere Evalationsaufgaben bilden, ist die Frage der Zuverlässigkeit der Gruppierung entscheidend für alle weiteren Schritte der Interpretation. Die methodischen Überlegungen in Kapitel 4 werden diesen Aspekt für die „klassischen" Typisierungen auf der Basis von Äquivalenzklassen beleuchten. Für einen „nicht-klassischen" Ansatz sei auf Düntsch, Gediga und Orlowska (2001) verwiesen.

3. Inventarisierung und Typenbildung in Arbeits-, Aufgaben- und Werkzeuganalysen

Die Basiswerkzeuge der Evaluation werden in allen anwendungsorientierten Feldern der Psychologie in unterschiedlichem Ausmass benutzt. Je breiter der Anwendungsbereich eines Analysesystems ausgelegt ist, desto mehr wird in der Regel auf die Basiswerkzeuge der Inventarisierung und Typisierung zurückgegriffen.

In der Werkzeuganalyse, die auf pragmatische Verbesserung eines Werkzeugs zielt, sind die Inventarisierung und Typisierung sehr wichtige Analyseschritte und der Anteil dieser Evaluationstypen am Gesamtaufwand ist sehr hoch. Als Beispiel sind hier das IsoMetrics-Verfahren (Willumeit, Gediga & Hamborg, 1996) oder die heuristische Evaluation (Nielsen, 1992) zu nennen.

Für den Bereich der Aufgabenanalyse konsultiere man z.B. Hackos und Redish (1998, S. 300), um festzustellen, dass die ersten Schritte der Benutzer- und Aufgabenanalyse nach Angabe der Autoren aus Listengenerierung und Typisierung bestehen.

Die Werkzeuge der Arbeitsanalyse sind meist durch einen ausgebauten theoretischen Hintergrund gekennzeichnet, so dass die Inventarisierung und Typisierung bei der Konstruktion der Werkzeuge durchgeführt wurde und der Einsatz oft auf Skalenebene erfolgt. Überprüft man die Verfahren der Arbeitsanalyse, die in Dunckel (1999) gesammelt sind, so existieren dennoch eine ganze Reihe von Verfahren, die auch auf diese Basiselemente der Evaluation zurückgreifen (müssen). Beispiele sind etwa die heterarchische Aufgabenanalysen (HAA; Hamborg & Greif, 1999), der Leitfaden zur Personalplanung (LPI, Sonntag, Schaper & Benz, 1999), oder auch Teile des VERA-Verfahrens (Verfahren zur Ermittlung von Regulationserfordernissen, Oesterreich, 1999).

4. Repräsentationsprobleme

4.1 Inventare: Das Asymptotenproblem

In vielen Anwendungen stellt sich die Bestimmung des Inventars einer Domäne als erste und manchmal auch einzige Aufgabe. Jeder Befragte gibt einen Beitrag zum Gesamtinventar und es stellen sich sofort zwei Fragen:
- Wie groß ist das Inventar insgesamt?
- Wieviele Befragte werden benötigt, bis ein befriedigender Anteil des Gesamtinventars ermittelt worden ist?

Obwohl die Vollständigkeit oder das „Anzahl der Experten"-Problem als eines der wichtigsten Probleme der Wissensaquisition angesehen wird (s. Shadbolt et al., 1999 für eine Übersicht), ist es erstaunlich, dass dieses Problem oft nur mit Daumenregeln angegangen wird (z.B. in Schensul et al., 1999). Ein erstes Modell zur Analyse benutzten Nielsen und Landauer (1993) für die Bestimmung der Evaluatorenanzahl bei der Auffindung von Software-Benutzbarkeits-Problemen, das im Folgenden diskutiert wird.

4.1.1 Die klassische Lösung des Asymptotenproblems

Sei N die unbekannte Anzahl der Elemente des Inventars und n(k) die Anzahl der erhobenen Elemente bei k Befragten. Der Abdeckungsgrad ist mit p(k) = n(k)/N zu berechnen.

Die Idee das Modells von Nielsen und Landauer (1993) besteht aus folgenden Teilen:
- Jeder Befragte b liefert einen festen – aber unbekannten – Anteil π des Inventars. Die beobachtete Anzahl der Inventarbeiträge x(b) des Befragten b lässt sich somit durch eine Binomialverteilung mit Parametern π und N angeben.
- Die Befragten liefern statistisch unabhängige Beiträge zur Gesamtanzahl.

Damit lassen sich die Erwartungswerte der Inventarbeiträge durch eine geometrische Folge der Form

Modell 4.1

$$E_1 := E[X_1] = N\pi$$

$$E_2 := E[X_1 \cup X_2] = N\pi(1 + (1-\pi))$$

...

$$E_k := E[X_1 \cup ... \cup X_k] = N\pi \sum_{i=0}^{k-1}(1-\pi)^i$$

beschreiben. Die Werte E_1 (Erwartungswert der Inventarbeiträge von einer Person), E_2 (Erwartungswert der Inventarbeiträge von zwei Personen), ..., E_k (Erwartungswert der Inventarbeiträge aller k Personen) lassen sich aus den empirischen Daten bestimmen und die unbekannten Werte N und π aus E_1 und E_k schätzen (s. Gediga & Düntsch, 2001).

Betrachten wir ein Beispiel aus Gediga und Hamborg (1997): 5 Befragte haben insgesamt 101 Angaben zum Inventar abgegeben, wobei 70 Angaben redundanzfrei waren (es gab also 31 Überschneidungen).

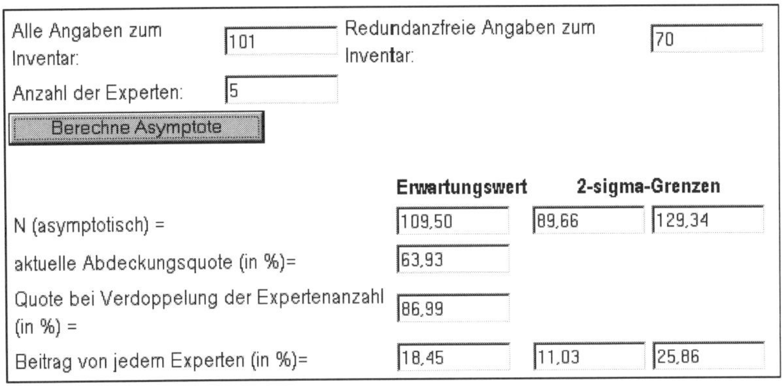

Abbildung 1: Kalkulationsblatt für die Berechnung der asymptotischen Inventargröße (Modell nach Nielsen & Landauer, 1993)

Abbildung 1 zeigt die Ergebnisse des vorgestellten Modells: Man kann insgesamt ca. 110 verschiedene Angaben erwarten. Mit 5 Befragten wurden knapp (wenig akzeptable) 64 % des Inventars erhoben und bei Verdoppelung auf 10 Befragte wird sich die Abdeckungsquote auf akzeptable 87 % erhöhen. Der Beitrag pro Befragtem liegt bei $\pi=18{,}4$ %. Die 2-sigma-Bereiche geben den Unsicherheitsbereich der Parameter N und π an.

4.1.2 Probleme und erweiterte Lösung

Das Hauptproblem des Modells aus Kap. 4.1.1 ist die Tatsache, dass die Annahme der unabhängigen Beiträge der einzelnen Befragten kaum realistisch sein dürfte: Durch die Vorgabe einer Domäne wird eine harte Restriktion gesetzt und es scheint plausibel, dass zu jeder Domäne „Kernbegriffe" gehören, die allen Befragten bekannt sind. Nimmt man weiter an, dass die peripheren Begriffe über die Befragten zufällig streuen, wie dies in 4.1.1 angenommen wurde, dann lassen sich diese Annahmen unmittelbar in Modellgleichungen umsetzen. Als zusätzlichen unbekannten Parameter bezeichnen wir die Anzahl der Kernbegriffe mit C und erhalten:

Modell 4.2

$$E_1 := E[X_1] = C + N\pi$$

$$E_2 := E[X_1 \cup X_2] = C + N\pi(1 + (1-\pi))$$

...

$$E_k := E[X_1 \cup ... \cup X_2] = C + N\pi \sum_{i=0}^{k-1}(1-\pi)^i$$

Aus E_1, E_2 und E_k lassen sich die unbekannten Parameter C, N und π schätzen (s. Gediga & Düntsch, 2001).

Betrachten wir noch einmal das Beispiel aus Gediga und Hamborg (1997): 5 Befragte haben insgesamt 101 Angaben zum Inventar abgegeben, wobei 70 Angaben redundanzfrei waren – zusätzlich sei ermittelt worden, dass im Mittel ca. 35 Angaben bei der Vereinigung der Angaben von je zwei Befragten beobachtet wurden (= E_2). Unter der Modellannahme (4.1) würde man $E_2 \approx 36{,}67$ erwarten. Unter Gültigkeit des erweiterten Modells 4.2 zeigt Abbildung 2, dass sich die Asymptotenschätzung und der Abdeckungsgrad – und somit auch die Interpretation – bei der vorliegenden relativ kleinen Änderung bereits erheblich ändern.

Alle Angaben zum Inventar:	101	Redundanzfreie Angaben zum Inventar:	70
Mittlere Anzahl von Angaben bei Expertenpaaren:	35	Anzahl der Experten:	5
Berechne Asymptote			

	Kern	Peripher	Gesamt
Anzahl der Aussagen =	3,00	137,40	140,40
aktuelle Abdeckungsquote (in %)=	100	48,76	49,86
Quote bei Verdoppelung der Expertenanzahl (in %) =	100	73,75	74,31
Beitrag von jedem Experten (in %)=	100	12,52	14,39

Abbildung 2: Kalkulationsblatt für die Berechnung der asymptotischen Inventargröße (erweitertes Modell)

Nach Modell 4.2 (Abb. 2) kann man nun insgesamt ca. 140 Angaben (statt 110) erwarten. Mit 5 Befragten wurden danach nur noch knapp 50 % des Inventars erhoben – also erheblich weniger, als in der unkorrigierten Version angedacht – und dies, obwohl es nur 3 Kernbegriffe gibt, die alle Personen teilen.

Ein wesentlicher Unterschied der beiden vorgestellten Modelle liegt in der Stellung des probabilistischen Modellanteils: In Modell 4.1 bildet der probabilistische Anteil den Hauptträger des Modells, während dieser Anteil in Modell 4.2 den „mehr oder weniger individuellen" Rest modelliert.

Die Interpretation der Ergebnisse legt für die praktische Arbeit in der Werkzeuganalyse folgende Vorgehensweise nahe: Zunächst werden die häufigsten drei (oder um sicher zu gehen häufigsten fünf) Probleme ausgewählt und zur Diskussion gestellt. Die verbleibenden Probleme werden nach dem Grad der Übereinstimmung sortiert und unter Umständen noch gewichtet, um schwerwiegende Probleme, die von Einzelnen entdeckt wurden, noch mit in die Analyse nehmen zu können. Danach werden die Probleme, die dann mit absteigender Übereinstimmung in der Regel immer mehr eine Frage des Geschmacks des Beurteilenden sind, soweit abgearbeitet, wie es praktikabel ist.

Der gewählte Ansatz ist sicher auch zu problematisieren: Die Annahme eines zusätzlichen Parameters für die Anzahl der übereinstimmenden Auswahlen wirkt ein wenig künstlich. So könnte man etwa auch die Anzahl der genau einmal gewählten Probleme parametrisieren. Im gewählten Kontext hieße dies allerdings, dass die Daten durch ein Modell beschrieben werden, in dem es bei drei Parametern nur periphere oder indiosynkratische Problemnennungen gibt. Dies erscheint für die Fragestellung unangemessen. Ein vierparametrischer Ansatz mit Kernproblemen, peripheren Problemen und ideosynkratischen Problemen könnte eine Weiterentwicklung des hier dargestellten Modells sein.

4.2 Kategorisierung: Das Übereinstimmungsproblem

4.2.1 Die Ansätze von Cohen und Scott

Die Ansätze von Scott (1955; Scotts π) und Cohen (1960; Cohens κ) gehen von folgender Situation aus: Zwei Rater haben unabhängig voneinander n Objekte in s Kategorien geordnet. Fragestellung ist: „Wie gut ist die Übereinstimmung dieser Zuordnung?"

Die zunächst nahe liegende Auswertung durch Angabe der prozentualen Übereinstimmung Po wurde bereits von Scott (1955) als problematisch angesehen, da in den Übereinstimmungen auch ein „zufälliger" Anteil stecken kann. Als Problemlösung wird der „zufällige" Anteil nun nicht direkt geschätzt, sondern es wird (in heutiger Terminologie) ein Fehlerreduktionsindex (PRE-Index; Hildebrand, Laing & Rosenthal, 1977) eingeführt, um die Fehlerreduktion bei Kenntnis der Übereinstimmung gegenüber eines Zufallsmodells anzugeben. Formal:

$$PRE = (P_o - P_e) / (1 - P_e)$$

P_o: Relativer Anteil der Fälle, in denen die Rater identische Urteile abgegeben haben.
P_e: Relativer Anteil der Übereinstimmungen bei „zufälligem" Raterverhalten.

Die Ansätze von Scott (1955) und Cohen (1960) unterscheiden sich in der Definition des „zufälligen" Raterverhaltens. Während bei Cohen (1960) angenommen wird, dass das zufällige Verhalten durch die proportionale Zuordnung der Häufigkeiten gemäß der Randsummen zu beschreiben ist, wird bei Scott (1955) zusätzlich angenommen, dass diese Randsummen auch noch auf den gleichen Werten beruhen – also bis auf statistische Fluktuation identisch sind (Details der Definitionen findet man z.B. in Wirtz und Caspar, 2002, S. 57). Bei unterschiedlichen Randsummen gilt $\kappa > \pi$, und die Unterschiede können bei stark unterschiedlichen Randsummen erheblich sein.

4.2.2 Probleme

Es sind eine Reihe von Problemen (und auch Pseudoproblemen) bzgl. der PRE-Korrektur von Übereinstimmungskontingenzen geäußert worden. Die Kritikpunkte sollen hier kurz gelistet werden (s.a. Klauer, 1996):
- Die Frage, welcher Index (π oder κ) zu wählen ist, ist schwer zu klären, da man klären muss, welche der Zufallsannahmen für die Untersuchung relevant ist. Da die Zufallsannahme den Fall der Nicht-Übereinstimmung beschreiben soll und in aller Regel keinerlei empirische Werte für diesen schlechtesten Fall vorliegen (und

meist auch nicht vorliegen können), ist die Basis des Übereinstimmungsindizes nur durch Festlegungen zu setzen. Wie oben angemerkt, sind diese Festlegungen domänenspezifisch (und nach Traditionen) unterschiedlich, was mit einem wissenschaftlichen Vorgehen wenig gemein hat. Zusätzlich sollte noch angemerkt werden, dass nach Perreault und Leigh (1988) weder die Zufallsannahme von Scott noch die von Cohen als „vernünftig" erachtet wird und nach Meinung dieser Autoren der kleinst-mögliche PRE-Index benutzt werden soll, der entsteht, wenn man annimmt, dass die Rater unabhängig voneinander beurteilen und alle Kategorien mit gleicher Wahrscheinlichkeit auswählen.
- Da die Übereinstimmung P_o mit einem „Zufallswert" P_e verrechnet wird, ist nach Uebersax (1997) nicht klar, was der PRE-Index genau „bedeutet". Der PRE-Index ergibt nach Definition die proportionale Fehlerreduktion bei Anwendung eines vollständigen Modells gegenüber einem Zufallsmodell. Dies ist relativ abstrakt und für den anwendenden Forscher sicher wenig handhabbar. Einen Bedeutungsüberschuss gibt es nicht – insbesondere können π oder κ nicht als korrigierte Übereinstimmungsprozente interpretiert werden.
- Bei den – vergleichsweise viel beachteten – Kritikpunkten von Feinstein und Ciccetti (1990) handelt es sich nach Klauer (1996) um Pseudoprobleme. Feinstein und Ciccetti berichten, dass bei gleichem P_o – je nach Randsummenverteilung – unterschiedliche κ-Werte beobachtet werden können. Dies ist nicht überraschend, da ein Zufallsmodell in der Regel von den Randsummenverteilungen abhängig gemacht wird (wie bei κ oder auch π), und dies eine gewünschte Modelleigenschaft ist.
- Schwerwiegender ist das sog. Basisratenproblem, das von Carey und Gottesman (1978) erstmals dokumentiert wurde. Betrachtet man nur eine „JA-NEIN"-Kategorisierung, kann man die Urteile eines Raters B auf der Basis der Urteile eines Raters A (gesetzt als das „wahre Urteil") einer Signalerkennungsanalyse unterziehen. Man kann nun die Sensitivität und die Spezifität konstant halten und nur die Basisraten (die relative Anzahl der „JA"-Antworten des Raters A) variieren. Carey und Gottesman (1978) stellen fest, dass κ mit der Basisrate variiert.
- In der Kritik an dem allgemeinen Ansatz der Prädiktionsanalyse mittels PRE-Indizes von Hildebrand, Laing und Rosenthal (1974) bemerken Goodman und Kruskal (1974a, b), dass es fraglich ist, ob eine Theorieevaluation (hier operationalisiert als „Übereinstimmungsindex"; vgl. Gediga, 1991) mit einer Residualanalyse – also der Untersuchung des Fehlers – eines a priori ungültigen Modells sinnvoll durchzuführen ist. Goodman und Kruskal (1974a, b) plädieren für eine Modellierung der Einshypothese (also hier der Übereinstimmung), die dann sowohl sinnvoll zu interpretieren als auch testbar ist.

4.2.3 Ein Modellierungsvorschlag für drei und mehr Kategorien

Statt der Einführung eines abgeleiteten Indizes zur Beschreibung der „wahren" Übereinstimmung schlagen Klauer und Batchelder (1996) ein Modell vor, das die Übereinstimmung der Rater in jeder einzelnen Kategorie parametrisiert. Im Folgenden soll eine vereinfachte Version dieses Modells dargestellt werden.

Das Modell nimmt *an, dass es für jede der s Kategorien eine wahre Übereinstimmung gibt, die durch einen Parameter γ_i beschrieben wird. Die Summe $\Gamma = \gamma_1 + \gamma_2 + ... + \gamma_s$ ist dann der wahre Übereinstimmungsindex. Für den Rest wird angenommen, dass die Rater ihre Wahlen statistisch unabhängig voneinander vergeben.* Wie im Beispiel der Berechnung der asymptotischen Inventargröße wird der stochastische Anteil zur Beschreibung der individuellen Variation benutzt, während die Träger des Modells Konstanten sind. Tabelle 1 zeigt die Verknüpfung der Modellparameter mit den Zellen der s*s-Kontingenztafel (Modell 4.3).

Tabelle 1: Modell 4.3 für die Beschreibung von Rater-Übereinstimmungen

	Kategorie 1	**Kategorie 2**	...	**Kategorie s**
Kategorie 1	$\gamma_1 + (1-\Gamma)\alpha_1\beta_1$	$(1-\Gamma)\alpha_1\beta_2$	...	$(1-\Gamma)\alpha_1\beta_s$
Kategorie 2	$(1-\Gamma)\alpha_2\beta_1$	$\gamma_2 + (1-\Gamma)\alpha_2\beta_2$	...	$(1-\Gamma)\alpha_2\beta_s$
...	...	...	...	...
Kategorie s	$(1-\Gamma)\alpha_s\beta_1$	$(1-\Gamma)\alpha_s\beta_2$	...	$\gamma_s + (1-\Gamma)\alpha_s\beta_s$
Restriktionen	$\alpha_1 + \alpha_2 + ... + \alpha_s = 1$			
	$\beta_1 + \beta_2 + ... + \beta_s = 1$			
	$\gamma_1 + \gamma_2 + ... + \gamma_s = \Gamma$			

Daten	k1	k2	k3	Modellwerte	k1	k2	k3
k1	12	2	1	k1	12.000	2.263	0.737
k2	5	17	4	k2	4.735	17.000	4.263
k3	0	1	9	k3	0.265	0.735	9.000

Übereinstimmungsmasse	
Chi-Quadrat	0.517
Freiheitsgrade	1
Empirische Übereinstimmung (PÜ)	0.745
Cohens Kappa	0.607
Scotts pi	0.603
Übereinstimmung nach Modell	0.468

Abbildung 3: Gamma kleiner als Cohens κ

Schätzt man die Parameter des Modells (Gediga, 2002a) anhand empirischer Daten, kann man im Vergleich zu (z.B.) Cohens κ durchaus unterschiedliche Ergebnisse erzielen. Abbildung 3 zeigt die Ergebnisse einer Datenanalyse, in der die geschätzte Übereinstimmung Γ erheblich kleiner ist als κ (bei guter Modellanpassung). Der Grund ist, dass die hohe beobachtete Übereinstimmung in der zweiten Kategorie (17

Beobachtungen) bis auf einen kleinen Anteil durch eine hohe Basisrate in den „Restparametern" α_2 und β_2 beschrieben werden kann.

Abbildung 4 demonstriert den umgekehrten Fall: Die zufallskorrigierte prozentuale Übereinstimmung zwischen den Ratern wird offensichtlich nur sehr unvollkommen von Cohens κ (oder auch Scotts π) eingefangen.

Daten	k1	k2	k3	Modellwerte	k1	k2	k3
k1	23	1	1	k1	23.000	1.227	0.773
k2	3	13	3	k2	3.520	13.000	2.480
k3	3	3	1	k3	2.480	2.773	1.747

Übereinstimmungsmasse	
Chi-Quadrat	0.742
Freiheitsgrade	1
Empirische Übereinstimmung (PÜ)	0.725
Cohens Kappa	0.530
Scotts pi	0.528
Übereinstimmung nach Modell	0.607

Abbildung 4: Gamma größer als Cohens κ

4.2.4 Probleme bei binären Kategorien und eine Lösung

Das Modell 4.3 ist nicht anwendbar, wenn nur zwei Kategorien geratet werden. Zunächst benötigt das Modell mehr Parameter als durch die Daten geschätzt werden können. Selbst wenn man dieses Problem „löst", in dem man die Parameter durch die Setzung $\alpha_1 = \beta_1$ auf die Anzahl der Freiheitsgrade in den Daten reduziert, gibt es keine sinnvollen Schätzwerte, da das Modell auch in diesem Fall nicht identifizierbar ist, d.h. dass bei gleichen empirischen Daten unterschiedliche Modellparameter die gleichen Ergebnisse erbringen. Tabelle 2 zeigt ein Beispiel für die fehlende Identifizierbarkeit im binären Fall.

Tabelle 2: Fehlende Identifizierbarkeit des Modells 4.3 bei binären Kategorien

Empirische Häufigkeiten	K1	K0	Modellparameter	Möglichkeit 1	Möglichkeit 2	Möglichkeit 3
K1	75	25	γ_1	0,25	0,0833	0,3214
K0	25	75	γ_0	0,25	0,3214	0,0833
			$\Gamma = \gamma_1 + \gamma_0$	0,50	0,4047	0,4047
			α_1	0,50	0,7000	0,3000
			$\beta_1 = \alpha_1$	0,50	0,7000	0,3000

Die fehlende Identifizierbarkeit zeigt, dass die Trennung von systematischen und zufälligen Einflüssen im binären Fall nicht möglich ist, wenn man die systematischen von den zufälligen Übereinstimmungseffekten trennen möchte und die Parameter des Zufallseinflusses aus den Daten geschätzt werden sollen. Eine Möglichkeit wäre, die Zufallsannahme zu einem konstanten Einfluss (also $\alpha_i = \beta_i = 0.5$) abzuschwächen; eine weitere die Übereinstimmungsparameter zu identifizieren (also $\gamma_1 = \gamma_0$): Beide Möglichkeiten sind aber aus inhaltlichen Gründen problematisch.

Tabelle 3: Modell für die Analyse von binären Kategorien bei drei Ratern

	Rater 1 „JA"		Rater 1 „NEIN"	
	Rater 2 „JA"	Rater 2 „NEIN"	Rater 2 „JA"	Rater 2 „NEIN"
Rater 3 „JA"	$\gamma_1 + (1-\Gamma)\alpha_1\beta_1\theta_1$	$(1-\Gamma)\alpha_1\beta_0\theta_1$	$(1-\Gamma)\alpha_0\beta_1\theta_1$	$(1-\Gamma)\alpha_0\beta_0\theta_1$
Rater 3 „NEIN"	$(1-\Gamma)\alpha_1\beta_1\theta_0$	$(1-\Gamma)\alpha_1\beta_0\theta_0$	$(1-\Gamma)\alpha_0\beta_1\theta_0$	$\gamma_0 + (1-\Gamma)\alpha_0\beta_0\theta_0$
Restriktionen	$\alpha_1 + \alpha_0 = 1$	$\beta_1 + \beta_0 = 1$	$\theta_1 + \theta_0 = 1$	$\gamma_1 + \gamma_0 = \Gamma$

Als Alternative kann man die Tatsache ausnutzen, dass in vielen Anwendungen oft mehr als zwei Rater ihr Urteil abgeben. In diesem Fall kann das Modell 4.3 erweitert werden, wobei die Identifizierbarkeit wieder gegeben ist. Tabelle 3 stellt das erweiterte Modell für drei Rater dar. Ein entsprechendes Kalkulationsblatt für die Auswertung in diesem Fall findet man bei Gediga (2002b).

5. Diskussion

In diesem Beitrag wurden zwei Basistätigkeiten in der angewandten Arbeitspsychologie methodisch näher beleuchtet: Die Inventarisierung und die Klassifizierung von elementaren Beobachtungen. Die nahe liegende Modellierung eines festen, deterministischen Anteils in Kombination mit einem stochastischen Modell für die Zufallsvariation im Modell ergibt Modelle, die den klassischen Auswertungsschematas zumindest ebenbürtig sind.

Die vorgestellten Modelle brauchen nur geringfügig mehr Informationsanforderungen aus den Daten und verlangen kaum höheren kognitiven Aufwand bei der Auswertung – im Gegenteil, die Interpretation der Modelle und deren Ergebnisse erscheint einfacher und direkter als in den rein stochastischen Konkurenzmodellen. Letztlich scheint auch die Face-Validität der Modelle erheblich höher.

Auf der Ebene der Ergebnisse erbringt das Standardmodell zur Asymptotenschätzung optimistische Ergebnisse, die bei Annahme determistischer Überlappungen kaum haltbar sind. Im Falle der Beobachterübereinstimmung ist es eher die Interpretationskomplexität der übernommenen Modelle, die durch die geänderte Vorgehensweise reduziert wird.

Sicherlich sind die hier vorgestellten Modelle mit höheren Rechenaufwand verbunden. Dieser Aufwand ist aber vergleichsweise minimal, da – wie demonstriert – schon einfache Computerprogramme im Internet die Aufgaben schnell lösen können.

Literatur

Bortz, J. & Döring, N. (1995). *Forschungsmethoden und Evaluation für Sozialwissenschaftler*. Berlin: Springer.

Carey, G. & Gottesman, I. I. (1978). Reliability and validity in binary ratings: Areas of common misunderstanding in diagnosis and symptom ratings. *Archive of General Psychiatry, 35,* 1454-1459.

Cohen, J. (1960). A coefficient of agreement for nominal scales. *Educational and psychological measurement, 20,* 37-46.

Düntsch, I. & Gediga, G. (2000). *Rough set data analysis*. Bangor: Methodos.

Düntsch, I., Gediga, G. & Orlowska, E. (2001). Relational attribute systems. *International Journal of Human Computer Studies 55,* 293-309.

Feinstein, A. R. & Ciccetti, D. V. (1990). High agreement but low Kappa: 1, The problems of two paradoxes. *Journal of Clinical Epidemiology, 43,* 438-458.

Gediga, G. (1991). Statistische Evaluation multivariater Hypothesen in der Prädiktionsanalyse. In A. von Eye (Hrsg.), *Prädiktionsanalyse* (S. 193-215). Weinheim: Psychologie Verlags Union.

Gediga, G. (2002a). *Berechnung der nominalen Inter-Rater-Reliabilität* [HTML]. Verfügbar unter: http://methoden.ggediga.de/w3lib/raterrel.php

Gediga, G. (2002b). Berechnung der nominalen Inter-Rater-Reliabilität dreier Rater bei binären Merkmalen [HTML]. Verfügbar unter: http://methoden.ggediga.de/w3lib/3rater.php

Gediga, G. & Düntsch, I. (2001). Asymptotische Berechnung der Inventargrösse bei einer Expertenbefragung [HTML]. Verfügbar unter: http://methoden.ggediga.de/w3lib/asympinv.htm

Gediga, G. & Hamborg, K.-C. (1997). Heuristische Evaluation und IsoMetrics: Ein Vergleich. In R. Liskowsky, B. M. Velichkovsky & W. Wünschmann (Hrsg.), *Software Ergonomie,97,* (S.145-155). Stuttgart: Teubner.

Goodman, L. A. & Kruskal, W. (1974a). Empirical evaluation of a formal theory. *Journal of Mathematical Sociology, 3,* 187-196.

Goodman, L.A. & Kruskal, W. (1974b). More about empirical evaluation of a formal theory. *Journal of Mathematical Sociology, 3,* 211-213.

Hamborg, K.-C. & Greif, S. (1999). Heterarchische Aufgabenanalyse (HAA). In H. Dunckel (Hrsg.), *Handbuch psychologischer Arbeitsanalyseverfahren* (S. 147-177). Zürich: vdf.

Hildebrand, D. K., Laing, J. D. & Rosenthal, H. (1974). Prediction logic and quasi-independence in empirical evaluation of a formal theory. *Journal of Mathematical Sociology, 3,.* 197-209.

Hildebrand, D. K., Laing, J. D. & Rosenthal, H. (1977). *Prediction analysis for cross-classification*. New York: Wiley.

Hackos, J. T. & Redish, J. C. (1998). *User and Task Analysis for Interface Design*. New York: Wiley.

Höppner, F., Klawonn, F. & Kruse, R. (1999): *Fuzzy Clusteranalysis*. Wiesbaden: Vieweg.

Klauer, K. C. (1996). Urteilerübereinstimmung bei dichotomen Kategoriensystemen. *Diagnostica, 41*, 101-118.

Klauer, K. C. & Batchelder, H. W. (1996). Structural analysis of subjective categorical data. *Psychometrika, 61*, 199-240.

Krippendorf. K. (1970). Bivariate agreement coefficients for reliability of data. In Bortatta, E. (Ed.), *Sociological Methodology*. San Francisco.

Nielsen, J. (1992). Finding usability problems through heuristic evaluation. *Proceedings of the CHI'92 Conference on Human Factors in Computing Systems*. ACM Press, 373-380.

Nielsen, J. & Landauer, T. K. (1993). A mathematical model of the finding of usability problems. *Proceedings ACM/IFIP INTERCHI'93 Conference*, ACM Press, 206-213.

Oesterreich, R. (1999). VERA: Verfahren zur Ermittlung von Regulationserfordernissen. In H. Dunckel (Hrsg.), *Handbuch psychologischer Arbeitsanalyseverfahren* (S. 539–557). Zürich: vdf.

Perreault, W.D. & Leigh, L.E. (1988). Reliability of nominal data based on qualitative judgements. *Journal of Marketing Research, 26,* 135-148.

Schensul, J. J., Lecompte, M. D., Nastasi, B. K. & Borgatti, S. P. (1999). *Enhanced Ethnographic Methods: Audiovisual Techniques, Focused Group Interviews, and Elicitation Techniques (Ethnographer's Toolkit , Vol 3)*. Walnut Creek: Altamira Press.

Scott, W. A. (1955). Reliability of content analysis: the case of nominal scaling. *Public Opinion Quarterly, 19,* 321-325

Shadbolt, N., O'Hara, K. & Crow, L. (1999). The experimental evaluation of knowledge aquisition techniques and methods. *International Journal of Human-Computer Studies, 51*, 729-755.

Sonntag, K., Schaper, N. & Benz, D. (1999). Leitfaden zur qualitativen Personalplanung bei technich-organsatorischen Innovationen (LPI). In H. Dunckel (Hrsg.), *Handbuch psychologischer Arbeitsanalyseverfahren* (S. 285-317). Zürich: vdf.

Uebersax, J. S. (1987). Diversity of decision-making models and the measurement of inter-rater agreement. *Psychological Bulletin, 101,* 140-146.

Willumeit, H., Gediga, G. & Hamborg, K.-C (1996). IsoMetrics[L]: Ein Verfahren zur formativen Evaluation von Software nach ISO 9241/10. *Ergonomie & Informatik*, 27, 5-12.

Wirtz, M. & Caspar, F. (2002). *Beurteilerübereinstimmung und Beurteilerreliabilität.* Göttingen: Hogrefe.

Personalmarketing per Internet

Kai-Christoph Hamborg

1. Einleitung

Personalmarketing in Organisationen umfasst Maßnahmen für die dauerhafte Gewinnung und Förderung von Mitarbeitern. Der ersten Schritte in einer Kette aufeinander aufbauender Aktivitäten des Personalmarketings sind die Ansprache und Anwerbung (Rekrutierung) neuer Mitarbeiter im externen und internen Arbeitsmarkt. Weiterhin zählen zum Personalmarketing Strategien zur Veränderung des Anreizgehalts von Arbeitstätigkeiten, um die Bindung von Mitarbeitern einer Organisation zu erhöhen und Fluktuation zu vermeiden (Moser & Zempel, 2002). Dieser Beitrag konzentriert sich auf die Ansprache und Anwerbung potentieller Mitarbeiter mit Hilfe des Internets im externen Arbeitsmarkt sowie auf Möglichkeiten, sich per Internet bei Unternehmen zu bewerben.

Die klassische Methode zur Ansprache externer Bewerber ist die Schaltung von Stellenanzeigen in der einschlägigen Presse durch ein Unternehmen selbst oder durch eine beauftragte Beratungsfirma, auf die Stellensuchende in der Regel postalisch mit Bewerbungen reagieren. Daneben gibt es weitere Rekrutierungsstrategien wie die Direktansprache, Personalmarketingaktivitäten an Schulen und Hochschulen, Rekrutierungsmessen, Marketingbroschüren oder Imageanzeigen.

Im Folgenden werden die Möglichkeiten, die das Internet sowohl für die Rekrutierung von Mitarbeitern als auch für die Bewerbung bei Unternehmen bietet, aufgezeigt. Insbesondere wird auf die Platzierung von Stellenanzeigen im Internet und auf Möglichkeiten der Kontaktaufnahme und Bewerbung für Stellensuchende mit Hilfe des Internets eingegangen. Weiterhin wird die Nutzung des Internets für die Bewerberansprache und -auswahl in der Praxis sowie dessen Stärken und Schwächen in diesen Anwendungsbereichen behandelt. Aktuelle Untersuchungen zur Akzeptanz von Bewerbungen per Internet aus der Sicht potenzieller Stellennachfrager werden separat thematisiert. Im letzten Abschnitt des Beitrags werden schließlich die Perspektiven des Internets im Bereich des Personalmarketings aufgezeigt und diskutiert.

2. Bewerberansprache und Bewerbung per Internet: Welche Möglichkeiten bietet das Medium?

Im Vergleich zu der klassischen Vorgehensweise der Bewerberansprache durch die Positionierung von Stellenangeboten in Zeitungen und Zeitschriften (Printmedien) verfügt das Internet – insbesondere das World Wide Web – über deutlich mehr Gestaltungsoptionen, die sich gezielt für die Bewerberansprache nutzen lassen. Neben Text und Bild erlaubt das Internet den Gebrauch dynamischer Medien wie Video, Ton und

Animationen. Auch lassen sich Verweise auf ergänzende Informationen, z.B. durch den Zugriff auf die Internetseiten eines Unternehmens, herstellen, die quantitativ weit über den Inhalt einer herkömmlichen Stellenanzeige hinausgehen (Styppa & Vogel, 1998).

Die Möglichkeiten des Internets beschränken sich aber nicht allein auf die anspruchsvolle Gestaltung von Stellenausschreibungen und die Darstellung bewerbungsrelevanter Informationen. Vielmehr kann mit Hilfe von Bewerbungsformularen im World Wide Web oder mittels E-Mail der Bewerbungsprozess zumindest in Gang gesetzt werden. Die Interaktivität des Internets, also die Fähigkeit auf spezielle Eingaben in Form von Datenausgaben zu reagieren, schafft den erforderlichen Gestaltungsspielraum, die Bewerberansprache und den Prozess des gegenseitigen Kennenlernens von Bewerber und Unternehmen entsprechend zu gestalten. Durch interaktive Elemente können etwa Selbst- oder Fremd-Beurteilungen realisiert werden, die potenziellen Bewerbern Feedback über die Eignung für eine bestimmte Stelle vermitteln und diese, je nach Passung mit einem Unternehmen, zu weiteren Bewerbungsschritten motivieren oder eher davon abhalten. Weiterhin ist auch die interaktive Informationsvermittlung durch direkte Kommunikation per *Chat* möglich. Auf diese Formen der Kontaktaufnahme und Informationsvermittlung wird weiter unten genauer eingegangen.

Die genannten Gestaltungsoptionen des Mediums erlauben es, mögliche Bewerber zielgruppenspezifisch anzusprechen, die Identifikation mit einem Unternehmen herzustellen und Selbstselektionsprozesse anzustoßen und dienen damit der Optimierung des Personalmarketings.

Zielgruppenorientierung lässt sich durch die flexiblen Gestaltungsmöglichkeiten und Darstellungsformen im Internet, speziell im World Wide Web, realisieren. Mittlerweile verfügen viele größere Unternehmen über Job- und Karriereseiten für spezielle Bewerbergruppen, die zielgruppenspezifische Anforderungen und Erwartungen vermitteln. Hierdurch soll bewirkt werden, dass der Anteil geeigneter Bewerber in der Bewerberstichprobe zunimmt (Styppa & Vogel, 1998), was wiederum die Erfolgswahrscheinlichkeit der Auswahl Geeigneter erhöhen sollte (s. Taylor & Russell, 1939).

Die Schaffung der Identifikation mit einem Unternehmen wird durch das Internet, alternativ zu Imagebroschüren und Personalmarketinganzeigen, besonders durch multimediale Unternehmensauftritte und die zeitgemäße Ansprache der Bewerber ermöglicht. Werden Stellenangebote mit Unternehmensportraits, Darstellungen des Arbeitsplatzes und Erfahrungsberichten von Jobinhabern, Erläuterung der Firmenphilosophie etc. verbunden, können sich Bewerber ein sehr genaues Bild von einer Position und von dem Unternehmen machen und schon zu einem sehr frühen Zeitpunkt prüfen, ob eine Übereinstimmung eigener Werte sowie der beruflichen Zielvorstellungen mit der Kultur und den Möglichkeiten, die das Unternehmens bietet, besteht. Auch mit diesen Gestaltungsmitteln kann die Selbstselektion von Bewerbern frühzeitig in Gang gesetzt werden (s. a. Giesen & Jüde, 1999). Voraussetzung dafür ist jedoch die Übereinstimmung des optischen Erscheinungsbilds eines Unternehmens im Internet und der Firmenkultur, was nach Auffassung einiger Autoren noch nicht allen Unternehmen gelingt (Styppa & Vogel, 1998). Werden aber durch die firmeneigene Internetdarstellung (*Homepage*) eines Unternehmens tatsächlich verlässliche Aussagen über die Unternehmenskultur getroffen, kann auch davon ausgegangen werden, dass sich Personen, die mit den darin vertretenen Auffassungen und Werten im Sinne eines *Person-Organization-Fits* (Schneider, 1987) übereinstimmen, stärker als andere von dem entsprechenden Unternehmen angezogen fühlen (Dineen, Ash & Noe, 2002).

Neben den dargestellten Gestaltungsoptionen besteht eine weitere Stärke der Internettechnologien darin, dass sich einzelne Schritte des Personalmarketings von der Bewerberansprache bis zur -auswahl einschließlich der in diesem Zusammenhang anfallenden Datenverarbeitung integrieren lassen, wie die folgende Darstellung deutlich macht.

Der erste Schritt des Personalmarketings im Internet besteht meist darin, Online-Stellenangebote in Jobbörsen oder auf der eigenen Homepage zu platzieren, um die für das Unternehmen relevanten Bewerber anzusprechen. Sobald Interesse bei potenziellen Bewerbern geweckt ist, und durch die Vermittlung von Informationen über Stellenanforderungen die Entscheidung für eine Bewerbung unterstützt wurde, kann der Schritt dahin durch ein Online-Bewerbungsformular sehr einfach gestaltet werden (Schröter & Schwartz, 2002). Die von den Bewerbern eingegebenen Daten können direkt und ohne zusätzliche Eingabearbeit in eine Bewerberdatenbank übernommen werden, die über das firmeninterne Intranet zugänglich ist. Mit Hilfe der Datenbank lassen sich automatisch generierte Eingangsbestätigungen verschicken und ggf. Bewerbernummern oder ein persönliches Kennwort für den Zugang der Kandidaten zu Informationen über den aktuellen Status ihrer Bewerbung vergeben. Mit Hilfe von Filterfunktionen wird ein erster Selektionsschritt nach verschiedenen Kriterien wie z.B. Alter, Mobilität, Qualifikationen oder anderen Kriterien entsprechend der Stellenanforderungen bereits zu einem sehr frühen Zeitpunkt im Bewerbungsprozess realisierbar (Schröter & Schwartz, 2002; Moser & Zempel, 2002; Lamprecht & Mailahn, 1998; Stroh, 1998; Dick, 2002). Nach der Vorselektion der Bewerber sind dann per Internet weitere Auswahlschritte mit *Online Assessments* und Tests möglich (s. Kirbach & Montel, 2002).

Zu beachten ist, dass es in diesem Szenario keine Medienbrüche gibt, alle Schritte sind prinzipiell mittels Internettechnologie realisierbar.

Ein letzter Aspekt der hier angesprochen werden soll, um das Potenzial des Internets für das Personalmarketing deutlich zu machen, bezieht sich auf die mit der Nutzung dieses Mediums verbundenen Auswirkungen auf den Stellenmarkt. Für Bewerber wird mit Hilfe des Internets die Zugänglichkeit von Stellenausschreibungen und bewerbungsrelevanten Informationen, für Unternehmen die Erreichbarkeit der Bewerbermärkte verbessert, da ohne regionale oder nationale Beschränkungen Zugriff auf die Inhalte des Internet möglich sind, ein Computer mit Internetanschluss vorausgesetzt. Die Internetseiten einzelner Unternehmen können damit unabhängig von ihrem Standort jederzeit ohne großen Aufwand aufgesucht werden. Weiterhin gibt es so genannte Jobbörsen, die Stellenausschreibungen bündeln sowie Suchmaschinen, die darauf spezialisiert sind, Stellenanzeigen im Internet nach vorgegebenen Kriterien zu suchen (z.B. www.jobrobot.de) und dem Nutzer damit Recherchearbeit in einzelnen Jobbörsen oder auf Unternehmens-Homepages abnehmen (s. Gutmann, 2002). Insgesamt sollte sich hierdurch die Wahrscheinlichkeit, dass Bewerber auf eine vakante Stelle aufmerksam werden oder sich für ein ihnen bisher unbekanntes Unternehmen interessieren, erhöhen und die Transparenz der Stellenmärkte vergrößern.

3. Platzierung von Stellenausschreibungen im Internet

Die Präsentation von Stellenanzeigen im Internet erfolgt größtenteils über die Unternehmens-Homepage oder über so genannte Jobbörsen. Schließlich gibt es auch die weniger verbreitete Form, gekürzte Stellenanzeigen per E-Mail durch Anbieter elektronischer Stellenmärkte als so genannte Direkt-Mailings zu verschicken, teilweise schon bevor diese in den Printmedien erscheinen (Moser & Zempel, 2001). Auf diese Form der Mitarbeiteranwerbung soll hier nicht weiter eingegangen werden.

3.1 Stellenausschreibungen über die Unternehmenshomepage

Zahlreiche Firmen bieten auf ihren eigenen Internetseiten Informationen über Karrieremöglichkeiten in einer speziellen Rubrik zum Thema Jobs und Karriere an (Göritz & Moser, 2002). Je nach Unternehmen ist diese Rubrik unterschiedlich ausgestaltet. In der Regel findet man hier ein umfangreiches Spektrum an Informationen über das Unternehmen, Erfahrungsberichte von Stelleninhabern, die Beschreibung der Unternehmenskultur und auch Stellenangebote. Darüber hinaus werden häufig Verbindungen zu Informationen über die Unternehmenskultur und andere Aspekte der Organisation gegeben und teilweise auch die Möglichkeit angeboten, sich in eine Bewerberdatenbank einzutragen.

Ähnlich wie in Printmedien listen die meisten Unternehmen zu besetzende Stellen zunächst überblicksartig auf. Durch Anklicken werden dann weitere Informationen zu der Stelle angezeigt und u.U. Möglichkeiten zur Bewerbung per Internet oder für eine Kontaktaufnahme angegeben.

In Abhängigkeit von der Unternehmensgröße oder der Anzahl ausgeschriebener Stellen werden für die gezielte Stellensuche häufig Filtermöglichkeiten z.B. nach Berufsfeldern, Einsatzort etc. oder auch interne Suchmaschinen angeboten. Häufig sind Stellenangebote insbesondere bei größeren Unternehmen nochmals unterteilt in Angebote für unterschiedliche Zielgruppen, z.B. für Bewerber mit einem speziellen Abschluss, für Studierende, Praktikanten oder Auszubildende.

3.2 Stellenanzeigen über Jobbörsen

Durch Jobbörsen oder auch elektronische bzw. Online-Stellenmärkte werden im Internet eigenakquirierte Stellenangebote auf einem eigenen Server angeboten und gepflegt oder aber auf die Homepage eines Unternehmens verzweigt, auf der dann die eigentlichen Stellenangebote zu finden sind (s. a. Straub, 1998).
Es hat sich ein Markt mit zahlreichen spezialisierten gewerblichen Anbietern entwickelt, die Jobbörsen als Kerngeschäft betreiben, in dem aber auch Personalberatungsunternehmen, Verlage und die Bundesanstalt für Arbeit tätig sind (Straub & N.N., 1997). Mittlerweile haben fast alle großen überregionalen und viele regionale Tageszeitungen in Deutschland parallel zu Stellenmärkten in Printausgaben Online-Stellenmärkte aufgebaut, in denen nicht nur Printanzeigen gespiegelt, sondern mit konzeptionellen Überlegungen und Angeboten verknüpft werden, die durchaus gleichwertig mit

denen exklusiver Online-Anbieter sind (Gutmann, 2002). Es existieren internationale, nationale und regionale Jobbörsen sowie spezialisierte Anbieter für bestimmte Branchen oder Ausbildungszweige (Hünninghausen, 2002). Anbieterübersichten für Jobbörsen finden sich etwa bei Karrasch (2000), Dick (2002) oder Gutmann (2002).

Für Stellsuchende bieten Jobbörsen einen – in der Regel kostenlosen – Überblick über angebotene Stellen. Die Angebote können mit Hilfe von Suchfunktionen nach Stichworten durchsucht werden (Gutmann, 2002). Unterstützt wird die Stellensuche in Jobbörsen durch Funktionen zur Spezifikation gesuchter Stellen nach bestimmten Kriterien wie z.B. Tätigkeitsbereich, Branche, Beruf, Region, Firmenname oder auch dem individuellen Qualifikationsprofil (Straub & N.N., 1997). Auch gibt es die Möglichkeit, sich Stellenanzeigen nach individuell zugeschnittenem Suchprofil via E-Mail zuschicken zu lassen.

In Deutschland gibt es Jobbörsen seit Mitte der 90er Jahre. In den späten 90er Jahren setzte ein „regelrechter" Jobbörsen-Boom ein (Gutmann, 2002). Derzeit gibt es in Deutschland über hundert Jobbörsen (Hünninghausen, 2002; Gutmann, 2002). Es wird jedoch damit gerechnet, dass sich der Markt auf wenige Anbieter konzentrieren wird (Karie, 2002).

Hatten sich Jobbörsen zunächst vorwiegend auf die Schaltung von Stellenanzeigen konzentriert, verstehen sich marktführende Jobbörsen immer mehr als Karriereportale mit Mittlerfunktion zwischen Unternehmen und Kandidaten. Nicht mehr nur die Anzahl und Aktualität der Angebote, sondern zunehmend auch die Zahl und Qualität der Bewerber wird zum Markenmerkmal. Jobbörsen „mutieren" damit zu Agenturen für Personalmarketing, die über das Internet Bewerber rekrutieren. In Bewerberdatenbanken werden Kandidaten präsentiert, mit denen das Unternehmen gegen Gebühr direkt Kontakt aufnehmen kann (Gutmann, 2002).

Schließlich ermöglichen es einige Jobbörsen Bewerbern, über Job-Foren eigene Stellengesuche aufzugeben. Diese Stellengesuche bieten den Bewerbern die Möglichkeit einer individuellen Selbstdarstellung und den personalsuchenden Unternehmen einen schnellen Überblick über potentielle Bewerber sowie einen Weg der unverzüglichen und direkten Kontaktaufnahme (Moser & Zempel, 2001).

3.3 Stellenanzeigen in Newsgroups

Newsgroups sind ursprünglich für elektronische Diskussionen konzipierte Foren im Internet, an die Beiträge gesendet und dort kostenlos öffentlich zugänglich gemacht werden können. Damit bieten *Newsgroups* auch Nutzungsmöglichkeiten für das Personalmarketing, da sich hier Stellenangebote in speziellen Rubriken jederzeit veröffentlichen lassen. Die Gestaltungsmöglichkeiten von Stellenangeboten in *Newsgroups* sind auf die Textform beschränkt, jedoch besteht die Möglichkeit z.B. auf die medial reichhaltiger gestalteten Human-Resource-Seiten eines Unternehmens im World Wide Web zu verzweigen. *Newsgroups* werden zur Veröffentlichung von Stellenangeboten weniger häufig als Stellenbörsen oder Homepages und mit abnehmender Tendenz genutzt (s. Känzig, 1998).

4. Kontaktaufnahme und Bewerbung per Internet

Nach erfolgreicher Stellensuche im Internet gibt es für Bewerber unterschiedliche Möglichkeiten, mit einem Unternehmen Kontakt aufzunehmen oder sich direkt zu bewerben, wobei Online-Bewerbungen meist alternativ zu klassischen Bewerbungsformen per Post angeboten werden.

Die geläufigsten Formen der Online-Kontaktaufnahme und -Bewerbung werden im Folgenden kurz vorgestellt.

4.1 E-Mail

Für die Kontaktaufnahme mit einem Unternehmen oder die Beschaffung weiterer Information wird in der Regel eine Kontaktperson aus der Personalabteilung oder aus dem Linienmanagement mitsamt einer zugehörigen Telefonnummer, E-Mail-Adresse oder Postanschrift angegeben, bei der sich Bewerber über ausgeschriebene Stellen informieren können.

Bei der Bewerbung per E-Mail, die einige Unternehmen anbieten, wird die Bewerbung an eine speziell angegebene Adresse gesendet und ggf. durch Dateianhänge (*attachments*) ergänzt. Anders als bei der Verwendung schematisierter Fragebögen oder Bewerbungsformulare, die elektronisch ausgewertet werden können, wird dem Bewerber bei dieser Bewerbungsform die Möglichkeit gegeben, sich individuell und in freier Form zu präsentieren. Die Bewerbung via E-Mail bietet nach Auffassung einiger Autoren für Bewerber wesentlich mehr Möglichkeiten sich darzustellen als andere Bewerbungsformen (Styppa & Vogel, 1998). Andererseits wird von Bolender (1999) angemerkt, dass Bewerbungen per E-Mail die Möglichkeiten des Internet kaum ausnutzen und daher nicht medienadäquat seien.

4.2 Beurteilungsverfahren

Einige Unternehmen bieten zusätzlich zu der Kontaktaufnahme per Internet interaktive Maßnahmen zur Selbst- und Fremdbeurteilung (*Assessments*, *Self-Assessments*) per Internet an.

(*Self-*)*Assessments* dienen der (Selbst-)Einschätzung potentieller Bewerber in Bezug auf Stellenanforderungen. Die Einschätzung wird meist an Hand vorgegebener standardisierter Fragen zu der fachlichen Qualifikation, zu sozialen Kompetenzen, Interessen und auch zu Persönlichkeitseigenschaften durchgeführt. Durch Rückmeldung über die Befragungsergebnisse erhalten Bewerber die Möglichkeit, ihre eigenen Fähigkeiten und besonderen Qualitäten in Bezug auf stellenspezifische Anforderungen zu überprüfen (Bolender, 1999) sowie ihre Eignung für bestimmte Stellen und auch die Übereinstimmung mit den Werten und der Kultur der Organisation zu erkennen. Auf die selektive Wirkung von Rückmeldungen über die Passung von Bewerber und Organisation weisen Befunde von Dineen, Noe und Ash (2002) hin, nach denen eine positive Rückmeldung über den *Person-Organization-Fit* die Anziehungskraft eines Unternehmens für Bewerber erhöht und bei negativer Rückmeldung verringert. Als ein der Online-Bewerbung vorgeschaltetes Modul bieten (*Self-*)*Assessments* damit die Möglichkeit, die Zahl der Online-Bewerbungen einzuschränken und gleichzeitig die Qualität der Bewerber für das Unternehmen zu erhöhen.

4.3 Chat

Das Akronym *Chat* steht für „conversational hypertext access technology" (s. www.atis.org/tg2k). Mittels *Chat* können sich zwei oder mehr Personen über das Internet per Texteingabe synchron zu einer bestimmten Thematik „unterhalten". *Chat* dient seltener der Bewerbung als vielmehr der Vermittlung von Informationen über ein Unternehmen oder eine ausgeschriebene Stelle bzw. der allgemeinen Kontaktaufnahme (s. Känzig, 1998). Bewerber haben die Möglichkeit, ausschließlich in einem Dialog mit Unternehmensvertretern zu kommunizieren oder sich an einem offenen *Chat* zu beteiligen, an dem auch Dritte teilnehmen. In so genannten *Chat rooms* können sich interessierte Bewerber anmelden und mit Unternehmensvertretern jobrelevante Fragen klären. Einige Unternehmen ermöglichen es potenziellen Bewerbern, mit Hilfe dieses Mediums Mitarbeiter des Unternehmens kennen zu lernen und etwas über deren Tätigkeit zu erfahren. Selten gibt es auch Ansätze, *Chat* für den Auswahlprozess zu nutzen (Känzig, 1998; Lamprecht & Mailhan, 1998).

4.4 Bewerbungsformulare

Für Bewerbungen per Internet werden am häufigsten – zumindest durch größere Unternehmen – Online-Bewerbungsformulare genutzt (Styppa & Vogel, 1998).

Bei Bewerbungsformularen handelt es sich um strukturierte Formulare, mit deren Hilfe persönliche Daten eines Bewerbers, Informationen über den Ausbildungsweg und Details zu beruflichen Tätigkeiten sowie über weitere Kenntnisse, Fähigkeiten und Interessen abgefragt werden. Jobbörsen und Unternehmen versuchen auf ihren Karriereseiten im World Wide Web das Kandidatenprofil durch Bewerbungsformulare so gut wie möglich zu spezifizieren und die für die Personalabteilung relevanten Daten zu erfassen. Teilweise besteht auch die Möglichkeit zur Eingabe von Freitext (Dick, 2002), sowie Photos, Zeugnisse, Lebensläufe etc. als Dateianhänge (*attachments*) zu übermitteln (Frickenschmidt, Görgülü & Jäger, 2001). Je nachdem ob es sich bei den Dateianhängen um Textdokumente oder um Scans von Zeugnissen oder Photos handelt, kann hierdurch die Menge der zu übermittelnden Daten sehr umfangreich werden.

Der Aufbau und die Komplexität von Bewerbungsformularen unterscheiden sich stark von Unternehmen zu Unternehmen. Meistens handelt es sich nicht nur um eine Maske, sondern um eine Folgen von 5 bis15 Masken, deren Bearbeitung teilweise 15 bis 30 Minuten Zeit beansprucht, was nicht immer vorab angekündigt wird.
Die eingegebenen Daten werden am Ende der Dateneingabe an die betreffende Personalstelle gesandt oder – abhängig von der technischen Integration des Bewerbungsmanagements – automatisch in eine Bewerberdatenbank übernommen und dort weiterverarbeitet.

Wichtig bei der Gestaltung von Bewerbungsmasken ist, dass sie motivierend gestaltet sind und über eine gute Benutzbarkeit verfügen. Sie sollten es erlauben, die Bewerbung persönlich zu halten und den Bewerbern eine individuelle Auskunft über Qualifikationen, Erfahrungen und Ziele ermöglichen. Weiterhin wird empfohlen, Bewerbungsformulare als Instrument des zielgruppenorientierten Personalmarketings zu verstehen und bei deren Gestaltung die Bedürfnisse der Bewerber konsequent zu berücksichtigen (s. a. Schröter & Schwartz, 2002). Auch spielen Originalität und eine emotional ansprechende Aufbereitung der Inhalte eine wichtige Rolle, um Interesse bei den Nutzern zu wecken und mit ihnen in einen Dialog treten zu können (Giesen, 2002).

5. Verbreitung des Internets für das Personalmarketing

Nach Einschätzung einiger Autoren ist ein zunehmender Trend zur Veröffentlichung von Stellenanzeigen in Online-Stellenbörsen und auf Unternehmens-Hompages zu beobachten (Migula & Alewell, 1999; Frickenschmidt, Görgülü & Jäger, 2001). In Online-Stellenmärkten bzw. Jobbörsen wurden 1997 gerade einmal 6.580 Stellenangebote gezählt, im Jahr 2001 betrug die Menge bereits 365.000 Angebote (Gutmann, 2002). Auch die Nachfragesituation stellt sich für die Jobbörsen gut dar. So wurden z.B. für den Anbieter Jobs & Adverts (heute: Jobpilot) vor fünf Jahren 6 Millionen Zugriffe im Monat berichtet (Styppa & Vogel, 1998). Aktuelle Zahlen zeigen jedoch einen – mit Ausnahme weniger spezialisierter Anbieter – konjunkturbedingten Rückgang veröffentlichter Stellenanzeigen in Jobbörsen (Karie, 2002).

Stellenangebote im Internet konzentrieren sich immer noch auf bestimmte Branchen und Qualifikationsprofile: Die meisten Stellenangebote in Jobbörsen kommen nach wie vor aus den Bereichen Informationstechnik und Multimedia. Hauptsächlich werden über das Medium Hochschulabsolventen, Fach- und Führungskräfte sowie Praktikanten/Diplomanden gesucht (Straub, 1998; Migula & Alewell, 1999, S. 600). Laut Emnid (Emnid, 2002) steigt mit der Schulbildung der Arbeitnehmer der Anteil derer, die im Internet nach einer Stelle suchen würden, während sich geringer Qualifizierte und einfache Arbeiter eher an das Arbeitsamt wenden. Nach Einschätzung einiger Autoren ist das Internet derzeit vor allem für die Auswahl innovativer Bewerber geeignet, da es sich noch nicht als üblicher Standard etabliert hat (Moser & Zempel, 2001).
Genaue Angaben zur Verbreitung von Unternehmens-Homepages für die Personalrekrutierung variieren. Ein „großer" Teil deutscher Unternehmen nutzt derzeit das Internet für die Rekrutierung von Mitarbeitern (Gutmann, 2002), in den USA sind dies 90 % der Großunternehmen (Cober, Brown, Blumenthal, Doverspike & Levy, 2000). Tatsächlich muss bei der Einschätzung der Nutzung des Internets für die Personalrekrutierung die Unternehmensgröße beachtet werden. Während es bei den großen deutschen Unternehmen 70 % und mehr sind, verringert sich der Anteil bei mittleren (42 %) und kleinen (19 %) Unternehmen deutlich (Styppa & Vogel, 1998). Die Bewertung der Homepages der 100 größten deutschen Unternehmen zeigt, wie für die

USA, dass fast alle diese Unternehmen über eine Human-Resource-Rubrik auf ihrer Homepage verfügen (Göritz & Moser, 2002; Frickenschmidt, Görgülü & Jäger, 2001). Ein Großteil (85 %) dieser Unternehmen veröffentlicht auf diesem Weg auch Stellenanzeigen (Göritz & Moser, 2002).

Angaben darüber, wie viele deutsche Unternehmen Online-Bewerbungen anbieten, variieren zwischen 25 % (Riederer von Paar & von Braun, 1998) und 32 % (Giesen & Jüde, 1999). Von den 100 größten deutschen Unternehmen ermöglichen 35 % die Bewerbung mit stellenspezifischem und 13 % per unspezifischem Bewerbungsformular. Die Hälfte dieser Unternehmen stellen noch keine Bewerbungsformulare zur Verfügung und 38 % ermöglichen auch keine Bewerbung per E-Mail. Die Befunde der Untersuchung werden von den Autoren dahingehend interpretiert, dass die meisten der analysierten Unternehmen ihre Human-Ressource-Rubrik noch immer hauptsächlich als Informationsmedium benutzen und die technischen Möglichkeiten des Internets für die Rekrutierung nur in wenigen Fällen ausschöpfen (Göritz & Moser, 2002, S. 143).

Trotz der derzeit intensiven und weiterhin zunehmenden Nutzung des Internets für die Präsentation und Suche von Stellenanzeigen (Riederer von Paar & von Braun, 1998; Gutmann, 2002), sind Printmedien, insbesondere die überregionalen Zeitungen, immer noch die meist genutzten Medien für Stellenanzeigen (Gutmann, 2002). Es wird auch nicht angenommen, dass es in absehbarer Zeit zu einer echten Verlagerung der Stellenanbieter und -suchenden in Richtung Internet kommen wird (Giesen & Jüde, 1999).

Vielmehr steht die Vermutung im Raum, dass immer mehr Unternehmen dazu übergehen werden, ihre Offerten – in Ergänzung zu Anzeigenschaltungen in Printmedien – auch im Internet zu platzieren, und dass es damit zu einer Koexistenz der Printmedien und des Internets für die Veröffentlichung von Stellenanzeigen mit zielgruppenspezifischen Gestaltungsformen kommen wird (Giesen & Jüde, 1999). Anstatt einander zu ersetzen, scheinen sich in der Praxis daher neue Medien und Printmedien eher zu ergänzen als zu ersetzen (Giesen, 2002).

Nach der bereits erwähnten Emnid-Umfrage ist auch aus Sicht der Arbeitsplatzsuchenden die Affinität zum Papier noch ungebrochen (Emnid, 2002). Die Hauptinformationsquelle bei der Stellensuche ist nach wie vor die klassische Anzeige in der Tages- oder Wochenpresse. Zwei Drittel der Suchenden nutzen die Zeitung (67 %), um sich über aktuelle Stellenangebote zu informieren. Der Stellenmarkt im Internet (Jobbörsen) wird von gut der Hälfte der Arbeitssuchenden (53 %) gewählt, während nur 11 % der Befragten auf der Homepage von Firmen suchten. An dritter Stelle liegt der Gang zum Arbeitsamt (36 %). Nach Einschätzung der Studie hat damit das Internet im Trend zu vorherigen Umfragen zugelegt, während die übrigen Medien, mit Ausnahme von Fachzeitschriften, deren Anteil sank, in ihrer Relevanz im Großen und Ganzen konstant blieben (s. Gutmann, 2002).

Die Rücklaufquoten für Internet-Stellangebote liegen heute noch deutlich unter denen der Printmedien (Giesen & Jüde, 1999). Allerdings finden sich in einzelnen Fallstudien Hinweise für eine deutlich effektivere Nutzung von Online-Bewerbungen (s. Lamprecht & Mailhahn, 1998), nach denen bei alternativ angebotenen konventionellen und Online-Bewerbungen der Prozentsatz von Online-Bewerbungen von 10 auf über 70 Prozent erhöht wurde (s. Domdey & Friedrich, 2002).

Was die Gestaltung angeht, so werden bisher, abgesehen von einigen wenigen Ausnahmen, die Möglichkeiten des Internets für das Personalmarketing und die Personalrekrutierung noch nicht ausgeschöpft (Giesen, 2002; Schröter & Schwartz, 2002; Göritz & Moser, 2002). Zwar verfügen die meisten der untersuchten Karriereseiten über Informationen zum Unternehmen und etwa die Hälfte über Hinweise zu Einstiegs- und Entwicklungsmöglichkeiten. Allerdings variiert die Informationstiefe und -breite enorm.

Während funktionales Design der Human-Resource-Auftritte im Internet von einigen Autoren als gegeben betrachtet und die Benutzerführung und die Navigation als befriedigend bewertet werden (Frickenschmidt, Görgülü & Jäger, 2001), wird der Standard bei der Interaktivität bemängelt. Hier bewegen sich die allermeisten Unternehmen noch in einem Zustand mit vielen Verbesserungsmöglichkeiten und großem Entwicklungspotential (Frickenschmidt, Görgülü & Jäger, 2001). Interaktive Elemente wie Online-Bewerbung, Bewerbervorauswahl oder auch *Self-Assessments* setzt nur ein kleiner Prozentsatz der Unternehmen ein (Giesen, 2002). Von den 100 größten deutschen Unternehmen nutzt beispielsweise keines *Chat* oder Diskussionsforen und nur sechs *Self-Assessments* (Göritz & Moser, 2002). Hier besteht noch großer Handlungsbedarf, denn viele Bewerber bewegen sich permanent im Internet und haben entsprechende Ansprüche an Internetauftritte (Giesen, 2002).

Laut Göritz und Moser (2002) ist mit zunehmender Unternehmensgröße der Internetauftritt besser gestaltet. Als Erklärung wird die bessere Ressourcenlage, der umfangreichere Personalbedarf und die damit verbundene Nutzung einer größeren Anzahl von Rekrutierungsquellen sowie die professionellere Personalarbeit größerer Unternehmen herangezogen.

Unternehmen, die tatsächlich ein elektronisches Bewerbungsmanagement und eine integrierte Datenverarbeitung, wie in einigen Fallbeispielen dargestellt (s. etwa Lamprecht & Mailhahn, 1998), realisiert haben, sind derzeit noch selten (Schröter & Schwartz, 2002). Bewerbungsformulare schaffen zwar die Möglichkeit, sich zu bewerben, werden bislang aber nur selten zur konsequenten elektronischen Weiterverarbeitung der Daten genutzt (Schröter & Schwartz, 2002).

6. Stärken und Schwächen des Internet als Medium für die Personalrekrutierung

Im Folgenden werden die Vor- und Nachteile des Mediums für die Personalrekrutierung aus Unternehmens- und aus Bewerbersicht zusammengefasst.

6.1 Stärken und Schwächen aus Unternehmenssicht

Als wohl auffälligster Vorzug der Personalrekrutierung per Internet für Unternehmen werden immer wieder die im Vergleich zu Printmedien geringen Kosten genannt (Gutmann, 2002; Riederer von Paar & von Braun, 1998; Kerkow & Kipker, 1999; Fincke

& Eckl, 2002; Göritz & Moser, 2002; Schröter & Schwartz, 2002). Suchanzeigen können länger und billiger im Internet veröffentlicht werden als in Zeitungen (Richter & Horster, 2002; Giesen & Jüde, 1999), wobei jedoch für Jobbörsen steigende Preise festgestellt werden (Schröter & Schwartz, 2002).

Weitere Stärken der Online-Rekrutierung werden bei der Umsetzung eines konsequenten „e-cruiting" in Bezug auf die Prozesskostenoptimierung gesehen (Schröter & Schwartz, 2002). Diese kann allerdings nur dann erreicht werden, wenn der gesamte Rekrutierungsprozess in einem geschlossenen Arbeitsablauf verbunden wird (Schröter & Schwartz, 2002) und alle Aktivitäten von der Stellenausschreibung über die Bewerbung und das Bewerbermanagement bis hin zur Einstellung integriert und damit schnell, einfach und effizient durchführbar werden.

Die umfassende Integration aller Abläufe in einem System hilft, Redundanzen aufzudecken und den Koordinationsaufwand durch Vermeidung unnötiger Mehrfacharbeit und von Medienbrüchen zu reduzieren. Da die Eingabe der Bewerberdaten durch die Bewerber per Online-Bewerbungsformular selber vorgenommen wird (Schröter & Schwartz, 2002), wird dem Unternehmen Routinearbeit erspart (Dick, 2002). Weiterhin entfällt durch die automatische und parallele Dokumentation zusätzliche Aktenhaltung (Schröter & Schwartz, 2002). Somit kann durch die Prozessintegration eine Entlastung der Personalabteilung erreicht werden.

Bezifferungen der Effizienzsteigerung durch Prozessintegration belaufen sich zugunsten der „virtuellen Bewerberabwicklung" gegenüber der „traditionellen Bewerberabwicklung" in einem Verhältnis von eins zu acht in Bezug auf Zeit und Kosten. Auf einer Basis von 100 Bewerbungen wird in Arbeitszeit gerechnet ein Vorteil von bis zu 60 Stunden angegeben (Jäger & Jäger, 1997). Bei der Bewertung dieser Angaben muss jedoch berücksichtigt werden, dass es sich um Schätzungen handelt. Untersuchungen, in denen die Kostenvorteile empirisch bestimmt wurden, fehlen bisher.

Neben Kostengesichtspunkten werden Vorteile des Internets für die Personalrekrutierung auch in den angesprochenen – im Vergleich zu Printmedien – besseren Gestaltungsmöglichkeiten gesehen. Im Internet kann ein ungleich größeres Platzangebot für die Informationsvermittlung gegenüber Stellenanzeigen „intelligent" genutzt werden (Jäger & Jäger, 1997). Weiterhin unterliegen Online-Ausschreibungen weit weniger Restriktionen in Bezug auf Inhalt und Layout als herkömmliche Stellenanzeigen in Printmedien. Diese Gestaltungsmöglichkeiten erlauben die gezielte Ansprache spezieller Bewerbergruppen und durch die genaue Beschreibungen von Arbeitsanforderungen die Förderung von Selbstselektionsprozessen und damit möglicherweise auch der Eindämmung eines ungezielten größeren Bewerbungsaufkommens (Jäger, 1998).

Auch in Bezug auf die Distribution und die Verfügbarkeit von Informationen werden Vorteile zugunsten des Internets gesehen. Während Anzeigen in Printmedien zeitlich begrenzt und meist nur einmalig erscheinen, sind Unternehmensprofile und Stellenanzeigen in Jobbörsen über einen langen Zeitraum online, meist mit einem Minimum von drei Monaten (Giesen & Jüde, 1999; Göritz & Moser, 2002). Auf der eigenen Unternehmenshomepage lassen sich entsprechende Darstellungen ohne Zeitlimit präsentieren. Hinzu kommt, dass Internetseiten ständig verfügbar sind (s.a. Göritz & Moser, 2002).

Das Internet erlaubt die nahezu uneingeschränkte Verbreitung von Stellenangeboten für die es weder nennenswerte regionale noch nationale Grenzen gibt (Styppa & Vogel, 1998). Unternehmen erhalten damit die Möglichkeit einer weltweiten Bewerberansprache (Känzig, 1998; Moser & Zempel, 2001).

In Bezug auf die Distribution von Informationen oder Stellenanzeigen kann zusätzlich die Schnelligkeit als Stärke des Internets aufgeführt werden, die sich zum einen aus der unmittelbaren und weniger aufwändigen Aktualisierbarkeit der Stellenausschreibungsseiten auf dem firmeneigenen Server und den ebenfalls schnell aktualisierbaren Informationen in elektronischen Stellenmärkten ergibt (Göritz & Moser, 2002; Stroh, 1998).

Für viele kleinere Unternehmen, deren Homepages von relevanten Zielgruppen häufig nicht ohne Weiteres gefunden werden, haben insbesondere Stellenbörsen einen großen Vorteil. Auf diesem Wege können auch diese Unternehmen per Internet eine große Anzahl potentieller Bewerber erreichen (s. Styppa & Vogel, 1998; Giesen & Jüde, 1999).

Schließlich schätzen Unternehmen den Imagegewinn durch die Präsenz ihrer Personalmarketingaktivitäten im Internet positiv ein (Migula & Alwell, 1999). So wird aus Sicht von über 120 befragten Personalverantwortlichen die unternehmenseigene Homepage für die allgemeine Imagepflege und Bewerbermotivation im Vergleich zu anderen Instrumenten des Personalmarketings am besten unterstützt (Giesen, 2002). Auch erscheinen Unternehmen, die das Internet für das Personalmarketing nutzen, den Bewerbern als technologisch, fortschrittlich und als kommunkationsstarke Arbeitgeber (Giesen & Jüde, 1999).

Den genannten Stärken des Internet als Medium zur Personalrekrutierung stehen aus Unternehmenssicht einige Schwachpunkte.

Neben dem branchenbezogenen extrem hohen Bewerberaufkommen, das den Rekrutierungsprozess häufig unnötig aufbläht, werden als Nachteil der Personalrekrutierung per Internet oftmals die Zunahme ungeeigneter Bewerber genannt. An dieser Stelle besteht möglicherweise ein *trade off*: Zwar werden die Rekrutierungskosten durch Online-Bewerbungen erheblich reduziert, aber die Unternehmen sehen sich häufig einer Flut von Bewerbungen ausgesetzt, da das breiter zugängliche Stellenangebot mehr Bewerbungen bewirkt. Die gewünschte Zeit- und Kostenersparnis kann dann durch die erhöhten Bearbeitungsquantitäten konterkariert werden (Gutmann, 2002). Die Gefahr hierfür ist zumindest dann gegeben, wenn noch keine Prozessintegration in der oben beschriebenen Weise realisiert ist. Dieser negativen Konsequenz von Online-Bewerbungen sollte jedoch auch durch die deutliche Kommunikation von Stellenanforderungen entgegenzuwirken sein (s.o.).

Ein Schwachpunkt speziell von Bewerbungsformularen besteht darin, dass sie durch die vorgegebenen Eingabemöglichkeiten und die strikte Vorgabe in Bezug auf die einzugebenen Daten zu Uniformität zwingen (Kürn, 2002). Für Online-Bewerbungen besteht besonders in Kombination mit automatischen Auswahlprozeduren die Gefahr, nur „genormte Standardtypen" zu erhalten und eine breite Palette und Vielfalt unterschiedlicher Bewerber zu verlieren (Styppa & Vogel, 1998).

Schließlich scheint das Internet für die Anwerbung nicht aller Bewerber gleich gut geeignet zu sein. In vielen Unternehmen gilt nach wie vor, dass eine Bewerbung auf eine Führungsposition auch einer exklusiven Form bedarf (Gutmann, 2002). Auch gibt es empirische Hinweise dafür, dass künftige Führungskräfte dem Medium Internet kritisch gegenüber stehen und der klassischen Bewerbungsmappe den Vorzug geben. So glauben mehr als 2/3 von 1.000 befragten Hochschulabsolventen und jungen Berufstätigen aus Wirtschaftswissenschaften, Ingenieurwissenschaften, Informatik und Mathematik, dass die herkömmliche Mappe seriöser wirke als eine Bewerbung via Internet. Rund 70 % hielten die Möglichkeit einer Online-Bewerbung nicht für geeignet, den künftigen Arbeitgeber von der eigenen Individualität zu überzeugen (Gutmann, 2002).

6.2 Stärken und Schwächen aus Bewerbersicht

Für Bewerber ergibt sich durch die Bewerbung via E-Mail oder Bewerbungsformular prinzipiell die Chance, wesentlich schneller zu einer Vorauswahl oder zu einem Bewerbungsgespräch eingeladen zu werden als bei einer klassischen Bewerbung (Moser & Zempel, 2001). Auch bedeutet eine Bewerbung im Internet für den Bewerber meist einen geringeren Zeitaufwand (Göritz & Moser, 2002) vorausgesetzt, dass nicht noch nachträglich eine schriftliche Bewerbung angefordert wird.

Wie für Unternehmen, so hat die Markttransparenz und sehr gute Verfügbarkeit von Online-Stellenanzeigen auch für Bewerber positive Auswirkungen. Potenzielle Bewerber können sich im Internet jederzeit über ein breites Spektrum von Stellenangeboten informieren und darauf bewerben (Göritz & Moser, 2002).

Als Nachteil gegenüber klassischen Bewerbungen werden noch deutliche Sicherheitsprobleme, hervorgerufen durch fehlende Diskretion bei der computergestützten Datenverarbeitung, gesehen. Jeder Nutzer in einem Unternehmen mit Zugang zu einem entsprechenden Server hat Zugriff auf die „Online-Bewerbungen" und die mitgesandten Unterlagen. Es wird vermutet, dass bei Bewerbern eine gewisse Zurückhaltung entsteht, persönliche Daten über das Internet zu versenden, da befürchtet wird, dass Datenschutz und -sicherheit nicht immer gewährleistet sind (Göritz & Moser, 2002; Köhler & Jüde, 2000).

Auch für Bewerber kann ein Nachteil darin gesehen werden, dass der Bewerbungsweg über das Internet derzeit nur in einzelnen Branchen praktikabel ist. Speziell in sozialen Berufsfeldern sind hier bisher wenig Aktivitäten zu finden (Moser & Zempel, 2001).
Weiterhin wird der Umfang privater Stellenmärkte und firmeneigener Rekrutierungsseiten bisher noch als zu gering bewertet, als das in ihnen von den Bewerbern eine Alternative zu konventionellen Stellenanzeigen gesehen werden könnte. Auch schreckt viele Bewerber die mangelnde Aktualität, die schlechte Übersichtlichkeit der Struktur vieler Stellenmärkte und unseriöse Angebote wie Kettenbriefe ab (Moser & Zempel, 2001). Insgesamt werden die Schwächen, die der Bewährung dieser Rekrutierungsmöglichkeit im Wege stehen, von einigen Autoren als noch recht gravierend eingeschätzt (Moser & Zempel, 2001).

Weitere Probleme ergeben sich, wahrscheinlich mit abnehmender Tendenz, aus dem Entwicklungsstand des Mediums: Die technischen Voraussetzungen sind auf der

Bewerberseite bisher häufig unzureichend, um die in Verbindung mit Stellenanzeigen oder Unternehmensdarstellungen auftretenden umfangreichen Datenmengen zu übermitteln (Moser & Zempel, 2001). Dies dürfte auch für E-Mail Bewerbungen und Bewerbungsformulare gelten, insbesondere dann, wenn von der Möglichkeit Gebrauch gemacht wird, diese durch umfangreiche Dateianhängen (*attachments*) zur Übermittlung gescannter Zeugnisse oder Photos zu ergänzen.

Auch wird – sicherlich immer noch berechtigter Weise – angenommen, dass die häufig recht einfach gestalteten und „rudimentären" Bewerbungsformulare aus Sicht motivierter Bewerber eher abschreckend wirken (Schröter & Schwartz, 2002).

Schließlich besteht häufig aus Unternehmens- als auch aus Bewerbersicht ein noch ambivalentes Verhältnis gegenüber Bewerbungen per Internet, da potentielle Bewerber häufig noch darüber im Unklaren gelassen werden, ob Unternehmen ihre Bewerbung nicht lieber doch in konventioneller Version per Post erhalten würden (Jäger & Jäger, 1997).

6.2.1 Empirische Untersuchungen zur Akzeptanz des Mediums aus Bewerbersicht

Verschiedene Untersuchungen haben sich mit der Akzeptanz des Mediums aus Bewerbersicht beschäftigt.

Im Rahmen einer Untersuchung der Fachhochschule Wiesbaden wurden 112 Hochschulabsolventen und kaufmännischer Führungsnachwuchs zur Nutzung und Akzeptanz von Bewerbungen per Internet befragt (Jäger & Jäger, 1997). Die Ergebnisse zeigen, dass sich rund die Hälfte der Befragten regelmäßig, d.h. einmal im Monat, über Job-Angebote in Jobbörsen oder direkt auf Unternehmensseiten informieren. Rund 13 % der Befragten hatten sich bereits schon einmal auf ein Jobangebot im Internet beworben, 79 % ziehen dies in Erwägung (Jäger & Jäger, 1997, S. 31). Bewerbungen per Internet werden von der Hälfte der Befragten als zukunftsweisend, von 40 % als zeitökonomisch und von 44 % als sehr praktisch bewertet. Nur 21 % sehen Online-Bewerbungen als problematisch und 15 % als bedenklich an.

Auch eine von Giesen (2002) zitierte Befragung von Studierenden zum Thema „Online-Bewerbung" zeigt, dass potentielle Bewerber Internet-Bewerbungen „recht offen" gegenüber stehen. Ein Drittel der Befragten würde von der Möglichkeit, sich per Internet bei einem Unternehmen zu bewerben, auf jeden Fall, knapp die Hälfte vielleicht und nur 20 % überhaupt nicht Gebrauch machen. Allerdings wird in der zitierten Studie von eher negativen Erfahrungen der Studierenden mit Online-Bewerbungen berichtet (keinerlei Reaktionen , Standardantwortmails etc.).

In einer weiteren Studie mit Studierenden der Fachrichtungen Wirtschaftswissenschaften, Informatik, Mathematik/Physik der Universität Osnabrück (Janssen, 2000, Hamborg, Janssen & Runde, 2002) wurden Bewerbungsformulare im Rahmen von Bewerbungsszenarien bewertet und in einer Fragebogenuntersuchung die Einstellung gegenüber Online-Bewerbungen erhoben.

Die Bewertung der Bewerbungsformulare hatte zwei Ziele: erstens die Generierung von Bewertungsdimensionen für das in der Fragebogenuntersuchung eingesetzte Instrument, zweitens Schwachpunkte und Gestaltungsmaßnahmen für die untersuchten Bewerbungsformulare zu erheben.

Bewertet wurden Bewerbungsformulare eines großen deutschen Softwareherstellers, dessen Personalmarketingauftritt im Internet sich in Rankings der hundert größten deutschen Unternehmen unter den ersten 10 befindet (Frickenschmidt, Görgülü & Jäger 2001; Göritz & Moser, 2002). Die Bewertung wurde in zwei Focus-Gruppen-Untersuchungen mit jeweils vier bzw. fünf Teilnehmern durchgeführt und richtete sich auf die Informationsdarbietung, auf Möglichkeiten der Navigation innerhalb der Bewerbungsformulare und deren Steuerung sowie auf die Dateneingabe. Der Bewertung waren Bewerbungsszenarien vorausgegangen.

Die Untersuchungsergebnisse zeigen deutliche Gestaltungsmängel der Bewerbungsformulare. Insbesondere wurde die unübersichtliche Gestaltung und die damit verbundene schwere Orientierung in den Formularen bemängelt. Navigations- und Steuerungsmöglichkeiten wurden teilweise nicht erkannt und es kam es zu Datenverlust bei dem Rückwärtsblättern in den Bewerbungsformularen.

Besonders wurde die fehlende Flexibilität bei der Dateneingabe bemängelt sowie die Tatsache, dass Textfelder nicht genug Zeichen aufnehmen und es keine Möglichkeiten gibt, spezielle Qualifikationen einzugeben.

Das Ziel der Fragebogenuntersuchung bestand darin, die Einstellung potentieller Bewerber gegenüber Online-Bewerbungen zu erfassen. Dazu wurden insgesamt 105 Studierende aus den angegebenen Fachrichtungen mit einem standardisierten Fragebogen befragt. Der Fragebogen umfasste die folgenden Fragekomplexe:
1. Akzeptanz von Online-Bewerbungen,
2. Vorteile von Online-Bewerbungen,
3. Nachteile von Online-Bewerbungen.

Alle Teilnehmer der Befragung hatten Vorerfahrung mit dem Internet und knapp 70 % mit der Jobsuche im Internet. Etwas weniger als die Hälfte der Befragten kannten sowohl die Bewerbungsformen E-Mail, E-Mail mit Dateianhang als auch Bewerbungsformulare.

Die Untersuchungsergebnisse zeigen insgesamt eine gute Akzeptanz von Online-Bewerbungen. Grundsätzlich positiv gegenüber dem Medium sind 86 % der befragten Studierenden eingestellt. Etwas mehr als zwei Drittel halten Online-Bewerbungen für eine echte Alternative zu herkömmlichen Bewerbungen und 80 % schätzen diese Bewerbungsform als innovativ ein. Mehrheitlich präferieren die befragten Studierenden jedoch klassische Bewerbungsformen (33 % Internetbewerbung vs. 67 % konventionelle Bewerbung).

Vorteilhaft an Online-Bewerbungen bewerten 91 % der Befragten die, im Unterschied zu herkömmlichen Bewerbungen, geringeren Kosten, 69 % den geringeren Arbeitsaufwand und 70 % die Möglichkeit, sich neuen Technologien gegenüber aufgeschlossen zeigen zu können. Als weiteren Vorteil von Online-Bewerbungen sehen 87 % der Befragten die Möglichkeit, direkt auf unternehmensbezogene Daten zugreifen zu können.

Als Nachteile von Online-Bewerbungen wurden jeweils von ca. der Hälfte der befragten Studierenden insbesondere die eingeschränkten Möglichkeiten gesehen, sich von anderen Bewerbern abzuheben (65 %) und sich persönlich darzustellen, da keine

Zeugnisse und Photos per Online-Bewerbung an das Unternehmen vermittelt werden können (56 %) und nur eingeschränkte Möglichkeiten zur Selbstpräsentation (54 %) bestehen.

Als weitere Nachteile wurde von 43 % der Befragten die Befürchtung geteilt, dass sich ihre Bewerbung von Unbefugten einsehen lässt.

Die Ergebnisse dieser Studie lassen sich so zusammenfassen, dass Online-Bewerbungen von potenziellen Bewerbern wohl akzeptiert aber noch nicht präferiert werden. Entgegen der grundsätzlich guten Akzeptanz von Bewerbungen per Internet zeigen die Ergebnisse teilweise erhebliche funktionale und die Bedienung betreffende Probleme. Bewerbungsformulare sollten weniger starr aufgebaut werden, insbesondere auch mehr individuelle Darstellungsmöglichkeiten zulassen und es dadurch den Bewerbern ermöglichen, sich von anderen abzuheben.

7. Perspektiven und Ausblick

Das Internet bietet viele Ansatzpunkte, Aktivitäten des Personalmarketings zugunsten von Bewerbern und Unternehmen effektiver und effizienter zu gestalten.

Die im Vergleich zu klassischen Medien umfangreichen Gestaltungsmöglichkeiten von Stellenangeboten und ergänzenden bewerbungsrelevanten Informationen im Internet erlauben eine verbesserte Zielgruppenorientierung bei der Bewerberansprache und, in Kombination mit interaktiven Elementen, die gezielte Konfiguration von Bewerberstichproben, wodurch sich der Erfolg der Bewerberauswahl erhöhen sollte.

Per Internet muss das Personalmarketing im Unterschied zu Printmedien nicht bei der Bewerberansprache stehen bleiben, sondern kann um Maßnahmen zur Selbstselektion von Bewerbern bis zur Online-Bewerbung erweitert werden. Die Integration dieser Schritte innerhalb eines Mediums korrespondiert mit der durch die Internettechnologie möglich werdenden Integration der im Zusammenhang mit dem Bewerbermanagement anfallenden Datenverarbeitung, die sich mit Hilfe der Internettechnologie deutlich effizienter gestalten lässt.

Eine weitere Stärke des Internet besteht in der äußerst guten Erreichbarkeit und schnellen Anpassbarkeit an Nachfrage und Angebot im Arbeitsmarkt. Dem steht jedoch einschränkend gegenüber, dass das Internet nach wie vor ein Rekrutierungsmedium für nur bestimmte Bewerbergruppen, insbesondere für Hochschulabgänger, Universitätsabsolventen und technisch affine Personen ist und dies wohl auch noch einige Zeit bleiben wird. Es kann jedoch – zumindest längerfristig – angenommen werden, dass Personalmarketingaktivitäten in Zukunft auch bei anderen Bewerbergruppen in dem Maße mehr Beachtung erfahren werden, wie sich die Struktur der Internetnutzer zunehmend der der Bevölkerung angleicht.

Um von den Stärken des Internet profitieren zu können, müssen die Möglichkeiten des Mediums jedoch auch tatsächlich umgesetzt werden. In der Praxis ist dies bisher nur selten der Fall. Vorherrschend sind derzeit hauptsächlich noch Teillösungen, die sich allenfalls am Rande der Gestaltungsoptionen bewegen. Dies gilt sowohl für die Integration der für das Bewerbungsmanagement erforderlichen Datenverarbeitung und die damit verbundenen Möglichkeiten der Automatisierung als auch für die Integration unterschiedlicher Maßnahmen des Personalmarketings von der Rekrutierung bis zur Bewerberauswahl. Selbst von den hundert größten deutschen Unternehmen scheinen die meisten ihre Human-Resource Rubrik noch immer hauptsächlich nur als Informationsmedium zu nutzen.

Aktuelle Entwicklungen weisen jedoch darauf hin, dass die Rekrutierung via Internet zunehmend konsequenter betrieben wird und Teile der Bewerberauswahl, u.U. mit unterhaltsamen Elementen versehen und als „Recruitainment" bezeichnet (Diercks & Weber, 2001; Weber & Busch, 2002), in das Internet verlegt werden (Stroh, 1998; Styppa & Vogel, 1998; Giesen & Jüde, 1999). Pionierleistung (Wottawa & Woike, 2002) wird in dieser Hinsicht der Rekrutierungsaktion *„Challenge Unlimited"* der Firma Siemens zugeschrieben (Wild, de la Fontaine & Schafsteller, 2001). Nach spezieller Zielgruppenansprache bearbeiteten im Rahmen dieser Aktion Bewerber in einem Spiel eingebettet verschiedene Einzel- und Gruppenübungen sowie psychologische Testverfahren per Internet. Auf Basis von Testwerten, Selbstbewertungen und Peer-Ratings wurde eine Vorauswahl aus einer Stichprobe von über 10.000 Bewerbern vorgenommen. Die Aktion ist sowohl bei den Bewerbern auf eine sehr große Nachfrage gestoßen als auch von Unternehmensseite sehr positiv bewertet worden. In Folge der guten Erfahrungen mit dieser Aktion wurden bereits weitere „Internet-Assessment-Systeme" entwickelt (Kirbach & Montel, 2002).

Der Erfolg des Internet in diesem Bereich hängt jedoch nicht allein von der Integration unterschiedlicher Maßnahmen des Personalmarketings oder der Realisierung des technisch Möglichen ab. Voraussetzung für die erfolgreiche Anwendung des Internet im Personalmarketing ist vielmehr auch, dass die Möglichkeiten, sich bei Firmen per Internet zu bewerben, durch potentielle Bewerber akzeptiert werden und die technischen Hilfsmittel anforderungsgerecht, leicht bedienbar und motivierend gestaltet sind. Während die Akzeptanz, zumindest bei Studierenden und Hochschulabsolventen, recht gut zu sein scheint, gibt es in Bezug auf die genannten Gestaltungsaspekte noch einiges zu bemängeln. In der Lösung dieser Gestaltungsprobleme, wie auch in der Klärung der Fragen der Datensicherheit, besteht sicher eine Voraussetzung für den zukünftigen Erfolg des Mediums.

Literatur

Bolender, J. (1999). *Personalmarketing im Internet. Eine emprische Untersuchung des virtuellen Recruiting in Deutschland.* Essen: IT Visions.

Cober, R. T., Brown, D. J., Blumenthal, A. J., Doverspike, D. & Levy, P. (2000). The quest for the qualified job surfer: It´s time the public sector catches the wave. *Public Personnel, Management, 29*, 479-494.

Dick, J. (2002). Jobbörsen für alle Zielgruppen und Branchen. *Personalwirtschaft, 6,* 36-41.

Dick, J. (2002). Auswirkungen der Web-Technologie auf den Recruitment-and-Selection-Prozess. In L. Hünninghausen (Hrsg.), *Die Besten gehen ins Netz. Report*

E-Recruitment: Innovative Wege bei der Personalauswahl (S. 87-116). Düsseldorf: Symposion.

Diercks, J. & Weber, A. (2001). Zeig´ was du kannst. *Personalwirtschaft, 12*, 46-48.

Dineen, B. R., Noe, R. A. & Ash, S. R. (2002). A Web of Applicat Attraction: Person-Organization Fit in the Context of Web-Based Recruitment. *Jorurnal of Applied Psychology, 4*, 723-734.

Domdey, W. & Friederich, K. (2002). Ohne Papier läuft es besser. *Personalwirtschaft, Sonderheft 6*, 18-20.

EMNID (2002). Informationsquellen bei der Stellensuche 2001/2002. Available: *http://www.jobware.de/ma/um/16/index.html* [31.03.2003].

Fincke, A. & Eckl, M. (2002). Evolution E-Rcruitment – Das Internet als Rekrutierungsmedium. In L. Hünninghausen (Hrsg.), *Die Besten gehen ins Netz. Report E-Recruitment: Innovative Wege bei der Personalauswahl* (S. 137-160). Düsseldorf: Symposion.

Frickenschmidt, S., Görgülü, K. & Jäger, W. (2001). *Human Ressources im Internet 2001. Erneuter Vergleich der 100 größten Arbeitgeber*. Neuwied: Luchterhand.

Giesen, B. (2002). Von der Online-Präsentation zum integralen Electronic Recruiting. In L. Hünninghausen (Hrsg.), *Die Besten gehen ins Netz. Report E-Recruitment: Innovative Wege bei der Personalauswahl* (S. 59-86). Düsseldorf: Symposion.

Giesen, B. & Jüde, P. (1999). Personalmarketing im Internet. *Personal, 2*, 64-67.

Göritz, A. & Moser, K. (2002). Personalmarketing im Internet – Eine Untersuchung des Auftritts der 100 größten deutschen Unternehmen. *Zeitschrift für Personalpsychologie, 3*, 141-148.

Gutmann, J. (2002). Jobbörsen und Karriereportale in Deutschland. Eine Marktübersicht mit Handlungsempfehlungen. In L. Hünninghausen (Hrsg.), *Die Besten gehen ins Netz. Report E-Recruitment: Innovative Wege bei der Personalauswahl* (S. 191-222). Düsseldorf: Symposion.

Hamborg, K.-C., Janssen, P. & Runde, B. (2002). Personalmarketing per Internet: Untersuchungen zur Bewertung des Mediums aus Bewerbersicht [Abstract]. In E. van der Meer, H. Hagendorf, R. Beyer, F. Krüger & A. Nuthmann (Hrsg.), *Programm Abstracts, 43. Kongress der Deutschen Gesellschaft für Psychologie in Berlin 2002* (S. 450). Lengerich: Pabst.

Hünninghausen, L. (2002). Personalsuche als strategischer Erfolgsfaktor – Einführung und Zielsetzung des Buches. In L. Hünninghausen (Hrsg.), *Die Besten gehen ins Netz* (S. 11-17). Düsseldorf: Symposion.

Jäger, W. (1998). Personalmarketing im Internet. *Personal, 2*, 64-67.

Jäger, W. & Jäger, M. (1997). Virtuelle Bewerberabwicklung im Internet. *Personalwirtschaft, 3*, 30-31.

Janssen, P. (2000). *Personalmarketing per Internet*. Unveröffentlichte Diplomarbeit, Universität Osnabrück.

Känzig, Th. (2002). Rekrutierungskonzept für das Internet. *Personalwirtschaft, 12*, 54-58.

Karie, R. (2002). Jobbörsen zeigen Zuversicht. *Personalwirtschaft. Sonderheft 6*, 34-35.

Karrasch, J. (2000). Jobbörsen im Internet. *Personalwirtschaft, Sonderheft 5*, 6-11.

Kerkow, H & Kipker, I. (1999). Das Internet als komplementäres Medium im Personalmarketing. *Personalführung, 12*, 58-62.

Kirbach, C. & Montel, C. (2002). PERLS – Ein neues System für das Internet-Recruiting und -Assessment. *Wirtschaftspsychologie, 1*, 39-43.

Köhler, K. & Jüde, P. (2000). Electronic Recruiting, *Personal, 3*, 152-155.

Kürn, H.-C. (2002). Internet fördert die Uniformität. *Personalwirtschaft*. Sonderheft 6, 42.

Lamprecht, S. & Mailhahn, J. (1998). Effektive Bewerberauswahl via Internet. *Personalwirtschaft, 1*, 42-46.

Maassen, O. (1997). Neue Medien im Personalmarketing. *Personalführung*, 6, 516-518.

Migula, C. & Alewell, D. (1999). Internet-Stellenanzeigen als Medium der Personalbeschaffung. *Personal, 12*, 599-603.

Moser, K. & Zempel, J. (2002). Personalmarketing. In H. Schuler (Hrsg.), *Lehrbuch der Personalpsychologie* (S. 63-87). Göttingen: Hogrefe.

Richter, J. & Horster, K. (2002). Die Besten gehen ins Netz. In L. Hünninghausen (Hrsg.), *Die Besten gehen ins Netz. Report E-Recruitment: Innovative Wege bei der Personalauswahl* (S. 161-187). Düsseldorf: Symposion.

Riederer von Paar, T. & von Braun, D. (1998). Rekrutierungsmedium der Zukunft. *Personalwirtschaft, 1*, 47-51.

Schneider, B. (1987). The people make the place. *Personnel Psychology, 40*, 437-454.

Schröter, T. & Schwartz, M. (2002). Der E-Cruiting-Workflow und seine Umsetzung im Unternehmen. In L. Hünninghausen (Hrsg.), *Die Besten gehen ins Netz. Report E-Recruitment: Innovative Wege bei der Personalauswahl* (S. 21-40). Düsseldorf: Symposion.

Straub, R. & N. N. (1997). Jobbörsen im Internet – Eine Marktübersicht. *Personalwirtschaft, 9*, 33-37.

Straub, R. (1998). Turbulentes Wachstum bei Jobbörsen. *Personalwirtschaft, 6*, 16-17.

Stroh, K. H. (1998). Effiziente Nachwuchssuche im Internet. *Personalwirtschaft, 3*, 42-46.

Styppa, R. & Vogel, L. (1998). Personalakquisition via Internet. *Personal, 3*, 118-120.

Taylor, H. & Russell, J. (1939). The relationship of validity coefficients to the practical effectnivness of tests in selection: Discussion and tables. *Journal of applied psychology, 23*, 565-578.

Weber, A. & Busch, D. (2002). Recruitainment: Karriere- und Bewerbermanagement im Flow. *Wirtschaftpsychologie, 1*, 44-48.

Wild, B., de la Fontaine, A. & Schafsteller, C. (2001). Fishing for Talents: Internet Recruiting auf neuen Wegen. *Personalführung, 34*, 66-70.

Wottawa, H. & Woike, J. (2002). Internet-Recruiting und - Assessment: Eine Chance, die Wirtschaftspsychologen nutzen sollten! *Wirtschaftspsychologie, 1*, 33-38.

Präferenzmessung im Personalmarketing durch optimal geplante Conjoint-Analysen

Heinz Holling

1. Einleitung

Personalmarketing stellt mittlerweile ein etabliertes Gebiet innerhalb des Personalmanagements dar. Es wird häufig als ein umfangreiches Aufgabenfeld beschrieben, das alle Maßnahmen zur Versorgung eines Unternehmens mit qualifizierten Mitarbeitern beinhaltet (vgl. z.B. Scholz, 2000). Moser und Zempel (2001) strukturieren dieses Gebiet anhand des in fünf Phasen gegliederten Rekrutierungsprozesses von Personal: Zunächst liegt ein Pool potenzieller Bewerber vor. Aus diesem Pool können tatsächliche Bewerber resultieren. Stellen sich diese Bewerber der Organisation vor, wird ihnen möglicherweise ein Stellenangebot unterbreitet. Akzeptieren sie das Angebot, verbleiben sie eine gewisse Zeit in der Organisation. Mit diesen Schritten handelt es sich hier um ein vielfältiges Gebiet, das z.B. die folgenden Themen umfasst: Determinanten der Wahl von Berufen und Stellen, Erwartungen hinsichtlich Ausbildung und Beruf, Analyse interner und externer Bewerbermärkte, Werbestrategien und -maßnahmen sowie Entscheidungsstrategien von Bewerbern.

Wie Baldus und Holling (1997) zeigen, können für viele Fragestellungen und Aufgaben des Personalmarketings Methoden und Konzepte aus dem klassischen Absatzmarketing genutzt werden. Dazu gehören insbesondere Methoden zur multiattributiven Entscheidungs- und Nutzenanalyse, die zum Standardrepertoire des Absatzmarketing zählen und hier mit großem Erfolg eingesetzt werden. In empirischen Studien zum Personalmarketing werden solche Verfahren nur vereinzelt eingesetzt. Eine der wenigen Ausnahmen ist die Untersuchung von Wiltinger (1997), der anhand eines neueren Verfahrens zur Nutzenanalyse, der adaptiven Conjoint-Analyse, die Präferenzen von Bewerbern analysiert. Damit Arbeitgeber attraktiv für Bewerber und ihre Arbeitnehmer sind, müssen sie die Präferenzen der potenziellen Bewerber sowie der Organisationsmitglieder möglichst genau kennen, um sich im Wettbewerb mit konkurrierenden Organisationen effektiv verhalten zu können. Denn der Erfolg einer erfolgreichen Personalpolitik hängt stark von der Übereinstimmung des Stellenprofils mit den Präferenzen der Bewerber ab.

Ein klassisches Verfahren der Conjoint-Analyse setzt Franke (1999) zur Identifikation von High-Potentials unter BWL-Studenten ein. Um die am besten qualifizierten Absolventen gibt es auf den Personalmärkten einen zunehmenden Wettbewerb. Anhand der Ergebnisse der Conjoint-Analyse entwickelt er einen Qualifikationsindex, der eine Selektion von High-Potentials anhand von sechs unterschiedlichen Attributen erlaubt. Der Autor kann dann zeigen, dass es den in seiner Studie untersuchten Unternehmen nicht gelingt, sich bei den hoch qualifizierten High-Potentials als attraktiver Arbeitgeber zu profilieren.

Im vorliegenden Beitrag stellen wir zunächst die Grundlagen der Conjoint-Analyse anhand der Studie von Wiltinger (1997) vor. Anschließend geben wir einen kurzen Überblick über wichtige Verfahren der Conjoint-Analyse und behandeln dann ausführlicher das wohl am häufigsten im Marketing bzw. in der Markforschung eingesetzte Verfahren, die adaptive Conjoint-Analyse. Die Leistungsfähigkeit dieses computergestützten Verfahrens, das adaptive Versuchspläne verwendet, kann durch den Einsatz optimaler Versuchspläne entscheidend verbessert werden. Anhand einer empirischen Studie zur Analyse von Präferenzen für Nebenjobs zeigen wir auf, in welchem Ausmaß die Effizienz und damit die Ökonomie dieser Methode gesteigert werden kann.

2. Grundlagen der Conjoint-Analyse

Das Rationale der Conjoint-Analyse sei hier anhand der oben erwähnten Studie von Wiltinger (1997) dargestellt. Ausgehend von acht Attributen untersucht dieser Autor mittels der adaptiven Conjoint-Analyse (s.u.) die Präferenzen von Bewerbern.

In Tabelle 1 sind die gemittelten Teilnutzenwerte für alle Attributausprägungen dargestellt. Diese Teilnutzenwerte, die auf der Basis einer Stichprobe von 298 Absolventen und Studenten wirtschaftswissenschaftlicher Studiengänge bestimmt wurden, geben an, welchen Nutzen diese Ausprägungen für den Gesamtnutzen eines Objekts erbringen. Ursprünglich wurden diese Nutzenwerte für jeden Probanden einzeln bestimmt und erst dann gemittelt. Somit ermöglicht dieses Verfahren auch Nutzenanalysen auf der Einzelfallebene und ist damit bei entsprechenden Fragestellungen, z.B. im Rahmen der Berufsberatung, eine geeignete Methode.

Die Teilnutzenwerte für jedes einzelne Attribut erfüllen die Anforderungen an eine Intervallskala, damit ist die für Intervallskalen erlaubte Transformation $y = bx + a$ möglich. Zusätzlich gilt jedoch, dass der Skalierungsfaktor b über alle Attribute hinweg identisch ist. Damit kann nur die Konstante a für jedes Attribut unterschiedlich sein. Für die Berechnung des Gesamtnutzenwerts einer Alternative werden zumeist die entsprechenden Teilnutzenwerte addiert. So lässt sich der Gesamtnutzen eines jeden beliebigen Stellenangebots durch eine einfache Addition der entsprechenden Teilnutzenwerte errechnen.

Das Stellenangebot mit der geringsten Attraktivität ist dasjenige mit den jeweils geringsten Teilnutzenwerten auf jedem Attribut, also von Hoechst mit einem Jahreseinkommen von 26 000 € etc. Aufgrund des Intervallskalenniveaus sind die Differenzen zwischen den Teilnutzenwerten verschiedener Attribute direkt vergleichbar. Ein kooperativer Führungsstil ist gegenüber einem hierarchischen Führungsstil mit einer Teilnutzendifferenz von 64 Punkten gegenüber den beiden unterschiedlichen Sozialleistungsangeboten mit einer Differenz von 36 Punkten fast doppelt so wichtig. Interessant ist im vorliegenden Fall, dass durch die Einbeziehung des Attributs „Einkommen" auch das Äquivalent eines Teilnutzenwertes auf der Euro-Skala bestimmt werden kann. Dazu nehmen wir vereinfachend die in Klammern angegebenen Nutzenwerte des Attributs *Einkommen* an, die eine lineare Nutzenfunktion widerspiegeln. Hier entspricht eine Einkommensdifferenz von 4 000 € immer 22 Nutzenpunkten, womit 1 Nutzenpunkt 181.18 € entspricht. Damit können die Nutzenwerte aller Attribute in Euros transformiert werden. Der Unterschied einer Stelle mit keinen Überstunden gegenüber einer Stelle mit häufigen Überstunden entspricht somit ceteris paribus einem Unterschied im Einkommen von (39-2)·181.18 € = 6 703.66 €. Wiltinger (1997) diskutiert auf diesem Wege das finanzielle Äquivalent der einbezogenen Firmennamen.

Tabelle 1: Ergebnisse der Studie von Wiltinger (1997), s. Text für weitere Erläuterungen

Attribut	Ausprägung	Teilnutzenwert
Unternehmen	Commerzbank	32
	Daimler-Benz	46
	Hoechst	24
	McKinsey	53
Einkommen (in €)	26 000	2 (2)
	30 000	26 (24)
	34 000	47 (46)
	38 000	69 (68)
	40 000	91 (90)
Aufstiegs- und Karrierechancen	schlecht	0
	gut	101
Sozialleistungen	gesetzliche Mindestleistungen	0
	gesetzliche und betriebliche Leistungen	36
Weiterbildung	kaum Weiterbildung	0
	regelmäßige Weiterbildung	76
Führungsstil	traditionell hierarchisch	0
	kooperativ	64
Freizeit	keine Überstunden	39
	häufig Überstunden auch am Wochenende	2
Tätigkeitsspektrum	häufig Routinearbeit	0
	abwechslungsreiche Tätigkeit	88

Aus der Differenz zwischen dem höchsten und dem geringsten Teilnutzenwert eines jeden Attributs resultiert die Wichtigkeit der Attribute. Somit stellt im vorliegenden Fall das Attribut *Aufstiegschancen* das wichtigste Attribut dar gefolgt vom Attribut *Einkommen*.

Anhand von Tabelle 1 kann nun auch die Attraktivität aller potenziellen Stellenangebote sowie jeder Teilmenge, so z.b. der in einem bestimmten Zeitraum veröffentlichten Angebote, ermittelt werden. Bestimmt man die Nutzenwerte für eine solche Menge an Stellenangeboten anhand einer repräsentativen Stichprobe von Probanden, lassen sich Marktanteilsschätzungen vornehmen. Gemäß einem einfachen Modell, dem so genannten First-Choice-Modell, stellt man bei jedem Probanden fest, welches Stellenangebot den höchsten Gesamtnutzen besitzt. Die relative Häufigkeitsverteilung der Stellenangebote mit dem höchsten Gesamtnutzen dient als Marktanteilsschätzung. Weiterhin können Was-wäre-wenn-Szenarien durchgespielt werden. Werden die Teilnutzenwerte bestimmter Attributausprägungen variiert, verändert sich die Bewerbungssituation. So haben die Unternehmen Anhaltspunkte dafür, welche Attribute zu verändern sind, um mehr Bewerber zu erhalten.

In Tabelle 1 sind die mittleren Teilnutzenwerte angegeben, grundsätzlich werden Teilnutzenwerte einschließlich Standardfehler und damit Konfidenzintervalle bei dem hier eingesetzten Verfahren der adaptiven Conjoint-Analyse zunächst für jeden Probanden einzeln geschätzt. Damit kann sich jeder Proband anhand seiner Teilnutzenwerte für das Unternehmen entscheiden, das für ihn den höchsten Gesamtnutzen aufweist. Die adaptive Conjoint-Analyse ist somit auch in optimaler Weise für individuelle Entscheidungen bzw. die Beratung von einzelnen Probanden geeignet.

Umgekehrt mögen mittels der adaptiven Conjoint-Analyse auch die individuellen und/oder gemittelten Teilnutzenwerte der Entscheidungsträger in der Personalabteilung zu den für die Stellenbesetzung wichtigen Attributausprägungen der Bewerber erhoben werden. Damit können die Entscheidungsgrundlagen der Personalabteilung eruiert und transparent gemacht werden.

Die adaptive Conjoint-Analyse lässt sich relativ einfach durchführen, da mittlerweile mehrere Computerprogramme existieren, die die Durchführung der einzelnen oben dargestellten Schritte in komfortabler Weise erlauben. Ein neueres derartiges Computerprogramm ALASCA stammt von Holling, Jütting und Großmann (2000).

3. Verfahren der Conjoint-Analyse

Die Conjoint-Analyse stellt eine Familie von Verfahren dar, die zur Messung des (Gesamt-)Nutzens einer Menge von Objekten bzw. Alternativen auf der Basis des (Teil-)Nutzens der sie definierenden Attributausprägungen dienen. Die zu bewertenden Alternativen müssen nicht unbedingt anhand aller Attribute definiert werden, es können auch lediglich Teilmengen der Attribute herangezogen werden. Im ersten Fall spricht man von einer Vollprofilmethode, ansonsten von einer Teilprofilmethode.

In Tabelle 2 sind Beispiele für ein Vollprofil und Teilprofile der Profilstärke 5 bzw. 3 für unser einleitendes Beispiel von Wiltinger (1997) dargestellt. Die Profilstärke gibt jeweils die Anzahl der einbezogenen Attribute an.

Tabelle 2: Beispiele für ein Vollprofil und Teilprofile der Profilstärke 5 bzw. 3

Commerzbank	Hoechst	McKinsey
30 000 €	34 000 €	42 000 €
gute Aufstiegschancen	schlechte Aufstiegschancen	gute Aufstiegschancen
gesetzliche Sozialleistungen	gesetzliche Sozialleistungen	
regelmäßige Weiterbildung	kaum Weiterbildung	
traditioneller Führungsstil		
keine Überstunden		
häufig Routinearbeit		

Die Conjoint-Analyse wird auch als dekompositionelles Verfahren bezeichnet, da die Teilnutzenwerte der einzelnen Attributausprägungen und davon abgeleitet die Wichtigkeiten der Attribute aus den Bewertungen von Voll- bzw. Teilprofilen „dekomponiert" werden. Grundlage der Beurteilung sind Profile, die durch mehrere, mindestens zwei Attribute beschrieben werden. Damit müssen die Probanden für die Gesamtbewertung eines jeden Profils die Bedeutung der Ausprägungen unterschiedlicher Attribute gegeneinander abwägen.

Häufig bestehen Präferenzmessungen im Personalmarketing, aber auch im Rahmen von Anforderungsanalysen für die Personalauswahl und -entwicklung, lediglich aus Einschätzungen der Wichtigkeiten der Attribute anhand von Ratingskalen. Dadurch besteht hier die Gefahr, dass der so genannte Bandbreitenfehler auftritt, der daraus resultiert, dass Probanden die tatsächliche Bandbreite des Attributs bei der Wichtigkeitseinschätzung ignorieren. So mag das Attribut *Gehalt* bei der Wichtigkeitseinschätzung von Stellenangeboten eine sehr hohe Ausprägung erhalten, auch dann, wenn sich das Gehalt bei den zur Diskussion stehenden Alternativen nur unwesentlich unterscheidet. Der Bandbreitenfehler zählt zu den am häufigsten vorkommenden Fehlern im Rahmen der Nutzenmessung. Da bei Conjoint-Analysen die Attribute nicht abstrakt beurteilt werden, sondern immer Profile anhand konkreter Attributausprägungen (mit den minimalen sowie maximalen Ausprägungen), ist hier kaum mit Bandbreitenfehlern zu rechnen.

Wir werden im Folgenden die unterschiedlichen Verfahren der Conjoint-Analyse anhand des Typs der Bewertungsaufgabe differenzieren. Zunächst stellen wir solche Verfahren vor, bei denen Profile in eine Rangreihe zu bringen sind, dann Ratings und Paarvergleiche von Profilen und schließlich Wahlaufgaben, bei denen ein Profil jeweils aus einer Menge von Profilen ausgewählt werden muss.

3.1 Conjoint-Analysen auf der Basis von Rangreihen und Ratings

Bei der klassischen Form der Conjoint-Analyse müssen die Probanden Vollprofile entsprechend ihrer Präferenz in eine Reihenfolge bringen. Sind alle Attribute diskret und werden alle möglichen Vollprofile gebildet, können aus den Rangreihen, wenn sie bestimmte Bedingungen erfüllen (s. Fishburn & Roberts, 1998, 1989), Nutzenwerte auf Intervallskalenniveau bestimmt werden. Dieses als endliches Conjoint-Measurement bezeichnete Verfahren impliziert jedoch sehr restriktive Bedingungen sowie fehlerfreie Urteile der Probanden, so dass es im Rahmen empirischer Erhebungen kaum eine Rolle spielt.

Bekannter als das endliche Conjoint-Measurement ist das Conjoint-Measurement für stetige Attribute (vgl. Krantz, Luce, Suppes & Tversky, 1971). Hier werden ebenfalls Bedingungen für eine additive Repräsentation ordinaler Präferenzen von Vollprofilen formuliert. Neben den oben genannten Einschränkungen für das endliche Conjoint-Measurement gelten hier zusätzliche restriktive Bedingungen, die darüber hinaus gar nicht empirisch überprüft werden können. Damit ist auch diese Form des Conjoint-Measurements ohne Bedeutung für die empirische Praxis.

Jedoch war das Conjoint-Measurement in historischer Hinsicht entscheidend für die Entwicklung der Conjoint-Analyse (vgl. Green & Rao, 1971). Auch heute wird die Rangreihung von Vollprofilen zuweilen noch als das Standardverfahren der Conjoint-Analyse erachtet. Da eine Rangreihung aller möglichen Vollprofile, sobald sie eine Anzahl von ca. 30 Alternativen überschreitet, in der Regel den Probanden nicht zuzumuten ist, ist eine Auswahl der Vollprofile zumeist anhand fraktionierter Designs zu treffen (s.u.).

Zur Bestimmung der Teilnutzenwerte auf der Basis von Rangreihen können mehrere Algorithmen eingesetzt werden. Zur Schätzung der Nutzenwerte wird in vielen statistischen Standardprogrammpaketen, wie z.B. SPSS, die gewöhnliche Kleinste-Quadrate-Schätzung (OLS) eingesetzt. Alternativ werden auch Verfahren der linearen Programmierung, monotonen Varianzanalyse oder optimalen Skalierung verwendet.

Zusammenfassend betrachtet ist die klassische Form der Conjoint-Analyse, die auf OLS-Schätzungen von Rangreihen basiert, nichts anderes als eine spezifische Form der Varianzanalyse bzw. der multiplen Regression, oder noch allgemeiner betrachtet stellt sie einen Spezialfall des Allgemeinen Linearen Modells dar, wobei allerdings das notwendige Skalenniveau für die abhängige Variable nicht erfüllt ist. Die Nutzenwerte stellen somit die Regressionsgewichte geeignet kodierter Dummy-Variablen dar. Die Wichtigkeit eines Attributs wird dabei aus der Differenz der Teilnutzenwerte der höchsten und geringsten Attributausprägung gebildet.

Anstelle der Rangreihung von Vollprofilen können auch Ratingskalen zur Beurteilung des Nutzens von Vollprofilen eingesetzt werden. Hiermit wird dem von der Varianzanalyse geforderten Intervallskalenniveau der abhängigen Variablen Rechnung getragen. Die statistische Auswertung kann dann wiederum über eine multiple Regression erfolgen, wobei die in geeigneter Weise kodierten Attribute die unabhängigen Variablen bilden. Während Conjoint-Analysen auf der Basis von Rangreihen recht häufig eingesetzt werden, ist die Verwendung von Ratingskalen für die Beurteilung von Vollprofilen seltener zu finden.

3.2 Conjoint-Analysen auf der Basis von Paarvergleichen

Metrische Paarvergleiche von Teilprofilen sind im Rahmen der Conjoint-Analyse sehr verbreitet, da sie als zentrale Erhebungsmethode im Rahmen des führenden Software-

Programms zur Durchführung der Conjoint-Analyse ACA (Sawtooth Software, 1994) verwendet werden. Bei metrischen Paarvergleichen ist die Nutzendifferenz der dargebotenen Profile zu beurteilen. In Abbildung 1 ist eine spezifische Form des metrischen Paarvergleichs anhand des Programms ALASCA (Holling et al., 2000) dargeboten. Die hier verwendeten Attribute zur Beschreibung von studentischen Nebenjobs (s. Tab. 5) stammen aus dem weiter unten dargestellten Experiment zum Personalmarketing.

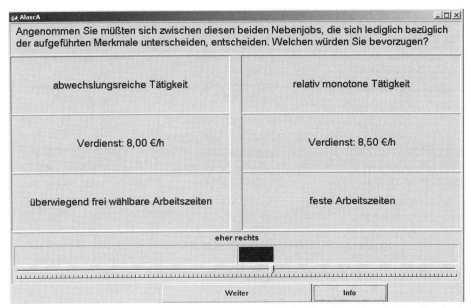

Abbildung 1: Beispiel für einen metrischen Paarvergleich mit Teilprofilen der Profilstärke 3

Auch Conjoint-Analysen basierend auf Paarvergleichen bilden Spezialfälle des Allgemeinen Linearen Modells, da sie im Falle der zumeist gewählten OLS-Regression einer multiplen Regression entsprechen. Wird von einer Äquidistanz der Anker einer Ratingskala abgesehen und lediglich Ordinalskalenniveau angenommen, können kumulative Logitmodelle zur Schätzung der Nutzenwerte eingesetzt werden, während bei diskreten Paarvergleichen in der Regel binäre Logitmodelle zur Parameterschätzung benutzt werden. Mehrere Anwenderbefragungen zeigen, dass Paarvergleiche auch von den Probanden positiv bewertet werden (vgl. Wittink, Vriens & Burhenne, 1994; Melles & Holling, 1998).

3.3 Conjoint-Analysen auf der Basis diskreter Wahlen

Diskrete Wahlmodelle zählen zu den insbesondere im Marketing häufiger eingesetzten Methoden. Hier wird den Probanden jeweils eine Teilmenge von zumeist drei oder vier Vollprofilen dargeboten, aus denen ein Profil ausgewählt werden soll. Dabei kann weiterhin, wenn keine der dargestellten Alternativen attraktiv erscheint, die Antwort "keine der Alternativen" angekreuzt werden. In Abbildung 2 findet sich ein Beispiel wiederum mittels des Programms ALASCA.

Bitte wählen Sie den Nebenjob aus, der Ihnen am meisten zusagt. Würden Sie keinen dieser drei Nebenjobs annehmen, drücken Sie die Taste "keine dieser Alternativen".		
Verdienst: 8,00 €/h	Verdienst: 7,00 €/h	Verdienst: 8,50 €/h
mittlere geistige Anstrengung	geringe geistige Anstrengung	hohe geistige Anstrengung
25% Relevanz für Studium/Beruf	75% Relevanz für Studium/Beruf	100% Relevanz für Studium/Beruf
wenig Lernen erforderlich	in mittlerem Ausmaß Lernen erforderlich	in hohem Ausmaß Lernen erforderlich
mittlere körperliche Anstrengung	hohe körperliche Anstrengung	geringe körperliche Anstrengung
feste Arbeitszeiten	überwiegend frei wählbare Arbeitszeiten	feste Arbeitszeiten
wenig Umgang mit Mitarbeitern, viel mit Kunden	viel Umgang mit Mitarbeitern, wenig mit Kunden	wenig Umgang mit Mitarbeitern, viel mit Kunden
relativ monotone Tätigkeit	abwechslungsreiche Tätigkeit	abwechslungsreiche Tätigkeit
1	2	3
keine der Alternativen		

Abbildung 2: Beispiel für eine diskrete Wahlaufgabe

Die Auswertung dieser Wahlen erfolgt in der Regel anhand multinomialer Logitmodelle. Diskrete Wahlen gelten insbesondere für Kaufsituationen als ökologisch valide, da die Wahl von Vollprofilen eng mit realistischen Kaufsituationen korrespondiert.

3.4 Adaptive Conjoint-Analyse

Conjoint-Analysen auf der Basis einer Rangreihung von Vollprofilen waren lange Zeit das dominierende Verfahren in der Conjoint-Analyse. Dann fand das computergestützte adaptive Verfahren *Adaptive Conjoint Analysis* (ACA) sehr schnell Verbreitung und nahm lange Zeit eine Monopolstellung unter den computergestützten Verfahren ein. Die gesamte Konzipierung, Erhebung und Auswertung einer conjoint-analytischen Untersuchung erfolgt hier im Rahmen eines Computerprogramms. Den Kern des Verfahrens bilden metrische Paarvergleiche anhand adaptiver Designs auf der Basis des linearen Modells. Der Beurteilung von Profilen (Teil- oder Vollprofile) durch Paarvergleiche kann eine einfache Form der Nutzenmessung anhand von Rankings oder Ratings der Attributausprägungen und der Attribute vorangestellt werden, weshalb dieser Ansatz als „hybrid" bezeichnet wird. Wird diese so genannte kompositionelle Nutzenmessung durchgeführt, resultieren zwei unterschiedliche Schätzungen für die Teilnutzenwerte. Diese können anhand einer dritten, Kalibrierung genannten, Phase zusammengefasst werden. Hier werden Voll- oder Teilprofile anhand von Ratingskalen beurteilt und daraus nach der Methode der kleinsten Quadrate Regressionsparameter geschätzt, die als Gewichte für eine Linearkombination der kompositionellen und dekompositionellen Teilnutzenwerte dienen.

Als besonderer Fortschritt dieses Verfahrens wird häufig die adaptive Wahl der Paarvergleiche herausgestellt. Bei diesem Algorithmus liegen der Auswahl der präsentierten Paare neben statistischen Prinzipien auch psychologische Aspekte zugrunde. Zum einen werden die präsentierten Attribute und Ausprägungen möglichst gleichmäßig aus allen Möglichkeiten ausgewählt, um somit zu annähernd balancierten und orthogonalen Designs zu gelangen (vgl. Sawtooth Software, 1994). Andererseits sollen die Paare herausfordernd sein und eine sorgfältige gegenseitige Abwägung der Objekte verlangen. Urteile, die von vornherein eindeutig sind, sollen vermieden werden. Deshalb werden solche Alternativen gepaart, die vom Nutzen her möglichst ähnlich sind. Diesem adaptiven Algorithmus, der u.a. auch als eine Option im Programm ALASCA (Holling et al., 2000) gewählt werden kann, liegen zur Auswahl der präsentierten Paare vier Prinzipien zugrunde:

1. Feststellung der Anzahl der bisherigen Einbeziehung aller möglichen Attributkombinationen, also z.B. der Anzahl der Paarvergleiche, die sowohl das Attribut *Einkommen* als auch *Sozialleistungen* enthielten. Auswahl derjenigen Attribute für den nächsten Paarvergleich, die bisher am seltensten gemeinsam dargeboten wurden.
2. Selektion der im nächsten Paarvergleich darzubietenden Ausprägungen nach demselben Prinzip.
3. Vergleich sämtlicher Kombinationen der einzusetzenden Ausprägungen nach ihrer Nutzenähnlichkeit. Wahl des Objektpaares mit der geringsten Differenz der Nutzenwerte, die nach jedem Paarvergleich geschätzt werden.
4. Zufällige Festlegung, welches der Objekte links und welches rechts dargeboten wird.

3.5 Diskussion der unterschiedlichen Verfahren

Conjoint-Analysen auf der Basis von Rankings von Vollprofilen haben einerseits den Nachteil, dass die geschätzten Teilnutzenwerte aufgrund des Ordinalskalenniveaus der abhängigen Variablen (Ranking) in der Regel nicht eindeutig bestimmt sind. So sind z.B. für die in Tabelle 3 dargestellte Reihenfolge der Vollprofile die beiden folgenden Lösungen für die Merkmalsausprägungen (x_{11}, x_{12}, x_{21}, x_{22}, x_{31}, x_{32}) in dem Sinne äquivalent, dass sie beide die in Tabelle 3 dargestellte Rangreihe erzeugen: (.00, .51, .00, .48, .00, .01) und (.00, .70, .00, .16, .00, .14).

Andererseits können Probanden erfahrungsgemäß maximal ca. 35 Vollprofile in einer angemessenen Zeit in eine Rangfolge bringen. Bei umfassenden Attributsystemen liegen dann aber für eine sinnvolle Parameterschätzung zu wenig Profile vor. Ohnehin ist die Ordnung von Vollprofilen, die durch zahlreiche Attribute definiert sind, eine in kognitiver Hinsicht sehr anspruchsvolle Aufgabe.

Ratings von Vollprofilen stellen im Falle zahlreicher Attribute ebenfalls eine sehr aufwändige Beurteilungsaufgabe dar. Jedoch sind im Rahmen von Ratings Paarvergleiche von Profilen vorzuziehen. Gegenüber einer direkten Beurteilung von Vollprofilen haben Paarvergleiche den Vorteil, dass nicht der absolute Nutzen beurteilt werden muss, sondern die Differenz des Nutzens zwischen zwei Alternativen. Hier ist der Nutzen zweier konkreter Alternativen abzuwägen, während beim Rating einzelner Alternativen ein abstrakter Vergleichspunkt, z.B. der Mittelwert aller Alternativen, heranzuziehen ist. Vor allem zu Beginn des Ratingprozesses ist hier eine größere Unsicherheit gegeben, da die Probanden zu Beginn der Ratings im Allgemeinen nicht wissen, welche weiteren Alternativen mit welchem Gesamtnutzen folgen. Damit fehlt ein kognitiver Anker.

Tabelle 3: Reihenfolge von Vollprofilen anhand eines 2 x 2 x 2-Designs mit einer Dummy-Codierung der Attribute

Ausprägungen der Merkmale			Rang
X_1	X_2	X_3	
$x_{11} = 0$	$x_{21} = 0$	$x_{31} = 0$	1
$x_{11} = 0$	$x_{21} = 0$	$x_{32} = 1$	2
$x_{11} = 0$	$x_{22} = 1$	$x_{31} = 0$	3
$x_{11} = 0$	$x_{22} = 1$	$x_{32} = 1$	4
$x_{12} = 1$	$x_{21} = 0$	$x_{31} = 0$	5
$x_{12} = 1$	$x_{21} = 0$	$x_{32} = 1$	6
$x_{12} = 1$	$x_{22} = 1$	$x_{31} = 0$	7
$x_{12} = 1$	$x_{22} = 1$	$x_{32} = 1$	8

Auch bei der Durchführung diskreter Wahlmodelle ist ein hoher kognitiver Aufwand der Probanden in Rechnung zu stellen, insbesondere dann, wenn eine hohe Profilstärke zum Einsatz kommt. Zudem ist die „Informationsausbeute" bei diskreten Wahlen weitaus geringer als bei Ratings. Somit ist die Erhebung von Teilnutzenwerten mit hinreichend geringen Standardfehlern auf individueller Ebene bei diskreten Wahlen in der Regel kaum möglich.

Die adaptive Conjoint-Analyse geht durch die Einbeziehung des kompositionellen Teils und die adaptive Wahl der Paare über den klassischen Ansatz der Conjoint-Analyse hinaus. Mehrere Studien (Wittink et al., 1994; Melles & Holling, 1998) belegen, dass der computergestützte Ansatz ACA momentan in der Marktforschung weit verbreitet und sehr beliebt ist. Ein entscheidender Vorteil dieses Ansatzes liegt darin, dass durch die Methode des Paarvergleichs Teilprofile verwendet werden können. Durch die reduzierte Anzahl der einbezogenen Attribute kann allen zu beurteilenden Attributausprägungen genügend Aufmerksamkeit gewidmet werden, so dass wichtige Attribute nicht überbewertet werden und unwichtige Attribute ausreichend Beachtung finden.

Insgesamt gesehen sprechen zwar viele Argumente für den Einsatz von adaptiven Conjoint-Analysen, ein Nachteil für eine Messung der Teilnutzenwerte auf individueller Ebene besteht jedoch darin, dass sehr viele Paarvergleiche durchzuführen sind, insbesondere dann, wenn eine geringe Profilstärke vorliegt. Insofern stellt sich die Frage, inwiefern es Möglichkeiten zur Reduktion der Anzahl der Paarvergleiche gibt. Hier bietet sich das Gebiet der optimalen Versuchsplanung an. In dieser Disziplin geht es um die Entwicklung im Sinne bestimmter statistischer Gütekriterien möglichst effizienter Designs. Unter Verwendung dieses Ansatzes können wir ebenfalls die Güte der adaptiven Designs beurteilen.

Auch ist empirisch zu prüfen, ob die von den Autoren des Programms ACA aufgestellte Behauptung zutrifft, dass die Probanden zunehmend Indifferenz zwischen den Paaren wahrnehmen und somit ihre Auskunftsmotivation durch den Eindruck eines „mitdenkenden" Computers gesteigert wird. In den weiter unten dargestellten empirischen Studien werden wir untersuchen, welche Vor- bzw. Nachteile aus den adaptiven Versuchsplänen resultieren. Als Vergleichsmaßstab werden D-effiziente Versuchspläne eingesetzt, auf deren Entwicklung wir im Folgenden kurz eingehen.

Weiterhin haben die adaptiven Designs den Nachteil, dass ein laufendes Updating der Schätzung der Teilnutzenwerte während der Erhebung erfolgen muss. Die oben dargelegten vier Prinzipien der adaptiven Auswahl gelten für jeden einzelnen Paarvergleich. Damit ist auch nach jedem Paarvergleich eine Schätzung der Teilnutzenwerte aufgrund aller Antworten auf die bis dahin vorliegenden Paarvergleiche vorzunehmen. Eine computergestützte Durchführung dieser Form der Conjoint-Analyse ist aus diesen Gründen zwingend notwendig. Schwierigkeiten mit dem Einsatz adaptiver Conjoint-Analysen mag es aber im Rahmen von Internet-Applikationen geben, da hier lange Responsezeiten die laufende Schätzung der Parameter und damit die Darbietung der Paarvergleiche sehr bzw. zu lange verzögern können. Insofern sind feste, d.h. vor der Untersuchung festgelegte Designs insbesondere im Rahmen von Internet-Studien von entscheidendem Vorteil.

4. D-effiziente Designs für Paarvergleiche im Rahmen linearer Modelle

Im Rahmen üblicher varianzanalytischer Studien werden häufig (voll-)faktorielle Designs mit gleich großen Zellenbesetzungen eingesetzt. Die Wahl dieser Designs ist in vielfacher Hinsicht optimal. Die Effekte mehrerer Faktoren werden unabhängig voneinander geschätzt, alle Haupteffekte und Interaktionseffekte lassen sich schätzen, und für einen bestimmten Stichprobenumfang führt dieses Design zu den geringsten Standardfehlern der Parameterschätzungen und damit kürzesten Konfidenzintervallen. Diese Designs sind auch im Sinne weiterer Kriterien, die im Rahmen der optimalen Versuchsplanung entwickelt wurden, optimal. Sie erfüllen insbesondere das Kriterium der D-Optimalität, das der „kleinsten" Varianz-Kovarianzmatrix der Parameterschätzungen bzw. einem minimalen Inhalt des Konfidenzellipsoids entspricht. Nicht immer lassen sich wie im Falle (voll-)faktorieller Designs Konstruktionsprinzipien zur Erstellung D-optimaler Designs angeben. Oftmals ist es erforderlich, Designs, die möglichst gut das Kriterium der D-Optimalität erfüllen, über bestimmte Suchalgorithmen zu erstellen. Die Güte solcher D-effizienter Designs lässt sich anhand des Kriteriums der relativen D-Effizienz beurteilen (s. Anhang). An dieser Stelle möchten wir auf die Darstellung technischer Details verzichten, einige wesentliche Grundlagen sind im Anhang skizziert, ausführlichere Darstellungen dieses Gebiets finden sich z.B. bei Atkinson und Donev (1992).

Die Konstruktion D-effizienter Designs ist für lineare Modelle ein weit entwickeltes Gebiet. Einige dieser Erkenntnisse können für lineare Paarvergleichsmodelle übernommen werden. Ein fast gänzlich neues Problemfeld entsteht jedoch mit dem linearen Paarvergleich von Teilprofilen. Im Rahmen eines von der Deutschen Forschungsgemeinschaft geförderten Projekts „Effiziente Versuchsplanung in der Conjoint-Analyse" (Holling & Schwabe, 1999, 2001) wurde diese Problemstellung umfassend behandelt.

Im Rahmen dieses Projekts konnten für bestimmte Kombinationen von Attributausprägungen und Profilstärken Prinzipien für die Erstellung D-optimaler Versuchspläne entwickelt werden. Hierzu wurden insbesondere Hadamard-Strukturen verwendet (Graßhoff, Großmann, Holling & Schwabe, 2003). Zur Illustration finden sich in der folgenden Tabelle 4 optimale Pläne mit einer deutlich reduzierten Anzahl von Paarvergleichen für Profilstärken $p = 2$ und $p = 3$ sowie für verschiedene Anzahlen von Attributen K und Ausprägungen I.

Tabelle 4: Vergleich der Anzahl aller Paarvergleiche mit der Anzahl notwendiger Paarvergleiche bei D-optimalen Designs für die Profilstärken $p = 2$ und $p = 3$ (K: Anzahl der Attribute, I: Anzahl der Ausprägungen für jedes Attribut)

	K	2		3		7	
$p = 2$	I	4	8	4	8	4	8
	alle Paarvergleiche	24	112	216	1008	10584	49392
	reduzierte Anzahl D-optimaler Paarvergleiche	4	8	12	24	84	168

	K	2		3		7	
$p = 3$	I	4	8	4	8	4	8
	alle Paarvergleiche	32	448	864	12096	2962	$4.1 \cdot 10^6$
	reduzierte Anzahl D-optimaler Paarvergleiche	16	32	48	96	336	672

Prinzipien zur Erstellung D-optimaler Versuchspläne für lineare Paarvergleichsmodelle konnten bisher vor allem für symmetrische Attributstrukturen, bei denen alle Attribute gleich viele Ausprägungen besitzen, entwickelt werden (vgl. Großmann, 2003). Für

Attributsysteme, für die keine Reduktionsprinzipien existieren, können D-effiziente Versuchspläne anhand von Suchstrategien entwickelt werden. Es wurden bisher verschiedene Algorithmen für die Erstellung effizienter Designs vorgestellt, so z.B. der DETMAX-Algorithmus von Mitchell (1974), der Algorithmus von Fedorov (1972) oder die Prozedur OPTEX im Programmpaket SAS, die mehrere Algorithmen umfasst (SAS, 1995). Speziell für die Entwicklung von D-effizienten Designs für lineare Paarvergleichsmodelle basierend auf Voll- und Teilprofilen dient das Programm FPC (Fedorov-Algorithm for Paired Comparisons) von Holling und Jütting (2003).

5. Experimenteller Vergleich von D-effizienten und adaptiven Designs

In linearen Paarvergleichsmodellen hängt die Effizienz der Designs nicht von den wahren Parametern ab (s. Anhang), insofern ist ein adaptives Design in dieser Hinsicht keineswegs notwendig bzw. von Vorteil. Somit führen D-effiziente Versuchspläne mit einer höheren relativen D-Effizienz als adaptive Designs zu geringeren Standardschätzfehlern (Schätzungen der Standardabweichung des Fehlers der Teilnutzenwerte). Auf der anderen Seite ist bei adaptiven Designs eine Verringerung der Standardschätzfehler zu erwarten, sollten sich die behaupteten „psychologischen" Vorteile auswirken (s.o.). Jedoch sind Konsequenzen aus einer möglichst hohen Nutzenähnlichkeit der Alternativen in Paaren noch nicht empirisch nachgewiesen.

In einem umfangreichen Experiment, das wir im Folgenden berichten, geht es um diese Fragestellung, d.h. ob die Standardfehler der Parameterschätzungen adaptiver Designs aufgrund der „psychologischen" Effekte geringer sind als die speziell entwickelter D-effizienter Designs. Führen D-effiziente Designs zu gleich großen Standardschätzfehlern oder sogar zu kleineren Standardschätzfehlern, sind D-effiziente Designs adaptiven Designs vorzuziehen, da sie nicht die laufenden Parameterschätzungen online benötigen, die unter bestimmten Umständen, wie Paper-Pencil-Applikationen, nicht möglich sind und im Rahmen von Internet-Umgebungen nur unter bestimmten günstigen Umständen zu realisieren sind.

Neben dem Standardschätzfehler fungieren als weitere Gütemaße Retest-Reliabilitäten und Trefferquoten bei der Vorhersage der Antworten in Discrete-Choice-Aufgaben, die in diesem Kontext Spezialfälle so genannter Holdoutsets sind. Holdoutsets sind Mengen von Profilen, die nicht für die Parameterschätzung verwendet werden, sondern speziell für die Validierung eingesetzt werden. Die Probanden haben die Profile von Holdouts entweder in eine Rangfolge zu bringen oder in jedem Holdoutset jeweils das attraktivste Profil auszuwählen.

Die Teilnehmer an den Untersuchungen waren 32 Studierende des Magisterstudiums der Philosophischen Fakultät der Universität Münster. Davon war der überwiegende Teil weiblich. Das Durchschnittsalter lag bei 22 Jahren. Da die Untersuchung wöchentlich semesterbegleitend durchgeführt wurde, fehlten einige wenige Teilnehmer bei einzelnen Schritten der Untersuchung.

Da die beruflichen Zukunftsvorstellungen der Mitglieder dieser Stichprobe sehr heterogen waren, wurden nicht, wie in der Studie von Wiltinger (1997), Präferenzen für potenzielle zukünftige Arbeitgeber analysiert, sondern vielmehr für studentische Nebenjobs. Studierende dürften zu diesem Objektbereich bedeutend klarere Vorstellungen haben, was zu einer höheren Validität der Resultate unserer Studie führen dürfte. So hatten die meisten Personen in unserer Stichprobe bereits einen Nebenjob ausgeübt, lediglich zwei Personen hatten noch keine Erfahrungen mit Nebenjobs gesammelt.

Besonderen Wert legten wir auf eine sehr genaue und detaillierte Erhebung des Attributsystems, das samt der in dieser Studie ermittelten Teilnutzenwerte und Wichtigkeiten in Tabelle 5 dargestellt ist.

Tabelle 5: Verwendete Attribute und Attributausprägungen sowie geschätzte Teilnutzenwerte und Wichtigkeiten

Attribute	Ausprägungen	Teilnutzenwerte	Wichtigkeiten
Umgang mit Menschen	Viel Umgang mit Mitarbeitern und Kunden	58.97	25.70
	Viel Umgang mit Mitarbeitern, wenig mit Kunden	53.97	
	Wenig Umgang mit Mitarbeitern, viel mit Kunden	46.58	
	Wenig Umgang mit Mitarbeitern und Kunden	33.27	
Relevanz für Studium/ Beruf	0% Relevanz für Studium/Beruf	19.32	58.08
	25% Relevanz für Studium/Beruf	34.49	
	50% Relevanz für Studium/Beruf	49.16	
	75% Relevanz für Studium/Beruf	60.62	
	100% Relevanz für Studium/Beruf	77.40	
Lernerfordernis	In hohem Ausmaß Lernen erforderlich	36.05	18.76
	In mittlerem Ausmaß Lernen erforderlich	53.74	
	Wenig Lernen erforderlich	54.81	
Verdienst (Einkommen und Zusatz-Leistungen)	6.5 €/h	4.60	89.80
	7 €/h	25.06	
	7.5 €/h	45.53	

(Fortsetzung nächste Seite)

	8 €/h	71.41	
	8.5 €/h	94.40	
Arbeitszeiten	Fest	40.55	15.30
	Überwiegend frei wählbar	55.84	
Monotonie	Relativ monotone Tätigkeit	30.64	35.12
	Abwechslungsreiche Tätigkeit	65.76	
Geistige Anstrengung	Hohe geistige Anstrengung	39.03	18.18
	Mittlere geistige Anstrengung	57.21	
	Geringe geistige Anstrengung	48.34	
Körperliche Anstrengung	Hohe körperliche Anstrengung	24.51	44.73
	Mittlere körperliche Anstrengung	50.83	
	Geringe körperliche Anstrengung	69.24	

Die Untersuchungen fanden in einem Zeitraum von zwei Semestern statt. In dem ersten Semester wurden in wöchentlichem Abstand insgesamt neun Erhebungen durchgeführt, fünf Monate später fand in dem darauf folgenden Semester die letzte Erhebung statt. Die ersten vier Erhebungen beinhalteten die Bestimmung der Attribute und Attributausprägungen. Hier wurden mit den Probanden entscheidungsrelevante Attribute durch Gruppendiskussionen, Fragebögen und den Repertory-Grid-Test (Kelly, 1955) generiert und anschließend Faktorenanalysen unterzogen, um zu unabhängigen Attributen zu gelangen. In den Erhebungen 5-8 ging es um die Messung der Nutzenstruktur der Probanden mittels verschiedener Aufgabentypen, wie Vollprofilreihungen, Discrete Choice-Aufgaben (3er Sets mit Vollprofilen), Paarvergleichen (mit den Profilstärken 2, 5 und 8), Objektbeurteilungen (Vollprofile) und kompositionellen Verfahren. Dabei sollten sich die Probanden ihrer Präferenzen bewusst werden und stabile Präferenzen entwickeln.

Am Ende des ersten und zweiten Semesters fand in einem zeitlichen Abstand von fünf Monaten je eine Datenerhebung statt, in der die D-effzienten und adaptiven Designs eingesetzt wurden. Die Probanden bearbeiteten zu beiden Messzeitpunkten in randomisierter Reihenfolge Discrete Choice-Aufgaben (60 Aufgaben mit je 3 Vollprofilen) und zwei paarvergleichsbasierte Conjoint-Analysen mit adaptivem bzw. D-effzientem Design (je 35 Aufgaben mit Profilstärke 3).

Wie oben bereits erwähnt, wird neben dem Standardschätzfehler als ein weiteres Gütemaß die Retest-Reliabilität, d.h. die Stabilität der geschätzten Teilnutzenwerte über die beiden ca. fünf Monate auseinander liegenden Messzeitpunkte, erfasst.

Das dritte Gütemaß bezieht sich auf die Validität der Teilnutzenwerte. Sie wird über Holdoutsets erfasst, die hier aus Discrete Choice-Aufgaben bestehen. Hier wählen die Probanden aus mehreren präsentierten Objekten (Vollprofile) dasjenige aus, das sie am meisten präferieren. Die Validität wird über den Anteil der mit den aus den Paarvergleichen geschätzten Nutzenwerten korrekt vorhergesagten Wahlen als Trefferquote bestimmt (First Choice Hits).

Da hier asymmetrische Designs (s.u.) vorliegen, wurden die D-effizienten Designs mit Hilfe des Programms OPTEX (SAS, 1995) erstellt. Der Median der Effizienz der adaptiven Designs in Relation zu den eingesetzten D-effizienten Designs beträgt hier im Durchschnitt .80, und damit fällt die durchschnittlich zu erwartende Länge der Konfidenzintervalle bei Verwendung der D-effizienten Designs im Vergleich zu den adaptiven Designs um bis zu 31 % geringer aus. Wir erwarten damit bessere Gütekriterien für die D-effizienten Designs, da sie eine nicht unbeträchtlich höhere relative Effizienz besitzen. Kompensationen dieser Vorteile durch das Prinzip der Nutzenähnlichkeit der adaptiven Designs sind kaum zu erwarten, zumal entsprechende empirische Nachweise fehlen.

Eine Betrachtung der Teilnutzenwerte und Wichtigkeiten in Tabelle 5 zeigt, dass die Studierenden bei den Nebenjobs den Verdienst als wichtigstes Attribut erachten. Dieses Attribut dominiert deutlich die anderen Attribute. Als zweitwichtigstes Merkmal stellt sich die Relevanz eines Nebenjobs für das Studium bzw. den Beruf heraus. Dann folgen die körperliche Anstrengung und Monotonie. Umgang mit Menschen, Lernerfordernis, geistige Anstrengung und Arbeitszeiten spielen für die hier untersuchte Stichprobe eine untergeordnete Rolle für die Wahl des Nebenjobs. Aus diesen Ergebnissen können Anbieter von Nebenjobs Maßnahmen ableiten, um die Attraktivität ihres Angebots zu steigern. Eine Erhöhung der Attraktivität der hier einschlägigen Jobs kann insbesondere über eine höhere Vergütung erzielt werden.

Tabelle 6 enthält die wesentlichen Ergebnisse zu den Hypothesen des Experiments, hier sind die Standardschätzfehler für die auf den Bereich von 0 bis 100 transformierten Teilnutzenwertschätzungen angegeben sowie Produkt-Moment-Korrelationen der (effekt-kodierten) Teilnutzenwerte für die beiden Zeitpunkte und die prozentualen Trefferquoten der Holdoutsets.

Tabelle 6: Ergebnisse der Gütemaße für das adaptive und D-effiziente Design

	Adaptiv		**D-effizient**	
Gütemaß	1. Messung	2. Messung	1. Messung	2. Messung
Standard-schätzfehler	5.40	4.46	4.15	3.49
Retest-Reliabilität	.78		.93	
Trefferquote (%)	73.75%	71.39%	74.68%	74.10%

Die Standardschätzfehler und Retest-Reliabilitäten fallen für die D-effzienten Designs deutlich günstiger aus als für die adaptiven Designs. Auch die Trefferquoten für die Holdoutsets sind in jedem Fall besser. Damit zeigen diese Ergebnisse klar auf, dass D-effiziente Designs adaptiven Plänen überlegen sind. Damit sollten D-effiziente Designs adaptiven Versuchsplänen vorgezogen werden. Diese Folgerung wird durch die Ergebnisse weiterer empirischer Studien mit anderen asymmetrischen wie symmetrischen Designs und anderen inhaltlich ausgerichteten Attributsystemen erhärtet (vgl. Holling & Schwabe, 2001).

6. Abschließende Bemerkungen

Da es im Rahmen des Personalmarketings häufig gilt, Nutzen- und Entscheidungsanalysen durchzuführen, stellt die multiattributive Nutzenanalyse ein wichtiges Gebiet in dieser Disziplin dar. Insbesondere bieten sich dazu lineare metrische Paarvergleichsmodelle an, von denen ein spezielles Verfahren in der Untersuchung von Wiltinger (1997) erfolgreich zum Einsatz kam. Die Anzahl der Paarvergleiche kann in diesen Modellen durch die Verwendung optimaler bzw. effizienter Versuchspläne deutlich reduziert werden und somit zu einer höheren Ökonomie dieses Verfahrens führen. Abschließend sei hier angemerkt, dass die hier beschriebene Methode des Paarvergleichs bzw. andere Verfahren der multiattributiven Nutzenanalyse (vgl. Eisenführ & Weber, 2003) für zahlreiche weitere Fragestellungen im gesamten Bereich des Personalmanagements erfolgreich eingesetzt werden können und auch bereits wurden. Die Anwendungsfelder erstrecken sich von der Erstellung von Anforderungsanalysen über die Gewichtung von Prädiktoren und Kriterien in der Personalauswahl bis hin zur Erstellung von Leistungsbeurteilungssystemen (s. Staufenbiel & Kleinmann, 2002). So verwenden z.B. Niebergall und Schulz (1996) die Conjoint-Analyse zur Analyse der Urteilsstrukturen von Beobachtern im Rahmen eines Assessment Centers. Die beiden Autoren bestimmen anhand der Conjoint-Analyse die Gewichte, mit denen die Beobachter die einzelnen Dimensionen zu einem Gesamturteil integrieren. Die Ergebnisse dieser Studie zeigen, dass die Conjoint-Analyse eine relativ valide Prognose erlaubt.

Literaturverzeichnis

Atkinson, A. C. & Donev, A. N. (1992). *Optimum experimental designs*. Oxford: Oxford University Press.

Baldus, M. & Holling, H. (1997). Personalmarketing. In S. Greif, H. Holling & N. Nicholson (Hrsg.). *Arbeits- und Organisationspsychologie* (3. Aufl.). Weinheim: Psychologie Verlags Union.

Fedorov, V. (1972). *Theory of optimal experiments*. New York: Academic Press.

Fishburn, P. C. & Roberts, F. (1998). Unique finite conjoint measurement. *Mathematical Social Sciences, 16*, 107-143.

Fishburn, P. C. & Roberts, F. S. (1989). Uniqueness in finite measurement. In F. S. Roberts (Ed.), *Applications of combinatorics and graph theory to the biological and social sciences* (pp. 103-137). New York: Springer.

Green, P. E. & Rao, V. R. (1971). Conjoint measurement for quantifying judgmental data. *Journal of Marketing Research, 8*, 355-363.

Franke, N. (1999). High-Potentials - Conjointanalytische Identifikation und empirisches Realbild zukünftiger kaufmännischer Führungseliten. *Zeitschrift für Betriebswirtschaft, 69*, 889-911.

Graßhoff, U., Großmann, H., Holling, H. & Schwabe, R. (2003). Optimal paired comparison designs for first order interactions. *Statistics, 37* (to appear).

Großmann, H. (2003). *Designs für Paarvergleiche in der metrischen Conjoint-Analyse*. Wiesbaden: DUV.

Holling, H. & Schwabe, R. (1999). *Effiziente Versuchsplanung in der Conjoint Analyse*. Antrag auf Gewährung einer Sachbeihilfe an die Deutsche Forschungsgemeinschaft. Unveröffentlichtes Manuskript, Westfälische Wilhelms-Universität Münster.

Holling, H. & Schwabe, R. (2001). *Effiziente Versuchsplanung in der Conjoint Analyse*. Erster Zwischenbericht. Unveröffentliches Manuskript, Westfälische Wilhelms-Universität Münster.

Holling, H., Jütting, A. & Großmann, H. (2000). *ALASCA. Computergestützte Entscheidungs- und Nutzenanalyse*. Göttingen: Hogrefe.

Holling, H. & Jütting, A. (2003). *FPC (Fedorov-Algorithm for Paired Comparisions)*. Unveröffentliches Programmpaket, Westfälische Wilhelms-Universität Münster.

Kelly, G. A. (1955). *The psychology of personal constructs*. New York: Norton.

Krantz, D. H., Luce, R. D., Suppes, P. & Tversky, A. (1971). *Foundations of measurement. I: Additive and polynomial representations*. New York: Academic Press.

Melles, T. & Holling, H. (1998). *Einsatz der Conjoint-Analyse in Deutschland. Eine Befragung von Anwendern*. Unveröffentlichtes Manuskript, Westfälische Wilhelms-Universität Münster.

Mitchell, T. J. (1974). An algorithm for the construction of D-optimal experimental designs. *Technometrics, 16*, 203-210.

Moser, K. & Zempel, J. (2001). Personalmarketing. In H. Schuler (Hrsg.). *Lehrbuch der Personalpsychologie* (S. 63-91). Göttingen: Hogrefe.

Niebergall, A. & Schulz, U. (1996). Evaluation von Expertenurteilen bei der Personalauswahl mittels Conjoint-Analyse. *Zeitschrift für Arbeits- und Organisationspsychologie, 40*, 38-41.

SAS (1995). *SAS/QC Software: Reference, Version 6*. Cary, NC: SAS Institute, Inc.

Sawtooth Software (1994). *ACA system (Version 4.0)*. Evanston, IL. Sawtooth Software.

Scholz, Ch. (2000). *Personalmanagement* (5. Aufl.). München: Vahlen.

Staufenbiel, T. & Kleinmann, M. (2002). PaiRS: Ein Skalierungsverfahren für die Eignungsdiagnostik. *Zeitschrift für Personalpsychologie, 1*, 27-34.

Urban, D. (1993). *Logit-Analyse: Statistische Verfahren zur Analyse von Modellen mit qualitativen Response-Variablen*. Stuttgart: Fischer.

Wiltinger, K. (1997). Personalmarketing auf der Basis von Conjoint Analysen. *Zeitschrift für Betriebswirtschaft, 67, Ergänzungsheft* (3), 55-78.

Wittink, D. R., Vriens, M. & Burhenne, W. (1994). Commercial use of conjoint analysis in europe: Results and critical reflections. *International Journal of Research in Marketing, 11*, 41-52.

Anhang: Effiziente Versuchsplanung

Die statistische Grundlage der meisten conjoint-analytischen Verfahren ist die Varianz- bzw. Regressionsanalyse. Diese beiden Verfahren sind Spezialfälle des Allgemeinen Linearen Modells $y = X\beta + \varepsilon$ mit dem Antwortvektor y, der Designmatrix X, dem Vektor der Regressiongewichte β sowie ε als Vektor unabhängiger normalverteilter Fehler mit Erwartungswert $\mu = 0$ und Varianz σ^2. Die Parameterschätzung für β ergibt sich als $(X'X)^{-1}X'y$. Die Varianz-Kovarianzmatrix der Parameterschätzungen $\sigma^2(X'X)^{-1}$ beinhaltet in der Diagonalen die Varianzen der Regressionskoeffizienten, die die Länge der Konfidenzintervalle determinieren. Die Varianz-Kovarianzmatrix $\sigma^2(X'X)^{-1}$ hängt nicht vom Antwortvektor ab, sondern lediglich von der Fehlervarianz, die eine Konstante darstellt, und der Designmatrix. Durch die Spezifikation der Designmatrix kann man damit bereits vor der Untersuchung für eine möglichst „gute" Parameterschätzung sorgen, indem man eine möglichst effiziente Designmatrix wählt. Ein effizientes Design soll zu einer „kleinen" Varianz-Kovarianzmatrix $\sigma^2(X'X)^{-1}$ führen.

Es wurden in der Versuchsplanung zahlreiche Effizienzmaße für die $N \times p$-Designmatrix X entwickelt, die gewöhnlich auf der Informationsmatrix $X'X$ basieren. (Dabei bezeichnet N die Anzahl der Beobachtungspunkte und p die Anzahl der Prädiktoren). Das gebräuchlichste Maß, die D-Effizienz, ist eine Funktion des geometrischen Mittels der Eigenwerte der standardisierten Informationsmatrix: $|1/N \cdot X'X|^{1/p}$. Dieses Maß, das den „Rauminhalt" des Konfidenzellipsoids misst, stellt das wichtigste Maß im Rahmen des Allgemeinen Linearen Modells dar. Es hängt häufig sehr eng mit anderen wichtigen Effizienzmaßen zusammen, so dass wir hier lediglich dieses Effizienzmaß betrachten. Designs mit der höchsten D-Effizienz heißen D-optimal. Beispiele für D-optimale Designs sind im Rahmen linearer Modelle ohne Wechselwirkungen mit lediglich diskreten Prädiktoren (voll-)faktorielle Designs und im Falle stetiger linearer Prädiktoren Designs, bei denen gleich viele Beobachtungen lediglich auf alle Kombinationen der extremen Ausprägungen (Minima und Maxima) der Prädiktoren fallen.

Die relative D-Effizienz basierend auf einer orthogonalen Kodierung stellt ein normiertes Maß dar, das von 0 bis 100 reicht, und ist definiert als $100/N \cdot |(X'X)|^{1/p}$. Diese Definition gilt nur für lineare Modelle ohne Wechselwirkungen, die jedoch in aller Regel im Rahmen der Conjoint-Analyse verwendet werden, in komplexeren Fällen ist die obige Formel zu modifizieren. Die relative D-Effizienz misst die Güte eines Designs relativ zu einem hypothetischen orthogonalen Design. Jedoch muss ein solches Design nicht existieren, weshalb dieses Maß zum relativen Vergleich verschiedener Designs für eine spezielle Situation geeignet ist, und nicht unbedingt adäquat für die absolute Bewertung eines Designs. Über die relative D-Effizienz kann auch die Güte der adaptiven Designs beurteilt werden, die in der Conjoint-Analyse häufig eingesetzt werden.

Anmerkung

Die vorliegende Arbeit wurde durch eine Sachbeihilfe der Deutschen Forschungsgemeinschaft (Ho 1286/2-2) unterstützt.

Verständnis und Erfassung sozialer Kompetenzen

Bernd Runde

1. Bedeutung sozialer Kompetenzen

Unter den Bedingungen sich rasch und oft überraschend wandelnder Markt- und Wettbewerbsverhältnisse setzt sich in jüngster Zeit ein geändertes Verständnis hinsichtlich der Wahrnehmung der Unternehmensaufgabe durch (vgl. Antoni, 1997). Hiernach wird zunehmend davon ausgegangen, dass Kunden in erster Linie Problemlösungen verlangen und Produkte zunächst sekundär sind. (Für Produkte im öffentlichen Dienstleistungsbereich, wie z.B. der Polizei, trifft das in gleicher wenn nicht noch dringlicherer Art und Weise zu!). Produkte stellen lediglich spezifische, zeitlich mehr oder weniger lange nachgefragte Problemlösungen dar. Ihre Lebenszyklen werden bei höherer Innovationsgeschwindigkeit kürzer. Eine vordergründige, am unmittelbaren Erfolg ausgerichtete Konzentration auf Produkte schränkt den Lösungsraum ein. Sie kann sich als Falle erweisen, wenn mit anderen bzw. neuen Lösungen Produkte angeboten werden, welche die Kundenwünsche besser befriedigen. Umsichtiger und zweckmäßiger ist deshalb eine Konzentration auf systematisch gebündelte Fähigkeiten, so genannte *Kompetenzen*, welche die Basis für Problemlösungen erweitert, den Freiheitsgrad bei Produktentwicklungen erhöht und somit eine wesentlich flexiblere Wahrnehmung der Unternehmensaufgabe ermöglicht. Damit wird für die Unternehmen insbesondere die Möglichkeit geschaffen, sich von einem Verharren auf alten in der Vergangenheit durchaus bewährten Stärkepositionen zu lösen und nunmehr wesentlich flexibler auf Marktveränderungen zu reagieren, als dies bislang der Fall war. Es wird somit eine wesentliche Grundvoraussetzung zum Umgang mit der Tatsache geschaffen, dass unter den heutigen Marktbedingungen Wettbewerbsvorteile immer wieder neu erkämpft werden müssen, und dass von Zeit zu Zeit nach neuen Richtungen für die Unternehmensentwicklung gesucht werden muss. Diese neuen Richtungen sind nur gemeinsam mit den Mitarbeitern zu bestreiten.

1.1 Begriffsannäherung

Der Begriff der sozialen Kompetenz wird in unterschiedlichen Bedeutungen verwendet, die zudem einem zeitlichen Wandel unterliegen.

Während sich der klassische Kompetenzbegriff auf die Summe der manuell-fachlichen Fähigkeiten, Fertigkeiten und Kenntnisse bezieht, die zur Bewältigung bestimmter Arbeitstätigkeiten erforderlich sind, bezieht ein moderner Kompetenzbegriff auch fachlich-methodische und soziale Kompetenzen mit ein.

Die Arbeitspädagogik orientiert sich an diesem Kompetenzverständnis und versucht, die Gesamtheit von Fähigkeiten, die wiederum Einfluss haben auf Fertigkeiten und Kenntnisse, analytisch in die einzelnen Bereiche zu zerlegen, um gezielte Maßnahmen zur Herstellung und Erhaltung von Kompetenzen durchführen zu können.

Der Ausdruck „Halbwertzeit des Wissens" gibt die Größenordnung wieder, wie lange einmal erlernte Kenntnisse Gültigkeit haben oder im umgekehrten Sinn, wie schnell vermittelte Kenntnisse und erlerntes Können an Attraktivität verlieren. Es zeigt sich, dass manuell-fachliche Kenntnisse verhältnismäßig schnell veralten und somit lebenslanges Lernen (s.o.) im Sinne einer berufsbegleitenden Aus- und Weiterbildung immer wichtiger wird (Stulle, 1991). Da außerdem die Komplexität der Arbeitsaufgaben zunimmt, ist davon auszugehen, dass der Erwerb von fachlich-methodischen Kenntnissen und sozialen Kompetenzen im Verhältnis zu den manuell-fachlichen Kenntnissen immer mehr an Bedeutung gewinnen wird (Leibing, 1991). Zeitabhängige manuell-fachliche und fachlich-methodische Kenntnisse verlieren schnell an Attraktivität und sind zudem für die Zukunft nur schwer prognostizierbar. Der in diesem Zusammenhang (zu) oft benutzte Begriff Schlüsselqualifikation bzw. -kompetenz beschreibt diejenigen Anteile der manuell-fachlichen und fachlich-methodischen Kenntnisse sowie der sozialen Kompetenzen, die als weitgehend zeitunabhängig gewertet werden können. Der Begriff der Schlüsselqualifikation ist somit nicht synonym zu gebrauchen mit dem Begriff der sozialen Kompetenzen, wie dies leider doch all zu oft der Fall ist (z.B. Giebeler & Meyder, 1988).

Für die Zukunft kann davon ausgegangen werden, dass die Bedeutung dieser zeitunabhängigen Kompetenzbereiche weiter zunehmen wird. Gleichzeitig wird sich aber auch die Wertigkeit der Kompetenz verschieben, da zunehmend höherwertige Kompetenzen erforderlich sind, um die anstehenden Aufgaben zu lösen (Bullinger, 1995). Angesichts des bereits erwähnten dynamischen Wandels von Bedingungen sowie Aufgaben und Tätigkeitsspektren, die es in unternehmerischen Verantwortungsbereichen zu erfüllen gilt, wird deutlich, dass für die Mitarbeiter eine einmalige Kompetenzvermittlung keineswegs ausreichend ist, um den an sie gestellten Anforderungen nachhaltig gerecht zu werden. Es sind vielmehr kontinuierliche, begleitende Maßnahmen erforderlich, die eine nachhaltige Sicherstellung sowie bedarfsorientierte Anpassung einmal erworbener Kompetenzen ermöglichen. Die Frage der Kompetenzerstellung und Erhaltung wird somit zur strategischen Aufgabe der Unternehmensführung.

Insbesondere bei der gegenwärtig häufig praktizierten Abkehr von funktionsorientierten Organisationsstrukturen zugunsten von am Ablauf orientierten Arbeitssystemen werden in Verbindung mit der angestrebten Erweiterung der Handlungsspielräume durch Schaffung ganzheitlicher Arbeitsabläufe zunehmend Mehrfachqualifikationen gefordert. Soziale Kompetenzen in Ergänzung zu manuell-fachlichen und methodischen Kompetenzen sind besonders wichtig, wenn solchen dezentralen Einheiten Verantwortungs- und Entscheidungskompetenzen für Problemlösungsprozesse übertragen werden.

Rosenstiel (1992) nennt in diesem Zusammenhang einige Argumente, die die Förderung sozialer Kompetenzen im Rahmen von Qualifizierungsmaßnahmen unterstützen:

a) Intelligente Technik reduziert die Bedeutung manueller gegenüber interpersonellen Tätigkeiten.

b) Die Zunahme der Komplexität von Problemen erfordert Teamarbeit, die verstärkte Kommunikationsfähigkeiten auf der Seite der Beteiligten erfordert.
c) Die Austauschbarkeit von Produkten erfordert eine verstärkte Kundenorientierung in fast allen Bereichen der Organisation. Dies setzt Verständnis und einen adäquaten Umgang mit Kundenwünschen voraus.
d) Die Zunahme elektronischer Medien zum Informationsaustausch verändert die Anforderungen an die Kommunikationspartner dahingehend, dass der Fähigkeit zur informellen Kontaktaufnahme und zur authentischen Kommunikation größere Bedeutung zukommt.
e) Im Zuge fortschreitender und zunehmend erfolgreicher Emanzipationsversuche der Frau nimmt die Zahl geschlechtsgemischter Arbeitsgruppen zu, wodurch sich das Anforderungsprofil der Teammitglieder aus bisher rein männlichen Gruppierungen deutlich ändert.
f) Im Zuge des bereits erwähnten Wertewandels besteht eine wichtige Aufgabe von Führungskräften darin, die Organisationsziele gegenüber den Mitarbeitern transparent zu machen. Dies geschieht nicht zuletzt durch symbolische Führung, wodurch die Fähigkeiten zur verbalen und nonverbalen Kommunikation und zum reflektierten Einsatz von Symbolisierungen an Bedeutung gewinnen.
g) Die zunehmende Internationalisierung der Märkte erfordert einen verstärkten Umgang mit Menschen aus anderen Kulturen; dies erfordert jedoch Fähigkeiten, „Normen und Selbstverständlichkeiten sprachlicher und nicht sprachlicher Symbole vor dem Hintergrund einer andersartigen Tradition zu verstehen und zu interpretieren, sowie adäquat darauf zu reagieren" (a.a.O, S. 88).

Qualifizierungsmaßnahmen im Bereich sozialer Kompetenzen zielen im Wesentlichen darauf ab, Mitarbeiter zu teamorientiertem Verhalten (vgl. Margraf, 1995) zu befähigen. Hierzu zählen insbesondere die Kommunikations-, die Konflikt- und die Kooperationsfähigkeit (Schuler & Barthelme, 1995) aber auch Selbstorganisationskompetenzen, um den eigenen Aufgabenbereich zu planen und zu strukturieren (Greif, 1995). Beobachtungen in der Praxis zeigen, dass in vielen Unternehmen soziale Kompetenzen nur in geringem Maße ausgebildet sind, und dass gerade in diesem Bereich verstärkte Fördermaßnahmen initiiert werden müssen. Neben verhaltenstheoretisch orientierten Verfahren und kognitiv ausgerichteten Kompetenztrainings bieten sich vor allem Methoden nach dem Konzept des selbstorganisierten Lernens an (Greif & Kurtz, 1996), da soziale Kompetenzen einen integrativen Bestandteil dieses Lehr-/Lernkonzepts darstellen.

Neben der Förderung sozialer Kompetenzen durch Trainingsmaßnahmen gilt es, diese auch verstärkt im betrieblichen Alltag zu fördern. Wichtige Ansatzpunkte in diesem Zusammenhang sind:
- Förderung der sozialen Kompetenzen durch organisatorische Maßnahmen, z.B. durch Einrichtung von Projektgruppen oder Gruppenarbeitsplätzen,
- Förderung der sozialen Kompetenzen durch Zusammenarbeit mit in diesen Bereichen besonders geschulten Experten (nicht unbedingt Führungskräften),
- Förderung der sozialen Kompetenzen unmittelbar in bestehenden Systemen, etwa durch Konzepte der Team- und Organisationsentwicklung oder durch Lernstatt- und Qualitätszirkelkonzepte.

1.2 Definition

Schuler und Barthelme (1995) definieren soziale Kompetenzen nach einer umfangreichen Literatursicht als die Fähigkeit, in sozialen Situationen unter Berücksichtigung situationsspezifischer Anforderungen, Ziele und Pläne *zweckrational* zu realisieren. Sie orientieren sich hierbei stark am Konzept von Greif (1987), der Zweckrationalität, verstanden als Angemessenheit der eingesetzten Mittel, und Situationsangemessenheit als zwei wesentliche Bestimmungstücke sozial kompetenten Verhaltens hervorhebt. Hinzu kommt, dass sich sozial kompetentes Verhalten nur in Interaktionssituationen beurteilen lässt und die Zielerreichung als weitere wichtige Komponente eines Definitionsversuchs betrachtet wird.

Soziale Kompetenzen bilden zusammenfassend einen Komplex von Fähigkeiten, der u.a. durch die spezifischen Anforderungsmerkmale des Berufsfeldes bestimmt wird. Durch soziale Kompetenzen kann das Individuum in Kommunikations- und Interaktionssituationen entsprechend den zugrunde liegenden Bedürfnissen Realitätskontrolle übernehmen.

2. Psychologische Verfahren zur Erfassung sozial kompetenten Verhaltens

Den Versuchen, soziale Kompetenzen mit Hilfe klassischer Testverfahren, wie z.B. Fragebögen, zu erfassen, ist kritisch entgegenzuhalten, dass sie in aller Regel das auf Thorndike (1920) zurückgehende Konzept der sozialen Intelligenz zu erfassen versuchen. Die abstrakten und vor allem anforderungsunspezifisch formulierten Fragen (Items) haben jedoch wenig mit dem Konzept zu tun, was in den bisherigen Ausführungen unter sozialen Kompetenzen gefasst wurde.

Folgende Methoden zur Erfassung sozialer Kompetenzen sind in der Literatur zu finden:
a) Fragebogenverfahren,
b) Interaktionsbeurteilungen (Rollenspiele etc.),
c) Interview,
d) Filmszenen/Multimedia.

2.1 Fragebogenverfahren

Der erste Leistungstest zur sozialen Intelligenz, der George Washington University Series Social Intelligence Test, wurde bereits 1927 von Moos et al. vorgelegt. Obgleich er von der Benennung her eher den Intelligenzbereich betrifft, weist die Struktur des Tests deutliche Bezüge zu dem Konzept sozialer Kompetenzen auf. So werden beispielsweise Problemsituationen geschildert, für die die Testperson eine von vier möglichen Lösungsstrategien auszuwählen hat. Des Weiteren müssen verbal geschilderte Interaktionssequenzen von den Testpersonen bewertet werden u.v.m.

Hinsichtlich seiner Konstruktvalidität (Gütekriterium, das Aussagen zulässt bzgl. der Frage, ob der Test tatsächlich das misst, was er zu messen vorgibt!) ist dieser Test als unzureichend einzustufen. Gleiches gilt für den zweiten bekannten SI-Test, in dem 30 verhaltensbezogene Fähigkeiten unterschieden werden (O'Sullivan & Guilford, 1966), die sich wiederum in sechs Faktoren unterteilen ließen. Aufgrund des Kernproblems, dass eine situationsunabhängige Erfassung sozial intelligenten bzw. kompetenten Verhaltens nicht adäquat erscheint, hat sich eine Erfassung sozialer Fähigkeiten mit intelligenztestähnlichen Verfahren nicht durchgesetzt.

Der „Interpersonal Competence Questionnaire" (ICQ) von Buhrmester, Furmann, Wittenberg und Reiss (1988) als Fragebogen neueren Datums beinhaltet verhaltensbasierte Bewertungsskalen. Die Validierungsuntersuchungen (Riemann & Allgöwer, 1993) zeigen Zusammenhänge mit relevanten Persönlichkeitsmerkmalen.

In der englischen wie in der deutschen Version ergab eine Analyse fünf Faktoren, die durch diesen Test erfasst werden:
1. *Initiieren von Interaktionen und Beziehungen*; Beispiel für ein Item dieser Skala: „Wie gut gelingt Ihnen folgendes: Eine neue Bekanntschaft fragen oder ihr vorzuschlagen, sich zu treffen, um etwas gemeinsam zu unternehmen, z.B. gemeinsam auszugehen."
2. *Behauptung persönlicher Rechte/Fähigkeit, andere zu kritisieren*; Beispiel für ein Item dieser Skala: „Wie gut gelingt Ihnen folgendes: Einem Freund/einer Freundin sagen, dass Sie die Art, wie Sie von ihm/ihr behandelt werden, nicht mögen."
3. *Preisgabe persönlicher Informationen*; Beispiel für ein Item dieser Skala: „Wie gut gelingt Ihnen folgendes: Während eines Gesprächs mit jemandem, den Sie gerade erst kennengelernt haben, Persönliches preisgeben."
4. *Emotionale Unterstützung anderer Personen*; Beispiel für ein Item dieser Skala: „Wie gut gelingt Ihnen folgendes: Einem guten Freund/einer guten Freundin helfen, seine/ihre Gedanken und Gefühle bezüglich einer wichtigen Lebensentscheidung zu ordnen, z.B. bei der Berufswahl."
5. *Effektive Handhabung interpersonaler Konflikte*; Beispiel für ein Item dieser Skala: „Wie gut gelingt Ihnen folgendes: Wenn eine Uneinigkeit mit einem guten Freund/ mit einer guten Freundin in einen handfesten Streit umzukippen droht, zugeben zu können, dass Sie eventuell im Unrecht sind."

Interessant an der Studie von Buhrmester et al. (1988) sind die gefundenen Geschlechtsunterschiede. So waren Frauen kompetenter in der emotionalen Unterstützung, während männliche Probanden im Falle romantischer Kontakte höhere Fähigkeiten darin hatten, Kontakte und Beziehungen zu initiieren. Im Wesentlichen deckt sich dies auch mit den gesellschaftlichen Erwartungen, die an das romantische Verhalten von Männern und Frauen gestellt werden.

Die deutsche Version wurde verschiedenen Prüfungen unterzogen, wobei sich herausstellte, dass die Skalen des ICQ eine befriedigende Messgenauigkeit aufweisen und in ausreichendem Maße zuverlässig und gültig sind.

Allerdings ist dieser Fragebogen relativ durchschaubar und für Selbstdarstellungstendenzen der Probanden (Effekte der sozialen Erwünschtheit) sehr anfällig.

Somit ist auch dieser Fragebogen nicht in Situationen einsetzbar, in denen Transparenz unerwünscht und die Probanden geneigt sind, sich unrealistisch positiv darzustellen.

Darüber hinaus muss auch für diesen Test das Problem der Anforderungsunspezifität konstatiert werden.

Schuler und Barthelme (1995) führen als weitere Fragebogeninstrumente Selbstbeobachtungsskalen und Biografische Fragebögen an, wobei der empirische Beleg eines Zusammenhangs der Ergebnisse solcher Instrumente mit sozial kompetentem Verhalten bis heute ausbleibt. Für den Einsatz biografischer Fragebögen als retrospektive Arbeitsprobe spricht jedoch deren deutlicher Anforderungsbezug und die vergleichsweise geringen Verfälschungstendenzen.

D'Zurilla und Nezu (1990) entwickelten ein Instrument zum sozialen Problemlösen. In dem so genannten Social Problem-Solving Inventory (SPSI) geht es vor allem darum aufzuklären, wie die Person ein Problem erlebt, ob sie sich mit Erfolgserwartung dem Problem zuwendet und in allen Phasen der Problemlösung adäquat mit der Situation umgeht. Trotz Weiterentwicklungen des Tests mit stärkerem Anforderungsbezug gestattet der Test keine wirkliche Aussage zu sozialen Kompetenzen in einer konkreten Situation sondern vielmehr zu persönlichkeitsspezifischen Verhaltenstendenzen in sozialen Situationen allgemein (vgl. Schmidt, 1995).

2.2 Interaktionsbeurteilungen/Rollenspiele

Interaktionssituationen mit Leistungscharakter, die einen Großteil der Arbeit in Unternehmen ausmachen, können für Diagnosezwecke durch Rollenspiele nachgebildet werden. Die Testperson übernimmt den Part eines Interaktionspartners und wird von den Beobachtern anhand relevanter Anforderungsdimensionen beurteilt. Solche Verfahren sind beispielsweise typisch im Rahmen von Assessment Centern. Deutlich hervorzuheben ist der starke Anforderungsbezug eines solchen Verfahrens. Nachteilig wirkt sich die Tatsache aus, dass die Rolle des Dialogpartners die Situation verfälschen kann. Darüber hinaus ist vor allem für die Beurteilung sozialer Kompetenzen ein umfangreiches Beurteilertraining notwendig, da ipsative Bezugssysteme sozialer Kompetenzkriterien zu Verfälschungstendenzen führen.

Als weitere Möglichkeit bieten sich so genannte führerlose Gruppendiskussionen an, in denen die Einflussmöglichkeiten, die Kontaktaufnahme und soziale Aktivität der Teilnehmer beurteilt werden können. Die Untersuchungen von Thornton und Byham (1982) zeigen gute Validitäts- (Gültigkeit) und Reliabilitätswerte (Genauigkeit) dieser Übung, so dass Gruppendiskussionen bei Anforderungsbezug sowie ausreichend homogener Zusammensetzung der Teilnehmer valide Prädiktoren für den Erfolg in Berufen mit Anforderungsbezug für soziale Kompetenzen darstellen.

Verhaltensmessungen bzw. Interaktionsbeurteilungen sind den Fragebogenverfahren in vielfacher Hinsicht überlegen, teilen aber auch einige Defizite und werfen zusätzliche Probleme auf.

Der große Vorteil liegt in der Überwindung der *Performanzproblematik*, wie sie in den Fragebogenverfahren auftritt. Die Probanden müssen in Verhaltensmessungen nicht nur *angeben*, ob sie über spezifische Verhaltensweisen verfügen, sondern sie müssen diese auch *zeigen*. Damit ist ebenfalls das Problem der *Sozialen Erwünschtheit* und der *Lügen* der Probanden zumindest teilweise gelöst. Verfügt eine Person nicht über bestimmte Verhaltensweisen, wird sie kaum in der Lage sein, diese zu zeigen. Nicht ausgeschlossen werden kann hingegen, dass sich Probanden, u.U. bedingt durch die *„demand characteristics"* (vgl. Bungard, 1994) der Testsituation oder durch Selbstdarstellungstendenzen, während der Verhaltensmessung anders verhalten, als für sie natürlich wäre. Diesem Problem ist kaum zu begegnen; eine Möglichkeit wäre eine ausgesprochen gute Verschleierung der Testsituation. Eine solche Intransparenz ist allerdings nur in wenigen Fällen (z.B. Experimentaluntersuchungen) überhaupt möglich. In der Eignungsdiagnostik halten wir sie für nahezu ausgeschlossen, da die Kandidaten wissen, dass sie einer Prüfung unterzogen werden. Jung (1995) hält dieses Problem nicht für entscheidend, da *„das Repertoire unterschiedlicher Handlungsweisen für gegebene Situationen gelernt und damit begrenzt ist"* (S. 593).

Ein großes Problem stellt die Tatsache dar, dass – ähnlich wie bei den Fragebögen – eine Vielzahl von Rollenspielen und anderen Situationssimulationen existiert, die von den Entwicklern von Trainingsprogrammen eingesetzt werden, um den Erfolg der Maßnahmen zu überprüfen. Diese Verfahren wurden aber in den seltensten Fällen einer genaueren Überprüfung unterzogen, statt dessen verließen sich die Entwickler bei der Konstruktion vor allem auf ihre Intuition und die subjektive Zugänglichkeit der testimmanenten Logik. Dieses allgemeine Problem der Verhaltensmessungen im Rollenspiel darf nicht außer acht gelassen werden. Als Konsequenz daraus stehen für die wenigsten dieser Testverfahren Angaben zu Gütekriterien zur Verfügung.

Der Prototyp der Verhaltensaufgabe ist der *Behavioral Role Play Test* von McFall und Marston (1970). Der Test besteht aus 16 Situationen, die mit Hilfe einer Faktorenanalyse und einer anschließenden Überprüfung aus einem Pool von über 2.000 Situationen entnommen wurden. In den endgültigen Test gingen die Items mit den höchsten Faktorenladungen ein, um möglichst gut abgrenzbare Dimensionen zu erhalten, sowie die Items mit den höchsten Schwierigkeiten, damit der Test gut zwischen kompetenten und inkompetenten Probanden differenziert.

Der Ablauf des Tests folgt einem einfachen Muster. Die Probanden erhalten die Instruktion, sich in den anschließenden Rollenspielsituationen so zu verhalten, wie sie sich in ihrer normalen Umgebung auch benehmen. Die Situationen sind Begegnungen und Ereignisse aus dem täglichen Leben, z.B. ein Kinobesuch, bei dem sich jemand in der Schlange vordrängelt, Besuch von Freunden, der von wichtigen Arbeiten ablenkt oder die Zahlungsaufforderung für eine überhöhte Rechnung einer Autowerkstatt.

Diese Situationen werden von einem Erzähler kurz geschildert, anschließend beginnt das Rollenspiel. Auf die Situationen hin wird von den Probanden nur eine Aussage erwartet, die sie in der Realität auch treffen würden; das Rollenspiel ist damit beendet. Die Antworten der Probanden werden auf Tonband aufgezeichnet und anschließend ausgewertet. Des Weiteren sollten die Probanden nach jeder Situation auf Skalen einschätzen, (a) wie ängstlich sie sich in der Situation fühlen würden, fände sie im wirklichen Leben statt, und (b) wie zufrieden sie mit ihrer eigenen Reaktion sind. Im Anschluss an diese Testsitzungen wurden in der Studie die Reaktionen der Probanden von fünf Bewertern eingeschätzt. Für alle Probanden wurden über die 16 Situationen Paarvergleiche durchgeführt, welche Reaktion assertiver ist (Globalrating). Die Beobachterübereinstimmung liegt zwischen 0.73 und 0.93, ist also durchaus befriedigend.

Darüber hinaus stimmen die Ergebnisse dieses Verhaltenstests zufriedenstellend mit den Werten aus verschiedenen Fragebögen überein, so dass das Verhalten auch als hinreichend valide angesehen werden kann. Allerdings fehlen genauere Angaben zu den Reliabilitäten und Validitäten, so dass eine abschließende Bewertung noch ausbleiben muss. Dennoch, die Bedeutung des Tests dürfte angesichts der nachfolgenden Forschungen, die aus den Ideen von McFall und Marston hervorgegangen sind, beträchtlich sein.

2.3 Interview

Das standardisierte Interview mit festgelegtem Ablauf und anforderungsbezogenen Beurteilungsdimensionen erlaubt aufgrund der Fragemöglichkeiten und vor allem dem Einsatz situativer Fragen eine direkte Erfassung sozial kompetenten Verhaltens. Bei Unklarheiten über das Probandenverhalten bzw. der Einschätzung dessen, kann unmittelbar nachgefragt bzw. interveniert werden. Auf die Besonderheiten von Interviewverfahren wird im zweiten Teil der theoretischen Überlegungen gesondert eingegangen.

2.4 Filmszenen

Einigen der wesentlichen Nachteile der bisher behandelten Verfahren Fragebogen und Verhaltensmessung kann durch den Einsatz von neuen Technologien entgegengewirkt werden.

An dieser Stelle soll vor allem der Einsatz von Videos diskutiert werden. Als Videoverfahren zählen alle Erfassungsmethoden, die sich in der Darbietung der Stimuli auf die audiovisuelle Präsentation bewegter Bilder stützen. Damit werden diejenigen Verfahren ausgeschlossen, die Videos lediglich als Feedback an die Probanden oder zur Auswertung einsetzen, da diese Vorgehensweisen die Videotechnologie nicht in den Test direkt mit einbeziehen. Erfassungsmethoden, in denen die Videotechnologie in unserem Sinne eingesetzt wird, können unterschiedliche Formen annehmen. In einem Trainingsverfahren von Doyle, Smith, Bishop und Miller (1980) beispielsweise verlaufen ganze Interaktionen mit einer Videopartnerin oder einem Videopartner; während in anderen Verfahren lediglich der Stimulus per Video übermittelt wird und die Reaktion der Probanden dann die Interaktion beendet.

Buck (1976) entwickelte als eines der ersten Verfahren, das Videosequenzen zur Erfassung eines Aspekts sozialer Kompetenzen einsetzte, den CARAT (Communication of Affect Receiving Ability Test). In diesem Test geht es um eine spezielle Form der Personenwahrnehmung: „nonverbale Empfangsfähigkeit", d.h. die Fähigkeit, den affektiven Zustand einer anderen Person anhand deren Gesichtsausdruck, Gesten und anderen nonverbalen Verhaltensweisen zu dekodieren.

Die „Items" des CARAT 1 sind 32 Videosequenzen von 20 bis 25 Sekunden Dauer, die jeweils eine Studentin zeigen, die spontan auf die Präsentation emotionsbeladener Dias reagiert. Die betrachteten Dias stammen aus vier verschiedenen Kategorien: Sexuelle Bilder, Landschaftsaufnahmen, ungewöhnliche Bilder und unangenehme Aufnahmen.

Die Probanden sollen nun bestimmen, aus welcher Kategorie das betrachtete Dia stammte und auf der Skala „angenehm – unangenehm" einschätzen, wie sich der emotionale Zustand der Sender darstellt.

Als Vorteile des Verfahrens sind an erster Stelle Realismus und Ökonomie zu nennen. Durch die Präsentation von Videosequenzen entfällt der Einsatz von Rollenspielern, und durch die Wiedergabe der Videosequenzen auf einem großen Schirm können problemlos größere Gruppen von Probanden gleichzeitig getestet werden. Den Realismus bezieht der Test sowohl aus der direkten Wiedergabe natürlicher Situationen als auch aus der Spontaneität der gefilmten Sequenz: Einfache Photografien können nicht die Dynamik affektiven Ausdrucks erfassen; gestellte Fotos sind oft unnatürlich oder stereotyp. CARAT entgeht dieser Kritik, weil die Videosequenzen spontane Reaktionen der Sender zeigen. Die Beobachter können ihre Aufgabe außerdem gut und schnell verstehen, sie ist leicht ausführbar und dient so der Ökonomie des Verfahrens.

Die meisten bestehenden Tests verwenden nur eine geringe Bandbreite an Stimuli, d.h. es werden entweder nur wenige Personen oder nur wenige Emotionen gezeigt. CARAT umfasst 25 Personen, einschließlich sechs ausländischer Studenten. Darüber hinaus geht es um vier bzw. fünf verschiedene Emotionen.

Hornke, Schiff und Hausen (1991) beschreiben die Entwicklung eines audiovisuellen Testverfahrens zur Erfassung sozialer Kompetenzen.

Die Items des Tests wurden durch eine Häufigkeitsanalyse über die Ergebnisse einer Reihe von Interviews gewonnen. Sie bestehen aus Filmszenen. Die Aufgabe der Probanden ist es dann, den richtigen Fortgang der Sequenz zu erraten. So ergeben sich richtige und falsche Lösungen für jedes Item, die dann mit Hilfe einfacher Rechenverfahren ausgezählt und bestimmt werden können.

Leider gibt es keine Angaben über das weitere Vorgehen, Gütekriterien oder Durchführungsbedingungen des Tests. Eine Bewertung kann also nicht vorgenommen werden; die Tatsache allerdings, dass die Autoren nur so kurz über ihr Verfahren berichten und die Frage nach den Gütekriterien nicht berühren, weckt in dieser Hinsicht keine Hoffnungen.

Schuler, Diemand und Moser (1993) entwickelten ein eignungsdiagnostisches Verfahren zur Erfassung sozialer Kompetenzen, insbesondere von Teamfähigkeit und Kundenorientierung. Sie entschieden sich für das Verfahren der Filmszenen, um das Prinzip des „situativen Interviews" durch den zusätzlichen Realismus, die höhere Eindeutigkeit und Involvierung durch Videosequenzen noch zu verbessern. Im Gegensatz zum situativen Interview haben Filmszenen darüber hinaus noch den Vorteil, dass sie allen Probanden standardisiert dargeboten werden und kein Training oder zusätzliches Interviewpersonal benötigt wird. Außerdem meinen die Autoren, die Auswertung der Antworten könne mit Hilfe von Checklisten ohne Zeitdruck vorgenommen werden. Ob dieser Vorteil der Filmszenen allerdings in der Praxis auch zum Tragen kommt, darf bezweifelt werden: Wenn der Einsatz von Filmszenen aufgrund der Ökonomie des Verfahrens befürwortet wird, so ist nicht anzunehmen, dass die Praktiker sich für die Auswertungen so viel Zeit nehmen, wie Schuler, Diemand und Moser hier veranschlagen.

Der Ablauf des Tests ist relativ einfach: die Probanden beobachten Videosequenzen von Interaktionen, in denen Menschen sich in Arbeitssituationen verhalten. Im Anschluss an jede Filmszene erscheint die zu beantwortende Frage für mindestens 90 Sekunden als Standbild auf dem Schirm; während dieser Darbietung haben die Probanden Gelegenheit, die Frage in schriftlicher Form zu beantworten. Eine Frage könnte z.B. lauten „Wie könnte sich der Berater hier besser verhalten?"; die Antwort erlaubt Aufschlüsse über die soziale Wahrnehmungsfähigkeit, d.h. Erkennen, was der Berater falsch gemacht hat, und auch über das eigene Verhalten der Teilnehmer, das sie in der entsprechenden Situation zeigen könnten. Die Performanzproblematik wird so nicht gelöst, doch die Autoren meinen, mit dieser Methode indirekt das mögliche Verhalten erfassen zu können, da niemand in der Lage sein dürfte, ein Verhalten beschreiben zu können, das ihm/ihr völlig unbekannt ist.

Eine Voruntersuchung ergab, dass die Probanden das Medium Film und den Test als nicht belastend, sondern realistisch und interessant wahrnehmen. Zudem waren alle grundsätzlich in der Lage, die Instruktionen zu verstehen und sich entsprechend zu verhalten (z.B. stichwortartig Sätze als Antworten zu formulieren).

Ausgewertet wird der Test – wie oben angedeutet – mit Hilfe von Checklisten, d.h. im Vorfeld erstellten Listen möglicher Antworten, die abgehakt werden. Folglich wird ausgezählt, wie viele richtige Beobachtungen die Probanden an der jeweiligen Sequenz vorgenommen haben. Durch diese Vorgehensweise wird die Messgenauigkeit erhöht, es stellt sich allerdings die Frage, wie vollständig diese Checklisten sein können oder ob es nicht möglich ist, dass kreative Probanden neue Lösungen entwickeln, die in den Vorgaben nicht erfasst sind und daher nicht als richtige Antworten gewertet werden. Diesem Einwand könnte entgegengehalten werden, dass diese Checklisten erweiterbar sind, doch wenn die Forscher sich tatsächlich darauf einließen, die Antworten der Probanden individuell inhaltlich zu analysieren, würde die Ökonomie des Verfahrens minimiert.

Durch die Praxisnähe, die höhere Objektivität in der Durchführung, und den Verzicht auf ein Interviewertraining gewinnt diese Methode an Bedeutung. Weiterhin kann durch den Einsatz von Filmszenen auch verstärkt die Wahrnehmungs- und Analysefähigkeit des Probanden hinsichtlich sozialer Anforderungssituationen eingeschätzt werden.

Die aktuellen technischen Möglichkeiten im Rahmen „multimedialer Diagnostik" versprechen wichtige Impulse zur Erfassung sozialer Kompetenzen zu liefern. Die Integration von Videoclips, Grafiken, Bildern und Audiodateien in standardisierte Testverfahren bietet die Möglichkeit, sich stärker als bisher der Diagnose sozialer Kompetenzen zu widmen. Ein Versuch in dieser Richtung wird im folgenden Abschnitt dargestellt.

2.5 ISIS – Ein multimediales Verfahren zur Erfassung Sozialer Kompetenzen

Im Rahmen eines umfangreichen Entwicklungsprozesses wurde für die Personalberatung Dieter Strametz & Partner GmbH ein multimediales System entwickelt, das viele Möglichkeiten der heutigen Technik zu integrieren versucht. Die Testpersonen haben die Aufgabe, neben reinen Textaufgaben, Audiosequenzen einzuschätzen und komplexe Videosequenzen zu bewerten (s. Abb. 1).

Abbildung 1: Bildschirmsicht aus ISIS

Um eine möglichst hohe Realitätsnähe zu gewährleisten, wurde für das System ein Szenario entwickelt, innerhalb dessen die Personen *einen* Arbeitstag in einem Unternehmen durchleben, welches Software für Computerspiele entwickelt.

Mit Hilfe zahlreicher Video- und Audiosequenzen wird die Person vor unterschiedliche Aufgaben gestellt: Kritische Mitarbeitergespräche sind zu beurteilen und zu planen, Konflikte müssen rechtzeitig wahrgenommen und angegangen werden, fremde und eigene Kompetenzen müssen adäquat eingeschätzt und eingesetzt werden, Kommunikationsmuster sind zu identifizieren.

Die technische Umsetzung sowie das Screen-Design entsprechen softwareergonomischen Gütekriterien.

Das System spricht alle Abteilungen und Unternehmen an, die im Rahmen ihrer Personalauswahl auch die sozialen Kompetenzen der Bewerber berücksichtigen. Vorrangig können mit diesem System die sozialen Kompetenzen von Testpersonen eingeschätzt werden, die im Bereich des Human-Ressource-Management sowohl Führungs- als auch Mitarbeiterpositionen einnehmen wollen.

Folgende Entwicklungsschritte liegen dem System zugrunde:

a) Anforderungsanalyse
Zur Spezifizierung der relevanten Tätigkeitsbereiche der Zielgruppe (Mitarbeiter/-innen und Führungskräfte im Bereich Personalmanagement) wurden mit N = 15 Exper-

ten aus der Industrie und dem Dienstleistungsbereich ca. zweistündige Interviews nach der Methode der kritischen Ereignisse durchgeführt, die zu 110 Inzidenzen führten. Diese wurden qualitativ inhaltsanalytisch sechs Kategorien bzw. Dimensionen sozialer Kompetenzen zugeordnet.

b) Itementwicklung
Die im Interview erhobenen Ereignisse wurden auf der Grundlage folgender Kriterien zu Items umformuliert: minimale Veränderung bei maximaler Einbindbarkeit, Realitätsnähe und Verständlichkeit.

Die Items wurden daraufhin verschiedenen Aufgabenstrukturen zugeordnet. Neben reinen Textaufgaben sind vor allem Aufgaben mit Einsatz von Video-, Audio- und Bilddateien vorhanden.

Der Aufbau der Items orientierte sich an den Schritten Situationsschilderung (video-, audio- oder textbasiert) und Auswahl einer Antwortalternative aus mehreren vorgegebenen Möglichkeiten. Die gewählte Alternative sollte das Verhalten beschreiben, das die Person in der Situation zeigen würde.

c) Erste Analyse der Aufgaben
Die Items (Aufgaben) wurden N = 198 Auskunftspersonen (Studierende unterschiedlicher Fachbereiche bei 30 % Wirtschaftswissenschaftler/-innen) zur Bearbeitung vorgelegt. Es handelte sich hierbei jedoch nur um eine computergestützte textbasierte Form des Instruments.

Das Ergebnis der konfirmatorischen Faktorenanalysen war unbefriedigend, da die zugrunde gelegten Faktoren nicht ausreichend bestätigt werden konnten. Zur Kriterienvalidierung wurde den Auskunftspersonen (Apn) ein Fragebogen zur Selbsteinschätzung der interpersonalen Kompetenz (ICQ, Riemann & Allgöwer, 1993) vorgelegt. Vor allem die Dimension „Durchsetzung persönlicher Rechte" korrelierte mit Dimensionen des Testverfahrens (Beziehungsmanagement, r = .30; Führungskompetenzen, r = .20; Gesamt, r = .19). Das Verfahren wurde von den Apn als sehr verständlich, klar in der Aufgabenformulierung und realitätsnah beurteilt.

Darüber hinaus wurden die Items N = 19 Experten/-innen mit der Bitte vorgelegt, das Item den erhobenen Dimensionen zuzuordnen und die sozial kompetenteste Alternative auszuwählen. Die Expertenübereinstimmung ist mit Cronbach's α = .50 als gerade noch ausreichend zu bewerten. Die Ergebnisse wiesen deutlich auf den Veränderungsbedarf hin, so dass ein Teil der Items umformuliert bzw. aus dem System entfernt wurde.

d) Technische Umsetzung
Das inhaltliche Drehbuch mit allen Bildschirmsichten und Interaktionsmöglichkeiten bildete die Grundlage für die Programmierung und das Screen-Design. Beide Schritte wurden von erfahrenen Experten in diesem Bereich und unter Berücksichtigung softwareergonomischer Standards durchgeführt.

e) Validierung
Der so erstellte multimediale Prototyp des Testsystems wurde im Rahmen von vier eintägigen Assessment-Centern der Personalberatung Dieter Strametz & Partner GmbH mit N = 46 studentischen High-Potentials durchgeführt; weiterhin wurde er im Rahmen einer Fortbildung für Führungskräfte aus dem höheren Polizeidienst (N = 46) eingesetzt.

Die Itemanalysen führten zu befriedigenden Ergebnissen. Die methodischen Analysen zur Konstruktvalidierung waren nur bedingt ausreichend. Das over-all-rating im AC korrelierte zu r = .35 mit dem Gesamtergebnis im ISIS, wobei hier vor allem auf der Ebene der Methoden das „Überzeugungsgespräch" maßgeblichen Einfluss hatte. Für die Ebene der Eigenschaften korrelierten die AC-Dimensionen „Aktive Rolle", „Konflikt- und Kritikfähigkeit" sowie „Führungskompetenzen" signifikant mit dem Testergebnis (r = .27 bis r = .37).

Zur Abschätzung der Frage, ob das System wirklich ein neues Konstrukt erfassen kann oder aber vorhandene Instrumente zu gleichen Ergebnissen kommen (diskriminante Validität) wurde in beiden Studien ein Persönlichkeitstest (NEO-FFI; Costa & McCrae, 1992) eingesetzt. Das Ergebnis im ISIS korreliert hier erwartungsgemäß nur mit dem Faktor „Offenheit" (r = .44). Der Einsatz eines Intelligenztests (IST-70) weist nicht darauf hin, dass Intelligenz übermäßigen Einfluss auf das Testergebnis hat.

f) Einsatz des Systems
Das System sollte jedoch nicht isoliert als Entscheidungsgrundlage benutzt werden, sondern als integrativer Bestandteil eines sequentiellen Auswahlprozesses. Eine Erweiterung auf andere Zielgruppen ist durch den modularen Aufbau des Systems und vorgeschaltete Anforderungsanalysen des entsprechenden Tätigkeitsfeldes möglich.

Literatur

Antoni, C. et al. (1997). *Das flexible Unternehmen*. Wiesbaden: Gabler.
Buck, R. (1976). A test of nonverbal receiving ability: preliminary studies. *Human Communications Research, 2*, 162-171.
Bullinger, H.-J. (1995). *Arbeitsgestaltung. Personalorientierte Gestaltung marktgerechter Arbeitssysteme*. Stuttgart: Teubner.
Bungard, W. (1994). Artefakte. In D. Frey & S. Greif (Hrsg.), *Sozialpsychologie: Ein Handbuch in Schlüsselbegriffen* (3. Aufl.) (S. 375-380). Weinheim: Beltz.
Costa, P. T. & McCrae, R. R. (1992). *Revised NEO Personality Inventory (NEO-PI-R)*. Manual. Odessa.
Doyle, P. H., Smith, A., Bishop, P. C. & Miller, M. A. (1980). Simulated interaction Training. In D. P. Rathjen & J. P. Foreyt (Eds.), *Social Competence: Interventions for Children and Adults* (pp. 243-254). New York: Pergamon Press.
Faix, W. G. & Laier, A. (1996). *Soziale Kompetenz. Wettbewerbsfaktor der Zukunft*. Wiesbaden: Gabler.

Giebeler, K. & Meyder, S. (1988). Soziale Qualifikationen als Schlüsselqualifikationen – eine Herausforderung an betriebliche Ausbildung und kirchliche Bildungsarbeit – Ein Konzept. In Evangelische Akademie Bad Boll (Hrsg.), *Berufliche Bildung im Betrieb* (S. 23-34). Bad Boll.

Greif, S. (1987). Soziale Kompetenzen. In D. Frey & S. Greif (Hrsg.), *Sozialpsychologie. Ein Handbuch in Schlüsselbegriffen* (2. Aufl.) (S. 312-320). München: PVU.

Greif, S. (1996). Problemlösetechniken und kontinuierliche Verbesserungen. In S. Greif & H.-J. Kurtz (Hrsg.), *Handbuch selbstorganisiertes Lernen* (S. 255-266). Göttingen: Verlag für Angewandte Psychologie.

Greif, S. (1996). Teamfähigkeiten und Selbstorganisationskompetenzen. In S. Greif & H.-J. Kurtz (Hrsg.), *Handbuch selbstorganisiertes Lernen* (S. 161-178). Göttingen: Verlag für Angewandte Psychologie.

Hornke, L. F., Schiff, B. & Hausen, C. (1991). Psychologische Diagnose des Sozial- bzw. Führungsverhaltens anhand videogestützt präsentierter Situationen. In H. Schuler & U. Funke (Hrsg.), *Eignungsdiagnostik in Forschung und Praxis* (S. 172-174). Göttingen: Hogrefe.

Jung, P. (1995). Rollenspiele. In W. Sarges (Hrsg.), *Management-Diagnostik* (2. Aufl.) (S. 591-596). Göttingen: Hogrefe.

Leibing, E. (1991). Qualifizierungsbedarf 2000. *Office Management, 9*, 24-27.

Margraf, C. (1995). *Soziale Kompetenz und Innovation.* Wirtschaftspsychologie Band 2. Frankfurt a. M.: Lang.

McFall, R. M. & Marston, A. R. (1970). An experimental investigation of behavior rehearsal in assertive training. *Journal of Abnormal Psychology, 76*, 295-303.

O'Sullivan, M. & Guilford, J. P. (1966). *Six factor tests of social intelligence: Manual of instructions and interpretations.* Beverly Hills: Sheridan Psychological Services.

Resch, K. (1995). Soziale Kompetenzen entwickeln – Ressourcen entdecken helfen. In J. Markgraf & K. Rudolf (Hrsg.), *Training Sozialer Kompetenz* (S. 205-228). Baltmannsweiler: Schneider Verlag.

Riemann, R. & Allgöwer, A. (1993). Eine deutschsprachige Fassung des „Interpersonal Competence Questionnaire" (ICQ). *Zeitschrift für Differentielle und Diagnostische Psychologie, 14*, 153-163.

Rosenstiel, v. L. (1992). Entwicklung von Werthaltungen und interpersonaler Kompetenz – Beiträge der Sozialpsychologie. In K. Sonntag (Hrsg.), *Personalentwicklung in Organisationen. Psychologische Grundlagen, Methoden und Strategien* (S. 83-105). Göttingen: Hogrefe.

Schmidt, J. U. (1995). Psychologische Meßverfahren für soziale Kompetenzen. In B. Seyfried (Hrsg.), *„Stolperstein" Sozialkompetenz. Berichte zur beruflichen Bildung* (S. 117-136). Bielefeld: Bertelsmann.

Schuler, H. & Barthelme, D. (1995). Soziale Kompetenz als berufliche Anforderung. In B. Seyfried (Hrsg.), *„Stolperstein" Sozialkompetenz. Berichte zur beruflichen Bildung* (S. 77-116). Bielefeld: Bertelsmann.

Stulle, P. K. (1991). Die Aus- und Weiterbildungssituation der 90er Jahre. *Office Management, 9*, 16-22.

Thorndike, E. L. (1920). Intelligence and its true. *Harpers Magazine, 140*, 227-235.
Thornton, G. C. & Byham, W. C. (1982). *Assessment Centers and managerial performance*. New York: Academic.

Dynamische Untersuchungsverfahren in der Personalauswahl[1]

Karl H. Wiedl und Jürgen Guthke

1. Einführung

Dynamische Untersuchungsverfahren sind diagnostische Maßnahmen zur Erfassung der intraindividuellen Variabilität, d.h. der Veränderbarkeit von Personmerkmalen. Sie beziehen sich auf Konzepte wie Lernpotential, Lernfähigkeit, Reservekapazität, Plastizität, kognitive Modifizierbarkeit, etc. Methodisch sind sie gekennzeichnet durch die Einbeziehung von Interventionen (Trainings, Feedback, Übung) in die Untersuchungsprozeduren, entweder in Form einer Test-Training-Test-Anordnung oder durch unmittelbare Integration in den Untersuchungsablauf (z.B. in Form sog. Kurzzeit-Lerntests bzw. Diagnostischer Programme mit nur einer Testsitzung, vgl. zusammenfassend Guthke & Wiedl, 1996). Die bekannteste Realisierung des Modells der dynamischen Diagnostik stellen die so genannten Lerntests dar (vgl. Guthke, 1982). Dynamische Untersuchungsverfahren, die zunächst mehr außerhalb des Main Stream der Diagnostik entstanden, werden heute auch international zunehmend als Beitrag zu unterschiedlichen Gebieten psychologischer Forschung und Praxis gesehen (vgl. u.a. Sternberg & Grigorenko, 1998, 2002; Lidz & Elliot, 2000; Van der Aalsvoort, Resing & Ruijssenaars, 2002).

Hauptanwendungsgebiete dynamischer Untersuchungsverfahren waren bisher die Pädagogische und Klinische Psychologie (vgl. Guthke & Wiedl, 1996). Aber auch in der psychologischen Eignungsdiagnostik wird schon sehr früh eine mangelnde Berücksichtigung der Veränderbarkeit von Personmerkmalen beklagt. Bereits 1920 (referiert und reanalysiert von Greif & Holling, 1990) hat Schackwitz die psychologische Prüfung von Straßenbahnschaffnern einer harschen Kritik unterzogen. Da er festgestellt hatte, dass erst nach Übung und Testwiederholung die Ergebnisse einigermaßen, wenn auch noch nicht befriedigend genug die spätere Berufsbewährung prognostizierten, schlussfolgerte er: „Sollen denn die so gekennzeichneten Anlagen auch als Grundlage von praktisch verwertbaren psychologischen Eignungsprüfungen dienen, so wäre zu fordern, dass die Beständigkeit dieser „Anlagen" usw. erwiesen würde oder die Gesetzmäßigkeiten, nach denen sie sich unter dem Einfluss der Übung und Gewöhnung gegebenenfalls ändern könnten" (S. 176). Ähnlich hat Kern (1930) in eindrucksvoller Weise die Übbarkeit psychologischer Testleistungen demonstriert, deren Berücksichtigung bei psychotechnischen Untersuchungen und methodische Maßnahmen zu ihrer Kontrolle gefordert.

---

[1] Dieser Beitrag stellt eine überarbeitete und stark erweiterte Version des Kapitels „Dynamische Untersuchungsverfahren in der Diagnostik von Berufs- und Studieneignung" in Guthke und Wiedl, 1996, Dynamische Testdiagnostik (Göttingen, Hogrefe), dar.

In der Folge haben eine Reihe von Autoren aus theoretischer Sicht und unter Betonung der Tatsache, dass in der gegenwärtigen durch raschen technologischen Wandel gekennzeichneten Zeit das ständige Neu- und Umlernen der Arbeitnehmer stark an Bedeutung gewinnt (Lernfähigkeit als Schlüsselqualifikation), die Berücksichtigung von Lernfähigkeit, Trainierbarkeit, Übungsfähigkeit, etc. im Rahmen der Eignungsdiagnostik gefordert (Triebe & Ulrich, 1977; Gebert & Rosenstiel, 1981; Hacker, 1982; Schuler, 1988). Besonders prägnant und methodisch eindeutiger als die von Kern (1930) einst vorgeschlagenen Maßnahmen (vgl. hierzu Meili, 1965) unterstreicht eine Studie von Simons und Möbus (1977), bei der mit Berufsbewerbern ein Lösungsstrategietraining zum IST-Amthauer durchgeführt wurde, dieses Problem. Sie beobachteten im Posttest – also nach dem Training – bei variablen Zuordnungsquoten in 61 % der Fälle und bei fixen Quoten immerhin noch bei 35 % der Fälle Änderungen in der Berufsempfehlung, die man nur auf Grund des Posttests zu geben hätte – verglichen mit dem Prätest. Ähnlich berichteten Diemand, Schuler und Stapf (1991) darüber, dass nach einer kurzen Trainingsphase zum Raven-Test (Set II der Advanced Progressive Matrices) bei Ingenieurstudenten Prä- und Posttests nur noch insignifikant mit .27 korrelierten. Dieses Ergebnis konnte allerdings von Koch und Locher (1996, offenbar aufgrund reduzierter Variabilität des Trainingsgewinns) nicht repliziert werden. Westhoff (1989) und Westhoff und Dewald (1990) registrieren dagegen sogar bei Konzentrationstests erhebliche Schwankungen der Retest-Reliabilitäten nach einer Übungsphase. Dass Konzentrationstests nach einer Übungsphase bessere differentialdiagnostische Entscheidungen zulassen, hatten schon früher Wolfram, Neumann und Wieczorek (1986) – allerdings für klinische Fragestellungen – festgestellt.

Überblickt man die im Hinblick auf diese Diskussion relevanten Realisierungsversuche bezüglich stärker lern- und veränderungsbezogener Untersuchungsverfahren, so lassen sich im Wesentlichen vier Ansatzpunkte abgrenzen:

1. Vor allem in Ostdeutschland wurde – auch in Anbetracht der in der DDR mehr oder minder verbotenen Anwendung sog. westlicher Eignungstests – versucht, das zunächst nur für die Kinder-Intelligenzdiagnostik entwickelte Lerntestkonzept auch auf die berufliche Eignungsdiagnostik anzuwenden, wobei die von den DDR-Arbeitspsychologen unter dem maßgeblichen Einfluss der Hacker-Schule (vgl. Hacker, 1982, 1986) propagierte Einheit von *„Diagnostik und Training"* im handlungspsychologischen Kontext auch als theoretische Begründung für dieses Vorhaben herangezogen wurde.
2. Weniger theoretisch begründet, sondern aus mehr pragmatischen Überlegungen im Hinblick auf eine bessere, d.h. fairere und gleichzeitig richtigere Eignungsdiagnostik insbesondere bei Gastarbeitern und älteren Arbeitnehmern wurde in Großbritannien in den 70er Jahren das sog. *trainability-concept* entwickelt und erprobt (vgl. Downs, 1985). Dieses stellt eine Verbindung des Lerntestkonzepts mit der schon aus den 20er Jahren bekannten Arbeitsprobe (work sample) dar.
3. Vor allem auch durch stärker prozessorientierte Untersuchungen mit Hilfe dafür besonders geeigneter „Computertests" kommt die moderne Eignungsdiagnostik immer stärker zu der Einsicht, dass *Lernverläufe* – auch in herkömmlichen Tests – oft aussagekräftiger sind als einfache Testsummenwerte im Sinne eines reinen Statustests (vgl. Dvorak & Brunner, 1987; Eißfeldt, 2002).

4. Die an sich alte (vgl. entsprechende Vorläufer bei der Offiziersauswahl der Deutschen Wehrmacht, vgl. Sarges, 1990), aber unter neuem Gewand als *Assessment Center* wiederum sehr „moderne" Methodik der Bewerberauswahl unter Einbeziehung von Rollenspielen und Gruppenübungen wird seit einiger Zeit kritisch diskutiert, da sie nur momentane Kompetenzen (z.B. der Selbstdarstellung) erfasst, aber Lernfähigkeiten nicht genügend erkennen lasse. Dieses Problem wird v.a. im Zusammenhang mit der Auswahl von Bewerbern aus den ehemals sozialistischen Ländern wie von anderen Migranten gesehen. Unter ausdrücklichem Bezug auf das Lerntestkonzept werden daher so genannte Lernfähigkeits-Assessment Center (Sarges, 1993) gefordert.

Im Folgenden sollen an wenigen Beispielen diese vier Trends etwas illustriert werden, wobei die Trainability-Konzeption und ihre Varianten sowie das dynamische Assessment Center im Vordergrund stehen werden.

2. Berufs- und studienbezogene Lerntests

Eine erste Übertragung des Lerntestkonzepts auf berufseignungsdiagnostische Fragestellungen stammt von Finke (1978). Er untersuchte Chemieanlagenfahrer, die auf ihre Eignung als Operateure für neu installierte hochautomatisierte Chemieanlagen überprüft werden sollten. Sie mussten sich eine programmierte Unterweisung für die Bedienung dieser Anlagen dreimal durchlesen und ein Simulatortraining absolvieren. Die Richtigpunkte beim Kenntnistest nach jeweils drei Lernversuchen und nach drei Trainingsphasen am Simulator wurden dem Schichtleiterurteil als Bewährungskriterium ein Jahr nach der Testung gegenübergestellt. Wie bei Guthke (1972) wurde festgestellt, dass entgegen der ursprünglichen theoretischen Annahmen zum Lerntestkonzept, die noch auf Wygotski zurückgehen, Lerngewinnmaße keine besondere prognostische Validität aufweisen, dagegen aber die Posttests gegenüber den Ersttests einen deutlichen Validitätsgewinn bringen. Nun muss dieses immer wieder replizierte Ergebnis nicht bedeuten, dass generell Lerngewinne und vor allem Lernverlaufsanalysen diagnostisch und vor allem prognostisch wenig ergiebig sind (s. auch weiter unten). Die immer noch schwierig zu lösenden methodisch-statistischen Probleme der Veränderungsmessung und der Identifizierung von qualitativ unterscheidbaren Lernverläufen bzw. Lernstrategien mögen eine Ursache für die unbefriedigende Validität solcher Lernprozessparameter sein.

Wiegner (1990) untersuchte E-Lok-Fahrer im Rahmen von Tauglichkeitsfragestellungen an einem computergestützten Simulationsarbeitsplatz mit einer Lerntestprozedur. Ihre Ergebnisse (s. Abb. 1) zeigten, dass nach Experteneinschätzungen bewährte E-Lok-Fahrer (Cluster 2 und 3) und weniger bewährte (Cluster 1) sich vor allem im Posttest nach einer längeren Trainingsphase am Simulator unterschieden, obwohl es sich bei diesen Probanden um bereits berufserfahrene Fahrer handelte. Wie die Abbildung zeigt, machen die „Versager" in allen vier Messungen – also vor und nach der Tagschicht bzw. Nachtschicht – mehr Fehler im Prätest als im Posttest, aber im Posttest ist die Differenz der beiden Extremgruppen in der Regel stärker. Besonders deutlich zeigt sich dies unter der Bedingung der Nachtschicht.

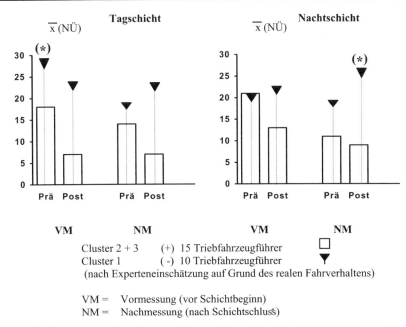

Abbildung 1: Computergestützte Prozessdiagnostik am Simulator bei Triebfahrzeugführern: Zeitanteile für Geschwindigkeitsüberschreitungen (NÜ) im Simulator

Eine ganz neue Lerntestentwicklung für die Eignungsdiagnostik berichtete jüngst Eißfeldt (1994, Dynamic Air Traffic Control Test, DAC). Angezielt wird eine validierte Eignungsdiagnostik bei Bewerbern für die Tätigkeit des Fluglotsen. Dabei sollen die Konzepte des *work sample*, des *Lerntestkonzepts* und des *trainability-concepts* (s.u.) miteinander verknüpft werden.

In einer computergestützten Darbietung werden den Probanden „traffic control tasks" (s. Abb. 2) vorgelegt. Verschiedene Flugzeuge müssen zur gleichen Zeit entsprechend ihren Flugplänen durch den Flugraum geführt werden, wobei gleichzeitig Sicherheits- und Ökonomieaspekte zu beachten sind.

Zunächst erhalten die Probanden eine 30 Minuten dauernde Belehrung (Instruktion) über ihre Aufgabe in der Gruppe. Dann erfolgt eine individuelle Instruktion (60 Minuten), in der die Pbn ein Einführungsheft in den Test lesen und anschließend in einem kurzen Multiple-Choice-Test zeigen sollen, ob sie die Aufgaben des Tests verstanden haben. Danach folgen eine kurze praktische Einführung am Computertest und anschließend der erste Durchlauf („run") des Tests, der 10 Minuten dauert. In diesem Durchlauf werden zwar keine Hilfen gegeben, aber in gewissem Maße stellt auch der „erste run" schon einen Lerntest dar, da ihm eine sehr lange Instruktions- und Übungsphase vorausgeht. In der Trainingsphase erhält der Testand vom Psychologen eine detaillierte Rückinformation über den ersten Durchlauf, wobei auf dem Bildschirm der erste Testdurchlauf noch einmal gezeigt wird. Dann erfolgt der zweite Testdurchlauf (Posttest). Bei beiden Testdurchläufen führt der Psychologe ein Protokoll über die Verhaltensweisen des Probanden während der Testbearbeitung. Das Verfahren wird seit 1992 bei der Deutschen Flugsicherung und auch bei der Eurocontrol zur Auslese der Bewerber angewandt. Interessant im Sinne der „Spezifizierungshypothese" für Lerntests, wonach Posttestwerte das angezielte Konstrukt „reiner" erfassen als Prätests (Guthke & Wiedl, 1996; Wiedl et al., im Druck) ist der Befund, dass die zweite Testdurchführung (Posttest) weniger als der Ersttest mit einem psychomotorischen Test (Tracking-Test) korrelierte, der primär für die Auswahl von Piloten benutzt wird. Da für die Fluglotsen die perzeptiv-kognitiven Fähigkeiten größere Bedeutung als die „motorischen Fähigkeiten" haben, ist es günstiger, wenn diese im Posttest „reiner" erfasst werden als im Prätest.

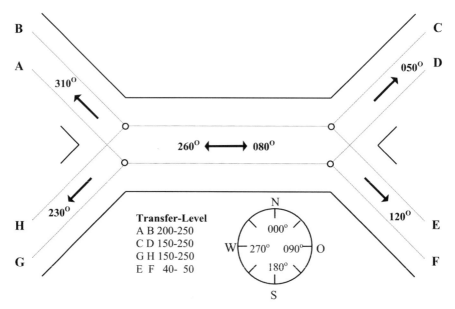

Abbildung 2: Airspace of the Dynamic Air Traffic Control Test (Eißfeldt, 1994)

Eine kürzlich vorgelegte Validierungsstudie (Eißfeldt, 2002) zeigt neben einigen widersprüchlichen Ergebnissen, die offenbar mit Problemen der Veränderungsmessung und der Validität von Außenkriterien zusammenhängen, eine durch Kombination von Post- und Prätestwerten bewirkte Erhöhung der prädiktiven Validität des Verfahrens bezüglich des berufsbezogenen Lernens bei einer Ausbildungsdauer von 18 bis 19 Monaten. In einer Studie zur Validierung der gesamten bei der Fluglotsenauswahl benutzten Testbatterie (vgl. Damitz et al., 2000) zeigen viele der benutzten Verfahren keine signifikanten Differenzen zwischen Pass-Fail-Gruppen bei der praktischen Bewährungsprüfung, so dass sie zukünftig nicht mehr in der Batterie vertreten sein werden (z.B. erstaunlicherweise auch Tests zur räumlichen Vorstellung). Dagegen erwies sich der zweite Durchgang des DAC als signifikant trennend zwischen den Gruppen. Allerdings stellt sich angesichts der Aufwendigkeit der dynamischen Testuntersuchung die Frage nach deren Nützlichkeit.

Der Autor führte hierzu eine Nützlichkeitsanalyse auf der Grundlage aller durchgeführten Untersuchungen (n = 533) und der hierfür erforderlichen Personaltage durch, die für das dynamische Untersuchungsverfahren 180, für die Statusversion 90 Tage betrugen (s. Tab. 1).

Tabelle 1: Nützlichkeitsanalyse zur Verwendung der statischen vs. dynamischen Variante des Dynamic Air Traffic Control Tests (nach Eißfeldt, 2002, modifiziert durch die Verfasser)

	Personaltage	Empfohlen	Lizensiert	„Falsch Positive"
Statustest (nur Prätest >4)	90	153	107	46
Statustest (nur Prätest >3)	90	182	139	43
Lerntest (Prä- und Posttest)	180	195	148	47
Kosten vs. Reduzierung von „Falsch Negativen"	-90 (-90)	+13 (+42)	+9 (+31)	

Es zeigt sich, dass durch die Lerntestvariante 43 bzw. 13 Teilnehmer mehr als durch den Statustest zur Ausbildung empfohlen wurden (cut-off im Prätest bei 4 bzw. 3). Von diesen Bewerbern bestanden später 31 bzw. 9 die Prüfung und arbeiten mittlerweile erfolgreich als lizensierte Lotsen. Tabelle 1 macht deutlich, dass der Vorteil der Lerntestvariante eindeutig in der Reduktion „falsch Negativer" liegt, nicht in der Reduzierung „falsch Positiver".

Der Autor ist der Auffassung, dass dieser Vorteil den erheblichen zusätzlichen diagnostischen Aufwand bei Durchführung des „zweiten runs" bei weitem rechtfertigt. Der dynamische Air-Control-Test dürfte daher in seiner Lerntestvariante durch seine Identifikation potentiell geeigneter, unter reinen Statustest-Bedingungen aber abgelehnter Kandidaten seine besonderen Vorteile insbesondere in Zeiten knapper personeller Ressourcen entfalten. Aus diesem Grund empfiehlt der Autor die weitere Verwendung und Entwicklung des Verfahrens und schlägt zur terminologischen Präzisierung und zur Abgrenzung von anderen dynamischen Testverfahren die Bezeichnung „Arbeitsprobe nach dem Lerntestkonzept zur Erfassung des Merkmals Mehrfacharbeiten in komplexen dynamischen Situationen" vor (S. 161).

Nun zu einer Anwendung des Lerntestkonzepts bei der Auswahl von Studierenden bzw. für Zwecke der *Studienwahlberatung*:

Bei allen frisch immatrikulierten Chemiestudienanfängern einer Technischen Hochschule wurde von Winkler (1978) eine Kurzform des IST-Amthauer und ein chemiespezifischer Lerntest angewandt. Der fachspezifische Lerntest bestand aus einem Prätest, in dem zunächst geprüft wurde, ob eventuell Vorkenntnisse auf einem spezifischen Chemie-Gebiet vorliegen, das normalerweise nicht zum Schulstoff gehört. Dann arbeiteten die Probanden in der Gruppe einen programmierten Lehrtext über dieses für fast alle Probanden wirklich neue Gebiet durch. Im Posttest wurde geprüft, wie dieser neue Lehrstoff verstanden wurde. Weiterhin wurde eine Chemie-Aufnahmeklausur zur Erhebung des sog. Chemie-Vorwissens auf dem Niveau des Abitur-Stoffes geschrieben. Nach zwei Jahren des Grundstudiums wurden die Studenten/innen in drei Leistungsgruppen anhand der Zensuren und Urteile der wissenschaftlichen Betreuer eingeteilt. Die nachfolgende Abbildung 3 zeigt, dass der *chemiespezifische Lerntest* sowohl der Aufnahmeklausur als auch dem IST vor allem bei der Vorhersage des Versagens im Studium überlegen ist.

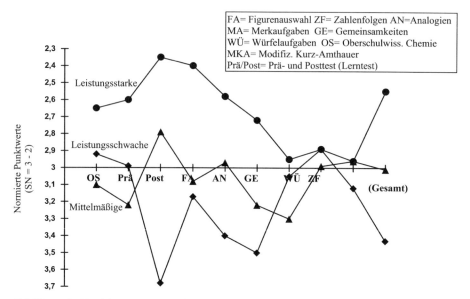

Abbildung 3: Testleistungen von Chemie-Studenten mit späterem unterschiedlichem Schulerfolg (schwache, mittlere und hohe Leistungen) bei Studienbeginn (Winkler, 1978)

Die Anwendung eines solchen Lerntestverfahrens für Aufnahmeprüfungen ist aber nicht unproblematisch. „Ganz Schlaue" könnten sich bei der Feststellung des jeweiligen Ausgangsniveaus im Prätest besonders „dumm" anstellen, um dann durch eine besonders hohe Steigerungsrate zum Posttest hin ihre hohe Lernfähigkeit unter Beweis zu stellen. Also auch unter diesem mehr praktisch-pragmatischen Aspekt dürfte bei Lerntestprozeduren die alleinige Orientierung auf die Erhebung eines wie auch immer berechneten Lerngewinns bzw. Differenzwertes problematisch sein. Der Posttest bzw. Prätest und Posttest gemeinsam betrachtet, bringen offenbar die aussagekräftigsten Ergebnisse. In einer kürzlich abgeschlossenen Diplomarbeit (vgl. Gräble, 2001) wurde die bereits von Winkler erprobte Methodik – also die Entwicklung fachspezifischer Lerntests für die Aufnahmeprozeduren an Hochschulen – für Fachhochschulen der Polizei erprobt. Nachdem zunächst festgestellt wurde, dass die an der Hochschule bisher üblichen Eignungstests nur wenig aussagekräftige Prognosen erlaubten, wurde mit Hilfe von Experten (Juristen) ein fachspezifischer Lerntest für juristische Sachverhalte entwickelt, da gerade bei der Jura-Ausbildung viele Fachhochschüler die größten Schwierigkeiten zeigen. Allerdings konnte dessen prognostische Aussagekraft bisher noch nicht untersucht werden. Interessant war aber das Ergebnis, dass sich Abiturienten (ohne juristische Vorkenntnisse) und sog. Aufstiegsbewerber aus dem Polizeidienst (also mit juristischen Vorkenntnissen) nach der „Belehrungsphase" (also im Posttest) nicht mehr unterschieden.

Eingangs wurde schon auf die so genannten Diagnostischen Programme (vgl. Guthke et al., 1991) verwiesen, bei denen ähnlich wie in einem programmierten Lehrbuch in nur einer Testsitzung ein Aneignungsprozess simuliert und auf die in „klassischen" Langzeitlerntests übliche Trennung in Prätest – Trainingsphase und Posttest verzichtet wird. Harnisch (s. Guthke & Harnisch, 1986) konstruierte z.B. ein Diagnostisches Programm zur Diagnostik der sog. *Fremdsprachenlernfähigkeit* bei ausländischen Studierenden, die am Herder-Institut der Leipziger Universität zunächst in einem Vorkurs die deutsche Sprache erlernen müssen. Verbale Tests ließen sich bei diesen Studenten, die aus über 100 Ländern kommen und oft nicht einmal Mittlersprachen beherrschen, nicht anwenden. Mit dem Raven-Test konnte die spätere Deutschbeherrschung ebenfalls nicht vorhergesagt werden. In dem von Harnisch entwickelten kurzen Diagnostischen Programm (DP) mussten die Studierenden eine Miniaturkunstsprache mit einer ganz einfachen Lexik und Grammatik erlernen. Figuren und Figurenkombinationen (Sätze) sollten nach einer bestimmten, selbst zu entdeckenden Zuordnungsregel sinnlosen Silben bzw. Silbenkombinationen („Sätzen") zugeordnet werden. Festgestellt wurde die Anzahl der Hilfen, die benötigt wurden, um durch das Programm zu kommen. Eine Diskriminanzanalyse zeigte, dass das DP insbesondere die Leistungsschwachen am Ende des ersten Studienjahres recht gut prädiziert. Dies gelang auch durch Zuordnung von Testverlaufsclustern nur auf Grund der Abarbeitung des Diagnostischen Programms bei 91,7 % der Leistungsschwachen, so dass gerade diese Studenten frühzeitig identifiziert werden können. Zur Zeit wird durch den Schuhfried-Verlag das dort auch als Computerfassung (vgl. Harnisch & Guthke, 1996) vorliegende Verfahren im Rahmen von eignungsdiagnostischen Fragestellungen erprobt.

3. Das „Trainability-Concept"

Das „trainability-concept" stammt aus Großbritannien und wurde vor allem von Robertson und Mindel (1980) und Downs (1985) entwickelt und vielfach erprobt. Trainability-Tests werden von Downs (1989, S. 392) wie folgt definiert: „A trainability-test is, as its name implies, a test to predict the ability of applicants to succeed in training". Die Tests wurden insbesondere für die Vorhersage (und damit mögliche Selektion von Bewerbern) der berufsbezogenen Trainierbarkeit von ungelernten und berufsunerfahrenen Bewerbern konzipiert. Die Autoren, die in Trainings- und Umschulungszentren von Großkonzernen arbeiten, gehen bei der Entwicklung ihrer Testprozeduren nicht so sehr von entwicklungs-, denk- und persönlichkeitspsychologischen theoretischen Überlegungen aus wie die Befürworter und Begründer des Lerntestkonzepts, sondern von mehr praktisch orientierten Erwägungen. Sie fanden nämlich heraus, dass die üblichen generellen Eignungstests – vor allem in der sog. Paper-and-pencil-Form – insbesondere bei der Untersuchung ausländischer und älterer Arbeitnehmer im Rahmen von Qualifizierungsmaßnahmen und Umschulungsmaßnahmen wenig geeignet waren. Diese Testanden werden in solchen Tests oft unterschätzt, da die „Schulnähe", die Zeitdruckkomponente und die starke Bildungs- und Erfahrungsabhängigkeit vieler dieser Tests gerade testunerfahrene und aus anderen kulturellen Bedingungen stammende Bewerber massiv benachteiligen. Die britischen Psychologen setzten daher an zwei Punkten ein. Sie wollten zum einen eine *höhere ökologische Validität* bzw. Tätigkeitsorientiertheit der Verfahren unter inhaltlichem Aspekt erreichen. Daher sollten ihre Tests vor allem *„job"* bzw. *„work samples"* sein in Analogie zu den Arbeitsproben der Psychotechnik der zwanziger Jahre. Auf Grund einer möglichst exakten beruflichen Anforderungsanalyse werden „crucial elements of the job" herauskristallisiert, die dann den Testinhalt bilden. Beispiele für spezifische Berufe sind: Elektriker (Stromkreis anklemmen), Maurer (Vervollständigen einer begonnenen Ziegelmauer), Näherin (zwei Stoffteile zu einer Tasche zusammennähen), Gabelstaplerfahrer (um eine Tonne herumfahren, eine Palette aufnehmen, abladen und rückwärts fahren, s. Robertson & Downs, 1979, S. 44 ff.). Es werden also im Test „Lernstichproben" aus dem Trainingsinhalt der folgenden Ausbildung gegeben.

Der zweite Punkt betrifft die *Testprozedur*. Durch einen Ausbilder wird zunächst in standardisierter Form eine Instruktion für die ausgewählte Berufstätigkeit vermittelt und die Tätigkeit demonstriert (z.B. Bedienung einer Maschine). Der Proband kann jetzt auch Fragen stellen. Dann versucht er, die Aufgabe selbst zu lösen. In manchen methodischen Varianten bekommt der Proband auch die Möglichkeit, nach erneuter Hilfe und Korrektur in einem Posttest sein verbessertes Leistungsvermögen zu zeigen. Der Testleiter beobachtet den Testanden hierbei und vergibt nach einer standardisierten Check-Liste Fehler-Punkte. Außerdem wird noch ein globales Rating auf einer 5-Punkteskala verlangt. Über eigentliche Normwerte wird in der Literatur nichts berichtet, dafür über *berufs- und betriebsspezifische Erwartungswerttabellen* bezüglich der festgestellten Berufsbewährung bei bestimmten Fehler-Punktwerten in der Check-Liste (s. Downs, 1985). Untersuchungen wurden vor allem bei handwerklichen Berufen wie Maurer, Schweißer, Zimmermann, Näherin usw. durchgeführt, aber auch für Helikopter-Navigatoren und Management-Jobs (s. Downs, 1985). Hauptziel war die Prädiktion und damit auch Selektion für zeitlich meist relativ begrenzte Trainingskurse (von einer Woche bis sechs Monate). Eine Meta-Analyse von Robertson und Downs aus dem Jahre 1989, der schon relativ viele Validitätsstudien mit solchen trainabilitytests zugrunde lagen, ergab folgende Haupterkenntnisse:

1. Es wurden in der Regel wie bei üblichen Eignungstests nur mäßig hohe Gültigkeitskorrelationen registriert.
2. Wie bei anderen Eignungstests auch ließ sich der Ausbildungserfolg eines Trainings (training success) besser prädizieren als der spätere Berufserfolg (job performance).
3. Ebenfalls in Übereinstimmung mit der Speziallitteratur wurde ein ständiges Absinken der Validitätskennwerte mit der Verlängerung des Prognosezeitraums registriert.
4. Ungünstige Validitätskennwerte gab es vor allem dann, wenn es nicht gelang, im Test die Komplexität eines Berufes bzw. eines Trainings adäquat abzubilden. Dem-

zufolge wurden die höheren Validitätskoeffizienten bei einfacheren, vorwiegend psychomotorisch definierten Berufsanforderungen erreicht.
5. In der Regel erbringt die Kombination von „klinischer Auswertung" anhand der Rating-Scales und der „statistischen Auswertung" mit der Fehler-Check-Liste die besten Gültigkeitskoeffizienten.

Die Tabelle 2 illustriert am Beispiel einer bereits älteren Studie (Downs, 1968), dass gerade bei den älteren Bewerbern der Test den Kurserfolg bzw. -misserfolg gut vorhersagte, während bei den jüngeren doch relativ viele Fehltreffer zu verzeichnen waren. Wenn ältere Bewerber im Test versagten, absolvierten sie auch in der Regel den Kurs nicht erfolgreich, wenn sie dagegen im Test erfolgreich waren, hatten sie fast stets auch im Kurs Erfolg.

Tabelle 2: Ergebnisse in einem trainability-test für den Zimmermannsberuf bei jüngeren und älteren Bewerbern und Erfolg in einem anschließenden Umschulungskurs (nach Downs, 1968)

Test	junge Bewerber		ältere Bewerber		Σ der Bewerber
	erfolgreich	nicht erfolgreich	erfolgreich	nicht erfolgreich	
gut	117	21	26	3	167
schlecht	21	25	2	13	61

„gut": 9 Fehler oder weniger „jung": unter 35 Jahren
„schlecht": 10 Fehler oder mehr „alt": 35 Jahre und älter

Kritisch ist zu der bisherigen Trainability-Forschung neben dem oben bereits erwähnten Theorie-Defizit zu bemerken:
1. Die Tests sind nur anwendbar durch Berufsexperten, die außerdem eine spezielle diagnostische Schulung erhalten haben.
2. Die inkrementelle Validität dieser Tests gegenüber bisher verwandten mehr generellen Intelligenz- und Eignungstests müsste durch entsprechende Vergleichsuntersuchungen erst noch nachgewiesen werden (vgl. auch die Meta-Analyse von Ree & Earles, 1992 über die generell recht hohe Prädiktionsgüte von allgemeinen Intelligenztests in der Eignungsdiagnostik).
3. Die Rolle spezifischer Berufsvorerfahrungen für das Test- und das Trainingsergebnis ist bisher unzureichend untersucht. So könnte z.B. der Sohn eines Maurers, der seinem Vater schon oft bei der Arbeit zugesehen hat, gegenüber anderen Bewerbern bevorteilt werden.
4. Die angestrebten „Point-to-point"-Entsprechungen beziehen sich bisher vorwiegend auf den Arbeitsinhalt. Es ist noch zu prüfen, inwieweit höhere Gültigkeitskoeffizienten erzielt werden, wenn die Tests sowohl repräsentativ sind im Hinblick auf den Arbeitsinhalt als auch hinsichtlich des nachfolgenden Trainings. Das heißt, dass auch die Lernbedingungen und Lernprozeduren in Test und Training einander weitgehend entsprechen sollten. Positiva der „trainability tests" stellen aber zweifellos die folgenden Punkte dar:

4a. Die höhere *Augenscheinvalidität* und Berufsnähe für die Testanden. Damit entspricht diese Art von Tests auch eher den Anforderungen von Gewerkschaften und Gerichten (s. Beschluss des Obersten Gerichtshofs der USA über die Zulässigkeit von Eignungstests; vgl. Robertson & Mindel, 1980), die nicht eindeutig berufsbezogene Tests in der Eignungsdiagnostik als „illegal" einstufen.

4b. Die Möglichkeit für die Bewerber, durch die Tests einen ersten Eindruck („taste of the job") von den beruflichen Anforderungen zu bekommen. Dies eröffnet auch Möglichkeiten der sog. *Selbstselektion*. Nach einer Untersuchung von Downs (1985) nahmen nach einem Test 91 % der „Teststarken" die angebotene Anstellung „auf Probe" an, aber nur 23 % der „Testschwachen".

4c. Die besondere *Akzeptanz* durch ausländische und ältere Arbeitnehmer, die insbesondere bei berufsfernen verbalen oder auch abstrakten Paper-and-Pencil-Tests sich stärker irritiert fühlen und durch diese eventuell auch unfairer beurteilt werden.

Auf eine Testneuentwicklung soll noch hingewiesen werden, die das Prinzip der Arbeitsproben, das Lerntestkonzept und den handlungspsychologisch orientierten Ansatz von Hacker gleichzeitig berücksichtigt. Es handelt sich hierbei um die Leistungs- und Verhaltensanalyse-Probe (LEVAP, Schmidt, 1988a) und die Tätigkeitsanalyseliste (TAL von Schmidt, 1988b). Mit beiden Verfahren sollen diejenigen geschützten Arbeitsplätze für geistig Behinderte und Rehabilitanden gefunden werden, die ihrer Lernfähigkeit am besten entsprechen.

4. Prozessanalysen bei herkömmlichen, vor allem auch computergestützt dargebotenen Tests

Wir hatten schon oben erwähnt, dass Lernverläufe in Lerntests als besonders aussagekräftige und zusätzliche diagnostische Informationen angesehen werden können, vor allem, wenn es gelingen sollte, die damit im Zusammenhang stehenden messmethodischen Probleme zu lösen. Man könnte allerdings mit Recht fragen (vgl. Guthke, 1980), ob sich „Lernfähigkeit" nicht nur in Lerntests, sondern auch in konventionellen Tests äußert (s. auch Fischer, 1972; Scheiblechner, 1972). Voraussetzung hierfür wäre allerdings, dass man nicht nur Testsummenwerte, sondern den Testverlauf stärker beachtet und analysiert, wie dies bei Konzentrationstests schon lange praktiziert wird. Die rechnergestützte Testdarbietung und Testauswertung bietet hervorragende und zeitökonomische Möglichkeiten für eine solche *Testverlaufsanalyse*. Lern- und Übungsfähigkeit, aber auch Ausdauer und Vigilanz, Motivation und Belastbarkeit (bzw. leichte Ermüdbarkeit) müssten gerade durch den Vergleich der Leistungen am Anfang des Tests mit denen am Ende gut sichtbar werden. Insbesondere für Fahr-, Steuer- und Überwachungstätigkeiten mit ihren erhöhten Anforderungen an Vigilanz (Daueraufmerksamkeit) und Motivation dürften diese Faktoren eine ausschlaggebende Rolle spielen.

Dvorak und Brunner (1987) entwickelten aus solchen Überlegungen heraus einen Vigilanz- bzw. Daueraufmerksamkeitstest (DATG). Der Test fordert für eine Zeit von

30 bzw. 50 Minuten eine visuelle Aufmerksamkeitsanspannung im Sinne einer „Was ist das?"-Leistung (vgl. Fröhlich, 1980 zu den beiden Systemen der Informationsverarbeitung, „Was ist das?" und „Was ist zu tun?").

Auf einer Projektionsfläche erscheinen komplexe Reizbilder in fortlaufender Folge. Jedes Bild enthält sechs rechtwinklige Dreiecke. Der Proband hat zu prüfen, ob – und gegebenenfalls wie oft – ein als kritischer Reiz definiertes Dreieck (Spitze nach unten) im jeweiligen Reizfeld enthalten ist.

Der Rechner vergleicht die Leistung mit dem Sollwert und druckt am Schluss ein Verlaufsprotokoll aus. Untersuchungen dieser Verlaufsprotokolle ergaben nun interessanterweise, dass sich ganz ähnlich wie in den oben referierten Lerntestuntersuchungen von Wiegand an E-Lok-Fahrern der Deutschen Reichsbahn die späteren Testabschnitte (entspricht dem Posttest im Lerntest) als diagnostisch besonders relevant erwiesen. Mitarbeiter aus dem Betriebsdienst der Bahn (hauptsächlich Lokführer und Stellwerker), die in ihrer beruflichen Tätigkeit durch häufiges Versagen auffällig geworden waren – sog. Versager-Gruppe – ,wurden unauffälligen Arbeitskollegen gegenübergestellt (s. Abb. 4).

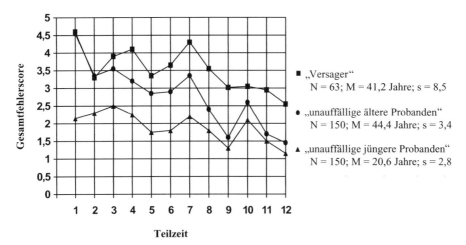

Abbildung 4: Leistungsverlauf bewährter und nicht bewährter Triebfahrzeugführer und Stellwerker unterschiedlichen Alters im DATG (Dvorak & Brunner, 1987)

Dabei fällt zunächst auf, dass erwartungsgemäß die „Versager" schlechtere Testergebnisse zeigten. Gleichzeitig zeigte aber eine Gegenüberstellung jüngerer und älterer Arbeitnehmer, dass die Analyse des Testverlaufs im DATG eine gerechtere Einschätzung der Leistungsfähigkeit der älteren Arbeitnehmer erlaubt. Während in den ersten Abschnitten des Tests (und auch im kurzzeitigen Test d2) unauffällige ältere Probanden sehr viel mehr Fehler machen als jüngere Probanden und fast so viele wie die „Versager", sind sie in den letzten Testabschnitten genauso gut wie die Jüngeren und deutlich besser als die „Berufsversager".

5. Lern-Assessment Center

Obermann (1992) zitiert in seinem Buch über Assessment Center (AC) Heinze (in Sarges, 1990), der feststellt, dass „Lernfähigkeit als Kriterium aus Anforderungslisten in Assessment Center-Verfahren nicht mehr wegzudenken" ist (S. 214). An anderer Stelle (vgl. Obermann, 1994, S. 110/111) schreibt er: „Die sich immer schneller ändernden Anforderungsstrukturen (EU, Global Marketing, technische Änderungen, höhere Bedeutung kommunikativer Faktoren) fordern damit weniger die Beurteilung und Entwicklung von „Ist-Fähigkeiten" als vielmehr die Fähigkeit, sich auf wechselnde „Solls" einstellen zu können ... Dadurch wird die Fähigkeit, sich auf neue Anforderungen hin entwickeln zu können, die Lernfähigkeit, zum wesentlichen Anforderungskriterium" (vgl. auch Sarges, 1993). Gleichzeitig weisen beide Autoren aber darauf hin, dass in der Praxis der Assessment Center eigentlich nur Statusmessungen stattfinden und daher die eigentlich angezielte „Potentialabschätzung" nicht möglich ist.

In welcher Form ein derartiges Assessment Center zur Potentialabschätzung in Anlehnung an das Lerntestkonzept realisiert werden kann, demonstriert Obermann (1994): Während eines zwei- bis dreitägigen ACs wird zu Beginn zunächst eine Messung 1, z.B. als Rollenübung (z.B. Mitarbeitergespräch), vorgenommen. Die Teilnehmer hatten in 30 Minuten mit einem trainierten „Rollenspieler" ein Mitarbeitergespräch zu führen. Ihr Verhalten wurde durch verschiedene Beurteiler mit Hilfe einer Check-Liste eingeschätzt. Auf der gleichen Check-Liste wurden dann die Teilnehmer um eine Selbstbeurteilung gebeten. Die Teilnehmer erhielten danach ausführliche individuelle Rückmeldungen. Die jeweils drei „besten" und drei „schlechtesten" Verhaltensleistungen eines Teilnehmers wurden diesem jeweils schriftlich mitgegeben. Am Abend des ersten Tages sollten die Teilnehmer über diese Rückmeldungen reflektieren. Am zweiten Tag gab es eine zusätzliche Trainingsphase (4 Stunden) für alle Teilnehmer. Hierbei wurden u.a. auch einzelne Gesprächsphasen eingespielt, um theoretische Argumentationen besser veranschaulichen zu können. Am dritten Tag erfolgt dann auch wieder eine Rollenübung mit vergleichbarem Szenario und Messinstrumenten wie in Messung 1 als Messung 2 (s. Abb. 5).

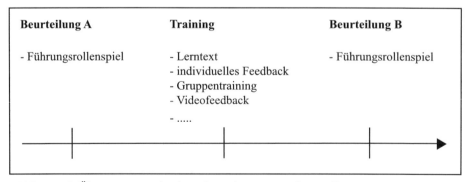

Abbildung 5: Übungssequenz in einem Lern-Assessment-Center (Overmann, 1992)

Das „Lernen in den rückgemeldeten Kriterien" (bezogen auf die „schwächsten Items") bildete den wesentlichen Kennwert zur Beurteilung der Lerngewinne. Hinzu kam noch die Berechnung eines durchschnittlichen Lernzuwachses bezogen auf alle 20 Beurteilungsitems.

In der Kontrollgruppe wurden alle diagnostischen Verfahren durchgeführt, aber keinerlei Rückmeldungen und Training angeboten. Im Vergleich zur Kontrollgruppe wurde zunächst die Trainingseffizienz nachgewiesen. Erwartungsgemäß korrelierten in der Kontrollgruppe Prä- und Posttest höher miteinander als in der Versuchsgruppe (.67 bzw. .47). Beim Vergleich genereller Lerngewinn (über alle 20 Beurteilungskategorien) und „Lernen bei den rückgemeldeten Kriterien" erwies sich der letztere (nur in der Versuchsgruppe berechnete Wert) als derjenige Parameter, der vergleichsweise am meisten durch das Training positiv verändert wurde.

Interessant war bei den Erhebungen Obermanns, dass die so gewonnenen „Lernfähigkeitswerte" nicht mit den anderen Übungen und Tests des ACs bzw. mit Eigenschaften des Trainings korrelierten. Sie liefern offenbar diagnostisch neue Informationen. Der Lerngewinn – besonders bei rückgemeldeten Kriterien – korrelierte weiterhin mit gewissen Attributen der Teilnehmer (z.T. auch mit Regressionsanalysen bestimmt), z.B. Weiterbildungsmotivation, mehr internale Kontrollüberzeugung, positives Selbstbild (allgemeine Effektivitätserwartung), berufliches Anspruchsniveau, Führungserfahrungen und Führungsmotivation. Ansonsten wurden aber auch viele erwartete Korrelationen – z.B. zum komplexen Problemlösungsverhalten – nicht gefunden. Unseres Erachtens ist aber dafür z.T. auch die messmethodische Problematik der Differenzwerte mit verantwortlich. Interessant wäre daher gewesen, wenn der Autor auch jeweils Prä- und Posttests mit den Kriterientests verglichen hätte.

Obermann macht darauf aufmerksam, dass natürlich auch für das AC nicht von einer generellen Lernfähigkeit ausgegangen werden kann, sondern dass domainspezifische Lernfähigkeiten anzunehmen sind, die man durch „ein bis drei erfolgskritische Lernsituationen" erfassen sollte. Interessanterweise wurde aber auch registriert, dass diejenigen Teilnehmer, die gut auf der Dimension „Mitarbeiterorientierung" lernten, in der Regel auch auf der Dimension „Aufgabenorientierung" gute Fortschritte machten.

Zur Validitätsprüfung wurde das Kriterium „Beförderung" nach mindestens zwei Jahren Intervall zwischen Assessment Center und Kriteriumserhebung erhoben. Die Validität des gesamten Assessment Centers auf Korrelationsebene betrug auf dieses Kriterium bezogen .35 (dies entspricht etwa dem Mittelwert aus vergleichbaren Studien) und konnte in einer Regressionsanalyse auf $R = .48$ gesteigert werden, wenn der Lernzuwachs als Prädiktor mit eingeführt wurde. Das Ergebnis wurde auch dadurch erreicht, dass Lernzuwachs und das Gesamtergebnis im Assessment Center nicht miteinander korrelierten. „Aus dem fehlenden Zusammenhang zwischen AC-Gesamtwert und Lernzuwachs ergibt sich die Erkenntnis, dass Lerngewinne im Führungsverhalten nicht durch klassische Assessment-Center-Verfahren vorhergesagt werden können, obwohl dies eigentlich mit dem Begriff ‚Potentialanalyse' beansprucht wird" (Obermann, 1994, S. 188).

Die Bedeutung des Erfahrungshintergrundes und vorausgegangener berufsrelevanter Lern- und Sozialisationsprozesse wird auch in den Untersuchungen von Jansen (1991) an ostdeutschen Bewerbern nach der politischen Wende in Assessment Centern der Auto-Industrie deutlich (s. auch Wottawa, 1994). Dabei wurde festgestellt, dass die „Ostbewerber" den „Westbewerbern" in den Erstmessungen deutlich unterlegen waren und viele (88 %) daher nicht das Kriterium für die Auswahl erfüllten, das bei den „Westbewerbern" galt. Die „Ostbewerber" reagierten aber zum Teil sehr stark auf das Trainingsangebot – hier speziell bezogen auf Präsentationstechniken –, so dass bei der Zweitmessung ein Großteil (33 %) dann das Auswahlkriterium erfüllte, das bei vergleichbaren Studien von etwa 40 % der Westbewerber erreicht wurde. Wottawa (1994, S. 228) folgert, es sei „doch erstaunlich, wie stark hier Fortschritte erfolgen können – und wie unfair eine Selektion wäre, die auf Präsentationsübungen mit Ost-Bewerbern ohne eine wenigstens geringe Lernchance aufbaut."

Bei einer weiteren Variante, den von Sarges (1993) vorgeschlagenen und auch bereits realisierten Lernfähigkeits-Assessment Centern wird im Unterschied zu Obermanns Vorgehen (s.o.) vor allem auch Wert darauf gelegt, dass sich die Bewerber schon vor der Durchführung des Assessment Centers systematisch auf die Anforderungen vorbereiten können. Die Lernphase wird also gewissermaßen schon vor die Erstmessung gelegt. Die Bewerber erhalten Informationen über die Übungen des Centers und können sich mit Literatur auf diese vorbereiten. Während des AC wird dann die Lernphase vor allem durch systematisches Feedback durch die Mitbewerber und die Beobachter weitergeführt. Sarges (1993) berichtet nach den Erfahrungen von fünf Lernfähigkeits-AC weiterhin, dass sich die Bewerber im Vergleich zu „klassischen ACs" bedeutend positiver über das Verfahren äußerten und sowohl von Beurteilern als auch Bewerbern vor allem die Vorteile des systematischen, in die Übungen eingebauten Feedbacks gegenüber dem sonst üblichen globalen „Abschluss-Feedback" hervorgehoben wurden.

Auch in Anbetracht des zunehmenden Angebots von kommerziell betriebenen und damit sehr unterschiedlich genutzten Testvorbereitungstrainings, deren Wirkung schlecht einschätzbar ist, ist es wohl auch sinnvoll, wenn Auswahlinstitutionen wie das Deutsche Zentrum für Luft- und Raumfahrt Aufgaben ihrer Eignungstests ins Internet stellen (zur generellen Nutzung des Internet für die Selbstselektion s. auch Wottawa, 2002) oder der Auswahltest für das Medizinstudium vom Institut für Test- und Begabungsforschung interessierten Bewerbern in der jeweiligen Vorjahresform zum Üben zur Verfügung gestellt wird. Es handelt sich hierbei quasi auch um allerdings schlecht kontrollierbare Anwendungen des Lerntestprinzips.

Einen unter theoretischen, untersuchungsmethodischen und Anwendungsaspekten bemerkenswerten Beitrag hat Scholz (1994) vorgelegt. Er definiert dynamische Assessment Center als diagnostische Anordnung zur Erfassung von Verhaltensänderungen über als kontinuierlich konzipierte, d.h. die Fortführung von Verhalten erlaubende Aufgabenstellungen. Diese können, müssen aber nicht durch Feedback- oder Trainingsphasen unterbrochen sein. Hiermit verbundene Kennzeichen sind Realitätsnähe, hohe Komplexität und Orientierung an praktischen Aufgabenstellungen, am ehesten realisiert im Rahmen von Planspielen. Er untersuchte 211 Probanden aus 18 ACs.

Mit Hilfe eines anspruchsvollen und gut kontrollierten Designs realisierte Scholz den Vergleich eines statischen vs. dynamischen Vorgehens im Umfang von 3 Stunden 15 Minuten vs. 4 Stunden 15 Minuten, das in ein insgesamt vier Tage dauerndes Assessment Center eingebunden ist. Im Rahmen dieses Designs wurde auch die Bedeutung der übrigen Bestimmungsstücke seiner Definition (s.o.) analysiert (Komplexität, Realitätsnähe).

Die Aufgabe bestand in der Vorbereitung (unbeobachtete Einzelarbeit) und Durchführung (Diskussion) einer Strategiedebatte auf der Grundlage einer Fallstudie. Im Anschluss an diesen (statischen) Teil des AC hatten die Teilnehmer die Aufgabe einer erneuten Vorbereitung unter Nutzung der spezifischen Vorerfahrungen und der Durchführung, bei der die Entwicklung konkreter Maßnahmen in der Gruppendiskussion zu leisten war. Beurteilt wurde jeweils das Durchsetzungs-, Entscheidungs- und Kommunikationsverhalten. Die empirische Auswertung erbrachte nur zum Teil erwartungskonforme Ergebnisse. Eine Faktorenanalyse der unterschiedlichen Schätzwerte zeigte für die dynamischen und statischen Maße jeweils Ladungen auf unterschiedlichen Faktoren. Dies entspricht den oben berichteten Ergebnissen aus der Studie von Obermann (1994). Dementsprechend lagen auch die Korrelationen zwischen den statischen und dynamischen Maßen nur auf einer mittleren Höhe (.50 bis .60). Auch zeigte sich, dass die zweite, dynamische Phase der Gruppendiskussion stärkere prädiktive Validität bezüglich des „Overall Assessment Rating" zum Schluss des AC erbringt. Eine weitergehende Vorhersage auf die Kriterien der konkurrent erfassten Vorgesetzteneinstufung und verschiedener Indikatoren der Karriereentwicklung gelang jedoch nicht. Der Autor führt dies auf die bei diesen Kriterien festgestellten erheblichen Varianzeinschränkungen zurück. Weiterhin gelang es nicht, die unterschiedliche Bedeutung eines über Testindikatoren aus unterschiedlichen Tests abgeschätzten „dynamischen" Persönlichkeitsmerkmals, der Lernfähigkeit, für die beiden Diskussionsphasen nachzuweisen. Es zeigten sich aber für die Beurteilungen in der dynamischen Phase höhere Zusammenhänge zu Indikatoren von Problemlösefähigkeit, Begeisterungsfähigkeit, Vertrauensbereitschaft, Belastbarkeit und Kontaktbereitschaft. Resümierend kommt der Autor zu der Auffassung, dass ohne den expliziten Einbau von Feedback bzw. Trainings in den Ablauf des dynamischen Assessments, was in dieser Studie ja nicht vorgesehen war, eine Erfassung von Lernfähigkeit nicht zu bewerkstelligen sei.

Die von Scholz (1994) vorgelegte Arbeit macht die Komplexität dynamisch-diagnostischen Vorgehens auf der Ebene angewandter Assessment Center deutlich. Sein Verdienst ist es, diese Komplexität einer empirischen Analyse zugeführt zu haben. Seine hier nur sehr verkürzt vorgestellten Ergebnisse geben Anregungen für eine Reihe subsequenter Forschungsfragen. In der nachfolgenden Literatur sind diese allerdings bislang kaum aufgegriffen worden.

Der aktuellste Beitrag zur dynamischen Gestaltung des Assessment Centers ist von Stangel-Meseke (2000) vorgelegt worden. Das Ziel dieser Autorin ist die Weiterentwicklung und Erfassung von Lernfähigkeit in Bezug auf betriebliche Schlüsselqualifikationen (interne Kundenorientierung, kommunikative Kompetenz, Führungskompetenz, bereichsübergreifendes Denken, Selbstmanagement, Moderations- und Präsentationstechniken) im Rahmen eines dynamischen AC-Vorgehens. Der von der

Autorin vorgeschlagene Aufbau eines Assessment Centers beinhaltet eine drei Wochen vor Beginn der Maßnahme einsetzende Vorbereitungs- und Übungsphase, in der den Teilnehmern speziell angefertigte Skripte zugesandt werden, die dann in einem Workshop (1 - 2 Tage) vertieft werden. Zu Beginn des AC wird der o.g. Fragebogen zur Erfassung des Lernverhaltens ausgegeben, dem folgt die mit den üblichen Techniken durchgeführte Arbeit eines AC (erster Tag). Am zweiten Tag erfolgt das Training, das auf den vorausgegangenen Einschätzungen und Feedbacks am Verhalten der Teilnehmer beruht und theoretisch an Prinzipien selbstregulativen Lernens orientiert ist. Vielfältige Methoden einschließlich Computersimulationsspiele kommen dabei zur Anwendung. Dann erfolgt am nächsten Tag ein erneuter Durchlauf des ursprünglichen AC. Die erneute Ausgabe des Lernfragebogens schließt sich an. Der letzte (vierte) Tag dient ausführlichen Feedbackgesprächen mit dem Ziel einer weiteren Förderung der Teilnehmer. Weitergehende und kontrollierte empirische Überprüfungen zur prädiktiven Validität liegen leider nicht vor.

6. Abschließende Überlegungen

Zusammenfassend ist festzustellen, dass zwar viele theoretische Argumente und auch ganz praktische Überlegungen, sowie bereits auch einige empirische Befunde dafür sprechen, dass durch die Einbeziehung des Lerntestkonzeptes bzw. Trainability-Konzepts die Eignungsdiagnostik eine gültigere und auch fairere neue Strategie hinzugewinnen würde, dass aber bis heute der voll überzeugende Nachweis für diese Behauptung noch aussteht. Es ist allerdings recht wahrscheinlich, dass dieser Nachweis in der Zukunft erbracht werden kann und somit auch dynamische diagnostische Ansätze eines Tages wie andere Neuerungen in der Eignungsdiagnostik zu einer Bereicherung der eignungsdiagnostischen Praxis beitragen werden. Bis dahin ist aber noch viel Forschungsarbeit zu leisten. Für diese bieten sich im Anschluss an die oben dargestellten Befunde und Überlegungen einige Ansatzpunkte an, die im Folgenden abschließend aufgeführt und erläutert werden sollen:

Der erste Punkt betrifft die Determination erhöhter prädiktiver Validität. Hier bietet sich die Strategie an, die Variation von Validitätskoeffizienten in Abhängigkeit von der Kontentvalidität bezüglich der inhaltlichen beruflichen Anforderungen (also inwieweit besteht eine Äquivalenz zwischen Testaufgaben und beruflichen Anforderungen) und der Kontentvalidität bezüglich der den Kriteriumsbereich kennzeichnenden Prozesse (v.a. Lernen und dessen Formen und Bedingungen) zu untersuchen. Zu kontrollieren ist dabei jeweils der Einfluss, den allgemeine Leistungsvoraussetzungen wie etwa der Intelligenzstatus, Ausdauer und Motivation und spezifische Voraussetzungen (Aufgabenverständnis, spezifische Strategien) bei der Bewältigung der berufsspezifischen Lerntests ausüben.

Ein weiteres Problem stellt die Kriteriumsauswahl dar. Hier sind Differenzierungen denkbar, die den Aspekt des Trainingserfolgs versus die Job-Performanz betreffen. Die Befunde legen nahe, dass Lerntests relativ gut den Trainingserfolg in einer nachfolgenden Ausbildung vorhersagen können. Hierbei ist jedoch zu beachten, welche

Art von Training nachfolgt: wenn es sich um formales Training in einer limitierten Ausbildung handelt, könnten formal äquivalente Lerntests eine überlegene Validität aufweisen. Passiert die Ausbildung jedoch vorwiegend „on the job", so könnte eine Hypothese lauten, dass allgemeine Fähigkeiten, gegebenenfalls auch erfasst über eine dynamische Prozedur, die besseren Prädiktoren bilden. Eine derartige Differenzierung des Trainings ist bisher nur ansatzweise in der Forschung berücksichtigt worden (vgl. auch Wiedl, 1984).

Bezüglich der Job-Performanz ist zum einen die Komplexität der Tätigkeit zu berücksichtigen. Bei wenig komplexen Tätigkeiten könnten Arbeitsproben-Lerntests hilfreich sein, bei komplexeren Tätigkeiten dagegen allgemeine Fähigkeitstests bzw. Tests der Problemlösefähigkeit, Planungsfähigkeit etc. oder aber Lerntests, die die intellektuelle Lernfähigkeit bezüglich solcher allgemeinen Fähigkeiten erfassen. In England wird nach einem Bericht der Financial Times vom 13.02.1998 eine Version des dort durch Oxford Psychologists Press vertriebenen Lerntests („Able Series") schon seit längerem bei der Auswahl von Bewerbern durch die Halifax-Bank genutzt.

Die Frage der Trainingsgestaltung im Lerntest stellt ebenfalls einen wichtigen Ansatzpunkt dar. Dies ist ein Thema, das auch in der übrigen Forschung zum Dynamischen Testen noch nicht sehr weit entwickelt ist (vgl. Guthke & Wiedl, 1996). Differenzierungen sind hier erforderlich. Als eine Möglichkeit bietet sich an, selbstorganisiertes Lernen von extern vorgegebenem und strukturiertem Lernen zu unterscheiden (vgl. Wiedl, 1984). Damit würde auch einigen Aspekten der oben diskutierten Differenzierung des Kriteriumsbereichs Rechnung getragen.

Der nächste Punkt betrifft die Auswahl von Prädiktoren. Hier muss die Frage diskutiert werden, ob Statuswerte (Prä- bzw. Posttests), Prozesswerte oder kombinierte Maße als Prädiktoren verwendet werden sollten. Welche Werte verwendet werden, ist zum Teil auch abhängig davon, wozu die Diagnose dienen soll. Soll sie für die Ausbildungsplanung herangezogen werden, sind wohl Prozessinformationen am aussagekräftigsten, wobei die Operationalisierung und messmethodische Behandlung solcher Prozessparameter aber noch gelöst werden muss.

Unser letzter Punkt betrifft die Indikationsfrage. Hier ist zu untersuchen, inwieweit Lerntests und andere dynamische Verfahren generell oder nur für bestimmte Bewerbergruppen geeignet sind. Wie oben dargelegt ist anzunehmen, dass Lerntests vor allem geeignet sind für „unerfahrene" Bewerber, wie sie z.B. zu Zeiten erhöhter Migration gehäuft vorstellig werden. Weiterhin sind solche Verfahren vermutlich geeignet für „Sondergruppen", insbesondere im Bereich der Rehabilitation. Neuere Arbeiten aus unserer Arbeitsgruppe (Wiedl, 1999; Wiedl et al., 2000) zeigen hier beispielsweise, dass mit Hilfe von dynamischen Varianten bestimmter neuropsychologischer Tests der Erfolg psychiatrischer Patienten in einem kognitiven Rehabilitationstraining vorhergesagt werden kann bzw. dass psychiatrische Patienten mit unterschiedlichen Verläufen in der Entwicklung ihrer Arbeitsfähigkeiten v.a. durch dynamische Testindikatoren gekennzeichnet werden können. In amerikanischen Studien (vgl. Samuels et al., 1992) wurden Lerntestprozeduren mit Erfolg bei Erwachsenen mit Lernschwierigkeiten bei der beruflichen Rehabilitation angewandt.

Abschließend ist zu konstatieren, dass die Beurteilung der Nützlichkeit dynamischer Untersuchungsverfahren für die Praxis in dem Maße möglich sein wird, in dem die genannten Problemstellungen einer Lösung entgegen geführt werden. Allerdings lassen sich auch heute schon deutliche Validitätsgewinne nachweisen, wenn man beispielsweise die herkömmlichen rein statusorientierten Assessment Center im Sinne der eigentlich geforderten „Potentialanalyse" zu Lern-Assessment Centern umgestaltet.

Literatur

Damitz, M. et al. (2000). *Validierung des DLR-Auswahlverfahrens für Nachwuchsfluglotsen des DFS.* Deutsche Flugsicherung GmbH. Köln: Deutsches Zentrum für Luft- und Raumfahrt. Report 2000-45.

Diamand, A., Schuler, H. & Stapf, K. H. (1991). Zum Einsatz eines Lerntests bei Ingenieurstudenten – eine Pilotstudie. *Zeitschrift für Arbeits- und Organisationspsychologie, 35,* 15-22.

Downs, S. (1968). Selecting the older trainee: A pilot study of trainability test. National Institute of Industrial Psychology. *Bulletin,* 19-26.

Downs, S. (1985). *Testing Trainability.* Oxford: NFER Nelson.

Downs, S. (1989). Job sample and trainability tests. In P. Herriot (Ed.), *Handbook of assessment in organizations* (pp. 391-400). Chichester: Wiley.

Dvorak, H. & Brunner, A. (1987). Computergestützte Diagnostik bei Vorsorgeuntersuchungen für Fuhr-, Steuer- und Überwachungstätigkeiten. *Arbeitsmedizin Sozialmedizin Präventivmedizin, 22,* 217-221.

Eißfeldt, H. (1994). The Dynamic Air Traffic Control Test – DAC. In *WEAAP – Conference 28th.* Dublin: Paper.

Eißfeldt, H. (2002). *Der Einsatz einer computergestützten Arbeitsprobe nach dem Lerntestkonzept zur Vorhersage des Erfolges in berufspraktischen Abschnitten der Fluglotsenausbildung* (Forschungsbericht 2002-13). Hamburg: Deutsches Zentrum für Luft- und Raumfahrt e.V.

Finke, L. (1978). Probleme und Ergebnisse einer Untersuchung zur diagnostischen Bedeutung von Lernparametern. In G. Clauß, J. Guthke & G. Lehwald (Hrsg.), *Psychologie und Psychodiagnostik lernaktiven Verhaltens* (S. 84-89). Berlin: Gesellschaft für Psychologie der DDR.

Fischer, G. H. (1972). *A step towards a dynamic test-theory* (Research Bulletin 10): Psychologisches Institut der Universität Wien.

Fröhlich, W. 1980). Psychophysiologie der Informationsverarbeitung als Teilgebiet der psychologischen Ergonomie. *Wehrpsychologische Mitteilungen, 15.*

Gebert, D. & Rosenstiel, L. v. (1981). *Organisationspsychologie.* Stuttgart: Kohlhammer.

Gräble, S. (2001). *Konstruktion eines fachspezifischen Lerntests im Bereich „Rechtswissenschaften" für das Studium zum gehobenen Dienst der Fachhochschule der Polizei des Landes Sachsen-Anhalt.* Unveröff. Diplomarbeit, Universität Leipzig, Fakultät für Biowissenschaften, Pharmazie und Psychologie.

Greif, S. & Holling, H. (1990). Reanalyse einer Untersuchung zur Eignungsprüfung von Straßenbahnführern in den 20er Jahren. *Diagnostica, 36,* 231-248.

Grigorenko, E. L. & Sternberg, R. J. (1989). Dynamic Testing. *Psychological Bulletin, 124*(1), 75-111.

Guthke, J. (1972). *Zur Diagnostik der intellektuellen Lernfähigkeit.* Berlin: VEB Deutscher Verlag der Wissenschaften.

Guthke, J. (1980c). *Ist Intelligenz messbar?* Berlin: VEB Deutscher Verlag der Wissenschaften.

Guthke, J. (1982). The learning test concept – an alternative to the traditional static intelligence test. *The German Journal of Psychology, 6,* 306-324.

Guthke, J. & Harnisch, A. (1986). Die Entwicklung eines Diagnostischen Programms „Syntaktischer Regel- und Lexikerwerb – ein Beitrag zur Psychodiagnostik der Fremdsprachenlernfähigkeit". *Zeitschrift für Differentielle und Diagnostische Psychologie, 7,* 225-232.

Guthke, J. & Wiedl, K. H. (1996). *Dynamisches Testen. Zur Psychodiagnostik der intraindividuellen Variabilität.* Göttingen: Hogrefe.

Guthke, J., Wolschke, P., Willmes, K. & Huber, W. (1992). Leipziger Lerntest – Diagnostisches Programm zum begriffsanalogen Klassifizieren (DP-BAK). *Heilpädagogische Forschung, 18,* 153-161.

Hacker, W. (1982). *Lebenslanges Lernen – einige psychodiagnostische Implikationen.* Dresden: Technische Universität (Manuskriptdruck).

Hacker, W. (1986). *Spezielle Arbeits- und Ingenieurpsychologie.* Berlin: Deutscher Verlag der Wissenschaften.

Jansen, M. (1991). *Messung der Lernfähigkeit im Assessment Center – Identifikation leistungsstarker DDR-Bewerber.* Unveröff. Diplomarbeit, Ruhr-Universität Bochum, Fakultät für Psychologie.

Kern, B. (1930). *Wirkungsformen der Übung.* Münster: Helios.

Koch, J. J. & Locher, J. (1996). Sind Lerntests brauchbare Instrumente der Erwachsendiagnostik? *Zeitschrift für Differentielle und Diagnostische Psychologie, 17*(2), 119-125.

Lidz, C. S. & Elliott, J. G. (Eds.). (2000). *Dynamic assessment: Prevailing models and applications* (pp. 407-439). New York: Elsevier.

Meili, R. (1965). *Lehrbuch der Psychologischen Diagnostik.* Bern: Huber.

Obermann, C. (1992). *Assessment Center.* Wiesbaden: Gabler.

Obermann, C. (1994). *Wer profitiert von Führungstrainings? Interindividuelle Determinanten des Lernerfolgs bei Führungstrainings.* Unveröff. Dissertation, Ruhr Universität, Fakultät für Psychologie, Bochum.

Ree, M. J. & Earles, J. A. (1992). Intelligence is the Best Predictor of Job Performance. *Current Directions in Psychological Science, 1,* 86-89.

Robertson, I. T. & Downs, S. (1979). Learning and the Prediction of Performance: Development of Trainability Testing in the United Kingdom. *Journal of Applied Psychology, 64,* 42-50.

Robertson, I. T. & Downs, S. (1989). Work-sample tests of trainability: A meta-analysis. *Journal of Applied Psychology, 74,* 402-410.

Robertson, I. T. & Mindel, R. M. (1980). A study of trainability testing. *Journal of Occupational Psychology, 53,* 131-138.
Samuels, M.T., Lamb, C.H. & Oberhotzer, L. (1992). Dynamic Assessment of Adults with Learning Difficulties. In H. C. Haywood & D. Tzuriel (Eds.), *Interactive Assessment* (pp. 275-299). New York: Springer.
Sarges, W. (Hrsg.). (1990). *Management-Diagnostik.* Göttingen: Hogrefe.
Sarges, W. (1993). Eine neue Assessment-Center-Konzeption: Das Lernfähigkeits-AC. In A. Gebert & U. Winterfeld (Hrsg.), *Arbeits-, Betriebs- und Organisationspsychologie vor Ort.* Bonn: Deutscher Psychologenverlag.
Scheiblechner, H. (1972). Das Lernen und Lösen komplexer Denkaufgaben. *Zeitschrift für experimentelle und angewandte Psychologie, 19,* 476-506.
Schmidt, Ch. F. (1988a). *Leistungs- und Verhaltensanalyse-Probe (LEVAP).* Berlin: Psychodiagnostisches Zentrum der Humboldt-Universität zu Berlin.
Schmidt, Ch. F. (1988b). *Tätigkeitsanalyse-Liste (TAL).* Berlin: Psychodiagnostisches Zentrum der Humboldt-Universität zu Berlin.
Scholz, G. (1994). *Das Assessment Center: Konstruktvalidität und Dynamisierung. Eine Metaanalyse und ein Experiment zur psychologischen Bedeutung des Assessment Centers.* Göttingen: Verlag für Angewandte Psychologie.
Schuler, H. (1988). Berufseignungsdiagnostik. *Zeitschrift für Differentielle und Diagnostische Psychologie, 9,* 201-213.
Simons, H. & Möbus, C. (1977). *Veränderungen von Berufschancen durch Intelligenztraining.* Diskussionspapier, Nr. 8, Psychologisches Institut der Universität Heidelberg.
Stangel-Meseke, M., Diefenbach, B. & Kolleker, A. (2000). Veränderungsmessung von Lernverhalten – erste Ergebnisse mit dem Fragebogen zur Messung von Lernstrategien [CD-ROM]. *Abstract zum 42. Kongress der Deutschen Gesellschaft für Psychologie, Friedrich-Schiller-Universität Jena.* Lengerich: Pabst Science Publishers.
Triebe, J. & Ulrich, E. (1977). Eignungsdiagnostische Zukunftsperspektiven: Möglichkeiten einer Neuorientierung. In J. Triebe & E. Ulrich (Hrsg.), *Beiträge zur Eignungsdiagnostik* (S. 241-273). Bern: Huber.
Van der Aalsvoort, G. M., Resing, W. C. M. & Ruijssenaars, A. J. M. M. (Eds.). (2000). *Learning Potential Assessment and Cognitive Training.* Amsterdam: JAI Elsevier Science.
Westhoff, K. (1989). Übungsabhängigkeit von Leistungen in Konzentrationstests. *Diagnostica, 35,* 122-130.
Westhoff, K. & Dewald, D. (1990). Effekte der Übung in der Bearbeitung von Konzentrationstests. *Diagnostica, 36,* 1-15.
Wiedl, K. H. (1984). Lerntests: nur Forschungsmittel und Forschungsgegenstand? *Zeitschrift für Entwicklungspsychologie und Pädagogische Psychologie, 16,* 245-281.
Wiedl, K. H. (1999). Assessing cognitive modifiability as a supplement to readiness for rehabilitation in schizophrenic patients. *Psychiatric Services, 50,* 1411-1419.

Wiedl, K. H., Jöns, K. Uhlhorn, S. & Köhler, K. (2002). Differentielle Wirksamkeit von Ergotherapie bei Schizophrenie – Evaluationsstudien im Rahmen des Kompetenznetzes Schizophrenie. *Das Gesundheitswesen: Sozialmedizin, Gesundheits-System-Forschung, public health, öffentlicher Gesundheitsdienst, medizinischer Dienst, 64*(8/9), A15.

Wiedl, K. H., Schöttke, H., Green, M. F. & Nuechterlein, K. H. (in press). Dynamic Testing in Schizophrenia: Does Training Change the Construct Validity of a Test. *Schizophrenia Bulletin.*

Wiegner, I. (1990). *Untersuchungen zur Handlungsregulation und zu Einflussgrößen der Handlungszuverlässigkeit von Triebfahrzeugfahrern der Deutschen Reichsbahn unter Labor- und Feldbedingungen.* Unveröff. Dissertation, Technische Universität Braunschweig, Fakultät für Mathematik und Naturwissenschaften.

Winkler, E. (1978). *Psychodiagnostische Untersuchungen zu Leistungs- und anderen Persönlichkeitsvariablen als Prädiktoren des Studienerfolges im Grundstudium unter besonderer Berücksichtigung eines lehrfachspezifischen Lerntests.* Unveröff. Dissertation, Universität Leipzig, Bereich Psychologie.

Wottawa, H. (1994). Veränderungen und Veränderbarkeit berufsrelevanter Eigenschaften im Ost-West-Vergleich. In G. Trommsdorf (Hrsg.), *Psychologische Aspekte des soziokulturellen Wandels in Ostdeutschland* (S. 216-228). Berlin, New York: W. de Gruyter.

Wottawa, H. (2002). Einige wichtige Entwicklungen der Psychologischen Diagnostik im letzten Jahrzehnt. *Psychologie in Österreich*, 22(2-3), 3-5.

II. Personalentwicklung

Motivation maximieren – Von der Theorie zur Praxis

Robert D. Pritchard

1. Einleitung

Theorien spielen eine wichtige Rolle, um das Verhalten am Arbeitsplatz zu verstehen. Wir verbringen viel Zeit damit, Theorien zu entwickeln und zu testen. Auch unsere Studenten weisen wir darauf hin, dass Theorien sehr wichtig sind und unterstreichen damit, was Kurt Lewin vor vielen Jahren sagte: Nichts ist so praktisch wie eine gute Theorie. Wenn wir aber unsere Theorien anwenden müssen, sind wir oft nicht sonderlich erfolgreich. Das mag an der Überzeugung liegen, die Umsetzung unserer Theorien in die Praxis sei Aufgabe von Beratern. Zwar mag es für Berater wichtig sein, unsere Theorien anzuwenden, im Allgemeinen gehen sie aber nicht so vor. Die meisten unserer Theorien werden nicht in praktische Anwendungen „übersetzt". Das liegt unter anderem daran, dass eine solche Spezifikation viel schwieriger ist als man glaubt.

Dieser Beitrag verfolgt zwei Ziele: Erstens wird eine neue Motivationstheorie präsentiert, die ausführlicher in einem noch nicht publizierten Buchmanuskript von Pritchard und Ramstad (2002) dargestellt ist. Das zweite Ziel besteht darin, aus der vorgestellten Theorie Implikationen für die Praxis abzuleiten. Insbesondere sollen Möglichkeiten zur Steigerung der Motivation in Organisationen aufgezeigt werden. Damit soll nicht nur die Anwendung dieser Theorie in der Praxis unterstützt werden, sondern genereller aufgezeigt werden, wie Theorien für praktische Zwecke umzusetzen sind.

2. Die Theorie

Die hier dargestellte Theorie (Pritchard & Ramstad, 2002) basiert auf der von Naylor, Pritchard und Ilgen (1980) entwickelten Theorie, die als NPI-Ansatz bekannt wurde. Die neue Theorie weist gegenüber dem NPI-Ansatz eine Vielzahl von Veränderungen auf und thematisiert insbesondere den motivationalen Prozess. Genau wie der NPI-Ansatz zählt sie zur Gruppe der Erwartungs-Werttheorien. Gemäß dieser Theorien wird Motivation durch die Erwartung bzw. Antizipation erzeugt, inwieweit Handlungen zu positiven bzw. negativen Konsequenzen führen und damit zur Befriedigung von Bedürfnissen (z. B. Campbell & Pritchard, 1976; Heckhausen, 1991; Vroom, 1964).

Eine basale Annahme besteht darin, dass Menschen zu einem bestimmten Zeitpunkt über ein gewisses Maß an Energie, den so genannten Energie-Pool, verfügen. Menschen haben Bedürfnisse wie z. B. das Bedürfnis nach Nahrung, Wasser, Leistung, Sicherheit, Macht oder sozialem Kontakt. Diese Bedürfnisse aktivieren Kräfte, die auf eine Befriedigung der Bedürfnisse drängen. Diese Annahme wird in der ersten Zeile der Abbildung 1 grafisch veranschaulicht. Durch die Nutzung des Energie-Pools können die Bedürfnisse befriedigt werden. Wie die zweite Zeile in Abbildung 1 verdeutlicht, stellt Motivation den Prozess der Nutzung der Energie zur Befriedigung der Bedürfnisse dar.

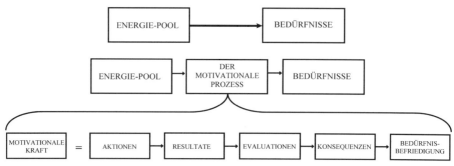

Abbildung 1: Die Motivationstheorie

2.1 Komponenten der Motivation: Die Boxen

Der motivationale Prozess kann in eine Reihe von Komponenten unterteilt werden. Die Komponenten sind als Boxen bzw. Kästen in der unteren Zeile der Abbildung 1 repräsentiert. Motivation stellt einen Prozess dar, der Ressourcen koordiniert, die aus dem Energie-Pool stammen. Die Ressourcen entsprechen der Zeit und der Energie, über die eine Person verfügt, und werden möglichen *Aktionen* zugeteilt. Die Motivation steuert die Richtung, Intensität und Persistenz der Aufteilung von Arbeitsaufwand auf bestimmte Aktionen. Die Richtung bestimmt, auf welche Aktionen sich der Einsatz konzentriert, die Intensität ist durch die Höhe des Arbeitsaufwandes definiert und die Persistenz entspricht der Dauer der Bemühungen.

Zur Erläuterung unserer neu entwickelten Theorie ziehen wir im Folgenden die Tätigkeit eines Professors heran. Ein Professor verrichtet vielerlei Aktionen bzw. Handlungen, beispielsweise Vorlesungen vorbereiten, Manuskripte schreiben und lesen, Daten analysieren oder Gespräche führen. Wenn Energie in Aktionen investiert wird, entstehen im Allgmeinen *Resultate*. Sitzt man beim Tippen (Aktion), entsteht ein Text (Resultat). Nimmt jemand die Resultate wahr und bewertet sie auf einer Skala von „gut" bis „schlecht", entstehen *Evaluationen*. Evaluationen des Manuskripts des Professors können durch ihn selbst erfolgen sowie durch Kollegen, die als Gutachter fungieren oder durch Rezensenten und Leser des eventuell veröffentlichten Artikels. Resultate werden also durch mehrere Beurteiler evaluiert. Im Anschluss an diese Beurteilungen entstehen *Konsequenzen*. Diese Konsequenzen können intrinsisch sein (z. B. ein Erfolgerlebnis haben, nachdem man einen guten Artikel geschrieben hat) oder extrinsisch (z. B. Beförderung oder Gehaltserhöhung). Konsequenzen wirken motivierend, da sie mit *Bedürfnisbefriedigung* verbunden sind. Positive Affekte treten auf, wenn Bedürfnisse befriedigt werden, negative Affekte hingegen, wenn Bedürfnisse nicht befriedigt werden.

Die Motivation wird hier als ein zukunftsorientiertes Konzept verstanden, d. h. Personen antizipieren das Ausmaß an Bedürfnisbefriedigung, das in Zukunft aufgrund bestimmter Konsequenzen zu erwarten ist. Diese antizipierte Bedürfnisbefriedigung bestimmt das Verhalten. Personen werden umso mehr Zeit und Arbeitsaufwand in eine Aufgabe investieren, je größer die antizipierte Bedürfnisbefriedigung ist. Motivation basiert somit auf Wahrnehmungen, denn die *wahrgenommene* Beziehung zwischen der Zuteilung von Energie zu Aktionen und der resultierenden Bedürfnisbefriedigung bestimmt, welcher Anteil des Energie-Pools in die Handlung investiert wird. Diese Wahrnehmungen mögen mehr oder weniger genau sein.

2.2 Kombination der Motivationskomponenten

Aktionen, Resultate, Bewertungen, Konsequenzen und Bedürfnisbefriedigung bilden die *motivationale Kraft*. Sie entspricht der Stärke, mit der eine Person glaubt, dass Veränderungen der Zuteilung persönlicher Ressourcen (Zeit und Energie) zu Aktionen bzw. Aufgaben die antizipierte Bedürfnisbefriedigung beeinflusst. Aktionen, von denen erwartet wird, dass ein erhöhter Aufwand zu einer Steigerung der Bedürfnisbefriedigung (oder zu einer Reduktion der Unzufriedenheit) führt, besitzen eine hohe motivationale Kraft. In solche Handlungen wird viel Zeit und Mühe investiert. Wenn Veränderungen im Ausmaß der Energie, die einer Aktion oder einer Menge von Aktionen zugeteilt wird, nicht zu Änderungen im Ausmaß der erwarteten Bedürfnisbefriedigung führen, ist die motivationale Kraft gering. Je größer die motivationale Kraft einer bestimmten Handlung im Vergleich zu anderen Handlungen ist, umso mehr Zeit und Aufwand wird eine Person in diese Handlung investieren. Unsere Theorie trifft somit insbesondere Aussagen über *Verbindungen* bzw. *Zusammenhänge*. Die Stärke des Zusammenhangs zwischen der Energiemenge, die Handlungen zugewiesen wird, und dem Ausmaß der antizipierten Bedürfnisbefriedigung ist entscheidend für die Verteilung des Arbeitsaufwands.

2.3 Verbindungen

Die Kästen in der letzten Zeile der Abbildung 1 sind durch Pfeile verbunden, die die *Verbindungen* symbolisieren. Die erste Verbindung besteht zwischen *Aktionen und Resultaten (A-R-Verbindungen)*. Diese Verbindungen stellen die wahrgenommene Beziehung zwischen dem in eine Aufgabe investierten Arbeitsaufwand und dem erwarteten Ergebnis dar. In Abbildung 2 sind verschiedene Beispiele grafisch dargestellt. So mag jemand einen sehr engen Zusammenhang zwischen dem einer Aufgabe zugeteilten Aufwand und dem erwarteten Ergebnis erkennen. Bei einem Professor besteht offenbar ein sehr enger Zusammenhang zwischen dem Aufwand, mit dem er Notizen für eine Vorlesung vorbereitet (Aktion) und der Anzahl der tatsächlich produzierten Notizen (Resultat). Die Vorbereitung solcher Notizen ist für erfahrene Professoren eine recht einfache Aufgabe, womit eine starke A-R-Verbindung zu erwarten ist. Eine solche Verbindung wird in der oberen linken Grafik in Abbildung 2 dargestellt. Auf der

X-Achse ist der Arbeitsaufwand abgebildet, welcher in die Vorbereitung der Notizen investiert wird, auf der Y-Achse ist die Menge der fertig gestellten Ergebnisse abgetragen, in diesem Fall die Anzahl der Notizen. Je mehr Arbeitseinsatz investiert wird, umso mehr Notizen werden fertig gestellt. Der Zuwachs an fertig gestellten Notizen sinkt jedoch, wenn bei sehr großer Anstrengung die Erschöpfung einsetzt.

Für jede Handlung gibt es eine A-R-Verbindung, die entsprechende Funktion kann sehr unterschiedlich verlaufen. Der Aufwand, der in das Schreiben eines Manuskriptes (die Aktion) investiert wird, hängt nur in einem geringen Ausmaß von der Länge des fertig gestellten Manuskriptes ab. Dies ist grafisch in der zweiten A-R-Verbindung dargestellt (Abb. 2). Verglichen mit der Anfertigung von Vorlesungsnotizen schlagen sich hier unterschiedlich starke Bemühungen in geringerem Maße in der Länge des fertig gestellten Produkts nieder. Der Produktivitätsabfall setzt schneller ein. Bei anderen Handlungen könnte gar kein Zusammenhang zwischen Handlungen und Resultaten bestehen. Würde ein Professor, der über kein mathematisches Wissen verfügt, gebeten, innerhalb einer Stunde einige Differentialgleichungen zu lösen, würden Anstrengungen allein nicht im Geringsten zur Lösung der Gleichungen führen. Der Graph der A-R-Verbindung wäre eine Gerade, die mit der X-Achse zusammenfällt. Folglich wäre der Professor überhaupt nicht motiviert, die Gleichungen zu lösen, unabhängig davon, welche Ergebnisse im Falle einer Lösung in Aussicht gestellt würden.

Der nächste Pfeil in Abbildung 1 bezieht sich auf den Zusammenhang zwischen *Resultaten und Evaluationen (R-E)*, also auf die wahrgenommene Beziehung zwischen dem produzierten Ergebnis und dem Niveau der erwarteten Bewertung. Eine solche Verbindung besteht für jedes Ergebnis und für jede bewertende Person, also z. B. für den Professor selbst, die Peer-Gruppe und für Forscher anderer Universitäten. Die Grafiken in der rechten oberen Ecke der Abbildung 2 beziehen sich erstens auf die Menge des wissenschaftlichen Outputs (Artikel in Zeitschriften, Kapitel, Bücher etc.) und zweitens auf die Verwaltungstätigkeit am Institut. Die Menge des wissenschaftlichen Outputs (das Ergebnis) hängt eng mit der Bewertung des Professors durch den Dekan zusammen. Die Funktion zeigt eine zunehmende Steigung der Funktion von niedrigem zu mittlerem Output. Weitere Zuwächse beeinflussen die Evaluation geringfügiger. Für sieben bis acht Publikationen pro Jahr ist keine große Verbesserung der Evaluation festzustellen. Die obere, ganz rechts in Abbildung 2 dargestellte Grafik zeigt, dass ein geringes Engagement in der Verwaltungstätigkeit eine eher negative Bewertung zur Folge hat, während ein durchschnittlicher Aufwand zu einer etwas höheren Bewertung führt. Indessen steigert sich die Bewertung durch den Dekan nicht, wenn der Arbeitsaufwand von einem mittleren auf ein hohes Niveau angehoben wird. Ceteris paribus wäre der Professor zwar motiviert, ein hohes Maß an wissenschaftlichem Output zu produzieren, im Hinblick auf die Verwaltungsarbeit würde er sich jedoch mit einem mittleren Aufwand zufrieden geben.

Motivation maximieren – Von der Theorie zur Praxis

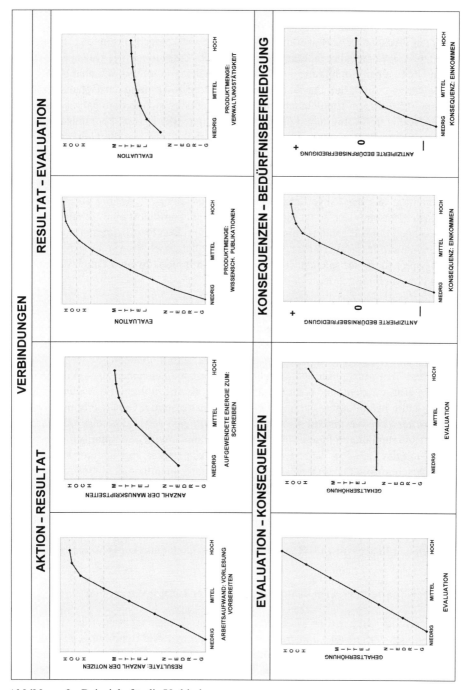

Abbildung 2: Beispiele für die Verbindungen

Als nächstes soll der Zusammenhang zwischen *Evaluation und Konsequenzen* (*E-K-Verbindungen*) erläutert werden. Er definiert die wahrgenommene Beziehung zwischen dem Ausgang der Bewertung und dem Ausmaß einer Konsequenz. Hängen an einer Universität Gehaltserhöhungen allein von der Beurteilung des Dekans ab, wie es in den USA gemeinhin üblich ist, würde man einen starken Zusammenhang zwischen der Bewertung durch den Dekan (Evaluation) und dem Umfang der Gehaltserhöhung (Konsequenz) finden. Ein solcher Zusammenhang zeigt sich in dem ganz links in der zweiten Reihe der Abbildung 2 dargestellten Graph. Hier besteht eine lineare Verbindung zwischen der Bewertung und der Gehaltserhöhung. Wäre die Gehaltserhöhung für alle Mitarbeiter gleich, würde man keine Beziehung zwischen der Bewertung durch den Dekan und der Größe der Gehaltserhöhung finden. Grafisch dargestellt wäre die Verbindung eine flache Gerade. Würden die Gehaltserhöhungen durch eine Kombination aus der Bewertung des Dekans und einer Anpassung an erhöhte Lebenskosten determiniert, so würden alle Professoren zumindest eine Gehaltserhöhung entsprechend den steigenden Lebenskosten erhalten. Den Professoren mit einer guten Bewertung würde darüber hinaus eine weitaus größere Gehaltserhöhung zugewiesen. Ein Beispiel für einen solchen Zusammenhang ist in dem zweiten Graph der unteren Reihe von Abbildung 2 dargestellt.

Zuletzt soll der Zusammenhang zwischen *Konsequenzen und Bedürfnisbefriedigung* (*K-B-Verbindungen*) dargestellt werden. Er definiert die Beziehung zwischen dem Ausmaß der erhaltenen Konsequenz und dem daraus resultierenden Maß an antizipierter Bedürfnisbefriedigung. Beeinflussen Veränderungen des Gehaltes die Bedürfnisbefriedigung des Professors stark, ist der Zusammenhang zwischen Konsequenz und Bedürfnisbefriedigung hoch. Gehaltserhöhungen haben also für den Professor eine große Bedeutung. Wenn Veränderungen der Bezahlung die Bedürfnisbefriedigung kaum beeinflussen, ist dieser Zusammenhang gering. Gehaltserhöhungen sind dem Professor in diesem Fall also nicht wichtig. In dem ersten der beiden Graphen zu den K-B-Verbindungen (s. die untere Zeile in Abb. 2) wird exemplarisch eine große Bedeutung des Gehaltes dargestellt. Es herrscht ein starker, fast linearer Zusammenhang zwischen dem Gehaltsniveau und dem Ausmaß an antizipierter Bedürfnisbefriedigung. Der zweite Graph verdeutlicht, dass der Person die Steigerung von einem niedrigen zu einem mittleren Gehaltsniveau sehr wichtig ist, während eine Steigerung von einem mittleren zu einem hohen Gehalt nicht zu einer Erhöhung der antizipierten Bedürfnisbefriedigung führt. Für diese Person ist es sehr wichtig, genug Geld für einen angenehmen Lebensstil zu haben, darüber hinaus spielt Geld keine besondere Rolle.

2.4 Koordination des Arbeitsaufwandes und der Lösungsstrategien

Ein Vorteil der dargestellten Theorie besteht darin, dass sie nicht nur das Ausmaß der Bemühungen vorhersagt, sondern auch die Aufteilung dieser Bemühungen auf diverse Tätigkeiten. Die Theorie konzeptualisiert den motivationalen Prozess als Zuteilung persönlicher Ressourcen in Form von Zeit und Mühe über Aufgaben hinweg. Zentrale Komponente ist also der Koordinationsprozess. Meistens müssen komplexe Aufgaben – wie z. B. das Schreiben eines Manuskriptes – bewältigt werden. Um diese Aufgabe zu erfüllen, ist eine Reihe von Schritten erforderlich, wie z. B. Literaturrecherche, Datenanalyse, Besprechungen mit Assistenten und Schreiben von Manuskripten. Diese einzelnen Handlungen müssen kombiniert werden, um das gewünschte Ergebnis – also das Manuskript – zu erhalten. Somit ist es wichtig zu erkennen, dass *Lösungsstrategien*, die zur Zielerreichung genutzt werden, einen Teil des Zusammenhangs zwischen Aktion und Resultat bilden. Ohne gute Lösungsstrategien ist der Zusammenhang zwischen Aktion und Resultat gering, wie Befunde der Handlungstheorie zeigen (vgl. Hacker, 1982, 1992; Hacker, Volpert & Cranach, 1982; Kuhl, 1984; Heckhausen, 1991; Semmer & Frese, 1985; Frese & Zapf, 1994).

2.5 Motivation als Prozess

Gemäß dieser Theorie bildet die Motivation einen *Prozess,* der in allen Stadien gut verlaufen muss, damit die Konsequenzen des gesamten Prozesses hoch ausfallen. Wenn zum Beispiel Konsequenzen mit einem hohen Potenzial an Bedürfnisbefriedigung an Bewertungen gebunden sind, die stark vom Ausmaß der Resultate abhängen, die Person aber nicht glaubt, diese Resultate erreichen zu können, resultiert eine geringe Motivation. Soll eine hohe Motivation erreicht werden und damit auch eine hohe Leistung, müssen *alle* Komponenten des Modells hoch ausgeprägt sein.

3. Motivation maximieren – praktische Implikationen der Theorie

Nachdem die Theorie nun beschrieben wurde, können wir uns den praktischen Implikationen zuwenden. Wie können wir auf der Basis dieser Theorie Motivation maximieren? Stark vereinfacht gesagt müssen dazu die vier Verbindungen maximiert werden. Die gesamte motivationale Kraft entspricht der Beziehung zwischen dem Ausmaß an Zeit und Mühe, die in eine Aktion investiert werden, und der antizipierten Bedürfnisbefriedigung. Folglich müssen wir, um diese Beziehung zu optimieren, die vier einzelnen Beziehungen maximieren. Die Motivation ist demnach hoch, wenn die folgenden Bedingungen erfüllt sind:
- Zwischen der Menge an Energie, die auf Aktionen zur Produktion von Ergebnissen verwendet wird, und der tatsächlich produzierten Ergebnismenge wird ein enger Zusammenhang wahrgenommen.
- Zwischen der Qualität und/oder Quantität der produzierten Resultate und der Bewertung durch wichtige Beurteiler wird ein enger Zusammenhang wahrgenommen.
- Zwischen dem Niveau der Bewertung durch wichtige Beurteiler und den Konsequenzen wird ein enger Zusammenhang wahrgenommen.
- Zwischen den Konsequenzen, die durch unterschiedliche Beurteiler resultieren, und dem Ausmaß der antizipierten Bedürfnisbefriedigung wird eine enge Beziehung wahrgenommen.

Abschließend bleibt zu betonen, dass die Motivation insbesondere für solche Handlungen maximiert werden sollte, die zu wertvollen Resultaten für die Organisation führen.

3.1 Determinanten der Verbindungen

Die oben genannten Bedingungen oder Implikationen sind noch immer sehr theoretischer Natur. Um zu praktischen Implikationen zu gelangen, müssen wir die Determinanten der Verbindungen berücksichtigen. Wenn wir diese Determinanten kennen, wissen wir, was zu tun ist, um die Motivation zu maximieren. Die Determinanten für alle Verbindungen sind in Abbildung 3 dargestellt.

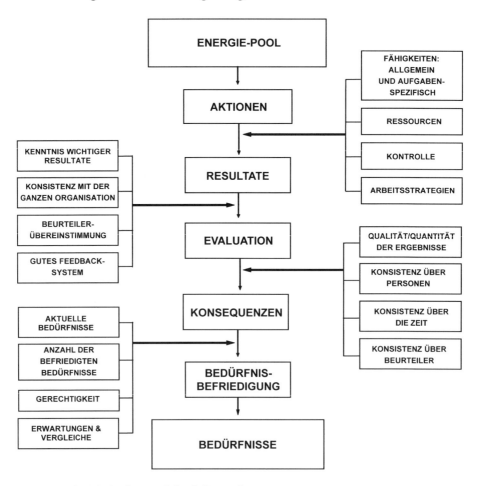

Abbildung 3: Motivationsmodell mit Determinanten

Zu vielen Implikationen existieren bisher zahlreiche Forschungsresultate:
- Motivation (z. B. Porter & Lawler, 1968; Campbell & Pritchard, 1976; Kleinbeck, Thierry, Häcker & Quast, 1989; Frese & Zapf, 1994; Kanfer, 1990, 1992; Mitchell & Daniels, 2002)
- Feedback (z. B. Ammons, 1956; Annett, 1969; Bilodeau & Bilodeau, 1961; Guzzo, Jett & Katzell, 1985; Ilgen, Fisher & Taylor, 1979; Algera, 1990; Algera & vanTuijl, 1990; Kluger & DeNisi, 1996; van Tuijl, 1997; Holling, Lammers & Pritchard, 1998; Semmer, Tschan, Keller-Schuhmacher, Minelli & Walliser, 2002; Ramstad, Pritchard & Bly, 2002)
- Handlungstheorie (Hacker, 1982, 1985, 1992; Hacker, Volpert & Cranach, 1982; Kuhl, 1984; Kuhl & Beckmann, 1985; Heckhausen, 1991; Heckhausen & Kuhl, 1985; Semmer & Frese, 1985; Frese & Zapf, 1994)
- Teilnahme an der Entscheidungsfindung (Wall & Lischeron, 1977; Bobko & Colella, 1994; Erez & Kanfer, 1983; Murphy & Cleveland, 1995)
- selbst organisiertes Lernen (Greif, 1994; Greif & Kurtz, 1996)
- Rollen und Rollenkonflikte (z. B. McGee, Ferguson & Seers, 1989; Breaugh & Colihan, 1994)
- Einsatz von Belohnungen und Anreizen (z. B. Lawler, 1971; Thierry, 1987, 1998; van Tuijl, Kleingeld & Algera, 1995)
- Zielsetzung und Bildung von Lösungsstrategien (e. g. Frese & Sabini, 1985; Schmidt, Kleinbeck & Brockmann, 1984; Tubbs, 1986; Locke & Latham, 1990, 1994; West & Farr, 1990; West, 1996).

3.2 Aktion-Resultat (A-R)-Verbindungen

Wie Abbildung 3 zeigt, besteht genau dann eine starke A-R-Verbindung, wenn eine Person dazu in der Lage ist, Aufgaben auszuführen. Um die gewünschten Resultate zu erzielen, werden Fähigkeiten, Routine und bereichsspezifisches Wissen benötigt. Außerdem muss die Person über die zur Bewältigung der Aufgabe nötigen Ressourcen verfügen. Ressourcen umfassen Material, Werkzeuge, die Arbeitsumgebung, notwendige Informationen und die Kooperation mit anderen. Die Person muss überdies autorisiert sein, den Arbeitsaufwand auf verschiedene Aufgaben zu verteilen. Ein Teil dieser Autorität bezieht sich auf die Gestaltung des Arbeitsplatzes. Fließbandarbeit beispielsweise vermindert die Flexibilität, das Ausmaß an Bemühungen auf unterschiedliche Aufgaben aufzuteilen.

Eine weitere Determinante der A-R-Verbindungen bilden die Arbeitsstrategien einer Person. Gute Arbeitsstrategien maximieren die erfolgreiche Umsetzung von Bemühungen in Resultate. Bei schlechten Strategien wird mehr Energie benötigt, um die gleichen Resultate zu erzielen, womit schwächere A-R-Verbindungen gegeben sind. Um A-R-Verbindungen langfristig zu maximieren, benötigen Menschen die Möglichkeit, neue Arbeitsstrategien zu entwickeln und zu testen. Wenn neue effektivere Strategien eingesetzt werden, können mehr Resultate bei einem geringeren Energieverbrauch produziert werden. Damit entstehen stärkere A-R-Zusammenhänge. Sind die oben genannten Voraussetzungen nicht gegeben, führen die Aktionen nicht zu den angezielten Resultaten und es resultieren schwache A-R-Verbindungen sowie eine geringe Motivation.

3.3 Resultat-Evaluation (R-E)-Verbindungen

Die erste Determinante der R-E-Verbindungen bildet das Wissen um wichtige Resultate. Weder A-R- noch R-E-Verbindungen können ohne die Kenntnis der Resultate gebildet werden. Personen müssen wissen, welche Resultate gemessen und durch welche Beurteiler bewertet werden. Beurteilungen können durch die Person selbst, die Peer-Gruppe, Vorgesetzte, aber auch durch Personen außerhalb der Organisation wie zum Beispiel Kunden, Lieferanten oder Familienmitglieder vorgenommen werden.

Personen müssen also wissen, welche Resultate wichtig sind und evaluiert werden. Häufig sind diese Kenntnisse nicht vorhanden, selbst wenn Personen viele Jahre in der gleichen Position arbeiten. Außerdem muss bekannt sein, welche Resultate für die einzelnen Beurteiler innerhalb und außerhalb der Organisation wichtig sind.

Die Messmethoden und die Bewertungskriterien sollten mit der gesamten Organisationsstruktur konsistent sein. Dies bedeutet, dass die als wichtig erachteten Resultate in enger Beziehung zu den allgemeinen Zielsetzungen der Organisation stehen, was ziemlich einfach klingt, in der Praxis aber nicht häufig auftritt. Es ist recht mühsam, für jeden Indikator sicherzustellen, dass er mit den generellen Organisationszielen korrespondiert. Konsistenz bedeutet auch, dass das Evaluationssystem zu dem Wertesystem der Organisation passen muss. Gibt es hier Differenzen, werden Individuen und Arbeitseinheiten nicht anhand von Kriterien evaluiert, die in der Organisation als wertvoll erachtet werden. Als Folge entstehen suboptimale Resultate für die Organisation. Tritt eine solche Fehlentwicklung auf, ist es wahrscheinlich, dass die Organisation das Individuum oder die Arbeitseinheit darauf aufmerksam macht, dass sie nicht den erforderlichen bzw. erwarteten Beitrag leistet. Dies bedeutet, dass die R-E-Verbindungen „falsch" sind und das Vertrauen der Angestellten in die Validität der Verbindungen sinkt, so dass die Verbindungen und damit die Motivation schwächer werden.

Beurteilerübereinstimmung setzt voraus, dass Personen wissen müssen, wer ein wichtiger Beurteiler ist. Normalerweise ist dies kein Problem, manchmal schätzen Personen jedoch nicht alle internen und externen Kunden, die ihre Resultate bewerten. Häufiger kommt es vor, dass verschiedene Beurteiler unterschiedliche Meinungen zum Bewertungssystem haben. Beurteiler setzen unterschiedliche Schwerpunkte bei den Resultaten und mögen dasselbe Resultat unterschiedlich bewerten. Damit sind Rollenkonflikte gegeben. Um diese zu minimieren und somit die R-E-Verbindungen zu maximieren, sollten sich alle wichtigen Beurteiler (d. h. die Person selbst, Kollegen, Vorgesetzte, das Management sowie Personen außerhalb der Organisation) über das Bewertungssystem einig sein. Ein solches Bewertungssystem sollte angeben, welche Resultate in welchem Maße wichtig sind und wie unterschiedliche Ausprägungen der Resultate mit unterschiedlichen Ausprägungen der Bewertungen zusammenhängen. Ebenso wichtig ist die zeitliche Stabilität der Komponenten des Bewertungssystems und die Kommunikation notwendiger Veränderungen.

Die R-E-Verbindungen sind des Weiteren durch die Qualität des Feedbacksystems determiniert. Ebenso hängt das Feedbacksystem von den A-R-Verbindungen ab. Das Feedbacksystem sollte Informationen über alle wichtigen Resultate enthalten. Relevant sind die Resultate, die von denjenigen Personen für wichtig gehalten werden, die eine Kontrolle über wichtige Konsequenzen ausüben. Wird Feedback nur für eine Teilmenge der wichtigen Resultate gegeben, dürfte es schwierig sein, die R-E- und A-R-Verbindungen für die Resultate zu bilden, die nicht gemessen wurden. Nicht alle „wichtigen" Resultate sind jedoch gleich wichtig. Um Arbeitsstrategien zu optimieren, muss eine Person die relative Wichtigkeit aller Resultate kennen, um solchen Resultaten mehr Aufmerksamkeit zu widmen, die für die Organisation wichtiger sind.

Das Feedbacksystem muss über valide Maße verfügen und diese Maße wiederum müssen als valide wahrgenommen werden. Sind die Maße unpassend oder werden sie als unpassend wahrgenommen, „leiden" sowohl die A-R- als auch die R-E-Verbindungen. Die A-R-Verbindungen werden schwächer, da die Handlungen unvorhersehbare Resultate hervorrufen. R-E-Verbindungen werden schwächer, wenn die Beurteilungen auf unpassenden oder unvorhersehbaren Resultaten basieren. Das Feedback muss außerdem auf Resultaten basieren, die die Person in einem vernünftigen Ausmaß kontrollieren kann. Wird jemand aufgrund von Resultaten beurteilt, die nicht unter seiner Kontrolle sind, besteht für ihn kaum eine Möglichkeit, die Resultate zu beeinflussen. Damit entstehen schwächere A-R-Verbindungen.

Für das Feedbacksystem und die Bildung guter A-R- wie R-E-Verbindungen ist es von grundlegender Bedeutung, gute Messinstrumente für alle wichtigen Resultate bereitzustellen. Dennoch muss das Feedbacksystem auch Informationen zur Evaluation bereitstellen. Zu wissen, dass 89 % der Kunden zufrieden sind, ist nützlich, aber zu wissen, dass 89 % ein eher niedriger Wert ist, ist ebenfalls notwendig. Bei R-E-Verbindungen ist R das deskriptive Feedback und E das evaluative Feedback. Beide werden gebraucht, um klare R-E-Verbindungen zu entwickeln. Personen sollten in der Lage sein, die Menge bzw. das Ausmaß des erzielten Resultates in die Beurteilungsgüte zu übersetzen. Die Beurteilungen müssen valide sein und als valide wahrgenommen werden. Wird die Übersetzung der Messungen in Bewertungen als stimmungsabhängig, in zeitlicher Hinsicht instabil oder anderer Form als ungenau wahrgenommen, werden die R-E-Verbindungen schwächer, da dieselben Resultate zu unterschiedlichen Bewertungen führen. Gute R-E-Verbindungen werden stärker, erfolgt das Feedback für Resultate und Evaluationen regelmäßig anhand eines etablierten Beurteilungssystems und möglichst schnell nach der Produktion der Resultate.

Bei fast allen Tätigkeiten werden mehrere Resultate produziert. Vom motivationalen Standpunkt aus betrachtet scheint es für das Feedbacksystems wichtig zu sein, die Bewertungen dieser einzelnen Resultate zu einer übergreifenden Bewertung zu kombinieren. Ein Grund hierfür ist, dass viele wichtige Konsequenzen, wie zum Beispiel Gehalt, Gehaltserhöhungen, Beförderungen, Anerkennung oder das subjektive Leistungsgefühl, zunächst an eine Bewertung der Gesamtleistung gebunden sind. Ohne diese allgemeine Leistungsbewertung ist es schwieriger, Konsequenzen wie z. B. Gehaltserhöhungen oder Anerkennung zu erhalten. Wurden fünf Resultate verbessert und zwei verschlechtert, ist nicht klar, ob und inwiefern sich die Gesamtleistung verbessert hat. Der Gesamtscore vereinfacht darüber hinaus die Bildung genauer E-K-Verbindungen.

In erster Linie beschäftigt man sich mit der Motivation, um sie zu verbessern und somit die Leistung zu steigern. Die Verbesserung von Arbeitsstrategien ist eine besonders wichtige Methode, um ein höheres Motivationsniveau zu erreichen. Die Implikationen unserer Theorie für die Arbeitsstrategien wurden bereits erläutert, an dieser Stelle geht es um die Frage, welche Informationen zur Entwicklung von Arbeitsstrategien benötigt werden. Um Resultate und die entsprechenden Evaluationen zu optimieren, muss man sich auf genau die Resultate konzentrieren, für die eine maximale Verbesserung der Evaluation zu erwarten ist. Anders ausgedrückt, man muss klare Prioritäten hinsichtlich der Verbesserung setzen. Das Feedbacksystem muss anzeigen, inwiefern die Evaluationen durch eine Steigerung der Resultate verbessert werden können. Eine solche Verbesserung ist dann möglich, wenn das Feedbacksystem Informationen dazu liefert, wie Resultate in Evaluationen übersetzt werden. Wenn jemand weiß, wie sich die Verbesserung eines Resultates auf die allgemeine Bewertung auswirkt, kann er seine Bemühungen zur Verbesserung auf solche Resultate konzentrieren, bei denen der größte Gewinn möglich ist.

3.4 Evaluation-Konsequenzen (E-K)-Verbindungen

Die Entwicklung guter E-K-Verbindungen ist eng mit dem Belohnungssystem der Organisation verknüpft. Um die Motivation zu maximieren, sollten das Niveau und die Anzahl der zur Verfügung stehenden Konsequenzen einerseits so hoch wie möglich sein und andererseits so eng wie möglich mit den Evaluationen verbunden sein. Dabei geht es sowohl um intrinsische als auch extrinsische Konsequenzen. Gute E-K-Verbindungen resultieren, wenn die Konsequenzen guter und schlechter Leistung eindeutig sind und auch bereits antizipiert werden können.

Zusätzliche Konsequenzen können die Motivation erhöhen, jedoch ist dabei die Gerechtigkeit des Belohnungssystems wichtig. Gerechtigkeit bedeutet, dass die Konsequenzen auf gute wie schlechte Leistungen über die beurteilten Personen hinweg konsistent sind. Leisten verschiedene Personen das Gleiche, sollte dies die gleichen Konsequenzen haben. Die Konsequenzen müssen sowohl über die Zeit hinweg konsistent sein als auch über die Beurteiler, insbesondere Kollegen, Vorgesetzte und das höhere Management. Wird ein Belohnungssystem als ungerecht erlebt, mag eine Evaluation zu der erwarteten Konsequenz führen oder nicht. Das führt zu schwächeren E-K-Zusammenhängen und die Motivation sinkt selbst dann, wenn die Konsequenzen wertvoll sind. Beurteilungen, die aus ungerechten Bewertungssystemen resultieren, führen zu weniger Konsequenzen. Werden einer Person anhand eines ungerechten Bewertungssystem hohe Leistungen zuerkannt, dürfte sie kaum Stolz oder Anerkennung empfinden.

3.5 Konsequenzen-Bedürfnisbefriedigung (K-B)-Verbindungen

Gute K-B-Verbindungen sind ebenfalls ein Teil des Belohnungssystems. Wirkungsvolle Ergebnisse und somit gute K-B-Verbindungen sind für ein wirkungsvolles Belohnungssystem erforderlich. Dies bedeutet, dass Konsequenzen zuverlässig verfügbar sein müssen, um die aktuellen Bedürfnisse zu befriedigen und ein höheres Ausmaß an Konsequenzen zu höherer Befriedigung führt. Weiterhin erhalten Konsequenzen ihre Bedeutung durch die Anzahl der befriedigten Bedürfnisse. Einer Gehaltserhöhung wird mehr Wert beigemessen, wenn sie auf einer validen und als fair erachteten Evaluation beruht und nicht von der Zahl der Dienstjahre abhängt. Beide Erhöhungen befriedigen das Bedürfnis nach einer Lohnerhöhung, aber die leistungsbezogene Erhöhung befriedigt zusätzlich das Bedürfnis nach persönlicher Anerkennung der eigenen Fähigkeiten. Wie alle anderen Verbindungen auch repräsentieren K-B-Verbindungen die Güte der wahrgenommenen Beziehung zwischen Ergebnissen und ihrem *erwarteten* Potenzial, Bedürfnisse zu befriedigen. Es ist wichtig, dass die Erwartungen darüber, wie gut Konsequenzen Bedürfnisse befriedigen können, valide sind. Fehlerhafte Erwartungen können zur Über- oder Unterschätzung der zu erwartenden Bedürfnisbefriedigung führen.

Abschließend sei hier zu allen Verbindungen angemerkt, dass alle Verbindungen stark sein müssen, damit eine hohe Motivation resultiert. Die schwächste Verbindung definiert die Obergrenze der Motivation. Wenn z. B. alle A-R-, R-K- und K-B-Verbindungen sehr hoch sind, die Arbeitenden aber keine Verbindung zwischen den Bewertungen und den Konsequenzen sehen (E-K-Verbindungen), ist die resultierende Motivation niedrig. Bedenkt man die Liste aller Faktoren, die zur Maximierung der Motivation wichtig sind, so wird deutlich, wie schwierig es ist, die Motivation zu erhöhen.

4. Abschließende Bemerkungen

In diesem Kapitel wurde eine Motivationstheorie vorgestellt und die Frage behandelt, welche praktischen Auswirkungen diese Theorie zur Steigerung der Motivation besitzt. Es gilt diese Theorie noch weiterzuentwickeln, bisher wurden jedoch die basalen Komponenten herausgearbeitet und wesentliche Implikationen abgeleitet. Weiterhin basiert auf dieser Theorie eine Interventionsstrategie, die viele der Implikationen operationalisiert. Es handelt sich hier um das Productivity Measurement and Enhancement System (ProMES) bzw. Partizipative Produktivitätsmanagement (PPM), wie es in Deutschland genannt wird (Pritchard, Jones, Roth, Stuebing & Ekeberg, 1989; Pritchard, 1990; Pritchard, Kleinbeck & Schmidt, 1993; Pritchard, 1995; Przygodda, Beckmann, Kleinbeck & Schmidt, 1995; vanTuijl, Kleingeld, Schmidt, Kleinbeck, Algera & Pritchard, 1997; Holling, Lammers & Pritchard, 1998; Pritchard, Holling, Lammers & Clark, 2002).

Die internationale Zusammenarbeit zu ProMES hat gezeigt, dass die Messmethoden und Feedbacksysteme, die auf der Grundlage unserer Theorie entwickelt werden, zu beachtlichen und langfristigen Produktivitätssteigerungen führen (s. Abb. 4). Bei ProMES-Projekten erhalten die Mitglieder einer Arbeitseinheit während einer Baseline-Periode zunächst kein Feedback. Anschließend folgt eine Feedback-Periode, in der die Personen Rückmeldungen erhalten, diese überdenken und Pläne zur Verbesserung ihrer Leistung entwerfen. Die X-Achse in Abbildung 4 bildet die Baseline- und Feedbackperioden ab. Bei ProMES werden mehrere Leistungsmaße eines Individuums oder einer Arbeitseinheit zu einem Gesamtmaß für die Effektivität zusammengefasst, das auf der Y-Achse abgebildet ist. Aus Abbildung 4 geht deutlich hervor, dass das ProMES-Feedback zu substantiellen Verbesserungen führt. Diese Verbesserungen konnten in vielen verschiedenen Organisationsarten und Ländern und für diverse Tätigkeiten nachgewiesen werden. Weitere Informationen zum Forschungsprogramm zu ProMES sind in den oben genannten Referenzen zu finden sowie auf der ProMES Website: www.tamu.edu/promes.

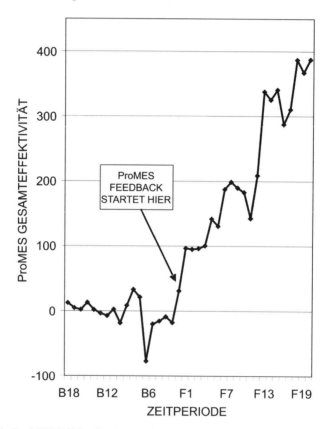

Abbildung 4: ProMES-Effekte im Längsschnitt

Literatur

Algera, J. A. (1990). Feedback systems in organizations. In C. L. Cooper & I. Robertson (Eds.), *International review of industrial and organizational psychology* (pp. 169-193). Chichester: Wiley.

Algera, J. A. & Tuijl, H. F. J. M. van (1990). Feedback systems and the management of performance in organizations. In P. J. D. Drenth, J. A. Sergeant, R. R. Takens (Eds.), *European perspectives in Psychology* (Vol. 3, pp. 39-53). Chichester: Wiley.

Ammons, R. B. (1956). Effects of knowledge of performance: A survey and tentative theoretical formulation. *Journal of General Psychology, 54,* 279-299.

Annett, J. (1969). *Feedback and human behavior.* Baltimore, MD: Penguin.

Bilodeau, E. A. & Bilodeau, I. M. (1961). Motor-skills learning. *Annual Review of Psychology, 12,* 243-280.

Bobko, P. & Colella, A. (1994). Employee reactions to performance standards: A review and research propositions. *Personnel Psychology, 47,* 1-29.

Breaugh, J. A. & Colihan, J. P. (1994). Measuring facets of job ambiguity: Construct validity evidence. *Journal of Applied Psychology, 79,* 191-202.

Campbell, J. P. & Pritchard, R. D. (1976). Motivation theory in industrial and organizational psychology. In M. D. Dunnette (Ed.), *Handbook of industrial and organizational psychology* (pp. 63-130). Chicago: Rand-McNally.

Erez, M. & Kanfer, F. (1983). The role of goal acceptance in goal setting and task performance. *Academy of Management Review, 8,* 454-463.

Frese, M. & Sabini, J. (Eds.). (1985). *Goal directed behavior: The concept of action in psychology.* Hillsdale, NJ: Erlbaum.

Frese, M. & Zapf, D. (1994). Action as the core of work psychology: A German approach. In H. C. Triandis, M. D. Dunnette & L. M. Hough (Eds), *Handbook of Industrial/Organizational Psychology* (2nd ed., Vol. 4, pp. 271-340). Palo Alto, CA: Consulting Psychologists Press.

Greif, S. (1994). Self-organized learning: An evolutionary approach. *Journal of Foreign Psychology, 2,* 21-28.

Greif, S. & Kurtz, H. J. (1996). (Hrsg.). *Handbuch Selbstorganisiertes Lernen. Reihe Psychologie und innovatives Management.* Göttingen: Verlag für Angewandte Psychologie.

Guzzo, R. A., Jette, R. D. & Katzell, R. A. (1985). The effects of psychologically based intervention programs on worker productivity: A meta-analysis. *Personnel Psychology, 38,* 275-291.

Hacker, W. (1982). Action control. On the task dependent structure of action-controlling mental representations. In W. Hacker, W. Volpert & M. Cranach (Eds.), *Cognitive and motivational aspects of action* (pp. 137-149). Berlin: Deutscher Verlag der Wissenschaften.

Hacker, W. (1985). Activity: A fruitful concept in industrial psychology. In M. Frese & J. Sabini (Eds.), *Goal directed behavior: The concept of action in psychology* (pp. 262-284). Hillsdale, NJ: Erlbaum.

Hacker, W. (1992). *Expertenkönnen. Erkennen und vermitteln.* Göttingen: Verlag für Angewandte Psychologie.

Hacker, W., Volpert, W. & Cranach, M. (Eds.). (1982). *Cognitive and motivational aspects of action*. Berlin: Deutscher Verlag der Wissenschaften.

Heckhausen, H. (1991). *Motivation and action*. Berlin: Springer.

Heckhausen, H. & Kuhl, J. (1985). From wishes to action: The dead ends and short cuts on the long way to action. In M. Frese & J. Sabini (Eds.), *Goal directed behavior: The concept of action in psychology* (pp. 134-160). Hillsdale, NJ: Erlbaum.

Holling, H., Lammers, F. & Pritchard, R. D. (1998). (Hrsg.). *Effektivität durch partizipatives Produktivitätsmanagement*. (*Effectiveness through participative productivity management*). Göttingen: Hogrefe.

Ilgen, D. R., Fisher, C. D. & Taylor, M. S. (1979). Consequences of individual feedback on behavior in organizations. *Journal of Applied Psychology, 64,* 349-371.

Kanfer, R. (1990). Motivation theory in industrial and organizational psychology. In M. D. Dunnette & L. M. Hough (Eds), *Handbook of Industrial/Organizational Psychology* (2nd ed., Vol. 1, pp. 75-170). Palo Alto, CA: Consulting Psychologists Press.

Kanfer, R. (1992). Work motivation: New directions in theory and research. In C. L. Cooper & I. T. Robertson (Eds.), *International Review of Industrial and Organizational Psychology* (Vol. 7, pp.1-53). London: Wiley.

Kleinbeck, U., Thierry, H., Häcker, H. & Quast, H. H. (Eds.). (1989). *Work motivation*. Hillsdale, NJ: Lawrence Erlbaum.

Kluger, A. N. & DeNisi, A. (1996). The effects of feedback interventions on Performance: A historical review, a meta-analysis, and a preliminary feedback intervention theory. *Psychological Bulletin, 119,* 254-284.

Kuhl, J. (1984). Volitional aspects of achievement motivation and learned helplessness: Toward a comprehensive theory of action control. In B. A. Maher (Ed.), *Progress in experimental personality research* (Vol. 13, pp. 99-171). New York: Academic Press.

Kuhl, J. & Beckmann, J. (1985). *Action control: From cognition to behavior*. New York: Springer-Verlag.

Lawler, E. E., III. (1971). *Pay and organizational effectiveness: A psychological view*. New York: McGraw-Hill.

Locke, E. A. & Latham, G. P. (1990). *A theory of goal setting and task performance*. Englewood Cliffs, NJ: Prentice Hall.

McGee, G. W., Ferguson, C. E. & Seers, A. (1989). Role conflict and role ambiguity: Do the scales measure these two constructs? *Journal of Applied Psychology, 74,* 815-818.

Mitchell, T. R. & Daniels, D. (2002). Motivation. In W. C. Borman, D. R. Ilgen & R. J. Klimoski (Eds.), *Comprehensive Handbook of Psychology, Volume Twelve: Industrial and Organizational Psychology*. New York: Wiley.

Murphy, K. R. & Cleveland, J. N. (1995). *Understanding performance appraisal. Social, organizational, and goal-based perspectives*. Thousand Oaks: Sage Publications.

Naylor, J. C., Pritchard, R. D. & Ilgen, D. R. (1980). *A theory of behavior in organizations*. New York: Academic Press.

Porter, L. W. & Lawler, E. E., III. (1968). *Managerial attitudes and performance.* Homewood, IL: Dorsey Press.

Pritchard, R. D. (1990). *Measuring and improving organizational productivity: A practical guide.* New York: Praeger.

Pritchard, R. D. (Ed.). (1995). *Productivity measurement and improvement: Organizational case studies.* New York: Praeger.

Pritchard, R. D., Holling, H., Lammers, F. & Clark, B. D. (Eds.). (2002). *Improving Organizational Performance With The Productivity Measurement and Enhancement System: An International Collaboration.* Huntington, New York: Nova Science.

Pritchard, R. D., Jones, S. D., Roth, P. L., Stuebing, K. K. & Ekeberg, S. E. (1989). The evaluation of an integrated approach to measuring organizational productivity. *Personnel Psychology, 42*, 69-115.

Pritchard, R. D., Kleinbeck, U. E. & Schmidt, K. H. (1993). *Das Managementsystem PPM: Durch Mitarbeiterbeteiligung zu höherer Produktivität.* München: Beck.

Pritchard, R. D. & Ramstad, P. M. (2002). *Managing Motivation.* Unpublished manuscript.

Przygodda, M., Beckmann, J., Kleinbeck, U. & Schmidt, K.-H. (1995). Produktivitätsmessung und -management: Eine Überprüfung des Managementsystems PPM. *Zeitschrift für Arbeits- und Organisationspsychologie, 39*, 157-167.

Ramstad, P. M., Pritchard, R. D. & Bly, P. R. (2002). The economic validity of ProMES components. In R. D. Pritchard, H. Holling, F. Lammers & B. D. Clark, (Eds.), *Improving organizational performance with the Productivity Measurement and Enhancement System: An international collaboration.* Huntington, New York: Nova Science.

Schmidt, K. H., Kleinbeck, U. & Brockmann, W. (1984). Motivational control of motor performance by goal setting in a dual-task situation. *Psychological Research, 46*, 129-141.

Semmer, N. & Frese, M. (1985). Action theory in clinical psychology. In M. Frese & J. Sabini (Eds.), *Goal directed behavior: The concept of action in psychology* (pp. 296-310). Hillsdale, NJ: Erlbaum.

Semmer, N. K., Tschan, F., Keller-Schuhmacher, K., Minelli, M. & Walliser, F. (2002). The dark side of accurate feedback: Some side effects of a tailor-made system for measuring work performance. In R. D. Pritchard, H. Holling, F. Lammers & B. D. Clark, (Eds.), *Improving organizational performance with the Productivity Measurement and Enhancement System: An international collaboration.* Huntington, New York: Nova Science.

Thierry, H. (1987). Payment by results systems: A review of research 1945-1985. *Applied Psychology: An International Review, 36*, 91-108.

Thierry, H. (1998). Compensating Work. In P. J. D. Drenth, Hk. Thierry & Ch. J. de Wolff (Eds.), *Handbook Work and Organizational Psychology* (2nd ed., Vol. 2). Hove: Psychology Press.

Tubbs, M. E. (1986). Goal setting: A meta-analytic examination of the empirical evidence. *Journal of Applied Psychology, 71*, 474-483.

Tuijl, H. F. J. M. van (1997). Critical success factors in developing ProMES: will the end result be an 'accepted control loop'? *Leadership and Organization Development Journal, 18*, 346-354.

Tuijl, H. F. J. M. van, Kleingeld, P. A. M. & Algera, J. A. (1995). Performance measurement and pay for performance: context dependent designing. *Behavior and Organization, 8*, 419-438.

Tuijl, H. F. J. M. van, Kleingeld, P. A. M, Schmidt, K. H., Kleinbeck, U., Algera, J. A. & Pritchard, R. D. (1997). Measuring and enhancing organizational productivity by means of ProMES: Three practical implications. *European Journal of Work and Organizational Psychology, 6*, 279-301.

Vroom, V. H. (1964). *Work and motivation*. New York: Wiley.

Wall, T. D. & Lischeron, J. H. (1977). *Worker participation: A critique of the literature and some fresh evidence*. Maidenhead: McGraw-Hill.

West, M. A. & Farr, J. L. (Eds.). (1990). *Innovation and creativity at work: Psychological and organizational strategies*. Chichester: Wiley.

West, M. A. (1996). Reflexivity and work group effectiveness: A conceptual integration. In M. A. West (Ed.), *Handbook of work group psychology*. Chirchester: Wiley.

Selbstwert und Wertschätzung als Themen der arbeitspsychologischen Stressforschung

Norbert K. Semmer und Nicola Jacobshagen

1. Die Bedeutung des Selbstwerts

Selbstwert ist eine wichtige Variable in psychologischen Untersuchungen zu Stress am Arbeitsplatz – als potentielle Ressource gegen seine Auswirkungen (Semmer, 2003; Sonnentag & Frese, 2003) und als abhängige Variable (Greif, 1991; Kahn & Byosiere, 1992; Mohr, 1991). Insbesondere in der Forschung zur Erwerbslosigkeit spielt die Beeinträchtigung des Selbstwerts – und das verwandte Konzept der Depressivität – eine herausragende Rolle (Mohr, 1995; Murphy & Athanasou, 1999; Warr, 1987, 1999).

Das macht insofern Sinn, als man Selbstwert als wesentliches Element von Wohlbefinden betrachten kann (Judge, Bono & Locke, 2000; Ganster & Schaubroeck, 1991; Mohr, 1991;Wofford & Daly, 1997). Und es besteht große Einigkeit darüber, dass das Bedürfnis nach Aufrechterhaltung bzw. Steigerung des Selbstwertgefühls ein Grundbedürfnis darstellt (Baumeister, 1996; Breckler & Greenwald, 1986; Brockner, 1988; Grawe, 1998; Dauenheimer, Stahlberg, Frey & Petersen, 2002; Epstein, 1998; Locke, McClear & Knight, 1996). Seine Bedeutung wird in vielen Bereichen der Psychologie erforscht (Blaine & Crocker, 1993) – so z.B. im Hinblick auf selbstwerterhöhende Attributionen und Evaluationen (Asendorpf & Ostendorf, 1998; Sedikides, 1993), Self-handicapping (Tice, 1991), Feedbacksuche und -akzeptanz (Ashford, 1989; Larson, 1989; Morrison, 1991; Semmer et al., 2002), soziale Vergleichsprozesse (Buunk & Ybema, 1997), Abwertung anderer (Tesser & Martin, 1996) oder Entschuldigungen (Higgins & Leibowitz, 1999; Snyder & Higgins, 1988). Defensives Verhalten in Organisationen ist damit in Verbindung gebracht worden (Ashforth & Lee, 1990), und die Motivation, sich in einem guten Licht darzustellen, ist nicht nur auf der Ebene des Individuums, sondern auch der Gruppe und der Organisation untersucht worden (Brown, 1997, 1988). Viele andere Konzepte der Psychologie, deren Fokus zunächst nicht unmittelbar auf dem Selbstwert liegt, weisen eine enge Beziehung dazu auf – so etwa Konzepte wie Equity, Fairness und Gerechtigkeit (Cropanzano & Greenberg, 1997; Tyler, 1994) oder der psychologische Vertrag (Millward & Brewerton, 2000; Pearce & Henderson, 2000; Robinson & Rousseau, 1994; Rousseau, 1995).

Angesichts der konzeptionell wie empirisch beeindruckenden Fülle von Belegen für die Bedeutung des Selbstwerts ist es eigentlich verwunderlich, dass sich seine Bedeutung in der Stressforschung bis vor kurzem im Wesentlichen auf seine Rolle als Ressource und als abhängige Variable beschränkt hat. Die Beeinträchtigung des Selbstwerts als *Auslöser* von Stress hat demgegenüber vergleichsweise wenig Aufmerksamkeit erfahren (für eine frühe Ausnahme s. Laux, 1986), obwohl man davon ausgehen kann, dass solche Situationen negative Emotionen auslösen und damit den Kernbereich von Stress (Lazarus, 1999) tangieren.

Im Folgenden wollen wir kurz auf einige wichtige Arbeiten zum Thema Selbstwert eingehen und dann, darauf aufbauend, argumentieren, dass die Bedrohung des Selbstwerts ein zentrales Element vieler mit Stress verbundener Erlebnisse darstellt – auch in der Arbeitswelt. Anschließend werden wir einige Implikationen dieser Betrachtungsweise herausarbeiten und teilweise mit ersten empirischen Ergebnissen illustrieren.

2. Selbstwert und Stress

2.1 Selbstwert und Wertschätzung: Quellen und Foci

Selbstwert bzw. Selbstwertgefühl bezieht sich auf die Evaluation der eigenen Person (Asendorpf, 2002; Dauenheimer et al., 2002; Harter, 1993; Mohr, 1991). Selbstachtung oder Selbstrespekt sind synonym dazu zu verstehen.[1] Man kann zwei Komponenten unterscheiden, nämlich die eigene Kompetenz und den (moralischen) Wert (Locke et al., 1996).

Bei der Wertschätzung geht es um die Evaluation durch andere. (Ein nicht unerheblicher Teil der oben zitierten Literatur bezieht sich auf diesen zweiten Aspekt, etwa bei den Themen Feedback, Entschuldigungen, oder Self-handicapping.) Blaine und Crocker (1993) sprechen von „privater" vs. „öffentlicher" Wertschätzung, Breckler und Greenwald (1986) vom privaten und öffentlichen Selbst als „Publikum" (Audience), das die „Instanz" für die Evaluation darstellt. Beides ist insofern eng verbunden, als davon auszugehen ist, dass das Selbstwertgefühl nicht unabhängig von der Wertschätzung bzw. Abwertung durch andere ist (Harter, 1993). Dennoch sind beide konzeptionell zu trennen. Man kann sich durchaus nach aussen als kompetent darstellen oder die Schuld für Fehler anderen zuweisen, um seine Reputation aufrecht zu erhalten – aber innerlich davon überzeugt sein, dass man inkompetent sei oder den Fehler selbst zu verantworten habe. Umgekehrt kann man versuchen, aus der – aus eigener Sicht – Unterschätzung durch andere Kapital zu schlagen.

Eine weitere wichtige Unterscheidung betrifft den „Gegenstand" der Evaluation. Hier geht es einerseits um die Person als Individuum, also um die individuelle Identität, andererseits aber auch um soziale Identitäten, wie sie etwa durch Rollen (Berufsrolle, Führungsrolle, Elternrolle usw.), Mitgliedschaften (Vereinszugehörigkeit, kirchliche Affiliation) und kulturelle Merkmale (Geschlecht, Nationalität u.Ä.) vermittelt werden (Brown, 1988). Breckler und Greenwald (1986) sprechen vom „kollektiven Selbst" (s.a. Thoits, 1991). Viele der in diesem Beitrag diskutierten Bedrohungen von Selbstwert und Wertschätzung beziehen sich auf die soziale Identität, wie sie z.B. die kompetente Ausfüllung einer Berufsrolle, die Respektierung einer beruflichen Identität u.Ä. betreffen.

---

[1] Uns ist klar, dass das Konzept sehr viel differenzierter und facettenreicher ist, als diese einfache Definition nahe legt. So gibt es etwa Kontroversen über „true" vs. „contingent" self-esteem (Deci & Ryan, 1995), es gibt Differenzierungen nach Höhe vs. Stabilität (Greenier, Kernis & Waschull, 1995) und viele mehr. Für unsere, mehr auf die grundlegende Bedeutung des Konzepts zielende, Darstellung verzichten wir darauf, hier in die Tiefe zu gehen.

2.2 Selbstwert und verwandte Konzepte in der arbeitspsychologischen Stressforschung

Dass Bedrohungen für Selbstwert bzw. Wertschätzung eine bedeutsame Kompenente des Stressgeschehens sind, hat beispielsweise Lazarus immer wieder betont (z.B. 1991, 1999). In der arbeitspsychologischen Stressforschung hat dieser Aspekt keine besonders herausragende Rolle gespielt. Im Folgenden wollen wir kurz darauf eingehen, wo diese Thematik in der arbeitspsychologischen Stressforschung auftaucht.

2.2.1 Selbstwert als abhängige Variable und Ressource

Man kann das Thema Selbstwert im Hinblick auf seine Bedeutung für Stress in der Arbeit unter verschiedenen Aspekten betrachten.

Ein Ansatz untersucht, wie bereits erwähnt, Selbstwert bzw. Depressivität, das ein eng verwandtes Konstrukt darstellt (Harter, 1993; Pelham, 1993), als potentielle Stressfolge (z.B. Dormann & Zapf, 1999; Dunckel, 1991; Frese, 1999; Garst, Frese, & Molenaar, 2000; Kahn & Byosiere, 1992; Kivimäki & Kalimo, 1996; Schonfeld, 2000; Warr, 1990, 1999). Auch „Burnout" wäre hier zu erwähnen, als dessen Kernelement „dysphoric symptoms that are similar to those of depression" (Schaufeli & Enzmann, 1998, p. 39) angesehen werden können (s.a. Schonfeld, im Druck). Überwiegend werden dabei Selbstwert und Depressivität als Indikatoren des Befindens im Allgemeinen untersucht. D.h., den Untersuchungsansätzen liegt im allgemeinen nicht die Annahme zugrunde, dass die untersuchten Stressfaktoren sich *spezifisch* auf diese Variablen auswirken sollten. Allerdings nehmen einige Autorinnen und Autoren an, dass Regulationsanforderungen (z.B. Variabilität, Komplexität) und Ressourcen (z.B. Handlungsspielraum) eher mit Depressivität, Selbstwert und Zufriedenheit, Stressoren hingegen eher mit Streßsymptomen, die negativen Affekt widerspiegeln (z.B. psychosomatische Symptome) zusammenhängen, und dafür gibt es inzwischen eine Reihe von empirischen Hinweisen (Warr, 1990, 1999; s.a. Demerouti, Bakker, Nachreiner & Schaufeli, 2001; Dunckel, 1985, 1991; Sonnentag, 1996; Zapf & Semmer, in Druck). Dies kann im Übrigen nicht zuletzt dazu führen, dass hoher Selbstwert und Stresssymptome durchaus gleichzeitig auftreten können, was (mit Ulich, 2001) gegen eine hierarchische Konzeption von Kriterien der Arbeitsgestaltung (s. Hacker, 1998) spräche (s. Zapf & Semmer, in Druck).

Ein zweiter Ansatz der arbeitspsychologischen Stressforschung befasst sich mit Selbstwert bzw. Selbstwirksamkeit (Self-efficacy), die in ihrer allgemeinen Form den Kompetenzaspekt von Selbstwert, nicht aber den des moralischen Werts (Judge & Bono, 2001; Locke et al., 1996) als *Ressource* im Stressprozess umfasst (Ganster & Schaubroeck, 1991). Von besonderem Interesse ist dabei die Annahme einer Interaktion zwischen Selbstwert bzw. Selbstwirksamkeit und Stressoren. Solche Effekte sind verschiedentlich gefunden worden, jedoch weniger für Selbstwert (wie in der Studie von Jex & Elaqua, 1999), häufiger für Selbstwirksamkeit. Einige Studien ergaben, dass sie die Effekte von Stressfaktoren abfedert (buffer-effect; Jex & Bliese, 1999; Jex, Bliese, Buzzell & Primeau, 2001; May, Schwoerer, Reed & Potter, 1997; van Yperen & Snijders, 2000), in anderen Studien zeigte sich eine Dreifach-Interaktion dergestalt, dass die von Karasek (z.B. Theorell & Karasek, 1996) postulierte Interaktion zwischen Stressoren und Kontrolle nur bei hoher Selbstwirksamkeit auftritt (Jimmieson, 2000; Schaubroeck, Jones & Xie, 2001; Schaubroeck & Merritt, 1997). In diesem Zusammenhang wird beispielsweise argumentiert, dass Selbstwert bzw. Selbstwirksamkeit mit der Überzeugung verbunden sind, dass „one can maintain acceptable levels of job performance despite the presence of job-related stressors" (Jex et al., 2001), und dass Selbstwert mit mehr aktivem, problembezogenem Coping verbunden ist (Jex & Elqua, 1999). Auch Brockner's (z.B. 1988) „plasticity hypothesis" ist hier zu erwähnen. Sie postuliert, dass Personen mit geringem Selbstwert gegenüber Umwelteinflüssen (und das schließt Stressoren ein) anfälliger sind als Personen mit hohem Selbstwert (s. Ganster & Schaubroeck, 1991; Semmer, 2003). Umgekehrt ist bekannt, dass Personen mit geringem Selbstwert dazu neigen, Fehler sich selbst zuzuschreiben (internal und stabil) und nicht externalen bzw. vorübergehenden Ursachen (Brockner, 1988), und dass sie zur „Übergeneralisierung" neigen und Fehler somit als „typisch" für sich selbst ansehen (Brown & Dutton, 1995; Kernis, Brockner & Frankel, 1989 – s.a. den depressiven „Attributionsstil", Buchanan & Seligman, 1995). Durch diesen Prozess der Übergeneralisierung können Stressoren aller Art Implikationen für den Selbstwert haben, da unzureichende Bewältigung als Zeichen von Inkompetenz angesehen wird.

2.2.2 Mangelnde Wertschätzung und Selbstwertbedrohung als Bestandteile der Stress-Situation

Die soeben behandelten Argumentationslinien gehen nicht davon aus, dass die Stress-Situationen selbst notwendigerweise eine Bedrohung des Selbstwerts bzw. der Wertschätzung darstellen. Vielmehr wird Selbstwert (bzw. Selbstwirksamkeit) als allgemeine Ressource angesehen, die den Umgang mit Stressoren aller Art erleichtert.

Viele Autorinnen bzw. Autoren nehmen auf die Bedrohung des Selbstwerts Bezug, wenn sie ihre Ergebnisse diskutieren – so etwa Driscoll, Hurrell und Johnson (2000), die erwähnen, dass Stressfaktoren in höheren sozialen Schichten mit Status und Prestige verbunden seien. Hobfoll (2001) zählt Selbstwert und Selbstwirksamkeit zu den Kern-Ressourcen („key resources") und betont, dass Stress entsteht, wenn sie bedroht sind. Dies sind jedoch mehr kursorische Verweise, eine explizite Fokussierung dieser Aspekte, die zu spezifischen Mess- bzw. Auswertungsverfahren führen würde, ist damit nicht verbunden.

Eine Reihe von Autorinnen und Autoren haben Aspekte des Selbstwerts allerdings explizit und von Anfang an berücksichtigt.

Selbstwert-Bedrohung als Bestandteil des Primary Appraisal

So finden sich etwa bei Folkman, Lazarus, Dunkel-Schetter, DeLongis und Gruen (1986) Items zum (primären) Stress-Appraisal, die sich auf „threats to self-esteem" beziehen, und sie ergeben die erste Dimension in einer Faktorenanalyse. Hohe Werte auf diesem Faktor korrelierte mit weniger Bemühung um soziale Unterstützung, was darauf verweist, dass soziale Unterstützung das Selbstwertgefühl untergraben kann (wir kommen darauf zurück).

Dewe (1991, 1992) befasst sich mit der Bedeutung von Stresserlebnissen in der Arbeit. Er identifizierte zwei Dimensionen, die beide für unseren Kontext relevant sind. Die erste Dimension nannte er „Not being able to achieve". Sie enthielt Items wie „inkompetent wirken", „den Respekt einer wichtigen Person verlieren", „ein wichtiges Ziel nicht erreichen", „sich bedroht fühlen". Die zweite Dimension hatte mit sozialer Wertschätzung zu tun: „Being seen as a difficult person". Leider haben sich Dewe's Arbeiten bislang kaum in der Forschung niedergeschlagen.

Doby und Caplan (1995) stellen das Konzept der Wertschätzung explizit in den Mittelpunkt, „on the grounds that perceived reputation is an important determinant of self-esteem, that need to maintain high self-esteem is a major motive..." (p. 1116). Sie fanden, dass Stressfaktoren, die mit hoher Bedrohung für die eigene Reputation verbunden waren, stärker mit Ängstlichkeit korrelierten als solche, die weniger mit der eigenen Reputation zu tun hatten.

Gerechtigkeit / Fairness

Die Forschung zum Thema „Gerechtigkeit/Fairness" ist für unseren Kontext in besonderem Masse relevant (s. Cropanzano & Greenberg, 1997; Tyler, 1994). „Erhalten, was einem zusteht" (distributive Gerechtigkeit), es auf eine Weise „zugeteilt" zu bekommen, die die eigene Person nicht gegenüber anderen benachteiligt und herabsetzt (prozedurale Gerechtigkeit) und in dem ganzen Prozess als Person gewürdigt zu werden (interaktionelle Gerechtigkeit) – das zentrale Thema ist immer wieder: gemäß dem eigenen Wert gewürdigt werden, als nicht weniger wert gelten als andere (Miller, 2001). So überrascht es auch nicht, dass wahrgenommene Gerechtigkeit mit Gefühlen des Stolzes und hohem Selbstwertgefühl einhergeht und im negativen Fall mit Frustration und Ärger (Tyler, 1994; Tyler & Degoey, 1995).

Mit der Stressforschung ist diese Tradition zunächst kaum verbunden. Zohar (1995) hat jedoch vorgeschlagen, das Konzept der „Rollengerechtigkeit" zu den klassischen Faktoren des Rollenstresses (Rollenkonflikt, -ambiguität und -überlastung) hinzuzufügen. Er hat eine Skala entwickelt, die danach fragt inwieweit „role senders" fair reagieren, wenn ihre Erwartungen nicht erfüllt werden. Seine Resultate zeigen, dass dieses Konzept sowohl mit diesen Stressfaktoren als auch mit sozialer Unterstützung und Handlungsspielraum deutlich korreliert (Koeffizienten zwischen $r = .50$ und $.54$), was nahe legt, dass die Wahrnehmung von Fairness bei all diesen Konzepten eine Rolle spielt. Darüber hinaus zeigte „Rollen-Gerechtigkeit" unter diesen Konstrukten die höchste Korrelation mit Wohlbefinden ($r = .43$). In einer neueren Untersuchung zeigen Elovaino, Kivimäki und Helkama (2001), dass wahrgenommene prozedurale Gerechtigkeit als Mediator zwischen Kontrolle und Befinden angesehen werden kann (s.a. Rutte & Messick, 1995).

In den letzten Jahren haben allerdings Aspekte, die mit Fairness zu tun haben, deutlich an Bedeutung gewonnen. So spielen Konzepte wie „Equity" und „Reziprozität" eine zunehmend wichtige Rolle in der Burnout-Forschung, und ihre Bedeutung für Burnout (und Stress-Symptome im Allgemeinen) ist inzwischen gut belegt (van Horn, Schaufeli & Taris, 2001; Taris, Peeters, Le Blanc, Schreurs & Schaufeli, 2001; s.a. Schaufeli & Enzmann, 1998).

Auch im „Effort-Reward-Modell" (z.B. Siegrist, 2002), das in den letzten Jahren sehr einflussreich geworden ist, stehen Fragen von „Reziprozität" im Vordergrund: Hoher Einsatz wird um so belastender, je weniger er mit angemessenen „Belohnungen" verbunden ist. Zwei der drei „Belohnungen" – Wertschätzung und Statuskontrolle – beziehen sich direkt auf Selbstwert und Wertschätzung, die dritte – Einkommen – hat neben dem monetären auch einen klar symbolischen Wert (Miller, 2001; Semmer & Udris, in Druck). Das Modell ist in den letzten Jahren sehr einflussreich geworden, weil es konzeptionell wichtige Aspekte thematisiert und weil es durch eine immer größer werdende Anzahl von Forschungen empirische Bestätigung gefunden hat (s. Zapf & Semmer, in Druck). Konzeptionell erweitert das Modell die Stressforschung in ganz zentraler Weise: Stand im Vordergrund: „Wie bedrohlich ist das?"(primary appraisal) und „Kann ich das bewältigen?" – also letztlich die Frage, ob etwas erträglich ist –, so kommt nun die Frage hinzu: „Lohnt es sich, das zu ertragen?". Und es „lohnt" sich offenbar nicht zuletzt dann, wenn es durch Anerkennung und Wertschätzung „aufgewogen" wird. Im Einklang damit zeigt eine neuere Untersuchung von van der Hulst und Geurts (2001), dass Überstunden nur dann mit schlechterem Befinden einhergingen, wenn die „Belohnungen" gering waren.

Soziale Unterstützung

Soziale Unterstützung ist ein Gebiet, in dem die Bedeutung von Selbstwert und Wertschätzung schon sehr lange anerkannt sind. Sarason, Sarason, Brock und Pierce (1996, p. 21) sehen den Kern sozialer Unterstützung in „feeling that one is worthwhile, capable, and a valued member of a group of individuals". Im Allgemeinen hat soziale Unterstützung positive Effekte auf Befinden und Gesundheit (Beehr, 1995; Leppin & Schwarzer, 1997; Viswesvaran, Sanchez & Fisher, 1999). Allerdings werden immer wieder auch negative Effekte gefunden, und einer der Mechanismen, die dafür verantwortlich sind, ist offenbar die Selbstwertbedrohung, die darin liegt, dass man sich als „hilfsbedürftig" – und damit möglicherweise auch als schwach oder inkompetent – zu erkennen gibt (Buunk, 1990; Elfering, Semmer, Schade, Grund & Boos, 2002; Peeters, 1994).

Coping

Im Zentrum von Konzepten des Selbstwertschutzes und der Selbstwerterhöhung steht nicht zuletzt die Abwehr von Bedrohungen für Selbstwert und Wertschätzung (Dauenheimer et al., 2002; Sedikides & Strube, 1997). Aus der Stress-Perspektive geht es dabei um Coping. Diese Perspektive wird im „Identifikations-Kontrast" Model des sozialen Vergleichs (Buunk & Ybema, 1997) eingenommen. Es postuliert, dass sozialer Vergleich als Copingstrategie eingesetzt wird, und zwar im Sinne einer *Distanzierung* beim Vergleich nach unten (downward comparison), jedoch einer *Identifikation* beim Vergleich nach oben (upward comparison). Damit werden jeweils die Bedürfnisse nach sozialer Zugehörigkeit, Status, Prestige und Selbstwert gestärkt.

2.3 Fazit

Selbstwert und Wertschätzung spielen also in der Stressforschung schon lange eine Rolle – lange Zeit nicht besonders prominent, in letzter Zeit jedoch immer mehr. Allerdings handelt es sich z.T. um mehr oder weniger vereinzelte Studien – die, wie etwa die Arbeiten von Zohar (1995) oder Dewe (1991, 1992) erstaunlich wenig Einfluss auf das Feld hatten –, z.T. um auf bestimmte Phänomene eingegrenzte Modelle („Burnout", „Effort-Reward", sozialer Vergleich). Allerdings wird an den Arbeiten von Siegrist (2002) und der Gruppe um Schaufeli (z. B. van Horn et al., 2001; Taris et al., 2001) zunehmend deutlich, dass Selbstwert und Wertschätzung von herausragender Bedeutung für das Stressgeschehen insgesamt sind. Langfristig gilt es also, Modelle zu entwickeln, die den Stellenwert dieser Konstrukte für den gesamten Bereich der (arbeitspsychologischen) Stressforschung systematisch beleuchten. Im Folgenden sollen dazu einige Überlegungen dargestellt werden, die auf dem Weg zu einem solchen Modell nützlich sein könnten.

3. Stress als Ich-Bedrohung: Ein Rahmenkonzept zu Selbstwert, Wertschätzung und Stress in der Arbeit

Wenn unsere Überlegungen zur zentralen Rolle von Selbstwert und Wertschätzung richtig sind, dann liegt es nahe zu prüfen, inwieweit diese Konzepte geeignet sind, verschiedene Aspekte der (arbeitspsychologischen) Stressforschung zu integrieren und inwieweit sich daraus allenfalls weitere, bislang noch wenig beachtete Implikationen ergeben könnten.

Wir verwenden im Folgenden den Begriff „Ich-Bedrohung" als Überbegriff für Stress, der aus der Bedrohung bzw. Schädigung des Selbstwerts bzw. aus mangelndem Respekt und Missachtung erwächst. Und wir untersuchen jeweils, von welcher Art die dabei auftretenden Stressfaktoren bzw. -prozesse sind.

3.1 Stress und Selbstwert im engeren Sinn

Wenn Selbstwert sich einerseits auf Kompetenz und andererseits auf moralischen Wert bezieht, dann ergibt sich seine Bedrohung bzw. Schädigung einerseits daraus, dass man in Bezug auf ein zu erreichendes Ziel einen Misserfolg erleidet, den man sich selbst attribuiert. Die zentrale korrespondierende Emotion ist Scham (Lazarus, 1999; Pekrun & Frese, 1992). Auf der moralischen Seite geht es um Fehlverhalten, um die Verletzung einer (akzeptierten) moralischen Norm; die entsprechende dominante Emotion wäre ebenfalls Scham, bei gravierenden Verstössen Schuldgefühle (Lazarus, 1999; Pekrun & Frese, 1992).

Der entscheidende Auslöser ist also in einer Evaluation zu suchen – sei das eine persönliche Einschätzung oder eine Einschätzung von anderer Seite –, die man akzeptiert (oder zumindest plausibel genug findet, um an sich zu zweifeln). Nicht zufällig ist negatives Feedback problematisch, wenn es die Aufmerksamkeit auf das eigene Selbst lenkt (Kluger & DeNisi, 1996), und akkurates negatives Feedback kann besonders bedrohlich sein (Semmer et al., 2002). Auch der schon erwähnte soziale Vergleich kann selbstwertbedrohlich sein, wenn er nach oben (also auf erfolgreichere Personen) gerichtet ist und potentiell nicht kontrollierbare interne Faktoren betrifft – wie z.B. Kompetenz (Buunk & Ybema, 1997). Hier liegt wohl auch das speziell selbstwertbedrohliche Potential der Erwerbslosigkeit, bei der ja nicht zufällig Selbstwert bzw. Depressivität besonders häufig als abhängige Variable eingesetzt werden (Klandermans & van Vuuren, 1999; Mohr, 2000): Der soziale Vergleich mit Erwerbstätigen kann mit der Attribution eigener Unzulänglichkeit verbunden sein. In diesem Zusammenhang ist interessant, dass es Hinweise gibt, dass die Effekte der Erwerbslosigkeit auf Depressivität für *besser* Ausgebildete auch nach einer Wiedereinstellung andauern, und dies vor allem und insbesondere unter *günstigen* ökonomischen Bedingungen. Dies wird dahingehend interpretiert, dass Personen mit höherer Bildung ihre Identität stärker mit dem Beruf verbinden – und entsprechend in ihrem Selbstwert durch die Erwerbslosigkeit stärker getroffen sind, und dass dieser Effekt verstärkt wird, wenn die günstigen wirtschaftlichen Bedingungen eine externale Attribution erschweren (vgl. Turner, 1995).

Man beachte, dass es hier im Hinblick auf die Evaluation durch andere nicht darum geht, ob deren Einschätzung bzw. deren Feedback fair ist und angemessen vermittelt wird. Solche Verhaltensweisen legen eine externale Attribution nahe. Und wenn eine ausschließlich externale Attribution stattfindet, ist der Selbstwert im engeren Sinne nicht tangiert – wohl aber die Wertschätzung.

3.2 Stress und Missachtung

Geht es beim Selbstwert um die Selbst-Evaluation, betrifft die Missachtung die mangelnde Würdigung durch andere. Unzureichende Würdigung ist dann gegeben, wenn das Verhalten anderer Regeln der Fairness, der Höflichkeit und der Wertschätzung verletzt. Die Einhaltung oder Verletzung von Regeln – also die Frage der Legitimität – erhält also zentrale Bedeutung. Wir untersuchen diese Fragen in drei Bereichen: im Hinblick auf die Legitimität sozialer Handlungen anderer, die Legitimität von Stressoren und die Frage der Legitimität von Aufgaben.

Legitimität sozialer Handlungen

Soziale Stressoren beinhalten Handlungen anderer, die als Regelverletzung, als illegitim, empfunden werden (s. Dormann & Zapf, 1999; Frese & Zapf, 1987; Spector & Jex, 1998). Dies betrifft Konflikte, die häufig mit dem Versuch der Gegenseite verbunden sind, die eigene Reputation im Hinblick auf Kompetenz und/oder Integrität zu untergraben (Glasl, 1999). Es betrifft rücksichtsloses oder unfaires Verhalten, Mangel an Respekt oder unangemessene Kritik (Baron, 1988, 1993; London, 1997; Zumkemi & Müller, 2002), welche insbesondere dann als herabwürdigend empfunden wird, wenn sie vor Dritten vorgebracht wird (Stalder, 1989). Dass die Herabwürdigung durch Vorgesetzte einen wichtigen, und offenbar keineswegs seltenen, Stressfaktor darstellt, haben z.B. Eilles-Matthiessen und Zapf (2000) in einer Tagebuch-Studie gezeigt. Auch die emotionale Dissonanz, die in Berufen mit „Emotionsarbeit" vorkommen kann, enthält häufig solche Elemente – etwa im Sinne von ungebührlichem Verhalten von Kundinnen bzw. Kunden (Grebner, Semmer, Lo Faso, Gut & Kälin, 2003; Zapf, Vogt, Seifert, Mertini & Isic, 1999; Zapf, Seifert, Schmutte, Mertini & Holz, 2001).

Wie bereits dargestellt, sind diese Elemente auch im Zusammenhang mit sozialer Unterstützung relativ offensichtlich, insbesondere im Hinblick darauf, inkompetent oder nicht belastbar zu erscheinen (Buunk, 1990). In diesem Zusammenhang ist darauf hinzuweisen, dass in der Diskussion um soziale Unterstützung zwar ausgiebig darüber diskutiert wird, wann welche Form der Unterstützung angebracht ist (z.B. Frese, 1999), dass es aber kaum eine Rolle spielt, ob die Unterstützung auf selbstwertschonende Art gegeben wird – ob also beispielsweise jemandem Arbeit abgenommen wird (instrumentelle Unterstützung), aber damit zugleich vermittelt wird „Du kannst das eben nicht" oder „Man muss eben alles selber machen".

Legitimität von Stressoren

Während Ich-Bedrohungen bei sozialen Stressoren offensichtlich sind, gilt das für viele „klassische" Stressfaktoren nicht. Was sollen etwa quantitative Überlastung / Zeitdruck – einer der am häufigsten genanten Stressfaktoren (Zapf & Semmer, in Druck; Spector & Jex, 1998) – oder ein Computerabsturz (als schlecht funktionierendes Arbeitsmittel ein Beispiel für „Arbeitsorganisatorische Probleme" – Semmer, Zapf & Dunckel (1999); s.a. die „Organizational Constraints Scale bei Spector & Jex, 1998, aufbauend auf O'Connor, Peters, Pooyan, Weekley, Frank & Erenkrantz, 1984) – mit Ich-Bedrohung tun haben?

Eine nahe liegende Verbindung ergibt sich natürlich über die Folgen: Wenn Überlastung dazu führt, dass man Termine nicht einhalten kann oder die Qualität leidet, dann kann sich daraus eine Gefährdung des Selbstwerts bzw. der Wertschätzung ergeben. Die eigentliche Ich-Bedrohung liegt dann aber in diesen Folgen und nur indirekt – nämlich vermittelt über die Folgen – in den sie auslösenden Stresssituationen.

Ein direkter Bezug zwischen Ich-Bedrohung und Stressoren ergibt sich jedoch über deren Legitimität: Wenn es gerechtfertigt ist, dass man einer Stresssituation ausgesetzt ist, dann ist sie auch leichter zu akzeptieren und zu ertragen.

Prinzipiell gibt es zwei Mechanismen, die die Legitimität von Stressoren beeinflussen. Der erste ist der Mechanismus, der im Effort-Reward Modell (Siegrist, 2002) sowie in verwandten Ansätzen, die Reziprozität betont (van Horn et al., 2001) im Vordergrund steht: Stressoren sind in dem Ausmaß legitim, in dem ihnen eine „Belohnung" gegenüber steht. Der zweite Mechanismus liegt in der Attribution der Vermeidbarkeit bzw. Unvermeidlichkeit: Wenn der Computerabsturz darauf zurückzuführen ist, dass Computer eben ab und zu abstürzen, ist das akzeptabler als wenn der Grund darin liegt, dass das Unternehmen es versäumt hat, neue bzw. bessere Maschinen anzuschaffen oder die vorhandenen adäquat zu warten. Die Kette kann natürlich weitergehen: Wenn die Maschinen alt sind bzw. schlecht gewartet werden, weil das Unternehmen mit dem Überleben kämpft, ist das wiederum akzeptabler als wenn es an mangelndem Interesse, mangelnder Sorgfalt oder mangelnder Kompetenz der Unternehmensführung bzw.

der zuständigen Personen liegt. Wird Letzteres attribuiert, so wird damit eine Geringschätzung derer gesehen, die mit diesen Maschinen arbeiten müssen.

Der Erstautor dieses Beitrags bemerkte einmal an der Kasse eines Kaufhauses, dass ein Kopiergerät, das gleich neben der Kasse stand, sehr viel Wärme abstrahlte. Er fragte die Kassiererin, ob das nicht unangenehm sei, und sie antwortete: „Und ob das unangenehm ist – aber wir sind ja hier nur das Personal...". Auch bei der Entwicklung unserer Skala „Arbeitsorganisatorische Probleme", die Ineffizienz in der Arbeitsorganisation (z.B. durch schlechte Maschinen, veraltete Information u.ä.) erfasst (Semmer, 1984; Semmer et al., 1999; s.a. O'Connor et al., 1984; Oesterreich & Volpert, 1999; Spector & Jex, 1998), wurden wir in unseren Interviews immer wieder mit Ärger-Reaktionen konfrontiert, die damit zusammenhängen, dass unsere Interviewpartner diese Probleme für vermeidbar hielten – wenn sich nur jemand vernünftig darum kümmern würde.

Allerdings sollte man aus diesen Beispielen nicht schließen, dass es *ausschließlich* um individuelle Attributionsprozesse geht. Über viele Dinge dieser Art gibt es auch einen (weitgehenden) gesellschaftlichen Konsens, so dass beispielsweise Sparmaßnahmen in einem Unternehmen in einem anderen Licht erscheinen, wenn bekannt wird, dass Vorstandsmitglieder extrem hohe Boni oder Abfindungen beziehen. Fahrlässigkeit ist ein juristischer Begriff, der die Attribution der Vermeidbarkeit enthält, und er impliziert ebenfalls, dass sich dazu (wenngleich häufig nicht ohne Schwierigkeiten) normative Prinzipien aufstellen lassen, die über die rein individuelle Attribution hinausgehen (s. dazu auch Mohr & Semmer, 2002; Semmer, 1992; Zapf & Semmer, in Druck). Für das Konzept der „Regulationshindernisse", das auf demselben Ansatz beruht (s. Oesterreich & Volpert, 1999), ist der Aspekt, dass *unnötiger* Zusatzaufwand entsteht, integraler Bestandteil der Definition, und wer in einer Arbeitsanalyse nach RHIA Regulationshindernisse ermittelt, muss diesen Aspekt einbeziehen.

Eine andere Variante legitimierender Attribution liegt vor, wenn dem Auftreten der Stresssituation eine wohlmeinende Absicht zugesprochen wird – beispielsweise im Sinne eines göttlichen Plans hinter einem aversiven Ereignis. Solche Überzeugungen erleichtern das Akzeptieren der Situation und den Umgang damit (Park & Cohen, 1992; Quick, Nelson, Matuszek, Whittington, & Quick, 1985), denn die Situation erhält nun einen Sinn. Hierzu passt auch, dass die Beschreibung traumatischer Erlebnisse therapeutische Wirkung haben kann – jedoch nur, wenn sie dazu führt, dass eine kohärente Darstellung entsteht, deren Sinn nunmehr von der Person besser verstanden wird (Smyth & Pennebaker, 1999). „Sinngebung" erleichtert es ganz offensichtlich, auch über sehr belastende Ereignisse hinwegzukommen (Tennen & Affleck, 1999). Nicht zufällig sind z.B. auch die Begriffe der „Verstehbarkeit" (comprehensability) und Sinn bzw. „Sinnhaftigkeit" (meaning) zentrale Bestandteile des „Kohärenzgefühls" (Antonovsky, 1997; Wydler, Kolip & Abel, 2000).

Und selbst wenn keine wohlmeinende Absicht attribuiert wird, spielt es noch eine Rolle, ob jemand zu potentiell stressauslösendem Verhalten „berechtigt" ist. So berichten Gudykunst und Ting-Toomey (1988), dass ungerechtes und willkürliches Verhalten von Vorgesetzten in Kulturen mit hoher Machtdistanz weniger Ärger auslöst – weil solches Verhalten in diesen Kulturen eher als „normal" („taken for granted") angesehen wird.

Schließlich gehört zu den „legitimierenden" Faktoren auch, ob etwas als unvermeidbarer Bestandteil einer Berufsrolle angesehen wird. Viele Berufe haben Merkmale, die man als Außenstehende(r) spontan als belastend einstufen würde – etwa der Umgang mit schwierigen Patientinnen und Patienten im Krankenhaus. Tatsächlich hört man auf entsprechende Fragen nicht selten, das sei eigentlich gar nicht so belastend. Und als Erläuterung wird angefügt: „Das gehört schließlich zum Beruf". Wir haben uns daraufhin die Frage gestellt: „Was ist, wenn die ‚Zugehörigkeit zum Beruf' nicht gegeben ist?" Wir haben daraufhin Krankenschwestern mit Situationen konfrontiert, in denen man z.B. für einen Patienten ständig rennen musste, nach dem Motto: Fenster auf, es ist zu warm – Fenster zu, es zieht... Die Antworten waren wie erwartet: „Das gehört dazu". Wenn man der Situation eine etwas abgeänderte Bedeutung gibt und fragt: „Und was wäre, wenn Sie das Gefühl hätten, es gehe dem Patienten eigentlich nicht so schlecht, dass er das eine oder andere nicht auch selbst tun könnte?", dann ändert sich die Haltung schlagartig: „Wir sind doch kein Hotel hier!" ist eine typische, oft empörte Reaktion. In ähnlicher Weise zeigt sich beispielsweise, dass die langwierige Suche nach einer alten Röntgenaufnahme als deutlich belastender empfunden wird, wenn sie der Habilitation des Vorgesetzten dient, als wenn sie für die Behandlung des wieder eingelieferten Patienten nötig ist (s. Semmer, 2000).

Ähnliche Ergebnisse werden auch von anderen Forschungsgruppen gefunden: „Apparently, employees *expect* that some stressors are indissolubly connected with their profession, and as a result of this they do not perceive them to be very significant." (Peeters, Schaufeli & Buunk, 1995, p. 471).

Legitimität entsteht also durch die Attribution der Unvermeidbarkeit – sei es auf Grund der Umstände oder auf Grund der Zugehörigkeit zur Berufsrolle –, durch die Attribution von Sinn und wohlmeinender Absicht anderer und durch die Attribution der „Berechtigung" zu Verhaltensweisen, die wenig Rücksichtnahme erkennen lassen. In allen Fällen ist zu erwarten, dass entweder die Situation a priori als weniger belastend empfunden wird (primary appraisal) oder aber geringere Auswirkungen hat.

Legitimität von Aufgaben

In Bezug auf Stressoren spielt die Legitimität eine verstärkende oder abschwächende, nicht aber eine auslösende Rolle. Man kann nun noch einen Schritt weiter gehen und Arbeitsaufgaben daraufhin betrachten, ob sie legitimer Bestandteil der Arbeitsrolle sind oder nicht. Die Aufgabe selbst muss nicht unbedingt belastend sein. So kann, um auf das oben genannte Beispiel der Pflege zurückzukommen, eine Aktivität durchaus als bereichernd empfunden werden, wenn sie tatsächlich der eigenen Berufsidentität entspricht, also *pflegenden* Charakter hat. Dieselbe Aufgabe kann als herabwürdigend empfunden werden, wenn der Patient oder die Patientin nicht darauf angewiesen wäre, sondern sie selbst ausführen könnte. Solche Dinge sind natürlich einem gesellschaftlichen Wandel unterworfen: So ist es heute weniger selbstverständlich als noch vor wenigen Jahrzehnten, dass eine Sekretärin für die Versorgung der Abteilung mit Kaffee „zuständig" ist, und dementsprechend können hier Erwartungen als illegitim empfunden werden, die früher legitim gewesen wären. Umgekehrt ist es denkbar, dass Spitäler mehr Wert auf „Kundenorientierung" legen und damit Aufgaben für Pflegende legitim werden, die mehr mit Service als mit Pflege zu tun haben. Hockey, Payne und Rick (1996) berichten unterschiedliche psychische und physiologische Reaktionen von Ärzten auf Anforderungen, je nachdem, ob diese mit der eigenen Berufsrolle zu tun hatten („enabling demands") oder mit den organisatorischen und bürokratischen Abläufen des Spitals („general demands").

Eine – in der Regel wohl schwächere – Variante von mangelnder Legitimität wären Aufgaben, die als *unnötig* empfunden werden. Das sind vor allem Aufgaben, die gemacht werden müssen, weil jemand seine Aufgaben nicht gut erledigt hat – Nacharbeiten etwa, weil andere in vorgelagerten Positionen Fehler gemacht haben, die Neuerstellung eines Dokuments, weil der Chef/die Chefin das Original nicht mehr findet, usw. Aber auch Dinge, die „voreilig" verlangt werden, dann aber ohne Konsequenzen bleiben, wie etwa die Erstellung von Dokumentationen, die anschließend niemand liest, wären hier zu nennen. (Dies hat im übrigen auch Implikationen für die Informationspolitik: Enge Toleranzgrenzen einzuhalten, dürfte beispielsweise völlig anders empfunden werden, je nachdem, ob man weiß, warum sie nötig sind oder nicht – oder gar Anlass hat zu glauben, dass sie übertrieben seien.)

Auch Einschränkungen wie etwa Vorschriften, etwas auf eine ganz bestimmte Art und Weise zu erledigen, wo eigentlich auch eigene Varianten möglich wären, Fremdkontrollen, die über ein als sinnvoll erachtetes Maß hinausgehen u.Ä. sind hier zu nennen. Auch hier ist es nicht unbedingt die Einschränkung per se, sondern ihre Legitimität: Strikte Kleidervorschriften beispielsweise wird man in einem Bestattungsinstitut wohl eher akzeptieren, wenn man mit trauernden Angehörigen zusammentrifft, als wenn man im Back Office arbeitet und solche Kontakte nicht hat. Bürokratische Vorschriften sind hier sicher eine wichtige Kategorie: Viele Formulare ausfüllen zu müssen, um Bleistifte zu bekommen, detaillierte Dokumentationen von Aktivitäten u.Ä. werden schnell als „Zumutung" empfunden – es sei denn, sie sind durch spezielle Umstände, wie etwa den Umgang mit gefährlichen Materialien legitimiert.

Abschließende Bemerkungen zur Legitimität

Abschließend sollen zum Thema „Legitimität" noch einige Dinge angemerkt werden. Erstens ist die hier vorgenommene Unterteilung noch relativ vorläufig. Zu diesen Aspekten ist Forschung nötig, und sie könnte durchaus ergeben, dass die Klassifikation modifiziert werden sollte, z.B. indem mehr – oder weniger – Differenzierung angezeigt ist. So wird beispielsweise zu prüfen sein, inwieweit die Trennung zwischen der Legitimität von Stressoren und der Legitimität von Aufgaben (die nicht a priori als Stressoren anzusehen sind) durchzuhalten ist; denn erste Forschungen (s.u.) zeigen, dass auf die Frage nach illegitimen Aufgaben relativ häufig Arbeiten genannt werden, die nicht sonderlich beliebt sind.

Zweitens ist darauf hinzuweisen, dass Dinge, die *im Prinzip* illegitim sind, durch spezielle Umstände legitimierbar sind – in Notfällen arbeitet man durchaus mit veralteten Geräten, übernimmt man Tätigkeiten, die eigentlich andere machen sollten, usw.

Drittens ist davon auszugehen, dass ein gewisses Maß an illegitimen Aufgaben „normal" ist. Schließlich gibt es überall Ineffizienzen in der Arbeitsorganisation, gibt es überall Aufgaben, die nicht zur Kernrolle gehören, aber dennoch gemacht werden müssen –, so dass nicht die Existenz solcher Aufgaben per se als Zumutung empfunden wird, sondern die Tatsache, dass sie überhand nehmen und daran hindern, die „eigentliche" Arbeit zu erledigen. Man könnte sagen, dass ein gewisses Maß an illegitimen Aufgaben „legitim" ist. Es könnte sich daher lohnen, nach kurvilinearen Zusammenhängen zu suchen, etwa im Sinne eines Schwelleneffekts.

Viertens ist sicher deutlich geworden, dass Attributionen eine entscheidende Rolle spielen. Sie beziehen sich einerseits auf Fahrlässigkeit und andererseits auf Intentionen. In beiden Fällen ist Voraussetzung, dass die Konstellation, um die es geht, für andere mindestens vorhersehbar war und – bei genügend Interesse, Anstrengung, Kompetenz – durch diese anderen hätte verhindert werden können. *Vermeidbarkeit* ist also die zentrale Kategorie. Die Attribution von Absicht geht darüber hinaus und unterstellt, dass der aversive Zustand bewusst herbeigeführt wurde. In beiden Fällen dürfte der soziale Vergleich zentral sein, d.h. je mehr man den Eindruck hat, dass man selbst (bzw. die eigene Gruppe) in besonderem Maße oder gar ausschließlich betroffen ist, desto plausibler wird die Attribution der Vermeidbarkeit.

Und schließlich sei noch einmal darauf hingewiesen, dass Legitimität kulturspezifisch – und somit auch gesellschaftlichem Wandel unterworfen ist.

3.3 Zusammenfassende Darstellung

Abschließend wollen wir unser Konzept in einer Übersicht darstellen (s. Kasten). Er enthält einerseits den Aspekt der Bedrohung des Selbstwerts im engeren Sinne, andererseits die Aspekte der Wertschätzung, die wir unter dem Aspekt der Legitimität von Handlungen, Stressoren und Aufgaben diskutiert haben.

Stress als Ich-Bedrohung	
Bedrohung des Selbstwerts: Misserfolg/Fehlverhalten + internale Attribution	**Missachtung:** Legitimität von Handlungen/Stressoren/Aufgaben impliziert externale Attribution (Vermeidbarkeit)
	- Legitimität *sozialer Handlungen*: Als illegitim empfundene Handlungen anderer erzeugen Stress (z.B. Konflikt, Feedback) - Legitimität von *Stressoren* Vermeidbarkeit von Stressoren - Legitimität von *Aufgaben* Aufgaben, die zur eigenen Kernrolle gehören/sie verletzen **Schwächere Version:** *unnötige Aufgaben*

4. Konsequenzen für die Forschung und erste Ergebnisse zum Konzept der illegitimen Aufgaben

Zwei zentrale Schlussfolgerungen ergeben sich aus den dargestellten Überlegungen für die Forschung zu Stress am Arbeitsplatz. Zum einen sollten Attributionsprozesse insgesamt mehr beachtet werden – beispielsweise indem danach gefragt wird, wer für das Auftreten von Stressoren verantwortlich gemacht wird. Zum anderen muss das Konzept der illegitimen Aufgaben operationalisiert werden. Es gilt festzustellen, ob solche Aufgaben überhaupt in nennenswerter Anzahl berichtet werden, welcher Art sie sind und ob sie über vorhandene Stressorenkonzepte hinaus Varianz im Befinden aufklären.

Zu diesen Fragen sind in unserer Gruppe Forschungsarbeiten in Gang. Zum Thema „Legitimität von Aufgaben" liegen einige Ergebnisse vor, die, obgleich sie noch vorläufig sind, berichtenswert erscheinen (Hagen & Schirmer, 2002; Semmer & Jacobshagen, i.V.). Zunächst ging es darum, anhand von halbstrukturierten Interviews festzustellen, ob sich illegitime Aufgaben identifizieren ließen, wie sie zu charakterisieren sind und ob sie Bezüge zu Befindensvariablen aufweisen. Im engeren Sinne *illegitime* Tätigkeiten wurden dabei mit Fragen erhoben wie „Gibt es Tätigkeiten in Ihrem Arbeitsalltag, von denen Sie glauben, dass sie nicht von Ihnen ausgeführt werden sollten", oder „nicht von Ihnen erwartet werden können". Auch nach Tätigkeiten, „die Sie in eine unmögliche Situation bringen" und nach Tätigkeiten, „bei denen es unfair ist, dass Sie sie ausführen müssen" wurde gefragt. Bei der schwächeren Form, den unnötigen Tätigkeiten, ging es um Tätigkeiten, die überhaupt nicht, nicht unbedingt von der betreffenden Person oder nicht unbedingt mit diesem Aufwand gemacht werden müssten – z.B. wenn die Arbeit besser organisiert wäre oder wenn man nicht alles so sehr auf eine bestimmte Person ausrichten würde. Verbunden mit einem kurzen Fragebogen und einer ausführlicheren Tätigkeitsanalyse wurden diese Interviews mit 50 Personen (davon 26 weiblich) aus unterschiedlichen Berufsfeldern und unterschiedlichen Hierarchiestufen durchgeführt. Dabei wurden insgesamt 887 Teiltätigkeiten eruiert, und davon wurden immerhin 233 (29 %) als illegitim bzw. unnötig empfunden. Es handelte sich dabei um Aufgaben, die unter oder über dem eigenen Qualifikationsniveau lagen, um Kontrollaufgaben (andere kontrollieren müssen) und kontrolliert werden (sich rechtfertigen müssen), um Aufgaben, deren Inhalt oder Ausführungsweise nicht den eigenen Vorstellungen entsprechen (als sinnlos empfundene Arbeiten, peinliche Tätigkeiten) und um Zusatzarbeiten (z.B. wegen Fehlern anderer, wegen spezieller Kundenwünsche, wegen Gewohnheiten anderer u.Ä.). In jedem Interview wurde mindestens eine solche Teil-Tätigkeit benannt, der Modalwert betrug 3. Da wir davon ausgingen, dass Tätigkeiten weniger als illegitim/unnötig empfunden würden, wenn sie zur beruflichen Kernrolle gehören, wurden in den Interviews Kerntätigkeiten und Zusatzaufgaben genau aufgeschlüsselt. Und in der Tat zeigte sich, dass bei den Kerntätigkeiten mit 9 % ein sehr viel geringerer Prozentsatz als illegitim/unnötig empfunden wurde als bei den Nebentätigkeiten, bei denen rund 60 % in diese Kategorie fielen! Obwohl die Nebentätigkeiten nur 1/3 der Tätigkeiten insgesamt ausmachten, „stellten" sie auch in absoluten Zahlen mehr illegitime/unnötige Teiltätigkeiten. Wie bereits erwähnt, waren die illegitimen bzw. unnötigen Teiltätigkeiten auch weniger beliebt. Weitere Analysen zeigten z.B., dass insbesondere die Anzahl illegitimer (im engeren Sinne) Teiltätigkeiten mit Befindensvariablen korrelierten (z.B. r = .39, p < .01 mit psychosomatischen Beschwerden, r = .57, p < .01 mit Gereiztheit/Belastetheit [Mohr, 1986, 1991]). In einer multiplen Regression, in der Alter und Geschlecht sowie qualitative und quantitative Arbeitsbelastung (aus dem Kurzfragebogen zur Arbeitsanalyse – Prümper, Hartmannsgruber & Frese, 1995) kontrolliert wurden, ergab sich ein (standardisierter) Regressionskoeffizient von β = .39 (p < .01). Für unnötige Teiltätigkeiten ergaben sich hingegen keine Zusammenhänge.

Auf der Basis der aus dieser Arbeit entstandenen Kategorien wurde ein Fragebogen zu illegitimen Tätigkeiten (im weiteren Sinne, also Unnötiges und Illegitimes i.e.S. umfassend) entwickelt. Erste Analysen zeigen, dass sowohl der Gesamtfragebogen als auch seine beiden Subskalen (unnötig und illegitim) in verschiedenen Stichproben jeweils befriedigende interne Konsistenzen aufweisen und dass sich Zusammenhänge zu Befindensvariablen zeigen lassen – und zwar bezüglich beider Subskalen! Weitere Arbeiten sind im Gang.

5. Abschließende Bemerkungen

Wir hoffen, dass wir zeigen konnten, dass die Perspektive des Selbstwerts und der Wertschätzung für die Stressforschung im Allgemeinen und die arbeitspsychologische Stressforschung im Besonderen fruchtbar sein kann. Viele Aussagen, die wir getroffen haben, sind nicht neu; sie sind aber großteils auf unterschiedliche Publikationen verstreut, oft nicht im Zentrum der jeweiligen Arbeiten und vor allem nicht unter dieser Perspektive zusammengetragen und systematisiert – wenngleich mit den Arbeiten der Gruppen um Siegrist und Schaufeli schon große Schritte in diese Richtung vorliegen. Wenn man die Perspektive von Selbstwert und Wertschätzung ganz ins Zentrum stellt und auf seine Implikationen hin untersucht, so wie wir das hier versucht haben, dann ergeben sich durchaus neue Akzentsetzungen – etwa im Hinblick auf die Betonung von Attributionen, neue Interpretationen – etwa im Hinblick auf Legitimität –, aber auch neue Konzepte wie das der illegitimen Aufgaben. Wie weit diese Perspektive letztendlich trägt, bleibt der weiteren Forschung vorbehalten; immerhin sind die ersten Versuche durchaus vielversprechend.

Insoweit die weiteren Arbeiten die Tragfähigkeit dieses Ansatzes zeigen, könnte daraus auch ein Beitrag zur Konkretisierung des Konzepts der Zumutbarkeit als Bewertungskriterium von Arbeitsbedingungen erwachsen, das Ulich (z.B. 2001) vertritt. Ulich verweist ausdrücklich auf gesellschaftliche Werte und Normen, die dieses Kriterium bestimmen. Legitimität stellt u.E. eine solche Norm dar. Deshalb gehen wir im übrigen auch davon aus, dass Legitimität keineswegs nur über *individuelle* Attributionen erfasst werden kann und – bei allen interindividuellen Unterschieden, die natürlich (wie überall) zu erwarten sind – keineswegs nur die differentialpsychologische Perspektive widerspiegelt, sondern auch unabhängig von einzelnen Personen definiert werden kann. Der Operationalisierung des Zumutbarkeit-Konzeptes ist bislang viel weniger Aufmerksamkeit gewidmet worden als den Kriterien der Gesundheitsschädigung und der Beeinträchtigungsfreiheit. Vielleicht kann das Legitimitätskonzept hier die weitere Entwicklung vorantreiben.

Wenn wir die Bedeutung von Selbstwert und Wertschätzung für das Stressgeschehen betonen, dann impliziert das nicht, dass solche Bedrohungen immer schädlich sein müssen. Wie bei Stresssituationen aller Art, gilt auch hier, dass einzelne Situationen, die solche Bedrohungen enthalten, durchaus Entwicklungsmöglichkeiten und Quellen von Stolz darstellen können, wenn sie gut bewältigt werden. Jede einzelne Situation, die solche Bedrohungen enthält, vermeiden zu wollen, würde implizieren, dass Lernprozesse behindert würden (z.B. weil sie die Person mit ihrer noch vorhandenen Inkompetenz konfrontieren) und dass Stolz auf die Bewältigung schwieriger (und damit mit dem selbstwertbedrohlichen Risiko des Scheiterns verbundener) Situationen verunmöglicht würde. Personen mit hoher Vermeidungsmotivation (McClelland, 1987; Heckhausen, 1989) oder, wie Higgins (1997) es ausdrückt, mit starker „Präventions- (statt Promotions-)Orientierung neigen dazu, Misserfolgs-Risiken zu vermeiden, untergraben aber damit oft ihre eigenen Entwicklungsmöglichkeiten und Erfolgserlebnisse. Es kann also nicht darum gehen, jede Art von Bedrohung für Selbstwert und Wertschätzung zu vermeiden; sie ist manchmal Voraussetzung für positive Effekte.

Vermeiden lässt sich allerdings Verhalten, das Missachtung signalisiert – sei es direkt (soziale Stressoren) oder indirekt, durch mangelnde Bereitschaft, vermeidbaren Stress abbauen zu helfen (Legitimität von Stressoren) oder durch die Zuteilung illegitimer Aufgaben.

Die Selbstwert-Perspektive rückt eine Erkenntnis in den Vordergrund, die vielleicht manchmal zu wenig berücksichtigt wird: Neben der Frage, ob etwas in sich angenehm oder unangenehm, belastend oder erfreulich usw. ist, spielt wohl immer die Frage mit, welche *Bedeutung* es hat, dass einem dieses widerfährt. In dem Maße, wie Sinnhaftigkeit und Legitimität gewahrt sind – und somit Selbstwert und Wertschätzung nicht dauerhaft bedroht sind – sind Menschen in manchmal erstaunlichem Maße bereit und in der Lage, Widrigkeiten zu ertragen und zu bewältigen.

Kornhauser hat in seinem berühmten Buch „Mental health of the industrial worker" (1965, p. 15) vor fast vierzig Jahren geschrieben: „Mental health is not so much a matter of freedom from specific frustrations as it is an overall balanced relationship to the world which permits a person to maintain realistic, positive belief in himself and his purposeful activities (s.a. Cooper, Schabracq & Winnubst, 2003). In dem Maße hingegen, wie Selbstwert und Wertschätzung grundlegend bedroht sind, ist letztlich eines der höchsten Güter überhaupt bedroht: die menschliche Würde (s. Hodson, 2001; Mohr & Semmer, 2002).

Literatur

Antonovsky, A. (1997). *Salutogenese. Zur Entmystifizierung der Gesundheit.* Tübingen: dgvt-Verlag.
Asendorpf, J. (2002). *Psychologie der Persönlichkeit* (2. Aufl.). Berlin: Springer.

Asendorpf, J. B. & Ostendorf, F. (1998). Is self-enhancement healthy? Conceptual, psychometric, and empirical analysis. *Journal of Personality and Social Psychology, 74*, 955-966.

Ashforth, B. E. & Lee, R. T. (1990). Defensive behavior in organizations: A preliminary model. *Human Relations, 43*, 621-648.

Ashford, S. J. (1989). Self-assessment in organization: A literature review and integrative model. *Research in Organizational Behavior, 11*, 133-174.

Baumeister, R. F. (1996). Self-regulation and ego threat: Motivated cognition, self-deception, and destructive goal setting. In P. M. Gollwitzer & J. A. Bargh (Eds.), *The psychology of action* (pp. 27-47). New York: Guilford Press.

Baron, R. A. (1993). Criticism (informal negative feedback) as a source of perceived unfairness in organizations: Effects, mechanisms, and countermeasures. In R. Cropanzano (Ed.), *Justice in the workplace: Approaching fairness in human resource management* (pp. 155-170). Hillsdale, NJ: Erlbaum.

Baron, R. A. (1988). Negative effects of destructive criticism: Impact on conflict, self-efficacy, and task performances. *Journal of Applied Psychology, 2*, 199-207.

Beehr, T. A. (1995). *Psychological stress in the workplace*. London: Routledge.

Blaine, B. & Crocker, J. (1993). Self-esteem and self-serving biases in reaction to positive and negative events. An integrative review. In R. F. Baumeister (Ed.), *Self-esteem: The puzzle of low self-regard* (pp. 55. 85). New York: Plenum Press.

Boos, N., Rieder, R., Schade, V., Spratt, K. F., Semmer, N. & Aebi, M. (1995). The Diagnostic Accuracy of Magnetic Resonance Imaging, Work Perception and Psychosocial Factors in Identifying Symptomatic Disc Herniations. *Spine, 20*, 2613-2625.

Breckler, S. KJ. & Greenwald, A. G. (1986). Motivational facets of the self. In R. M. Sorrentino & E. T. Higgins (Eds.), *Handbook of motivation and cognition: Foundations of social behavior* (pp. 145-164). Chichester: Wiley

Brockner, J. (1988). *Self-esteem at work: Research, theory, and practice*. Lexington, MA: Lexington Books.

Brown, A. D. (1997). Narcissism, identity, and legitimacy. *Academy of Management Review, 22*, 643-686.

Brown, J. D. & Dutton, K. A. (1995). The trill of victory, the complexity of defeat: Self-esteem and people's emotional reactions to success and failure. *Journal of Personality and Social Psychology, 68*, 712-722.

Brown, R. (1988). *Group processes. Dynamics between and within groups*. Oxford: Blackwell.

Buchanan, G. M. & Seligman, M. E. P. (Eds.).(1995). *Explanatory style*. Hillsdale, NJ: Erlbaum.

Buunk, P. B. (1990). Affiliation and helping interactions within organization: A critical analysis of the role of social support with regard to occupational stress. *European Review of Social Psychology, 1*, 293-322.

Buunk, B. P. & Ybema, J. F. (1997). Social comparisons and occupational stress: The Identification-Contrast Model. In B. P. Buunk & F. X. Gibbons (Eds.), *Health, coping, and well-being: Perspectives from social comparison theory* (pp. 359-388). Mahwah, NJ: Lawrence Erlbaum.

Caplan, R. D., Cobb, S., French, J. R. P., Jr., van Harrison, R. & Pinneau, S. R., Jr. (1975). *Job demands and worker health*. Washington, DC: NIOSH.

Cropanzano, R. & Greenberg, J. (1997). Progress in organizational justice: Tunneling through the maze. In C.L. Cooper & I.T. Robertson (Eds.), *International Review of Industrial and Organizational Psychology 1997, Vol. 12* (pp. 317-372). Chichester: Wiley.

Cooper, C. L., Schabracq, M. J. & Winnubst, J. A. M. (2003). Preface. In M. J. Schabracq, J. A. M. Winnubst & C. L. Cooper (Eds.), *Handbook of work and health psychology* (2nd ed., pp. XV-XVI). Chichester, UK: Wiley.

Dauenheimer, D., Stahlberg, D., Frey, D. & Petersen, L.-E. (2002). Die Theorie des Selbstwertschutzes und der Selbstwerterhöhung. In D. Frey & M. Irle (Hrsg.), *Theorien der Sozialpsychologie, Band III: Motivations und Informationsverarbeitungstheorien* (2. Aufl., S. 159-190). Bern: Huber.

Deci, E. L. & Ryan, R. M. (1995). Human autonomy: The basis for true self-esteem. In M. H. Kernis (Eds.), *Efficacy, agency, and self-esteem* (pp. 31-49). New York: Plenum.

Demerouti, E., Bakker, A. B., Nachreiner, F. & Schaufeli, W.B. (2001). The Job demands-resources model of burnout. *Journal of Applied Psychology, 86* (3), 499-512.

Dewe, P. (1991). Primary appraisal, secondary appraisal and coping: their role in stressful work encounters. *Journal of Occupational Psychology, 64*, 331-351.

Dewe, P. (1992). The appraisal process: Exploring the role of meaning, importance, control and coping in work stress. *Anxiety, Stress, and Coping, 5*, 95-109.

Doby, V. J. & Caplan, R. D. (1995). Organizational stress as threat to reputation: Effects on anxiety at work and at home. *Academy of Management Journal, 38* (4), 1105-1123.

Dormann, C. & Zapf, D. (1999). Social support as a moderator between social stressors and depression: Analysis of a 3-wave longitudinal study with structural equations. *Journal of Applied Psychology, 84*, 874-884.

Dunckel, H. (1991). Mehrfachbelastung und psychosoziale Gesundheit. In S. Greif, E. Bamberg & N. Semmer (Hrsg.), *Psychischer Stress am Arbeitsplatz* (S. 154-167). Göttingen: Hogrefe.

Dunckel, H. (1985). *Mehrfachbelastung am Arbeitsplatz und psychosoziale Gesundheit*. Frankfurt/M: Lang.

Eilles-Matthiessen, C. & Zapf, D. (2000). Führungskultur verträgt kein sozial inkompetentes Vorgesetztenverhalten. *Personalführung, 33 (12)*, 34-41.

Elfering, A., Semmer, N. K., Schade, V., Grund, S. & Boos, N. (2002). Supportive colleague, unsupportive supervisor: The role of provider-specific constellations of social support at work in the development of low back pain. *Journal of Occupational Health Psychology, 7*, 130-140.

Elovaino, M., Kivimäki, M. & Helkama, K. (2001). Organizational justice evaluations, job control, and occupational strain. *Journal of Applied Psychology, 86*, 418-424.

Epstein, S. (1998). Personal control from the perspective of cognitive-experiential self-theory. In M. Kofta, G. Weary & G. Sedek (Eds.), *Personal control in action: Cognitive and emotional mechanisms* (pp. 5-26). New York: Plenum.

Folkman, S., Lazarus, R. S., Dunkel-Schetter, C., DeLongis, A. & Gruen, R. J. (1986). Dynamics of a stressful encounter: Cognitive appraisal, coping, and encounter outcomes. *Journal of Personality and Social Psychology, 50,* 992-1003.

Frese, M. (1999). Social support as a moderator of the relationship between work stressors and psychological dysfunctioning: A longitudinal study with objective measures. *Journal of Occupational Health Psychology, 4,* 179-192.

Frese, M. & Zapf, D. (1987). Eine Skala zur Erfassung von Sozialen Stressoren am Arbeitsplatz. *Zeitschrift für Arbeitswissenschaft, 41,* 134-141.

Ganster, D. C. & Schaubroeck, J. (1991). Work stress and employee health. *Journal of Management, 17,* 235-271.

Garst, H., Frese, M. & Molenaar, P. C. M. (2000). The temporal factor of change in stressor-strain relationships: A growth curve model on a longitudinal study in East Germany. *Journal of Applied Psychology, 85,* 417-438.

Glasl, F. (1999). *Konfliktmanagement.* Bern: Haupt.

Grebner, S., Semmer, N. K., Lo Faso, L., Gut, S. & Kälin, W. (2003). *Job Design and Burnout among Call Centre Agents.* Manuscript under review.

Grawe, K. (1998). *Psychologische Therapie.* Göttingen: Hogrefe.

Greenier, K. D. Kernis, M. H. & Waschull, S. B. (1995). Not all high (or low) self-esteem people are the same: theory and research on stability of self-esteem. In M.H. Kernis (Ed.), *Efficacy, agency, and self-esteem* (pp. 51-71). New York: Plenum.

Greif, S. (1991). Stress in der Arbeit – Einführung und Grundbegriffe. In S. Greif, E. Bamberg & N. Semmer (Hrsg.), *Psychischer Streß am Arbeitsplatz* (S. 1-28). Göttingen: Hogrefe.

Gudykunst, W.B. & Ting-Toomey, S. (1988). Culture and affective communication. *American Behavioral Scientist, 31,* 384-400.

Hacker, W. (1998). *Allgemeine Arbeitspsychologie. Psychische Regulation von Arbeitstätigkeiten* (4. Aufl.). Bern: Huber.

Hagen, A. & Schirmer. B. (2002). *„Unnötige" und „Illegitime" Tätigkeiten als Stressoren in der Arbeit.* Unveröffentlichte Lizentiatsarbeit, Institut für Psychologie, Universität Bern.

Harter, S. (1993). Causes and consequences of low self-esteem in children and adolescents. In R. F. Baumeister (Ed.), *Self-esteem: The puzzle of low self-regard* (pp. 87-116). New York: Plenum Press.

Heckhausen, H. (1989). *Motivation und Handeln* (2. Aufl.). Berlin: Springer.

Higgins, E. T. (1997). Beyond pleasure and pain. *American Psychologist, 52,* 1280-1300.

Higgins, R. L. & Leibowitz, R. Q. (1999). Reality negotiation and coping: The social construction of adaptive outcomes. In C.R. Snyder (Ed.), *Coping: The psychology of what works* (pp. 20-49). New York: Oxford University Press.

Hobfoll, S. (2001). The influence of culture, community, and the nested-self in the stress process: Advancing conservation of resource theory. *Applied Psychology: An International Review, 50,* 337-421.

Hockey, G. R. J., Payne, R. L. & Rick, J. T. (1996). Intra-individual patterns of hormonal and affective adaptation to work demands: An n=2 study of junior doctors. *Biological Psychology, 42,* 393-411.

Hodson, R. (2001). *Dignity at work*. Cambridge, UK: Cambridge University Press.

Jex, S. M. & Bliese, P. D. (1999). Efficacy beliefs as a moderator of the impract of work-related stressors: A multielevel study. *Journal of Applied Psychology, 84,* 349-361.

Jex, S. M., Bliese, P. D., Buzzell, S. & Primeau, J. (2001). The impact of self-efficacy on stressor-stain relations: Coping style as an explanatory mechanism. *Journal of Applied Psychology, 86,* 401-409.

Jex, S. M. & Elaqua, T. C. (1999). Self-esteem as a moderator: A comparison of global and organization-based measures. *Journal of Occupational and Organizational Psychology, 72,* 71-81.

Jimmieson, N. L. (2000). Employee reactions to behavioural control under conditions of stress: The moderating role of self-efficacy. *Work & Stress, 14,* 262-280.

Judge, T. A. & Bono J. E. (2001). A rose by any other name: Are self-esteem, generalized self-efficacy, neuroticism, and locus of control indicators of a common construct? In B.W. Roberts & R. Hogan (Eds), *Personality psychology in the workplace. Decade of behavior* (pp. 93-118). Washington, DC, US: American Psychological Association.

Judge, T. A., Bono, J. E. & Locke, E. A. (2000). Personality and job satisfaction: The mediating role of job characteristics. *Journal of Applied Psychology, 85,* 237-249.

Kahn, R. L. & Byosiere, P. (1992). Stress in organizations. In M. D. Dunnette & L. M. Hough (Eds.), *Handbook of industrial and organizational psychology* (2nd ed., vol. 3, pp. 571-650). Palo Alto, CA: Consulting Psychologists Press.

Kernis, M. H. Brockner, J., & Frankel, B. S. (1989). Self-esteem and reactions to failure: The mediating role of overgeneralization. *Journal of Personality and Social Psychology, 57,* 707-714.

Kivimäki, M. & Kalimo, R. (1996). Self-esteem and the occupational stress process: Testing two alternativ models in a sample of blue-collar workers. *Journal of Occupational Health Psychology, 1,* 187-196.

Klandermans, B. & van Vuuren, T. (Eds.).(1999). Job insecurity. *European Journal of Work and Organizational Psychology, 8,* (2) (special issue).

Kluger A. N. & DeNisi, A. (1996). The effects of feedback interventions on performance: A historical review, a meta-analysis, and a preliminary feedback intervention theory. *Psychological Bulletin, 119,* 254-284.

Kornhauser, A. (1965). *Mental health of the industrial worker*. New York: Wiley & Sons.

Larson, J. R. (1989). The dynamic interplay between employees's feedback-seeking strategies and supervisors' delivery of performance feedback. *Academy of Management Review, 14,* 408-422.

Laux, L. (1986). A self-presentational view of coping with stress. In M. H. Appley & R. Trumbull (Eds.), *Dynamics of stress* (pp. 233-253). New York: Plenum

Lazarus, R. S. (1991). *Emotion and adaptation*. New York: Oxford University Press.

Lazarus, R. S. (1999). *Stress and emotion. A new synthesis*. New York: Springer.

Leppin, A. & Schwarzer, R. (1997). Sozialer Rückhalt, Krankheit und Gesundheitsverhalten. In R. Schwarzer (Hrsg.), *Gesundheitspsychologie* (S. 349-373). Göttingen: Hogrefe.

Locke, E. A., McClear, K. & Knight, D. (1996). Self-esteem and work. In C. L. Cooper & I. T. Robertson (Eds.), *International Review of Industrial and Organizational Psychology 1996, Vol. 11* (pp. 1-328). Chichester: Wiley.

London, M. (1997). *Job feedback: Giving, seeking, and using feedback for performance improvement.* Mahwah, NJ: Lawrence Erlbaum.

May, D. R., Schwoerer, C. E., Reed, K. & Potter, P. (1997). Employee reactions to ergonomic job design: The moderating effects of health locus of control and self-efficacy. *Journal of Occupational Health Psychology, 2,* 11-24.

McClelland, D. C. (1987). *Human motivation.* Cambridge: Cambridge University Press.

Miller, D. T. (2001). Disrespect and the experience of injustice. *Annual Review of Psychology, 52,* 527-553.

Millward, L. J. & Brewerton, P.M. (2000). Psychological contracts: Employee relations for the twenty-first century? In C. L. Cooper & I. T. Robertson (Eds.), *International Review of Industrial and Organizational Psychology 2000, Vol. 15* (pp. 1-61). Chichester: Wiley.

Mohr, G. (2000). The changing significance of different stressors after the announcement of bankruptcy: A longitudinal investigation with special emphasis on job insecurity. *Journal of Organizational Behavior, 21,* 337-359.

Mohr, G. (1986). *Die Erfassung psychischer Befindensbeeinträchtigungen bei Industriearbeitern.* Frankfurt/M.: Lang.

Mohr, G. (1991). Fünf Subkonstrukte psychischer Befindensbeeinträchtigungen bei Industriearbeitern: Auswahl und Entwicklung. In S. Greif, E. Bamberg & N. Semmer (Hrsg.), *Psychischer Stress am Arbeitsplatz* (S. 91-119). Göttingen: Hogrefe.

Mohr, G. (1995). Erwerbslosigkeit: Überblick über Ergebnisse und Methoden der Forschung. Hagen: Unversität-Gesamthochschule, Fachbereich Erziehungswissenschaften.

Mohr, G. & Semmer, N. K. (2002). Arbeit und Gesundheit: Kontroversen zu Person und Situation. *Psychologische Rundschau, 53,* 77-84.

Morrison, E. W. (1991). Impression management in the feedback-seeking process: A literature review and research agenda. *Academy of Management Review, 16,* 522-541.

Murphy, G. C. & Athanasou, J. A. (1999). The effect of unemployment on mental health. *Journal of Occupational and Organizational Psychology, 72,* 83-99.

O'Connor, E. J., Peters, L. H., Pooyan, A., Weekley, J., Frank, B. & Erenkrantz, B. (1984). Situational constraint effects on performance, affective reactions, and turnover: A field replication and extension. *Journal of Applied Psychology, 64,* 663-672.

Oesterreich, R. & Volpert, W. (Hrsg.).(1999). *Psychologie gesundheitsgerechter Arbeitsbedingungen.* Bern: Huber.

Park, C. & Cohen, L. H. (1992). Religious beliefs and practices and the coping process. In B. N. Carpenter (Ed.), *Personal coping: Theory, research, and application* (pp. 185-198). London: Praeger.

Pearce, J. L. & Henderson, G. r. (2000). Understanding act of betrayal: Implications for industrial and organizational psychology. In C. L. Cooper & I. T. Robertson

(Eds.), *International Review of Industrial and Organizational Psychology 2000, Vol. 15* (pp. 165-187). Chichester: Wiley.

Pekrun, R. & Frese, M. (1992). Emotions in work and achievement. In C. L. Cooper & I. T. Robertson (Eds.), *International Review of Industrial and Organizational Psychology 1992, Vol. 7* (pp. 153-200). Chichester: Wiley.

Peeters, M. (1994). *Supportive interactions and stressful events at work: An event-recording approach.* Dissertation, University of Nijmegen, Faculty of Social Sciences.

Peeters, M. C. W., Schaufeli, W. B., & Buunk, B. P. (1995). The role of attributions in the cognitive appraisal of work-related stressful events: an event-recording approach. *Work & Stress, 9* (4), 463-474.

Pelham, B. W. (1993). On the highly positive thoughts of the highly depressed. In R. F. Baumeister (Ed.), *Self-esteem: The puzzle of low self-regard* (pp. 183-199). New York: Plenum Press.

Prümper, J., Hartmannsgruber, K. & Frese, M. (1995). KFZA – Kurzfragebogen zur Arbeitsanalyse. *Zeitschrift für Arbeits- und Organisationspsychologie, 39,* 125-132.

Quick, J. D., Nelson, D. L., Matuszek, P. A. C., Whittington, J. L. & Quick, J. C. (1985). Social support, secure attachments, and health. In C. L. Cooper (Ed.), *Handbook of stress, medicine, and health* (pp. 269-287). New York: CRC Press.

Robinson, S. L. & Rousseau, D. (1994). Violating the psychological contract: Not the exception but the norm. *Journal of Organizational Behavior, 15,* 245-259.

Rousseau, D. M. (1995). *Psychological contracts in organizations: Understanding written and unwritten agreements.* London: Sage.

Rutte, C. G. & Messick, D. M. (1995). An integrated model of perceived unfairness in organizations. *Social Justice Research, 8,* 239-261.

Sarason, I. G., Sarason, B. R., Brock, D. M. & Pierce, G. R. (1996). Social support: Current status, current issues. In C. D. Spielberger, I. G. Sarason (Eds.), *Stress and emotion: Anxiety, anger, and curiosity. Series in stress and emotion: Anxiety, anger, and curiosity*, Vol. 16 (pp. 3-27). Philadelphia: Taylor & Francis.

Schaubroeck, J., Jones, J. R. & Xie, J. L. (2001). Individual differences in utilizing control to cope with job demands: Effects on susceptibility to infectious disease. *Journal of Applied Psychology, 86,* 265-278.

Schaubroeck, J. & Merritt, D. E. (1997). Divergent effects of job control on coping with work stressors: The key role of self-efficacy. *Academy of Management Journal, 40,* 738-754.

Schaufeli, W. B. & Enzmann, D. (1998). *The burnout companion to study and practice: a critical analysis.* London: Taylor & Francis.

Schonfeld, I. S. (in press). Burnout in teachers: Is it burnout or is it depression? *Human Stress: Current Selected Research, 5.*

Schonfeld, I. S. (2000). An updated look at depressive symptoms and job satisfaction in first-year women teachers. *Journal of Occupational and Organizational Psychology, 73,* 363-371.

Sedikides, C. (1993). Assessment, enhancement, and verification determinants of the self-evaluation process. *Journal of Personality and Social Psychology, 65,* 317-338.

Sedikides, C. & Strube, M. J. (1997). Self-evaluation: To thine own self be good, to thine own self be sure, to thine own self be true, and to thine own self be better. In M. P. Zanna (Ed.), *Advances in Experimental Social Psychology,* Vol. 29 (pp. 209-269). New York, NY: Academic Press.

Semmer, N. (2003). Individual differences, work stress and health. In M. J. Schabracq, J. A. M. Winnubst & C. L. Cooper (Eds.), *Handbook of work and health psychology* (2nd ed., pp. 83-120). Chichester, UK: Wiley.

Semmer, N. (2000). Control at work: Issues of specificity, generality, and legitimacy. In W. J. Perrig & A. Grob (Eds.), *Control of human behavior, mental processes, and consciousness – Essays in honour of the 60th birthday of August Flammer* (pp. 714-741). Mahwah, NJ: Erlbaum.

Semmer, N. (1992). One man's meat, another man's poison? Stressors and their cultural background. In M. v. Cranach, W. Doise & G. Mugny (Eds.), *Social representations and the social bases of knowledge* (pp. 153-158). Bern: Huber.

Semmer, N. (1984). *Stressbezogene Tätigkeitsanalyse: Psychologische Untersuchungen zur Analyse von Stress am Arbeitsplatz.* Weinheim: Beltz.

Semmer, N. & Dunckel, H. (1991). Stressbezogene Arbeitsanalyse. In S. Greif, E. Bamberg & N. Semmer (Hrsg.), *Psychischer Stress am Arbeitsplatz* (S. 57-90). Göttingen: Hogrefe.

Semmer, N. K. & Jacobshagen, N. (in Vorb.). *Stress as disrespect and the concept of illegitimate tasks: Testing a new concept in occupational stress.* Berne, Switzerland: University of Berne, Department of Psychology.

Semmer, N. K., Tschan, F., Keller-Schuhmacher, K., Minelli, M., Walliser, F., Dunckel, H. & Jerusel, S. (2002). The dark side of accurate feedback: Some side effects of a tailor-made system for measuring work performance. In R. D. Pritchard, H. Holling, F. Lammers & B. D. Clark (Eds.), *Improving organizational performance with the Productivity Measurement and Enhancement System: An international collaboration* (pp. 147-163). New York: Nova Science.

Semmer, N. & Udris, I. (in Druck). Bedeutung und Wirkung von Arbeit (The meaning and the effects of work). In H. Schuler (Hrsg.), *Lehrbuch Organisationspsychologie* (2. Aufl.). Bern: Huber.

Semmer, N., Zapf, D. & Dunckel, H. (1999). Instrument zur Stressbezogenen Tätigkeitsanalyse (ISTA). In H. Dunckel (Hrsg.). *Handbuch psychologischer Arbeitsanalyseverfahren* (S. 179-204). Zürich: vdf Hochschulverlag.

Siegrist, J. (2002). Effort-reward imbalance at work and health. In P. L. Perrewé & D. C. Ganster (Eds.), *Historical and current perspectives on stress and health* (Research in occupational stress and well being, vol., 2, pp. 261-291). Amsterdam: JAI.

Smyth, J. M. & Pennebaker, J. W. (1999). Sharing one's story: Translating emotional experiences into words as a coping tool. In C. R. Snyder (Ed.), *Coping: The psychology of what works* (pp. 70-89). New York: Oxford University Press.

Snyder, C. R. & Higgins, R. L. (1988). Excuses: Their effective role in the negotiation of reality. *Psychological Bulletin, 104,* 23-35.

Sonnentag, S. (1996). Arbeitsbedingungen und psychisches Befinden bei Frauen und Männern: Eine Metaanalyse. *Zeitschrift für Arbeits- und Organisationspsychologie, 40,* 118-126.

Sonnentag, S. & Frese, M. (2003). Stress in organizations. In W. C. Borman, D. R. Ilgen & J. R. Klimoski (Eds.), *Handbook of psychology, Vol. 12: Industrial and organizational psychology* (pp. 453-491). Hoboken, NJ: Wiley.

Spector, P. E. & Jex, S.M. (1998). Development of four self-report measures of job stressors and strain: Interpersonal Conflict at Work Scale, Organizational Constraints Scale, Quantitative Workload Inventory, and Physical Symptoms Inventory. *Journal of Occupational Health Psychology, 3,* 3256-367.

Stalder, B. (1989). *Verkäuferinnen: Arbeit und Gesundheit.* Unveröffentlichte Lizentiatsarbeit, Bern: Universität Bern, Institut für Psychologie.

Stanton, A. L., Kirk, S. B., Cameron, C. L. & Danoff-Burg, S. (2000). Coping through emotional approach: Scale construction and validation. *Journal of Personality and Social Psychology, 78,* 1150-1169.

Taris, T. W., Peeters, M. C. W., Le-Blanc, P. M., Schreurs, P. J.G. & Schaufeli, W.B. (2001). From inequity to burnout: The role of job stress. *Journal of Occupational Health Psychology, 6* (4), 303-323.

Tesser, A. & Martin, L. (1996). The psychology of evaluation. In E.T. Higgins & A.W. Kruglanski (Eds.), *Social psychology: Handbook of basic principles* (pp. 400-432). New York: Guilford.

Theorell, T. & Karasek, R. A. (1996). Current issues relating to psychosocial job strain and cardiovascular disease research. *Journal of Occupational Health Psychology, 1,* 9-26.

Thoits, P. A. (1991). On merging identity theory and stress research. *Social Psychology Quarterly, 54,* 101-112.

Tice, D. M. (1991). Esteem protection or enhancement? Self-handicapping motives and attributions differ by trait self-esteem. *Journal of Personality and Social Psychology, 60,* 711-725.

Turner, J. B. (1995). Economic context and the health effects of unemployment. *Journal of Health and Social Behavior, 36,* 213-229.

Tyler, T. R. (1994). Psychological models of the justice motive: Antecents of distributive and procedural justice. *Journal of Personality and Social Psychology, 67,* 850-863.

Tyler, T. R. & Degoey, P. (1995). Collective restraint in social dilemmas: Procedural justice and social identification effects on support for authorities. *Journal of Personality and Social Psychology, 69,* 482-497.

Ulich, E. (2001). *Arbeitspsychologie* (5. Aufl.). Zürich: Verlag der Fachvereine und Stuttgart: Poeschel.

Van Der Hulst, M. & Geurts, S. (2001) Associations between overtime and psychological health in high and low reward jobs. *Work and Stress, 15* (3), 227-240.

Van Horn, J. E., Schaufeli, W. B. & Taris, T. W. (2001). Lack of reciprocity among Dutch teachers: Validation of reciprocity indices and their relation to stress and well-being. *Work & Stress, 15,* 191-213.

Van Yperen, N. W. & Snijders, T. A. (2000). A multilevel analysis of the demands-control model: Is stress at work determined by factors at the group level or the individual level? *Journal of Occupational Health Psychology, 5,* 182-190.

Viswesvaran, C., Sanchez, J. I. & Fisher, J. (1999). The role of social support in the process of work stress: A meta-analysis. *Journal of Vocational Behavior, 54* (2), 314-334.

Warr, P. B. (1999). Well-being and the workplace. In D. Kahnemann, E. Diener & N. Schwarz (Eds.), *Well-Being: The foundations of hedonic psychology* (pp. 392-412). New York: Russell Sage Foundation.

Warr, P. B. (1990). Decision latitude, job demands, and employee well-being. *Work & Stress, 4,* 285-294.

Warr, P. B. (1987). *Work, unemployment, and mental health.* Oxford: Oxford University Press.

Wofford, J. C. & Daly, P. S. (1997). A cognitive-affective approach to understanding individual differences in stress propensity and resultant strain. *Journal of Occupational Health Psychology, 2,* 134-147.

Wydler, H., Kolip, P. & Abel, T. (Hrsg.).(2000). *Salutogenese und Kohärenzgefühl.* Weinheim: Juventa.

Zapf, D., Seifert, C., Schmutte, B., Mertini, H. & Holz, M. (2001). Emotion work and job stressors and their effects on burnout. *Psychology and Health, 16,* 527-545.

Zapf, D. & Semmer, N. K. (in Druck). Stress und Gesundheit in Organisationen. In H. Schuler (Hrsg.), *Enzyklopädie der Psychologie: Themenbereich D Praxisgebiete, Serie III Wirtschafts-, Organisations- und Arbeitspsychologie, Band 3 Organisationspsychologie.* Göttingen: Hogrefe.

Zapf, D., Vogt, C., Seifert, C., Mertini, H. & Isic, A. (1999). Emotion work as a source of stress. The concept and the development of an instrument. *European Journal of Work and Organizational Psychology,* 8, 371-400.

Zohar, D. (1995). The justice perspective of job stress. *Journal of Organizational Behavior, 16,* 487-495.

Zumkemi, M. & Müller, H. (2002). *Der Interpretationsspielraum von Feedbackregeln als negative Einflussgröße in Abhängigkeit verschiedener Persönlichkeitsmerkmale.* Unveröffentlichte Lizentiatsarbeit am Institut für Psychologie der Universität Bern.

Untersuchung des Job-Strain-Modells von Karasek im psychophysiologischen Labor

Wolfram Boucsein und Andreas Grass

1. Einleitung

Unter den theoretischen Vorstellungen über mögliche arbeitsplatzbezogene Ursachen der koronaren Herzkrankheit nimmt das Job-Strain-Modell von Karasek (1979) eine bedeutende, wenn auch nicht unumstrittene Stellung ein. Auf der einen Seite macht es dezidierte Aussagen zu den psychophysiologischen Zusammenhängen zwischen Anforderungshöhe und Kontrollmöglichkeiten einerseits und Veränderungen im kardiovaskulären System andererseits; dagegen wurden trotz intensiver Programmforschung der Gruppe um Karasek bislang nur wenige Studien zur Auswirkung der beiden vermuteten Ursachenfaktoren auf aktuelle Herz-Kreislauf-Parameter vorgelegt. Die in diesem Kapitel beschriebene experimentelle Untersuchung stellt einen in unserem Labor durchgeführten Versuch dar, die Faktoren Anforderungshöhe und Kontrollmöglichkeit unabhängig zu variieren und deren kurzfristige psychophysiologische Auswirkungen quantitativ zu erfassen (Grass, 1995). Die diesem Vorgehen zugrunde liegende psychosomatische Modellvorstellung ist, dass kurzfristige psychophysiologische Effekte über längere Zeit kumulieren und dadurch zu Gesundheitsbeeinträchtigungen führen können.

Im Gegensatz zu Feldstudien, die eine Überprüfung derartiger Kausalaussagen nicht zulassen, können aus Beobachtungen im Feld abgeleitete Ursache-Wirkungs-Hypothesen über kurzzeitige psychophysiologische Effekte bestimmter Arbeitsbedingungen im Laborexperiment mit Hilfe gezielter und kontrollierter Bedingungsvariationen realisiert werden (Boucsein, 1991). Allerdings wird es aus ethischen Gründen nicht möglich sein, die von der Psychosomatik postulierte gesundheitsbeeinträchtigende Wirkung der Kumulation derartiger Effekte experimentell zu belegen. Dennoch kann ein Modell, das derart dezidierte Aussagen über die Rolle psychophysiologischer Mechanismen bei der Entstehung der koronaren Herzkrankheiten macht, wie das Job-Strain-Modell von Karasek, nur dann als plausibel angesehen werden, wenn es gelingt, die postulierten Zusammenhänge zwischen bestimmten Arbeitsbedingungen und aktuellen physiologischen Veränderungen tatsächlich zu belegen.

1.1 Kurze Beschreibung des Karasek-Modells

Das Modell wird mit verschiedenen inhaltlichen Schwerpunkten und unterschiedlich detailliert bei Karasek (1979), Karasek, Russell und Theorell (1982) und Karasek und Theorell (1990) dargestellt. Es postuliert einen Zusammenhang zwischen zwei Klassen von individuellen Arbeitsbedingungen und dem Auftreten von Beeinträchtigungen im subjektiven und physiologischen Bereich, vor allem im kardiovaskulären System:

1. Psychologische Tätigkeitsanforderungen (job demands) i. S. der Notwendigkeit, schnell und hart zu arbeiten,
2. Handlungsspielraum (decision latitude) i. S. der Möglichkeit, bei der Arbeit selbstständige Entscheidungen treffen zu können (decision authority) und/oder i. S. einer breiten Variabilität und Vielfalt an Fähigkeiten (skill discretion), die bei der Arbeit eingesetzt werden können.

Die beiden Konstrukte Anforderungshöhe und Handlungsspielraum haben sich in einer Reihe von Feldstudien als unabhängig erwiesen (mittleres r = .10; vgl. Karasek et al., 1982). Dagegen sind die beiden Komponenten des Handlungsspielraums nach Karasek (1989) so hoch miteinander korreliert (r = .77), dass im Folgenden von einem einheitlichen Konstrukt des Handlungsspielraums ausgegangen wird.

Die Verwendung des Begriffs Handlungsspielraum für Karaseks decision latitude trägt der im deutschen Sprachraum gebräuchlichen Nomenklatur Rechnung. Das u. a. von Hacker (1978) verwendete Konzept beruht auf der Vorstellung, dass es im Ablauf einer Handlung sog. Entscheidungspunkte gibt, an denen man über Freiheitsgrade verfügt, die erlauben, den Handlungsablauf in seinem zeitlichen Rahmen und bezüglich der Sequenz von Teilschritten zu modifizieren. Der Handlungsspielraum als die Summe der Freiheitsgrade bestimmt das Ausmaß der Anpassungsmöglichkeit der Arbeit an die aktuellen physiologischen und psychischen Leistungsvoraussetzungen des Arbeitenden, wodurch eine Optimierung von Beanspruchung und Effizienz erreicht wird. So sehen auch Greif, Bamberg, Dunckel, Frese, Mohr, Rummel, Semmer und Zapf (1983) einen großen Handlungsspielraum als Ressource an, da er es erlaubt, die Arbeit selbstständig einzuteilen, zu planen und ggf. zeitlich zu verschieben. Richter (1983) kommt in einem Übersichtsartikel zur Schlussfolgerung, dass sich durch eine auf die Erhöhung des Handlungsspielraums ausgerichtete Arbeitsgestaltung eine deutliche Reduktion der Beanspruchung erreichen lässt.

Das Job-Strain-Modell in seiner ursprünglichen Form (Karasek, 1979) geht von zwei hypothetischen Mechanismen aus, die mögliche Ursachen für eine koronare Herzkrankheit mit der Arbeitstätigkeit in Verbindung bringen (Abb. 1). Es wird eine dynamische Perspektive vertreten dahingehend, dass bestimmte Kombinationen der beiden entscheidenden Tätigkeitsmerkmale langfristig einen Einfluss auf die Bewältigungsstile des Individuums ausüben. Diese veränderten Bewältigungsstile sollen wiederum Einfluss auf die zukünftige Aufgabenbewältigung haben. Dabei werden zwei hypothetische, langfristig wirksame Mechanismen unterschieden. Ein langfristig positiver Mechanismus wird in der Hemmung von Beanspruchung durch Lernen gesehen (4). Umgekehrt wird die Hemmung von Lernen durch Beanspruchung als ein langfristig negativer Mechanismus angesehen (3).

Nach dem Karasek-Modell tritt Lernen insbesondere unter solchen Arbeitsbedingungen auf, die hohe Anforderungen an das Individuum stellen und zugleich viele Entscheidungsmöglichkeiten beinhalten. Verfügt der Arbeitende über ein hohes Maß an Kontrolle, so hat er die Möglichkeit, verschiedene Bearbeitungsstrategien zu probieren, die effizientesten zu übernehmen und diese dann zu optimieren. Dabei findet ein Lernprozess statt, der dazu führt, dass die anstehende Arbeit mit der Zeit zunehmend effizienter erledigt wird (B). Ferner werden positive Erfahrungen bei der Bewältigung der Arbeitsanforderungen gemacht, was zu erhöhtem arbeitsbezogenem Selbstvertrauen (2), gesteigerter Motivation und schließlich zu einer erhöhten Stressresistenz führt. Durch die effizientere Aufgabenbearbeitung entsteht zusätzlicher Freiraum, um mit steigender Motivation zunehmend anspruchsvollere Ziele verfolgen zu können. Die Leistungsfähigkeit des Arbeitenden wächst dabei mit der Höhe des Niveaus, auf dem Stressor und Kontrollmöglichkeiten im Gleichgewicht sind. Eine hohe Beanspruchung tritt deswegen nicht auf, weil die Arbeit langfristig effizient und daher mit geringem Aufwand erledigt werden kann. Es wird daher langfristig ein nur durchschnittliches Erkrankungsrisiko vorhergesagt, wenn Anforderungshöhe und tätigkeitsbezogene Kontrolle im Gleichgewicht sind. Karasek bezeichnet diese Hypothese als „learning inhibits strain" (4).

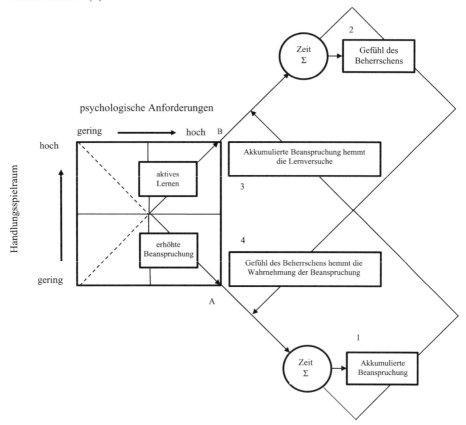

Abbildung 1: Dynamische Verbindungen zwischen Beanspruchung, Lernen und der Entwicklung von Bewältigungsstilen im Rahmen des Job-Strain-Modells

Verfügt der Arbeitende dagegen nur über geringe Kontrollmöglichkeiten angesichts hoher Anforderungen, soll ein Zustand erhöhter Beanspruchung resultieren (A), der gleichzeitig das Lernen effizienterer Bearbeitungsstrategien unterbindet, da hierfür keine Ressourcen mehr frei sind und die Selbstsicherheit hinsichtlich der eigenen Fähigkeiten wegen des Ausbleibens positiver Erfahrungen bei der Aufgabenbearbeitung nicht erhöht wird. Dadurch wird wiederum die persönliche Kapazität beschränkt, positive Herausforderungen zu nutzen, die die Tätigkeit bietet. So kann es nicht zur Entwicklung neuer Verarbeitungsstrategien kommen, und die subjektive Beherrschung solcher Situationen vermindert sich. Die Beanspruchung wird daher langfristig nicht wesentlich verringert, so dass eine sich mit der Zeit akkumulierende Beanspruchung (1) zu gesundheitsschädigenden Konsequenzen führt. Es wird daher langfristig ein erhöhtes Erkrankungsrisiko vorausgesagt, wenn Anforderungshöhe und tätigkeitsbezogene Kontrolle nicht im Gleichgewicht sind. Karasek bezeichnet diese Hypothese als „strain inhibits learning" (3).

Mögliche Zusammenhänge zwischen kardiovaskulären Stressreaktionen und der Entwicklung koronarer Herzerkrankungen wurden in der Literatur mehrfach berichtet. So vermuten Clarkson, Manuck und Kaplan (1986), dass in Stresssituationen auftretende wiederholte kurzzeitige Anstiege von Herzrate oder Blutdruck an den Arterienwänden zu Verletzungen der Endothelzellenverkleidung führen. Dies gilt besonders für Orte, die starken Veränderungen in Bezug auf die Stärke und Richtung des Blutflusses unterliegen. Solche Schädigungen der Arterienwand fördern die Einlagerung von LDL (low-density lipoproteins) und damit die Entwicklung von arteriosklerotischen Plaques. Dadurch kommt es zur Verengung der koronaren Arterien, was langfristig die Entstehung koronarer Herzerkrankungen fördert.

Sherwood und Turner (1992) beschreiben Mechanismen, die erklären, wie psychophysiologische Stressreaktionen langfristig, in zwei Phasen, zur Ausbildung einer essentiellen Hypertonie führen könnten. In einer frühen Phase ist der erhöhte Blutdruck primär durch ein gesteigertes Schlagvolumen bedingt. Mit der Zeit, und insbesondere bei ausgebildeter Hypertonie, normalisiert sich das Schlagvolumen jedoch wieder. Der Blutdruck ist dann allerdings nach wie vor überhöht, was aber im wesentlichen auf einen erhöhten Gefäßwiderstand zurückzuführen ist (Julius et al., 1971; Julius, Weber & Egan, 1983). Die anfängliche Steigerung des Schlagvolumens soll auf eine Störung der autonomen kardiovaskulären Regulation zurückzuführen sein, die zu einer verstärkten sympathischen Stimulation des Myocards führt. Dies soll besonders bei Personen der Fall sein, die hinsichtlich bestimmter Persönlichkeitsmerkmale wie „alertness" eine hohe Ausprägung aufweisen (z.B. Typ-A Verhalten; Rosenman, 1983). Die Überstimulation infolge des chronisch überhöhten Sympathicotonus soll aber mit der Zeit eine Desensitivierung beta-adrenerger Rezeptoren zur Folge haben, was in der zweiten Phase der Hypertonie-Entstehung zu der beobachtbaren Normalisierung des Schlagvolumens führt.

Durch den aufgrund des gesteigerten Schlagvolumens zeitweise erhöhten arteriellen Blutdruck sind dann jedoch bereits strukturelle Anpassungen von Herz und Gefäßsystem eingeleitet worden. Diese sollen nach Folkow (1982) in einem selbstverstärkenden Prozess zur Ausbildung einer essentiellen Hypertonie führen können: Der erhöhte Blutdruck führt zu einer Dehnung der Arterienwände, die eine Gegenregulation des Blutflusses durch einen gesteigerten Gefäßwiderstand bewirkt. Dabei sollen wiederholte Stress induzierte Druckanstiege ausreichen, um das Wachstum der glatten Gefäßmuskulatur anzuregen und somit den Gefäßwiderstand langfristig zu erhöhen. Dieser Vorgang wird als ein Prozess angesehen, der analog dem Wachstum der Skelettmuskeln bei wiederholter, aber unterbrochener Stimulation durch Gewichtheben abläuft. Der mit der Zeit erhöhte Gefäßwiderstand führt aber seinerseits zu einer weiteren Steigerung des Blutdrucks. Es kommt daher in einem langsamen, sich jedoch steigernden Prozess zu einem weiteren Blutdruckanstieg. Dieser Bluthochdruck ist dann, wie beobachtet, im Wesentlichen auf einen gesteigerten Gefäßwiderstand zurückzuführen (strukturelle Autoregulationstheorie des Bluthochdrucks).

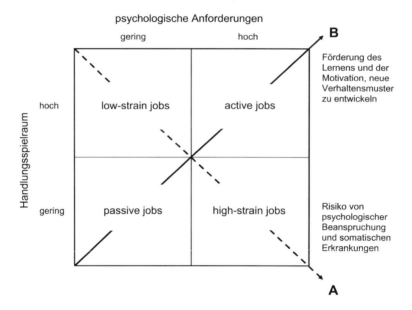

Abbildung 2: Die vier Typen von Arbeitsbedingungen im Job-Strain-Modell von Karasek. Akkumulierte Wirkungen: A = negativ, B = positiv.

Karasek unterscheidet in seinem Modell vier Typen von Arbeitsbedingungen, die sich ergeben, wenn einfachheitshalber bei jeder der beiden betrachteten Tätigkeitscharakteristika zwei Stufen unterschieden werden. Aus den hohen bzw. geringen Anforderungen der Tätigkeit sowie dem hohen bzw. geringen Maß an tätigkeitsbezogener Kontrolle auf der Seite des Arbeitenden resultieren vier mögliche Kombinationen von Anforderungen und Kontrolle innerhalb der Tätigkeit (Abb. 2), für die unterschiedliche Folgen hinsichtlich Gesundheit und Persönlichkeitsentwicklung vorhergesagt werden: „high-strain jobs", „active jobs", „low-strain jobs" und „passive jobs".

Das Job-Strain-Modell weist Ähnlichkeiten mit dem Effort-Distress-Modell auf (z.B. Frankenhaeuser, 1982, 1991; Lundberg & Frankenhaeuser, 1980). Auch bei diesem Modell spielt Kontrolle die Rolle eines stressmodulierenden Faktors. Ferner werden drei Bedingungen unterschieden, die Ähnlichkeit mit den vier Arbeitsbedingungen des Job-Strain-Modells aufweisen. Daher sind die empirischen Befunde von Frankenhaeuser und Kollegen teilweise auch auf das Job-Strain-Modell bezogen interpretierbar. Nach dem Effort-Distress-Modell soll das Ausmaß an Kontrolle wesentlich darüber entscheiden, ob der individuelle emotionale Zustand als positiv (effort) oder negativ (distress) berichtet wird. Dabei ist „effort" überwiegend mit erhöhter Katecholaminsekretion verbunden, während „distress" mit gesteigerter Cortisolausschüttung in Verbindung steht. Frankenhaeuser und Kollegen konnten ihr Modell vorwiegend mit eigenen empirischen Studien aus Feld und Labor belegen (vgl. Frankenhaeuser, 1982, 1991; Lundberg & Frankenhaeuser, 1980).

Versucht man, die Befunde zum Effort-Distress-Modell auf das Job-Strain-Modell zu übertragen, sind „aktive" Arbeitsbedingungen mit hohen Anforderungen und hoher Kontrolle (entsprechend effort ohne distress) mit einer verstärkten Sekretion des Katecholamins Adrenalin verbunden. Unter „passiven" Arbeitsbedingungen mit geringen Anforderungen und geringer Kontrolle (entsprechend distress ohne effort) tritt eine erhöhte Cortisolsekretion auf. Unter „high-strain" Bedingungen mit hohen Anforderungen und geringer Kontrolle (entsprechend effort und distress) ist ein Anstieg sowohl der Katecholamine als auch des Cortisols zu verzeichnen. Soweit eine solche Übertragung der empirischen Ergebnisse als zulässig angesehen wird, sprechen sie für die Unterscheidbarkeit von Arbeitsbedingungen auch auf der endokrinen, also letztlich auf der psychophysiologischen Ebene.

Wie bereits einleitend erwähnt, wurden physiologische Variablen selbst in den frühen Arbeiten der Gruppe um Karasek nicht erfasst. Vielmehr wurde versucht, das Modell über einen sog. Berufsgruppenansatz zu validieren (Karasek, 1989), der im Wesentlichen beinhaltet, dass Gruppen von typischen Berufen für die vier Typen von Arbeitsbedingungen nach Karasek (vgl. Abb. 2) gebildet werden und Unterschiede in der Auftretenshäufigkeit koronarer Herzkrankheiten zwischen den Gruppen i. S. des Modells interpretiert werden.

1.2 Empirische Befundlage zu psychophysiologischen Effekten

Im Folgenden werden zunächst die Ergebnisse von Untersuchungen zum Karasek-Modell zusammengestellt, in denen auch psychophysiologische Effekte der Arbeitsbedingungen berücksichtigt wurden. Erhoben wurden dabei im Wesentlichen der Blutdruck, die Cortisol- und Katecholaminsekretion sowie der Plasma-Prolactin-Spiegel. Die Studien sind im Folgenden nach Art des Untersuchungsdesigns klassifiziert: Querschnittsstudien mit und ohne probandenunabhängige Erfassung der Tätigkeitsmerkmale, Längsschnittstudien sowie Laboruntersuchungen.

1.2.1 Querschnittsuntersuchungen mit Erfassung der Tätigkeitsmerkmale durch Befragung

Bei vier Studien handelt es sich um Querschnittsuntersuchungen, in denen die Tätigkeitsmerkmale durch Befragung erhoben wurden: Johansson, Aronssson und Lindström (1978) fanden in ihrer Untersuchung zum getakteten Arbeiten (pacing) bei Sägemühlenarbeitern eine verstärkte Katecholaminausschüttung unter Arbeitsbedingungen, die charakterisiert waren durch Repetitivität, physische Beschränkungen, maschinengetaktetes Arbeiten und hohe mentale Anforderungen, was der „high-strain"-Bedingung des Job-strain-Modells entspricht. Knox et al. (1985) fanden bei Hypertonikern höhere Plasma-Adrenalin-Werte unter Bedingungen mit niedriger Kontrolle. Matthews et al. (1987) berichteten aus einer Studie an Fabrikarbeitern einen erhöhten diastolischen

Blutdruck bei geringen tätigkeitsbezogenen Kontrollmöglichkeiten. Schnall et al. (1990) fanden einen erhöhten Blutdruck, wenn die Anforderungen hoch und zugleich die tätigkeitsbezogene Kontrolle niedrig waren. Theorell et al. (1990) berichteten einen erhöhten Blutdruck in Berufen mit „High-strain"-Arbeitsbedingungen. Theorell et al. (1993) schließlich fanden in einem an Krankenhauspersonal durchgeführten 24-Stunden-Monitoring, dass „High-strain"-Arbeitsbedingungen mit einem höheren systolischen und diastolischen Blutdruck während der Arbeit sowie mit einem erhöhten systolischen Blutdruck nach dem Aufwachen verbunden waren.

1.2.2 Querschnittsuntersuchungen mit probandenunabhängiger Erfassung der Tätigkeitsmerkmale

In drei Querschnittsstudien wurden zusätzlich zu Befragungsdaten auch probandenunabhängige Daten zur Charakterisierung der Arbeitsbedingungen verwendet. So berücksichtigt die Studie von Fox, Dwyer und Ganster (1993) zusätzlich probandenunabhängige Daten in Form von Vorgesetztenurteilen. Den Studien von Pieper, LaCroix und Karasek (1989) sowie von Theorell et al. (1991) lag der bereits erwähnte Berufsgruppenansatz zugrunde. Fox et al. (1993) fanden sowohl unter hohen Anforderungen als auch unter High-strain-Bedingungen einen erhöhten systolischen und diastolischen Blutdruck sowie erhöhtes Speichelcortisol. Entsprechende Effekte wurden auch bei Messungen während der Freizeit gefunden, was für eine verzögerte psychophysiologische Rückstellung unter diesen Bedingungen spricht. Auch Theorell et al. (1991) fanden Effekte der Arbeitsbedingungen, die im Sinne einer verzögerten Rückstellung interpretierbar sind: So war bei einem 24-Stunden-Blutdruck-Monitoring an einer Stichprobe von Borderline-Hypertonikern ein hoher Quotient von Arbeitsanforderungen zu tätigkeitsbezogener Kontrolle (d. h. „High-strain"-Bedingung) mit erhöhtem diastolischen Blutdruck verbunden. Dies galt sowohl während der Arbeit als auch während der Nachtruhe, was als verzögerte Rückstellung des Blutdrucks interpretierbar ist. Diese Effekte zeigten sich besonders bei solchen Personen, die keine körperliche Arbeit verrichteten. Die Arbeit von Pieper et al. (1989) berichtet einen erhöhten systolischen Blutdruck unter Arbeitsbedingungen mit geringer tätigkeitsbezogener Kontrolle im Vergleich zu hoher Kontrolle.

1.2.3 Längsschnittstudien

Schließlich liegen vier Längsschnittstudien vor, in denen psychophysiologische Messungen vorgenommen wurden, und bei denen die Informationen zu Tätigkeitscharakteristika aus Befragungen stammen. Die Arbeit von Theorell et al. (1988) dürfte jedoch mit der bereits berichteten Querschnittsstudie von Theorell et al. (1990) hinsichtlich der zugrundeliegenden Stichproben Überschneidungen aufweisen, so dass beide Untersuchungen nicht als unabhängig angesehen werden können. Theorell et al. (1988) berichten einen Anstieg des systolischen Blutdrucks, wenn die Anforderungen im Verhältnis zur tätigkeitsbezogenen Kontrolle ansteigen.

Chapman et al. (1990) fanden im Rahmen einer Längsschnittstudie über 5 Jahre keine Blutdruckveränderungen in Abhängigkeit von Anforderungshöhe und Kontrollmöglichkeiten der Tätigkeit. Allerdings ist bei dieser Studie die Operationalisierung der Tätigkeitsmerkmale als problematisch anzusehen: Es wurde eine Datenaggregation über drei Befragungen in Abständen von zwei Jahren vorgenommen. Auf diese Weise sollte erfasst werden, in welchem Maße die Arbeitsbelastung als chronisch, d. h. als zeitlich beständig anzusehen ist. Die Chronizitätswerte liefern jedoch keine Information darüber, wie sich die Tätigkeitsmerkmale individuell über den Zeitraum von fünf Jahren verändert haben. Sie eignen sich daher konzeptionell nicht als Prädiktoren für eine Vorhersage von Blutdruckveränderungen über den Untersuchungszeitraum.

Auch Reed et al. (1989) fanden keine Unterschiede bei psychophysiologischen Variablen in Abhängigkeit von Arbeitsanforderungen und Kontrolle. Diese Untersuchung ist ebenfalls in Bezug auf die verwendete Methodik problematisch. So wurden die Tätigkeitscharakteristika der untersuchten Hawaiianer japanischer Herkunft anhand von Berufsgruppenprofilen bestimmt. Aufgrund ihres kulturellen Hintergrunds nimmt die untersuchte Personengruppe ihre Tätigkeit jedoch möglicherweise ganz anders wahr als der Durchschnitts-Amerikaner, auf den sich die verwendeten Berufsgruppenprofile beziehen.

Drei Jahre nach ihrer ersten Erhebung (Schnall et al., 1990) führten Schnall et al. (1998) an den noch verfügbaren 195 von ursprünglich 285 Probanden noch einmal eine Nachuntersuchung mit einem 24-Stunden-Blutdruck-Monitoring durch. Diejenigen Teilnehmer, die in einem von der Gruppe um Karasek entwickelten Fragebogen über Arbeitsinhalte und -bedingungen zu beiden Zeitpunkten über hohe Anforderungen berichteten, hatten signifikant höhere Blutdruckwerte als die Kontrollgruppen, die nur zu einem der Zeitpunkte über hohen Job Strain berichteten. Eine Bestätigung der Hypothese, dass sich Bluthochdruck als Folge chronischer Beanspruchung durch hohe Anforderungen entwickelt, konnte daraus nicht abgeleitet werden, da innerhalb der drei Jahre in dieser Gruppe keine weiteren Blutdruckerhöhungen aufgetreten waren. Auch hatten sich bei den Teilnehmern, die zum zweiten Zeitpunkt hohen Job Strain hatten, nicht jedoch bei der Erstuntersuchung, zwischenzeitlich keine Blutdruckerhöhungen entwickelt. Allerdings war ein Rückgang der Blutdruckwerte bei der Gruppe, die zum ersten Erhebungszeitpunkt hohen Job Strain angegeben hatte, zum zweiten jedoch nicht mehr, mit einer deutlichen Zunahme des Handlungsspielraums verbunden, so dass die Autoren das Karasek-Modell zumindest in Teilaspekten bestätigt fanden.

Bis auf die Untersuchungen von Chapman et al. (1990) sowie von Reed et al. (1989) deuten die Ergebnisse psychophysiologischer Messungen darauf hin, dass es unter Arbeitsbedingungen, die durch hohe Anforderungen oder geringe Kontrolle und besonders durch die Kombination beider Merkmale charakterisiert sind, zu einem erhöhten Blutdruck kommt. Für die Katecholamin- und insbesondere für die Cortisolsekretion zeigten sich, wenn auch weniger eindeutig, ähnliche Effekte. Darüber hinaus konnten die Arbeiten von Fox et al. (1993) sowie von Theorell et al. (1991) durch Messungen in der Freizeit eine verzögerte Rückstellung psychophysiologischer Variablen zeigen.

1.2.4 Zusammenfassende Bewertung der Feldstudien

Zusammenfassend kann festgestellt werden, dass trotz der zum Teil beträchtlichen methodischen Unterschiede zwischen den einzelnen Studien Übereinstimmung darin besteht, dass Arbeitsbedingungen mit hohen Anforderungen und/oder geringem Handlungsspielraum zu Blutdrucksteigerungen führen können. Allerdings fand nur ein Teil der Studien interaktive Wirkungen von Anforderungshöhe und tätigkeitsbezogener Kontrolle, wie sie vom Job-Strain-Modell postuliert werden. Vielmehr zeigten sich häufig singuläre Effekte eines der beiden Tätigkeitsmerkmale.

Zu berücksichtigen ist ferner, dass Effekte von Anforderungshöhe oder Kontrolle in der Regel nicht bei allen abhängigen Variablen zugleich auftraten. So wurden beispielsweise in der Untersuchung von Theorell et al. (1988) der systolische und der diastolische Blutdruck, das Plasmacortisol und der Prolactinspiegel gemessen. Es zeigte sich aber lediglich ein einzelner interaktiver Effekt von Anforderungshöhe und Kontrolle auf den systolischen Blutdruck. Auch Theorell et al. (1990) nahmen eine Messung von systolischem und diastolischem Blutdruck, Cholesterol, Prolactin und weiteren biochemischen Variablen vor, fanden aber lediglich einen Effekt von Kontrolle bei Blutdruckmaßen.

Trotz aller Einwände in Bezug auf die empirische Gültigkeit des Job-Strain-Modells sah Kasl (1989) in den Arbeiten von Karasek und Kollegen die am engsten koordinierte Anstrengung zur Erforschung gesundheitlicher und psychischer Folgen von kontrollbezogenen Arbeitscharakterisika. Fox, Dwyer und Ganster (1993) schätzten die Bedeutung des Job-Strain-Modells noch höher ein, indem sie es als die theoretische Basis für die meisten großangelegten Studien zum Arbeitsstress in den letzten 10 Jahren ansahen. Chapman et al. (1990) konstatierten in diesem Zusammenhang, die Forschung zum Job-Strain-Modell habe einen deutlichen Einfluss darauf gehabt, dass Stress nicht mehr mit überhöhter Arbeitsbelastung (workload) gleichgesetzt wird, sondern dass vielmehr Schlüsselcharakteristika der Arbeitsbedingungen und ihre Interaktionen im Mittelpunkt der Forschung zum Arbeitsstress stehen (vgl. auch die Zusammenfassung von Theorell & Karasek, 1996).

Darüber hinaus weist das Modell im Vergleich zu anderen Ansätzen einige entscheidende Vorzüge auf: Es ist einfach aufgebaut, indem es lediglich die Arbeitsanforderungen und die tätigkeitsbezogene Kontrolle als die beiden wesentlichen gesundheitsrelevanten Tätigkeitscharakteristika betrachtet. Ferner trifft das Modell explizite Vorhersagen, sowohl über langfristige Auswirkungen bestimmter Tätigkeitsmerkmale im Sinne von Gesundheitsbeeinträchtigungen als auch über kurzzeitige Effekte im Sinne psychophysiologischer Beanspruchungsreaktionen (insbesondere Karasek, Russell & Theorell, 1982; Karasek & Theorell, 1990). Schließlich wird der Zusammenhang zwischen kurz- und langfristigen Effekten von Tätigkeiten unter Bezug auf psychosomatische Modellvorstellungen spezifiziert.

Das Modell ist allerdings auch keineswegs als umfassend anzusehen, da andere Kombinationen von Prädiktoren, wie Anforderungshöhe und soziale Unterstützung, in Regressionsanalysen eine höhere Varianzaufklärung liefern können als gerade die im Modell postulierte Kombination von Anforderungshöhe und Kontrolle (z. B. Sauter, Gottlieb, Jones, Dodson & Rohrer, 1983). Eine mögliche Erweiterung des Job-Strain-Modells um die soziale Unterstützung wird daher auch von Karasek und Theorell (1990) sowie von Johnson und Hall (1988) diskutiert. Als weiterer Kritikpunkt wird von Hutt und Weidner (1993) sowie von Burns, Hutt und Weidner (1993) auf eine mögliche Konfundierung der beiden Prädiktoren Anforderungshöhe und Kontrolle unter Feldbedingungen hingewiesen, insofern als Personen mit hohen tätigkeitsbezogenen Kontrollmöglichkeiten auch in stärkerem Maße in der Lage sein dürften, die an sie gestellten quantitativen Anforderungen zu kontrollieren. Zudem scheinen sich die beiden von Karasek postulierten Mechanismen (A und B in Abb. 1) nicht in gleicher Weise empirisch zu bestätigen. Nach einer neueren Untersuchung von Söderfeldt et al. (2000), in der auch soziale Prädikatoren einbezogen wurden, ergaben sich lediglich Evidenzen für die gesundheitsförderliche Komponente B des Modells, wobei Cortisol, Prolactin und Immunglobulin G im Serum als abhängige Variablen dienten.

1.2.5 Laboruntersuchungen

Neben diesen Feldstudien wurden auch zwei laborexperimentelle Untersuchungen zum Karasek-Modell durchgeführt, die im Folgenden eingehender beschrieben werden sollen.

Perrewe und Ganster (1989) testeten das Job-Strain-Modell in einem Laborexperiment mit 125 Studenten. Dabei simulierten sie die Tätigkeit eines Postsortierers und variierten in einem 2 x 2-faktoriellen Design die quantitativen Anforderungen und die Kontrolle. Die Variation der Anforderungshöhe erfolgte in zwei Stufen über die Anzahl der in einem bestimmten Zeitraum zu sortierenden Briefe. Diese Anforderungsstufen wurden auf der Basis von subjektiven Ratings in Pilotversuchen ermittelt. Die ebenfalls zweistufige Variation der Kontrolle umfasste zugleich mehrere Bereiche: So wurde den Probanden in der Bedingung mit hoher Kontrolle mitgeteilt, dass sie den Arbeitsfluss beim Postsortieren unterbrechen könnten, wenn ihnen das Tempo zu hoch würde (Potentielle Kontrolle; tatsächlich nutzte niemand diese Möglichkeit). Zusätzlich wurde ihnen erlaubt, die Postkörbe räumlich neu anzuordnen, die Post vorzusortieren und zwischen stehender und sitzender Position zu wählen. Um ein hohes Motivationsniveau aufrechtzuerhalten, wurde ein leistungsbezogenes Belohnungssystem eingeführt. Erhoben wurden subjektive Maße (Zufriedenheit mit der Aufgabenbearbeitung und Angst) sowie physiologische Maße (Herzrate und Hauttemperatur). Die Messungen erfolgten zur Festlegung einer Baseline und anschließend alle fünf Minuten über die gesamte Bearbeitungszeit von 20 Minuten.

Es zeigten sich nur geringe Haupteffekte von Anforderungshöhe und Kontrolle bei den subjektiven Variablen, jedoch bei keinem der beiden psychophysiologischen Maße. Die einzige signifikante Interaktion fand sich zwischen subjektiven Ratings wahrgenommener Anforderungshöhe und Kontrolle hinsichtlich der Variablen Angst: Modellkonform war die berichtete Angst unter simulierten „High-strain"-Bedingungen am höchsten. Insgesamt liefern diese Ergebnisse wenig Unterstützung für die im Job-Strain-Modell postulierten interaktiven Effekte von Anforderungshöhe und Kontrolle.

Problematisch an der Untersuchung erscheint zunächst die Operationalisierung von Kontrolle. Hierbei handelt es sich um eine sehr heterogene und nicht begründete Zusammenstellung verschiedener Kontrolloptionen, deren Bezug zur eigentlichen Aufgabenbearbeitung zudem nicht immer erkennbar ist. So ist fraglich, ob die potentielle Kontrollmöglichkeit einer Unterbrechung des Arbeitsflusses tatsächlich von den Probanden als realistische Handlungsalternative angesehen wurde, zumal niemand von dieser Möglichkeit Gebrauch machte. Die Wahlmöglichkeit zwischen stehender und sitzender Position dürfte sich stärker durch Artefakte der Körperposition bei den psychophysiologischen Messungen ausgewirkt haben, als dass sie die Kontrolle des Probanden über die Tätigkeit erhöht hätte. Die beiden anderen Kontrolloptionen, also die Möglichkeit, die Postkörbe neu anzuordnen und die Post vorzusortieren, dürften eher für die Aufgabenbearbeitung relevant gewesen sein, indem sie dem Probanden möglicherweise erlaubten, die Art der Bearbeitung an eigene Präferenzen anzupassen. Es wird in der Studie jedoch nicht berichtet, wie häufig diese Kontrolloptionen von den Probanden wirklich genutzt wurden und sie insofern tatsächlich eine realistische Handlungsalternative darstellten. In diesem Zusammenhang wäre die kontinuierliche Erhebung von Verhaltensindikatoren erforderlich gewesen, wobei deren Auswertung jedoch angesichts der vielfältigen Kontrolloptionen ohnehin mit Schwierigkeiten verbunden gewesen wäre. Auch wird nicht deutlich, nach welchen Kriterien die Auswahl der psychophysiologischen Maße erfolgte und warum insbesondere die im Zusammenhang mit dem Job-Strain-Modell besonders interessierenden Blutdruckmaße nicht erhoben wurden. Darüber hinaus wurde ein zu geringer Bereich an affektiven Reaktionen erfasst, wobei zusätzlich unklar bleibt, weshalb eine Aufgabe des vorliegenden Typs gerade Angst induzieren sollte.

Problematisch im Zusammenhang mit der Erhebung der psychophysiologischen Variablen ist ferner, dass die simulierte Tätigkeit des Postsortierens hohe motorische Anteile beinhaltete. Diese könnten die Effekte der experimentellen Variation als Artefakte überlagert haben, und sie waren zudem mit der experimentellen Variation der quantitativen Anforderungen konfundiert. Auch wäre eine kontinuierliche Messung der psychophysiologischen Variablen vorteilhaft gewesen, zumal der Versuchsleiter die Messungen manuell durchführte und somit eine Ablenkung des Probanden von der Aufgabenbearbeitung sowie soziale Interaktionen mit dem Probanden nicht auszuschließen waren. Schließlich wurden psychophysiologische Messungen lediglich während der Aufgabenbearbeitung und nicht in der Nachbelastungsphase durchgeführt, so dass die Rückstellung der psychophysiologischen Variablen nicht erfasst werden konnte, obwohl sie im Job-Strain-Modell eine große Rolle spielt.

Eine weitere experimentelle Untersuchung mit dem Ziel einer Prüfung des Job-Strain-Modells stammt von Hutt und Weidner (1993). Sie untersuchten bei 80 Studenten die Effekte einer Variation von Anforderungshöhe und Kontrolle auf kardiovaskuläre Variablen (Herzfrequenz, systolischer und diastolischer Blutdruck) und auf affektive Reaktionen (Angst, Frustration, Ärger, Hilflosigkeit). Der Untersuchung lag ein 2 x 2-faktorielles Design mit den Faktoren Anforderungshöhe und Kontrolle zugrunde. Die Anforderungshöhe wurde über Zeitdruck operationalisiert, wobei hoher Zeitdruck durch die Instruktion erzeugt wurde, dass für die Bearbeitung der Aufgabe lediglich drei Minuten zur Verfügung stünden, während unter der Bedingung geringen Zeitdrucks keine zeitliche Beschränkung mitgeteilt wurde. Tatsächlich wurde die Aufgabenbearbeitung unter beiden Bedingungen nach drei Minuten abgebrochen. Kontrolle wurde über die Möglichkeit zur Auswahl der zu bearbeitenden Aufgabe aus einer Menge von fünf möglichen Aufgaben operationalisiert. Dabei handelte es sich um fünf Untertests eines Leistungstests (zwei verbale, zwei arithmetische und ein analytischer Test). Diese Untertests wurden aufgrund einer Vorstudie so ausgewählt, dass sie hinsichtlich Attraktivität und Schwierigkeit vergleichbar waren. In der Bedingung ohne Kontrolle wurde den Probanden ebenfalls die Testauswahl gezeigt, ihnen wurde jedoch eine Aufgabenart zugewiesen. Die Probanden hatten anzugeben, ob sie sich unter Zeitdruck fühlten oder Kontrolle wahrnahmen. Messungen von Blutdruck und Herzrate erfolgten alle drei Minuten.

Es zeigte sich eine Beziehung von Zeitdruck zu erhöhtem systolischem Blutdruck bei Männern und generell zu verstärktem negativem Affekt (erhöhte Frustrationen). Das Fehlen von Kontrolle führte ebenfalls zu einem verstärktem negativen Affekt (erhöhte Frustrationen, grössere subjektive Hilflosigkeit). Die am wenigsten belastende Bedingung, mit der Möglichkeit zur Aufgabenwahl bei gleichzeitig fehlendem Zeitdruck, führte erwartungsgemäß zu reduziertem negativen Affekt (geringere Frustration und tendenziell geringere Angst). Die subjektive Wahrnehmung von Kontrolle stand bei den Frauen in Zusammenhang mit verringertem systolischen Blutdruck, die tatsächlich eine Möglichkeit zur Aufgabenwahl hatten. Wahrgenommene Kontrolle trug ferner zu einem verringerten negativen Effekt bei Männern bei.

Problematisch an der Untersuchung erscheint die verwendete Aufgabe. Im Vergleich mit dem tätigkeitsbezogenen Ansatz von Perrewe und Ganster (1989) erinnern die zu bearbeitenden Leistungstests eher an diskrete klassische Laborstressoren als an Arbeitsaufgaben. Denselben Eindruck einer Folge von Laborstressoren vermittelt auch die insgesamt kurze Bearbeitungsdauer von drei Minuten. Ferner ist auch hier die Operationalisierung von Kontrolle nicht relevant für die eigentliche Aufgabenbearbeitung, da sie sich lediglich auf die Auswahl des Aufgabentyps und nicht auf die Art der Bearbeitung bezieht. Wie bereits bei der Untersuchung von Perrewe und Ganster, war auch hier die Breite der untersuchten affektiven Maße zu gering, die psychophysiologischen Messungen erfolgten nicht kontinuierlich, und psychophysiologische Rückstellungsprozesse in der Nachbelastungsphase wurden nicht erfasst.

2. Eigene laborexperimentelle Untersuchungen

Wegen der einleitend diskutierten Unzulänglichkeiten sowohl der vorgelegten Feldstudien als auch der bislang durchgeführten laborexperimentellen Untersuchungen wurde in unserem Labor ein psychophysiologisches Experiment zur Testung des Karasek-Modells durchgeführt, in dem die beiden von Karasek postulierten Einflussfaktoren „Tätigkeitsanforderungen" und „Handlungsspielraum" unabhängig voneinander variiert werden konnten. Hierzu wurde vom Koautor dieses Beitrags eine spezielle Computeraufgabe entwickelt, während deren Bearbeitung psychophysiologische Maße, vor allem auch der Blutdruck, kontinuierlich registriert werden konnten. Zusätzlich wurden die psychophysiologischen Messungen in der Nachbelastungsphase fortgesetzt. Die Untersuchung wurde in Zusammenarbeit mit Prof. Dr. Klaus Scheuch, Institut für Arbeitsmedizin an der TU Dresden, im Rahmen eines gemeinsamen DFG-Projekts durchgeführt (AZ: Bo 554/9-1).

Die verwendete Aufgabe orientierte sich an der Simulation von Prozessüberwachungstätigkeiten, die bei einer nur geringen energetischen Beanspruchung eine langdauernde, konzentrierte Aufmerksamkeitszuwendung erfordern (vgl. Nachreiner, 1988). Wegen ihres monotonen Charakters bieten derartige Aufgaben den Vorteil gegenüber anderen Laborsimulationen von Arbeitstätigkeiten, dass sie über den Bearbeitungszeitraum hinweg eine etwa konstante informatorische Beanspruchung induzieren, keine sozialen Interaktionen erforderlich machen sowie dass nur geringe und weitgehend gleichbleibende motorische Artefakte bei den psychophysiologischen Messungen entstehen.

Die Höhe der Anforderungen wurde über die Veränderungsgeschwindigkeit der zu regelnden Prozesse quantitativ variiert, während der Handlungsspielraum i. S. tätigkeitsbezogener Kontrolle über die Häufigkeit möglicher Eingriffspunkte in das System quantifiziert wurde.

2.1 Beschreibung der Aufgabe

Auf einem in drei vertikale Sektoren eingeteilten PC-Bildschirm wurden drei gleichartige Prozesse simultan dargeboten, die gleichzeitig geregelt werden mussten (Abb. 3). Die Aufgabe bestand darin zu verhindern, dass die in einem quadratischen Rahmen befindliche viereckige Marke diesen berührt. Dazu konnte der Proband (Pb) über vier Richtungstasten den Rahmen verschieben, um der Bewegung der Marke zu folgen.

Falls die Marke den dazugehörigen Rahmen berührte, wurde ein Fehler registriert, der durch eine Schraffur des Rahmens signalisiert wurde (siehe linker Prozess). Der durch das Auftreten des Fehlers unterbrochene Prozess lief dann nach kurzer Zeit wieder an, wobei sich die Marke innerhalb des Rahmens in eine andere Richtung bewegte. Falls sich der Rahmen an einem der Ränder des zugehörigen Prozesses befand, führte die Berührung durch die Marke nicht zu einem Fehler; die Marke änderte lediglich ihre Bewegungsrichtung. Um zwischen den Prozessen zu wechseln, drückte der Proband die entsprechende Wahltaste auf der Tastatur (vgl. Abb. 3 Mitte).

Die quantitative Abstufung der Tätigkeitsanforderung erfolgte über die Bewegungsgeschwindigkeit der drei Marken, die stets für alle Marken gleich war. Sie wurde durch die Versuchssteuerungs-Software unter Verwendung eines speziellen adaptiven Algorithmus so eingeregelt, dass vom Pb pro Zeiteinheit eine bestimmte, als Sollwert festgelegte Anzahl von Operationen erzwungen wurde. Zwei solche Anforderungsstufen wurden letztlich realisiert. Die Verwendung des Algorithmus sollte dabei sicherstellen, dass die Variation der Anforderungshöhe von einer gleichfalls vorgenommenen Variation des Handlungsspielraums unbeeinflusst blieb.

Der adaptive Algorithmus basierte in seiner ursprünglichen Form, wie sie im ersten Experiment verwendet worden war (vgl. 2.2), auf einem einfachen Istwert-Sollwert-Vergleich: Jede Stufe der Anforderungshöhe war über einen bestimmten Sollwert an Operationen definiert. War die vom Pb in einem definierten Zeitraum ausgeführte Anzahl von Operationen geringer als der vordefinierte Sollwert, so wurde die Geschwindigkeit der Marken um eine Einheit erhöht. Lag die Anzahl an Operationen hingegen höher als der Sollwert, so wurde die Geschwindigkeit der Marken entsprechend um eine Einheit vermindert. In seiner verbesserten Form, wie sie vom zweiten Experiment an verwendet worden war (vgl. 2.3), lag dem Algorithmus das Prinzip eines

Proportionalreglers zugrunde: Hier wurde die Geschwindigkeit der Marken bei jedem Istwert-Sollwert-Vergleich nicht nur um eine Einheit verändert, sondern die Veränderung erfolgte proportional zur Abweichung zwischen Istwert und Sollwert. Dadurch wurde der Sollwert mit einer geringeren Toleranz eingehalten; die Regelung war also genauer. Der Istwert an ausgeführten Operationen wurde bei beiden Varianten des Algorithmus über ein gleitendes Zeitintervall von 15 Sekunden Dauer bestimmt. Dabei wurde alle zwei Sekunden die Anzahl der in den zurückliegenden 15 Sekunden ausgeführten Operationen berechnet, und es wurden daraufhin entsprechende Anpassungen der Marken-Geschwindigkeit vorgenommen. Durch die Überlappung der Intervalle wurden lange Totzeiten des adaptiven Algorithmus vermieden, was ebenfalls eine genauere Einhaltung des Sollwerts ermöglichte.

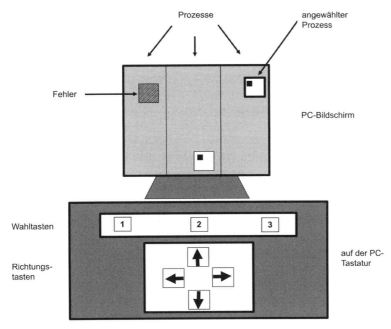

Abbildung 3: Präsentation der Aufgabe auf einem Personal Computer.

Der Handlungsspielraum, also die Häufigkeit von Eingriffspunkten, wurde über die Möglichkeit zu Prozesswechseln operationalisiert. Nach Wechsel des Prozesses musste ein bestimmtes Zeitintervall abgewartet werden, bis wiederum zu einem anderen Prozess übergewechselt werden konnte. Es wurden zwei unterschiedliche Stufen dieser Wartezeit realisiert. Die Variation des Handlungsspielraums bezog sich somit auf Restriktionen für die zeitliche Struktur der Aufgabenbearbeitung.

Die Festlegung der Abstufungen von Anforderungshöhe und Kontrolle wurde im Rahmen zweier experimenteller Studien auf empirischem Wege vorgenommen. Das erste Experiment diente zur Bestimmung einer Abstufung für den (Belastungs-)Faktor Anforderungshöhe. Das zweite Experiment diente dazu, den

Moderator Handlungsspielraum, zusätzlich zum Belastungsfaktor, in die Versuchsanordnung einzubinden. Die Ermittlung geeigneter Abstufungen von Anforderungshöhe und Handlungsspielraum orientierte sich in beiden Experimenten an den vier Kriterien (Verhaltenseffekte, subjektive Repräsentation, Befindlichkeitseffekte und zeitliche Stabilität). Psychophysiologische Messungen wurden dagegen nicht als Kriterium für die Abstufung der Tätigkeitsmerkmale verwendet: da letztlich im Zusammenhang mit dem Job-Strain-Modell psychophysiologische Effekte verschiedener Kombinationen von Anforderungshöhe und Kontrolle untersucht werden sollen, wäre die Verwendung psychophysiologischer Effekte als Kriterium der Aufgabenkonstruktion tautologisch.

Der Ansatz vorliegender Arbeit unterscheidet sich von den anderen experimentellen Untersuchungen zum Job-Strain-Modell (d.h. Perrewe & Ganster, 1989; Hutt & Weidner, 1993) besonders dadurch, dass eine für die Aufgabenbearbeitung relevante Operationalisierung der Tätigkeitsmerkmale sichergestellt werden sollte. Um die Aussagefähigkeit des dritten Experiments (Test des Job-Strain-Modells, vgl. 2.4) zu gewährleisten, war daher das aufwendige Vorgehen bei der Aufgabenkonstruktion notwendig.

2.2 Erstes Experiment: empirische Ermittlung der Abstufungen für die Anforderungshöhe

Dieses Experiment diente dazu, die für das als Modelltest geplante dritte Experiment geeigneten zwei Abstufungen der Anforderungshöhe aus ursprünglich vier realisierenden Abstufungen zu ermitteln. Am ersten Experiment nahmen 20 studentische Pbn (12 männliche, 8 weibliche) teil. Zuvor wurden an mehreren Pbn die beiden externen Abstufungen ermittelt. Für die niedrigste Stufe wurde eine Bewegungsgeschwindigkeit der drei Marken ausgewählt, bei der die Pbn zwar kontinuierlich arbeiten mussten, die Regelaufgabe jedoch leicht zu lösen war. Bei der höchsten Stufe war dagegen die Bewegungsgeschwindigkeit so hoch, dass die Pbn subjektiv eine deutlich höhere Beanspruchung als bei der niedrigsten Stufe wahrnehmen konnten, die Aufgabe jedoch noch ohne ständige Bearbeitungsfehler gelöst werden konnte. Die beiden Zwischenstufen wurden so festgelegt, dass zwischen den vier Anforderungsstufen gleiche Abstände der Operationen pro Minute entstanden. Die resultierenden vier Stufen der Tätigkeitsanforderung (36, 44, 52 und 60 Operationen pro Minute) wurden in einem Within-subjects-Design über die Pbn permutiert vorgegeben. Die Wartezeit bis zur Möglichkeit eines erneuten Prozesswechsels betrug einheitlich fünf Sekunden, da in diesem Experiment keine Variation des Handlungsspielraums vorgenommen wurde.

Zunächst wurden vier Trainingsblöcke mit steigender Anforderungshöhe (20, 28, 36 und 44 Operationen pro Minute) von je 10 Minuten Dauer vorgegeben. Daran schloss sich eine 10-minütige Pause an, nach der jede der o.g. vier Tätigkeitsanforderungsstufen je 10 Minuten lang dargeboten wurde. Im Anschluss an jeden Durchgang wurde ein Fragebogen zur Erfassung der subjektiven Repräsentation von Anforderungshöhe und Handlungsspielraum bzw. der erlebten Kontrolle sowie zur subjektiven Befindlichkeit vorgegeben.

Bei den Verhaltenseffekten waren die Auswirkungen der experimentellen Variation der Anforderungshöhe sowohl bezüglich der Anzahl der ausgeführten Operationen (F = 401,27; df = 3/57; p < .001) als auch bezüglich der Fehlerzahl hoch signifikant (F = 14,29; df = 3/57; p < .001). Die Abstufungen der Anforderungshöhe führte allerdings auch – entgegen der Erwartung – zu hochsignifikanten Unterschieden hinsichtlich der Zahl der Prozesswechsel (F = 21,41; df = 3/57; p = < .001). Post-hoc-Tests zeigten, dass sich die leichteste Stufe von allen anderen signifikant unterschied, und dass die zweite und die vierte Stufe signifikant unterschiedlich viele Prozesswechsel aufwiesen.

Zur Ermittlung der zeitlichen Stabilität wurde jeder der vier Trials mit unterschiedlichen Tätigkeitsanforderungen in drei Abschnitte unterteilt. Bis auf die Fehlerhäufigkeit, die im ersten Abschnitt signifikant höher war, ergaben sich keine statistisch bedeutsamen Instabilitäten. Die subjektive Repräsentation der Anforderungshöhe entsprach bezüglich der notwendigen Aktivität (F = 3,5; df = 3/57; p = < .05) sowie des subjektiv wahrgenommenen Zeitdrucks (F = 15,3; df = 3/57; p = < .001) der experimentell vorgegebenen Variation. Dies war auch bezüglich relevanter Befindlichkeitsmaße wie des akuten Stresszustandes (F = 5,37; df = 3/57; p = < .01), der Erschöpfung (F = 2,79; df = 3/57; p = < .05) sowie der Unzufriedenheit (F = 4,35; df = 3/57; p = < .05) der Fall, wobei sich insbesondere die beiden einfacheren von den beiden schwierigeren Stufen in Post-hoc-Tests deutlich unterschieden.

Für die Realisierung der Anforderungshöhe im Job-Strain-Modell von Karasek sind zwei deutlich unterscheidbare Anforderungsstufen notwendig. Aufgrund der Ergebnisse des ersten Experiments wurden die Stufe 1 (36 Operationen pro Minute) sowie die Stufe 3 (52 Operationen pro Minute) ausgewählt, da bei der 4. Stufe die deutlich erhöhte Fehlerzahl als ungünstig für die weitere Untersuchung angesehen wurde.

2.3 Zweites Experiment: empirische Ermittlung einer geeigneten Kombination von Tätigkeitsanforderung und Handlungsspielraum

Im zweiten Experiment sollte untersucht werden, wie sich im Rahmen der simulierten Prozessüberwachungs-Tätigkeit eine möglichst unabhängige Variation von Anforderungshöhe und Handlungsspielraum realisieren lässt, die auf der Ebene der Aufgabenbearbeitung wirksam ist, von den Pbn subjektiv als solche wahrgenommen wird und sich auf die subjektive Befindlichkeit auswirkt.
Am zweiten Experiment nahmen 24 studentische Pbn (14 männlich, 10 weiblich) teil. Zur Operationalisierung niedriger bzw. hoher Tätigkeitsanforderungen wurden die beiden im ersten Experiment ermittelten Stufen mit 36 bzw. 52 Operationen pro Minute verwendet. Die zu verwendende zweifache Abstufung des Handlungsspielraums wurde wiederum zunächst durch systematische Erprobung an mehreren Pbn ermittelt. Als Orientierung diente zunächst die im ersten Experiment verwendete Wartezeit von fünf Sekunden bis zum nächsten Prozesswechsel. Der geringe Handlungsspielraum sollte die Bearbeitung der Aufgabe auch bei hohen Tätigkeitsanforderungen noch ohne ständige Fehler ermöglichen, während für die Bedingung des großen Handlungsspielraums ein subjektiv wahrgenommener deutlicher Unterschied zum geringen Handlungsspiel-

raum entscheidend war. Die Vorversuche legten zu einer Erhöhung bzw. Verringerung der Wartezeit von fünf Sekunden aus dem ersten Experiment um jeweils 30 % nahe, d. h., Wartezeiten von 6,5 Sekunden für die Bedingung mit geringem und 3,5 Sekunden für die mit hohem Handlungsspielraum. Die vier resultierenden Kombinationen von Anforderungshöhe und Handlungsspielraum wurden in einem Within-subjects-Design über die Pbn permutiert dargeboten. Nach dem Training und einer Pause von 10 Minuten – wie im ersten Experiment – wurde jede der vier experimentellen Bedingungen von jedem Pbn 10 Minuten lang bearbeitet.

Wie im ersten Experiment wurden auch hier hochsignifikante Effekte der Anforderungshöhe auf die Zahl der ausgeführten Operationen auf ($F = 257, 37$; $df = 1/23$; $p < 001$), auf die Fehlerzahl ($F = 18,83$, $df = 1/23$; $p < .001$) sowie auf die Anzahl der Prozesswechsel beobachtet ($F = 64, 35$; $df\ 1/23$; $p < .001$). Erwartungsgemäß führte die in diesem Experiment neu eingeführte Möglichkeit zur Verringerung des Handlungsspielraums zu einer hochsignifikanten Abnahme der Zahl der Prozesswechsel ($F = 74, 61$; $df = 1/23$; $p < .001$). Auch zeigte sich ein Anstieg der Bearbeitungsfehler mit abnehmendem Handlungsspielraum ($F = 15,35$; $df = 1/23$; $p < .001$), allerdings nahm auch die Zahl der ausgeführten Operationen gleichzeitig signifikant ab ($F = 6,76$, $df = 1/23$; $p < .05$).

Dass eine unabhängige Variation der beiden von Karasek postulierten Einflussfaktoren Anforderungshöhe und Handlungsspielraum gelungen war, belegen die fehlenden Interaktionseffekte sowohl bei der Zahl der Operationen ($F = 0,09$, $df = 1/23$; $p > .10$) als auch bei den Prozesswechseln ($F = 2,83$; $df = 1/23$; $p > .10$). Allerdings trat eine statistisch bedeutsame Interaktion bezüglich der Fehlerzahl auf ($F = 15,64$; $df = 1/23$; $p < .001$), wobei es bei hoher Anforderung und gleichzeitig geringem Handlungsspielraum zu einem deutlichen Anstieg der Bearbeitungsfehler kam. Insgesamt war jedoch die Fehlerzahl deutlich geringer als im ersten Experiment, was auf die durch eine zwischenzeitlich erfolgte Verbesserung des adaptiven Algorithmus mit einer Entkoppelung der drei zu steuernden Prozesse zurückgeführt werden kann.

Zur Ermittlung der Stabilität wurde auch hier, wie im ersten Experiment, jedes der vier Trials in drei Abschnitte unterteilt. Dabei ergab sich ein statistisch bedeutsamer Einfluss der Abschnitte auf die Zahl der Operationen ($F = 9,47$; $df = 2/46$; $p < .001$), der auf die geringere Anzahl von Operationen im ersten Abschnitt zurückzuführen war. Signifikante Effekte bezüglich der Prozesswechsel und bei Fehlern traten nicht auf.
Die subjektive Repräsentation der beiden experimentellen Faktoren wurde mit Hilfe von gegenüber dem ersten Experiment verbesserten Verfahren erfasst. Jeweils zwei 7-stufige Likert-Skalen und ein 7-stufiges semantisches Differential wurden für jeden Faktor vorgegeben. Bei der Anforderungshöhe zeigten sich die erwarteten Effekte bezüglich der notwendigen Aktivität ($F = 9,66$; $df = 1/23$; $p < .01$), dem Ausmaß, in dem die Aufgabe als schnell wahrgenommen wurde ($F = 32,09$; $df = 1/23$; $p < .001$) und beim erlebten Zeitdruck ($F = 31,27$; $df = 1/23$; $p < .001$). Auch beim Handlungsspielraum entsprach die subjektive Wahrnehmung den durch die experimentelle Induktion beabsichtigten Effekten: mit abnehmendem Handlungsspielraum wurde dieser als geringer ($F = 18,33$; $df = 1/23$; $p < .001$), die Aufgabe als schwerer kontrollierbar ($F = 15,0$; $df = 1/23$; $p < .001$) und die Dauer der Sperre bis zu einem neuen Prozesswechsel als vergrößert ($F = 39,6$; $df = 1/23$; $p < .001$) wahrgenommen. Zusätzlich

trat auch eine hochsignifikante Interaktion zwischen beiden Faktoren bezüglich des wahrgenommenen Zeitdrucks auf (F = 15,83; df = 1/23; p < .001), wobei ein geringer Handlungsspielraum bei hohen Anforderungen den subjektiven Zeitdruck deutlich ansteigen ließ. Eine signifikante Interaktion trat auch bei der subjektiv wahrgenommenen Kontrollierbarkeit auf (F = 6,36; df = 1/23; p < .05), wobei die Aufgabe bei geringem Handlungsspielraum und hohen Anforderungen als besonders schwer kontrollierbar wahrgenommen wurde.

Bei den Befindlichkeitsmaßen hatte ein Anstieg der Anforderungshöhe eine signifikante Erhöhung der Nervosität (F = 4,58; df = 1/23; p < .05), der Unzufriedenheit (F = 4,99; df = 1/23; p < .05) sowie der subjektiven Energielosigkeit zur Folge (F = 4,89; df = 1/23; p < .05). Statistisch bedeutsame Effekte des Handlungsspielraums sowie der Interaktion beider Faktoren auf die subjektive Befindlichkeit zeigten sich dagegen nicht.

Insgesamt konnte im zweiten Experiment zwar keine vollständige, jedoch eine hinreichende Unabhängigkeit der Realisierung der beiden von Karasek postulierten Faktoren Anforderungshöhe und Handlungsspielraum realisiert werden. Wesentlich für die im dritten Experiment geplante Modelltestung ist vor allem, dass es gelungen war, die Variation der beiden Faktoren bei der laborexperimentellen Aufgabe unabhängig voneinander zu realisieren. Dass sich in einigen objektiven und subjektiven abhängigen Variablen dennoch Interaktionseffekte zeigten, schränkt zwar die Validität des Modells etwas ein, wird jedoch nicht als allzu kritisch für den Test angesehen.

2.4 Drittes Experiment: empirische Überprüfung der psychophysiologischen Annahmen des Job-Strain-Modells

Das dritte Experiment diente der Testung des Job-Strain-Modells von Karasek. Die hier verwendete und in den beiden ersten Experimenten ausgetestete Belastungsaufgabe wies gegenüber den in früheren laborexperimentellen Studien (vgl. 1.2.5) verwendeten Aufgaben einige wesentliche Verbesserungen auf. So wurden die beiden Einflussfaktoren Anforderungshöhe und Handlungsspielraum als Merkmale einer zusammenhängenden Tätigkeit simuliert. Ferner konnte die experimentelle Variation der beiden Faktoren weitgehend unabhängig voneinander vorgenommen werden, wie im zweiten Experiment gezeigt wurde. Die experimentellen Veränderungen waren für die Bearbeitung der Simulationsaufgabe relevant und über den Zeitraum der Aufgabenbearbeitung weitgehend stabil, was durch die aufwendige empirisch geleitete Aufgabenkonstruktion sichergestellt werden konnte.

Auch bezüglich der verwendeten psychophysiologischen Messungen wurden gegenüber den Untersuchungen von Perrewe und Ganster (1989) sowie Hutt und Weidner (1993) entscheidende Verbesserungen vorgenommen. Nach Boucsein (1991) sowie Boucsein und Backs (2000) ist es für eine differenzierte Beanspruchungsmessung erforderlich, psychophysiologische Variablen gezielt nach ihrer spezifischen Indikatorfunktion auszuwählen, wobei einem multivariaten Vorgehen gegenüber dem univariaten der Vorzug zu geben ist. Neben den im Job-Strain-Modell postulierten kardiovaskulären Beanspruchungseffekten wurde daher im vorliegenden Experiment noch die elektrodermale Aktivität (EDA) als Indikator vorwiegend emotionaler Beanspruchung verwendet. Als Variablen der kardiovaskulären Aktivität wurden neben der Leitvariablen Blutdruck die Herzfrequenz sowie die Herzratenvariabilität erhoben, Letztere insbesondere wegen ihrer Spezifität für die mentale Komponente der Beanspruchung (vgl. auch Manzey, 1986).

Die Aufzeichnung aller psychophysiologischer Daten erfolgte kontinuierlich über den gesamten Untersuchungszeitraum; ebenfalls einer Verbesserung gegenüber früheren Studien zum Job-Strain-Modell, die physiologische Messungen vorgenommen hatten. Diese kontinuierliche Messung war besonders für die Erfassung kurzzeitiger Rückstellungsverläufe in der Nachbelastungsphase von entscheidender Bedeutung. Dadurch, dass in der vorliegenden Untersuchung auch der Blutdruck mit Hilfe der Peñaz-Methode kontinuierlich erfasst wurde, entfallen zudem die Störungen bei der Aufgabenbearbeitung, wie sie in der Untersuchung von Perrewe und Ganster (1989) zur diskontinuierlichen Blutdruckmessung notwendig wurden.

Am dritten Experiment nahmen 60 männliche Studenten teil. Es wurden die vier Belastungkombinationen aus dem zweiten Experiment in einem between-subjects-Design vorgegeben, so dass jede Bedingung von 15 unterschiedlichen Pbn bearbeitet wurde. Die beiden Anforderungsstufen waren 36 bzw. 52 Operationen pro Minute, die Wartezeiten zur Operationalisierung des Handlungsspielraums betrugen 3,5 Sekunden für den großen und 6,5 Sekunden für den geringen Handlungsspielraum. Die Untersuchung wurde, wie auch bereits das zweite Experiment, in einem elektrisch abgeschirmten, schallisolierten und vollklimatisierten Labor durchgeführt. Eine Woche vor der eigentlichen Untersuchung fand eine Voruntersuchung statt, in der alle Pbn nach einer 5-minütigen Ruhephase 29 Minuten lang alle vier experimentellen Bedingungen in über die Pbn permutierter Reihenfolge dargeboten erhielten, gefolgt von einer 5-minütigen Nachbelastungsphase. Die Hauptuntersuchung bestand aus zwei gleichen Durchgängen, die so aufgebaut waren wie die Voruntersuchung, nur dass jeder Pb lediglich die eine der vier experimentellen Bedingungen erhielt, die für ihn vorgesehen war. Abbildung 4 zeigt den Versuchsablauf und die für die Auswertung verwendeten psychophysiologischen Messstrecken.

Als zusätzlicher Leistungsanreiz wurde ein Bonus von 50 DM in Aussicht gestellt, der unter denjenigen Pbn verlost werden sollte, die bezüglich der Fehlerzahl im besten Drittel des Teilnehmerfeldes lagen. Zur Erfassung der subjektiven Befindlichkeit wurden dieselben Fragebögen vorgegeben wie in den beiden vorangegangenen Experimenten. Im Anschluss an jede Nachbelastungsphase musste der Pb neben diesen Befindlichkeitsfragebögen noch einen Fragebogen zur subjektiven Repräsentation von Anforderungshöhe und Handlungsspielraum sowie der erlebten Kontrolle ausfüllen, der bereits im zweiten Experiment verwendet worden war. Schließlich wurde noch die habituelle Ausprägung der Bewältigungsstile, Kontrollambitionen und Zeitdruckerleben erfasst, Erstere mittels entsprechender Skalen aus dem FABA (Richter, Rudolf und Schmidt, 1996), Letztere durch eine modifizierte Version des Time-Urgency-Questionnaire (Landy et al., 1991; Übersetzung in unserem Institut). Alle Fragebögen wurden über einem Computerbildschirm dargeboten. Die kontinuierliche Aufzeichnung des Blutdrucks erfolgte nach der Peñaz-Methode mit dem Finapress 2300 (Wesseling, 1991) über eine Manschette am Mittelfinger der ruhiggestellten nicht-dominanten

Hand. Wegen des langen Zeitraums der Messung wurde die Manschette softwaregesteuert alle fünf Minuten für 15 Sekunden entlüftet, um eine Beeinträchtigung durch den dauerhaften Manschettendruck zu vermeiden. Die Werte für den systolischen und diastolischen Blutdruck wurden in den Belastungsphasen alle 15 Sekunden registriert, in den Ruhe- und Nachbelastungsphasen dagegen alle zwei Sekunden, um eine hohe zeitliche Auflösung zu erreichen. Zur EKG-Aufzeichnung wurde eine leicht abgewandelte Einthoven-II-Ableitung verwendet. Die EDA wurde an der nicht-dominanten Hand nach den Richtlinien von Boucsein (1992) abgeleitet. Versuchssteuerung und Aufzeichnung wurden über mehrere miteinander verbundene PCs automatisch gesteuert. Wegen einer Fehlerzahl von mehr als zwei Standardabweichungen über dem Mittelwert ihrer experimentellen Bedingungen wurden zwei Pbn von der Auswertung ausgeschlossen. Weitere unsystematische Datenausfälle ergaben sich durch artefaktbehaftete psychophysiologische Messungen, so dass die Zahl der analysierten Pbn zwischen 54 und 56 schwankte. Wie aus Abbildung 4 hervorgeht, wurden pro Sitzung drei Abschnitte für die Auswertung der psychophysiologischen Messungen herangezogen:

1. die vierte Minute der Ruhebedingung als Baseline für den anschließenden Belastungsdurchgang,
2. ein Belastungswert, der durch Mittelung aller Minutenwerte von der dritten bis 15. Minute der Belastungsphase erreicht wurde, sowie
3. als Kennwert für die Rückstellung die Mittelung der Werte aus den ersten vier Minuten der Nachbelastungsphase.

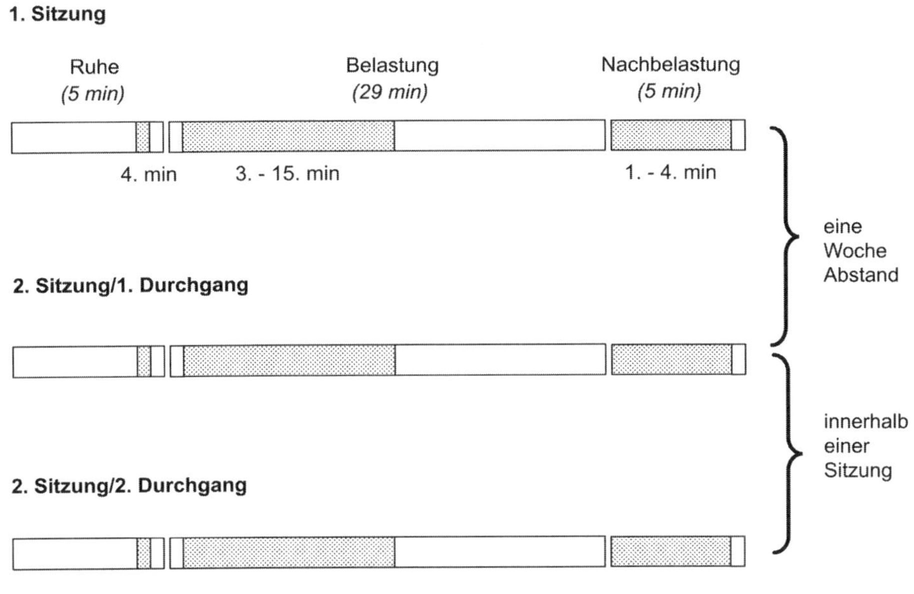

Abbildung 4: Versuchsablauf und ausgewertete Datenstrecken (gepunktet).

Zusätzlich wurde zur Ermittelung des Trendverlaufs der Rückstellung eine logarithmische Kurvenanpassung über die vier Minuten vorgenommen, aus der ein Steigungskoeffizient ermittelt wurde. Als Maß für die Güte der Kurvenanpassung diente der Koeffizient R^2, der analog zur linearen Regression den Anteil der aufgeklärten Varianz angibt. Die logarithmische Anpassung wurde separat für jeden Pb und für jede Nachbelastungsphase vorgenommen. Sowohl für die Belastungswerte als auch für die Rückstellungswerte wurde eine regressionsanalytische Ausgangswertkorrektur mit Hilfe der jeweiligen Baseline durchgeführt (vgl. Johnson & Lubin, 1972). Die statistische Auswertung erfolgte sowohl varianz- als auch regressionsanalytisch. Die folgende Darstellung der Ergebnisse ist, analog zu den vorhergehenden Experimenten, nach Aufgabenbearbeitung und sujektiver Repräsentation der Aufgabe gegliedert. Hinzu kommen beim dritten Experiment die psychophysiologischen Effekte, wobei zwischen Belastungs- und Nachbelastungsphase unterschieden wird.

2.4.1 Bearbeitung der Aufgabe

Erwartungsgemäß wurde bei den hohen Anforderungen eine hochsignifikant größere Zahl von Operationen ausgeführt ($F = 33{,}40$; $df = 1/54$, $p < .001$), während die Variation des Handlungsspielraums keinen Einfluss auf die Anzahl der ausgeführten Operationen hatte ($F = 1{,}11$; $df = 1/54$, $p > .10$). Bezüglich der vorgenommenen Prozesswechsel zeigten sich sowohl die erwartete Abnahme bei eingeschränktem Handlungsspielraum ($F = 62{,}77$; $df = 1/54$, $p < .001$) als auch eine unerwartete Zunahme mit der Höhe der quantitativen Anforderungen ($F = 24{,}56$; $df = 1/54$, $p < .001$). Allerdings dominierte dabei der Effekt des Handlungsspielraums deutlich mit 71 % der Varianzaufklärung vor dem der Anforderungshöhe mit 28 % aufgeklärter Varianz. Signifikante Interaktionen der beiden experimentellen Faktoren, wie sie nach dem Karasek-Modell zu erwarten gewesen wären, traten nicht auf.

2.4.2 Subjektive Repräsentation der Aufgabe

Bei der subjektiven Repräsentation der Anforderungshöhe zeigten sich statistisch bedeutsame Effekte beider experimenteller Faktoren. Dabei dominierte der Einfluss des Handlungsspielraums. So stieg der wahrgenommene Zeitdruck nur tendenziell mit der Höhe der quantitativen Anforderungen ($F = 3{,}43$; $df = 1/54$, $p < .10$), jedoch hochsignifikant mit der Abnahme des Handlungsspielraums ($F = 11{,}93$; $df = 1/54$, $p < .001$). Auch bei der Wahrnehmung der Aufgabe als eher schnell, war der Effekt des reduzierten Handlungsspielraums ($F = 15{,}01$; $df = 1/54$, $p < .001$) deutlicher als der erhöhter Anforderungen ($F = 7{,}65$; $df = 1/54$, $p < .01$). Auch bei den Items, die sich auf die subjektive Repräsentation des Handlungsspielraums bezogen, zeigten sich signifikante Effekte des entsprechenden Faktors: Bei geringerem Spielraum wurde die Dauer der Wechselsperre als länger wahrgenommen ($F = 26{,}68$; $df = 1/54$, $p < .001$), und die Aufgabe wurde als schwerer kontrollierbar empfunden ($F = 10{,}75$; $df = 1/54$, $p < .01$), wobei allerdings der subjektive Handlungsspielraum nur tendenziell abnahm ($F = 3{,}47$; $df = 1/54$, $p < .10$). Auch bei der subjektiven Repräsentation zeigten sich keine signifikanten Interaktionen der beiden experimentellen Faktoren.

2.4.3 Psychophysiologische Effekte in der Belastungsphase

Bei den psychophysiologischen Variablen fanden sich signifikante Haupteffekte lediglich für den Faktor Anforderungshöhe, wobei hohe Anforderungen zu einer Steigerung des systolischen (F = 6,40; df = 1/54, p < .05) sowie des diastolischen Blutdrucks führten (F = 5,75; df = 1/54, p < .05), ferner zu einer signifikant geringeren Varianz der Interbeat-Intervalle (F = 5,64; df = 1/54, p < .05) und einer tendenziellen Erhöhung der Zahl der Spontanfluktuationen bei der EDA (F = 2,94; df = 1/54, p < .10). Bei keiner der erhobenen psychophysiologischen Maße zeigten sich Haupteffekte des Faktors Handlungsspielraum und/oder signifikante Interaktionen zwischen den beiden experimentellen Faktoren.

2.4.4 Psychophysiologische Effekte in der Nachbelastungsphase

In der Nachbelastungsphase traten keinerlei statistisch bedeutsame Haupteffekte für die beiden Faktoren auf, lediglich zwei tendenziell signifikante Interaktionen: für den diastolischen Blutdruck (F = 3,19; df = 1/54, p < .10) und für die Herzfrequenz (F = 3,50; df = 1/ 54, p < .10). Abbildung 5 zeigt diese Interaktion, die für beide Variablen ähnlich ausfiel.

Wie aus Abbildung 5 zu entnehmen ist, hatte die Veränderung der Anforderungshöhe einen stärkeren Effekt auf die physiologischen Variablen, wenn der Handlungsspielraum groß war. Insbesondere kam es im Anschluss an die Belastungsbedingungen mit geringen Anforderungen und hohem Handlungsspielraum, der „Relaxed"-Bedingung nach Karasek, zu einem deutlichen Anstieg von Herzfrequenz und diastolischem Blutdruck über das Niveau der Belastungsphase. Wenn sowohl Anforderungen als auch Handlungsspielraum hoch waren („Active"-Bedingung), kam es in der Nachbelastungsphase zum deutlichsten Abfall der physiologischen Aktivierung, während es unter der „Highstrain"-Bedingung in beiden Variablen nicht zu einer Rückstellung kam. Insgesamt war also die Rückstellung der kardiovaskulären Parameter nach der „Highstrain"- im Vergleich zur „Active"-Bedingung mit vergleichbar hohen quantitativen Anforderungen verzögert.

Einen anderen Verlauf zeigte dagegen das Hautleitfähigkeitsniveau, bei dem eine signifikante dreifache Interaktion zwischen Anforderungshöhe, Handlungsspielraum und dem Wiederholungsfaktor (Durchgang) auftrat (F = 5,41; df = 1/54, p < .01). So erfolgte sowohl im ersten als auch im zweiten Durchgang des eigentlichen Hauptversuchs (vgl. Abb. 4) im Gegensatz zur eine Woche vorher durchgeführten ersten Sitzung lediglich nach der „Highstrain"-Bedingung eine Abnahme des Hautleitfähigkeitsniveaus (SCL) i. S. einer Rückstellung, während es im Anschluss an die „Active"-Bedingung zu einem Anstieg des SCL über das Belastungsniveau kam, und in den beiden anderen Bedingungen keine Veränderungen auftraten. In der Nachbelastungsphase der ersten Sitzung trat dagegen bei der „Relaxed"-Bedingung ein Anstieg des SCL auf, während es unter den anderen drei Bedingungen zu einer Rückstellung kam.

Bei den Verlaufskennwerten der Rückstellung entsprechen positive Werte einem Anstieg, negative dagegen einem Abfall der psychophysiologischen Parameter während der Nachbelastungsphase. Für den diastolischen Blutdruck trat eine tendenziell signifikante Interaktion zwischen den beiden experimentellen Faktoren auf (F = 3,43; df = 1/54, p < .10), die den in Abbildung 5 wiedergegebenen Verhältnissen entspricht. Ein ebenfalls beobachteter signifikanter Haupteffekt des Faktors Anforderungshöhe auf den Verlaufskennwert des diastolischen Blutdrucks (F = 4,67; df = 1/54, p < .05) könnte somit auf den Unterschied zwischen der „Relaxed"- und der „Active"-Bedingung zurückgeführt werden.

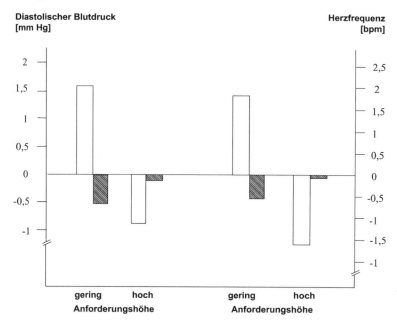

Abbildung 5: Wirkungen von Anforderungshöhe und Handlungsspielraum auf diastolischen Blutdruck und Herzfrequenz. Handlungsspielraum groß = weiß, gering = schraffiert.

Ein deutlicher Unterschied zwischen der „Relaxed"- und der „Active"-Bedingung zeigte sich auch bei der Herzratenvariabilität, wo eine signifikante Interaktion zwischen Anforderungshöhe und Handlungsspielraum beim Verlaufskennwert der Varianz der Interbeat-Intervalle auftrat (F = 5,08; df = 1/54, p < .05). Dabei kam es unter der „Active"-Bedingung zu einer weiteren starken Abnahme der HRV, was auf eine Fortdauer der psychophysiologischen Beanspruchung in der Nachbelastungsphase hinweist, während nach der „Relaxed"-, aber auch nach der „Highstrain"-Bedingung die HRV in der Nachbelastungsphase anstieg, was einer Rückstellung entspricht.

Bei den Maßen der subjektiven Befindlichkeit, die im Anschluss an die 10-minütige Nachbelastungsphase erhoben wurden, traten lediglich tendenziell signifikante Effekte auf. Auch eine Berücksichtigung von habituellen Bewältigungsstilen und Kontrollambitionen sowie des habituellen Zeitdruckerlebens erbrachte keine wesentliche zusätzliche Varianzaufklärung, so dass entsprechende Einzelergebnisse hier unberücksichtigt bleiben können.

2.5 Diskussion der Ergebnisse und Schlussfolgerungen

Im Rahmen einer kriteriengeleiteten empirischen Aufgabenkonstruktion (1. und 2. Experiment) wurde eine laborexperimentelle Operationalisierung der beiden im Job-Strain-Modell von Karasek geforderten Einflussfaktoren Anforderungshöhe und Kontrolle bzw. Handlungsspielraum als Merkmale einer zusammenhängenden Tätigkeit weitgehend unabhängig voneinander variierbar realisiert. Anhand von im dritten Experiment erhobenen Verhaltensparametern der Aufgabenbearbeitung ließ sich zeigen, dass die vorgenommene experimentelle Variation der beiden Faktoren den gewünschten Einfluss auf die Aufgabenbearbeitung hatte.

In der Belastungsphase führten hohe quantitative Anforderungen zu deutlich höheren systolischen und diastolischen Blutdruckwerten sowie zu einer Abnahme der Herzratenvariabilität, was i. S. einer gelungenen Induktion höherer mentaler Beanspruchung interpretiert werden kann (Manzey, 1986; Luczak, 1987). Zusätzlich führten höhere Anforderungen auch zu einer tendenziell größeren Zahl unspezifischer elektrodermaler Reaktionen, was auf eine gleichzeitige leichte, aber eher unbedeutende Erhöhung der emotionalen Beanspruchung hinweist (Boucsein, 1991; Boucsein & Backs, 2000). Zwar hätte theoretisch bei beiden Variablen die erhöhte motorische Aktivität eine Alternativerklärung zur erhöhten Beanspruchung darstellen können; dagegen sprechen jedoch die Ergebnisse von Kohlisch und Schaefer (1994), die zeigen konnten, dass ein bedeutsamer Einfluss motorischer Aktivität auf die mit kardiovaskulären und elektrodermalen Variablen gemessene Beanspruchung bis zu 167 Anschlägen pro Minute nicht gegeben ist, wobei die Zahl der Anschläge im hier durchgeführten dritten Experiment (für Operationen und Prozesswechsel zusammen) im Mittel bei nur 70 Anschlägen pro Minute lag.

Entgegen der aus dem Karasek-Modell resultierenden Erwartungen traten keine signifikanten Interaktionen zwischen Anforderungshöhe und Handlungsspielraum auf, und es zeigten sich auch keine Haupteffekte des Handlungsspielraums in den psychophysiologischen Variablen. Das Ausbleiben dieser Effekte kann nicht auf eine mangelnde Wirksamkeit der Variation des Handlungsspielraums zurückgeführt werden, da sich diese sowohl auf die Aufgabenbearbeitung auswirkte als auch von den Pbn subjektiv deutlicher wahrgenommen wurde als die Veränderung der Anforderungshöhe. Das Ausbleiben der entsprechenden Effekte spricht daher gegen die Annahme des Job-Strain-Modells, dass eine Kumulation kurzzeitiger psychophysiologischer Beanspruchungseffekte unter „Highstrain"-Arbeitsbedingungen als Erklärung für die unter solchen Bedingungen erwarteten stärkeren Gesundheitsbeeinträchtigungen herangezogen werden könnte.

Allerdings zeigten sich in der Nachbelastungsphase sowohl für den diastolischen Blutdruck als auch für die Herzfrequenz tendenziell signifikante Interaktionen zwischen den beiden experimentellen Faktoren, die darauf hindeuten, dass es unter der „Highstrain"-Bedingung zu einer verzögerten Rückstellung kam, wie sie von Karasek, Russell und Theorell (1982) gefordert wurde. Die Art dieser Interaktionen könnte als Bestätigung für eine Moderatorfunktion des Handlungsspielraums bei der Rückstellung anforderungsinduzierter psychophysiologischer Beanspruchungseffekte angesehen werden, wie sie das Job-Strain-Modell postuliert.

Eine signifikante Interaktion zwischen Anforderungshöhe und Handlungsspielraum in den Verlaufskennwerten der HRV deutet auf deren verzögerte Rückstellung unter der „Active"-Bedingung hin. Hier sollten nach dem Modell allerdings anabolische Prozesse auftreten, die mit einer beschleunigten Rückstellung verbunden wären.

Bei der EDA scheint ein Gewöhnungseffekt an die Versuchsbedingungen im Vordergrund zu stehen, da sich insbesondere bezüglich der Rückstellung Unterschiede zwischen der ersten und den beiden weiteren Sitzungen zeigten. Da hier allerdings keine deutlichen Beanspruchungswirkungen induziert worden waren, war auch kein moderierender Effekt des Handlungsspielraums zu erwarten.

Insgesamt sind die Ergebnisse zur Nachbelastungsphase in Bezug auf das Job-Strain-Modell inkonsistent. Zwar traten nach der „Highstrain"-Bedingung kurzfristig verzögerte Rückstellungen von Blutdruck und Herzfrequenz auf. Allerdings zeigten sich in der HRV Effekte von Anforderungshöhe und Handlungsspielraum, die auf eine verzögerte Rückstellung unter der von Karasek als gesundheitsförderlich favorisierten „Active"-Bedingung hinweisen, was im Widerspruch zum Job-Strain-Modell steht.

Divergierende Ergebnisse für Belastungs- und Nachbelastungsphase fanden auch Haynes et al. (1991) in ihrer Literaturübersicht zur Rückstellung in der psychophysiologischen Reaktivitätsforschung. Das Karasek-Modell fordert jedoch gerade eine Übereinstimmung der kardiovaskulären Effekte in beiden Phasen, wie sie allem Anschein nach in Laboruntersuchungen zur psychophysiologischen Beanspruchungsforschung, so auch in der vorliegenden Untersuchung, nicht gezeigt werden kann.

Die hier beobachteten Wirkungen der experimentellen Variation von Anforderungshöhe und Handlungsspielraum stimmen insofern mit den Befunden der beiden anderen eingangs zitierten laborexperimentellen Studien von Perrewe und Ganster (1989) sowie von Hutt und Weidner (1993) überein, als auch dort keine Haupteffekte der experimentellen Variation des Faktors Kontrolle (entspricht dem Handlungsspielraum in der vorliegenden Untersuchung) und auch keine Interaktionen dieses Faktors mit der Anforderungshöhe auftraten. Zwar konnten in der hier untersuchten Nachbelastungsphase, die von den anderen Autoren nicht berücksichtigt wurde, entsprechende Interaktionseffekte nachgewiesen werden. Die Art der gefundenen Interaktionen spricht jedoch eher gegen die aus dem Job-Strain-Modell abgeleiteten Hypothesen. Auch wurde in neuerer Zeit von Kristensen (1995) in Frage gestellt, dass die beiden von Karasek postulierten Faktoren unabhängig voneinander sind und beide in der Lage sein könnten, kurzzeitige psychophysiologische Veränderungen hervorzurufen. Interaktionen zwischen den beiden von Karasek postulierten Faktoren Anforderungshöhe und Handlungsspielraum lassen sich zudem auch in reinen Fragebogenstudien nicht zuverlässig finden (vgl. z.B. Beehr et al., 2001).

Mit der hier vorgelegten Untersuchung wurden erstmalig bei einer konsequent nach den Annahmen des Job-Strain-Modells von Karasek programmierten und durchgetesteten Laboraufgabe psychophysiologische Variablen, vor allem der für die Modellannahmen zentrale Blutdruck, kontinuierlich aufgezeichnet. Die psychophysiologischen Effekte der experimentellen Variation in der Belastungsphase sprechen gegen die Annahmen des Modells. Daneben wurden erstmalig in einer solchen Laboruntersuchung psychophysiologische Rückstellungsprozesse in der nach den Modellannahmen besonders bedeutsamen Nachbelastungsphase erfasst. Die für die vermuteten pathogenen Wirkungen relevanten Ergebnisse der vorliegenden Untersuchung sprechen lediglich tendenziell für die vom Modell postulierten Wirkungen der Kombination von Anforderungshöhe und Kontrolle bzw. Handlungsspielraum auf kardiovaskuläre Parameter.

Für weitere Tests des Job-Strain-Modells im Labor sollten sowohl aus modelltheoretischen Überlegungen als auch aufgrund der hier gemachten Erfahrungen neben den akuten Beanspruchungs- zusätzlich Rückstellungsprozesse der psychophysiologischen Variablen untersucht werden, wobei in Bezug auf die Erhebungsmethodik von Rückstellungsprozessen noch Entwicklungsarbeit zu leisten ist. Dafür sprechen auch die Ergebnisse einer im Rahmen des eingangs erwähnten DFG-Gemeinschaftsprojekts mit Prof. Scheuch, Dresden, durchgeführten Untersuchung, in der die hier entwickelte Computeraufgabe mit einer Serie traditioneller Laborstressoren verglichen wurde. Diese bestand aus einer nicht permutierten Folge von Kopfrechenaufgaben ohne und mit Störung durch akustisch dargebotene irrelevante Rechenaufgaben, einem Farb-Wort-Interferenztest sowie einer computerisierten Version des Stroop-Tests von jeweils sechs Minuten Dauer mit eingeschobenen 3-Minuten-Pausen. Aus 90 Pbn (51 männlich, 39 weiblich) wurden anhand von fünftägigen regelmäßigen Blutdruckmessungen jeweils 10 männliche und 10 weibliche normotensive, borderline-hypertensive und hypertensive Pbn ermittelt. Allen 60 Pbn wurden die Serie der traditionellen Laborstressoren und die zeitlich angepassten (jeweils sechs Minuten Aufgabe gefolgt von drei Minuten Pause) vier Karasek-Bedingungen aus dem hier beschriebenen 3. Experiment in über die Pbn permutierter Reihenfolge vorgegeben. Obwohl die Blutdruckerhöhungen bei den traditionellen Laborstressoren insgesamt höher waren, konnten beide Paradigmen gleich gut zwischen den verschiedenen Blutdruckgruppen differenzieren (Seibt, Boucsein & Scheuch, 1998). In beiden Stress-Settings zeigte sich, dass die Rückbildungsphase besser zwischen den Gruppen differenzierte als die eigentlichen Stressphasen.

Natürlich muss es auch weiterhin offen bleiben, ob sich Laborsituationen zur Modellierung der Entstehung von koronaren Herzkrankheiten eignen. So bezweifelten sowohl Fredrikson und Matthews (1990) als auch Pickering und Gerin (1990) aufgrund von Metaanalysen der bis dahin vorgelegten Literatur, dass Blutdruckänderungen, wie sie durch kurzzeitige mentale Labor-Stressoren hervorgerufen werden, die gleichen pathogenen Mechanismen auslösen, die für die Entstehung der essentiellen Hypertonie verantwortlich gemacht werden. Daher ist zu fordern, dass Konzepte wie das von Karasek vertretene Job-Strain-Modell in einer Serie von aufeinander abgestimmten Labor- und Feldstudien getestet werden, wie es von Boucsein (1991) vorgeschlagen wurde. Nur so ist es möglich, psychophysiologische Veränderungen, die im Labor unter der realen Arbeitswelt nachgestellten kontrollierten Stresssituationen beobachtet werden, anhand der ursprünglichen im Feld als stresshaft bewerteten Situation zu validieren. Unglücklicherweise werden solche – zugegebenermaßen aufwendige – Ansätze in der Arbeitspsychologie, die sich weitgehend auf Fragebogenuntersuchungen verlässt, bislang praktisch nicht verfolgt.

Literatur

Beehr, T. A., Glaser, K., Canali, K. G. & Wallwey, D. A. (2001). Back to basics: Re-examination of Demand-Control Theory of occupational stress. *Work & Stress, 15,* 115-130.

Boucsein, W. (1991). Arbeitspsychologische Beanspruchungsforschung heute – eine Herausforderung an die Psychophysiologie. *Psychologische Rundschau, 42,* 129-144.

Boucsein, W. (1992). *Electrodermal activity.* New York: Plenum Press.

Boucsein, W. & Backs, R. W. (2000). Engineering psychophysiology as a discipline: Historical and theoretical aspects. In R. W. Backs & W. Boucsein (Eds.), *Engineering psychophysiology. Issues and applications* (pp. 3-30). Mahwah, N. J.: Lawrence Erlbaum Associates.

Burns, J. W., Hutt, J. & Weidner, G. (1993). Effects of demand and decision latitude on cardiovascular reactivity among coronary-prone women and men. *Behavioral Medicine, 19,* 122-128.

Chapman, A., Mandryk, J. A., Frommer, M. S., Edye, B. V. & Ferguson, D. A. (1990). Chronic perceived work stress and blood pressure among Australian government employees. *Scandinavian Journal of Work, Environment and Health, 16,* 258-269.

Clarkson, T. B., Manuck, S. B. & Kaplan, J. R. (1986). Potential role of cardiovascular reactivity in atherogenesis. In K. A. Matthews, S. M. Weiss, T. Detre, T. M. Dembroski, B. Falkner, S. B. Manuck & R. B. Williams (Ed.), *Handbook of stress, reactivity, and cardiovascular disease* (pp. 35-47). New York: Wiley.

Folkow, B. (1982). Physiological aspects of primary hypertension. *Physiological Reviews, 62,* 347-504.

Fox, M. L., Dwyer, D. J. & Ganster, D. C. (1993). Effects of stressful job demands and control on physiological and attitudinal outcomes in a hospital setting. *Academy of Management Journal, 36,* 289-318.

Frankenhaeuser, M. (1982). Challenge-control interaction as reflected in sympathetic-adrenal and pituitary-adrenal activity: Comparison between the sexes. *Scandinavian Journal of Psychology*, Suppl. 1, 158-164.

Frankenhaeuser, M. (1991). The psychophysiology of workload, stress, and health: Comparison between the sexes. *Annals of Behavioral Medicine, 13,* 197-204.

Frederikson, M. & Matthews, K. A. (1990). Cardiovascular responses to behavioural stress and hypertension: a meta-analytic review. *Annals of Behavioral Medicine, 12,* 30-39.

Grass, A. (1995). *Psychophysiologische Beanspruchungs- und Rückstellungseffekte bei laborexperimenteller Variation von Tätigkeitsmerkmalen: Eine kritische Prüfung des Job-Strain-Modells von Karasek.* Unveröffentlichte Dissertation im Fachbereich 3, Wuppertal.

Greif, S., Bamberg, E., Dunckel, H., Frese, M., Mohr, G. R. D., Rummel, M., Semmer, N. & Zapf, D. (1983). *Abschlußbericht des Forschungsprojekts: „Psychischer Streß am Arbeitsplatz - Hemmende und fördernde Bedingungen für humanere Arbeitsplätze".* Unveröffentlichter Forschungsbericht des Fachbereichs Psychologie, Osnabrück.

Hacker, W. (1978). *Allgemeine Arbeits- und Ingenieurpsychologie.* Berlin: Deutscher Verlag der Wissenschaften.

Haynes, S. N., Gannon, L. R., Orimoto, L., OBrien, W. H. & Brandt, M. (1991). Psychophysiological assessment of poststress recovery. *Psychophysiological Assessment, 3,* 356-365.

Hutt, J. & Weidner, G. (1993). The effects of task demand and decision latitude on cardiovascular reactivity to stress. *Behavioral Medicine, 18,* 181-188.

Johansson, G., Aronsson, G. & Lindström, B. O. (1978). Social psychological and neuroendocrine stress reactions in highly mechanised work. *Ergonomics, 21,* 583-599.

Johnson, J. V. & Hall, E. M. (1988). Job strain, work place support, and cardiovascular disease: A cross-sectional study of a random sample of the swedish working population. *American Journal of Public Health, 78,* 1336-1342.

Johnson, L. C. & Lubin, A. (1972). On planning psychophysiological experiments: Design, measurement, and analysis. In N. S. Greenfield & R. A. Sternbach (Eds.), *Handbook of Psychophysiology* (pp. 125-158). New York: Holt.

Julius, S., Pascual, A. V., Sannerstedt, R. & Mitchell, C. (1971). Relationship between cardiac output and peripheral resistance in borderline hypertension. *Circulation, 43,* 382-390.

Julius, S., Weber, A. B. & Egan, B. M. (1983). Pathophysiology of early hypertension: Implication for epidemiologic research. In F. Gross & T. Strasser (Eds.), *Mild hypertension: Recent advances* (pp. 219-236). New York: Raven Press.

Karasek, R. (1989). Control in the workplace and its health-related aspects. In S. L. Sauter, J. J. Hurrell Jr. & C. L. Cooper (Eds.), *Job control and worker health* (pp. 129-159). New York: Wiley.

Karasek, R. A. (1979). Job demands, job decision latitude, and mental strain: Implications for job redesign. *Administrative Science Quarterly, 24,* 285-308.

Karasek, R. A., Russell, S. & Theorell, T. (1982). Physiology of stress and regeneration in job related cardiovascular illness. *Journal of Human Stress, 8,* 29-42.

Karasek, R. A. & Theorell, T. (1990). *Healthy work: Stress, productivity, and the reconstruction of working life.* New York: Basic Books.

Kasl, S. V. (1989). An epidemiological perspective on the role of control in health. In S. L. Sauter, J. J. Hurrell Jr. & C. L. Cooper (Eds.), *Job control and worker health* (pp. 161-189). New York: Wiley.

Knox, S. S., Theorell, T., Svensson, J. C. & Waller, D. (1985). The relation of social support and working environment to medical variables associated with elevated blood pressure in young males: A structural model. *Social Science and Medicine, 21,* 525-531.

Kohlisch, O. & Schaefer, F. (1994). Psychophysiological effects of mental load and motor requirements at different levels during computer work. *Journal of Psychopysiology, 8,* 49-50.

Kristensen, T. S. (1995). The demand-control-support model: Methodological challenges for future research. *Stress Medicine, 11,* 17-26.

Landy, F. J., Rastegary, H., Thayer, J. F. & Colvin, C. (1991). Time urgency: The construct and its measurement. *Journal of Applied Psychology, 76,* 644-657.

Luczak, H. (1987). Psychophysiologische Methoden zur Erfassung psychophysischer Beanspruchungszustände. In U. Kleinbeck & J. Rutenfranz (Hrsg.), *Arbeitspsychologie. Enzyklopädie der Psychologie, Serie III. Wirtschafts-, Organisations- und Arbeitspsychologie* (Vol. 1, pp. 185-259). Göttingen: Hogrefe.

Lundberg, U. & Frankenhaeuser, M. (1980). Pituitary-adrenal and sympathetic-adrenal correlates of distress and effort. *Journal of Psychosomatic Research, 24*, 125-130.

Manzey, D. (1986). Sinusarrhythmie als Indikator mentaler Beanspruchung: Quantifizierung im Zeitbereich. *Zeitschrift für Experimentelle und Angewandte Psychologie, 33*, 656-675.

Matthews, K., Cottington, E., Talbott, E., Kuller, L. & Siegel, J. (1987). Stressful work conditions and diastolic blood pressure among blue collar factory workers. *American Journal of Epidemiology, 126*, 280-291.

Nachreiner, F. (1988). Zur Belastung und Beanspruchung bei Überwachungs-, Kontroll- und Steuerungstätigkeiten. In J. Rutenfranz & F. Nachreiner (Hrsg.), *Aktuelle Probleme der Belastungs- und Beanspruchungsforschung* (S. 111-130). Frankfurt: Peter Lang.

Perrewe, P. L. & Ganster, D. C. (1989). The impact of job demands and behavioral control in the personal control-job stress relationship. *International Journal of Psychology, 22*, 179-193.

Pickering, T. G. & Gerin, W. (1990). Cardiovascular reactivity in the laboratory and the role of behavioral factors in hypertension: a critical review. *Annals of Behavioral Medicine, 12*, 3-16.

Pieper, C., LaCroix, A. & Karasek, R. (1989). The relation of psychosocial dimensions of work with coronary heart disease risk factors: a meta-analysis of five united states data bases. *American Journal of Epidemiology, 129*, 483-494.

Reed, D., LaCroix, A., Karasek, R., Miller, D. & MacLean, C. (1989). Occupational strain and the incidence of coronary heart disease. *American Journal of Epidemiology, 129*, 495-502.

Richter, P. (1983). Arbeitsinhaltsgestaltung und Gesundheit - Pathopsychologie der Arbeit. *Psychologische Praxis, 4*, 310-321.

Richter, P., Rudolf, M. & Schmidt, C. F. (1996). *Fragebogen zur Analyse beanspruchungsrelevanter Anforderungsbewältigung (FABA)*. Frankfurt: Swets & Zeitlinger.

Rosenman, R. H. (1983). Current status of risk factors and Type A behavior pattern in the pathogenesis of ischemic heart disease. In T. M. Dembroski, T. H. Schmidt & G. Blümchen (Eds.), *Biobehavioral bases of coronary heart disease (pp. 5-12)*. New York: Karger.

Sauter, S. L., Gottlieb, M. S., Jones, K. C., Dodson, V. N. & Rohrer, K. M. (1983). Job and health implications of VDT use: Initial results of the Wisconsin-NIOSH study. *Communications of the Association for Computing Machinery, 26*, 284-294.

Schnall, P. L., Pieper, C., Schwartz, J. E., Karasek, R. A., Schlussel, Y., Devercux, R. B., Ganau, A., Alderman, M., Warren, K. & Pickering, T. G. (1990). The relationship between „job strain", workplace diastolic blood pressure, and left ventricular mass index: Results of a case-control study. *Journal of the American Medical Association, 263*, 1929-1935.

Schnall, P. L., Schwartz, J. E., Landsbergis, P. A., Warren, K. & Pickering, T. G. (1998). A longitudinal study of job strain and ambulatory blood pressure: Results from a three-year follow-up. *Psychosomatic Medicine, 60*, 697-706.

Seibt, R., Boucsein, W. & Scheuch, K. (1998). Effects of different stress settings on cardiovascular parameters and their relationship to daily life bood pressure in normotensives, borderline hypertensives and hypertensives. *Ergonomics, 41*, 634-648.

Sherwood, A. & Turner, J. R. (1992). A conceptual and methodological overview of cardiovascular reactivty research. In J. R. Turner, A. Sherwood & K. C. Light (Eds.), *Individual Differences in Cardiovascular Response to Stress* (pp. 3-32). New York: Plenum Press.

Söderfeldt, M., Söderfeldt, B., Ohlson, C.-G., Theorell, T. & Jones, I. (2000). The impact of sense of coherence and high-demand/low-control job environment on self-reported health, burnout and psychophysiological stress indicators. *Work & Stress, 14*, 1-15.

Theorell, T., Ahlberg-Hultén, G., Sigala, F., Perski, A., Sonderholm, M., Kallner, A. & Eneroth, P. (1990). A psychosocial and biomedical comparison between men in six contrasting service occupations. *Work and Stress, 4*, 51-63.

Theorell, T., Ahlberg-Hultén, G., Jodko, M., Sigala, F. & de la Torre, B. (1993). Influence of job strain and emotion on blood pressure in female hospital personnel during workhours. *Scandinavian Journal of Work, Environment and Health, 19*, 313-318.

Theorell, T., de Faire, U., Johnson, J., Hall, E., Perski, A. & Stewart, W. (1991). Job strain and ambulatory blood pressure profiles. *Scandinavian Journal of Work, Environment and Health, 17*, 380-385.

Theorell, T. & Karasek, R. A. (1996). Current issues relating to psychosocial job strain and cardiovascular disease research. *Journal of Occupational Health Psychology, 1*, 9-26.

Theorell, T., Perski, A., Akerstedt, T., Sigala, F., Ahlberg-Hultern, G., Svensson, J. & Eneroth, P. (1988). Changes in job strain in relation to changes in physiological state. *Scandinavian Journal of Work, Environment and Health, 14*, 189-196.

Wesseling, K. H. (1991). Finapress, continuous noninvasive finger arterial pressure based on the method of Peñaz. In H. Rüddel & I. Curio (Eds.), *Non-invasise continuous blood pressure measurement* (pp. 9-17). Franfurt: Peter Lang.

Selbstorganisationsprozesse in Organisationen

Von Senge`s „Kochrezepten" zu den Grundlagen des Kochens – oder:
auf dem Weg zu einer systemtheoretischen Fundierung des Coaching

Jürgen Kriz

1. Einleitung

Seit jeher – und damit längst vor der expliziten Thematisierung von Selbstorganisationsprozessen – gab es in Organisationen auch das Phänomen der Selbstorganisation. Wer dies bezweifelt, müsste ernsthaft unterstellen, dass *alles* in Organisationen geplant oder hierarchisch durch Regeln geleitet ist und es darüber hinaus nur Zufallsfluktuation gibt, die keiner beschreibbaren Regelmäßigkeit folgt. Dies gilt aber nicht einmal für „totale Institutionen" (Goffmann, 1962) wie Militär oder Gefängnis: Abgesehen von Meuterei, Aufständen und dergleichen, welche die gesamte Struktur in Frage stellen, ist es bedeutsamer Bestandteil selbst straff durchgeplanter Einrichtungen, organisatorische Freiheitsgrade zu lassen, die mit „Eigenleben" ausgefüllt werden. Sogar in einem Gefängnis sind Freund- und Feindschaften, Tauschzirkel, informelle Machthierarchien unter den Gefangenen und viele andere soziale Mikrostrukturen weder plan- oder organisierbar noch erweisen sie sich als unwesentlich für den Gesamtablauf der Prozesse. Noch viel mehr gilt dies für übliche Organisationen, die ja eine weit geringere formelle und organisatorische Durchdringungskraft haben als die „totalen" Institutionen.

Gerade wegen der Schlüssigkeit und der allenthalben empirischen Verifizierbarkeit dieser Argumente scheint es verwunderlich zu sein, dass dem so bedeutsamen Anteil von Selbstorganisationsprozessen, der Organisationen immer schon zu eigen war, erst seit kurzem Aufmerksamkeit geschenkt wird. Doch diesen theoretisch-konzeptionellen „blinden Fleck" hat die Organisationstheorie mit vielen anderen Disziplinen gemeinsam, in denen inzwischen die Selbstorganisationstheorien als neue Entdeckung thematisiert (um nicht zu sagen: gefeiert) werden. Auch in den harten Naturwissenschaften – allen voran in der Physik – wurde erst rund hundert Jahre nach der Ausformulierung der Thermodynamik, welche den *Zerfall* von Ordnung beschreibt, auch das selbstorganisierte *Entstehen* von Ordnung wissenschaftlich thematisiert und fassbar gemacht. Abendländische Wissenschaft blendete somit lange Zeit einseitig Selbstorganisation zu gunsten von Fremdorganisation als Möglichkeit aus. Und das, obwohl beispielsweise Bauern, Gärtner und schwangere Frauen, also der mehrheitliche Teil der Menschheit, immer schon Grenzen ihrer ordnenden und organisierenden Macht zu beachten hatten. Allen Theorien über die angebliche Notwendigkeit von Fremdordnung zum Trotz war diesen Menschen intuitiv (und sicher auch praktisch) bewusst, dass ein Überschreiten dieser Grenzen – und damit der Versuch eines zu stark ordnenden Eingriffes – den Selbstorganisationsprozessen höchstens Schaden zufügen könnte. Sie waren daher eher bestrebt, im Einklang mit diesen Selbstorganisationsprozessen zu handeln und diese zu unterstützen. Doch es dauerte erstaunlich lange, bis dieses intuitive Wissen überhaupt als Frage – gar denn als Forschungsgegenstand – in der Wissenschaft auftauchte. Auch heute sind große Teile nicht nur der Alltagsideologien sondern auch der Wissenschaft immer noch durch einseitige Vorstellungen von Ordnung und (Fremd)-Organisation durchzogen (s.u.).

Solche extremen Einseitigkeiten in der Wahrnehmung von Phänomenen, Fragen und Lösungsmöglichkeiten haben stets ideologische Gründe. Diese liegen bei der Ausblendung von Selbstorganisationsprozessen auf der Hand (vgl. Kriz, 1997a): Für politisch, religiös und finanziell Herrschende ist eine Sichtweise natürlich hoch willkommen, welche einseitig die Bedeutung der Fremdorganisation überbetont, deren ungeplante Dynamik als zu fürchtende „Anarchie" denunziert und daher die Tatsachen und Möglichkeiten der Selbstorganisation ausblendet: Eine solche Weltsicht vermag doch genau jene Hierarchien, die den Mächtigen die politischen, religiösen oder finanziellen Vorteile und Vorherrschaft bringt, zu sichern, während selbstorganisierte Prozesse dies infrage stellen könnten.

Nachdem nun in den letzten drei Jahrzehnten Theorien und praktische Anwendungen der Selbstorganisation ausgehend von den harten Naturwissenschaften – und dort mit Nobelpreisen, wie für den Laser[1] oder für „dissipative Strukturen"[2] geachtet – zunehmend interdisziplinär Aufmerksamkeit und Anerkennung finden,[3] ist es an der Zeit, auch im Zusammenhang mit Organisationen dieses implizite Wissen über die Selbstorganisationsprozesse stärker explizit zu machen. Hierdurch kann es einerseits gelingen, den Anschluss an den interdisziplinären Diskurs nicht zu verlieren, andererseits lassen sich explizit formulierte Prinzipien systematisch untersuchen, modifizieren und weitervermitteln.

Wie groß der Bedarf an einer solchen Perspektive ist, zeigt der Erfolg des Bandes „The Fifth Discipline", mit dem Peter Senge vor gut einem Jahrzehnt (Senge, 1990, 1994) systemisches Denken und Selbstorganisationsprinzipien in der Organisationsentwicklung und im Management publik machte: Binnen weniger Jahre war eine halbe Million Exemplare verkauft, und „Tausende von Managern", so der Klappentext bereits 1994, „von Ford, Digital, Procter & Gamble, Royal Dutch/Shell und anderen bedeutenden Firmen" hatten entsprechende Kurse bei Senge besucht. Auch heute noch gehört dieses Buch zu den meist zitierten Titeln in diesem Bereich. Dabei hatte Senge eigentlich nur einige Prinzipien populär und vereinfacht dargestellt,[4] die seit rund zwei Jahrzehnten in angrenzenden Disziplinen publiziert vorlagen – wie etwa Jay Forresters „Urban Dynamics" (1961) und Denis L. und Donella H. Meadows Systemmo-

---

[1] 1964 in Physik für Basov, Prokhorov und Townes – die mathematische Theorie zum Laser von H. Haken (1964) führte zur „Synergetik", einer interdisziplinären Systemtheorie, deren Konzeption auch der Autor dieses Beitrags verpflichtet ist (vgl. Haken, 1981).
[2] 1977 in Chemie Prigogine (1979)
[3] während eine Disziplin wie die Psychologie immer noch vorwiegend auf die Prinzipien des 19. Jahrhunderts setzt werden die eigenen Entwicklungen – etwa Gestaltpsychologie der Berliner Schule einschließlich Lewins Feldtheorie, oder die „Aktualisierungstendenz" im Personzentrierten Ansatz von Carl Rogers – ignoriert, wenn nicht gar diskreditiert.

dellierungen, die durch den Bericht „Grenzen des Wachstums" für die „Club of Rome" bekannt wurden (Meadows et al., 1972).

Ohne die Verdienste Senges um die Verbreitung systemischen Denkens schmälern zu wollen, muss allerdings konstatiert werden, dass „The Fifth Discipline" eher kognitives *Handwerkszeug* vermittelt. Wie auch bei Meadows steht die „Architektur" und die Wirkung einfacher (positiver und negativer) Rückkopplungsschleifen („feedback-loops") im Zentrum der Betrachtung. Es geht also um „System Thinking Tools" – wie eines der lehrbriefartigen Hefte von Daniel H. Kim (1994) heißt, in dem dieser, wie Senge am MIT und auf diesem aufbauend, systemisches Denken als kognitives Werkzeug vermittelt. Kims „System Archetypes I /II" (1994) versuchen denn auch, eine Anzahl von Grundmustern solcher Loops für die Diagnose von Langzeitproblemen zu vermitteln.

So eingängig auch eine Handvoll einfacher (wenn auch für viele Praktiker neue) Regeln als Handwerkszeug sein mag: Dies ersetzt natürlich keine theoretische Durchdringung der Probleme und Zusammenhänge, die im Rahmen der interdisziplinären systemtheoretischen Diskussion bedeutsam sind. So mutet es beispielsweise für jemand, der sich mit menschlichen Kommunikationsprozessen beschäftigt hat und bereits in den 60er Jahren Werke wie Watzlawick et al. (1967) über Kommunikation nicht übersehen konnte, merkwürdig an, wenn Senge fast ein viertel Jahrhundert später im 5. Kapitel die „Interpunktion" von Kommunikationsabläufen nochmals neu „entdeckt"[5] und noch nicht einmal das theoretische Niveau jenes alten Werkes erreicht. Ganz zu schweigen von theoretischen Grundlagen systemischer Prozesse wie sie theoretisch und formal wesentlich anspruchsvoller in den naturwissenschaftlichen Arbeiten beispielsweise von Prigogine (1979) oder Haken (1981, 1984) zu finden sind und die über diese (und weitere) Theorien-Entwürfe Einzug in die interdisziplinäre Systemforschung gehalten haben. So tauchen denn auch ganz wesentliche systemische Konzepte wie „Attraktor", „Stabilität" bzw. „Instabilität" (und die damit verbundene Frage von „Chaos"), „Emergenz", „Phasenübergang" etc. bei Senge gar nicht erst auf. Das theoretische Rüstzeug der interdisziplinären systemwissenschaftlichen Diskussion über Selbstorganisationsprozesse bleibt den Lesern von Senge´s Werk damit weitgehend unbekannt.

Damit kann Senge m.E. die Selbstorganisationsprozesse in Organisationen auch nicht genügend konzeptionell fassen, so dass sie – etwa im Rahmen einer Coaching-Ausbildung – vermittelbar wären. Seinen 11 „Laws of the Fifth Discipline" (Kap. 4) ist nicht zu widersprechen, aber sie wirken wie „vom Himmel gefallen", da sie zwar erläutert und mit Beispielen beschrieben, aber nicht abgeleitet und begründet werden.

---

[4] Ähnlich der Band von Margaret Wheatley (1994), der von US-Rezensenten u.a. als "The best management book of the year" und "Wheatley´s new and deep insights are must readings for any management consultant" hochgejubelt wird, obwohl er bestenfalls als ein persönlicher Erfahrungsreport ihrer Auseinandersetzung mit der Systemtheorie bezeichnet werden kann, die zudem im Buch selbst völlig unzureichend beschrieben wird und noch weit hinter Senge im Erklärungswert zurückbleibt.

[5] jedenfalls fehlt jeder Hinweis auf Watzlawick oder auf dessen systemischen Vordenker Bateson.

„Kochrezepte" sind ohne Frage manchmal nützlich: allerdings ersetzen sie keinen Kochkurs noch machen sie gar die Kochkunst aus; vielmehr nützen Rezepte eigentlich nur jenen, die auch die Grundlagen des Kochens gelernt haben. Nur dann sind sie nämlich in unterschiedlichen Situationen an deren spezifische Bedingungen anpassbar. Gerade bei einem Gegenstand wie Organisationsentwicklung und „lernende Organisationen" ist die bloße Vermittlung von Prinzipien – so kreativ und dynamisch diese im Einzelnen auch sein mögen – daher aus meiner Sicht unzureichend.

Eine ähnliche Kritik ist letztlich auch für die vier weiteren „Disziplinen" in Senges Buch anzumelden. Senges Kernthese ist, dass diese vier „Disziplinen" – *Gemeinsame Vision*, *Personal Mastery*, *Mentale Modelle* und *Teamlernen* – zur fünften zentralen, der *Systemtheorie*, kommen müssen, damit es eine „Lernende Organisation" wird – eine Organisation also, die anpassungsfähig an verändernde Umgebungen und Herausforderungen ist, kurz: in denen Selbstorganisationsprozesse stattfinden können. Doch obwohl Senge betont: „systems thinking ... is the discipline that integrates the disciplines, fusing them into a coherent body" und „this is challenging because it is much harder to integrate new tools than simply apply them separately", sind auch diese vier „Disziplinen" nicht aus der fünften hergeleitet, geschweige denn theoretisch begründet. Auch sie haben daher eher den Charakter von (Meta-)Kochrezepten statt als Konsequenzen aus den Grundlagen der Kochkunst zu folgen.

Es kann nun nicht das Anliegen dieses relativ kurzen Beitrags sein, das differenziert zu leisten, was Senge unterlassen hat. Dennoch sollen im Folgenden zumindest wenige aber zentrale Grundlagen der Systemtheorie, soweit sie für das Verständnis von Selbstorganisationsprozessen in Organisationen wesentlich sind, dargestellt werden. Es geht weder um eine allgemeine Einführung in die Systemtheorie – vgl. Kriz 1992, 1999 – noch um eine Übersicht über unterschiedliche Ansätze der Selbstorganisationstheorien im Zusammenhang mit Organisationen – vgl. Greif, 1994, 1996; Kriz 1995, 1996, 1997b. Vielmehr wird, basierend auf einem interdisziplinär besonders fruchtbaren Ansatz der System- bzw. Selbstorganisationstheorie, der Synergetik (Haken, 1984), eine theoretisch-konzeptionell haltbare Basis für die das tiefere Verständnis der auch von Senge beschriebenen Phänomene und Prinzipien vorgestellt.

2. Selbstorganisation

2.1 Das Problem begrifflicher Verwirrung

Der Begriff „Selbstorganisation" wurde zunächst in naturwissenschaftlichen Kontexten geprägt und verwendet, um das eigenständige Herausbilden geordneter Strukturen gegenüber einer von außen determinierten Ordnung – also Fremdorganisation – abzugrenzen. Bald wurde deutlich, dass dieses Konzept und die dabei entwickelten Prinzipien auch in anderen Disziplinen von Belang sind. Daher wird der Begriff inzwischen interdisziplinär verwendet.

Dies führt aber im Bereich menschlicher Prozesse – d.h. psychischer oder interaktioneller Art – zu Begriffsproblemen. Denn hier ist der Begriff des „Selbst" bereits inhaltlich besetzt: Nach wie vor ist die „Selbst"-Psychologie ein wichtiger Zweig der Psychologie und bestimmter sozialer Mikrotheorien. Es geht hier um Fragen, wie so etwas wie ein „Selbst" des Menschen entsteht, wie sich dieses verändert, wie Diskrepanzen zwischen dem „Selbst" und von anderen rückgemeldeter Sicht (oder auch bestimmten Erfahrungen des Organismus) zu Problemen führen können etc. Die Struktur dieses „Selbst" könnte man daher zurecht als „Selbst"-Organisation beschreiben – und wenn man diese, explizit zur Unterscheidung gewählte, Schreibweise nicht verwendet, würde man von „Selbstorganisation" sprechen. Eine heillose Begriffsverwirrung droht – die leider noch dadurch erschwert wird, dass man aus der Sicht der Theorie selbstorganisierender Systeme gute Gründe hat, die Organisation des „Selbst" in seiner Entwicklung ebenfalls als einen Prozess der Selbstorganisation zu verstehen: also eine „Selbst"-Selbstorganisation. In der Tat führt diese Begriffsverwirrung in entsprechenden Texten dazu, dass oft nicht mehr klar ist, ob die Autoren mit Begriffen wie „Selbstorganisation", „Selbstregulation", etc. von psychischen Prozessen, die Organisation bzw. Regulation des „Selbst" meinen, oder aber von einer eigenständigen Organisation bzw. Regulation anderer psychischer Prozesse (beispielsweise des Wahrnehmungsvorganges) reden.

Zur Vermeidung dieser Begriffsverwirrung wird im Folgenden „Selbstorganisation" stets im Sinne des naturwissenschaftlichen Begriffs, also zur Abgrenzung gegenüber Fremdorganisation verwendet. Dort, wo es um ein „Selbst" geht, könnten wir „„Selbst"-Organisation"" schreiben; da diese Schreibweise der doppelten Anführungszeichen aber übersehen werden kann und beim Sprechen ungünstig ist, bevorzuge ich den klassischen Begriff des „Morphismus" bzw „Automorphismus" und werde somit von „Selbst-Morphismus" bzw. „Selbst-Automorphismus" sprechen.[6]

2.2 Der Attraktor als teleologisches Prinzip

Das m.E. bedeutsamste Konzept, um Selbstorganisationsprozesse zu verstehen, ist der „Attraktor". Damit wird thematisiert, dass manche Prozesse auf eine (zumindest für einen gewissen Zeitraum) feste Struktur hinauslaufen, die sogar gegenüber nicht allzu großen Störungen stabil bleibt.

Bevor wir uns einigen Details dieses Konzepts zuwenden, soll kurz innegehalten werden, um sich der Bedeutung des vorangegangenen Satzes bewusst zu werden: Zunächst ist ausgesagt, dass nur *manche* Prozesse attrahierend sind, andere nicht – und offenbar, sofern *Zeit* eine Rolle spielt (also bei realen Prozessen im Gegensatz zur Mathematik), gilt dies jeweils auch nur für ein bestimmtes Zeitfenster. Mit *„fester Struktur"* wird betont, dass es sich um ein interessantes Phänomen handelt, dass Veränderlichkeit und Unveränderlichkeit gleichermaßen in sich vereinigt: Die Veränderlichkeit ist schon dadurch gegeben, dass es sich um einen Prozess handelt: ständig geschieht etwas. Doch dieses Geschehen hat eine bestimmte Struktur (bzw. es bildet eine solche

---

[6] „Selbst-Morphismus" meint somit die Strukturierung des „Selbst", wird dieser Prozess als eigenständig organisiert verstanden und dies thematisiert (also im Sinne der Naturwissenschaft: selbstorganisiert), so wird von „Selbst-*Auto*morphismus" gesprochen.

aus), die (im Zeitfenster) fest bleibt. Im Gegensatz zu einer statischen Ordnung – etwa ein gelegtes Mosaik – geht es also nicht um die *materielle* Stabilität der einzelnen Elemente, sondern um die *strukturelle* Stabilität der Dynamik. Der Unterschied lässt sich leicht anhand einer Kerze erläutern: Der Stummel besteht aus Wachsteilen (letztlich: Molekülen), deren Anordnung der Kerze eine bestimmte Form geben – etwa die übliche Stangenform oder aber eine Wachsfigur. Und wenn man diese nicht verändert (verformt), bleibt sie so. Allerdings gilt auch dies nur in einem angemessenen Zeitfenster: Die Kerze existierte weder bereits vor 1.000 Jahren, noch wird sie, selbst wenn kein Mensch etwas damit macht, in Millionen Jahren noch so sein (d.h. genaugenommen handelt es sich auch hier um einen Prozess, aber in einem für die Fragestellung irrelevant großen Zeitfenster). Die Kerzenflamme hingegen ist dadurch gekennzeichnet, dass zu jedem (nicht zu kleinen) Zeitintervall jeweils andere Moleküle aus dem Kerzenstummel oxidieren und dann in den umgebenden Raum diffundieren. Dieser Prozess hat eine gewisse Ordnung, sonst würden wir gar nicht von „der Flamme" reden können. Man kann nun sacht in die Flamme blasen (was eine *nicht allzu große Störung* wäre): sie wird etwas ihre Form verändern – hört man aber auf zu blasen, so nimmt sie unter sonst gleichen Umständen ihre Form wieder ein. Die Stabilität der Flamme ist somit nicht in der Stabilität der Elemente begründet (wie beim Stummel), sondern in der Struktur eines dynamischen Prozesses. Dies gilt analog für Organisationen: Eine bestimmte Traditions-Schule, die seit Jahrhunderten „besteht", meint eben genau eine bestimmte Struktur (Name, Umgangsregeln, Ziele und/oder ähnliche Aspekte), auch wenn längst alle gegenwärtigen Lehrer und Schüler nach Jahrzehnten diese Schule verlassen haben. Vielleicht ist sogar das Gebäude abgebrannt und woanders neu errichtet worden: Dennoch kann diese Traditions-Schule weiter bestehen, wenn wesentliche Regeln, Zielvorstellungen etc. überdauern.

Letztlich ist auch das Wort *„hinauslaufen"* überaus bedeutsam: Es geht hier ganz offensichtlich um das teleologische Prinzip, dass ein Prozess nicht (nur) durch die Vergangenheit und deren Kräfte bestimmt sind, sondern durch etwas, das sich erst in der Zukunft zeigt. Teleologische Erklärungen waren lange Zeit in der abendländischen Wissenschaft verpönt. Zu Recht brandmarkte man typische „Erklärungen" wie: „Der Vogel hat Flügel *damit* er fliegen kann" als überaus dürftig und letztlich für *alles* passend (und damit eben *nichts* erklärend). Nun kommen teleologische Betrachtungsweisen mit der naturwissenschaftlichen Systemtheorie durch die Hintertür wieder in den „Raum der Wissenschaft" und werden salonfähig – allerdings im angemessenem Gewande sehr differentieller Spezifität. Teleologische Aspekte sind aber ganz besonders für menschliche Prozesse wesentlich – also auch für Phänomene, die Organisationen betreffen. Denn wie wir noch sehen werden, ist eine bedeutsame attrahierende Kraft im Bereich des Menschlichen die Phantasie oder Imagination. Wenn man einen Studenten, der gerade die Treppe zu einem Hörsaal hinaufgeht, fragt, warum er dies tut, so wird er selten Gründe aus der Vergangenheit bemühen – etwa weil er Abitur gemacht habe, oder weil er unten losgegangen sei und so viel Schwung hatte. Sondern man wird eher teleologische Erklärungen finden – etwa um eine Vorlesung zu hören und dies (auf Nachfragen: „warum?"), weil er Prüfung machen will oder muss, und dies wiederum, weil er den Beruf „X" ergreifen will. Dass menschliches Handeln in wesentlichen Anteilen zielgerichtet ist, ist eigentlich so selbstverständlich, dass es geradezu absurd erscheint, dass teleologischen Erklärungen lange Zeit auch in der Psychologie verpönt waren und man versuchte, alles einseitig aus den „Kräften der Vergangenheit" heraus zu erklären.

Man ahnt an dieser Stelle bereits, dass die Sengesche „Disziplin" der „gemeinsamen Vision" unter dieser Perspektive gar nicht als eine „Disziplin" eingeführt werden muss, sondern unmittelbar aus einem tiefer verstandenen Systemdenken folgt.

Um uns den Details des Konzepts „Attraktor" zu nähern, soll mit drei Beispielen für Attraktoren aus sehr unterschiedlichen Phänomenbereichen begonnen werden: a) aus der Mathematik – dies führt am klarsten und kürzesten in das Konzept ein; b) aus der Physik – dies ist als „reales Phänomen" am einfachsten und überzeugendsten c) aus der menschlichen Interaktion – dies kommt dem hier interessierenden Anwendungsbereich „Organisationen" als erstem Schritt am nächsten:

a) Mathematik

Das „Hinauslaufen" auf eine stabile Struktur kann bereits anhand eines recht einfachen Gleichungstyps demonstriert werden. Es geht um einen Prozess, bei dem der Endwert einer Operation jeweils zum Eingangswert des nächsten Schrittes wird:

$$X_{neu} = (a - b * X_{alt}) X_{alt}$$

Setzt man beispielsweise für a=2.2 und für b=0.05 und beginnt man mit 10 als Anfangswert (also X_{alt}), so lautet die Folge:

(Beginn): X_{alt} = 10

1. Schritt: (2.2 - 0.05*10)*10 → 17
2. Schritt: (2.2 - 0.05*17)*17 → 22.95
3. Schritt: (2.2 - 0.05*22.95)*22.95 → 24.15488
....

Bereits nach wenigen weiteren Schritten ist die Zahl 24 erreicht, die dann bei jedem Schritt wieder herauskommt – es handelt sich um einen so genannten Eigenwert der Operation, der durch die Operation unverändert, also stabil, bleibt.

Hätten wir mit 5 statt mit 10 begonnen, so würde die Folge heißen: 5; 9.75; 16.6968; 22.7938; 24.1685 .... ; 24; 24; 24; .... oder bei einem Ausgangswert von 30 lautet die Folge: 30; 21; 24.15; 23.97; ...; 24; 24; 24; .... Das heißt: von unterschiedlichen[7] Ausgangswerten läuft dieser Prozess immer auf die Folge 24, 24, 24... zu.

Es sei bemerkt, dass ein Attraktor keineswegs nur ein einzelner Wert sein muss. So läuft der Prozess beispielsweise für a=3.1 auf einen 2-er Zyklus mit den Werten ca.

---

[7] Aber nur innerhalb eines bestimmten Bereiches – z.B. ergibt sich hier bei Start-Werten < 0 oder > 44 kein Attraktor.

34,6 und 47,4 hinaus. Für wieder andere Parameter a erhält man 4-er, 8-er etc. Zyklen. Für a > 3.57 ergibt sich sogar kein Eigenwert oder Zyklus mehr: die Werte schwanken chaotisch.[8]

b) Physik

Im folgenden Beispiel wird der Zusammenhang zwischen Attraktoren und Selbstorganisationsprozessen deutlich. Es geht um die Bénard-Instabilität, die als Phänomen bereits vor rund hundert Jahren beschrieben wurde, deren Erklärung aber erst im Rahmen der Systemtheorie in der 2. Hälfte des 20. Jahrhunderts erfolgen konnte:

Eine von unten erhitzte Flüssigkeit gleicht die Temperaturunterschiede zur (gekühlten) Oberfläche durch Konvektionsströmung aus. Bei kontinuierlicher Erhöhung dieser Temperaturdifferenz geschieht ab einem kritischen Wert plötzlich ein qualitativer Sprung: Eine makroskopisch geordnete Bewegung setzt ein, wobei große Bewegungsrollen entstehen, an denen jeweils Myriaden von Molekülen kooperativ beteiligt sind. Diese geordnete Rollenbewegung nimmt oft komplizierte Formen an – z.B. die Form eines Bienenwabenmusters (von oben gesehen), wie dies in Abbildung 1b (bzw. 1a stark schematisiert von der Seite) dargestellt ist.

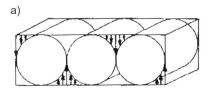 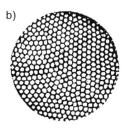

Abbildung 1: Bénard-Instabilität als Beispiel materieller Selbstorganisation

Wesentlich ist, dass die Flüssigkeit diese makroskopische Struktur selbstorganisiert bildet: Denn die Struktur wird eben gerade nicht von außen als „Ordnung" eingeführt (etwa indem jemand in der Flüssigkeit in Form der Bewegungsrollen herumrührt). Vielmehr führt die kontinuierliche Änderung relativ undifferenzierter (aber keineswegs beliebiger!) Randbedingungen (hier: Temperaturdifferenz) in diskontinuierlichen Sprüngen zu dieser hoch differenzierten Struktur. Und jedes Teilsystem bzw. „Element" trägt zirkulär-kausal einerseits zur Gesamtdynamik bei, wird aber andererseits durch diese in seiner Dynamik bestimmt (sog. „Slaving"-Prinzip der Synergetik).

Wesentlich ist auch die Nicht-Linearität des Zusammenhanges zwischen der Veränderung der Umgebungsbedingungen und der des Systems: Je nach Systemzustand (d.h. der bisherigen „Geschichte" des Systems) können große Umgebungsveränderungen

---

[8] In der Tat ist dies ein Beispiel für das so genannte „deterministische Chaos", das jahrhundertlange Vorstellungen über die Berechenbarkeit einfacher Gleichungen und „der Welt", die solche Gleichungen beschreiben, zusammenbrechen ließen. Doch diese überaus interessanten Aspekte sind nicht Gegenstand dieser Abhandlung (vgl. Kriz, 1992, 1999).

ggf. überhaupt nichts bewirken, während andererseits minimalste Einflüsse große Veränderungen auslösen können. Die „klassische" Regel, dass große Wirkungen auf große Ursachen zurückgehen müssen, gilt für solche Systeme also nicht.

Ein dritter zentraler Aspekt ist die Tatsache, dass dem System keine beliebigen Strukturen aufgezwungen werden können, vielmehr ist es nur möglich, das System zur Bildung ihm *inhärenter* Ordnungsmöglichkeiten zu veranlassen. Da das System dabei grundsätzlich eine Phase der (chaotischen) Instabilität durchläuft, hat es in der Regel mehrere „Wahlmöglichkeiten", auf welchen Attraktor hin es sich zubewegt, d.h. welche der ihm inhärenten Lösungsmöglichkeiten (= stabile Strukturen) es aufsucht. Da hier Zufallsschwankungen eine Rolle spielen können, ist die „gewählte" Lösung nicht deterministisch vorhersagbar. Bei guter Systemkenntnis wäre aber eine Unterstützung einer inhärenten Struktur erfolgreich.

c) Menschliche Interaktion

Ein einfaches aber eindrucksvolles Beispiel im Bereich menschlicher Interaktion ist ein selbstorganisierter Klatsch-Rhythmus: Nach Beendigung einer Vorführung, etwa eines Konzertes, entsteht aus dem Chaos der vielfältigen Klatsch-Rhythmen (nur als chaotisches Klatsch-Rauschen wahrnehmbar) oft plötzlich ein gemeinsamer Rhythmus. Dieser ließe sich zwar auch erzeugen, wenn jemand auf der Bühne springt und die Anweisung geben würde: „Jetzt klatschen wir mal alle gemeinsam!" und mit großen Bewegungen den Rhythmus vorgibt: „jetzt! – jetzt! – jetzt!...", was eine von außen eingeführte Fremd-Organisation wäre. Gerade dies geschieht aber meist nicht. Trotz der immer noch in vielen Köpfen verankerten Vorstellung, Ordnung könne nur durch ordnenden Eingriff erzeugt werden, entsteht der gemeinsame Rhythmus hier selbstorganisiert – und dies in präziser Übereinstimmung mit den Selbstorganisationsvorgängen z.B. der o.a. Bénard-Instabilität.

Ein zweites, ebenso einfaches wie häufig verwendetes Beispiel ist die folgende Interaktionsstruktur in einer Paar-Dynamik mit den beiden Verhaltensweisen A: „Mann geht in Kneipe" und B: „Frau nörgelt":

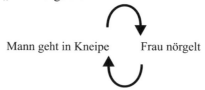

Üblicherweise liegt der Fokus in der Beschreibung darauf, wie sich beide Verhaltensweisen, A und B, im Rahmen dieses einfachen Interaktionssystems gegenseitig stabilisieren. Im Hinblick auf „Attraktoren" ist aber zusätzlich bedeutsam, dass die Beteiligten solche Verhaltensweisen oft nicht einfach in die Beziehung einbringen, sondern dass sich dieses Muster erst in kleinen Schritten entwickelt: A und B kommen dann zunächst schwach oder selten vor – wie auch in zahlreichen anderen Beziehungen, die *kein* solches Muster entwickeln. Wenn der Mann auf B aber verstärkt mit A reagiert und die Frau auf A verstärkt mit B, so differenziert sich dieses Muster als ein Attraktor heraus – das sich soweit radikalisiert, wie es die Randbedingungen zulassen (z.B. kann „Mann" nicht ewig in der Kneipe bleiben, und „nörgeln" geht nur, in Anwesenheit des Partners). Weder dieses Muster selbst noch die konkrete Frequenz sind vorgegeben oder von einem der beiden (in der Regel) intendiert, sondern eben selbstorganisiert.

Dies lässt sich auf andere Muster in Paardynamiken (vgl. z.B. Willi, 1975), oder, bei mehr beteiligten Angehörigen, in Familiendynamiken erweitern (vgl. z.B. v. Schlippe & Schweitzer, 1996). Durch den Fokus auf die Selbstorganisation werden keineswegs die (fremd-)organisierenden Einflüsse biologischer oder gesellschaftlicher Art ignoriert. Was aber eine spezifische Dynamik ausmacht und von anderen unterscheidet, ist eben nicht gesellschaftlich oder somatisch determiniert oder auch nur organisiert (z.B. durch Gesetze), sondern „spielt" sich als Regel(-mäßigkeit) zwischen diesen Menschen ein und organisiert sich somit selbst. Und dies gilt genau so für andere Muster in sozialen Interaktionsdynamiken – also auch für die Selbstorganisationsprozesse in Organisationen.

3. Autokatalyse: Die Dynamik von Opfern und Tätern

Bei all diesen Prozessen der Attraktorenbildung bzw. der Selbstorganisation ist die *autokatalytische* Rückkopplung von Bedeutung. Damit ist gemeint, dass sich der Prozess in der Dynamik hinsichtlich bestimmter Eigenschaften *selbst verstärkt*. Dies wird in der mathematischen Gleichung durch das „a" repräsentiert: Hat a beispielsweise den Wert 2, so wird der Unterschied zwischen X_{alt} und X_{neu} durch das Produkt $a*X_{alt}$ mit jedem Schritt verdoppelt (damit der Prozess allerdings nicht explodiert, wird dieser Zuwachs durch $b*X_{alt}*X_{alt}$ wieder gedämpft – vgl. Kriz, 1992).

Im Prozess der Bénard-Instabilität bedeutet dies, dass die Bewegungsrichtung von Molekülen im Sinne der späteren Ordnung durch die Randbedingungen stärker unterstützt werden als konkurrierende Bewegungen. Je mehr Moleküle aber bereits an diesen makroskopischen Rollbewegungen teilnehmen, desto größer wird der Einfluss dieser Gesamtbewegung auf die restlichen Moleküle, sich dieser Bewegungsrichtung anzuschließen – und je mehr „mitmachen", desto größer wird der Einfluss. Analoges gilt für praktisch alle Selbstorganisationsprozesse in den Naturwissenschaften – beispielsweise für den Laser und dessen Photonen.[9] Wir haben eine Top-Down-Wechselwirkung zwischen der Gesamtdynamik, die wie ein Feld wirkt, und den Teilen: Je mehr Teile im Sinne des Feldes wirken, desto größer der Einfluss und desto mehr Teile ändern ihre Dynamik im Sinne des Feldes, was wieder den Einfluss vergrößert.

Dies ist auch beim Klatschen der Fall: Aus dem Chaos der vielfältigen Klatsch-Rhythmen heben sich (nach kurzer Zeit) einige hervor. Je mehr Menschen sich (meist unbewusst) einem bestimmten Rhythmus anschließen – weil dieser lauter, deutlicher

---

[9] Dies ist übrigens auch der Grund, weshalb in diesem Beitrag die Konzepte zunächst an naturwissenschaftlichen Phänomenen erläutert werden: Sie sind leichter abgrenzbar und vor allem unterstellt man Molekülen und Photonen keine „Absichten", „Intentionen" udgl. – was im psychosozialen Bereich sofort als „Erklärung" herangezogen werden würde.

oder (ebenfalls unbewusst) „angemessener" ist, als konkurrierende Rhythmen, desto lauter wird er und desto eher schließen sich auch noch andere an – bis letztlich alle *diesen* einen Rhythmus klatschen (ggf. mit wenigen Counter-Rhythmen, die aber in der Regel gut zum Gesamtrhythmus passen).[10] Analog lässt sich auch die Dynamik bei den Interaktionsprozessen verstehen: Je stärker bereits ein Muster herrscht – d.h. je geringer die Freiheitsgrade werden, davon abzuweichen – desto stärker ist auch der attrahierende Sog, immer mehr der Verhaltenweisen und Wahrnehmungen von diesem Muster bestimmen zu lassen. Im Beispiel oben: Je mehr der Partner „säuft", desto deutlicher wird dessen Fehlverhalten und desto mehr „Grund" besteht zum Nörgeln; je mehr aber genörgelt wird, desto deutlicher wird die unerträgliche Situation und desto mehr „Grund" besteht, das Weite bzw. die Kneipe zu suchen.

Autokatalytische Rückkopplung beschreibt somit einerseits die zunehmende teleologische Kraft – hinein in die Struktur des Attraktors (gebremst durch Ressourcen). Zum anderen macht sie das bedeutsame Verhältnis zwischen Gesamt- und Teildynamik (bzw. zwischen Feld und Teilen) deutlich: Ohne das Verhalten der Teile gäbe es keine Gesamtdynamik bzw. kein Feld – denn Letzteres ist nichts anderes als eben die Bewegung der Moleküle, als das Klatschen, oder als das Verhalten in der Paar-, Familien- oder Organisationsdynamik. Gleichzeitig bestimmt (technisch: „versklavt") die Gesamtdynamik bzw. das Feld aber das Verhalten der einzelnen Teile. Für menschliche Akteure gilt somit, dass jeder in das Gesamtgeschehen gleichermaßen als Opfer und als Täter eingewoben ist: Ohne das Mit-Wirken der Einzelnen gäbe es keine Gesamtdynamik, und gleichzeitig ist jeder Einzelne in diese Gesamtdynamik eingebunden.

Diese überaus bedeutsame Verwobenheit von Mikro- und Makro-Ebene, von Täter und Opfer, ist bereits vielfach auch in anderen Kontexten diskutiert worden. Schon Hofstätter (1963) stellt seiner Einführung in die Sozialpsychologie das Goethe-Zitat voran, in dem Mephistopheles zu Faust sagt:

> *Der ganze Strudel strebt nach oben;*
> *Du glaubst zu schieben, und Du wirst geschoben.*

Diese Einsicht in die Vernetzungen ist denn auch adäquater, als einseitige Betonungen nur einer Ebene. So ist beispielsweise das ebenfalls oft verwendete Sprichwort „Was wäre, wenn Krieg ist und keiner geht hin?" eine zu einseitige Betonung individueller Handlungsmöglichkeit. Übersehen wird hier die strukturelle Macht der Gesamtdynamik, welche die Handlungen, Ideen und Werte des Einzelnen in die Aktivitäten, Ideologien und Normen der Gesellschaft einbettet und eben nicht mit so vielen Freiheitsgraden belässt, wie der Spruch suggeriert.

Dennoch ist der teleologische Aspekt bzw. die Täter-Perspektive sehr wichtig. Die – zur obigen Beschreibung – gleichwertige Formulierung: „Die Frau nörgelt, *damit* der Mann in die Kneipe geht" und „Der Mann geht in die Kneipe, *damit* die Frau

---

[10] Und selbst, wenn man unterstellt, dass bei vielen eine „Intention" zu einem „gemeinsamen Rhythmus" vorhanden war (was ich *so* bezweifeln möchte), erklärt dies nicht, welcher Klatschrhythmus letztlich entsteht – beispielsweise jener, den die „Dame in der 5. Reihe im roten Kleid" hatte. *Dies* war ganz gewiss *nicht* die Intention der meisten!

nörgelt" erscheint zunächst seltsam bis absurd. Dies liegt aber m.E. vor allem daran, dass wir uns alle so sehr an einseitige Opfer-Narrationen gewöhnt haben. Schon die Alltagspsychologie nimmt nach kurzer Bedenkzeit vieles des scheinbar Absurden: So wäre durchaus denkbar, dass der Frau ein auswärtig trinkender Gatte nicht ungelegen kommt, da er weniger andere Ansprüche an sie stellt; und dass dem Mann das Nörgeln seiner Frau ein durchaus willkommener Vorwand ist, im Kreise seiner Kumpane dem Trinken zu frönen. Wenn solche Täteranteile erkannt und akzeptiert werden, kann man eher aktiv etwas für die Veränderung tun, als wenn man sich nur als Opfer der anderen oder der Umstände definiert.

Wichtig ist hierbei allerdings auch die Unterscheidung zwischen *Verstehen* und *Entschuldigen*: Die Systemtheorie versucht die Opfer-Täter-Dynamik zu verstehen, nicht die Täter(-aspekte) zu entschuldigen und/oder die Opfer(-aspekte) zu beschuldigen.[11]

Diese Aspekte sind gerade im Umgang mit den Selbstorganisationsprozessen in Organisationen von großer Bedeutung, weil wegen deren Komplexität für den Berater oft die Tendenz besteht, die eine oder die andere Ebene überzubetonen. Es macht aber wenig Sinn, individuelle Verhaltensweisen ändern zu wollen, wenn dabei nicht deren Eingebundenheit in übergeordnete Interaktionsmuster und Sinnstrukturen Rechnung getragen wird, die diese stabilisieren (und bei kurzfristiger Veränderung im Sinne einer Fluktuation sogar wieder re-etablieren). Genauso ist eine Konzentration allein auf die interaktionelle und strukturelle Ebene zu einseitig und daher von der Wahrscheinlichkeit des Misserfolgs überschattet, wenn dabei nicht berücksichtigt wird, wie diese makroskopischen Strukturen mit den individuellen (und Teilgruppen-) Sinnorientierungs-, Wahrnehmungs- und Handlungsprozessen verwoben sind und letztlich aus diesen bestehen. Organisationsberatung und Coaching von und in Organisationen hat somit dieser Mikro-Makro-Relation der Selbstorganisationsprozesse eine besondere Aufmerksamkeit zu widmen.

4. Sinnattraktoren: Der Schlüssel zur Mikro-Makro-Dynamik

In der Tat haben systemische Betrachtungsweisen im Bereich von Psychotherapie, Beratung, Coaching u.Ä. lange Zeit recht einseitig den Fokus auf die Makro-Strukturen gerichtet. Im Überschwang der Freude, den bis dahin fast ausschließlich vorherrschenden Mikroperspektiven – mit dem Fokus auf „Persönlichkeit", „individuelle Entwicklung", „Psychopathologie", „kognitive Verarbeitungsprozesse", „Reasoning", „soziale Kompetenzen" etc. – etwas Wesentliches hinzugefügt zu haben, wurden mit der Ausbreitung der systemischen Betrachtungsweise in den 50er bis 80er Jahren des

---

[11] Die Aussage von Gregory Bateson: „Macht ist nur ein epistemeologischer Irrtum" – d.h. A hätte keine Macht über B, wenn B sie nicht A zuschreiben würde – halte ich zwar für uns Deutsche schlicht für „unanständig", da wir mit zwei Weltkriegen und den Konzentrationslagern nicht noch die realen Opfer beschuldigen können, „mitgespielt" zu haben. Hier kommen wir an die Grenzen systemischer Erklärung. Gleichwohl ist es wichtig, auch hier die Dynamik (und ggf. die potentiellen Anteile in uns) zu sehen und zu verstehen (nicht zu entschuldigen).

20. Jahrhunderts diese individuellen Aspekte als „irrelevant" erklärt. Stattdessen, so meinte man, könne man alle die in diesen Kontexten beschriebenen Phänomene genauso gut, oder gar besser, auf die Interaktionsstrukturen zurückführen. Die Analyseinstrumente und vor allem die Interventionstechniken auf dieser interaktionell-kommunikativen Ebene wuchsen rasch und faszinierten viele Therapeuten und Berater. Und die Erfolge dieser systemischen Zugangsweise, zunächst vorwiegend im Rahmen von Familientherapie, dann, davon erweiternd abgeleitet, auch im Rahmen von Organisationsberatung, Coaching etc., waren so überzeugend, dass eine blühende systemische Praxeologie entstand. Die logische Basis der Interventionen schien überzeugend: Wenn die Symptome, Probleme oder Mängel, wegen derer der systemische Berater aufgesucht wurde, tatsächlich mit der Interaktionsdynamik im Zusammenhang stehen (weniger, dass sie durch diese erzeugt wurden aber zumindest, dass sie durch diese aufrecht erhalten bleiben), dann müsste eine Ver- oder Zerstörung dieser Interaktionsregeln das System auch zu einer neuen Selbstorganisation von (veränderten) Regeln anstoßen – mit weniger Symptomen und Problemen.[12]

Die oft erstaunlichen Erfolge aufgrund dieser Praxis führten zu den bereits erwähnten theoretischen Übertreibungen und Einseitigkeiten. „Symptome" wurden dabei als „nichts anderes" als Ausdruck eines spezifischen Prozesses kommunikativer Handlungen zu beschreiben versucht. Eine solche Perspektive übersieht freilich, dass auch kommunikative Prozesse selbstverständlich Korrelate z.B. in der Biochemie des Körpers sowie in Wahnehmungs- und Interpretationsvorgängen haben, und dort ggf. eine bestimmte Eigendynamik aufweisen. So hat die „kommunikative Handlung" „Zornausbruch mit Geschirr zerschmeißen" eben materielle Konsequenzen, wobei die Scherben selbst natürlich nicht sinnvoll als „kommunikative Handlungen" beschreibbar sind. Und wenn das geworfene Geschirr dabei gar die Fensterscheibe zerstört, können durch hereinströmenden Regen weitere Eigendynamiken gefördert werden: So kann der nass gewordene Teppich zu schimmeln beginnen – es wäre aber absurd, die Schimmelpilze auf „nichts anderes als" kommunikative Handlungen reduzieren zu wollen. Im Bereich der systemischen „Erklärung" von psychosomatischen Vorgängen beispielsweise aber wurden ähnliche „nichts-anderes-als"-Absurditäten vertreten.

4.1 Personzentrierte Systemtheorie

Als explizite Gegenbewegung zu dieser Einseitigkeit, im Rahmen der therapeutischen und beratenden Systemansätze die zu betrachtenden Prozesse fast ausschließlich als kommunikative Muster zu beschreiben, habe ich seit knapp zwei Jahrzehnten mit der Entwicklung einer „personzentrierten Systemtheorie" begonnen (u.a. Kriz, 1987, 1991, 1999a). Es geht im Kern darum, der Tatsache besser Rechnung zu tragen, dass der Mensch als soziales Wesen seine Identität immer schon und immer nur in sozialen Prozessen gewinnen und aufrecht erhalten kann, und andererseits jede Interaktion

---

[12] Falls sich nicht weniger, sondern mehr oder etwa gleich viele Probleme ergeben, so wird eben ein weiteres Mal verstört, und gegebenenfalls weiter – bis der erreichte Zustand deutlich besser ist.

stets „durch das Nadelöhr persönlicher Verstehensprozesse und Sinndeutungen" gehen muss. Kommunikativ-interaktionelle Muster sind somit wesentlich von den Mustern dieser Sinndeutungen mitbestimmt.

Während diese Betonung der personzentrierten Perspektive noch vor einem Jahrzehnt als Bruch der Grenzen eines rein kommunikativen Systems kritisiert wurde (z.B. Schiepek, 1991, S.153), sind inzwischen im Zuge der „postmodernen Philosophie" und der „narrativen Ansätze" als antiquiert entwertete Aspekte wie „Person", „Selbst", „Sinn" etc. auch bei anderen wieder eingekehrt (z.B. Ahlers & Merl, 1998; Hinsch, et al. 1998). Es geriet nämlich zunehmend wieder ins Bewusstsein von Systemikern, dass Sinndeutungen, verwoben zu Geschichten, die Realität der Lebenswelt herstellen – und dass der Therapeut oder Berater in die Geschichten und ihre Veränderungen eingewoben ist (statt diese nur, strategisch oder strukturell, „von außen" zu beeinflussen). Postmoderne und narrative Philosophie betonen somit, dass die Grenzen der narrativen Strukturen und Erzählungen auch die Grenzen unserer Fähigkeit zum Verstehen und Erklären festlegen. Unsere Lebenswelt ist demnach wesentlich von Beschreibungen bestimmt – und diese Beschreibungen können aus unterschiedlichen Wahrnehmungs- und (Er-)Lebensperspektiven sehr unterschiedlich sein. Es kann nicht darum gehen, welche Beschreibung die „einzig richtige" ist, sondern darum, die Anderen in ihren (unterschiedlichen) Beschreibungen, den damit verbundenen Lebensperspektiven und den dahinter stehenden Standpunkten zu würdigen und zu verstehen.

Die Sichtweise ging somit von der distanzierten Intervention zur gemeinsamen Konversation – dem Gespräch aller Beteiligten über eben solche Sinndeutungen in Form von Problemen, Lösungsmöglichkeiten, Erklärungen usw.

Für Berater und Therapeuten wurde dabei immer weniger wichtig, eine Kompetenz zur *inhaltlichen Analyse* eines Problems oder eines Interaktionsmusters zu haben, als vielmehr eine Kompetenz für den *Prozess der Veränderung* – eine Veränderung, die wegführt von jenen Geschichten, welche den Interpretations- und Verstehensraum eher einengen, kaum mehr Handlungsalternativen ermöglichen und immer wieder „zum Selben" führen, hin zu solchen Geschichten, die neue Perspektiven, Ideen, Sicht- und Handlungsmöglichkeiten eröffnen.

Ohne in diesem Rahmen detaillierter auf die Personzentrierte Systemtheorie eingehen zu können, ist für unseren Kontext wichtig, dass diese Sinnfindungs- und Deutungs-Dynamiken ebenfalls als attrahierende Prozesse verstanden werden können. Die Komplexität und Vagheit von zahlreichen Situationen erfordert es, bei der Konstituierung unserer Lebenswelt die Fülle der Außen- und Innenreize zu ordnen, zu vereinfachen, und so „stimmig" zu machen. Sowohl in theoretischen Überlegungen als auch in zahlreichen Experimenten (Übersichten in Kriz, 1997a, 1999a, 2001) zeigt sich die attrahierende Kraft der kognitiven Prozesse. Diese ist am anschaulichsten der Abbildung 2 zu entnehmen, die einer Arbeit von Stadler und Kruse (1990) entstammt.

Ein komplexes Punktemuster (links oben) wird dabei kurz von einer Vp angeschaut und dann versucht, aus dem Gedächtnis zu reproduzieren (2. Muster links oben). Diese Reproduktion wird von einer weiteren Vp kurz angeschaut, die dann wieder eine Reproduktion erzeugt (3., mittleres, Muster in der oberen Reihe). In dieser sog. „seriellen Reproduktion" verändert sich das Punktemuster so lange, bis es so einfach und prägnant ist, dass es perfekt reproduziert werden kann (wobei natürlich keineswegs immer aus dem Muster links oben des „Quadrat" rechts unten folgen muss, sondern auch andere prägnante Formen als Attraktor möglich sind).

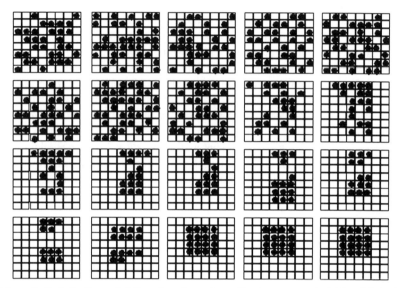

Abbildung 2: Serielle Reproduktion eines komplexen Punktemusters bei 19 aufeinander folgenden Versuchspersonen (nach Stadler & Kruse, 1990)

Natürlich ist diese attrahierende Dynamik bei der visuellen Wahrnehmung und Reproduktion nur ein besonders anschauliches Beispiel. Bereits in den 30er Jahren untersuchte Bartlett die serielle Reproduktion von Geschichten. Seine Frage war dabei einerseits, nach welchen Gesichtspunkten sich komplexe Geschichten in der seriellen Reproduktion verändern würden, und andererseits, ob sich der Inhalt bei der Reproduktion irgendwann hinreichend stabilisieren würde. Ohne auf Details einzugehen, liegt es auf der Hand, dass Geschichten in der Reproduktion u.a. besonders prägnant vereinfacht, veralltäglicht und konsistenter gemacht werden – eben bis man sie sich gut merken kann (vgl. Bartlett, 1932).

Die fundamentale Tendenz menschlicher Kognition, zu ordnen, Kategorien zu bilden, und damit Komplexität zu reduzieren, ist auch von anderen vielfach thematisiert worden, z.B. in der Gestalttheorie (Metzger, 1986) oder in der Piaget'schen Schematheorie (Piaget, 1976); Riedl (1981) spricht in diesem Zusammenhang von den „angeborenen Lehrmeistern", also angeborenen Mustern der Komplexitätsreduktion, die sich im Laufe der Evolution als überlebensfähig erwiesen haben (wie z.B. das Denken in Ursache-Wirkungsrelationen). Dadurch wird die Angst vor dem Chaos verringert, Übersicht geschaffen, Vorhersagbarkeit und Verlässlichkeit gewährleistet.

Um das Ergebnis zu kennzeichnen, das bei kognitiven Prozessen entsprechend den o.a. attrahierenden Dynamiken entsteht, habe ich den Begriff des „Sinnattraktors" eingeführt. Dabei ist auch die Eigenschaft bedeutsam, dass bei attrahierenden Prozessen im Sinne der oben beschriebenen Autokatalyse und prägnanten Herausbildung von Strukturen ein noch unvollständiges, „unscharfes" oder nur in Ansätzen bestehendes Muster zum Attraktor vervollständigt wird. Dies ist gerade das teleologische Prinzip des Attraktors: In den obigen Beispielen gehen die Zahl 24, die Rollenmuster, der Klatsch-Rhythmus, die Paardynamik oder auch das quadratische Punktemuster jeweils erst aus dem Prozess selbst hervor. Aus der Perspektive der stabilen Enddynamik, also des Attraktors, kann man sagen, dass Teilordnungen in der attrahierenden Dynamik zu diesem Attraktor „komplettiert" werden. Ich spreche daher von einer „Komplettierungs-Dynamik", um diesen wichtigen Aspekt zu benennen.

Schon auf elementarster Ebene der Wahrnehmung haben wir ununterbrochen das Ergebnis von Komplettierungsdynamiken buchstäblich vor Augen – nämlich den „blinden Fleck": Dort wo der Sehnerv durch unsere Netzhaut tritt, wir also keine Reize aufnehmen können, sehen wir üblicherweise nicht: „In unserem Wahrnehmungsfeld befinden sich zwei große schwarze Löcher". Sondern das entsprechende Areal wird im Wahrnehmungsakt einfach aufgrund der wahrscheinlichsten Textur aus der Umgebung komplettiert. Analog verlaufen die höheren Prozesse der kognitiven Verarbeitung: Auch wenn wir einen Menschen nur kurz und zum ersten Mal sehen, haben wir ein recht komplettes „Bild" „vor Augen". Dieses wird nicht nur visuell komplettiert (ein Arm war vom Mantel bedeckt – „selbstverständlich" aber haben wir das „Bild" eines zweiarmigen Menschen, bis wir durch erneutes Hinsehen ggf. bemerken, dass dieser Mensch vielleicht tatsächlich einen Arm verloren hatte). Vielmehr wird unser „Bild" von diesem Menschen, auch hinsichtlich Eigenschaften, Verhaltensweisen etc., zu denen gar keine objektive Information vorliegt, von uns mehr oder minder „komplettiert".

4.2 Intuition und Imagination: Die praktische Seite der Sinnattraktoren

Widmen wir uns noch einmal diesem teleologischen Prinzip des Attraktors und der Komplettierungsdynamik, so entwickelt sich etwas auf eine (dynamische) Ordnung hin, die zunehmend „sichtbar" wird, aber in ihren ersten Entwicklungsstadien eben noch recht schwach ausgeprägt ist. Ohne wieder auf Details eingehen zu müssen (vgl. Kriz, 1992, 1999a, b), lässt sich dieser Aspekt durch Abbildung 3 veranschaulichen. Der attrahierende Prozess besteht hier darin, dass auf einen zufällig gewählten Punkt eine Transformation ausgeübt wird, was einen neuen Punkt ergibt. Auf diesen wird wieder eine Transformation ausgeübt usw. – und auf diese Weise entstehen immer weitere Punkte. Je nach Transformationsregeln ergibt sich so z.B. ein „Farn" (Abb. 3a) oder ein „Ahornblatt" (Abb. 3b). Man sieht deutlich, wie sich in diesem dynamischen Prozess zunehmend die Form (Ordnung) des „Blattes" bzw. „Farns" entfaltet. Die Bilder ganz rechts enthalten jeweils 20.000 Punkte, die Bilder in der Mitte jeweils 500 und die Bilder links nur 50 Punkte. Trotzdem kann man bereits zumindest in der Mitte (nur 2.5 % der Punkte) die sich anbahnende Ordnung erkennen – man könnte auch sagen: Unser kognitives Systems komplettiert die schwach erkennbare Ordnung zu einem Gesamtbild. Man hat somit einen intuitiven Zugang zu der sich noch etablierenden Ordnung bzw. man vermag den Endzustand zu imaginieren.

Abbildung 3a

Abbildung 3b

Die Bedeutsamkeit der Imagination wurde zu Beginn unserer Ausführungen bereits angesprochen: Im Bereich menschlicher Wahrnehmungs-, Verarbeitungs- und Handlungsprozesse entfalten Imaginationen von zukünftigen Zuständen Kräfte zur Ordnung weiterer Lebensvorgänge. Der oben zitierte Student, der zum Hörsaal strebt, hat weder einer klare Vorstellung von der Vorlesung, die ihn gleich erwartet noch gar von seinem späteren Beruf. Aber indem er sich von dieser vagen Vorstellung leiten lässt, wird diese – analog zur attrahierenden Dynamik in Abbildung, 3 – zunehmend klarer und auch realer.

4.3 Mikro-Makro-Dynamik

Damit haben wir nun alle in diesem Rahmen wesentlichen „Ingredienzien" für das Verständnis der Mikro-Makro-Dynamik beisammen, die als Basis der Selbstorganisationsprozesse in Organisationen anzusehen ist: Die Interaktionsmuster auf der Makroebene lassen sich als Attraktoren des Interaktionsprozesses verstehen: Durch die für Interaktionsprozesse typischen Rückkopplungsschleifen (Feedback-Loops) führt die autokatalytische Wirkung der „menschlichen Informationsverarbeitung" (also der *Operatoren* im Sinne der Systemtheorie) wie auch in allen anderen o.a. dynamischen Prozessen zu stabilen Mustern. Die Wahrnehmungen, Verarbeitungen und Handlungen der Beteiligten unterliegen einer Beschränkung der Freiheitsgrade (das meint der Begriff „Muster" oder „Regel"), die sich durch diese Rückkopplungen eingespielt und stabilisiert hat. Man reagiert sozusagen „eingespielt" aufeinander.

Die Operatoren aber, die für diese Stabilisierung der Muster auf der Makroebene sorgen, sind die Verarbeitungsprozesse auf der Mikroebene – also die bei den einzelnen beteiligten Menschen ständig vorgenommen Transformationsprozesse, mit denen der eingehende komplexe Reizstrom bei der Wahrnehmung sinnvoll gestaltet und in der kognitiv-emotionalen Verarbeitung „verstanden" (selektiert, interpretiert und bewertet) wird und als Ergebnis ständig den Handlungsstrom moderiert. Dieser Mikroprozess unterliegt bei jedem Einzelnen wiederum attrahierenden Dynamiken – die oben durch das Konzept der „Sinnattraktoren" beschrieben wurden – mit denen die hohe (und oft vage) Komplexität der eingehenden Reize zu den hinreichend konsistenten, niedrig-dimensionalen Sinnstrukturen unserer Lebenswelt reduziert und komplettiert wird. Intuition und Imagination spielen hierbei eine besondere Rolle.

Diese Sinnattraktoren haben daher je nach Perspektive eine Doppelgestalt: Einerseits sind sie Teil der Individualität, die sich im Bewusstsein des Einzelnen bildet, andererseits wurde dieser je individuelle Sinn aber nicht isoliert-individuell, sondern unter ähnlichen Umgebungsbedingungen erworben, wie sie für viele andere Menschen auch gelten. Denn jeder fügt sich, indem er die Lebensbühne betritt, in einen bereits bestehenden mächtigen Strom aus gemeinschaftlichen Sinnprozessen, Leitideen (Imaginationen), Vorstellungen, Narrationen etc. ein. Dies koppelt die Mikro-Prozesse somit immer schon und immer wieder an die Makroprozesse, die wir u.a. als „Kultur" bezeichnen.

Dies hat in ähnlicher Weise auch der Soziologie Niklas Luhmann mit seinem Konzept der gegenseitigen „Erwartungserwartungen" betont: Handlungen in sozialen Kontexten geschehen selten zufällig oder auch nur aufgrund von Erwartungen, sondern sind wesentlich dadurch bestimmt, dass man erwartet, was andere von einem erwarten. Diese wechselseitigen Erwartungserwartungen verknüpfen die gemeinsamen kognitiven Welten mit den Handlungswelten der Beteiligten.

Gleichwohl haben sowohl die Mikroprozesse als auch die Makroprozesse, beispielsweise im Rahmen von Organisationen, eine Eigendynamik. Dort, wo sich in Organisationen solche Interaktionsmuster gebildet haben, die als dysfunktional zu bezeichnen sind,[13] sind die Attraktoren offensichtlich überstabil, d.h. sie verhindern eine Anpassung der Dynamik an veränderte Umgebungsbedingungen. Da diese Interaktionen aber, wie betont wurde, das „Nadelöhr" der je individuellen Wahrnehmungen, Verstehensweisen und Sinndeutungen passieren müssen, sind diese interaktiven Stabilitäten mit überstabilen Sinnattraktoren verbunden. Da jeder, entsprechend den obigen Ausführungen, zugleich als „Opfer" und „Täter" in diesen Sinn- und Handlungsstrom eingebunden ist, lassen sich diese überstabilen Attraktoren in der Regel auch nicht durch Fokussierung auf nur eine Ebene – individuelle Verstehensweisen und (Be-)Deutungen *oder* aber Interaktionsregeln – verändern. Vielmehr müssen die Vernetzungen auf *beiden* Ebenen berücksichtigt werden (bei größeren Organisationen ggf. auch auf Zwischenebenen mit entsprechenden Eigendynamiken).

---

[13] wobei diese Bewertung sicher von der Perspektive, den Zielen und den Werten abhängt.

5. Coaching: Die Förderung von Selbstorganisationsprozessen

Das Leitmotto des Coachings lautet: Wer gut ist, hat die Fähigkeit, noch besser zu werden! Dies gilt sowohl für Einzelne als auch für Gruppen und ganze Organisationen. Zunächst war „Coaching" vor allem im Bereich des Sports bekannt und meinte dort eine Leistungsförderung von einzelnen Spitzensportlern oder Teams – wie etwa des Davis-Cup-Teams – die das „Training" ergänzt und vor allem auf Beratung beruht. Im letzten Jahrzehnt ist „Coaching" allerdings auch zunehmend im Bereich der Arbeits- und Organisationspsychologie bedeutsam geworden (vgl. Greif, 2002) und meint dort eine „freiwillige, zeitlich begrenzte, methodengeleitete, individuelle Beratung, die den oder die Beratene(n) darin unterstützt, berufliche Ziele zu erreichen" (Offermanns, 2003). Nicht zum Coaching gehören somit die Behandlung psychischer Störungen, reines Training, Geben von Anweisungen oder gar eigene Aufgabenlösungen seitens des Coaches. Es geht vielmehr um die Förderung von Selbstorganisationsprozessen, da ein Coach ja nicht selbst ordnend-anweisend eingreift. „Beratung" beinhaltet somit nur in Sonderfällen konkrete Ratschläge.

Ein Coach ist daher auch nicht im obigen Sinne ein Fachmann für die *Lösungen* selbst, sondern versteht sich als Fachmann für jene *Prozesse*, die adäquate Lösungen bei den Teilnehmern ermöglichen. Dabei ist „Lösungen" sehr allgemein zu verstehen – es kann sich um Lösungen für klar definierte Aufgaben, um Problemlösungen in schwierigen sozialen oder ökonomischen Situationen, um Lösungen in Konflikten oder um Lösungen für typische problematische Verhaltensweisen oder kognitiv-kommunikative Probleme handeln (z.B. besserer Umgang mit „Stress"-Situationen, bessere Wahrnehmung von Vorgesetzten-Funktionen etc.). Mit „individueller Beratung" ist übrigens nicht gemeint, dass nur einzelne Personen gecoacht werden (obwohl dies wohl überwiegend der Fall ist), sondern auch Teams und Arbeitsgruppen. Vielmehr meint „individuell", dass die Förderungsmöglichkeiten sich auf die Lösungen der spezifischen Problemstruktur fokussieren, wobei bestimmte Ziele erreicht werden sollen, und es nicht so sehr um die Vermittlung oder Erarbeitung allgemeiner, situationsinvarianter Regeln geht.

Vor dem Hintergrund der bisher erarbeiteten Grundlagen setzt Coaching grundsätzlich an den o.a. Sinn-Attraktoren an: In die weitgehend automatisch ablaufenden Feedback-Schleifen wird nun ein *explizites* Feed-back eingebracht. Der Coach sorgt somit für die (zeitlich begrenzte) Implementierung einer Reflexionsstufe. Dies geschieht auf der Ebene der sozialen Interaktionen (Makro-Ebene) z.B. durch Report der interaktiven Handlungen (z.B. über Video-Feedback oder andere Registrierungen, über tatsächliches gegenseitiges Feedback der Beteiligten, etc.) und Report der Bedeutungen, also der Verknüpfung zu den Mikroprozessen (z.B. durch Kommentierung der intendierten Bedeutungen beim „Sender", Kommentierung der wahrgenommenen Bedeutungen beim „Empfänger").

Auf der Ebene der Mikroprozesse, also der individuellen Sinn-Attraktoren, sorgt der Coach für eine explizite Reflexion der Gedanken- und Gefühlsfolgen (bzw. -Schleifen), sowie deren Bedeutungen im Hinblick auf die Aufgabe, die eigene Lebens- und Arbeitsgeschichte, dem Wissen um die Interaktionsstrukturen im Team und der Organisation etc. Es geht somit um eine reflexive Explikation der o.a. Erwartungserwartungen einschließlich der vermuteten impliziten und expliziten „Aufträge" seitens realer und fiktiver Personen (Chef, bestimmte Kollegen, Konkurrenten etc. aber auch „innerer Antreiber", „Lebensmaxime" etc. – vgl. v. Schlippe und Kriz, 1996).

Um genauer die Wirkungsweise dieser Reflexion im Coaching zu verstehen, soll nochmals auf die Akttraktoren-Bildung zurückgekommen werden:

Angesichts einer überaus komplexen Welt kann der Mensch nur bestehen, indem er diese Komplexität reduziert, un*bedeutende* Unterschiede vernachlässigt und Kategorien schafft, kognitive Ordnungen und Regelmäßigkeiten etabliert – kurz: das mögliche Erlebens-Chaos strukturiert und somit prognostizierbar und teilweise kontrollierbar macht. Diese Strukturen seiner Lebenswelt sind die o.a. Sinnattraktoren. Sie schaffen eine gewisse Verlässlichkeit und Stabilität und verringern die Unsicherheit im Umgang mit der Welt. Letztlich ermöglichen sie somit schnelles und effektives Handeln. Doch diese Notwendigkeit zur Ordnung führt auch dazu, dass bestimmte Aspekte und Interpretationen ausgeblendet und Situationen eher im Sinne bestehender Attraktoren „verstanden" und komplettiert werden. Das feste Gebilde aus „selbstverständlich" gewordenen Interpretationen, Entscheidungen, Selektionen, Komplettierungen, oft repräsentiert in bestimmten „Geschichten" (Narrationen), ist quasi automatisiert (daher die Effektivität) aber gegenüber veränderten Herausforderungen in seiner Flexibilität beschränkt. Denn dazu müssten gerade die „Selbstverständlichkeiten" ent-automatisiert und andere Interpretationsmöglichkeiten, andere Deutungsweisen, zugelassen werden – etwas, das im Standardalltag zu bedrohlicher Verlangsamung der Erkennungs-, Bewertungs- und Entscheidungsprozesse führen würde. Hier aber ist es die notwendige Basis für neue Lösungen. Und genau dies ermöglicht das Coaching mit seiner Reflexionsstufe: die stabilisierenden, eingeschliffenen, automatisch ablaufenden, allzu effektiven aber zu wenig veränderbaren kognitiven Kreisläufe werden dadurch „gebremst", ent-automatisiert, komplexer und verflüssigt (d.h. von festen „Dingen" und „Sachverhalten" der Lebenswelt zu vieldeutigen flexiblen Prozessen in ihrem Charakter verändert). Die effektiven – aber nun möglicherweise dysfunktional gewordenen – „Selbst-Verständlichkeiten" werden wieder auf ihre Verständlichkeit hin überprüft.

Damit wird der Mensch im Sinne der obigen Ausführungen auch wieder stärker vom „Opfer" zum „Täter" seiner eigenen Sinndeutungen: Soweit und solange diese unbewusst und automatisiert ablaufen, befindet er sich ja quasi verstrickt in seine eigenen Narrationen, Gedankenschleifen, Bedeutungen. Durch das (teilweise) Heraustreten und Distanzieren daraus kann er nun diesen Strom und dessen Strukturen beobachtend wahrnehmen, er erkennt Teile seine Täterschaft daran und kann sie somit auch leichter verändern. Die Hilfestellung des Coach besteht aber nicht nur darin, dass er für diese veränderte Perspektive sorgt, sondern er führt zwangsläufig auch seine eigene Perspektive ein, indem er zumindest teilweise über Gespräche an den vormals rein inneren Gedanken- und Bewertungsabläufen teilnimmt. Allerdings handelt es sich dabei möglichst nicht um „Ratschläge" oder *seine* „Verbesserungsvorschläge", sondern es geht um ein verstehendes Nachfragen – und somit um ein weiteres Verständlichmachen des scheinbar Selbst-Verständlichen aus einer anderen Perspektive.

Es wird daran auch deutlich, warum ein Coach (ähnlich wie z.B. ein systemischer Therapeut) auch gar nicht nach neuen Lösungen und besseren Möglichkeiten suchen und diese von außen einführen muss: In der Regel handelt es sich bei den Auftraggebern ja um hoch kompetente Menschen, die über hervorragende Lösungsmöglichkeiten verfügen und Komplexität effektiv sinnvoll reduzieren können. Sie sind die Fachleute für das überaus komplexe bisherige Geschehen, das ihre eigene Lebensgeschichte und die daraus entstandenen Möglichkeiten mit dem beruflichen Netzwerk aus Zielen, Erfordernissen, Interaktionsstrukturen etc. verbindet. Auch wenn ihnen nun gerade diese Effizienz (in Teilstrukturen) zum Verhängnis geworden ist, d.h. den Blick für andere Möglichkeiten verstellt, so würde es Jahre dauern, bis eine fremde Person, wie ein Coach, alle bedeutsame Information gesammelt hätte, die das eben skizzierte Netzwerk ausmacht, um daraus eine „bessere" Lösung zu entwerfen (ganz abgesehen davon, dass mit Recht gefragt werden könnte, woher ein Coach auf *dieser* Fach-Ebene kompetenter sein sollte, als ein Fachmann in seinem inhaltlichen Bereich). Der Coach tut daher gut daran, sich auf *seine* Fachebene zu beschränken, nämlich darauf, die hier beschriebenen *strukturellen Prozesse* zu fördern.

Der Gecoachte verfügt somit eigentlich über alle Kompetenzen und Informationen – d.h. die Attraktoren bestehen bereits in dessen kognitiven Landschaft, sie sind nur aufgrund einer zu stabilen Effektivität aus dem Fokus geraten – und damit natürlich auch nicht praktisch in den Handlungsalltag integriert. Das reflexive Heraustreten aus der sonst effektiven Enge des Fokus, die nun eingeführte Multi-Perspektivität, ist eine kognitive Verstörung, die das Aufsuchen anderer Attraktoren (die aber bereits angelegt sind) erleichtert. Diese Sicht korrespondiert übrigens mit dem sog. „lösungszentrierten Ansatz" in der Psychotherapie (vgl. de Shazer, 1982).

Praktisch derselbe Wechsel von einer stärkeren Opfer- in eine stärkere Täterperspektive geschieht auch auf der sozialen Makro-Ebene – also etwa beim Teamcoaching: Auch hier sind ja die Beteiligten mit ihren Interaktionen (und ihren jeweiligen Sinnattraktoren) in viel zu selbstverständliche, eingeschliffene und automatenhafte Transaktionsmuster eingebunden. Positiv gesehen reduzieren also auch hier diese Interaktions-Attraktoren die viel zu hohe Komplexität des Geschehens in einer Organisation. Sie stiften Sinn und geben Ordnung und Orientierung, die in der Regel schnelles und effektives Entscheiden und Handeln erst ermöglichen. Je größer aber die Leistung dieser ordnenden Kräfte ist, d.h. je stärker die Attraktoren wirken, desto größer ist die Gefahr, unter neuen Anforderungen nicht adaptiv genug sein zu können. Dabei muss es sich übrigens nicht unbedingt um neue Anforderungen „von außerhalb" des Teams oder der Organisation handeln: Es kann auch die Krankheit eines Mitgliedes oder dessen geringer gewordene spezifische Leistungsfähigkeit aufgrund von Alter, Stress etc. sein. Oder es sind gar nur völlig unbemerkte, ganz langsam ablaufende Veränderungsprozesse, die dann plötzlich eine dysfunktionale Struktur entstehen lassen oder aber sichtbar machen.

Alle Überlegungen für das eben diskutierte Einzel-Coaching gelten daher für das Team-Coaching ganz genauso – was deutlich zeigt, dass es strukturell gerade unter Beachtung der Mikro-Makro-Verknüpfung wenig Unterschied macht, ob ein Einzelner oder ein Team der Ansatzpunkt für das Coaching ist (im Praktischen unterscheiden sich natürlich die konkreten begleitenden Übungen oder „Techniken" – s. z.B. W.C. Kriz, 2000; W. C. Kriz & Nöbauer, 2002). Auch auf der Team-Ebene geht es darum, die meist unbewussten gegenseitigen „Erwartungserwartungen" über Reflexion und Feedback bewusst zu machen, eingeschliffene Komplettierungen, Verhaltensprognosen und Narrationen zu ent-automatisieren, zu verlangsamen und die Deutungskomplexität anzureichern. Auch auf dieser Ebene darf davon ausgegangen werden, dass hochkompetente Mitglieder eines bisher in vielfacher Hinsicht erfolgreichen Teams durchaus viele andere Interaktionsstrukturen ausbilden könnten und hätten ausbilden können – d.h. zahlreiche Alternativen sind in der Attraktoren-Landschaft im Prinzip längst vorhanden – aber die attrahierende Wirkung der Sinn- und Interaktions-Attraktoren ist überstabil geworden und lässt wesentlich neue Lösungen derzeit nicht zu. Kleine Veränderungen werden stattdessen immer wieder im Sinne der bisherigen Narrationen gedeutet, im Sinne der alten Muster geregelt und somit nivelliert. Erst die kognitiv-interaktive Verstörung dieser attrahierenden Dynamik durch den Coach setzt jene Selbstorganisationsprozesse in Gang, die einen Phasenübergang – einen Übergang zu einer neuen Interaktionsform – ermöglichen. Den „Opfern", die unbewusst den Interaktionsdynamiken ihres Teams unterworfen sind, wird dabei u.a. ihr „Täter"-Anteil deutlich – und diese Aspekte werden damit auch aktiv gestalt- und veränderbar.

Sowohl bei den Mikro- als auch bei den Makroprozessen und insbesondere bei deren Verschränkungen spielt die o.a. Teleologie der Imagination eine bedeutsame Rolle: Letztlich sind nur solche Teil- und Gesamtdynamiken möglich, bei denen die individuellen Narrationen, Deutungen und Ziele in Übereinstimmung mit den Zielen des Teams sowie der gesamten Organisation stehen. Ansonsten würden die kognitiven Feldkräfte der Gesamtorganisation bereits funktionierende aber nicht eingepasste Teildynamiken immer wieder zum Kippen bringen. Dies ist übrigens eine Erkenntnis, die unter dem Schlagwort „Corporated Identity" in der Praxeologie der Organisationsentwicklung längst fester Bestandteil geworden ist und ja auch explizit von Senge als „Disziplin" gefordert wird. In unserer Analyse ergibt sich diese Notwendigkeit einer gemeinsamen Vision freilich als unmittelbare Konsequenz aus der Wirkung der Feldeigenschaften bei der Attraktorenbildung.[14]

Die dynamische „Einpassung" steht übrigens keineswegs im Widerspruch zur Bedeutung der Eigendynamik auf den unterschiedlichen Organisationsstufen und -einheiten. So können im obigen Beispiel zu den Klatsch-Rhythmen unterschiedliche Counter-Rhythmen entstehen (jedenfalls bei musikalisch kompetenten Gruppen), die aber zum Grundrhythmus passen müssen (ausgedrückt in so etwas wie der „Mother-Drum"), weil sonst die erreichte Komplexität wieder zerfällt und ins Chaos abgleitet. Ebenso können kompetente Teams und Mitarbeiter ein hohes Maß an Eigenorganisation entwickeln. Doch auch diese muss eben zur Gesamtdynamik der Organisation „passen", sonst droht auch hier das Chaos. Und dieses „Passen" wird vor allem durch eine gemeinsame, auf die Zukunft gerichtete Organisations-Narration, d.h. eine gemeinsame Vision, Imagination oder „Corperated Identity" gewährleistet.

Für die Leitung von Organisationen ist die Förderung gemeinsamer Visionen von großer Bedeutung, weil damit Feldkräfte für eine synergetische Wirkung der Selbstorganisationsprozesse entstehen, die für alle Beteiligten von Nutzen sind. Bereits der

---

[14] Dass diese dann in der Praxis ggf. als „Disziplin" besonders gefördert und entwickelt werden können, ist eine Frage der konkreten Anwendung.

Gestaltpsychologe Kurt Lewin betonte bekanntlich: „Nichts ist so praktisch, wie eine gute Theorie." Und – so können wir hinzufügen – nichts vermag einer gemeinsamen Vision mehr zu nützen, als ein theoretisches Verständnis für die Mikro-Makro-Verknüpfungen. Es ist daher zu hoffen, dass diese theoretische Fundierung gerade auch für Praktiker ihren Nutzen zu entfalten vermag.

Literatur

Ahlers, C. & Merl, H. (1998). Selbstkonzepte in der systemischen Therapie. In A. Brandl-Nebehay et al. (Hrsg.), *Systemische Familientherapie* (S. 135-143). Wien: Facultas.

Bartlett, F. C. (1932). *Remembering*. Cambridge: Cambridge Univ. Press.

Forrester, J. W. (1961). *Urban Dynamics*. Cambridge: MIT-Press.

Forrester, J. W. (1972). *Grundzüge einer Systemtheorie* (Principles of Systems). Wiesbaden: Gabler.

Goffman, E. (1963). *Asylums. Essay on the Social Situation of Mental Patients and Other Inmates*. Chicago: Aldine.

Greif, S. (1994). Handlungstheorie und Selbstorganisationstheorien - Kontroversen und Gemeinsamkeiten. In P. Richter & B. Bergmann (Hrsg.), *Die Handlungsregulationstheorie* (S. 89-114) Göttingen: Verlag für Angewandte Psychologie.

Greif, S. (1996). Teamfähigkeiten und Selbstorganisationskompetenzen. In S. Greif & H.-J. Kurtz (Hrsg.), *Handbuch Selbstorganisiertes Lernen* (S. 161-178). Göttingen: Verlag für Angewandte Psychologie.

Greif, S. (2002). Vorwort. In C. Rauen (Hrsg.), Handbuch Coaching. Göttingen: Verlag für Angewandte Psychologie.

Haken, H. (1964). Statistische nichtlineare Theorie des Laserlichts. *Z. Physik, 181*, 96.

Haken, H. (1981). *Synergetics. An introducion*. Berlin: Springer.

Haken, H. (1984). *Erfolgsgeheimnisse der Natur. Synergetik: Die Lehre vom Zusammenwirken*. Frankfurt a. M.: Ullstein.

Hinsch et al. (1998) Settings und ihre Bedeutung auf der Klientenebene. In A. Brandl-Nebehay, B. Rauscher-Gföhler, J. Kleibl-Arbeithuber (Hrsg.), *Systemische Familientherapie* (S. 221-240). Wien: Facultas.

Hofstätter, P. R. (1963). *Einführung in die Sozialpsychologie*. Stuttgart: Kröner.

Kim, D. H. (1992). *Systems Archetypes I/II*. Boston: Pegasus Communications.

Kim, D. H. (1994). *Systems Thinking Tools*. Boston: Pegasus Communications.

Kim, D. H. (1995). Software for understanding complex systems. *The Systems Thinker, Vol. 6* (8).

Kriz, J. (1987). *Entwurf einer systemischen Theorie klientenzentrierter Psychotherapie*. Forschungsbericht Nr. 59. FB Pychologie, Universität Osnabrück.

Kriz, J. (1991). Mental Health: Its Conception in Systems Theory. An Outline of the Person-Centered System Approach. In M. J. Pelaez (Ed.), *Comparative Sociology of Familiy* (pp. 6061-6083). Malaga, Espania: Health & Education.

Kriz, J. (1992). *Chaos und Struktur. Systemtheorie Bd 1.* München, Berlin: Quintessenz.

Kriz, J. (1995). Der planende Mensch im Spannungsfeld von Chaos und Struktur. In G. Breunig (Hrsg), *Die Forschung der Zukunft – die Zukunft der Forschung* (S. 79-100). Schriftenreihe des Berufsverbands Deutscher Markt- und Sozialforscher, Bd. 24.

Kriz, J. (1996). Chaos und Selbstorganisation. In S. Greif & H.-J. Kurtz (Hrsg.), *Handbuch Selbstorganisiertes Lernen* (S. 33-43). Göttingen: Verlag für Angewandte Psychologie.

Kriz, J. (1997a). *Chaos, Angst und Ordnung. Wie wir unsere Lebenswelt gestalten.* Göttingen: Vandenheock & Ruprecht (Vandenheock Transparent, Bd. 42).

Kriz, J. (1997b). Selbstorganisation als Grundlage lernender Organisationen. In Wieselhuber & Partner (Hrsg.), *Handbuch lernende Organisation* (S. 187-196). Wiesbaden: Gabler.

Kriz, J. (1997c). On chaos and order. *Gestalt Theory, 19,* 197-212

Kriz, J. (1999a). *Systemtheorie für Psychotherapeuten, Psychologen und Mediziner. Eine Einführung.* Wien: UTB/Facultas.

Kriz, J. (1999b). On Attractors – The Teleological Principle in Systems Theory, the Arts and Therapy. POIESIS. *A Journal of the Arts and Communication,* 24-29.

Kriz, J. (2001a). Self-Organization of Cognitive and Interactional Processes. In M. Matthies, H. Malchow. & J. Kriz (Eds), *Integrative Systems Approaches to Natural and Social Dynamics* (pp. 517-537). Heidelberg: Springer.

Kriz, J. (2001b). Intuition in therapeutischen Prozessen. *systhema, 15,* 3, 217-229.

Kriz, W. C. (2000). *Lernziel: Systemkompetenz. Planspiele als Trainingsmethode.* Göttingen: Vandenheock & Ruprecht.

Kriz, W. C. & Nöbauer, B. (2002). *Teamkompetenz. Konzepte, Trainingsmethoden, Praxis.* Göttingen: Vandenheock & Ruprecht.

Meadows, D. H., Meadows, D. L., Randers, J. & Behrens, W. W. (1972). *Die Grenzen des Wachstums.* Stuttgart: DVA.

Metzger, W. (1986). *Gestaltpsychologie. Ausgewählte Werke aus den Jahren 1950-1982.* Hrsg. und eingel. von M. Stadler & H. Crabus. Frankfurt/M.: Kramer.

Offermanns, M. (2003). *Braucht Coaching einen Coach? Eine evaluierte Pilotstudie.* Unveröffentlichte Dissertation, Universität Osnabrück.

Piaget, J. (1976). *Die Äquilibration der kognitiven Strukturen.* Stuttgart: Pieper.

Prigogine, I. (1979). *Vom Sein zum Werden.* München: Piper.

Riedl, R. (1981). *Biologie der Erkenntnis.* Berlin: Parey.

Schiepek, G. (1991). *Systemtheorie der klinischen Psychologie.* Braunschweig: Vieweg.

Schlippe, A.v. & Kriz, J. (1996). Das „Auftragskarussell". Eine Möglichkeit der Selbstsupervision in systemischer Therapie und Beratung. *System Familie, 9,* 3, 106-110.

Schlippe, A.v. & Schweitzer, J. (1996). *Lehrbuch der systemischen Therapie und Beratung.* Göttingen: Vandenhoeck & Ruprecht.

Senge, P. M. (1990). *The Fifth Discipline. The Art & Practice of The Learning Organization.* New York: Currency Doubleday.

Senge, P. M. et. al. (1994). The Fifth Discipline Fieldbook. New York: Currency Doubleday.

Shazer de, S. (1982). *Patterns of Brief Systemic Therapy. An Ecosystemic Approach.* New York: Guilford.

Stadler, M. & Kruse, P. (1990). The Self-Organisation Perspective in Cognition Research: Historical Remarks and a New Experimental Approaches. In H. Haken & M. Stadler (Eds.), *Synergetics of cognition* (pp. 32-52). Berlin: Springer.

Watzlawick, P., Beavin, J. H. & Jackson, D. D. (1967). *Pragmatics of Human Communication.* New York: Norton & Company (deutsch: Menschliche Kommunikation. Huber, Bern 1969)

Wheatley, M. J. (1994). *Leadership and the New Science. Learning about Organization from an Orderly Universe.* San Francisco: Berett-Koehler.

Willi, J. (1975). *Die Zweierbeziehung.* Reinbek: Rowohlt.

Coaching als ergänzendes Instrument zur Personalentwicklung

Martina Offermanns und Andreas Steinhübel

Coaching ist in aller Munde. Es gilt als das moderne Personalentwicklungsinstrument im 20. Jahrhundert. Der Bedarf an Coaching wächst stetig. Gibt man den Begriff „Coaching" im Internet in die Suchmaschine „Lycos" ein, so bekam man im Frühjahr 2002 weltweit 3.351.958 Adressen – im Vergleich 1998 waren es 7.887 (Looss, 1999), im Frühjahr 2001 bereits 534.000 Nennungen (Heß & Roth, 2001). Allein im deutschsprachigen Raum werden 208.164 Adressen (Frühjahr 2002) angeboten. Der inflationäre Gebrauch des Begriffs Coaching stört viele, die in diesem Bereich tätig sind. Für viele BeraterInnen, PersonalentwicklerInnen, Führungskräfte und andere Personen ist nicht eindeutig, was Coaching ist. Sie problematisieren die fehlende Standardisierung und Klärung dieses Begriffs. Vogelauer (2000) spricht in diesem Zusammenhang von einem schillernden bis chaotischen Begriffsdschungel: Jedes Training, jede Form der Beratung wird mittlerweile Coaching genannt, weil es sich gut verkauft. Auch Führungskräfte werden als Coaches ihrer Mitarbeiter gesehen. Zum anderen wird Coaching häufig mit Psychotherapie in Zusammenhang gebracht (Coaching = Couching!?), da Coaching häufig von Psychologen angeboten wird. Vom Hypnose-Coaching, Tele-Coaching bis hin zum Vocal Coaching – es gibt kaum einen Bereich, der sich der Popularität des Begriffs nicht bedient.
In einer Umfrage bei potenziellen LeserInnen dieses Artikels (BeraterInnen, Führungskräfte, PersonalentwicklerInnen) wurde die Unsicherheit der Befragten bezogen auf das Thema Coaching in zwei zentralen Fragen deutlich:

„Was ist Coaching eigentlich genau?"
„Was passiert im Coaching konkret?"

Ziel dieses Artikels ist, Ihnen als LeserIn das Personalentwicklungsinstrument Coaching auf zwei Wegen näher zu bringen: im ersten Teil beantworten wir die Frage, was Coaching eigentlich genau ist. Wir definieren den Begriff Coaching nach unserem Verständnis und grenzen es von anderen Begriffen wie Führung, Training, Unternehmensberatung, Supervision, Mentoring und Psychotherapie ab. Des Weiteren stellen wir Ihnen unseren Coaching- und Evaluationsansatz[1] im Coaching vor. Im zweiten Teil ist es uns wichtig, Ihnen anhand eines praktischen Fallbeispiels zu erläutern, wie wir vom Erstkontakt mit dem Auftraggeber über die Coachingsitzungen bis hin zum Abschlussgespräch den Coachingprozess gestalten.

---

[1] Evaluation = Bewertung z.B. eines Programms (Wirksamkeitsüberprüfung)

1. Coaching – eine spezielle Form der Beratung

1.1 Was ist Coaching eigentlich genau?

Nach unserem Verständnis ist Coaching eine freiwillige, zeitlich begrenzte, methodengeleitete, individuelle Beratung, die den oder die Beratene(n) darin unterstützt berufliche Ziele zu erreichen. Ausgenommen ist die Behandlung psychischer Störungen.

Coaching ist demnach eine besondere Form der Beratung (vgl. Offermanns, 2003; Greif, 2002). Beratung ist allerdings ein Begriff, der in unterschiedlichen Zusammenhängen benutzt wird: Unternehmensberatung, Supervision, Mentoring, Psychotherapie usw. Beratung wird verstanden als „... ein vom Berater nach methodischen Gesichtspunkten gestalteter Problemlösungsprozess..., durch den die Eigenbemühungen des Ratsuchenden (Rs.) unterstützt, optimiert bzw. seine Kompetenzen zur Bewältigung der anstehenden Aufgaben/des Problems verbessert werden" Dorsch (1992, S. 88). Stellt sich die Frage, welches die charakteristischen Merkmale von Coaching im Vergleich zu den oben genannten Beratungsformen sind.

1.2 Die charakteristischen Merkmale von Coaching

1.2.1 Beratungskontext im Coaching

Im deutschsprachigen Raum sind sich die Experten (vgl. Schreyögg, 2001; Rauen, 2002a) einig: Coaching wird ausschließlich im beruflichen Zusammenhang angeboten. Als Zielgruppe werden schwerpunktmäßig Personen oder Gruppen mit Führungs- und Managementaufgaben gesehen. Die häufige Einschränkung der Zielgruppe auf Führungskräfte und Manager ist darauf zurückzuführen, dass diese in der Praxis am häufigsten Coaching in Anspruch nehmen[2] (vgl. Böning, 2002). Diese Einschränkung schließt unseres Erachtens nach allerdings nicht aus, dass Coaching grundsätzlich für alle im Berufsleben stehenden Personen einschließlich Arbeitssuchende geeignet ist.

1.2.2 Beratungsanlässe im Coaching

Unserer Erfahrung nach sind die häufigsten Coachinganlässe:
- Übernahme einer neuen Abteilung, Funktion oder Arbeitsstelle,
- Probleme im Zeit- und Selbstmanagement,
- Umgang mit schwierigen Führungssituationen (Mitarbeitergespräche führen, Konfliktmanagement),
- Schwierigkeiten oder Unsicherheiten in der eigenen Selbstdarstellung vor Kollegen, Mitarbeitern, Vorgesetzten oder Kunden,
- Unklarheiten über eigene zukünftige Karriereziele und -schritte.

---

[2] Coaching als Einzelberatung ist eine recht kostenintensive Maßnahme, die deswegen häufig nur dem Führungskreis und nicht allen Mitarbeitern angeboten wird. Außerdem ist die persönliche Situation von Führungskräften in der Regel eine besondere, die auch besondere Beratung erfordert (siehe Kapitel 1.2.2).

1.2.3 Beratungsziel im Coaching

Ziel des Coachings ist es, dass der Beratene bzw. Coachee seine beruflichen Ziele noch besser und schneller erreicht als ohne Coaching (vgl. König & Volmer, 2002). Voraussetzung hierfür ist, dass die Zielerreichung behindernde Faktoren erkannt und alternative Handlungsmöglichkeiten erarbeitet werden. Der Coachee soll nach dem Coaching in der Lage sein, sein bearbeitetes Coachingthema bzw. andere schwierige Situationen alleine erfolgreich meistern zu können. Der Coach macht sich mit der Zeit überflüssig (vgl. Rauen, 2002a).

1.2.4 Abgrenzung von Coaching zu Alltagsgesprächen, Führung und sonstigen Beratungsformen

Die Adjektive in der oben dargestellten Coachingdefinition „*freiwillig, zeitlich begrenzt, methodengeleitet*" machen deutlich, dass es sich beim Coaching um eine professionelle Beratung im Sinne von König & Volmer (1996) handelt. Sie unterscheiden zwischen Alltagsberatung und professioneller Beratung: Von Alltagsberatung spricht man, wenn ein Freund oder älterer Kollege bei Problemen zuhört und Tipps gibt. Dies kann zwischen „Tür und Angel" passieren oder aber unverbindlich bei einem Glas Rotwein. Professionelle Beratung zeichnet sich hauptsächlich durch die besondere Kompetenz des Beraters sowie die Rahmenbedingungen (z.B. bezahlte Dienstleistung, konkrete Definition der Beratungssituation, Methoden und Ansatz, festgelegte Anzahl von Sitzungen und zeitliche Begrenzung) aus (vgl. Gessner, 2000). Dadurch grenzt sich Coaching von Alltagsgesprächen mit Kollegen, Freunden oder Vorgesetzten ab und ist nicht mit Führung[3] im beruflichen Alltag gleichzusetzen. Somit ist auch der Begriff Zielvereinbarung deutlich von Coaching abgegrenzt, da Zielvereinbarung ein Führungsinstrument ist, bei dem es darum geht, zwei unterschiedliche Interessen (Mitarbeiter- und Unternehmensinteressen) zu vereinen. In der Beratung und somit auch im Coaching gibt es diese gegensätzlichen Interessen nicht und es herrscht dort kein hierarchisches Abhängigkeitsverhältnis (vgl. Rauen, 2001). Eine Führungskraft kann demnach – im Gegensatz zum amerikanischen Verständnis – nicht Führungskraft und gleichzeitig Coach seiner/ihrer MitarbeiterInnen sein. Unserer Meinung nach versteckt sich hinter dem Begriff Coaching im Zusammenhang mit Führung nichts anderes als ein mitarbeiterorientierter, kooperativer Führungsstil.

Coaching grenzt sich außerdem eindeutig von Training, Mentoring, Unternehmensberatung und Psychotherapie ab. Unter Training wird im Gegensatz zu Beratung „systematisches Üben zu körperlicher, geistiger, seelischer Leistungs- (Erfolgs-)steigerung bzw. Fehler-(Versagens-)minderung (Dorsch, 1992, S. 696) verstanden. Dies schließt aber nicht aus, dass Coaching Trainingselemente beinhaltet (z.B. Rollenspiele nachstellen zur Vorbereitung eines Mitarbeitergesprächs oder Videofeedback einer gestellten Präsentation). Mentoring wird im Gegensatz zu Coaching als eine innerbetriebliche Form der Mitarbeiterbetreuung durch ein organisationsinternes,

---

[3] Führung = unmittelbare, absichtliche und zielbezogene Einflussnahme durch Inhaber von Vorgesetztenpositionen auf Unterstellte mit Hilfe der Kommunikationsmittel (v. Rosenstiel, Molt & Rüttinger, 1988).

höher positioniertes und in der Organisation länger arbeitendes Organisationsmitglied begriffen. Ziel ist u.a. die Bindung an das Unternehmen (vgl. Rauen, 2002). Mentoring kann beratende Aspekte beinhalten, ist aber von Ziel und Ansatz her nicht mit Beratung gleichzusetzen.

Während Coaching individuelle Beratung ist, ist die Unternehmensberatung im Vergleich eine „von externen Personen bereitgestellte, individuell gestaltete Hilfe bei der Identifizierung und Lösung von betriebswirtschaftlichen Problemen des Unternehmungsgeschehens" (Szyperski & Klaile, 1982, S. 7). Der Begriff „Unternehmensberatung" hat demnach das ganze Unternehmen aus betriebswirtschaftlicher Sicht als Beratungsinhalt und nicht einzelne Personen oder Gruppen mit ihren persönlichen Zielen.

Eine Beratungsform, die im Zusammenhang mit Coaching häufig genannt wird, ist die Supervision.[4] Eine klare Abgrenzung zwischen Supervision und Coaching ist nicht möglich. Autoren wie Doppler (1992) und Fatzer (1990) sehen eine hohe Übereinstimmung der beiden Begriffe und „...gehen dabei soweit, dass in der Praxis des Coachings eigentlich eine Art „Management-Supervision" verstanden wird" (Rauen, 1999, S. 66). Die unterschiedlichen Begriffe sind ausschließlich auf sprachkulturelle Gründe zurückzuführen: Supervision ist ein Begriff, dessen Entwicklung historisch in der Sozialarbeit anzusiedeln ist. Dies könnte ein Grund sein, warum der Begriff Supervision „...im Kontext von Management und Unternehmung noch nicht anschlussfähig ist" (Looss, 1991, S. 42). Supervision und Coaching sind demnach in ihrer Bedeutung gleichzusetzen.

Zum Schluss bleibt noch die Psychotherapie, die häufig mit Coaching in Verbindung gebracht wird: Psychotherapie ist im engeren Sinne „...der gezielte Einsatz zur Behandlung allein oder vorwiegend psychogen bedingter körperlicher oder seelischer Erkrankungen" (Dorsch, 1992, S. 541). Therapie ist als eine Spezialform von Beratung zu verstehen.[5] Beratung als auch Therapie dienen der Hilfe bei der Lösung von menschlichen Problemen. Außerdem weisen sie ähnlich strukturierte Prozesse auf (Methoden/Interventionen, Zeit...). Durch den Zusatz in der Definition „Ausgenommen ist die Behandlung psychischer Störungen" grenzt sich allerdings Coaching von Therapie eindeutig ab.

1.3 Vom Problem zur Veränderung: Die fünf Funktionen von Coaching

Coaching hat unserer Meinung nach fünf wesentliche Funktionen (vgl. Offermanns, 2003):

---

[4] „Supervision ist eine berufsbezogene Beratungsform, die auf dem Hintergrund der jeweiligen Organisation die Reflexion, Verarbeitung und Weiterentwicklung personaler und sozialer Fähigkeiten und Fertigkeiten im Arbeitsalltag fördert" (Deutsche Gesellschaft für Supervision e.V. in Wolf, 1995, S. 26).
[5] Die Meinungen hierzu, ob Therapie eine Form der Beratung sei oder nicht, gehen in der Literatur auseinander (vgl. Woldrich, 1998). Nach genauem Literaturstudium scheint die Zuordnung der Therapie zur Beratung am nachvollziehbarsten.

1.3.1 Erste Funktion: Raum geben zur aktiven Auseinandersetzung mit dem eigenen Thema

Die erste Funktion besteht darin, dem Coachee den Raum und die Zeit zur aktiven Auseinandersetzung mit seinen Themen zu geben. Im Alltag ist die Zeit häufig nicht da bzw. viele nehmen sich die Zeit nicht, sich mit ihren persönlichen Themen zielorientiert zu beschäftigen. Im Coaching finden regelmäßige Sitzungen mit dem Coach statt, in denen dies möglich ist. Diskretion und eine vertrauensvolle Atmosphäre fördern die Offenheit des Coachees, sich mit seinem Thema zu beschäftigen.

1.3.2 Zweite Funktion: Förderung der Selbstreflexion

Die Coachees werden im Coaching darin unterstützt, neue Sichtweisen bezogen auf ihr Thema zu entwickeln und daraus effektive Handlungsmöglichkeiten für die Praxis zu erarbeiten. Dieser Entwicklungsschritt setzt Selbstreflexion voraus. „Selbstreflexion ist das Auseinandersetzen mit den für einen selbst wichtigen eigenen subjektiven Deutungen (z.B. Gedanken, Ziele, Motive), den damit verbundenen Gefühlen sowie den daraus resultierenden Handlungen und deren Konsequenzen unter Berücksichtigung des Verhaltens anderer Personen sowie der bestehenden Strukturen im System (Regeln, Aufgaben, Rahmenbedingungen)" (Offermanns, 2003).

Durch die Selbstreflexion werden neue Zusammenhänge, mögliche eigene Anteile am Problem oder auch andere Erklärungsmuster deutlich. Durch die veränderte Sicht auf das Problem werden neue Handlungsspielräume wahrgenommen. Die Verantwortung des Coaches liegt darin, die Coachees im Selbstreflexionsprozess durch geeignete reflexionsfördernde Methoden (z.B. Symbolarbeit, systemisches Fragen, Feedback, siehe Kap. 2) zu unterstützen. Der Coach gibt dabei auch Anregungen aus Expertensicht: die Entscheidung allerdings, wie die Coachees letztendlich die erarbeiteten Inhalte für sich nutzen, liegt allein bei ihnen.

1.3.3 Dritte Funktion: Ausgleich zwischen Selbstreflexion und Handeln

Die dritte Funktion des Coachings ist die Unterstützung des Coachees, von der Selbstreflexion ins konkrete Handeln zu kommen. Es gibt verschiedene Persönlichkeiten, die sich in der Art ihres Problemumgangs unterscheiden. Kuhl (2001) unterscheidet in diesem Zusammenhang lage- und handlungsorientierte Personen. Aufgabe des Coaches ist es, lageorientierte Personen, die sehr viel reflektieren und vor lauter Komplexität das pragmatische Handeln aus dem Auge verlieren, ins Handeln zu bringen – sozusagen die Selbstreflexion zu stoppen und sie anzuleiten, konkrete Handlungsschritte zu erarbeiten. Bei Personen, die sehr spontan und handlungsorientiert sind, was insbesondere auch bei Managern zu beobachten ist (vgl. Greif & Kurtz, 1999), ist es Aufgabe des Coaches, diese in ihrem Handlungsdrang zu stoppen und zur Selbstreflexion zu animieren. Funktion des Coachings ist es, handlungs- und lageorientierte Phasen so auszugleichen, dass sie zu einem effektiven Problembewältigungsprozess führen.

1.3.4 Vierte Funktion: Nachhaltigkeit durch Umsetzungsvereinbarungen

Die vierte Funktion ist die Unterstützung des Coachees in der Umsetzung seiner erarbeiteten Lösungsmöglichkeiten in der Praxis. Durch Umsetzungsvereinbarungen am Ende einer jeden Sitzung und dem regelmäßigen „Nachhaken", ob diese umgesetzt wurden, entsteht eine Verbindlichkeit, die es dem Coachee erleichtert, seine Gewohnheiten und ggf. seinen „Schweinehund" zu überwinden.

1.3.5 Fünfte Funktion: Förderung des Coachingprozesses durch den Aufbau einer guten Beziehungsqualität

Damit intensive Selbstreflexionsprozesse sowie ein Ausgleich zwischen handlungs- und lageorientierten Phasen stattfinden können, ist es sinnvoll, eine gute Beziehungsqualität zwischen Coach und Coachee aufzubauen. „Durch eine positive Beziehung, die sich u.a. durch selbstäußerungskontingentes Ermutigen und den Aufbau positiver Affekte ausdrücken kann, wird das Selbstsystem des Coachees aktiviert. Dadurch wird ein Selbstaufmerksamkeitszustand erreicht, der Selbstreflexion ermöglicht und durch Systemkonditionierung selbstmotivierende und damit verbundene handlungsorientierte Gedanken fördert" (vgl. Offermanns, 2003; Kuhl, 2001).

1.4 Der Coachingansatz „COACH"

Unser Coachingansatz „*COACH*" ist auf die Förderung von Selbstreflexion, das Entwickeln neuer Handlungsmöglichkeiten und die Eigenverantwortung der Coachees ausgerichtet. Um diese zu erreichen, wird der Coach zum Wegbegleiter für eine begrenzte Zeit.

1.4.1 Die fünf Schritte im Rahmen einer Coachingsitzung

Unser Vorgehen im Coaching lässt sich in fünf Schritten darstellen (COACH), die sich wie ein roter Faden durch die Coachingsitzungen ziehen: (vgl. Abb.1)

Come together — Zusammenkommen
(Ankommen, Positive Beziehung aufbauen)

Orientation — Orientierung
(Themen und Ziel der Sitzung klären)

Analyse — Klärung
(Prozessberatung, Coach unterstützt den Coachee sein Thema für sich zu klären/zu verstehen)

Change — Veränderung
(Prozess- und Expertenberatung, Choach unterstützt den Coachee, neue Handlungsmöglichkeiten zu entwickeln)

Harbour — Zieleinlauf bzw. Zwischenziele
(Entwicklung eines Handlungsplans, Umsetzungsvereinbarung, Abschluss)

Abbildung 1: COACH – Die fünf Schritte im Coachingprozess

1.4.2 Grundwerte im Coaching

Coaching kann nur erfolgreich sein, wenn folgende Grundwerte gegeben sind:

Freiwilligkeit und Wille:
Das Coaching wird nicht „verordnet". Die Coachees haben ein eigenständiges und begründetes Interesse an einer Beratungsbeziehung und sind bereit, sich mit ihrem Coachingthema aktiv auseinanderzusetzen.

Diskretion:
Die Inhalte des Coaching sind und bleiben vertraulich. Das Coaching hat nicht die Beurteilung der Coachees zum Ziel. Die Coachees müssen hierauf vertrauen können, damit sie sich offen in den Prozess einbringen können.

Persönliche Akzeptanz:
Das Vertrauen zwischen Coach und Coachees und die gegenseitige Akzeptanz müssen gegeben sein. Daher können die Coachees sich nach einem Erstgespräch bewusst für oder gegen ihren Coach entscheiden.

Leistungsorientierung:
Coaching ist keine „Nachhilfe" für Leistungsschwache, sondern die Chance zu lernen, wie das eigene Leistungsvermögen noch effizienter genutzt werden kann. Diese Weiterentwicklung kommt sowohl den einzelnen Coachees als auch dem gesamten Unternehmen zugute.

Eigenes Anliegen:
Die Inhalte, die im Coaching besprochen werden sollen, bestimmen die Coachees allein.

Neutralität:
Externe Coaches sollten neutral sein, d.h. sie sollten nicht eingebunden in die Interessen eines Unternehmens sein.

1.4.3 Coaching als Prozess- und Expertenberatung

Unser Coachingansatz beinhaltet Prozess- und Expertenberatung in einem (vgl. König & Volmer, 2002; s. Tab. 1), wobei die Prozessberatung im Vordergrund steht: Der Coachee wird unterstützt, neue Sichtweisen und Handlungsmöglichkeiten zu entwickeln, die ihn seinen beruflichen Zielen näher bringen. Wichtig ist dabei, dass der Coach lediglich „Hilfe zur Selbsthilfe" leistet: d.h., dass die Entscheidung über das weitere Vorgehen allein beim Coachee liegt.

Tabelle 1: Prozess- und Expertenberatung angelehnt an König & Volmer (2002).

Prozessberatung	Expertenberatung
Hier ist wichtig, dass der Ratschlag nicht von außen kommt, sondern dass der Rat Suchende dabei unterstützt wird, eigene Problemlösungen zu finden. Diese Unterstützung kann z.B. durch gezieltes Fragen oder andere insbesondere psychologische Interventionen erbracht werden. Die Kompetenz des Beraters liegt im kommunikativen/psychologischen Bereich. Die Prozessberatung entspricht am ehesten dem psychologischen Beratungsverständnis (vgl. Definition von Dorsch 1992, siehe S. 182)	Ein Fachmann gibt von außen Ratschläge zu einer bestimmten Problemstellung. Die Kompetenz des Beraters liegt im fachlichen Bereich. Der direkte Einfluss des Beraters auf die Entscheidung des Beratenen kann unterschiedlich hoch sein: dies hängt letztendlich vom Beratenen ab.
Beispiel: Ein Coachee leidet unter Stress und kann damit nicht umgehen. Mit Unterstützung des Coaches versucht der/die Rat Suchende, die Gründe für das Problem herauszufinden und neue Handlungsmöglichkeiten zu entwickeln.	Beispiel: Ein Coachee will regelmäßige Besprechungen in seinem Team einführen, hat allerdings kein Basiswissen, wie er Besprechungen ergebnisorientiert strukturieren und leiten kann. Der Coach gibt in diesem Fall sein Expertenwissen an den Rat Suchenden weiter.

1.5 Evaluation von Coachingprozessen

Um unserem Qualitätsanspruch gerecht zu werden, wird jeder Coachingprozess hinsichtlich seiner Struktur-, Prozess- und Ergebnisqualität bewertet bzw. evaluiert. Heß und Roth (2001) definieren diese drei Qualitätsdimensionen wie in Tabelle 2 aufgeführt.

Tabelle 2: Qualitätsdimensionen im Coaching (Heß & Roth, 2001)

Strukturqualität	Prozessqualität	Ergebnisqualität
Alle Ausstattungsdimensionen, wie personelle (Qualifikation des Coaches...), materielle und räumliche Ausstattungen, die als Voraussetzungen für die Umsetzung der Prozessqualität betrachtet werden.	Alle Aktivitäten, die zur Erreichung eines bestimmten Ziels beitragen sollen. Sie ist eine dynamische Größe und beschreibt die Art und Weise, wie eine Dienstleistung erbracht wird.	Beschreibung des Erfolgs einer Maßnahme im Sinne eines Vorher-Nachher-Vergleichs als auch hinsichtlich subjektiver Zufriedenheit der Teilnehmer.
Hierzu gehört zum Beispiel: Kompetenz des Coaches, Regelmäßige Supervision und fundierte Ausbildung, Freiwilligkeit, Organisatorische Unterstützung seitens des Unternehmens, Transparente Kommunikation seitens des Unternehmens hinsichtlich der Zielvorstellungen.	Hierzu gehört zum Beispiel: Durchführung von Vorgesprächen, Schriftliche Vereinbarungen hinsichtlich Honorar, Geheimhaltungspflicht, Umgang mit Absagen, Dauer und Anzahl der Sitzungen, Transparente Darstellung der angewandten Coachingmethoden, Abschlussevaluation.	Hierzu gehört zum Beispiel: Erweiterte Problemsicht, neue Sichtweisen, Entwicklung neuer Handlungsmöglichkeiten, Zufriedenheit des Teilnehmers, Konkrete Umsetzung von neuen Handlungsmöglichkeiten.

Die Evaluation umfasst zwei Interviewinstrumente (vgl. Offermanns, 2003):

1.5.1 Das Abschlussinterview
Im Abschlussinterview reflektieren Coachee und Coach gemeinsam über den Coachingprozess und die Ergebnisse (s. Abb. 2). Dies beinhaltet neben der Zielerreichung z.B. positive Erfahrungen und Anregungen für Verbesserungen.

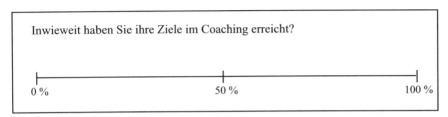

Abbildung 2: Beispielfrage im Abschlussinterview

1.5.2 Das Problem-Struktur-Interview (P-S-I)
Mit Hilfe eines im Rahmen des Forschungsprojekts Coaching entwickelten Problem-Struktur-Interviews wird das individuelle Coachingthema des Coachees vor und nach dem Coaching mit Hilfe von Karten und Pfeilen visualisiert: Ziel dabei ist die Darstellung der persönlichen Sichtweise des Coachees zu seinem Thema. Der Coachee wird nach den Ursachen für seine Problemstellung, seinen momentanen Handlungsstrategien und den daraus folgenden Konsequenzen befragt. Diese werden auf Karten geschrieben. Zusammenhänge zwischen Karten werden in Form von Pfeilen dargestellt und die einzelnen Karten nach bestimmten Kriterien bewertet. Das daraus entstandene Strukturbild gibt dem Coachee als auch dem Coach einen guten Überblick über die aktuelle Sichtweise des Coachees vor dem Coaching. Das gleiche Interview wird am Ende des Coachings noch einmal durchgeführt: beide Strukturbilder (vorher und nachher) werden dann in einem Abschlussgespräch (Coach und Coachee) verglichen und Auffälligkeiten angesprochen und reflektiert. Dieses Interview bietet eine hervorragende Möglichkeit, Veränderungen im Denken und Handeln und somit Fortschritte transparent zu machen sowie die Coachinganteile hierbei zu diskutieren.

Die Strukturqualität wird durch regelmäßige kollegiale Supervision und Weiterbildung gewährleistet. Die Qualitätsaspekte, die eng mit dem Auftraggeber verbunden sind (Freiwilligkeit, transparente Kommunikation), werden zum einem im Coachingprozess (Erst- und Vorgespräch) berücksichtigt und über die Zufriedenheit des Coachees im Abschlussinterview messbar gemacht.

2. Ein Fallbeispiel aus der Coachingpraxis

Im Folgenden stellen wir exemplarisch einen Coachingprozess vom Erstkontakt mit dem Auftraggeber bis zum Abschlussgespräch mit dem Coachee dar.

Begleiten sie mit uns die Reise des Abteilungsleiters Karl Klar (Name geändert) auf dem Segelschiff „MS Coach". Diese Reise umfasst sechs Segeltörns mit jeweils dazwischenliegenden Landgängen, auf denen unser Coachee Erfahrungen und Erkenntnisse der jeweiligen Reiseabschnitte direkt in der Praxis ausprobiert, um diese dann mit seinem Coach am darauffolgenden Termin zu reflektieren.

2.1 Das Unternehmen

Der Betrieb, der sich für die Teilnahme an unserem Coaching als Instrument zur individuellen Personalentwicklung entschieden hat, ist ein mittelständisches Unternehmen aus der chemischen Industrie mit rund 1.350 Beschäftigten. Alle Führungskräfte des Hauses haben im Rahmen eines Entwicklungsprogrammes bereits eine Vielzahl von Seminaren zu den Themen Mitarbeiterführung, Kommunikation und Selbstmanagement besucht. Das Unternehmen hat nach ergänzenden Möglichkeiten zur Personalentwicklung gesucht und sich daher für ein individuelles Coaching von ausgewählten Führungskräften entschieden. Coaching war lediglich als Begriff bekannt. Nicht bekannt war, was es konkret bedeutet und was im Coaching eigentlich passiert.

Hinweis: Vor dem Start eines Coachings muss ein gemeinsames Verständnis über den Coachingbegriff hergestellt werden, um falsche Erwartungen und Missverständnisse zu vermeiden.

2.2 Die Auftragskonstellation

Der Auftraggeber des Coachings war in diesem Fall die Personalabteilung. Beim Erstgespräch mit dem verantwortlichen Personalleiter wurde als Kernpunkt besprochen, wie in dem Unternehmen vermieden werden kann, dass Coaching als Nachhilfe für Leistungsschwache abgetan wird. Diese Gefahr besteht durchaus, wenn in der Einführungsphase nicht sorgsam mit den Befürchtungen der MitarbeiterInnen umgegangen wird. Gemeinsam mit den Personalverantwortlichen entschieden wir uns, in der Pilotphase fünf als besonders leistungsstark bekannte Führungskräfte für das Coaching zu gewinnen.

Hinweis: In der Einführungsphase ist es wichtig, dass Coaching positiv belegt wird.

Das Coaching wurde durch die Personalabteilung finanziert, was eine nicht unproblematische Konstellation sein kann, da im Coaching nicht immer die Redensart „Wer die Band bezahlt, bestimmt auch die Musik" gilt. Auch wenn die Personalabteilung oder ein Vorgesetzter die Maßnahme Coaching beauftragt und bezahlt, bestimmt im Kern der Coachee seine Musik, nämlich seine Ziele, die er ganz persönlich erreichen will (vgl. Abb.3). Als Coach war es wichtig, dieses Spannungsfeld für alle Beteiligten transparent zu machen und sich im Kern an den Zielen des Coachees zu orientieren, ohne dem Unternehmen damit zu schaden.

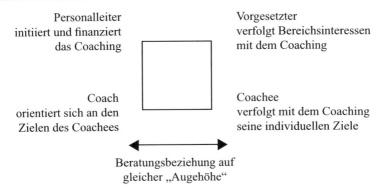

Abbildung 3: Viereckskonstellation des Auftrages

2.3 Der Erstkontakt mit potenziellen Coachees

Um das grundsätzliche Interesse an einem Coaching abzuklären, wurden die bereits erwähnten fünf Führungskräfte von dem Personalleiter angesprochen. Dabei wurde insbesondere darauf geachtet, dass diese Führungskräfte alle aus unterschiedlichen Unternehmensbereichen kamen. Somit wurde zum einen vermieden, dass Konkurrenz untereinander entsteht, zum anderen konnte für die Maßnahme Coaching breit angelegt geworben werden. Nach dieser Vorinformation wurde unser grundsätzlicher Coachingansatz sowie die zentralen Rahmenbedingungen in einer einstündigen Besprechung vorgestellt. Anwesend waren dabei alle potenziellen Führungskräfte (u.a. Herr Klar), Vertreter der Personalabteilung sowie zwei potenzielle Coaches.

2.4 Das „nullte" Gespräch

Direkt im Anschluss an diese Besprechung wurde das so genannte „nullte" Gespräch unter vier Augen zwischen Herrn Klar und mir als seinem potenziellen Coach geführt. Dabei ging es um ein erstes „Beschnuppern". Dieses Gespräch war ganz bewusst noch unverbindlich und kostenlos, um Herrn Klar eine eindeutige Entscheidung für eine Zusammenarbeit mit mir oder eben dagegen zu ermöglichen. Das Gespräch hob sich auch von der Dauer mit maximal 30 Minuten von einer regulären Coachingsitzung ab. Das grundsätzliche Procedere im Coaching wurde erklärt, mögliche Themen des Herrn Klar wurden sondiert, wobei ich noch nicht tiefer nachhakte – das Gespräch blieb bewusst an der Oberfläche.

Hinweis: Die zwei Kernfragen dieser Sitzung sind: Hat der Coachee ein echtes Interesse an einem Coachingprozess und finden Coach und Coachee eine konstruktive Arbeitsbasis? Nach unserer Überzeugung kann eine Weiterentwicklung nur in einem sicheren Rahmen stattfinden.

Auf der formalen Ebene schloss ich hierzu mit dem Coachee einen Vertrag, der im Sinne eines Dienstvertrages die Zahlungsmodalitäten, den Umgang mit kurzfristigen Absagen und Ort und Dauer des Coachings regelten. In diesem Fall wurde ein Teil des

formalen Vertrages mit dem Personalleiter geschlossen, da die Kosten vom Unternehmen getragen wurden. Der Teil der Coachingvereinbarung mit Herrn Klar beschränkte sich auf folgende Punkte:
- Umgang mit kurzfristigen Absagen: bei Absagen bis zu drei Tagen vor dem Termin wird der ausgefallene Termin in Rechung gestellt.
- Vertraulichkeit: alle Informationen, die im Rahmen des Coachings gewonnen werden, bleiben streng vertraulich.
- Ort des Coachings: i.d.R. findet das Coaching vor Ort bei dem Coachee statt. Ein bis zwei Termine sollten an einem neutralen Ort stattfinden.
- Dauer der Termine: i.d.R. 90 Minuten.
- Abstände zwischen den Terminen: der Abstand zwischen den Terminen beträgt i.d.R. vier bis sechs Wochen. Abweichungen hiervon können mündlich vereinbart werden.

Nach dem Gespräch hatten sowohl Herr Klar als auch ich eine Woche Zeit, sich für oder gegen eine Zusammenarbeit zu entscheiden. Da sich beide dafür entschieden hatten, wurde ein Termin für den ersten „Segeltörn" vereinbart.

2.5 Der erste Segeltörn

Gerade zu Beginn der Zusammenarbeit hat das „come together", also das Herstellen einer konstruktiven Beratungsbeziehung hohe Relevanz. Dies geht über den üblichen „Small Talk" hinaus. Bei Herrn Klar bot sich hierzu zunächst sein aktuelles Aufgabengebiet an.

Als formalen Start für die erste Sitzung unterschrieben Herr Klar als Coachee und ich als Coach die Vereinbarung übers Coaching. In diesem Fall hatte Herr Klar keine weiteren Fragen, so dass wir mit dem Problem-Struktur-Interview zur Problemanalyse starteten (siehe Kap. 1.5). Als Ergebnis dieser Methode hatte Herr Klar ein gute Übersicht über seine Themenfelder mit den jeweiligen Zusammenhängen. Daraus leiteten wir gemeinsam seine konkreten Zielstellungen fürs Coaching ab.

Hinweis: Bei der Zielklärung orientieren wir uns an den Eigenschaften eines guten Zieles (vgl. Whitmore, 1994), nach denen Ziele „smart" sind: "specific, measurable, attainable, realistic und time phased". Die Redensart „Der Weg ist das Ziel" könnte im Coachingprozess lauten: „Die gründliche Zieldefinition ist ein zentraler Teil des Weges". Neben der exakten Zieldefinition fragen wir als Sicherheitscheck auch nach „Feuerwehraufträgen", d.h.: Gibt es dringende Themen, die es als erstes anzugehen gilt? Denn wenn das Haus brennt, macht es wenig Sinn sich zu überlegen, wie ich das Wohnzimmer umgestalte.

Herr Klar hatte für sein Thema „irgendwas an meinem Führungsstil verändern" einen Zeithorizont von einem ½ Jahr, so dass wir einen Prozess von sechs Terminen mit jeweils vier- bis sechswöchigen Zeiträumen dazwischen vereinbarten.

Coach: „Herr Klar, wie bekommen wir denn Ihr Ziel ‚smart'?"
Herr Klar: „Aktuell gibt es Kritik an meinem Führungsstil, das ist der Hintergrund für mein Thema."

Coach: „Was genau wollen Sie denn erreichen?"
Herr Klar: „Ich möchte mein Auftreten als Führungskraft optimieren und somit ein positiveres Verhältnis zu meinen Mitarbeitern bekommen. Damit im Zusammenhang steht meine mangelnde Kritikfähigkeit, wobei sich dies auch auf das Verhältnis zu meiner Frau übertragen ließe."
Coach: „Vorschlag: wir konzentrieren uns im Coaching zunächst auf Ihre berufliche Rolle. Sie arbeiten in ihrem Bereich ja auch viel mit konkreten Zielen. Bitte formulieren Sie, woran Sie feststellen können, dass Sie Ihr Ziel erreicht haben."
Hinweis: Hier wird deutlich, dass Coaching zwar den Fokus auf berufliche Themen legt, dies in der praktischen Beratung aber nicht immer trennscharf ist.
Herr Klar: „Ich kann einige meiner Mitarbeiter fragen, ob sich etwas verändert hat."
Coach: „Woran noch?"
Herr Klar: „Ich selbst bin besser im Kontakt mit meiner Mannschaft und weiß mehr berufliche und auch mal private Dinge."
Coach: „Sie haben vorhin gesagt, Sie wollen Ihren Führungsstil ändern, wie würden Sie denn Ihren jetzigen beschreiben?"
Herr Klar: „Ich praktiziere den kooperativen Führungsstil."
Coach: „Das bedeutet genau was?"
Herr Klar: „Ich lasse meinen Leuten viele Freiheiten, lasse sie sozusagen an der langen Leine."
Coach: „Und das wollen Ihre Leute nicht?"
Herr Klar: „Ich weiß auch nicht, was denen genau fehlt."
Coach: „Was wünschen Sie sich denn von Ihrem Chef?"
Herr Klar: „Dass ich meine Freiheiten habe, für gute Leistung anerkannt werde und weiß, wo es langgeht."
Coach: „Bieten Sie das denn Ihren Mitarbeitern?"
Herr Klar: „Mmh, eigentlich, die Freiheit schon, aber die Orientierung wohl eher nicht. Stimmt, das könnte der Knackpunkt sein."
Coach: „Jetzt haben wir erst mal geklärt, was genau Sie erreichen möchten und was mögliche Knackpunkte sind. Damit läuft unsere MS Coach für heute in den Hafen ein. Ich möchte Sie bitten, bis zu unserem nächsten Termin Ihre Ziele schriftlich zu fixieren und sich selbst in den nächsten vier Wochen einmal zu beobachten, welche Orientierung Sie Ihren Mitarbeitern geben. Passt das so für Sie?"
Herr Klar: „Das artet ja in Arbeit aus."
Coach: „Genau!"

Herr Klar lachte und wir verabredeten uns für den nächsten Termin.

2.6 Der zweite Segeltörn

Ab dem zweiten Termin startete das „come together" mit dem wechselseitigen Einstimmen aufeinander und mit der Frage: „Was hat sich seit der letzten Sitzung für Sie Zentrales ergeben?" Herr Klar hatte seine Ziele auf einem Formblatt fixiert und mir als Kopie gegeben. Er sagte, er selbst biete seinen Mitarbeitern tatsächlich wenig Orientierung.

Coach: „Lassen Sie uns mal beim Punkt Orientierung bleiben. An welchen Punkten geben Sie ihrem Team Orientierung und wie machen Sie das?"
Herr Klar: „Ich beziehe alle in strategische Entscheidungen mit ein und stelle mich vor die Leute, wenn es Kritik von oben gibt."
Coach: „Mit welcher Resonanz?"
Herr Klar: „Das schätzen die Leute sehr."
Hinweis: Der fließende Übergang zur Phase „orientation" bildet die Frage: „Was ist heute für Sie wichtig sich anzuschauen?" In vielen Fällen ist dies die Weiterführung des behandelten Themas aus dem ersten Termin.
So war es auch in dem Fall von Herrn Klar. Es kann jedoch vorkommen, dass sich in dem Arbeitsbereich des Klienten aktuelle Dinge ergeben haben, welche eine hohe Relevanz für ihn haben und er diese somit ins Coaching einbringt. Dann erfolgt eine neue Priorisierung, wobei es wichtig ist, dass das Ursprungsthema damit nicht unter den Tisch fällt, es sei denn, der Klient sagt dies eindeutig.
Coach: „Wenn wir einen Mitarbeiter fragen würden, was würde der über Sie berichten?"
Herr Klar hatte hierzu nur vage Vorstellungen. „Die Mitarbeiter würden mich als verschlossen, geradlinig und wenig kritikfähig sehen."
Coach: „Was würden Ihre Mitarbeiter positiv über Sie berichten?"
Herr Klar: „Keine Ahnung, vielleicht zielorientiert."
Coach: „Wie kommen Sie auf diese Ideen?"
Herr Klar: „Eigentlich fehlt mir ja auch der enge Draht zu meinen Mitarbeitern."

An dieser Stelle machte Herr Klar eine längere Denkpause und fragte, ob es nicht im Rahmen des Coachings möglich sei, mit einigen seiner Mitarbeiter zu sprechen, um mal aus neutraler Sicht offen und ehrlich die Meinung zu hören. Dies ist ein durchaus übliches Vorgehen, wenn es darum geht, Führungskräften das Fremdbild der Mitarbeiter zu spiegeln. Ich schlug Herrn Klar daher vor, so genannte Analyseinterviews (vgl. König & Volmer, 2002) mit einer Auswahl seiner Mitarbeiter zu führen, in denen ich im Kern die Wirkung über ihn als Abteilungsleiter und die Meinung der Mitarbeiter über seine Person abfragen würde. Zusammen mit Herrn Klar wurde eine Zielklärung für die durchzuführenden Interviews vorgenommen. Dabei ergänzte ich als Coach mir wichtig erscheinende Punkte und stimmte diese mit Herrn Klar ab. So dachte Herr Klar beim zu interviewenden Personenkreis ausschließlich an seine Mitarbeiter. Meinen Vorschlag, auch Abteilungsleiterkollegen und interne Kunden zu interviewen, stieß auf seine spontane Zustimmung. Das Ansprechen der Personen und die konkrete Termin- und Raumklärung nahm Herr Klar als Arbeitsauftrag mit. Im weiteren Verlauf vertieften wir das Führungsverständnis:

Coach: „Sie haben beim letzten mal bereits gesagt, Sie praktizieren einen kooperativen Führungsstil. Wie würden Sie sich selbst denn noch beschreiben?"
Herr Klar: „Ich sehe mich als strategischen Denker, der den Laden, will sagen meine Abteilung durch kluge Überlegungen voranbringt. Eine angemessene Distanz zu meinen Mitarbeitern finde ich dabei wichtig."
Coach: „Was bedeutet eine angemessene Distanz?"
Herr Klar: „Angemessen meint, so weit weg, dass mich keiner als Freund verletzen kann."

Coach: „Wie bauen Sie diese Distanz konkret auf?"
Herr Klar: „Ein Punkt dabei ist, dass ich mit allen – auch mit langjährigen Mitarbeitern – per ‚Sie' bin. Das machen meine Abteilungsleiterkollegen durchaus anders. Ich habe die Haltung, zu mir kann jeder kommen, der ein Problem hat, er kann sich hierfür ja einen Termin geben lassen. Ich halte einfach nichts von der Kumpelmasche."
Coach: „Wofür ist Ihr Verhalten denn nützlich?"
Herr Klar: „Es hilft mir, bei kritischen Situationen aus einer sachlichen Position heraus gerecht zu agieren."
Coach: „Nennen Sie bitte mal ein konkretes Beispiel."
Herr Klar: „Letztens habe ich mit einem meiner Mitarbeiter ein Kritikgespräch führen müssen, weil seine Arbeitsleistung nicht mehr passte. Das ging so ganz gut, weil dies in einer nüchternen Atmosphäre lief. Das kann übrigens auch mal ein Thema fürs Coaching sein."
Coach: „Sollen wir diesen Punkt mal in unseren Coachingmerker für weitere Termine legen? Was ist denn der Preis, den Sie für Ihre Distanz zahlen?"
Herr Klar: „Der Preis ist eindeutig, dass ich als Person auch ganz schön isoliert bin. Viele Informationen kriege ich gar nicht mit und werde teilweise von Problemen in meiner Abteilung regelrecht überrascht. Ich bewundere immer Leute, die soviel Nähe zulassen können. Mir macht das Angst. Ich brauche meinen ganz persönlichen Raum."
Coach: „Was kann denn eine professionelle Nähe sein, die Sie in Zukunft zulassen wollen?"
Herr Klar: „Da kann ich mir vorstellen, mich mehr für den Menschen zu interessieren."
Coach: „Und das setzt doch auch immer eine Öffnung von Ihnen voraus, nach dem Motto „Ich erzähle dir was von mir, wenn du mir was von dir verrätst?"
Herr Klar: „Das stimmt sicherlich, da will ich an mir arbeiten."
Coach: „Sie wissen schon „daran arbeiten" ist beim letzten Mal unser Sitzungsende gewesen, und so soll es auch diesmal sein. Was nehmen Sie aus diesem Termin mit? Woran wollen Sie arbeiten?"

Herr Klar beschrieb, dass insbesondere das Thema Nähe und Distanz für ihn sehr erhellend war und dass er darüber weiter nachdenken werde. Mit dieser Vereinbarung fuhren wir in den „harbour" ein.

Landgang: Analyseinterviews

Als Interviewpartner wurden vier Mitarbeiter, zwei Kunden und zwei Kollegen aus gleicher Führungsebene gewonnen. Die Interviews wurden mittels des erarbeiteten Leitfadens vom Coach durchgeführt und protokolliert. Der Leitfragenkatalog enthielt u.a. folgende Aspekte:
- Wenn sie an Herrn Klar denken, was fällt Ihnen spontan ein?
- Was schätzen sie an Herrn Klar besonders?
- Worüber ärgern sie sich immer wieder?
- Was würden sie sich anders/mehr/weniger wünschen?
- Was würden sie Herrn Klar als Führungskraft raten?

Insgesamt herrschte eine große Offenheit, konstruktive Kritik an Herrn Klar zu üben. Die Maßnahme, einige Mitarbeiter, Kollegen und Kunden mal zu befragen, stieß auf insgesamt eindeutig positive Resonanz.

Hinweis: Der ehrliche Umgang auch mit eigenen Führungsschwächen unterstützt eher die Autorität, als dass dies als Schwäche gewertet wird.

Die Gespräche dauerten jeweils rund 60 Minuten. Die Ergebnisse wurden in Form eines Berichtes in anonymisierter Form dokumentiert. Hier ein Auszug aus den Ergebnissen:

Spontane Einfälle und Beschreibungen zu Herrn Klar:
- „Ist im Privaten anders als in der Firma. Da zeigt er sich offener. Bei Mitarbeitern gibt er eine klare Marschrichtung vor."
- „Ich empfinde ihn als unnahbar und arrogant."

Kernstärken des Herrn Klar:
- „Er arbeitet sehr gründlich."
- „Er lässt einen machen, ohne stark einzugreifen."

Problembereiche:
- „Ich bekomme relativ wenig Feedback, was ich mir stärker wünsche."
- „Herr Klar ist schnell beleidigt und denkt sich „dann macht doch alles alleine". Das sieht man an seiner angespannten Gestik."

Anregungen:
- „Anwesenheit in allen Bereichen ca. zweimal in der Woche, um auch mal ein Schwätzchen abzuhalten."
- „Mehr Orientierung geben und die Leine nicht zu lang lassen."

2.7 Der dritte Segeltörn

Bei diesem Termin war Herr Klar verständlicherweise sehr neugierig, was denn nun aus den Interviews geworden ist.

Hinweis: Die Interviewergebnisse werden von uns grundsätzlich in anonymisierter Form dokumentiert und dem Coachee dann zurückgespiegelt. Es hat sich als sinnvoll herausgestellt, die Interviewergebnisse direkt in einem Coachingtermin durchzugehen und dem Coachee nicht einfach einen Bericht zukommen zu lassen. Die direkten Reaktionen verbaler oder nonverbaler Art dienen als Diagnostikum und können Anknüpfungen für weitere Themenbereiche geben.

Herrn Klar ließ ich zunächst noch mal raten, was denn wohl die Kernerkenntnisse der Interviews wären.

Hinweis: Hierdurch werden Selbstreflexionsfähigkeiten sichtbar und weiterentwickelt.

Interessanterweise hatte Herr Klar für seine Schwachpunkte aus Sicht seines sozialen Umfeldes ein gutes Gespür. Bei den eigenen Stärken blieb er ratlos. Im Anschluss an diese Raterunde ging ich zusammen mit Herrn Klar die Ergebnisse des Berichtes durch. Einige lösten sichtbare Betroffenheit aus, beispielsweise die Aussage, er wirke kühl und arrogant.

Coach: „Ich habe den Eindruck, diese Aussage macht Sie besonders betroffen."
Herr Klar: „Ja, da haben Sie absolut recht. Wer will schon gerne als arrogant gelten?"
Coach: „Sie auf alle Fälle nicht?"

Herr Klar: „Nein, das finde ich schrecklich."
Coach: „Wie wollen Sie denn idealerweise beschrieben werden?"
Herr Klar: „Als fachlich und sachlich korrekt und umgänglich."
Coach: „Fachlich und sachlich korrekt trifft ja bereits zu. Wozu wollen Sie denn als umgänglich eingeschätzt werden?"
Herr Klar: „Ich möchte gerne respektiert werden und gleichzeitig auf einer menschlich guten Ebene mit meinen Leuten klarkommen."
Mir kam das Bild eines Pendels in den Sinn, welches zunächst zu einer Seite ausschlägt, dann zur anderen und sich letztendlich in der Mitte einpendelt. Mit diesem Bild lud ich Herrn Klar zu ungewöhnlichen Ideen ein.
Coach: „Lassen Sie uns doch mal ein bisschen spinnen. Was können Sie Ungewöhnliches tun, um Ihrem Ziel näher zu kommen?"
Herr Klar: „Ich könnte mit jedem Mitarbeiter zwei Stunden in der Woche persönlich sprechen. Ich könnte ein übertriebenes Lob für offene Worte aussprechen."
Coach: „Darf ich mitmachen?"
Herr Klar: „Ja, gerne."
Coach: „Also, Sie könnten auf einmal allen Mitarbeitern das ‚Du' anbieten. Sie könnten ihre Büromauer einreißen, um mehr direkten Kontakt mit Ihren Leuten zu haben."
Herr Klar: „Genau, ich baue eine zu hohe Mauer auf."
Coach: „Welche Idee haben Sie dazu?"
Herr Klar: „Ich muss einfach mal mehr durch die Hallen gehen und den direkten Kontakt suchen. Ich weise meine Sekretärin an, Mitarbeiter mit Priorität zu mir zu lassen."
Hinweis: Zur Verdeutlichung alle Vorschläge – und seien Sie scheinbar noch so unsinnig – auf Metaplankarten mitvisualisieren, um den Pendelschlag sichtbar für den Coachee vor Augen zu haben.
Coach: „Lassen Sie uns mal Abstand zu den Karten nehmen. Wenn Sie sich das jetzt alles so anschauen, welche konkreten Dinge wollen Sie die nächste Zeit ausprobieren?"

Herr Klar verschob die Karten, entwickelte Bewertungskriterien und entschied sich, zunächst zwei Dinge auszuprobieren. Zum einen plante Herr Klar jede Woche 5 Stunden für formale und informelle Mitarbeitergespräche ein, zum anderen wollte er durch mehr Anwesenheit in den einzelnen Bereichen die Barrieren symbolisch verkleinern. In der Expertenrolle schlug ich ihm zusätzlich vor, sich bei allen Interviewpartnern in einem Meeting zu bedanken und ihnen mitzuteilen, was er mit diesen Ergebnissen anstellen wird.

Coach: „Ich habe einen spielerischen Vorschlag zu unserer Umsetzungsvereinbarung. Wenn Sie bis zum nächsten Termin alle Dinge realisiert haben, bekommen Sie ein kleines Geschenk von mir, wenn nicht, läuft es umgekehrt."
Herr Klar: „Dann fahren Sie schon mal in die Stadt, um etwas Nettes zu besorgen!"

2.8 Der vierte Segeltörn

Als „come together" lag ein kleines Päckchen für mich auf dem Besprechungstisch unseres Coachingraumes. Herr Klar war mit seinen umgesetzten Vereinbarungen durchaus zufrieden, hatte aber eben doch nicht alles realisiert.

Coach: „Ah, ich sehe, Sie machen mir eine Freude."
Herr Klar: „Das mache ich doch gerne (lacht). Ich habe alle Dinge umgesetzt mit sehr guten Erfahrungen, jedoch konnte ich mich noch nicht bei den Interviewpartnern bedanken."
Coach: „Was hat Sie daran gehindert?"
Herr Klar: „Zwei Kollegen hatten Urlaub und ich wollte gerne alle zusammen zu einer Besprechung einladen."
Coach: „Das bedeutet, Sie holen das nach, wenn alle da sind."
Herr Klar: „Auf alle Fälle, sonst machen Sie mich noch arm."

Hinweis: Das Arbeiten mit Geschenken als Belohnung für umgesetzte Coachingvereinbarungen bringt das Thema Verbindlichkeit auf eine spielerische Ebene und wird insgesamt positiv angenommen. Es sollte jedoch nicht überzogen werden und bei sehr selbstkritischen Coachees kann es kontraindiziert sein."

Etwas war heute noch anders. Herr Klar trug statt seines sonst strahlend weißen Hemdes mit stramm sitzender Krawatte und blauem Anzug eine verwaschene Jeans und ein Freizeithemd. Da ich wie üblich im Anzug erschien und immer mit wachen Sinnen wahrnehme, sprach ich ihn darauf an: „Haben sie eine neue Kleiderordnung eingeführt?"

Herr Klar: „Ja, jeden Freitag machen wir bei uns in der Abteilung neuerdings ‚casual day', da trägt man dann Freizeitkleidung. Ist eine Idee aus den USA, die ich übernommen habe."
Coach: „Aha, und mit welchen Effekten?"
Herr Klar: „Irgendwie haben wir dann eine lockere Atmosphäre."
Coach: „Die mir übrigens gleich bei Ihnen aufgefallen ist, Sie wirken auf mich entspannter und offener."
Herr Klar: „Freut mich zu hören."
Coach: „Sie sehen also, dass selbst eine Veränderung bei Äußerlichkeiten Ihre Wirkung verändert."
Herr Klar: „Das ist mir auch schon aufgefallen. Es hat sich einiges getan."
Coach: „Wo wir vorhin bereits bei einem starken Symbol waren, nämlich der Kleidung, und ich von Ihnen verstanden habe, dass Sie sich noch etwas mit Nachhaltigkeit wünschen, mache ich Ihnen einen methodischen Vorschlag. Ich lade Sie ein, Ihr Thema mittels einer Symbolarbeit anzuschauen und zu verfestigen."
Herr Klar: „Was soll das denn sein?"

Zur Vorbereitung hatte ich meinen Symbolekoffer mitgebracht, in dem sich viele kleine Gegenstände vom Eierbecher bis zum Gummitomahawk befinden. Diesen öffnete ich jetzt und blickte wie so oft in zwei verdutzte Augen.

Coach: „Dies ist mein Symbolekoffer. Während Sie bitte an ihr Thema denken, nehmen Sie sich einen oder mehrere Gegenstände heraus. Dabei wird Sie das Symbol finden."
Herr Klar: „Das müssen Sie mir erklären!"
Coach: „Es wird sich von alleine auflösen, bitte wühlen Sie einfach mal im Koffer und legen Sie die Gegenstände hier auf die leere Fläche!"
Herr Klar griff nach einigem Zögern zunächst vorsichtig und dann mit steigender Be-

geisterung in den Koffer und nahm sich drei Symbole- einen Bleistift, eine Mauer aus Legosteinen und einen Ball heraus und platzierte diese auf dem leeren Besprechungstisch.
Coach: „Bitte beschreiben Sie mal, was Sie wahrnehmen."

Herr Klar beschrieb die Symbole, wobei ich nachfragte, ob die Farbe oder die Form etc. eine Bedeutung hat.

Hinweis: Eigene Interpretationen nicht dem Coachee überstülpen, sondern als Wahrnehmungsmuster anbieten. Beim Beschreiben der Gegenstände führt der Coachee eine Analyse seines Themas auf einer analogen, nicht digitalen Ebene durch. Dadurch können intuitive Problemlösungskompetenzen mitaktiviert werden. Mit der Frage „Was bedeutet das genau in Bezug auf Ihre Fragestellung?" wechseln wir die Ebenen von analog auf digital, d.h. wir stellen wieder den konkreten Realitätsbezug her.

Coach: „Wenn wir mal in Richtung ‚change' gucken, was wollen Sie gerne an den Gegenständen verändern?"
Herr Klar nannte einige Punkte, die er zaghaft verändern möchte. Ich gab nach Abstimmung weitere Ideen rein, die Herr Klar weiterführte. Auch hier folgte der Transfer in Bezug auf das Thema; was bedeutet beispielsweise „den Luftballon aufblasen" in Bezug auf die Wirkung als Führungskraft?
Coach: „Wenn ihr Coachingschiff mit der Ladung an Symbolen in den ‚harbour' einläuft, was machen Sie mit den Gegenständen?"
Herr Klar: „Am besten ich suche mir einen Platz dafür."
Coach: „Klasse! Und wo könnte dieser ganz konkret sein?"
Herr Klar: „Ich stelle die Legosteine auf meinen Schreibtisch, da werden die Mitarbeiter irritiert schauen." (Dabei grinste Herr Klar.)
Coach: „Ich sehe, Sie lächeln."
Herr Klar: „Ja, ich glaube, das gefällt mir, wenn ich nicht mehr in dieser ‚der ist immer nur streng und ernst Schublade' drin stecke."
Coach: „Gut, und was nehmen Sie sich bis zu unserer fünften Reise vor?"
Herr Klar: „Ich denke noch mal in aller Ruhe über alles nach und sortiere für mich."
Coach: „O.K. Sie werden für sich die passende Sortierung finden."

Am Ende vereinbaren wir einen Termin, der unüblicherweise erst neun Wochen später stattgefunden hat, da Herr Klar für sich Zeit brauchte, alles in Ruhe zu überdenken und dann Dinge auszuprobieren. Für mich war dies ein positives Zeichen, da Herr Klar als handlungsorientierte Person sonst eher zu spontanem Aktionismus neigte (vgl. Kap. 1.3.3).

2.9 Der fünfte Segeltörn

Vor dieser Reise hatte Herr Klar mich angemailt und sich für diesen Termin das Thema „Führen von Kritikgesprächen" gewünscht. Dieses Anliegen hatten wir bei unserem zweiten Segeltörn in den Merker für weitere Termine gelegt.

Hinweis: Mailkontakte zwischen den Terminen können eine gute Brücke bilden, wodurch aktuelle Fragen oder Anliegen angegangen werden können. Dies kann u.a. auch zur Vorbereitung auf den nächsten Termin sinnvoll sein.

Herr Klar war auf das Kritikgespräch eingestellt. Als Methode schlug ich ein Rollenspiel zu einer realen Situation entweder aus der Vergangenheit oder zum Probelauf vor einem schwierigen Gespräch vor. Die reale Situation bestand darin, dass sich Herr Klar schon seit längerer Zeit darüber ärgerte, dass einer seiner Mitarbeiter in einem für alle Abteilungen einsehbaren Raucherzimmer sehr häufig Pausen machte. Zusätzlich war er mit den Leistungen dieses Mitarbeiters nicht zufrieden. Herr Klar hatte bislang eine große Hemmschwelle, diesen Mitarbeiter daraufhin anzusprechen.

Bevor wir starteten, vereinbarte ich mit Herrn Klar die Abläufe fürs Rollenspiel im Coachingprozess.

> Coach: „Wir werden gleich eine Simulation eines Kritikgespräches durchführen. Dabei werde ich in die Rolle ihres Mitarbeiters Herrn Meyer schlüpfen, und Sie werden mit mir ein Gespräch führen. Im Anschluss werten wir dieses Beispiel gemeinsam aus. Passt das für Sie?"
> Herr Klar: „Ja, lassen Sie uns loslegen!"
> Ich verließ den Raum, nahm mir die Krawatte ab, zog mein Sakko aus und klopfte als Herr Meyer an die Tür. Nun folgte ein etwa 20-minütiges Gespräch, in dem Herr Klar seine Kritik an seinen Mitarbeiter Herrn Meyer richtete. Während des Gesprächs machte ich mir Notizen fürs anschließende Feedback. Nach dem Gespräch wechselte ich die Rollen, indem ich mir Sakko und Krawatte wieder anzog.
> Coach: „So, als Ihr Coach bitte ich Sie, zunächst aus Ihrer Sicht zu sagen, wie zufrieden Sie mit dem Gespräch waren."
> Herr Klar: „Ich bin zufrieden damit, dass wir eine gute Beziehungsebene erzielt haben."
> Coach: „Woran machen Sie das fest?"
> Herr Klar: „Herr Meyer machte einen offenen Eindruck und ist erhobenen Hauptes durch die Tür rausgegangen."
> Coach: „O.K., womit sind Sie noch zufrieden." Herr Klar zählte einige Punkte auf, die ich zunächst unkommentiert ließ.
> Coach: „Nun lassen Sie uns auf die andere Seite der Medaille schauen, was ist aus Ihrer Sicht nicht so gut verlaufen?"
> Herr Klar: „Ich bin mir nicht sicher, ob meine Botschaft klar genug war."
> Coach: „Was meinen Sie, wie ist Herr Meyer aus dem Gespräch rausgegangen?"
> Herr Klar: „Ich denke, er sagt sich, netter Chef, aber mein Verhalten muss ich nicht unbedingt ändern."
> Coach: „Und was hat gefehlt, damit Herr Meyer sagt, souveräner Chef und mein Verhalten werde ich ändern?"
> Herr Klar: „Weiß ich nicht."
> Coach: „Möchten Sie ein Feedback von mir bekommen?"
> Herr Klar: „Oh ja, bitte."

An diesem Punkt gab ich Herrn Klar drei positive Punkte, die mir aufgefallen waren sowie drei Anregungen. Als Kernanregung hatte ich, die Erwartungen an den Mitarbeiter klar zu formulieren und die weiteren Schritte und Konsequenzen transparent zu machen. Als Arbeitspapier hatte ich einen Ablauf eines Kritikgespräches vorbereitet, den wir zusammen durchgegangen sind.

Hinweis: Im Coaching arbeiten wir gerne mit einfach strukturierten Arbeitspapieren für Führungsthemen, wie beispielsweise Kritikgespräche führen, Besprechungsmoderation oder Selbstmanagement. Dabei orientieren wir uns an Informationstexten aus dem Konzept des Selbstorganisierten Lernens (Greif & Kurtz, 1996). Auf diese Arbeitspapiere erhalten wir sehr positive Resonanz, da sie konkrete Hilfestellungen bieten, ohne die individuelle Selbstreflexion einzuschränken.

> Coach: „Was nehmen Sie als zentrale Punkte für sich aus dieser Lerneinheit mit?"
> Herr Klar: „Ich muss stärker die Balance finden zwischen nettem, einfühlsamem Gespräch und meiner Rolle, die Erwartungen an meine Mitarbeiter klar zu verdeutlichen."
> Coach: „Und, wie können Sie das konkret umsetzen?"
> Herr Klar: „Ich bereite die Punkte für mich noch mal nach und probiere dies bei einem nächsten Mitarbeitergespräch aus."

2.10 Der sechste Segeltörn

In diesem Termin lief die MS Coach vorläufig das letzte Mal in dieser Besatzung aus, da der Rahmenvertrag sechs Termine vorsah und sich bei Herrn Klar abzeichnete, dass diese Zeit ausreichend war.

> Coach: „Dies ist nun unser sechster Reisetermin und das Coaching ist am Schluss dieses Terminem zu Ende. Was steht für Sie an, damit wir unsere Reise positiv abrunden?"
> Herr Klar: „Ich wünsche mir, dass wir mal schauen, was wir so alles gemacht haben und dass wir irgendwas finden, was mich immer wieder an das Coaching erinnert."
> Coach: „Dann lassen Sie uns mal gedanklich an den Anfang unserer gemeinsamen Reise auf der MS Coach gehen. Wissen Sie noch, was Ihr Thema war und was für Sie wichtige Ziele waren?"
> Zusammen mit Herrn Klar wurde das Problem-Struktur-Interview noch einmal geführt. Als Ergänzung legte ich Herrn Klar die erarbeitete Struktur des ersten Segeltörns vor und ging die einzelnen Positionen mit Ihm durch.
> Coach: „Wenn Sie nun mal die Erreichung der einzelnen Teilziele bewerten, indem Sie bitte auf einer Skala von 0 bis 100 angeben, inwieweit Sie diese erreicht haben. Der Wert 0 entspricht dabei ‚nicht erreicht' und der Wert 100 ‚voll erreicht'."
> Exemplarisch beschrieb ich den Umgang mit dem Ziel „Auftreten als Führungskraft verbessern".
> Herr Klar: „Dieses Ziel habe ich zu 82 % erreicht."
> Coach: „Woran machen Sie das fest?"
> Herr Klar: „Viele meiner Mitarbeiter und auch einige Kollegen wissen ja, dass ich mich coachen lasse und einige haben gesagt, Sie hätten eine Veränderung festgemacht. Das freut einen dann natürlich."
> Coach: „Veränderung in welcher Hinsicht?"
> Herr Klar: „Ich sei entspannter und würde mich mehr für den Menschen interessieren."

Coach: „Was haben Sie denn im Kern getan, um den Wert 82 zu erreichen?"
Herr Klar: „Ich habe mir überlegt, was ich konkret tun kann, damit meine Wirkung besser ist und dies umgesetzt. Alleine wäre ich aber darauf nicht gekommen, dafür ist man dann zu eingefahren. Da brauchte es schon das Coaching. Seiner Ehefrau erzählt man ja so was auch nicht."
Coach: „Nun ist 82 ja noch nicht 100. Welches nächste Ziel setzen Sie sich denn?"
Herr Klar: „Na, 90 sollten es schon sein."
Coach: „ Was müssen Sie noch tun, um 90 zu erreichen?"
Herr Klar: „Weiter am Ball bleiben."
An dieser Stelle sammelten wir gemeinsam konkrete Punkte, die eine Weiterentwicklung von Herrn Klar bei diesem Thema ermöglichen.
Coach: „Wenn Sie sich für den Wunsch, weiter am Ball zu bleiben, einen Gegenstand suchen, der Sie immer wieder daran erinnert, was wäre das?"
Herr Klar: „Haben Sie denn ihren Symbolekoffer wieder mit?"
Coach: „Na, klar!"

Herr Klar schnappte sich spontan einen kleinen bunten Ball; als ständige Erinnerung wollte er ihn immer bei sich tragen.

Coach: „Ich habe den Eindruck, Sie haben wirklich eine Menge geschafft, und auf mich machen Sie einen viel gelösteren Eindruck. Welche Erfahrungen im Coaching können für Sie in zukünftigen Problemlösesituationen hilfreich sein?"
Hinweis: Ziel im Coaching ist, den Coachee in die Lage zu versetzen, in zukünftigen Situationen sich selbst coachen zu können, indem er die neu erworbenen Problemlösekompetenzen anwendet.
Herr Klar: „Beim Arbeiten an meinen Themen habe ich ja auch eine ganz bestimmte Herangehensweise an Probleme kennengelernt, die durchaus als Modell dient. Daran werde ich mich erinnern, wenn ich es brauche."
Hinweis: Neben der Abrundung auf der Arbeitsebene bitte ich die Coachees um ihr Feedback über das Coaching. Hierbei frage ich: Was hat gefallen? Was hat gefehlt? Was hätten Sie sich anders gewünscht? Als Ergänzung frage ich nach, ob der Coachee das Coaching mit mir weiterempfehlen kann.
Coach: „Herr Klar, nun haben sie mir ein Feedback gegeben, danke dafür! Sind Sie auch an einem Feedback von mir interessiert?"
Herr Klar: „Auf alle Fälle!"

Ich gab Herrn Klar meine zentralen Eindrücke mit auf den Weg, wobei ich auf eine Ausgewogenheit zwischen positiven Bereichen und Entwicklungspotenzialen achtete.

Coach: „Da hinten kann ich den Hafen schon erkennen. Unsere gemeinsame Reise neigt sich nun dem Ende entgegen. Wenn wir diesmal aus dem Boot aussteigen, trennen sich unsere Wege zunächst wieder."
Herr Klar: „Danke für die gemeinsame Zeit, mir hat es viel gebracht."
Coach: „Was halten Sie davon, wenn wir in sechs Monaten noch mal Kontakt aufnehmen, um zu schauen, wo Sie dann stehen?"
Herr Klar: „Das machen wir."

Mit einem herzlichen Händedruck verabschiedeten wir uns an dieser Stelle in dem beruhigten Wissen, dass Herr Klar gut für seine Reise ohne die MS Coach gerüstet ist.

Zur Abrundung des Prozesses fand auf Wunsch des Herrn Klar ein Gespräch zwischen ihm, dem Personalleiter und dem Coach statt, indem die Coachingerfahrungen ausgetauscht wurden. Des Weiteren wurde zur langfristigen Transfersicherung ein halbes Jahr später eine 7. Sitzung durchgeführt.

3. Fazit

Coaching ist eine Beratungstätigkeit auf hohem Niveau und mit großer Verantwortung, die sich primär an Personen mit Management- und Führungsaufgaben richtet. Ein breites theoretisches und praktisches Wissen über die Interventionen und deren Wirkungen sowie ein Verständnis für das Arbeitsumfeld des Coachees sind deshalb seitens des Coaches unerlässlich. Um in Zukunft noch mehr „Licht" bzw. Qualität in den zur Zeit herrschenden „Coachingdschungel" in der Weiterbildungsbranche zu bringen, bedarf es einer noch intensiveren Forschung und engeren Zusammenarbeit zwischen Wissenschaft und Praxis.

Literatur

Böning, U. (2002). Coaching: Der Siegeszug eines Personalentwicklungs-Instruments. Eine 10-Jahres-Bilanz. In C. Rauen (Hrsg.). *Handbuch Coaching* (2. Aufl.) Göttingen: Hogrefe.

Doppler, K. (1992). Coaching. Mode und Notwendigkeit. Was und wie ein Coach wirklich sein sollte. *Gablers Magazin, 4*, 36-41.

Dorsch, F., Häcker, H. & Stapf, K.-H. (Hrsg.). (1992). *Psychologisches Wörterbuch* (11., ergänzte Auflage). Bern: Hans Huber.

Fatzer, G. (1990). Phasendynamik und Zielsetzung der Supervision und Organisationsberatung. In G. Fatzer & C. D. Eck (Hrsg.), *Supervision und Beratung*. Köln: Ed. Humanistische Psychologie.

Fatzer, G. & Eck, C.D. (Hrsg.). (1990). *Supervision und Beratung*. Köln: Ed. Humanistische Psychologie.

Fatzer, G., Rappe-Gieseke, K. & Looss, W. (Hrsg.). *Qualität und Leistung von Beratung: Supervision, Coaching, Organisationsentwicklung*. Köln: Ed. Humanistische Psychologie.

Freimuth, J. (Hrsg.). (1999). *Die Angst der Manager*. Göttingen: Verlag für Angewandte Psychologie.

Gessner, A. (2000). *Coaching – Modelle der Diffusion einer sozialen Innovation in der Personalentwicklung*. Forum Personalmanagement, Band 1. Frankfurt a.M.: Lang.

Greif, S. & Kurtz, H.-J. (Hrsg.). (1996). *Handbuch selbstorganisiertes Lernen*. Göttingen: Hogrefe.

Greif, S. & Kurtz, H. J. (1999). Angstkontrolle in turbulenten Innovationsprozessen. Über Desperados, Betonköpfe und Schwarze-Peter-Spiele. In J. Freimuth, (Hrsg.), *Die Angst der Manager*. Göttingen: Verlag für Angewandte Psychologie.

Greif, S. (2002). Vorwort. In C. Rauen (Hrsg.). *Handbuch Coaching* (2. Aufl.). Göttingen: Hogrefe.

Heß, T. & Roth, W. L. (2001). *Professionelles Coaching. Eine Expertenbefragung zur Qualitätseinschätzung und -entwicklung*. Heidelberg: Asanger Verlag.

Hierdeis, H. & Hug, T. (Hrsg.). (1996). *Taschenbuch der Pädagogik*. Hohengehren: Schneider.

Kailer, N. & Walger, G. (Hrsg.). (2000). *Perspektiven der Unternehmensberatung für kleine und mittlere Unternehmen. Probleme – Potentiale – empirische Analysen*. Wien: Linde.

König, E. & Volmer, G. (1996). Beratung. In H. Hierdeis & T. Hug (Hrsg.): *Taschenbuch der Pädagogik* (S. 121-130). Hohengehren: Schneider.

König, E. & Volmer, G. (2002). *Systemisches Coaching. Handbuch für Führungskräfte, Berater und Trainer*. Weinheim: Beltz-Verlag.

Kuhl, J. (2001). *Motivation und Persönlichkeit. Interaktionen psychischer Systeme*. Göttingen: Hogrefe.

Looss, W. (1991). *Coaching für Manager. Konfliktbewältigung unter vier Augen*. Landsberg/Lech: Verlag moderne Industrie.

Looss, W. (1999). Coaching – Qualitätsüberlegungen beim Einsatz von Coaching. In G. Fatzer, K. Rappe-Gieseke & W. Looss (Hrsg.). *Qualität und Leistung von Beratung: Supervision, Coaching, Organisationsentwicklung* (S. 105-132). Köln: Ed. Humanistische Psychologie.

Offermanns, M. (2003). Braucht Coaching einen Coach? Eine evaluierte Pilotstudie. Unveröffentlichte Dissertation, Universität Osnabrück.

Rauen, C. (1999). *Coaching. Innovative Konzepte im Vergleich*. Göttingen: Hogrefe.

Rauen, C. (2001). *Der Chef als Coach*. Coaching-Newsletter Nr. 8. Verfügbar unter: www.coaching-report.de

Rauen, C. (2002a). Varianten des Coachings im Personalentwicklungsbereichs. In C. Rauen (Hrsg.). *Handbuch Coaching*. Göttingen: Hogrefe.

Rauen, C. (Hrsg.). (2002). *Handbuch Coaching* (2. Aufl.). Göttingen: Hogrefe.

Rosenstiel, L.v., Molt, W. & Rüttinger, B. (1988). *Organisationspsychologie*. Stuttgart: Kohlhammer.

Schreyögg, A. (2001). *Coaching. Eine Einführung für Praxis und Ausbildung*. Frankfurt a. M.: Campus.

Szyperski, N. & Klaile, B. (1982). *Dimensionen der Unternehmensberatung. Hilfen zur Strukturierung und Einordnung von Beratungsleistungen*. Arbeitsbericht Nr. 48 des Seminars für allgemeine Betriebswirtschaftslehre und betriebswirtschaftliche Planung, Köln.

Vogelauer, W. (2000). Was Kunden vom Coaching erwarten. Erwartungen und Erfahrungen von Führungskräften und Personalentwicklern aus Deutschland, Österreich und der Schweiz. In N. Kailer & G. Walger (Hrsg.). *Perspektiven der Unternehmensberatung für kleine und mittlere Unternehmen. Probleme – Potentiale – empirische Analysen*. Wien: Linde.

Whitmore, J. (1994). *Coaching für die Praxis – Eine klare, prägnante und praktische Anleitung für Manager, Trainer, Eltern und Gruppenleiter*. Frankfurt/M.: Campus.

Woldrich, A. (1998). *Beratung – Eine Begriffsbestimmung aus historischer, fachspezifischer und gesellschaftlicher Perspektive unter besonderer Berücksichtigung der Behindertenberatung und der Abgrenzung zur Therapie*. Diplomarbeit zur Erlangung des akademischen Grades eines Magisters der Philosophie an der geisteswissenschaftlichen Fakultät der Leopold-Franzens-Universität Innsbruck. Verfügbar unter: http://bidok.uibk.ac.at/texte/beratung.html.

Wolf, R. (1995). Hilfe zur Selbsthilfe. *Management & Seminar, 10*, 23-26.

Selbstorganisiertes Lernen (SoL) in der Praxis: Das SoL Konzept angewendet in einem Seminar „Präsentationstechniken" für Führungskräfte

Anke Finger-Hamborg

1. Einleitung

In dem vorliegenden Beitrag wird ein Seminar zum Thema „Präsentationstechniken", das auf den Prinzipien des Selbstorganisierten Lernens (SoL) basiert, praxisnah vorgestellt. Es werden zwei Seminarformen des SoL, nämlich offene- und aufgabenorientierte Seminare unterschieden und die besondere Eignung der aufgabenorientierten Variante für die Praxis aufgezeigt. Daraufhin wird ein aufgabenorientiertes SoL Seminar beispielhaft dargestellt. Zum Ende des Beitrags werden Vor- und Nachteile sowie die mit aufgabenorientierten SoL Seminaren verbundenen Schwierigkeiten bei der Seminarvorbereitung und -durchführung diskutiert.

2. Ausgangspunkte

Das Konzept des Selbstorganisierten Lernens (SoL) wurde Anfang der neunziger Jahre im Rahmen des Projektes „Aktivierende Methoden zielgruppenorientierter Gewerkschaftsarbeit" (AMZG), gefördert von der Hans Böckler Stiftung und der IG Chemie-Papier- Keramik, von Mitarbeitern des Fachgebietes Arbeits- und Organisationspsychologie der Universität Osnabrück unter der Leitung von Prof. Siegfried Greif sowie von Mitarbeitern der Firma Technik, Innovation und Psychologie, Osnabrück entwickelt und in seinen Grundzügen erprobt (Greif, Finger & Jerusel, 1993). Die ersten Seminare zum selbstorganisierten Lernen (SoL) wurden zur Fortbildung von Gewerkschaftsreferentinnen und -referenten sowie in Universitäten durchgeführt. Mittlerweile konnten in einer Vielzahl von Seminaren im Bereich der Personalentwicklung Bausteine des SoL Konzeptes für die Qualifikation höherer und mittlerer Manager aber auch von Schichtleitern (Greif, 1996) wirkungsvoll eingesetzt werden.

2.1 Verschiedene Formen des Lernens

„Selbstorganisiertes Lernen (SoL)", wie es hier verstanden werden soll, ist keine „besondere Form des Lernens". Lernen ist grundsätzlich selbstorganisiert (Greif, 2000), da Lernende immer schon über Vorerfahrungen und kognitive Ordnungssysteme verfügen und Inhalte, die sie in Seminaren oder sonstigen Lernkontexten vermittelt bekommen, individuell strukturieren und mit vorhandenem Wissen verbinden (vgl. Greif & Kurtz, 1996).

Dem Konzept des SoL liegt die Annahme zugrunde, dass mit Zunahme der Selbstbestimmung auch die Eigenaktivität beim Lernen steigt, was wiederum zu einer längeren und genaueren Einprägung des Gelernten führen sollte (Greif, 2000, S. 7 ff.).

Formen des selbstorganisierten Lernens lassen sich abhängig von dem Ausmaß unterscheiden, in dem Lernenden (als Gruppe oder individuell) die Möglichkeit gegeben wird, über die folgenden Punkte Entscheidungen treffen zu können (Greif, Finger, Jerusel, 1993):
a) Lernaufgaben und Lernprojekte (Was);
b) Regeln der Aufgabenbearbeitung (Wie);
c) Lernmittel, Lernmethoden oder Lernwerkzeuge (Womit);
d) Arbeitszeiten und Organisatorisches bei der Bearbeitung der Aufgaben (Wann/Wo);
e) Form des Feedbacks und der Expertenhilfe;
f) Soziale Unterstützung durch Kollegen und Lernpartner(innen).

Ein wichtiges Merkmal zur Unterscheidung verschiedener Formen des selbstorganisierten Lernens ist der Spielraum, den Lernende hierbei insbesondere bei der Auswahl, Planung und Strukturierung der Lernaufgaben und Lerntechniken haben.

2.2 Offenes- versus aufgabenorientiertes SoL

Seminare ohne jede inhaltliche Bereichseingrenzung, Vorstrukturierung oder unausgesprochene erwartete Themen gibt es, in der Praxis, nicht. Bereits die zeitlichen und räumlichen Rahmenbedingungen, die mitgebrachten technischen Hilfen und Materialien (Lernquellenpool), Erfahrungen, Kompetenzen und Interventionen der Lernberaterinnen und -berater (Referentinnen und Referenten eines SoL Seminars) sowie die Erwartungen und Interaktionen der Teilnehmerinnen und Teilnehmer begrenzen und strukturieren die Situation und die Lernbereiche von Anfang an.

Man unterscheidet zwischen Lernen *ohne* ausdrücklich vorstrukturierte Lernaufgaben („offenes SoL") und *mit* vorstrukturierten oder vorgegebenen Lernaufgaben („aufgabenorientiertes SoL", siehe Tab. 1).

Für die Praxis der Personalentwicklung ist die Variante des „aufgabenorientierten SoL Seminars" von zentraler Bedeutung. Diese Variante liegt auch dem hier beschrieben Seminar (siehe unten) zu Grunde.

Als „offenes SoL" sind Trainer-Trainings oder aber Seminare für Studierende an der Universität anzusehen. Hier geht es in erster Linie darum, anderen Referenten oder aber Studierenden das Konzept des SoL zu vermitteln, und sie erleben zu lassen, wie Selbstorganisationsprozesse in Gruppen funktionieren und Referenten in der Praxis damit umgehen sollten. In dieser „offenen SoL" Form werden keine Lernaufgaben vorgegeben, die Teilnehmer entscheiden selber, welches Thema sie an den Seminartagen bearbeiten möchten. Das bedeutet, das sehr individuelle Lernaufgaben zur Bearbeitung kommen – so kann ein Teilnehmer das Thema „meine eigene Zeitplanung" bearbeiten, ein anderer das Thema „Präsentation", ein dritter „Zielsetzung meiner Diplomarbeit". Darüber hinaus werden die basalen Aspekte des SoL Konzeptes wie: Gestaltung des Seminarraums, des Lernquellenpools und der Leittexte, Verhalten des

Lernberaters, der Problemlösekreis als grundlegende Problemlösetechnik vorgestellt. Jedoch sind auch diesem „offenen SoL" Konzept Grenzen bezogen auf Arbeitszeiten und Organisation gesetzt (siehe Tab. 1).

Tabelle 1: Übersicht „offenes- versus aufgabenorientiertes SoL"

Entscheidung über	Offenes SoL	Aufgabenorientiertes SoL
Lernaufgaben und Lernprojekte	Können von Teilnehmern frei gewählt werden	- Seminarthema steht fest z.B. „Präsentationstechniken", - Entscheidungen auf Detailebene können vom Teilnehmer im Verlauf getroffen werden z.B. Foliengestaltung oder Diskussionsleitung oder mind-mapping oder ….
Regeln der Aufgabenbearbeitung	Problemlösekreis und Leittexte werden an die Hand gegeben. Ob dieses angewendet wird, steht den Teilnehmern frei.	Konkrete Instruktionen werden den Teilnehmern ausgegeben.
Lernmittel, Lernmethoden und Werkzeuge	Lernquellenpool wird mitgebracht, ggf. während des Seminars erweitert.	Lernquellenpool wird mitgebracht.
Arbeitszeiten und Organisation	- Zeiten und Räumlichkeiten werden mit Teilnehmern abgesprochen und mit der Gruppe vereinbart, - Grenzen sind durch Raumkapazität und Schließungszeiten der Institution gesetzt, - Kleingruppenzusammensetz. ist frei.	- Seminarablaufplan steht fest, - Essens-Zeiten der Hotels, Plenum und Gruppenräume werden vorgegeben, - Zusammensetzung der Kleingruppen kann von den Teilnehmern entschieden werden.
Form des Feedbacks und Expertenhilfe	- Lernberater ist stets ansprechbar, - Erfahrungsschatz des Beraters steht zur Verfügung.	- Lernberater ist stets ansprechbar, - Erfahrungsschatz des Beraters steht zur Verfügung.
Soziale Unterstützung durch Kollegen und Lernpartner	Die anwesende Gruppe bietet soziale Unterstützung. Es können sich Lernpartnerschaften bilden.	Die anwesende Gruppe bietet soziale Unterstützung.

In der Praxis der Personalentwicklung werden Seminare für bestimmte Zielgruppen bereits im Vorfeld zu bestimmten Themenblöcken oder Inhalten ausgeschrieben. Dadurch ist „Entscheidungsfreiheit" der Teilnehmer, bezogen auf den Punkt Lernaufgaben und Lernprojekte, grundsätzlich nicht gegeben.

In der Praxis finden „aufgabenorientierte SoL"- Seminare in der Regel mit vorher festgelegten Themen, oder aber als Standartseminare, in denen einige SoL Bausteine eingesetzt werden, statt.

In aufgabenorientierten SoL Seminaren liegen die Spielräume zur Selbstorganisation hauptsächlich in der Wahl der zu bearbeitenden Aufgaben innerhalb der vorgegebenen Thematik, außerdem in der Gruppenzusammensetzung während der Kleingruppenphasen, in der Wahl der Lernpartnerinnen und -partnern und zum Teil in der Form und der Häufigkeit des Feedbacks, das die Lernenden von den Lernberaterinnen und -beratern einfordern.

Referenten in SoL Seminaren werden Lernberater genannt (Kurtz, 1996). Sie haben zunächst die Aufgabe, in einem Seminar eine vertrauensvolle Lernatmosphäre (Greif, 2000) zu schaffen sowie individuell und gezielt auf die Lernziele der einzelnen Teilnehmer im Seminar einzugehen. Einerseits ist der Lernberater für das Seminarkonzept verantwortlich, andererseits muss er sich jedoch flexibel auf Wünsche und Bedürfnisse der Teilnehmer einlassen.

3. Beispiel eines aufgabenorientierten SoL Seminars

Im Folgenden wird ein Standardseminar zum Thema „Präsentation" vorgestellt, in dem Elemente des SoL Konzeptes zum Tragen kommen.

Das Seminar dauert 2,5 Tage und wird mit maximal 12 Teilnehmern durchgeführt. Die optimale Gruppengröße liegt bei 8-10 Seminarteilnehmern.

Das Seminar wird in der Regel in einem Hotel durchgeführt. Zur Ausstattung gehören ein Raum für das Plenum und ein bis zwei Gruppenräume sowie sämtliche Medien zur Präsentation (Beamer, OH-Projektor, Folien, Metaplanwände, Flip-Chart, Videokamera und Abspieleinheit).

3.1 Ausschreibung des Seminars

Bereits in der Ausschreibung des Seminars werden die Teilnehmer gebeten, Unterlagen für eine künftige Präsentation oder Unterlagen einer bereits durchgeführten Präsentation mitzubringen. Erfahrungsgemäß halten sich ca. 80 % der Teilnehmer daran und bringen entsprechende Unterlagen mit ins Seminar. Teilnehmer, die keine eigenen Unterlagen dabeihaben, bekommen in der Regel die Aufgabe, ihren eigenen Arbeitsbereich vorzustellen und diesen „thematisch" als Präsentation vorzubereiten und der Gruppe zu präsentieren.

3.2 Der Lernquellenpool (LQ-Pool)

Der Lernquellenpool ist eine Zusammenstellung von Büchern, Leittexten und sonstigen Medien, der als Angebot für die Lernenden zur selbstständigen Bearbeitung ihrer Lernaufgaben im Seminar dienen soll. Er fördert das eigenaktive Lernen der Teilnehmer (Jerusel & Greif, 1996).

In der Zusammenstellung des Lernquellenpools sollte man möglichst viele unterschiedliche Facetten des Themenbereiches abdecken. Für ein Standardseminar „Präsentation" sind zunächst Bücher, die Grundlagen der Präsentation abdecken, geeignet. Außerdem sind Materialien zu Spezialgebieten wie Visualisierung, Foliengestaltung, Moderation und Diskussionsleitung sowie Bücher und Videos zum Thema Körpersprache, Videos mit Rollenspielen unterschiedlicher Präsentationen hilfreich. Bei der Auswahl der Bücher sollte man darauf achten, unterschiedlich gestaltete Bücher zu verwenden, da so gewährleistet ist, dass für die unterschiedlichsten Personen etwas Geeignetes dabei ist.

Der Lernquellenpool wird im Seminarraum, möglichst auf den ersten Blick sichtbar, auf einem Tisch ausgestellt und so gestaltet, dass die Teilnehmer Lust bekommen, die Bücher in die Hand zu nehmen und darin zu blättern.

Der Lernquellenpool besteht neben Büchern und sonstigen Medien aus Leittexten (Finger & Schweppenhäußer, 1996), welche gleichzeitig die Teilnehmerunterlagen sind. Eine Übersicht über Leittexte, die für ein Standartseminar „Präsentationstechniken" geeignet sind, findet sich in Tabelle 2.

Tabelle 2: Leittexte im Lernquellenpool eines Präsentationsseminars

Teil	Themen der Leittexte
I Grundlegende Leittexte zur Präsentation	- Definitionen (Präsentation, Moderation) - Gliederung Präsentation und Moderation - Diskussionsleitung - Körpersprache - Umgang mit Lampenfieber
II Umgang mit Medien	- Foliengestaltung - Einsatz von Flip-Chart - Gestaltungshinweise - Mind-Maps
III Einsatz von Techniken	- Zurufabfrage - Brainstorming - Umsetzungsmatrix
IV Literaturhinweise	

Die Leittexte werden im Verlauf des Seminars, je nach Passung und Aufgabenstellung an die Teilnehmer ausgegeben. Bereits während des Seminars arbeiten die Seminarteilnehmer mit Hilfe der Leittexte an den Arbeitsaufgaben und erproben so bereits den Umgang mit ihnen. Eine erneute Anwendung der Leittexte in der Praxis wird dadurch wahrscheinlicher, da sich die Teilnehmer bereits unter Anleitung von der Effektivität der Texte überzeugen können.

3.3 Vorbereitung und Gestaltung des Seminarraums

In der Regel treffen die Teilnehmer nacheinander in dem bereits vorbereiteten Seminarraum ein. Es empfiehlt sich, in einem offen U-Sitzkreis ohne Tische zu arbeiten, da diese Sitzform die Spontaneität untereinander fördert.

Auf jedem Stuhl liegt ein Ordner für die Seminarunterlagen, eine leere Videokassette, ein Namensschild sowie Schreibmaterial bereit.

Der Lernquellenpool ist auf einem Tisch ausgestellt und wird bereits in der Anfangsphase von einigen Teilnehmern interessiert betrachtet. Auf diesem Tisch werden auch sämtliche Arbeitsmaterialien zur Verfügung gestellt (Folien, Stifte, Karten, Papier).

Der Seminarablaufplan hängt als Mind-map für alle sichtbar im Raum aus. Der ganze Seminarraum sollte so gestaltet sein, dass sich für die Lernenden von Anfang an eine angenehme Lernatmosphäre ergibt.

3.4 Seminarbeginn

Nach der Begrüßung und Klärung organisatorischer Fragen zu Seminarbeginn haben die Teilnehmer die Möglichkeit, sich selber vorzustellen.

Dazu bekommen sie eine Instruktion, in der einige inhaltliche Aspekte für die Vorstellung genannt sind, die von ihnen als Option bzw. als Anregung genommen werden können:
- Berufliches, Werdegang, momentane Position, aktuelle Projekte,
- Erfahrungen mit Präsentationen/Vorträgen,
- Privates, Hobbies,
- Motto im Umgang mit anderen Menschen.

Die Teilnehmer haben bei ihrer ersten Vorstellung die freie Wahl der Medien. Zur Visualisierung können sie Folien, das Flip-Chart oder die Kartenwand nutzen. Bereits bei dieser ersten Runde werden die Teilnehmer angeregt, selber zu entscheiden, welches Medium sie nutzen möchten und die Medien auszuprobieren, mit denen sie bislang keine Erfahrung sammeln konnten. Es wird darauf hingewiesen, das Seminar zum freien Experimentieren zu nutzen, wobei die Entscheidungen, dieses anzunehmen, ganz auf Seite der Teilnehmer liegt. Keiner wird im Seminar dazu gezwungen, gegen seinen Willen Medien auszuprobieren.

Die Vorstellung der Teilnehmer erfolgt reihum und wird auf Video aufgenommen. Im Anschluss bekommt jeder für seine erste Präsentation ein kurzes Feedback der Gruppe und des Lernberaters und bei Bedarf Hinweise zum Umgang mit den Medien.

Nach dieser Vorstellungsrunde findet eine Erwartungsabfrage als Kartentechnik statt. Dazu schreiben alle Teilnehmer ihre Erwartungen/Lernziele sowie ihre Befürchtungen auf Karten. Diese werden vom Lernberater eingesammelt und nacheinander geordnet an eine Kartenwand gehängt. Das Ergebnis der Kartentechnik ist eine Übersicht über die Erwartungen und Befürchtungen der Teilnehmer, auf die abschließend kurz vom Lernberater eingegangen wird. Der Lernberater sieht an dieser Stelle bereits, welcher Teilnehmer welche Lernziele hat und kann in der verbleibenden Seminarzeit diese gezielt im Auge behalten.

Mit einem gemeinsamen Abendessen nimmt der erste Seminartag seinen Ausklang.

3.5 Der zweite Seminartag

Der zweite Seminartag beginnt mit Grundlagen zum Thema Präsentation, die anhand von Kurzreferaten vom Lernberater vorgetragen werden. Hierbei wird die Nutzung unterschiedlicher Präsentationsmedien demonstriert (Folien, Flip-Charts u.a.).

Zu Beginn wird mit der Technik „Zurufabfrage" festgestellt, welche Vorerfahrungen die Teilnehmer bereits zum Thema „Präsentationstechniken" haben. Nach der Durchführung der Technik „Zurufabfrage" wird diese auf der Metaebene weiter besprochen. Es wir herausgearbeitet, welche Regeln bei effektiver Durchführung der Technik berücksichtigt werden müssen, für welche Situationen und Zielgruppen die Technik geeignet ist usw. Die Teilnehmer erhalten im Anschluss den Leittext „Zurufabfrage", in dem die Zusammenfassung der Technik festgehalten ist.

Als weitere Grundlagen der Präsentation wird das Modell der „vier Seiten einer Nachricht" vermittelt (Schulz von Thun, 1991) und in einer anschließenden Gruppenarbeit vertieft.

Hier entscheiden die Teilnehmer zum einen, in welche der Gruppen sie gehen möchten, zum anderen auch, welche der bereitgestellten Medien sie in der Gruppe nutzen. Die Ergebnisse der Gruppen werden präsentiert, wobei auch hier die Gruppe entscheidet, wer dieses tut. In der Regel verteilen die Gruppen die Präsentationsaufgaben so, dass alle Gruppenmitglieder im Plenum einen kurzen Einsatz haben.

Gruppenarbeit: Gedanken über die Vorbereitungsphase	
Gruppe 1 Gedanken zur Zielgruppe	Name:
Gruppe 2 Gedanken zur Organisation	Name:
Gruppe 3 Gedanken zu inhaltlichen Aspekten	Name:

Abbildung 1: Flip-Chart zur Gruppenarbeit

Im Anschluss an die kommunikationstheoretischen Grundlagen der Präsentation werden Ablauf und ihre Phasen anhand eines kurzen folienunterstützten Lehrgesprächs vorgestellt.

Da grade die Vorbereitungsphase einer Präsentation bereits maßgeblich für eine zielgruppenorientierte, zielgerichtete und zeitlich präzise Durchführung einer Präsentation ist, wird dazu eine vertiefende Gruppenarbeit mit anschließender Ergebnispräsentation durchgeführt.

Auch hier haben die Teilnehmer wieder die Wahl a) zu welchem der drei vorgegebenen Themen sie die Gruppenarbeit durchführen möchten, b) mit wem sie in einer Gruppe arbeiten möchten und c) welche der bereitgestellten Medien sie nutzen möchten. Um diesen Auswahlprozess für die Teilnehmer übersichtlich und einfach zu gestalten, tragen sie ihre Namen auf einem vorbereiteten Flip-Chart in die entsprechenden Spalten der Themen ein (vgl. Abb. 1).

Die Ergebnisse der Gruppen werden im Plenum präsentiert. Es erfolgt ein kurzes inhaltliches sowie ein ausführliches individuelles Feedback für den/die Vortragenden.

Arbeitsaufgaben / Lernprojekte: Arbeiten an eigenen Unterlagen I

Nach Einführung der Grundlagen und der generellen Struktur von Präsentationen erfolgt anschließend eine Übung zur Einleitungsphase einer Präsentation.

Dazu bekommen die Teilnehmer zunächst den Leittext zur Einleitung ausgehändigt und werden gebeten, ihre eigenen Präsentationen (siehe Ausschreibung) daraufhin zu überprüfen, ob bereits alle inhaltlichen Aspekte berücksichtigt wurden (Begrüßung der Zuhörer, Nennen des Themas, Zielsetzung der Präsentation, zeitlicher Rahmen, Gliederung der Präsentation...). Da dies in der Regel nicht der Fall ist, bekommen die Teilnehmer eine 30-minütige Vorbereitungsphase, in der sie eine inhaltlich komplette Einleitung ausarbeiten können.

Für die Teilnehmer, die keine Präsentation mitgebracht haben, wird die Aufgabe offen gehalten. Sie können entweder eine Präsentation zu einem aktuell anstehenden Thema vorbereiten oder, falls jemandem gar nichts einfällt, den eigenen Arbeitsplatz, Aufgaben, Verantwortungen usw. vorstellen und dieses als Präsentation vorbereiten.

Wichtig ist es, dass hier ein Thema gefunden und bearbeitet wird, welches keine weiterführenden inhaltlichen Vorbereitungen benötigt – z.B. das Lesen von Texten usw. Dazu fehlt im Seminar die Zeit.

Nach den Vorbereitungen ihrer Einleitungen stellen alle Teilnehmer diese im Plenum vor. Dazu werden alle Präsentationen einzeln auf Video aufgenommen. Jeweils im Anschluss an die Präsentation der Einleitung wird ein individuelles Feedback an Hand der Videoaufzeichnung gegeben.

Einige Teilnehmer nutzen die Möglichkeit und probieren nach dem Feedback bereits eine Umsetzung aus und tragen die Einleitung ihrer Präsentation ein zweites Mal vor. Hier sind sehr deutliche Verbesserungen sichtbar und die Teilnehmer sind überrascht über den schnellen Lernerfolg.

Jeweils nach zwei oder drei Präsentationen kommt ein kurzer theoretischer Einschub, je nach Passung von Seiten des Lernberaters, der dabei auf die individuellen Bedürfnisse/Schwächen der Teilnehmer eingeht. Zeigt eine Person zum Beispiel starke Unsicherheiten in der Körpersprache, wird das Thema Körpersprache vertieft (Kurzreferat mit Folie), gibt es aus dem Plenum Fragen zum Thema Umgang mit einem Skript, wird dazu ein Input gegeben. Im Anschluss bekommen alle Teilnehmer die jeweiligen Leittexte ausgehändigt.

Der Tag klingt nach den Einzelpräsentationen und passenden Einschüben mit einem gemeinsamen Abendessen aus.

3.6 Der dritte Seminartag

Der Morgen beginnt mit einer Rückfrage zu offenen Punkten und einem erneuten Hinweis auf den Ablauf des Tages. Es wird anschließend weiter am „Hauptteil der Präsentation" gearbeitet.

Arbeitsaufgaben / Lernprojekte: Arbeit an eigenen Unterlagen II

Das Herzstück des dritten Tages ist, dass jeder Teilnehmer sich Gedanken darüber macht, was er in der restlichen verbleibenden Seminarzeit als sein wichtigstes Seminarziel ansieht, und was jeder als sein Lernprojekt auswählt und bearbeiten möchte.

Mögliche „Lernprojekte", die von Einzelnen ausgewählt werden, sind die folgenden:
- Erneutes Auseinandersetzen mit der Einleitung und Präsentieren der Einleitung;
- Folien aus dem Hauptteil einer Präsentation zeigen (Menge, Lay-Out ...);
- Abhalten einer Diskussion zu einem bestimmten Thema;
- Umgang mit schwierigen Teilnehmern im Plenum (dazu werden vorab gerne Rollen vergeben: z.B. der Kritiker, Nörgler, Vielredner, Zuspätkommer usw.);
- Präsentation eines komplexen Modells oder eines technischen Zusammenhangs, einer komplexen Anlage oder eines Arbeitsprozesses (Verständlichkeit);
- Überprüfen der eigenen Wirkung auf kritische Zwischenfragen (dazu wird die Gruppe vorab aufgefordert, kritische Fragen zu stellen).

Nach einer Vorbereitungszeit von ca. 60 Minuten beginnen die Einzelpräsentationen im Plenum. Während der Vorbereitungsphase geht der Lernberater auf Anfrage zu jedem Teilnehmer einzeln, gibt Hilfestellung oder Tipps und beantwortet individuelle Fragen.

Die Einzelpräsentationen der Teilnehmer werden, wie bereits am Vortag, auf Video aufgenommen und im Anschluss erfolgt ein intensives Feedback. Wie am Vortag gibt es an entsprechender Stelle Input auf Anfrage durch den Lernberater.

3.7 Abschluss des Seminars

Nach Ausfüllen eines Bewertungsbogens zur Seminarevaluation wird eine Abschlussrunde mit den drei Fragen
- Was war positiv?
- Was sollte verbessert werden?
- Was nehme ich mir zur Umsetzung vor?

als Blitzlicht durchgeführt. Hier kommen stets eine Reihe von sehr positiven Rückmeldungen (siehe unter 3.1). Die Teilnehmer geben meist sehr konkrete Angaben darüber, was sie sich als Umsetzung vornehmen.

Nachdem der Seminarraum gemeinsam aufgeräumt wurde, treten alle die Heimfahrt an.

3.8 Transferevaluation

In einigen Unternehmen, die diesen Seminartyp anbieten, wird ca. sechs Wochen nach Durchführung des Seminars eine Transferevaluation durchgeführt. Die Auswertung wird den Referenten bzw. Lernberatern mitgeteilt. Das Seminar „Präsentationstechniken", als „aufgabenorientiertes SoL Seminar" konzipiert, wurde mehrmals in Folge als bestes Seminar bewertet. Die Teilnehmer heben auch sechs Wochen nach Durchführung des Seminars hervor, dass das Arbeiten an eigenen Unterlagen, das „Selbertun-und-entscheiden-können" ihnen viel gebracht hat, und dass sie davon in ihrem Arbeitsalltag stark profitieren. Die Unterlagen (Leittexte) werden im Arbeitsalltag genutzt und für weitere Präsentationen als Nachschlagewerk herangezogen.

4. Diskussion

4.1 Vorteile des aufgabenorientierten SoL Konzeptes für die Praxis

Der größte Vorteil dieser Seminarform besteht darin, dass die Seminarteilnehmer die Möglichkeit bekommen, zu einem vorab ausgeschriebenen Thema auf Detailebene selber entscheiden zu können, an welchen Lernaufgaben sie im Seminar arbeiten möchten. Daraus resultiert eine erhöhte Motivation bei den Teilnehmern, sich während des Seminars an einzelnen Übungen aktiv zu beteiligen.

Betrachtet man den Praxistransfer, hat das aufgabenorientierte SoL-Seminar auch hier Vorteile gegenüber einem herkömmlich konzipierten Seminar. Laut Rückmeldung der Teilnehmer wenden sie die Unterlagen (Leittexte) sowie die im Seminar vermittelten Inhalte in der Praxis nachhaltig an.

Weitere positive Rückmeldungen von Seminarteilnehmern lauten:
- dass sehr viel eigener Entscheidungsspielraum gegeben wurde,
- dass an eigenen Unterlagen individuell gearbeitet werden konnte,
- dass das Feedback sehr intensiv und personenbezogen ausfällt,
- dass individuell an eigenen Stärken und Schwächen gearbeitet werden konnte und dazu Rückmeldungen gegeben wurden,
- dass die Atmosphäre sehr angenehm und förderlich für das eigene Lernen war... usw.

Die folgenden Vorteile können damit zusammengefasst werden:
- Die Möglichkeit der Teilnehmer, selber Entscheidungen treffen zu können (Wahl der Arbeitsgruppe, Wahl der verwendeten Medien in den Gruppen, Wahl des Feedbacks durch die Gruppe und den Lernberater),
- die Bearbeitung selbst gewählter Lernaufgaben,
- die hohe Arbeitsmotivation während des Seminars,
- der hohe Praxistransfers ...„nach dem Tu-Effekt prägt sich besonders gut ein, was man selbst praktisch gemacht hat" (Greif, 2000, S. 7 ff.).

4.2 Nachteile und Schwierigkeiten des aufgabenorientierten SoL Konzeptes für die Praxis

Die Vorbereitung eines Weiterbildungsseminars nach Kriterien des „aufgabenorientierten SoL Konzeptes" ist sehr viel aufwendiger als die eines herkömmlichen Seminars. Für ein herkömmliches Seminar reichen ein vorbereitetes Konzept, einige Instruktionen für die Gruppenarbeiten sowie mehr oder weniger umfassende Teilnehmerunterlagen aus. Der Referent kann im Vorfeld sein Vorgehen sorgfältig planen und die Inhalte themenspezifisch ausarbeiten. Es steht im Vorfeld fest, was wann an den einzelnen Seminartagen erarbeitet wird. Bei einem „aufgabenorientierten Seminarkonzept" müssen für mögliche Randgebiete im weitesten Sinne Bücher für den Lernquellenpool sowie Leittexte vorbereitet werden. Es müssen für unterschiedliche Situationen und Aufgaben im Vorfeld Instruktionen geschrieben werden, und der Lernberater muss sich auf möglichst viele Eventualitäten im Seminar vorbereiten. Der Vorbereitungsaufwand für den Lernberater ist wesentlich höher und eine sehr sorgfältige und umfassende Ausarbeitung der Leittexte ist nötig.

Eine weitere Herausforderung/Schwierigkeit besteht zu Beginn des Seminars. Dort muss von Seiten des Lernberaters verständlich gemacht werden, dass eine Reihe von Entscheidungen von den Teilnehmern selber getroffen werden dürfen bzw. „getroffen werden müssen". Hier ist der Lernberater mit der eher „konsumorientierten Einstellung" der Teilnehmer konfrontiert, die aus anderen Seminaren der Weiterbildung eine passive Haltung zum Seminar mitbringen – nach dem Motto: Hier bekomme ich Wissen vermittelt, ohne mich selber allzu aktiv einbringen oder entscheiden zu müssen. Entscheidungen zu treffen ist jedoch zunächst anstrengend, und zumindest einige Teilnehmer tun sich damit in den Seminaren anfangs schwer und äußern Unmut darüber. Wenn diese Hürde jedoch genommen wurde, merken die Teilnehmer sehr schnell, dass es ihnen selber zu Gute kommt und sehr effektiv ist, an eigenen Dingen zu arbeiten: *„ ....mit der für die meisten neuartigen Methode des selbstorganisierten Lernens reagieren viele Teilnehmerinnen und Teilnehmer anfangs unzufrieden oder verunsichert und fordern mehr Anleitung oder Informationsvermittlung. Im weiteren Verlauf ändert sich diese Situation jedoch grundlegend, wenn man mit diesen Reaktionen offen und verständnisvoll umgeht und den Lernenden als Coach beim selbstständigen Bewältigen der Lernaufgaben z.B. mit kurzen Leittexten methodische Hilfe zu Selbsthilfe gibt.....Kritik schlägt oft am Ende in eine geradezu euphorische Begeisterung über die (eigenen) Lernerfolge im Seminar um"* (Greif, 2000, S. 4 ff.).

An dieser Stelle stellt sich an den Lernberater eine weitere sehr anspruchsvolle Anforderung: Wenn der Lernberater Entscheidungen und Selbstorganisation von Seiten der Teilnehmer einfordert, kann es dazu kommen, dass hieraus Abweichungen vom geplanten Seminarkonzept resultieren. An dieser Stelle ist unabdingbar, glaubwürdig zu bleiben und die Vorschläge der Teilnehmer konsequent aufzunehmen. Auch wenn von den Teilnehmern bestimmte vorgesehene Aufgaben nicht gewünscht werden, muss dies vom Lernberater ernst genommen und berücksichtigt werden, mit der Konsequenz, dass ggf. auf vorbereitete Übungen verzichtet oder diese verändert werden müssen.

Es ist Erfahrung und Fingerspitzengefühl nötig, die vorgegebenen Lernziele eines „aufgabenorientierten Seminars auf der Grundlage des SoL Konzeptes" zu erreichen sowie die individuellen Wünsche und Bedürfnisse der Teilnehmer konstruktiv zu vereinbaren.

Die Schwierigkeiten eines SoL orientierten Seminars sind zusammengefasst:
- Die aufwendige Vorbereitung des Lernquellenpools,
- die Ausarbeitung der Leittexte und Instruktionen,
- die Motivation und Überzeugungsarbeit der Teilnehmer zu Anfang des Seminars, selber Entscheidungen treffen zu müssen und sich aktiv einzubringen,
- das konsequente Eingehen auf individuelle Anforderungen der Teilnehmer,
- dass flexibel auf Teilnehmerbedürfnisse reagiert werden muss und ggf. Änderungen vorbereiteter Seminareinheiten erforderlich sind.

Besonders wegen der beiden letztgenannten Aspekte sollten Referenten, die Seminare auf der Grundlage des SoL Konzeptes im Bereich Personalentwicklung durchführen wollen, bereits über einige Erfahrungen im Bereich Personalentwicklung verfügen.

4.3 Fazit

Personalentwicklungsmaßnahmen in Unternehmen sind in der Regel zielgerichtet und inhaltlich an einem bestimmten Bedarf orientiert. Daher sind Seminare, die den Prinzipien des offenen SoL entsprechen, für diesen Anwendungsbereich wenig geeignet. Anders jedoch aufgabenorientierte SoL Seminare, die sich als Methode der Personalentwicklung durchaus etabliert haben, von Unternehmen stark nachgefragt werden und positive Beurteilungen erfahren.

Auch wenn die Vorbereitung dieser Seminare aufwendiger als bei herkömmlichen Seminarformen ist, sprechen positive Erfahrungen in der Praxis für den Einsatz aufgabenorientierter SoL Seminare. So zeigen Evaluationsergebnisse aus Fallstudien (interne Evaluationsfragebögen von Seiten des Unternehmens), dass der Lerntransfer und -erfolg dieser Seminarform, erhoben ein halbes Jahr nach der Seminardurchführung, im Vergleich zu konventionellen Seminaren deutlich besser ausfällt. Weiterhin ist auch die Akzeptanz von SoL-Seminaren bei den Teilnehmern sehr hoch. In der Regel stellt sich, nachdem die erste Hürde der Verunsicherung überwunden wurde, Begeisterung ein und resultiert in einer intensiven Lernatmosphäre.

Die in der Praxis gewonnen positiven Erfahrungen sind jedoch noch aus wissenschaftlicher Sicht zu erhärten: *„Eine allgemeine Grundannahme zum selbstorganisierten Lernen ist, dass das Gelernte in Abhängigkeit von der Stärke der Eigenaktivität länger und genauer im Gedächtnis eingeprägt wird. Diese Grundannahme wird in pädagogischen und psychologischen Konzepten zum selbstorganisierten Lernen oft wie eine Art Axiom oder als These propagiert und nicht aus Theorien und Forschungsergebnissen abgeleitet"* (Greif, 2000, S. 6 ff.).

Literatur

Bockelbrink, K.-H., Jungnickel, H. & Koch, J. (1987). *Leittexte in der betrieblichen Berufsausbildung*, Stahl AG. In Bundesinstitut für Berufsbildung INFO Markt.

Finger, A. & Schweppenhäußer, A. (1996). Leittextmethode und Minimale Leittexte. In S. Greif & H. J. Kurtz (Hrsg.), *Handbuch Selbstorganisiertes Lernen* (S. 99-107). Göttingen: Verlag für Angewandte Psychologie.

Greif, S. Finger, A. & Jerusel, S. (1993). *Praxis des Selbstorganisierten Lernens – Einführung und Leittexte*. Köln: Bund-Verlag.

Greif, S. & Kurtz, H. J. (Hrsg.). (1996). *Handbuch Selbstorganisiertes Lernen*. Göttingen: Verlag für Angewandte Psychologie.

Greif, S. (2000). *Selbstorganisierende Prozesse beim Lernen und Handeln – Neue Erkenntnisse aus der Grundlagenforschung und ihre Bedeutung für die Wissensgesellschaft.* Unveröffentlichtes Manuskript, Universität Osnabrück.

Jerusel, S. & Greif, S. (1996). Lernquellenpool. In S. Greif & H.-J. Kurtz (Hrsg), *Handbuch Selbstorganisiertes Lernen* (S. 115-123). Göttingen: Verlag für Angewandte Psychologie.

Kurtz, H. J. (1996). Lernberater. In S. Greif & H.-J. Kurtz (Hrsg.), *Handbuch Selbstorganisiertes Lernen* (S. 109-113). Göttingen: Verlag für Angewandte Psychologie.

Schulz von Thun, F. (1991). *Miteinander Reden 1. Störungen und Klärungen*. Reinbek bei Hamburg: Rowohlt Taschenbuch Verlag GmbH.

Spezifische Emotionen im Leistungskontext: Freude und Ärger bei Leistungsrückmeldungen

Alexandra Krone

1. Einleitung

Im Rahmen von Lern- und Leistungsprozessen am Arbeitsplatz erleben Menschen eine Vielzahl sowohl positiver als auch negativer Emotionen: Individuelles Leistungsfeedback durch den Vorgesetzten im Mitarbeitergespräch kann Freude und Stolz über die erreichten Ergebnisse, Ärger über eine als ungerecht empfundene Beurteilung oder aber Angst vor zukünftigen Bewertungssituationen auslösen.

Die Auswirkungen *spezifischer* arbeitsbezogener Emotionen jenseits des Konstrukts der Arbeitszufriedenheit wurden bis in die 90er Jahre hinein kaum und vor allem nur wenig differenziert untersucht, dies gilt insbesondere für den Bereich der positiven Emotionen (Pekrun & Frese, 1992; Wegge, 2001; Zapf, 2000). Mittlerweile liegen einige viel versprechende Forschungsarbeiten vor, die spezifische Ereignisse in der Arbeit als Auslöser spezifischer Emotionen betrachten (für einen Überblick s. auch Wegge, 2003). Die „affective events theory" (Weiss & Cropanzano, 1996) betrachtet Arbeitszufriedenheit als Konsequenz affektiver Arbeitsereignisse. Auf dem Hintergrund dieser Theorie befragten Basch und Fischer (2000) 101 Personen aus der Hotelbranche nach Ereignissen in der Arbeit, die mit dem Erleben einer von 20 ausgewählten Emotionen verbunden waren. Hierbei konnten 736 affektive Ereignisse erhoben und insgesamt zu 17 unterschiedlichen Ereigniskategorien (Zielerreichung, Anerkennung von Vorgesetzten und Kollegen, Fehler, Handlungen von Organisationsmitgliedern und Kunden etc.) klassifiziert werden. In der resultierenden „affective events-emotions matrix" zeigte sich, dass die Befragten positive Emotionen mit *anderen* arbeitsbezogenen Ereignissen verbinden als negative Emotionen; einzelne Ereigniskategorien wurden von den Befragten sogar ausnahmslos mit dem Erleben derselben spezifischen Emotion verbunden, wie dies z.B. für das Erleben von Verlegenheit bei Fehlern und das Erleben von Stolz bei Fortschritten in der Zielerreichung zu verzeichnen war. Die Analyse spezifischer Emotionen im Kontext konkreter Arbeitssituationen bietet somit Möglichkeiten zur differenzierteren Erfassung und Erklärung menschlichen Erlebens und Verhaltens bei der Arbeit.

Dieser Perspektive folgend widmet sich dieser Beitrag den spezifischen Emotionen Freude und Ärger bei Leistungsrückmeldungen. Im betrieblichen Alltag werden individuelle Leistungen von MitarbeiterInnen z.B. bei der internen Personalauswahl, in formellen Mitarbeitergesprächen aber auch über informelles Feedback am Arbeitsplatz bewertet und rückgemeldet. Gerade in leistungsorientierten Gesellschaften kommt diesen Bewertungssituationen eine existentielle Bedeutung für die individuelle berufliche (Weiter-)Entwicklung zu. Leistungsrückmeldungen können damit als besonders sensible Ereignisse für das Erleben einer Vielfalt von spezifischen Emotionen betrachtet werden. Insbesondere negative Leistungsemotionen wie der Ärger können Prozesse der konstruktiven Verarbeitung von Feedbackinformation blockieren, so dass diese nicht mehr im Sinne einer leistungsbezogenen Verhaltensänderung genutzt werden kann oder sogar zur Minderung von Folgeleistungen beiträgt. Hier können Personalentwicklungsmaßnahmen durch die Vermittlung von Kompetenzen zur leistungsförderlichen Emotionsregulation helfen, den Nutzen des Leistungsfeedbacks für die einzelnen MitarbeiterInnen und das Unternehmen zu erhöhen.

Innerhalb des Beitrags wird zunächst der Frage nachgegangen, was überhaupt unter Leistungsemotionen zu verstehen ist. Auf dem Hintergrund einer Taxonomie zur Leistungsemotionalität (Pekrun & Frese, 1992) werden Freude und Ärger dann als retrospektive – also auf eine vergangene Leistungsbewertung bezogene – Leistungsemotionen eingeführt. Darauf aufbauend soll gezeigt werden, dass kognitiv orientierte Ansätze zur Leistungsemotionalität sich fast ausschließlich auf die Erklärung von sozialem Ärger (andere Personen bzw. äußere Umstände als Auslöser) beschränkt haben. Daher wird in diesem Beitrag eine breitere Klassifikation ärgerauslösender Situationen von Weber (1994) zugrunde gelegt, um leistungsbezogene Wirkungen unterschiedlicher Ärgerarten bei Leistungsrückmeldungen differenzierter diskutieren zu können. Der Beitrag schließt im Rahmen eines Fazits mit der Formulierung von Forschungsfragen sowie der Diskussion praktischer Implikationen für die Personalentwicklung, die aus einer differenzierteren Betrachtung insbesondere des leistungsbezogenen Ärgers resultieren.

2. Begriffsklärungen

2.1 Was sind Leistungsemotionen?

Nach Pekrun und Jerusalem (1996) sind *Leistungen* Verhaltensweisen oder Verhaltensergebnisse, die einer Bewertung nach einem Gütemaßstab unterzogen werden. Emotionen, die sich auf das bewertete Verhalten beziehen, können damit als *Leistungsemotionen* bezeichnet werden. Damit im Folgenden die Entstehungsbedingungen und Wirkungen der spezifischen Leistungsemotionen Freude und Ärger diskutiert werden können, ist zunächst auf einer allgemeinpsychologischen Ebene zu bestimmen, was unter Emotionen überhaupt zu verstehen ist.

Die emotionspsychologische Literatur verweist immer wieder auf die mittlerweile unüberschaubare Vielzahl von Emotionsdefinitionen (Kleinginna & Kleinginna, 1981; Van Brakel, 1994), die je nach theoretischer Orientierung unterschiedliche Aspekte in den Vordergrund der Betrachtung rücken (z.B. evolutionstheoretische, kognitionstheoretische oder aber behavioristisch beeinflusste Emotionsbegriffe). Im Psychologischen Wörterbuch von Dorsch (1994) findet sich unter dem Stichwort „Emotion" folgender Hinweis:

> „Emotion läßt sich nicht definieren, sondern nur umschreiben, da sich Gefühle auf nichts anderes zurückführen lassen."

Gegenwärtig herrscht zumindest weitgehender Konsens darüber, dass Emotionen als ein Gefüge mehrerer Reaktionskomponenten betrachtet werden können (Otto et al., 2000), wenngleich die Frage nach der Anzahl und den jeweiligen Funktionen einzubeziehender Komponenten weiterhin kontrovers behandelt wird. Innerhalb seiner Komponenten-Prozess-Theorie betrachtet Scherer (1990) Emotionen als Prozesse, bei denen sich eine kognitive, eine neurophysiologische und eine motivationale sowie eine Ausdrucks- und Gefühlskomponente als fünf „organismische Subsysteme" infolge der Bewertung eines Reizes als ziel- bzw. bedürfnisrelevant kurzfristig in koordinierter Form verändern. Den einzelnen Reaktionskomponenten werden dabei spezifische Funktionen zugeschrieben: Während die kognitive Komponente für die Wahrnehmung und Bewertung interner und externer Reize verantwortlich ist, wird der Organismus über die neurophysiologische Komponente (neuroendokrines System und autonomes Nervensystem) mit der zur Handlungsbereitschaft notwendigen Energie versorgt. Die motivationale Komponente steuert die Planung und Vorbereitung von Handlungen, deren Ausführung neben der Kommunikation von Reaktionen (z.B. Gestik und Mimik) als Funktion der Ausdruckskomponente zu betrachten ist. Eine besondere Bedeutung kommt schließlich der Gefühlskomponente zu, die als „Monitor-Subsystem" den aktuellen Zustand aller Komponenten in Form eines charakteristischen emotionalen Erlebens reflektiert. Dementsprechend kann sich Freude nach einer Leistungsrückmeldung, z.B. in Gedanken über die Konsequenzen eines positiven Ergebnisses für die weitere berufliche Laufbahn, in einer physiologischen Erregung des Organismus, in einer aktivierenden Wirkung auf zukünftiges Leistungsverhalten, in einem Lächeln sowie einem charakteristisch freudigen oder glücklichem Erleben manifestieren.

Scherer (1990) geht insgesamt davon aus, dass die Veränderungen in den genannten emotionalen Reaktionskomponenten als Konsequenz von Informationsverarbeitungsprozessen (Wahrnehmung und Bewertung von Situationsveränderungen) auftreten. Die Grundannahme einer Emotionsauslösung durch vorausgehende kognitive Reizbewertungen stellt ein zentrales Charakteristikum kognitiv orientierter Emotionsbegriffe und -theorien (wie z.B. Lazarus, 1991; Lazarus, 1993; Lazarus & Folkman, 1984) dar und wurde im Rahmen der Kognitions-Emotions-Debatte vielfach mit dem Hinweis auf die Existenz kognitionsunabhängiger Emotionsphänomene (z.B. Emotionsinduktion durch Reizung subkortikaler Gehirnregionen) kritisiert (Lazarus, 1982, 1984; Lazarus, 1999; Zajonc, 1980, 1984). Diesbezüglich bestätigen neurobiologische Befunde (LeDoux, 1996), dass neben indirekten, über den Kortex vermittelten Verbindungen auch direkte Verbindungen sensorischer Organe zu subkortikalen emotionsrelevanten Gehirnregionen (Limbisches System, insbes. Amygdala) existieren, so dass neben einer komplexen Reizbewertung im Kortex auch schnelle und unbewusste Formen der Informationsverarbeitung zu einer Auslösung von Emotionen beitragen können.

Kognitiv gesteuerte Emotionsauslösung ist damit nur *eine* von mehreren nebeneinander bestehenden Varianten der Emotionsgenese. Bei der Betrachtung von *Emotionen in Leistungssituationen* jedoch spielen Kognitionen unterschiedlicher Art (Erwartungen, Kausalattributionen usw.) eine zentrale Rolle, was sich in der kognitiven Ausrichtung wichtiger Theorien zur Leistungsemotionalität (z.B. Weiner, 1986) widerspiegelt. Bevor nun einige dieser Theorien zur Darstellung der Entstehungsbedingungen von

Freude und Ärger in Situationen der Leistungsrückmeldung herangezogen werden (2.3), soll zunächst der Frage nachgegangen werden, welche Emotionen in Leistungssituationen überhaupt erlebt werden.

2.2 Welche Leistungsemotionen lassen sich unterscheiden?

Die psychologische Forschung hat sich bisher sehr intensiv mit einer ausgewählten Leistungsemotion – der Prüfungsangst – beschäftigt (Hembree, 1988; Spielberger & Vagg, 1995; Zeidner, 1998). Darüber hinaus unterscheidet die Leistungsmotivationsforschung (McClelland et al., 1953; Atkinson, 1957) die „Furcht vor Misserfolg" (misserfolgsmotivierte Personen) und die „Hoffnung auf Erfolg" (erfolgsmotivierte Personen) als wesentliche Determinanten individuellen Leistungsverhaltens. Diese beiden leistungsbezogenen Emotionen werden damit aus *motivationspsychologischer* Perspektive als wesentliche Antriebskräfte menschlicher Leistung theoretisch eingebunden. Weiner (1986) thematisiert im Rahmen eines attributionstheoretischen Ansatzes das Auftreten leistungsbezogener Emotionen infolge subjektiver Ursachenzuschreibungen für Erfolgs- und Misserfolgserlebnisse. Seine Theorie wird im Rahmen der Überlegungen zur Entstehung von Freude und Ärger nach Leistungsrückmeldungen im folgenden Abschnitt ausführlicher behandelt. Über diese Forschungstraditionen hinaus mangelt es allerdings an genuin *emotionspsychologischen* Analysen verschiedener Leistungsemotionen.

Befragungen von Personen im Ausbildungs- und Berufskontext zeichnen jedoch ein ganz anderes Bild: In Leistungssituationen wird nicht nur Angst, sondern eine große Anzahl weiterer Emotionen erlebt. In einigen kleineren explorativen Studien wurde das Vorkommen von Lern- und Leistungsemotionen bei Schülern und Studenten untersucht (Pekrun, 1992; Kramer, 1995; Pekrun, Hochstadt & Kramer, 1996). Hierbei zeigte sich zwar, dass Angst in Verbindung mit Leistungssituationen in der Regel am häufigsten genannt wird, aber insgesamt höchstens 20 % der emotionalen Erlebnisse abdeckt. Relativ häufig genannt wurden auch Ärger (zumeist als zweithäufigste Leistungsemotion) und Freude (s. auch Pekrun & Hofmann, 1999).

Temme (vgl. Temme & Tränkle, 1996) befragte in qualitativen Einzelfallstudien zehn Personen hinsichtlich ihres emotionalen Erlebens von Arbeit. Die Befragten verwendeten in ihren Antworten eine große Vielfalt von insgesamt 35 unterschiedlichen Emotionsbegriffen, unter denen auch die Emotionen Freude und Ärger enthalten waren. Keenan und Newton (1985) befragten Ingenieure nach arbeitsbezogenen Stressoren und Ereignissen sowie den damit verbundenen Emotionen; hierbei erwies sich Ärger (nicht Angst) als die am häufigsten erlebte Emotion.

Eine Klassifikation von Pekrun und Frese (1992) gibt einen ersten Überblick über die Bandbreite leistungsbezogener Emotionen. Die Autoren bedienen sich einer zweidimensionalen Ordnungsstruktur, bestehend aus den Dimensionen Valenz (positive vs. negative Emotionen) und Situationsbezug (auf Arbeitsaufgaben bezogene vs. auf den sozialen Kontext bezogene Emotionen). Die aufgabenbezogenen Emotionen werden dabei weiter nach ihrem Zeitbezug in prospektive, tätigkeitsbezogene und retrospektive Emotionen ausdifferenziert. Insgesamt entsteht dabei die Taxonomie: in Tabelle 1.

Tabelle 1: Taxonomie der Leistungsemotionen (Pekrun & Frese, 1992; Pekrun & Jerusalem, 1996)

		Positiv	Negativ
aufgabenbezogen	**prospektiv**	Hoffnung, Vorfreude, Neugier	(Prüfungs-)Angst, Hoffnungslosigkeit
	tätigkeitsbezogen	Lern- und Arbeitsfreude, Interesse, Überraschung, Flusserleben	Monotonie, Ermüdung, Sättigung
	retrospektiv	Ergebnisfreude, Erleichterung, Stolz	Traurigkeit, Enttäuschung, Scham, Schuld
auf den sozialen Kontext bezogen		Dankbarkeit, Vertrauen, Bewunderung, Sympathie/Liebe	Ärger, Neid, Verachtung, Antipathie/Hass

Im Rahmen dieses Beitrags ist die Klassifikation von Freude und Ärger von besonderem Interesse. Die Taxonomie differenziert als unterscheidbare Freudearten je nach Zeitbezug die Vorfreude, die Lern- und Arbeitsfreude sowie die Ergebnisfreude. Das Erleben von Freude nach einer Leistungsrückmeldung kann am ehesten der *aufgabenbezogenen retrospektiven Ergebnisfreude* zugeordnet werden. Ärger hingegen wird innerhalb der Taxonomie ausschließlich als eine negative, auf den *sozialen Kontext* bezogene Emotion kategorisiert. Dies entspricht der von kognitiven und attributionstheoretischen Ansätzen favorisierten Sichtweise, dass Ärger dann ausgelöst wird, wenn die betroffene Person von anderen Personen in der Zielerreichung oder Bedürfnisbefriedigung (absichtlich) behindert wird (z.B. Lazarus & Smith, 1988; Roseman, 1984). Ähnlich argumentieren Perrewé und Zellars (1999) innerhalb ihres „Transactional attributional model of the organszational stress process", indem sie Ärger als die Folge *external* attribuierter (und organisational kontrollierbarer) Ereignisse in der Arbeit betrachten, *internal* attribuierte Ereignisse aber ausschließlich mit Scham und Schuld in Verbindung bringen.

Diese Beschränkung der Ärgeremotion auf soziale Episoden greift bereits beim Rückgriff auf Alltagserfahrungen zu kurz: Während meiner Arbeit an diesem Beitrag kommt es zu einem unerwarteten Rechnerabsturz, oder ich vergesse, die Textdatei vor der Beendigung des Programms abzuspeichern. In beiden Fällen gehen mir die gerade verfassten Zeilen verloren: Im ersten Fall ärgere ich mich über den Rechner (als Objekt), im zweiten Fall wohl eher über mich selbst bzw. meine Vergesslichkeit.

Pekrun und Frese (1992) weisen im Zuge der Erläuterungen der oben dargestellten Taxonomie darauf hin, dass auch selbst- und objektbezogene Ärgerarten gerade im Rahmen von Misserfolgssituationen auftreten können: Objektbezogener Ärger („object-related anger") kann sich auf externe Barrieren bei der Zielerreichung beziehen, die nicht aus der eigenen oder fremden Person(en) resultieren; selbstbezogener Ärger („self-related anger") ist mit einer *internen Attribution eines Misserfolgs* verbunden und stellt damit eine retrospektive Alternative zum Empfinden von Scham dar. Die

Autoren gehen jedoch über diesen Hinweis hinaus nicht genauer darauf ein, ob die genannten Ärgerarten z.B. mit unterschiedlichen leistungsbezogenen Folgewirkungen einhergehen oder von persönlichen Dispositionen für das Erleben bestimmter Ärgerarten in Misserfolgssituationen auszugehen ist. Im Sinne einer differenzierteren Betrachtung von Ärger als retrospektive leistungsbezogene Emotion erscheint die Untersuchung solcher Fragestellungen aber als eine zentrale Aufgabe. Im Folgenden wird die Entstehung von Freude und Ärger zunächst mit Hilfe der attributionstheoretischen Theorie von Weiner (1986) erklärt. Da auch Weiner Ärger ausschließlich als Folge external attribuierter Misserfolge konzeptionalisiert, wird anschließend eine integrativ entwickelte Klassifikation potentiell ärgerauslösender Situationen von Weber (1994) vorgestellt, die zumindest ein Rahmengerüst für die Diskussion unterschiedlicher Ärgerarten bietet.

3. Freude und Ärger als retrospektive Leistungsemotionen

Weiner (1986) beschreibt in seiner attributionalen Theorie den Prozess der Emotionsentstehung nach Erfolgs- und Misserfolgserlebnissen im Leistungskontext. Dabei unterscheidet er „primitive" ergebnisabhängige emotionale Reaktionen von komplexeren attributionsabhängigen Emotionen: Ein Leistungsergebnis wird im Hinblick auf seinen Beitrag zur Zielerreichung bewertet. In Abhängigkeit davon, ob das Ergebnis als Erfolg oder Misserfolg wahrgenommen wird, aber unabhängig von der Ursache des Erfolgs oder Misserfolgs, entstehen zunächst allgemeine positive und negative emotionale Reaktionen wie *Freude* und Zufriedenheit oder Bedrücktheit und Unzufriedenheit. Nur in den Fällen, in denen das Ergebnis negativ, unerwartet und/oder von persönlicher Wichtigkeit ist, sucht das Individuum nach einer Begründung für das Ergebnis und führt dieses auf spezifische Ursachen zurück. Erst infolge der Einordnung des Ergebnisses auf den drei Ursachendimensionen Personabhängigkeit/Lokation (Ursache liegt innerhalb oder außerhalb des Individuums), Stabilität über die Zeit und Kontrollierbarkeit entstehen komplexere dimensionsabhängige Emotionen wie Stolz, Scham, Schuld, *Ärger*, Mitleid, Dankbarkeit und Hoffnungslosigkeit (s. Tab. 2).

Tabelle 2: Dimensionsabhängige Emotionen nach Weiner (1986)

Dimension	Dimensionsabhängige Emotionen
Personabhängigkeit/Lokation	Stolz, selbstwertbezogene Gefühle
Stabilität über Zeit	Hilflosigkeit, Resignation
Kontrollierbarkeit	
durch eigene Person	Schuld, Scham
durch andere Person	Ärger, Mitleid, Dankbarkeit

Ärger wird nach Weiner im Gegensatz zu Freude (als „primitive" Emotion) also erst dann erlebt, wenn ein negatives, die eigene Person betreffendes Handlungsergebnis auf Faktoren attribuiert wird, die durch *andere* kontrollierbar sind. Negative Leistungsergebnisse, die auf Ursachen zurückgeführt werden, die in der Person selbst zu lokalisieren sind, führen bei einer für die Person unkontrollierbaren Ursache (z.B. mangelnde Begabung) zu Scham und bei einer für die Person kontrollierbaren Ursache (z.B. mangelnde Anstrengung) zu Schuld. Somit erklärt auch die Theorie von Weiner ausschließlich die Entstehung sozialen Ärgers. Dennoch kann die Annahme Weiners (1986), dass Ärger als retrospektive Emotion von der Beurteilung der Kontrollierbarkeit von Ergebnisursachen abhängig ist, m.E. zumindest genutzt werden, um den oben genannten selbstbezogenen Ärger von anderen Ärgerarten abzugrenzen: Selbstbezogener Ärger im Leistungskontext geht anders als objektbezogener und sozialer Ärger mit der Einschätzung einher, dass ein negatives Leistungsergebnis von der eigenen Person verursacht ist und darüber hinaus z.B. durch eine erhöhte Anstrengung vermeidbar gewesen wäre. Damit ähnelt nur die selbstbezogene Form des Ärgers hinsichtlich ihrer attributionalen Bedingungen der Emotion Schuld.

Weber (1994) entwickelte aus der Integration aggressionstheoretischer (Buss, 1961) und emotionstheoretischer (Averill, 1982) Überlegungen zur Ärgerauslösung ein im Vergleich zu den bisher dargestellten Ärgerkonzepten erfreulich weit gefasstes Ordnungsschema ärgerauslösender Situationen. Interessanterweise nutzt die Autorin zur Unterscheidung der Ärgeranlässe so genannte „Opfer/Täter"-Konstellationen, was zumindest implizit an die Kontrollierbarkeitsdimension erinnert (der so genannte „Täter" kontrolliert jeweils die Situation, s. Tab. 3):

Tabelle 3: Ärgerauslösende Situationen, angelehnt an Weber (1994)

Tatbestände	Opfer-Täter-Konstellationen (Opfer jeweils an erster Stelle genannt)				
	Ich/anderer	Ich/Objekt	Ich/Ich	Dritte/anderer	Objekt/Ich-anderer
Frustrationen					
Widerstand	x	x	x	x	
Störungen	x	x	x	x	
Belohnungsentzug	x	x	x	x	
Angriffe					
Körper/Besitz	x	x	x	x	
Selbstwert	x		x	x	
Autonomie	x			x	
Privatsphäre	x			x	
Regelverstöße					
Allgemeine	x		x	x	x
Beziehungsspezifische	x		x		
Persönliche	x		x		x
Ärgernisse					
Merkmale des Täters	x	x	x		
Täter ist Quelle aversiver Reize	x	x	x		

Anmerkungen: **x** = mögliche Opfer-Täter-Konstellation in einer ärgerauslösenden Situation

In Anlehnung an Buss (1961) fasst Weber *Frustrationen* als Blockierung zielgerichteter Handlungen durch Widerstände, Störungen und die Verweigerung von Belohnungen. *Angriffe* beziehen sich auf Verletzungen von Körper/Besitz, Selbstwert/Würde, Autonomie und Privatsphäre. *Ärgernisse* stellen Merkmale oder Eigenschaften von Personen oder Objekten dar, die Gereiztheit hervorrufen (z.B. Lärm oder Gewohnheiten einer Person). Unter *Regelverletzungen* fallen in Anlehnung an Averill (1982) die Verletzung allgemeiner oder persönlicher Regeln sowie beziehungsspezifischer Vereinbarungen. Sowohl Frustrationen als auch Angriffe, Ärgernisse und Regelverletzungen können nach Weber (1994) in unterschiedlichen „Opfer/Täter-Konstellationen" auftreten und sind damit nicht auf den für die oben genannten kognitiven Ansätze charakteristischen Fall der Auslösung oder Kontrollierbarkeit durch andere begrenzt: Tabelle 3 enthält neben der Konstellation „Ich als Opfer, der andere als Täter" (sozialer Ärger) auch die Konstellationen „Ich als Opfer, ich als Täter" (selbstbezogener Ärger) und „Ich als Opfer, ein Objekt als Täter" (objektbezogener Ärger). Retrospektiver leistungsbezogener Ärger lässt sich innerhalb des Ordnungsschemas von Weber am ehesten dem Tatbestand der Frustration oder des Angriffs auf den Selbstwert zuordnen, welche (abgesehen von einem Selbstwertangriff durch ein Objekt) in allen drei Konstellationen vorstellbar sind. Weber (1994) weist darauf hin, dass das von ihr entwickelte Ordnungsschema eher deskriptiven, „aufzählenden Charakter" hat. Es erscheint dennoch im Kontext des vorliegenden Beitrags als eine geeignete Grundlage, Ärger als leistungsbezogene Emotion differenzierter zu beschreiben und darauf aufbauend Überlegungen darüber anzustellen, inwiefern sich die Ärgerarten untereinander sowie im Vergleich zur retrospektiven Ergebnisfreude in ihren Auswirkungen auf Folgeleistungen unterscheiden. In diesem Zusammenhang erscheint auch die Frage interessant, inwieweit von interindividuellen Unterschieden bezüglich der Wirkungen spezifischer Ärgerarten in Misserfolgssituationen auszugehen ist. Diesen Fragen soll im folgenden Abschnitt nachgegangen werden.

4. Leistungsbezogene Wirkungen retrospektiver Freude und retrospektiven Ärgers

In der allgemein- und sozialpsychologischen Stimmungsforschung wurde der Einfluss positiver versus negativer *Stimmungen* (gemessen durch globale Stimmungsmaße im Sinne von „guter versus schlechter Laune") auf kognitive Leistungen (Informationsverarbeitung, Problemlösen, Gedächtnis) intensiv untersucht (Abele, 1996). Leistungsbezogenen Einflüssen *spezifischer Emotionen* (erfasst durch spezifische Mess-Skalen) wurde demgegenüber vergleichsweise wenig Beachtung geschenkt. Eine Ausnahme bildet die Emotion Angst (insbesondere Test- und Prüfungsangst): Prüfungsangst reduziert die Leistung bei der Lösung komplexer Aufgaben, was im Rahmen der so genannten „Aufmerksamkeitshypothese" (Sarason, 1984) mit der Bindung von zur Aufgabenbewältigung benötigter Aufmerksamkeit an aufgabenirrelevante Kognitionen (z.B. Sorgen über die eigene mangelnde Kompetenz) erklärt wird.

Pekrun und Jerusalem (1996) unterscheiden leistungsbezogene Wirkungen von Emotionen auf Informationsverarbeitungsstrategien, das Langzeitgedächtnis (Speicherung und Abruf von Informationen), das Arbeitsgedächtnis sowie die leistungsrelevante Motivation. Bezüglich ihrer Auswirkungen auf diese Prozesse lassen sich Emotionen im Leistungskontext nach Pekrun und Jerusalem (1996) in positive Emotionen (z.B. Lernfreude, leistungsbezogene Hoffnung, Stolz), aktivierende negative Emotionen (z.B. Angst, Ärger) und desaktivierende negative Emotionen (z.B. Langeweile, Hoffnungslosigkeit) gruppieren. Während sich positive Emotionen eher günstig und desaktivierende negative Emotionen eher ungünstig auf kognitive Leistungen auswirken, zeigen sich bei aktivierenden negativen Emotionen – hierzu zählt auch der leistungsbezogene Ärger – eher ambivalente Auswirkungen (Hofmann, 1997; Pekrun, 1998). So kann Ärger nach einem Misserfolg (ähnlich der Prüfungsangst) mit aufgabenirrelevanten Kognitionen einhergehen, die Ressourcen beanspruchen, welche dann für die Bewältigung von Aufgaben nicht mehr zur Verfügung stehen. Andererseits kann Ärger über ein schlechtes Leistungsergebnis zur vermehrten Anstrengung bei Folgeleistungen motivieren, was insbesondere für den oben beschriebenen selbstbezogenen Ärger – als Ärger über ein schlechtes und zugleich aus eigener Kraft *vermeidbares* Ergebnis – plausibel erscheint. Diesbezüglich kann davon ausgegangen werden, dass Persönlichkeitsvariablen die Wirkungen verschiedener Ärgerarten auf kognitive Leistungen moderieren, also von interindividuell unterschiedlichen Reaktionsmustern auszugehen ist. Bei der nun folgenden Darstellung leistungsbezogener Wirkungen von Ergebnisfreude sowie differenzierbarer Ärgerarten auf die Informationsverarbeitung und Verhaltenssteuerung betroffener Personen soll daher die Neigung zur misserfolgsbezogenen Lage- bzw. Handlungsorientierung (Kuhl, 1996, 2001) als in diesem Zusammenhang besonders relevante Persönlichkeitsvariable berücksichtigt werden. Überlegungen zu Zusammenhängen von positiven und negativen Emotionen bei Leistungsrückmeldungen mit dem Langzeitgedächtnis für Aspekte der Rückmeldungssituation schließen sich an.

4.1 Informationsverarbeitung und Verhaltenssteuerung

Kuhl (1998, 2001) sieht positive und negative Affekte als Modulatoren im Prozess der Selbststeuerung beim Handeln: Unter negativer Emotionalität besteht eine Tendenz zur Sensibilisierung der Wahrnehmung und „Objekterkennung", die in schwierigen, bedrohlichen Situationen im Dienste einer vorsichtigen Überwachung der Umwelt steht; positiver Affekt hingegen fördert die ungehemmte Ausführung insbesondere selbstgesetzter Ziele. Dementsprechend beschreibt Kuhl (2001) die nach Erfolg und Misserfolg ablaufenden typischen Verhaltensmuster: Erfolgserlebnisse werden von positiven Affekten begleitet, die eine offene, intuitive Form der Verhaltenssteuerung begünstigen. Demgegenüber führen negative Affekte nach Misserfolgen zu einem eher analytisch orientierten Stil: Die Person ist sensibilisiert für die Veränderungen in der Umwelt, um schnell auf mögliche Gefahren reagieren zu können, wobei im Fokus eher die Regulation der negativen Affekte, als weniger das exploratorische Ausprobieren neuer Handlungen zu stehen scheint. Insgesamt verwendet Kuhl (1983) ähnlich wie

Pekrun und Jerusalem (1996, s.o.) die Begriffe negative und positive Emotionalität nicht analog ihrer Bedeutung im allgemeinen Sprachgebrauch: Nach Kuhl und Kazén (1997) kennzeichnen sich positive Affekte durch verhaltensbahnende und negative Affekte durch verhaltenshemmende Wirkungen – damit kann auch Ärger, der im allgemeinen Sprachgebrauch ja eher als negative Emotion verstanden wird, eine positive Emotion sein, wenn er sich verhaltensbahnend auswirkt (Kuhl & Kazén, 1997).

Folgt man diesen Überlegungen, sollte sich retrospektive Freude über einen Erfolg eher verhaltensbahnend und damit besonders förderlich auf kreative Leistungen und divergentes Denken auswirken. Aber wie wirkt sich nun Ärger nach einem Misserfolg auf die Informationsverarbeitung und Verhaltenssteuerung aus?

Zunächst klassifiziert Kuhl (1983, S. 238) Ärger im Unterschied zu Angst, Scham und Schuld (gefahrensignalisierende Emotionen) als eine Emotion, die prospektiv auf „die Beseitigung von (überwindbaren) Schwierigkeiten oder von unangenehmen Zuständen ausgerichtet" ist. Damit regt Ärger nach Kuhl ebenso wie Freude und Interesse den intuitiven Verarbeitungsmodus an. Differenziert man Ärger allerdings in Anlehnung an Weber (1994, s.o.) in eine selbst-, objekt- und fremdbezogene Form aus, wird deutlich, dass das Wirkspektrum von Ärger auf die Informationsverarbeitung breiter ist: Anders als objektbezogener und sozialer Ärger impliziert selbstbezogener Ärger zumindest die Gefahr selbstwertbedrohender aufgabenirrelevanter Kognitionen, was ähnlich wie bei der gefahrensignalisierenden Angst eher zur Auslösung des analytischen Verarbeitungsmodus führen sollte. In dem oben dargestellten Ordnungsschema ärgerauslösender Situationen von Weber (1994) entspricht dies dem Fall „Ich als Opfer, Ich als Täter" mit dem Tatbestand des Selbstwertangriffs.

Kuhl (1983) räumt ein, dass die Umschaltung auf den analytischen Modus in Gefahrensituationen zwar im Allgemeinen eine funktionale und erfolgversprechende Strategie darstellt (sequentielle Analyse der Situation mit anschließender Einengung auf die dominante Verhaltensstrategie), jedoch immer dann, wenn der Inhalt der zu verarbeitenden Information nicht mehr aufgabenrelevant ist (z.B. sequentielle Analyse selbstwertbezogener Gedanken) zu deutlichen Leistungseinbußen führen kann. Kuhl (1996, 2001) weist auf in diesem Zusammenhang sehr zentrale interindividuelle Unterschiede in der „Anfälligkeit" für das Erleben perseverierender Gedanken und Gefühle im Anschluss an unangenehme Erlebnisse unter beeinträchtigter Handlungsfähigkeit hin. Er unterscheidet dabei die Dispositionen zur *misserfolgsbezogenen Handlungs- und Lageorientierung*. Während lageorientierte Personen nach Misserfolgen (Misserfolg und schlechte Leistungen als Gefahr für den Selbstwert) durch negative Gefühle und Gedanken wie „gelähmt" und in ihren Handlungen blockiert sind, können handlungsorientierte Personen die emotionalen Folgen eines Misserfolgs (Misserfolg als Herausforderung) nutzen, um zusätzliche Anstrengung zu mobilisieren und sogar „über sich hinauszuwachsen". Der zentrale Unterschied zwischen Handlungs- und Lageorientierten liegt nach Kuhl also in der Fähigkeit, negativen Affekt willentlich herabzuregulieren, was sich als besonders schwierig darstellt, wenn negativer Affekt mit einer „Selbstrelevanz" einhergeht (Kuhl, 2001, S. 252).

Insgesamt ist also davon auszugehen, dass selbstbezogener Ärger nach der Rückmeldung eines Misserfolgs eher als objektbezogener und sozialer Ärger zur Auslösung eines analytischen Verarbeitungsstils führt und damit bei der Bewältigung kreativer

Aufgaben zu Leistungseinbußen führen kann. Darüber hinaus ist anzunehmen, dass sich Unterschiede in der dispositionellen Neigung zur misserfolgsbezogenen Lageorientierung *gerade bei der Regulierung selbstbezogenen Ärgers* besonders stark auswirken: Während bei Lageorientierten Leistungsdefizite aufgrund blockierender selbstwertbedrohender Gefühle und Gedanken zu erwarten sind, können Handlungsorientierte den selbstbezogenen Ärger vermutlich nutzen, um ihre Ressourcen im Sinne einer erhöhten Anstrengung bei Folgeleistungen sogar verbessert auszuschöpfen.

Die vermuteten interindividuellen Unterschiede in der Kompetenz zur Regulation des selbstbezogenen Ärgers bieten Ansatzpunkte für Interventionen im Rahmen der Personalentwicklung, die im Fazit dieses Beitrags genauer erläutert werden.

4.2 Langzeitgedächtnis für Aspekte der Rückmeldungssituation

Wie oben dargestellt wurde, können Rückmeldungen guter oder schlechter Leistungsergebnisse als besonders sensible Ereignisse für das Erleben einer Vielfalt von spezifischen Emotionen betrachtet werden, da berufliche Entwicklungs- und Aufstiegsmöglichkeiten häufig von der Güte individueller Leistungen abhängig gemacht werden. Leistungsrückmeldungen stellen damit emotional getönte wichtige biographische Situationen dar. Forschungsbefunde zu emotionalen Einflüssen auf Gedächtnisleistungen liefern Hinweise darauf, dass autobiographische Ereignisse, die mit starken Emotionen verbunden sind, besonders gut erinnert werden können.

Goschke (1996) fasst in einem Enzyklopädiebeitrag die Befundlage zum Zusammenhang zwischen der Intensität der durch ein Erlebnis ausgelösten emotionalen Erregung und dem Langzeitgedächtnis für das betreffende Ereignis zusammen. Insgesamt sprechen die von ihm dargestellten Befunde dafür, dass emotional erregende Ereignisse *unabhängig von ihrer Qualität* (also sowohl positive als auch negative Ereignisse) langfristig besser erinnert werden als neutrale Ereignisse. Klauer (2000) weist unter Bezugnahme auf Christianson und Safer (1996) allerdings darauf hin, dass emotionales Material nicht generell besser erinnert wird, sondern dass die Güte der Erinnerungsleistung insbesondere davon abhängt, welche Situationsaspekte erinnert werden sollen: Thematisch zentrale Aspekte können bei emotionalen Episoden besser erinnert werden als bei neutralen Episoden, thematisch periphere Situationsaspekte hingegen sind im Allgemeinen bei neutralen Episoden besser erinnerbar (s. auch Christianson, 1992). Klauer vermutet, dass die berichteten Unterschiede in den Gedächtnisleistungen darauf zurückzuführen sind, dass emotionale Ereignisse im Sinne einer Fokussierung auf zentrale Informationen (intensivere Auseinandersetzung mit situationsbezogenen Gefühlen und Gedanken bezüglich des Ereignisses) qualitativ anders enkodiert werden als neutrale Ereignisse. Insgesamt sollte sich das Langzeitgedächtnis für *zentrale* Informationen emotionaler Episoden also mit steigender emotionaler Erregung während der Episode verbessern.

Ein in diesem Zusammenhang interessantes Ergebnis berichtet Eilles-Matthiessen (2000). Sie konnte im Rahmen einer Tagebuchstudie über die Auswirkungen selbstwertrelevanten Vorgesetztenverhaltens auf das emotionale Befinden von Mitarbeitern zeigen, dass negative Interaktionen mit Vorgesetzten von betroffenen Mitarbeitern intensiver erlebt werden als positive Interaktionen, also ein höherer Varianzanteil im Erleben der so genannten „Verteidigungsemotionen" (z.B. Ärger) durch das Vorgesetztenverhalten erklärt wurde als dies für die „Verbundenheitsemotionen" (z.B. Freude) der Fall war. In einer qualitativen Voruntersuchung ließ Eilles-Matthiessen 50 Personen je ein in ihrem Arbeitsalltag besonders negativ und ein besonders positiv erlebtes Gespräch mit dem Vorgesetzten wiedergeben. Dabei zeigte sich, dass die subjektiven Auswirkungen negativ erlebter Interaktionen im Vergleich zu denen positiv erlebter Interaktionen weit häufiger im emotionalen Bereich zu lokalisieren waren. Darüber hinaus waren negativ erlebte Interaktionen unter den Interaktionen, die länger als ein Jahr zurücklagen, insgesamt häufiger vertreten als positiv erlebte Interaktionen. Insgesamt wurden *negative Interaktionen* also sowohl *emotional intensiver erlebt* als auch *über einen längeren Zeitraum hinweg erinnert*. Da die Ergebnisse von Eilles-Matthiessen (2000) sich auf vielfältige Interaktionssituationen zwischen Mitarbeitern und Vorgesetzten beziehen und nicht auf den spezifischen Kontext der Leistungsrückmeldung – wenngleich unter den Interaktionssituationen auch ein wesentlicher Anteil durch Bewertungsgespräche bestritten wird – können sie nur eingeschränkt auf den inhaltlichen Kontext dieses Beitrags übertragen werden. Dennoch sollen sie als erster Hinweis darauf gedeutet werden, dass negative Leistungsrückmeldungen ebenfalls tendenziell intensiver erlebt werden als positive Leistungsrückmeldungen und damit in Analogie zu der von Goschke (1996) und Klauer (2000) zusammengefassten Befundlage zumindest hinsichtlich zentraler Situationsaspekte langfristig besser erinnert werden können.

Allerdings scheint das Gedächtnis insbesondere für *periphere* Informationen, die mit negativen Ereignissen zusammenhängen, nach Klauer (2000) beeinträchtigt zu sein. Dies wirft die Frage auf, ob sich Rückmeldungen schlechter Leistungsergebnisse (als negative emotionale Episoden) gegenüber Rückmeldungen guter Leistungsergebnisse (als positive emotionale Episoden) hinsichtlich des Langzeitgedächtnisses für periphere Aspekte der Rückmeldungssituation unterscheiden. So kann unter Bezugnahme auf die oben dargestellten Forschungsergebnisse angenommen werden, dass es insbesondere bei der Rückmeldung schlechter Leistungen, die mit intensiven negativen emotionalen Reaktionen (z.B. selbstbezogener Ärger) einhergehen, zu einer Beeinträchtigung des Langzeitgedächtnisses für *periphere* Aspekte bzw. Details der Rückmeldungssituation kommen kann.

5. Fazit

Eingangs wurde darauf hingewiesen, dass spezifische Leistungsemotionen sowie ihre Auswirkungen in konkreten Arbeitssituationen bisher nicht in ausreichender Differenziertheit untersucht wurden. Dies gilt in besonderem Maße für positive Leistungsemotionen; die Analyse negativer Leistungsemotionen beschränkte sich weitgehend auf die Untersuchung der Test- bzw. Prüfungsangst.

Daher wurden in diesem Beitrag mit den retrospektiven Leistungsemotionen Freude und Ärger bei Leistungsrückmeldungen zwei in der arbeits- und organisationspsychologischen Forschung bisher vernachlässigte Emotionen einer genaueren Betrachtung unterzogen. Insbesondere am Beispiel des Ärgers in leistungsbezogenen Situationen konnte anhand der kritischen Würdigung der einschlägigen Literatur gezeigt werden, dass allein bezüglich dieser *einen* spezifischen Leistungsemotion noch zahlreiche Fragen unbeantwortet sind: Ausgehend von der Überlegung, dass gerade im Leistungskontext neben der prototypischen Form des sozialen Ärgers mit dem objekt- und insbesondere dem selbstbezogenen Ärger auch andere Ärgerarten erlebt werden können, entwickelte der Beitrag dabei im Wesentlichen vier ausgewählte Forschungsfragen:

1. Lassen sich in Anlehnung an Weber (1994) in der emotionalen Reaktion auf Leistungsrückmeldungen unterschiedliche Ärgerarten differenzieren?
2. Welche Auswirkungen zeigen unterschiedliche Ärgerarten auf Folgeleistungen (Informationsverarbeitung und Verhaltenssteuerung)?
3. Wirkt sich selbstbezogener Ärger in Abhängigkeit von Persönlichkeitsdispositionen (misserfolgsbezogene Handlungs- und Lageorientierung) interindividuell unterschiedlich auf Folgeleistungen aus?
4. Werden negative Leistungsrückmeldungen emotional intensiver erlebt und langfristig – zumindest bezüglich zentraler Informationen – besser erinnert?

Wegge (2003) fasst die Förderung positiver Emotionen, die Vermeidung negativer Emotionen sowie deren möglichst effiziente Regulation am Arbeitsplatz als Ziele eines organisationalen Emotionsmanagements auf. Aus der Perspektive dieses Beitrags sollte dabei der Schwerpunkt von betrieblichen Maßnahmen in der *Förderung der effizienten Regulation negativer Emotionen* liegen, da diese sich letztlich nicht vollständig vermeiden lassen und dies auch gar nicht erstrebenswert scheint: Wie die obigen Ausführungen verdeutlichen sollten, können handlungsorientierte Personen im Unterschied zu lageorientierten Personen negative Emotionen wie einen selbstbezogenen Ärger über eigene schlechte Leistungen nutzen, um ihre leistungsbezogenen Ressourcen zukünftig optimal auszuschöpfen. Ein konsequentes Vermeiden negativer Emotionen würde sich in einem solchen Fall sogar eher leistungshinderlich auswirken. Ebenso lassen sich die oben angeführten Ergebnisse zur *verbesserten* Leistung des Langzeitgedächtnisses für Informationen aus negativen emotionalen Episoden nach Greif und Kluge (2003) dahingehend interpretieren, dass das Erleben negativer Emotionen innerhalb von verunsichernden Lernprozessen durchaus funktional sein kann, da es die Erinnerung an wichtiges Lernmaterial fördert. Negative Emotionen am Arbeitsplatz sollten somit also nicht generell vermieden, sondern situationsangemessen reguliert werden. Die Vermittlung solcher Kompetenzen zur Emotionsregulation stellt damit eine zentrale Aufgabe von Personalentwicklungsmaßnahmen dar, deren Bewältigung sich z.B. im Rahmen eines individuellen Coachings konkretisieren lässt.

Offermanns und Steinhübel (in diesem Band) verstehen unter Coaching „eine freiwillige, zeitlich begrenzte, methodengeleitete, individuelle Beratung, die den oder die Beratene(n) darin unterstützt, berufliche Ziele zu erreichen." Die Autoren zählen zu den Funktionen des Coachings unter anderem die Förderung der Selbstreflexion sowie darauf aufbauend die Unterstützung eines Ausgleichs zwischen Selbstreflexion und Handeln auf Seiten des Coachees. So kann der Coachee innerhalb des Coachingprozesses auf dem Hintergrund einer vertrauensvollen Beziehung zunächst mit Hilfe selbstreflexionsfördernder Methoden angeregt werden, sich mit einem negativen Leistungsfeedback und den damit verbundenen Gedanken und Gefühlen auseinanderzusetzen. Hierbei geht es zunächst darum, eigene Anteile am negativen Leistungsergebnis zu erkennen und zu analysieren, also z.B. den selbstbezogenen Ärger bewusst „auszuhalten" und zu nutzen, um eigene Verhaltensänderungen im beruflichen Kontext zu initiieren. In einem zweiten Schritt muss dann wieder ein angemessener Ausgleich zwischen Selbstreflexion und Handlung gefunden werden. Wie oben bereits erwähnt, sind hierbei interindividuell unterschiedliche Fähigkeiten, negative Emotionen leistungsförderlich auszunutzen und in Handlungen umzusetzen, zu berücksichtigen: Lageorientierte Personen profitieren im Coaching von der Erarbeitung sehr konkreter Handlungsschritte, die die Phase der Selbstreflexion ablöst und eine Blockierung der Handlungsbereitschaft durch den selbstbezogenen Ärger vermeidet. Handlungsorientierte Personen hingegen sollten zur verstärkten Problemanalyse und Selbstreflexion angeregt werden, um problemadäquate Handlungskonsequenzen zu finden. Diese Kompetenzen sollten dann nach Abschluss des zeitlich begrenzten Coachingprozesses vom Coachee in kritischen Leistungssituationen eigenverantwortlich und effizient genutzt werden.

Coaching als Personalentwicklungsinstrument kann somit einen wesentlichen Beitrag zur effizienten Emotionsregulation am Arbeitsplatz leisten und damit gleichermaßen die individuelle und organisationale Zielerreichung fördern.

Literatur

Abele, A. (1996). Zum Einfluß von positiver und negativer Stimmung auf die kognitive Leistung. In J. Möller & O. Köller (Hrsg.), *Emotion, Kognition und Schulleistung* (S. 91-111). Weinheim: PVU.

Atkinson, J.W. (1957). Motivational determinants of risk-taking behavior. *Psychological Review, 64*, 359-372.

Averill, J. R. (1982). *Anger and Aggression. An essay on emotion.* New York: Springer.

Basch, J. & Fisher, C. D. (2000). Affective events-emotion matrix: A classification of work events and associated emotions. In N. M. Ashkanasy, C. E. J. Härtel & W. J. Zerbe (Eds.), *Emotions in the workplace: Research, theory and practice* (pp. 99-122). Westport, CT: Quorum Books.

Buss, A. H. (1961). *The psychology of aggression.* New York: Wiley.

Christianson, S.-Å. (1992). Remembering emotional events: Potential mechanisms. In S.-Å. Christianson (Ed.), *The Handbook of emotion and memory: Research and theory* (pp. 307-340). Hillsdale, NJ: Erlbaum.

Christianson, S.-Å. & Safer, M. A. (1996). Emotional events and emotions in autobiographical memories. In D. C. Rubin (Ed.), *Remembering our past: Studies in autobiographical memory.* Cambridge, UK: University Press.

Dorsch, F., Häcker, H. & Stapf, K. H. (Hrsg.). (1994), *Psychologisches Wörterbuch*. Bern: Huber.

Eilles-Matthiessen, C. (2000). *Die Interaktion mit dem Vorgesetzten aus Mitarbeiterperspektive: Selbstwertrelevantes Verhalten des Vorgesetzten und Emotionen des Mitarbeiters – Eine Tagebuchstudie*. Unveröffentlichte Dissertation am Fachbereich Psychologie der Johann Wolfgang Goethe-Universität in Frankfurt am Main.

Goschke, T. (1996). Gedächtnis und Emotion: Affektive Bedingungen des Einprägens, Erinnerns und Vergessens. In D. Albert & K. H. Stapf (Hrsg.), *Enzyklopädie der Psychologie* (C, II, Band 4, S. 603-692). Göttingen: Hogrefe.

Greif, S. & Kluge, A. (2003). Lernen in Organisationen. In H. Schuler (Hrsg.) *Enzyklopädie der Psychologie* (D, III, Band 3). Göttingen: Hogrefe.

Hembree, R. (1988). Correlates, causes, effects and treatment of test anxiety. *Review of Educational Research, 58,* 47-77.

Hofmann, H. (1997). *Emotionen in Lern- und Leistungssituationen: Eine idiographisch-nomothetische Tagebuchstudie an Lehramtsstudenten im Examen*. Unveröffentlichte Dissertation, Universität Regensburg.

Keenan, A. & Newton, T. J. (1985). Stressful events, stressors and psychological strains in young professional engineers. *Journal of Occupational Psychology, 6,* 151-156.

Klauer, K.C. (2000). Gedächtnis und Emotion. In J. H. Otto, H. A. Euler & H. Mandl (Hrsg.), *Emotionspsychologie. Ein Handbuch* (S. 315-324). Weinheim: PVU.

Kleinginna, P. R. & Kleinginna, A. M. (1981). A categorized list of emotion definitions, with suggestions for a consensual definition. *Motivation and Emotion, 5,* 345-379.

Kramer, K. (1995). *Erleben von Prüfungssituationen. Emotion, Kognition und Cortisolsekretion – eine explorative Analyse*. Unveröffentlichte Diplomarbeit, Universität Regensburg.

Krone, A. (in Vorber.). *Leistungsemotionen: Freude und Ärger bei Leistungsrückmeldungen*. Dissertation, Universität Osnabrück.

Kuhl. J. (1983). Emotion, Kognition und Motivation II. Die funktionale Bedeutung der Emotionen für das problemlösende Denken und für das konkrete Handeln. *Sprache und Kognition, 4,* 228-253.

Kuhl, J. (1996). Wille und Freiheitserleben: Formen der Selbststeuerung. In J. Kuhl & H. Heckhausen (Hrsg.), *Enzyklopädie der Psychologie: Motivation, Volition und Handlung* (Serie IV, Band 4, S. 665-765). Göttingen: Hogrefe.

Kuhl, J. (1998). Decomposing self-regulation and self-control: The volitional components inventory. In J. Heckhausen & C. Dweck (Eds.), *Lifespan perspectives on motivation and control* (pp. 15-49). Hillsdale, NJ: Erlbaum.

Kuhl, J. (2001) *Motivation und Persönlichkeit: Interaktionen psychischer Systeme*. Göttingen: Hogrefe.

Kuhl, J. & Kazén, M. (1997) *Persönlichkeits-Stil-und-Störungs-Inventar (PSSI): Handanweisung*. Göttingen: Hogrefe.

Lazarus, R. S. (1982). Thoughts on the relations between emotion and cognition. *American Psychologist, 37,* 1019-1024.

Lazarus, R. S. (1984). On the primacy of cognition. *American Psychologist, 39*, 124-129.

Lazarus, R. S. (1991). *Emotion and adaption*. New York: Oxford University Press.

Lazarus, R. S. (1993). From psychological stress to the emotions: A history of changing outlooks. *Annual Review of Psychology, 44*, 1-21.

Lazarus, R. S. (1999). The cognition-emotion-debate: A bit of history. In T. Dalgleish & M. J. Power (Eds.), *Handbook of cognition and emotion* (pp. 3-19). Chichester: Wiley & Sons.

Lazarus, R. S. & Folkman, S. (1984). *Stress, appraisal, and coping*. New York: Springer.

Lazarus, R. S. & Smith, C. A. (1988). Knowledge and appraisal in the cognition-emotion relationship. *Cognition and Emotion, 2*, 281-300.

LeDoux, J. (1996). *The emotional brain: The mysterious underpinnings of emotional life*. New York: Springer.

McClelland, D. C., Atkinson, J. W., Clark, R. A. & Lowell, E. L. (1953). *The achievement motive*. New York: Appleton.

Otto, J. H., Euler, H. A. & Mandl, H. (2000). Begriffsbestimmungen. In J. H. Otto, H. A. Euler & H. Mandl (Hrsg.), *Emotionspsychologie. Ein Handbuch* (S. 11-18). Weinheim: PVU.

Pekrun, R. (1992). Kognition und Emotion in studienbezogenen Lern- und Leistungssituationen: Explorative Analysen. *Unterrichtswissenschaft, 20*, 308-324.

Pekrun, R. & Frese, M. (1992). Emotions in work and achievement. In C. L. Cooper & I. T. Robertson (Eds.), *International Review of Industrial and Organizational Psychology* (Vol. 7, pp. 153-200). New York: Wiley.

Pekrun, R., Hochstadt, M. & Kramer, K. (1996). Prüfungsemotionen, Lernen und Leistung. In C. Spiel, U. Kastner-Koller & P. Deimann (Hrsg.), *Motivation und Lernen aus der Perspektive lebenslanger Entwicklung* (S. 151-161). Münster: Waxmann.

Pekrun, R. & Hofmann, H. (1999). Lern- und Leistungsemotionen: Erste Befunde eines Forschungsprogramms. In M. Jerusalem und R. Pekrun (Hrsg.), *Emotion, Motivation und Leistung* (S. 247-268). Göttingen: Hogrefe.

Pekrun, R. & Jerusalem, M. (1996). Leistungsbezogenes Denken und Fühlen. Eine Übersicht zur psychologischen Forschung. In J. Möller & O. Köller (Hrsg.), *Emotion, Kognition und Schulleistung* (S. 3-22). Weinheim: PVU.

Perrewé, P. L. & Zellars, K. L. (1999). An examination of attributions and emotions in the transactional approach to the organizational stress process. *Journal of Organizational Behavior, 20*, 739-752.

Roseman, I. J. (1984). Cognitive determinants of emotion. A structural theory. *Review of Personality and Social Psychology, 5*, 11-36.

Sarason, I. G. (1984). Test anxiety, stress and cognitive interference: Reactions to tests. *Journal of Personality and Social Psychology, 44*, 929-938.

Scherer, K. R. (1990). Theorien und aktuelle Probleme der Emotionspsychologie. In K. R. Scherer (Hrsg.), *Enzyklopädie der Psychologie: Psychologie der Emotion* (C, IV, Band 3, S. 2-38). Göttingen: Hogrefe.

Spielberger, C. D. & Vagg, P. R. (1995). *Test anxiety: Theory, assessment, and treatment*. Washington, DC: Taylor & Francis.

Temme, G. & Tränkle, U. (1996). Arbeitsemotionen. Ein vernachlässigter Aspekt in der Arbeitszufriedenheitsforschung. *Arbeit, 5,* 275-297.

Van Brakel, J. (1994). Emotions: A cross-cultural perspective on forms of life. In W.M. Wentworth & J. Ryan (Eds.), *Social perspectives on emotion* (Vol. 2, pp. 179-237). Greenwich, CT: JAI Press.

Weber, H. (1994). *Ärger: Psychologie einer alltäglichen Emotion.* Weinheim: Juventa.

Wegge, J. (2001). Emotion und Arbeit: Zum Stand der Dinge. *Zeitschrift für Arbeitswissenschaft, 55,* 49-56.

Wegge, J. (2003). Emotionen in Organisationen. In H. Schuler (Hrsg.) *Enzyklopädie der Psychologie* (D, III, Band 3). Göttingen: Hogrefe.

Weiner, B. (1986). *An attributional theory of motivation and emotion.* New York: Springer.

Weiss, H. M. & Cropanzano, R. (1996). Affective events theory: A theoretical discussion of the structure, causes and consequences of affective experiences at work. *Research in Organizational Behavior, 18,* 1-74.

Zajonc, R. B. (1980). Feeling and thinking: Preferences need no inferences. *American Psychologist, 35,* 151-175.

Zajonc, R. B. (1984). On the primacy of affect. *American Psychologist, 39,* 117-123.

Zapf, D. (2000). Organisationen und Emotion. In J. H. Otto, H. A. Euler & H. Mandl (Hrsg.), *Emotionspsychologie. Ein Handbuch* (S. 567-575). Weinheim: PVU.

Emotionsarbeit in Dienstleistungsberufen.
Das Konzept und seine Implikationen für die
Personal- und Organisationsentwicklung

Dieter Zapf, Amela Isic, Andrea Fischbach und Christian Dormann

Wer kennt nicht das beschwingte Gefühl nach einem Theaterbesuch, die Erleichterung über einen verständnisvollen Kundenberater, der Mitgefühl zeigt, und wer genießt es nicht, wenn nicht nur das Essen gut schmeckt, sondern man auch noch freundlich und aufmerksam bedient wird? In diesen Beispielen werden Emotionen von Kunden durch professionelle Arbeit seitens der Dienstleister ausgelöst und beeinflusst. Dabei arbeiten Mitarbeiter in Dienstleistungsberufen gezielt mit Emotionen, um auf ihre Kunden einzuwirken. Diese emotionale Regulation von Kundeninteraktionen wird als Emotionsarbeit bezeichnet. In diesem Kapitel wird das Konzept der Emotionsarbeit vorgestellt und Interventionsmaßnahmen exemplarisch anhand einer ausgewählten Berufsgruppe skizziert.

1. Das Konzept Emotionsarbeit

Die Arbeits- und Organisationspsychologie hat sich bislang nicht besonders eingehend mit den besonderen Aspekten von Dienstleistungsberufen beschäftigt (Nerdinger, 1994), obwohl in den meisten europäischen Ländern inzwischen mehr als 50 % der Beschäftigten diesem Bereich zugehören (Paoli, 1997). Erst in jüngster Zeit wurde diesem Strukturwandel Rechnung getragen. Das Spezifische an Dienstleistungsberufen sind die Interaktion mit Kunden und die entsprechenden Arbeitsanforderungen, die sich daraus ergeben. Diese Arbeitsanforderungen sind nicht nur kognitiver und physischer, sondern vor allem auch sozialer und emotionaler Natur. Was allgemein für die Arbeits- und Organisationspsychologie zutrifft, gilt im Speziellen auch für die psychologische Belastungsforschung. Auch hier sind soziale und emotionale Belastungen, die sich aus dem Umgang mit Kunden ergeben könnten, bislang stark vernachlässigt worden. Emotionen bzw. Konzepte, die man darunter fassen könnte, sind in der Stress- oder Belastungsforschung bislang als abhängige Variablen betrachtet worden, z.B. Angst, Ärger, Depression, Frustration oder Zufriedenheit (z.B. Kahn & Byosiere, 1992). Bislang noch wenig in Erwägung gezogen wurden Emotionen hingegen als unabhängige Variablen. Die grundlegende Überlegung hierzu ist, dass bei Arbeitsaufgaben im Dienstleistungsgewerbe nicht nur die Regulation von Kognitionen (Ziele aufstellen, Pläne entwickeln und ausführen, Feedback verarbeiten etc.), sondern auch die Regulation von Emotionen erforderlich ist und es zu den Arbeitsanforderungen gehört, mit Emotionen umzugehen, z.B. in der Form, persönliche Zuwendung zu zeigen (Zapf, 2002).

Arlie Hochschild (1983, 1990) hat für diese Arbeitsanforderungen das Konzept der Emotionsarbeit eingeführt und erstmals an Flugbegleiterinnen bei Delta-Airlines untersucht. Flugbegleiterinnen und Flugbegleiter sind normalerweise sehr aufmerksam und freundlich zu den Fluggästen. In der Regel bedienen sie die Fluggäste mit einem Lächeln im Gesicht. Hochschild hat nun argumentiert, dass Aufmerksamkeit, Freundlichkeit und Lächeln nicht ein Produkt eines individuellen Arbeitsstils sind, sondern dass diese emotional geprägten Verhaltensweisen im Interesse des Unternehmens erbracht und vom Unternehmen gefordert werden. Das Zeigen von Emotionen wird somit zu einer Arbeitsanforderung, die vergleichbar ist zu anderen, z.B. körperlichen oder kognitiven Arbeitsanforderungen.

Die Arbeit mit Emotionen findet in allen Dienstleitungsberufen statt. In Kasten 1 ist beispielsweise der Ausschnitt eines fiktiven Gesprächs in einem Call Center dargestellt, wie es gelegentlich vorkommt. In Call Centern wird mit den Kunden telefonisch interagiert. Dabei werden beispielsweise Auskünfte erteilt, Aufträge angenommen und/oder Beratung durchgeführt. Die Mitarbeiter eines Call Centers werden als Agents bezeichnet. Wie wird sich die Call Center-Mitarbeiterin in der beschriebenen Situation innerlich fühlen? Sehr wahrscheinlich erlebt sie verschiedene Emotionen, die sie in dieser Situation aktiv regulieren muss, z.B. den aufkommenden Ärger über das unverschämte Verhalten des Kunden zu unterdrücken, um nach außen weiterhin professionell das Kundengespräch führen zu können. Der Gesprächsausschnitt zeigt, dass neben Belastungen und Anforderungen, die aus der Aufgabe und der Organisation resultieren, die „Emotionsarbeit" in Call Centern eine wichtige Rolle einnimmt. Vor allen Dingen in schwierigen Gesprächen mit Kunden wird von Call Center-Agents erwartet, nach außen hin ruhig und freundlich zu bleiben, unabhängig davon, ob die inneren Gefühle dem entsprechen (z.B. Freundlichkeit zu zeigen, obwohl ein Kunde ein sehr arrogantes Verhalten zeigt).

Nicht nur in Reklamationsgesprächen wie in dem o.g. Beispiel sollen Dienstleister gezielt mit ihren Emotionen arbeiten, sondern jeder Kunde soll so individuell wie möglich behandelt werden. Um beim Beispiel Call Center zu bleiben: Call Center-Agents sollen mit differenzierten Verkaufsstrategien auf unterschiedliche Kundentypen eingehen. So erfordert ein „unsicherer Kundentyp" ein anderes Verhalten als ein „dominanter Kundentyp". Um schnell und sicher zu erfassen, wer am anderen Ende der Leitung ist, wird von den Call Center-Agents eine hohe Sensitivität gefordert, weil visuelle Reize für die Einschätzung fehlen. Damit Verkaufsziele realisiert werden, sollen Kunden aktiv in eine positive Stimmung versetzt werden, d.h. es soll eine angenehme Atmosphäre hergestellt werden. Auch andere zwischenmenschliche Gefühlszustände wie Vertrauen werden über das Telefon vermittelt. Dies spielt insbesondere bei Direktbanken eine Rolle, wo teilweise sehr große Anlagegeschäfte abgewickelt werden und der Kunde keinen „Face-to-Face"-Kontakt hat, wie bei seiner Bank vor Ort. Dieses Fehlen eines persönlichen Eindruckes soll über die Stimme des Agents kompensiert werden.

Hochschild (1990) definiert „Emotionsarbeit" oder „emotional labor" als die bezahlte Arbeit, bei der ein Management der eigenen Gefühle erforderlich ist, um nach außen in Mimik, Stimme und Gestik ein bestimmtes Gefühl zum Ausdruck zu bringen, unabhängig davon, ob dies mit den inneren Empfindungen übereinstimmt oder nicht.

Solche Emotionsarbeit ist Bestandteil in vielen Dienstleistungsberufen (Nerdinger, 1994). Man stelle sich etwa eine Krankenpflegerin, Altenpflegerin oder Erzieherin vor, die sich den Kranken, Alten oder Kindern gegenüber gefühlskalt wie ein Roboter verhält und würde die Arbeitstätigkeit ausschließlich in Begriffen der Informationsverarbeitung beschreiben. Das so erzeugte Arbeitsergebnis würde kaum den Erwartungen der Kunden entsprechen und bei gegebener „Kundenorientierung" des Unternehmens auch nicht den Erwartungen der Organisation. Mit einer Krankenpflegerin, die stumm ihre Verrichtungen am Patienten vornimmt, wird man nicht zufrieden sein. Vielmehr besteht die Erwartung, einfühlsam behandelt zu werden, dass die Schwester Verständnis zeigt und vielleicht auch einmal ein paar freundliche aufmunternde Worte für den Patienten bereit hat.

Kasten 1: Eine fiktive Situation in einem Call Center

> Agent *(freundlich):* „Guten Tag, Reisebüro Global World, mein Name ist Sandra Müller. Was kann ich für Sie tun?"
> Kunde *(genervt):* „Habe ich bei Ihnen meine Reise gebucht?"
> Agent *(freundlich):* „Sie sind mit der Reservierungsabteilung von Global World verbunden, mein Name ist Sandra Müller. Ich überprüfe gerne ihre Reservierung."
> Kunde *(gereizt):* „Hören Sie mal, Fräuleinchen, Ihnen ist da ein Fehler unterlaufen!"
> *Es folgt ein Gesprächsschwall von Seiten des Kunden. Das „Fräuleinchen" ist eine 45-jährige Mutter zweier Teenager, sie hat sehr wahrscheinlich nicht persönlich die Reservierung vorgenommen, sondern ein/e Kollege/in von ihr. Sie zeigt Verständnis für die Situation des Kunden und fragt in einer Gesprächspause nach:*
> Agent *(freundlich):* „Um mir ein Bild über den Geschäftsvorgang machen zu können: Können Sie mir bitte Ihren Namen und Kundennummer sagen, damit ich den bisherigen Vorgang auf dem Bildschirm mitverfolgen kann?"
> Kunde *(ärgerlich):* „Was wollen Sie jetzt noch von mir? Eine Nummer habe ich nicht!"
> *Der Kunde reagiert sehr ungehalten, die Call Center-Mitarbeiterin bleibt weiterhin freundlich und versucht die Situation zu entspannen.*

Die Arbeitsanforderung besteht nach Hochschild (1990) darin, in anderen Menschen (Kunden, Patienten, Klienten, Gästen) bestimmte – in der Regel – positive Gefühlszustände zu erzeugen, was – wiederum in der Regel – dadurch erreicht wird, dass der oder die Dienstleister/-in selbst solche positiven Emotionen sichtbar zeigt. Hochschild (1990) hat in qualitativen Untersuchungen bei Flugbegleitern und Fahrkartenkontrolleuren gefunden, dass Emotionsarbeit mit Substanzmissbrauch, Kopfschmerzen, Absentismus und sexuellen Störungen verbunden war und ging davon aus, dass Emotionsarbeit in erster Linie negative Folgen hat. Dagegen sprechen zwei Argumente:
1. Viele Menschen suchen sich ganz gezielt einen Beruf aus, in welchem sie mit Menschen umgehen können. Dies wäre kaum der Fall, wenn es nicht auch positive Aspekte in der Dienstleistungsarbeit gäbe.

2. Die empirische Literatur zur Emotionsarbeit belegt Hochschilds Ansicht nicht. Es haben sich in den ersten empirischen Arbeiten sowohl positive (z.B. Wharton, 1993) als auch negative Effekte von Emotionsarbeit gezeigt (z.B. Grandey, 1998, zusammenfassend Zapf, 2002).

2. Unterschiedliche Aspekte von Emotionsarbeit

Aufgrund der widersprüchlichen empirischen Ergebnisse liegt es nahe, unterschiedliche Aspekte von Emotionsarbeit zu differenzieren. Morris und Feldman (1996) haben dazu ein weithin rezipiertes Modell vorgelegt, welches die Häufigkeit, Dauer, und Intensität des geforderten Emotionsausdrucks sowie emotionale Dissonanz unterscheidet (vgl. die Darstellung in Büssing & Glaser, 1999a). In Anlehnung an diese Arbeit sowie an die Arbeiten von Adelmann (1995), Hochschild (1990), Morris und Feldman (1996), Riggio (1986) und Strauss, Farahaugh, Suczek und Wiener (1980) haben wir in unseren eigenen Arbeiten die in Tabelle 1 dargestellten Aspekte von Emotionsarbeit unterschieden und als Instrument die Frankfurter Skalen zur Emotionsarbeit entwickelt (Frankfurt Emotion Work Scales FEWS, letzte Version FEWS 4.0, Fischbach & Zapf, 2003a; Zapf & Holz, 2002; Zapf, Mertini, Seifert, Vogt, Isic & Fischbach, 2000; Zapf, Vogt, Seifert, Mertini & Isic, 1999).

Bei der Emotionsarbeit ist ein wichtiger Aspekt die Häufigkeit des Ausdrucks von Emotionen. In den ersten Forschungsarbeiten hat sich gezeigt, dass es für einige Berufszweige sinnvoll ist, zwischen dem *Ausdruck von positiven und negativen Emotionen* zu unterscheiden (s. auch Grandey & Brauburger, in press). Für Erzieher in einer Kindertagesstätte ist es selbstverständlich, dass sie auch negative Emotionen ausdrücken müssen, um das Verhalten der Kinder zu steuern. Die Anforderung, negative Emotionen auszudrücken, ist hier deswegen nicht unbedingt negativ zu sehen und hat auch nur wenig negative gesundheitliche Folgen (Zapf et al., 2000). In anderen Berufen wie im Bank- und Hotelgewerbe ist das Ausdrücken negativer Emotionen ungewöhnlich und eher ein Zeichen misslungener Interaktion oder sonstiger Probleme mit den Kunden oder Klienten. In einigen Berufen besteht eine spezifische Anforderung darin, nach außen hin gar keine Emotionen zu zeigen, sondern möglichst *neutral* zu erscheinen, zum Beispiel bei Richtern und bei der Polizei (Fischbach & Zapf, 2003a). Auch das *Zeigen von Anteilnahme* erweist sich manchmal als ein eigenständiger Faktor (Zapf & Holz, 2002; Zapf et al., 1999). Dies kann man sich so erklären: Positive Emotionen werden meist in einer für den Interaktionspartner positiven Situation und negative Emotionen für den Interaktionspartner negativen Situation gezeigt. Anteilnahme ist aber eine positive Emotion in einer für den Interaktionspartner negativen Situation. Manche, aber nicht alle Berufsgruppen, die häufig positive Emotionen ausdrücken müssen, müssen gleichzeitig oft Anteilnahme ausdrücken.

Ein weiterer Aspekt von Emotionsarbeit ist das Wahrnehmen der Gefühle des Interaktionspartners. Sofern die sozialen Interaktionen im Kundenkontakt nicht routinisiert ablaufen, ist es immer erforderlich, die Gefühle des anderen wahrzunehmen, um die eigenen Gefühle danach zu richten. Sonst könnte es zum Beispiel leicht passieren, dass der Interaktionspartner sich nicht ernst genommen fühlt. Dies haben wir als *Sensitivitätsanforderungen* bezeichnet. Je höher die Sensitivitätsanforderungen sind, desto anspruchsvoller ist die zugrunde liegende soziale Interaktion mit dem Klienten und desto mehr kann sich ein Gefühl der Leistungserfüllung einstellen (Zapf et al., 2000). Die Arbeit ist dann aber auch meist anstrengender (Zapf & Holz, 2003).

Ein Belastungsfaktor ist, wenn es zum Widerspruch zwischen ausgedrückten und empfundenen Gefühlen kommt. Das wird als *Emotionale Dissonanz* bezeichnet (Hochschild, 1990). Zum Beispiel werden positive Gefühle ausgedrückt, obwohl der Dienstleister nichts empfindet oder sogar negative Emotionen erlebt. Emotionale Dissonanz tritt auf, wenn geforderte Emotionen nicht erlebt werden. Dies hat auf die Dauer negative Wirkungen und ist dann der Fall, (1) wenn Emotionen zu häufig gezeigt werden müssen, d.h., wenn zu häufig und zu viele Stunden mit Kunden oder Klienten interagiert werden muss; (2) wenn die Darstellungsregeln (s.u.) allzu strikt sind und keine persönlichen Freiräume lassen oder (3) wenn die Qualität der sozialen Situation nicht der zu zeigenden Emotion entspricht, d.h., wenn beispielsweise eine positive Emotion gezeigt werden soll, die Situation aber natürlicherweise eine negative Emotion hervorruft, weil man es etwa mit einem aggressiven Kunden zu tun hat. Zum letzten Punkt ist zu sagen, dass das Empfinden der meisten Emotionen sehr stark allgemeinpsychologischen Prinzipien folgt: wenn bestimmte situative Bedingungen gegeben sind, erfolgen spezifische Bewertungsprozesse (vgl. die sog. Affective events-Theorie von Weiss und Cropanzano, 1996 sowie einschlägige kognitiv orientierte Emotionstheorien, z.B. Mees, 1991, s. dazu auch Grandey, 2000; Grandey & Brauburger, in press). Wenn ein Kunde beleidigend, aggressiv oder arrogant reagiert, wird dies bei fast allen Menschen negative Gefühle hervorrufen. Menschen unterscheiden sich aber darin, ob sie z.B. den empfundenen Ärger auch nach außen zeigen (Hodapp, 2000), bzw. wie gut sie ganz allgemein mit solchen Situationen umgehen können.

Handlungsspielraum oder Kontrolle ist ein etabliertes Konzept in der Arbeitspsychologie (Semmer, 1990). In Bezug auf Emotionsarbeit kann man fragen, welchen Einfluss der Einzelne auf die soziale Interaktion mit dem Kunden und dem Zeigen bestimmter Gefühle hat. Entsprechend kann man *Interaktionsspielraum* (den Einfluss auf die zugrunde liegende soziale Interaktion) und *emotionsbezogene Kontrolle* (den Einfluss darauf, welche Gefühle man in einer Situation zeigen darf) unterscheiden (vgl. Tab. 1).

3. Emotionsarbeit und organisationale Darbietungsregeln

In Abbildung 1 ist ein Rahmenmodell zur Emotionsarbeit dargestellt. Organisationen verfolgen in der Regel ein Bündel von Zielen. Diese Ziele werden über die organisationale Arbeitsteilung herunter gebrochen in Teilziele und den einzelnen Organisationsmitgliedern als Arbeitsaufträge zugeordnet. Zu den Zielvorstellungen der meisten Dienstleistungsunternehmen gehört die Dienstleistungsorientierung, die impliziert, dass eine möglichst große Dienstleistungsqualität und Kundenzufriedenheit erzeugt werden soll (Dormann & Kaiser, 2002; Dormann & Zapf, im Druck; Schneider, White

& Paul, 1998; Zeithaml & Bitner, 2000). Diese ergibt sich nicht zuletzt aus der relativ starken Position, die die Käufer bei den gegenwärtigen Marktbedingungen haben (Moynagh & Worsley, 2002). Das kann einerseits dazu führen, dass die Arbeitsorganisation auf den Kundennutzen ausgerichtet wird, zum Beispiel bei Managementkonzepten wie der Prozessgestaltung (Desjardins & Zapf, 2003). Zum anderen aber geht es bei der Kundenorientierung auch darum, die persönliche Interaktion mit den Kunden in positiver Weise zu gestalten. Dabei ergeben sich bestimmte Anforderungen an das Sozialverhalten des Dienstleisters. Hierbei spielen Emotionen und das Konzept der Emotionsarbeit eine wichtige Rolle. Von Verkäufern wird erwartet, dass sie freundlich sind, Krankenpfleger sollen Mitgefühl zeigen, Animateure sollen Enthusiasmus und Begeisterung verbreiten. Es kann aber auch die Anforderung bestehen, gerade keine Emotionen zu zeigen, um nach außen hin neutral zu erscheinen; beispielsweise im Falle eines Polizisten oder einer Richterin (Fischbach & Zapf, 2003a). All dies sind unterschiedliche, mehr oder weniger klar definierte Erwartungen, die die verschiedenen Organisationen an ihre Dienstleister haben. Hochschild hat in ihrem Konzept der Emotionsarbeit dabei auf Goffman (1969) zurückgegriffen, der argumentiert, dass es in sozialen Situationen fast immer Regeln gibt, die ein Management der eigenen Gefühle erfordern, sei es nun auf einer Party oder auf einer Beerdigung. In gewisser Weise sind Organisationen und ihre Erwartungen also nur ein Spezialfall dieses allgemeinen Phänomens. Es gäbe Erwartungen von Kunden oder Klienten an das soziale Verhalten der Dienstleister, auch wenn die Organisation des Dienstleisters solche Verhaltenserwartungen nicht hätte. Das Besondere ist allerdings, dass in Organisationen das gewünschte Zeigen bestimmter Gefühle dem wirtschaftlichen Verwertungsprozess unterworfen wird (Nerdinger, 1994). Entsprechend stellt Hochschild (1983, p. 7) fest: „Emotional labor is sold for a wage and therefore has exchange value".

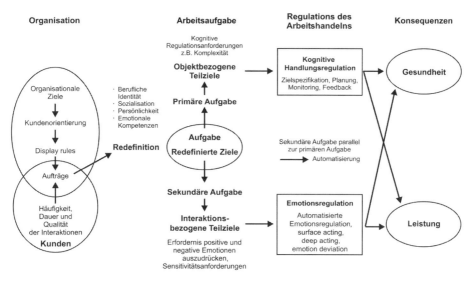

Abbildung 1: Ein Rahmenmodell zur Emotionsarbeit

Aus diesen Darstellungsregeln (display rules) ergeben sich für den Dienstleister nun emotionale Arbeitsanforderungen, die aus unserer Sicht den gleichen konzeptionellen Status haben wie kognitive Arbeitsanforderungen, die beispielsweise in der Handlungsregulationstheorie beschrieben werden (Hacker, 1998), oder physische Arbeitsanforderungen.

Tabelle 1: Aspekte der Emotionsarbeit (Itembeispiele aus dem FEWS 4.0, Zapf, Mertini et al., 2000)

Ausdruck positiver Gefühle	*Itembeispiel:* Kommt es bei Ihrer Tätigkeit vor, dass Sie angenehme Gefühle gegenüber Kunden zum Ausdruck bringen müssen?
Ausdruck negativer Gefühle, Umgang mit negativen Gefühlen	*Itembeispiel:* Kommt es bei Ihrer Tätigkeit vor, dass Sie unangenehme Gefühle gegenüber Kunden zum Ausdruck bringen müssen?
Ausdruck von Anteilnahme (Ausdruck von positiven Gefühlen in einer für den Interaktionspartner negativen Situation)	*Itembeispiel:* Kommt es bei Ihrer Tätigkeit vor, dass Sie Mitgefühl zum Ausdruck bringen müssen?
Ausdruck von Neutralität (weder positive noch negative Gefühle)	*Itembeispiel:* Kommt es bei Ihrer Tätigkeit vor, dass Sie keine Gefühle ausdrücken, um nach außen hin neutral zu erscheinen?
Sensitivitätsanforderungen (Wahrnehmung von Gefühlen anderer)	*Itembeispiel:* Ist es für Ihre Tätigkeit von Bedeutung zu wissen, wie sich Kunden momentan fühlen?
Interaktionsspielraum: (Einfluss auf die Interaktion mit dem Kunden/Klienten)	*Itembeispiel:* Können Sie selbst entscheiden, wann Sie ein Gespräch mit einem Kunden beenden?
Emotionsbezogene Kontrolle (Einfluss darauf, ob und welche Gefühle man in einer Situation zeigt)	*Itembeispiel:* A ist von außen genau vorgeschrieben, ob und wann bestimmte Gefühle den Klienten gegenüber zu zeigen sind. B kann selbst entscheiden, ob und wann bestimmte Gefühle den Klienten gegenüber gezeigt werden. Welcher der beiden Arbeitsplätze ist Ihrem am ähnlichsten?
Emotionale Dissonanz (Diskrepanz zwischen empfundenen und ausgedrückten Gefühlen)	*Itembeispiel:* Wie oft kommt es bei Ihrer Tätigkeit vor, dass man nach außen hin Gefühle zeigen muß, die nicht mit dem übereinstimmen, was man momentan gegenüber dem Kunden fühlt?

Es gehört zu den Erkenntnissen der Arbeitspsychologie, dass Arbeitsanforderungen von den Arbeitenden nicht 1:1 umgesetzt werden (Hacker, 1998; Ulich, 2001). Vielmehr spielen hier die von Hackman (1969) beschriebenen Redefinitionsprozesse eine wichtige Rolle (Fischbach & Zapf, 2003a; Zapf, 2002; vgl. Abb. 1). Jeder Arbeitsauftrag wird von der arbeitenden Person aus ihrer Sicht interpretiert und redefiniert. Dieser Prozess hängt u.a. von Sozialisationsprozessen, der beruflichen Identität, der Persönlichkeit des Arbeitenden und seinen oder ihren beruflichen und sozialen Kompetenzen ab. Im Kern geht es bei emotionalen Arbeitsanforderungen um Rollenerwartungen der Organisation (und der Kunden) an den Dienstleister. Was genau heißt es aber beispielsweise in einem Bekleidungskaufhaus, dass von den Mitarbeitern Freundlichkeit gegenüber den Kunden erwartet wird? Heißt es, dass jeder einzelne Kunde, der eine Abteilung betritt, freundlich begrüßt und dauernd angelächelt werden soll? Und wie interpretieren einzelne Mitarbeiter diese Rollenerwartungen? Sicherlich unterschiedlich, denn jeder kennt Verkäuferinnen, die *ausgesucht freundlich ("Ich schau gerne noch mal nach, ob ich Ihre Größe auf einem anderen Ständer finde")* auf Wünsche eingehen und andere, die durchaus *unfreundlich ("... nur noch das, was da hängt")* auf eine Frage reagieren. Zwei Aspekte werden bei diesem Beispiel deutlich:

1. Häufig werden Erwartungsaspekte nicht klar definiert und erst recht nicht in einem Regelwerk niedergeschrieben. Sie sind vielmehr häufig ein Ergebnis organisationaler Kommunikationsprozesse, in denen die Meinungen über angemessenes Verhalten gegenüber Kunden durchaus auseinandergehen können und die mehr implizit als explizit existieren, und
2. emotionsarbeitsbezogene Rollenerwartungen unterliegen offensichtlich einem größeren Interpretationsspielraum des Dienstleisters als beispielsweise Erwartungen darüber, wie an einem Fließband ein bestimmtes Produkt gefertigt werden soll.

Es gibt einige Untersuchungen, die die Frage behandeln, wie Dienstleistungsorganisationen über organisationale Sozialisationsstrategien versuchen, ihre emotionsarbeitsbezogenen Darstellungsregeln zu kommunizieren und ihre Mitarbeiter in diesem Sinne zu beeinflussen (Ashforth & Humphrey, 1993; Hochschild, 1983; Rafaeli, 1989a, 1989b; Rafaeli & Sutton, 1987; Sutton, 1991; van Maanen & Kunda, 1989). Die Untersuchungen zeigen, dass emotionsbezogene Normen in Organisationen explizit oder implizit über Bewerberrekrutierung und -auswahl, Berufsausbildung, Trainings, geschriebenes Material wie z.B. Handbücher oder Firmenleitbilder, Vorgesetzte, Kollegen und Belohnungen und Bestrafungen von bestimmten Verhaltensweisen vermittelt werden. Interessanterweise zeigen sich in einzelnen Organisationen große Unterschiede in der Wahrnehmung dieser Sozialisationsstrategien bei den Mitarbeitern. Fragt man Mitarbeiter danach, wie der Umgang mit den eigenen Gefühlen und denen der Kunden am Dienstleistungsarbeitsplatz geregelt ist, so nehmen diese unterschiedlich stark wahr, dass vorgegebene Sozialisationsquellen (wie z.B. Vorgesetzte) solche Regeln ausgesprochen hätten. In einer Polizeistichprobe konnte gezeigt werden, dass diese unterschiedliche Wahrnehmung der Vermittlung emotionsbezogener Regeln einen Teil der Varianz in den Emotionsarbeitsskalen der FEWS erklären kann (Fischbach & Zapf, 2003a): Je stärker die Zustimmung, dass solche Regeln in der Organisation vermittelt wurden, desto häufiger scheinen solche Regeln im Umgang mit Kunden auch angewandt und beispielsweise Freundlichkeit oder Strenge gegenüber den Bürgern zum Ausdruck gebracht zu werden. Neben der Wahrnehmung der organisationalen Sozialisation hat das Commitment der Mitarbeiter zu emotionsarbeitsbezogenen

Rollenerwartungen einen starken Einfluss auf die Redefinition der kundenbezogenen Arbeitsaufgaben. So geben z.B. Lehrer, die Schülerorientierung persönlich wichtig nehmen und ihre berufliche Identität in diesem Sinne definieren (*„Mir ist es persönlich in meiner Rolle als Lehrer sehr wichtig, immer für die Schüler da zu sein, wenn nötig auch nach Unterrichtsschluss"*), an, dass sie gegenüber Schülern häufiger positive Emotionen zeigen müssen als Lehrer, die diesen Aspekt ihrer beruflichen Identität weniger wichtig einschätzen. Umgekehrt beantworten Lehrer, für die Durchsetzung und Disziplin wichtige Aspekte ihres beruflichen Selbstverständnisses darstellen, dass sie gegenüber Schülern häufiger negative Emotionen zeigen müssen, als Lehrer die diesen Aspekt persönlich weniger wichtig einschätzen (Fischbach, 2002). Ähnlich sollten Persönlichkeitsunterschiede (im Sinne der Big Five Persönlichkeitsfaktoren, s. Costa & McCrae, 1992; Fischbach & Zapf, 2003b) mit unterschiedlichen Redefinitionstendenzen der Emotionsarbeit zusammenhängen. Beispielsweise suchen Extravertierte aktiv soziale Interaktionen auf und sollten daher an einem Dienstleistungsarbeitsplatz im Vergleich zu Introvertierten (die soziale Interaktionen eher vermeiden) Arbeitsaufgaben häufiger so redefinieren, dass der Kontakt mit Kunden aktiv aufgebaut werden muss. Verträgliche Personen sollten im Vergleich zu Personen mit geringen Verträglichkeitswerten ihre Aufgaben verstärkt so redefinieren, dass positive Emotionen gegenüber Kunden gezeigt werden sollten. Empirisch konnten solche Effekte der Persönlichkeit auf die Redefinition der kundenbezogenen Arbeitsaufgaben bisher indirekt nachgewiesen werden (Fischbach & Zapf, 2003b).

4. Der Prozess der Emotionsarbeit

Bislang haben wir die Erfordernisse an die Regulation von Emotionen beschrieben, und zwar in Analogie zu kognitiven Anforderungen, wie sie sich aus Arbeitsaufgaben ergeben und wie sie in verschiedenen Arbeitsanalyseinstrumenten erhoben werden (Dunckel, 1999). In Abbildung 1 ist dieser Prozess auch dargestellt. Die Arbeitsteilung in der Organisation führt dazu, dass einzelnen Mitarbeitern Arbeitsaufgaben zugeordnet werden. Diese werden redefiniert und stellen sich dem einzelnen als Arbeitsaufgaben dar, die Ziele implizieren und die Arbeitshandeln erfordern. Dies führt zu Prozessen der Zielbildung, Planung, Monitoring der Handlungsausführung und Feedback (vgl. Frese & Zapf, 1994; Hacker, 1998). In Arbeitssituationen, die soziale Interaktionen beinhalten, laufen nun parallel zu diesen kognitiven Prozessen emotionale Regulationsprozesse ab (Zapf, 2002; vgl. Brucks, 1998; Strauss et al., 1980). Es kann davon ausgegangen werden, dass es grundsätzlich vier Kategorien gibt (Zapf, 2002, siehe Abb. 1).

1. In der Emotionspsychologie werden in der Regel Situationen beschrieben, in denen Emotionen als Reaktion auf äußere oder innere Bedingungen auftreten. Dabei herrscht die Vorstellung vor, dass eine Emotion „automatisiert", also ohne bewusste Kontrolle auftritt, zumindest das „innere Gefühl" und die zugehörigen physiologischen Prozesse. Dagegen ist die Kontrolle des (äußeren) Ausdrucks von Gefühlen durchaus Gegenstand der Emotionspsychologie. Man kann jedenfalls als erstes an-

nehmen, dass in Service-Interaktionen Emotionen häufig automatisiert, d.h., ohne bewusste Zuwendung, auftreten und jemand das zu zeigende Gefühl auch hat, weil die Situation mit dem geforderten Gefühl im Einklang steht.

2. Schwieriger wird die Angelegenheit, wenn das Gefühl nicht automatisch auftritt. Dann fängt nach Hochschild (1990) die eigentliche Emotionsarbeit an. Es kann nämlich einmal dazu kommen, dass jemand nach außen hin ein Gefühl zeigt, dass er oder sie innerlich gar nicht hat. Man zeigt ein Lächeln, obwohl man innerlich nichts spürt. Dies wird von Hochschild als *surface acting* bezeichnet. Service-Interaktionen haben in den verschiedenen Dienstleistungsberufen unterschiedliche Intensitäten (Nerdinger, 1994). Während man einem Hotelportier bei der Begrüßung nur ein sehr oberflächliches Gefühl unterstellen wird und auch die Erwartungen der Gäste nur gering sein werden (keiner wird erwarten, dass sich der Portier zu jedem Gast innigst hingezogen fühlen muss), sind in anderen Situationen die Erwartungen wesentlich höher, beispielsweise die Erwartungen an eine Therapeutin oder einen Erzieher (siehe dazu auch die Unterscheidung von Service-Encounter, der einmaligen Begegnung mit Kunden, typischerweise von kurzer Dauer, und Service-Relationship, dem intensiven Kundenkontakt, bei dem eine Beziehung zum Kunden aufgebaut wird; Gutek, Bhappu, Liao-Troth & Cherry, 1999). Obwohl hierzu noch genaue Untersuchungen fehlen, wird man sagen können, dass insbesondere im Rahmen der Sachdienstleistungsarbeit surface acting erfolgreich als Strategie eingesetzt wird. Grandey (2000) hat einen Bezug zwischen Hochschilds surface acting und deep acting einerseits und Gross' (1998) Unterscheidung zwischen auslöserbezogener („antecedent focussed") und reaktionsbezogener („response focussed") Emotionsregulation hergestellt und dabei surface acting konzeptuell mit der reaktionsbezogenen Emotionsregulation gleichgesetzt. Letzteres bedeutet nach Gross, dass versucht wird, auf die aufgetretene Emotion zu reagieren und sie zu modulieren. Die Emotionen können unterdrückt, intensiviert oder vorgespielt werden.

3. Dennoch gibt es auch Zweifel an dieser Strategie. Die nach außen vorgespielte Freundlichkeit könnte vom Kunden durchschaut und als „aufgesetzt" empfunden werden, geheucheltes Interesse könnte leicht das Gegenteil von dem bewirken, was beabsichtigt wurde. Ekman und Friesen (1982) haben echtes und vorgespieltes Lächeln verglichen und kommen zu dem Ergebnis, dass es bei echtem und vorgespieltem Lächeln bei der Steuerung der Gesichtsmuskeln Unterschiede bzgl. Timing, Lateralität und Intensität gibt. Beim vorgespielten Lächeln werden beispielsweise bestimmte Gesichtsmuskeln in der Augenregion nicht aktiviert, und der Ausdruck ist stärker asymmetrisch. Damit ein Dienstleister authentisch wirkt, wird eine Organisation daran interessiert sein, dass ihre Mitarbeiter die Gefühle, die sie vermitteln sollen, auch wirklich empfinden. Solche Strategien bezeichnet Hochschild (1990) als *deep acting*. Hochschild hat in Bezug auf deep acting auf Techniken zurückgegriffen, die bei professionellen Schauspielern verwendet werden. Dazu gehören zum Beispiel Imaginationstechniken: man stellt sich intensiv eine Situation vor, in der man ein bestimmtes Gefühl hatte. Grandey (2000) hat deep acting mit Gross' (1998) auslöserbezogenen Emotionsregulation gleichgesetzt. Hier geht es darum, die Wirkung der Auslösebedingungen von Emotionen zu beeinflussen. Im Rahmen

einer Service-Interaktion kann dies durch kognitive Restrukturierung („cognitive change") oder Aufmerksamkeitssteuerung („attention deployment") geschehen. Totterdell und Holman (2003) haben eine Tagebuchstudie zur Emotionsarbeit durchgeführt. Als Strategie für deep acting haben sie Perspektivenübernahme als eine Technik der kognitiven Restrukturierung vorgeschlagen. Es geht ja meistens darum, gegenüber dem Kunden ein (für diesen) positives Gefühl zu zeigen. Dies fällt einer Person in der Regel leichter, wenn versucht wird, Dinge aus der Sicht des Anderen zusehen. Hochschild (1990) nennt als Beispiel einer kognitive Restrukturierung, dass Flugbegleiter das Flugzeug als ihr Wohnzimmer und die Passagiere als ihre persönlichen Gäste betrachten sollen. Weiterhin kann man an eine Situation denken, in der man sehr fröhlich war, um entsprechende Gefühle in sich hervorzurufen (Aufmerksamkeitssteuerung); man kann sich ablenken und gezielt an etwas nicht Emotionales und Langweiliges denken, wenn es darum geht, nach außen Neutralität zu bewahren. Schließlich kann man gezielt versuchen, sich innerlich von etwas zu distanzieren (disengagement oder detachment, Parkinson & Totterdell, 1999). Detached concern, also eine Besorgtheit um den Klienten oder Kunden, die aber eine gewisse innere Distanz beibehält, kann als Zeichen von Professionalität verstanden werden. Dazu gehört allerdings, dass man Nähe und Distanz regulieren kann. Die Burnout-Dimension der Depersonalisation kann so interpretiert werden, dass jemand aufgrund emotionalen Ausgebranntseins Nähe und Distanz nicht mehr regulieren kann und den Regler chronisch auf Distanz gestellt hat (Dollard, Dormann, Boyd, Winefield & Winefield, im Druck; Zapf, 2002). Während die äußere Darstellung von Gefühlen routiniert und mit geringer oder keiner bewussten Zuwendung erfolgen kann, scheint dies für deep acting nicht so ohne weiteres möglich (Zapf, 2002). Vielmehr scheint diese Strategie (wie beim Bühnenspiel) für die Vorbereitungsphase für eine Interaktion gedacht. In der Tagebuchstudie von Totterdell und Holman (2003) scheint positive Refokussierung zum Beispiel eher eine allgemeinere Strategie zu sein, sich in positive Stimmung zu versetzen und weniger eine unmittelbare Reaktion in einer konkreten Service-Interaktion.

4. Schließlich kann es natürlich auch passieren, dass ein gewünschtes Gefühl nicht gezeigt wird. Dies wurde als *„emotional deviation"* bezeichnet (Ashforth & Humphrey, 1993). Dies kann unabsichtlich geschehen, weil die Person ihre Gefühle nach außen nicht genügend kontrollieren kann oder weil sie zu erschöpft ist. Es kann auch absichtlich geschehen, weil die Person die Darstellungsregeln nicht akzeptiert.

5. Emotionsarbeit und Psychische Gesundheit

Wie schon weiter oben festgestellt, hat Emotionsarbeit sowohl positive als auch negative Folgen für die Dienstleister. Übereinstimmend finden praktisch alle empirischen Arbeiten, dass Emotionale Dissonanz sich als wichtiger kunden- oder klientenbezogener Stressor erweist (zu weiteren kundenbezogenen sozialen Stressoren siehe Dormann & Zapf, 2003). In einer Überblicksarbeit ergab sich eine durchschnittliche Korrelation mit emotionaler Erschöpfung, eine der Burnoutkomponenten, von r = .32 (Zapf, 2002; siehe auch Zapf et al., 2000). Emotionale Dissonanz erweist sich auch als bedeutsamer Stressor, wenn andere in der Stressforschung bekannte aufgabenbezogene und soziale Stressoren (vgl. dazu Greif, Bamberg & Semmer, 1991) kontrolliert werden (z.B. Dormann, Zapf & Isic, 2002; Zapf, Seifert, Schmutte, Mertini & Holz, 2001). In einer Untersuchung von Büssing und Glaser (1999b) wurde in einem Krankenhaus eine erfolgreiche Restrukturierungsmaßnahme durchgeführt, die es dem Pflegepersonal ermöglichte, mehr Zeit mit den Patienten zu verbringen, d.h., mehr Emotionsarbeit zu leisten. Dies wiederum ging mit einer Erhöhung von Burnout einher. Diese Ergebnisse sprechen dafür, dass bei Arbeits- und Organisationsgestaltungsmaßnahmen Emotionsarbeit mitbedacht werden muss. Es ist deshalb für die Analyse von Dienstleistungsberufen von Bedeutung, die existierenden Instrumente zur Messung psychischer Belastungen durch Instrumente zur Messung von Emotionsarbeit zu ergänzen.

Während emotionale Dissonanz eindeutig negative Konsequenzen aufweist, ist dies für die reine Häufigkeit des Emotionsausdrucks etwas anders. Hier kommt es sowohl zu positiven als auch zu negativen Effekten. Eine mögliche Erklärung bieten Analysen von Zapf und Holz (2003), die die Zusammenhänge zwischen Emotionsarbeit und Burnout mit Hilfe von Strukturgleichungsmodellen untersucht haben. Hier zeigt sich Folgendes: Die Effekte von positiven Emotionen lassen sich in zwei Anteile zerlegen und mit folgender Erklärung verbinden: Es besteht erstens die Möglichkeit, dass ein Dienstleister positive Emotionen zeigen soll und diese auch automatisch empfindet, oder dass die Strategie des deep acting erfolgreich angewandt wurde. In diesem Fall gibt es einen positiven Effekt auf das Gefühl persönlicher Leistungserfüllung, eine weitere Komponente von Burnout (Schaufeli & Enzmann, 1998). Hat der oder die Dienstleister/-in das Gefühl nicht automatisch, zeigt aber nach außen hin ein freundliches Gefühl, dann entspricht dies per definitionem dem Konzept der emotionalen Dissonanz. Emotionale Dissonanz ist aber nun mit emotionaler Erschöpfung und Depersonalisation verbunden. Auch für Sensitivitätsanforderungen finden sich positive Effekte auf das Gefühl persönlicher Leistungserfüllung. Dies lässt sich so erklären, dass das Ausmaß an Sensitivitätsanforderungen ein Indikator dafür ist, wie interessant und herausfordernd eine Interaktion mit einem Kunden ist. Es ergeben sich aber auch Effekte auf emotionale Erschöpfung. Dies deutet darauf hin, dass Interaktionen, bei der die Sensitivitätsanforderungen von Bedeutung sind, im der Regel schwieriger und anstrengender sind.

Emotionale Dissonanz verhält sich in vielerlei Hinsicht wie andere Stressoren auch. Neuere Stressmodelle gehen davon aus, dass die Auswirkungen auf die Gesundheit nicht nur von der Stärke der Stressoren, sondern auch von dem Ausmaß externer (in der Situationen gegebener) und interner (persönlicher) Ressourcen abhängt (Zapf & Semmer, im Druck). So werden Interaktionen mit Handlungsspielraum, soziale Unterstützung (externe Ressourcen), aber auch negativem Affekt (Neurotizismus) oder Stessbewältigungsfähigkeiten berichtet. Dies ist insofern von Bedeutung, als sich Stressoren oftmals nur schwer verändern lassen und man dann darauf angewiesen ist, die Stressoren über geeignete Ressourcen zu kompensieren. Abraham (1998) konnte zum Beispiel zeigen, dass die Effekte von Emotionsarbeit bei hoher sozialer Unterstützung günstiger waren. In der Studie von Seifert, Mertini und Zapf (1999) wirkte sich emotionale Dissonanz weniger negativ auf Burnout aus, wenn gleichzeitig der Handlungsspielraum hoch war. Schaubroeck und Jones (2000) fanden, dass nur Personen, die sich nicht schnell auf neue emotionale Anforderungen umstellen konnten (geringe emotionale Adaptivität), auf zunehmende Anforderungen, positive Emotionen auszudrücken, mit körperlichen Symptomen reagierten.

In Bezug auf die eigentliche Emotionsarbeit (Emotionsregulation) zeigt sich, dass surface acting stärkere Zusammenhänge mit emotionaler Erschöpfung aufweist als deep acting (Brotheridge & Grandey, 2002; Totterdell & Holman, 2003). Dem entspricht, dass es nur beim surface acting auf Dauer zur emotionalen Dissonanz kommt.

Zusammenfassend kann man festhalten, dass emotionale Dissonanz und die Strategie des surface acting mit emotionaler Erschöpfung und anderen negativen psychischen und physischen Symptomen verbunden sind, ansonsten aber die Häufigkeit, positive Emotionen auszudrücken und Gefühle des Interaktionspartners wahrnehmen zu müssen, mit Zufriedenheit und dem Gefühl persönlicher Leistungserfüllung einher geht und damit auf die positiven Aspekte von Service-Interaktionen verweist. Von daher kann es keinesfalls darum gehen, Emotionsarbeit per se soweit wie möglich reduzieren zu wollen. Vielmehr geht es darum, die emotionalen Anforderungen zu optimieren und emotionale Dissonanz zu reduzieren. Zudem zeigt sich, dass eine Erhöhung der in der Stressforschung bekannten Ressourcen Handlungsspielraum und soziale Unterstützung günstig ist.

6. Emotionsarbeit und Leistung

In einigen Untersuchungen zeigen sich Zusammenhänge zwischen Emotionsarbeit und Leistungsparametern. Der Ausdruck positiver Emotionen korreliert beispielsweise mit der Höhe des Trinkgeldes und der Einschätzung der Servicequalität (Parkinson, 1991; Pugh, 2001). Perspektivenübernahme als eine mögliche Strategie des deep acting zeigt positive Zusammenhänge mit kontextualer Performanz auf (Parker & Axtell, 2001). Zeithaml, Berry und Parasuraman (1989) haben in umfangreichen Befragungen und Interviews mit Kunden unterschiedlichster Branchen fünf Dimensionen als wesentliche Beurteilungskriterien der Dienstleistungsqualität durch Kunden identifiziert. Von diesen fünf Dimensionen ist bei zweien, nämlich „assurance" (inkl. Höflichkeit) und „empathy" (inkl. individuelle Zuwendung), zu vermuten, dass die Emotionsarbeit positive Effekte haben könnte. Bei den anderen Dimensionen (reliability, responsiviness und tangibles) kann man vermuten, dass die emotionale Komponente nur einen begrenzten Einfluss haben kann, zumal sich in verschiedenen Untersuchungen zeigte, dass die Kunden die Zuverlässigkeit (reliability) als wichtigste Dimension einschätzen (z.B. Parasuraman, Berry & Zeithaml, 1990; Zeithaml, Berry & Parasuraman, 1991). Es könnte auch sein, dass durch die z.T. negativen Effekte der Emotionsarbeit auf die Gesundheit der Beschäftigten netto ein negativer Effekt der Emotionsarbeit – insbesondere der emotionalen Dissonanz – auf die Dienstleistungsperformanz auftritt. In einer Studie von Dormann und Kaiser (2002) hatten psychosomatische Beschwerden von Erzieherinnen einen negativen Effekt auf alle der o.g. fünf Dimensionen der Dienstleistungsqualität (beurteilt durch Eltern, die Kinder im Kindergarten hatten).

Positive Refokussierung wurde in der Studie von Totterdell und Holman (2003) eher in positiven Interaktionen mit Kunden gebraucht. Hierzu mag es mehrere Erklärungsmöglichkeiten geben. Eine davon beinhaltet, dass es so etwas wie Reziprozität in den Beziehungen zu Kunden gibt (Buunk & Schaufeli, 1999). Input und Output sollen in einem ausgeglichenen Verhältnis stehen, und es könnte als unangenehm empfunden werden, wenn die Dienstleister merken, dass sie in die unangenehmen Kunden viel mehr Mühe investieren als in die angenehmen und so die angenehmen indirekt „bestrafen".

7. Gesundheitsbezogene Handlungsmöglichkeiten in Bezug auf Emotionsarbeit

Aus den dargestellten Befunden zur Emotionsarbeit lassen sich eine Reihe von Vorschlägen für die Personal- und Organisationsentwicklung ableiten, wenn es auch dazu noch keine Evaluationsstudien gibt. Da verschiedene Untersuchungen gezeigt haben, dass die ausschließliche Fokussierung auf Stressoren nicht ausreicht, sondern auch Ressourcen (Bewältigungsmöglichkeiten) im Stressprozess eine wichtige Funktion einnehmen, erweist es sich als sinnvoll, Anforderungen, Ressourcen und Stressoren zu unterscheiden (Zapf & Semmer, in Druck). Stressoren haben einen positiven Zusammenhang mit Befindensbeeinträchtigungen, Ressourcen dagegen einen negativen. Zudem dienen sie als Puffer gegen Stress (Moderatoreffekt). Anforderungen schließlich folgen dem Person-environment-fit-Modell. Nach diesem Modell gibt es einen optimalen Fit zwischen Person und Umwelt. Dies bedeutet, dass ein „Zuviel" als auch ein „Zuwenig" gestaltungsbedürftig ist. Aus dieser Überlegung heraus ergeben sich folgende Handlungsmöglichkeiten in Bezug auf Emotionsarbeit:
- *Emotionale Anforderungen* (Erfordernis, positive, negative Emotionen, Anteilnahme oder Neutralität zu zeigen, sowie Sensitivitätsanforderungen) sollten optimiert werden.
- *Ressourcen in Bezug auf Emotionsarbeit* (Interaktionsspielraum, emotionsarbeitsbezogene Kontrolle) sollten maximiert werden, um einen Einfluss auf die belastende Situation ausüben zu können. Aber auch die allgemein aus der Stressforschung bekannten Ressourcen wie Handlungsspielraum und soziale Unterstützung sind geeignet, negative Effekte von Emotionsarbeit abzupuffern.
- *Stressoren* (emotionale Dissonanz) sollten minimiert werden.

Im Folgenden werden die Interventionsmaßnahmen für Emotionale Arbeit an einer Berufsgruppe exemplarisch skizziert. In Tabelle 2 werden als Beispiel die Anforderungen, Bewältigungsmöglichkeiten und Stressoren für Call Center-Arbeitsplätze nach Person und Situation aufgeführt. In den anschließenden Abschnitten gehen wir auf die Inhalte der Tabelle ausführlicher ein.

Tabelle 2: Beispiele gesundheitsbezogener Handlungsmöglichkeiten in Call Centern in Bezug auf Emotionsarbeit

	Personbezogen	Situationsbezogen
Anforderungen	Qualifizierungsmaßnahmen: – Schulung von Emotionswahrnehmung und Emotionsausdruck – Strategien des deep acting (kognitive Restrukturierung, Aufmerksamkeitssteuerung)	– Anpassung des zeitlichen Umfangs der Emotionsarbeit (Interaktionszeit mit Kunden)
Ressourcen bzw. Bewältigungsmöglichkeiten	Qualifizierungsmaßnahmen: – Erhöhung der emotionalen Anpassungsfähigkeit – Regulation von Nähe und Distanz	– Kontrolle über die Emotionsarbeit erhöhen (Entscheidung darüber, wann man z.B. Angriffe zurückweist) – Ermessensspielraum in Bezug auf die Darbietungsregeln – Zeitspielraum: Möglichkeit, Auszeiten zu nehmen – Interaktionskontrolle: Interaktion mit bestimmten Kunden ablehnen können – Soziale Unterstützung durch Vorgesetzte und Kollegen
Belastungen bzw. Stressoren	Qualifizierungsmaßnahmen: – Ärgerregulation – Entspannungstechniken	– Realistische Darbietungsregeln (keine „man muss immer..."-Regeln) – Reduktion der Anlässe zu negativen Kundeninteraktionen – Möglichkeiten zum Abbau negativer Emotionen („back stage"; Pausen)

8. Situationsbezogene Maßnahmen

In diesem Abschnitt gehen wir der Frage nach, was Personalverantwortliche tun können, um eine Optimierung von emotionalen Anforderungen für ihre Mitarbeiter zu erreichen.

Optimierung der emotionalen Anforderungen: Die vorliegenden Untersuchungen (Zapf & Holz, 2003) haben gezeigt, dass emotionale Anforderungen nicht prinzipiell negativ sind, sondern positiv mit Leistungserfüllung und Arbeitszufriedenheit, aber auch mit Arbeitskomplexität (Zapf et al., 2001) korrelieren. Letzteres verweist darauf, dass die Interaktionsarbeit durchaus einen Herausforderungscharakter hat. Andererseits hat zuviel Emotionsarbeit negative Folgen. Zuviel Emotionsarbeit kommt einerseits dadurch zustande, dass die Interaktionszeiten mit Kunden oder Klienten zu lang sind und andererseits die Darbietungsregeln zu strikt sind. In den Untersuchungen von Isic und Zapf (2002) und Zapf und Holz (2002) zeigte sich, dass die Arbeitsbedingungen und das Befinden von Dienstleistern, die mehr als 6 Stunden am Tag mit Kunden oder Klienten interagieren mussten, deutlich ungünstiger waren, als bei denjenigen, deren Interaktionszeit geringer war. Dies spricht entweder für mehr Teilzeitstellen oder Mischarbeitsplätze in diesem Bereich.

Erhöhung externer Ressourcen: Die Literatur zur Emotionsarbeit zeigt weiter, dass allzu strikte Darbietungsregeln sich meist nicht als besonders günstig erweisen (Seifert et al., 1999). Vielmehr sollte den Mitarbeitern ein gewisser Ermessensspielraum gegeben sein, so dass sie in bestimmten Situationen diese Regeln der Situation anpassen können. Praktische Erfahrungen zeigen allerdings, dass die Alternative zu strikten Darbietungsregeln oft Unsicherheit in Bezug auf erlaubte und nicht erlaubte Verhaltensweisen ist. Der Umgang mit solchen Regeln und den damit verbundenen Erwartungen von Kunden sollte deswegen Gegenstand regelmäßiger Mitarbeitermeetings sein, in denen günstiges und erlaubtes sowie ungünstiges Interaktionsverhalten und Ermessensspielräume diskutiert werden.

Weiterhin könnte emotionale Dissonanz reduziert werden, wenn die Verfügbarkeit über die Zeit erhöht wird, wenn Mitarbeiter z.B. nach einem sehr anstrengenden Gespräch eine kurze Pause einlegen können, um Abstand zu gewinnen. Eine Erhöhung des Interaktionsspielraumes könnte beinhalten, dass man einen gewissen Einfluss darauf hat, mit wem man interagiert. Hat ein Dienstleister z.B. mit einem Kunden keine sehr glückliche Interaktionsgeschichte, könnte dieser Fall von einem Kollegen übernommen werden. Ebenfalls entlastend wäre, in einer schwierigen Situation einen Kunden weiterleiten zu können. Oftmals „verpulvern" Kunden ihren Ärger bei dem ersten Mitarbeiter, den sie im Call Center erreichen. Wird dieser Kunde weitergeleitet, ist der erste Ärger abgemildert und ein sachliches Gespräch kann durch einen anderen Mitarbeiter geführt werden. Eine solche Maßnahme könnte im Sinne der „Sicherheitssignal-Hypothese" stressreduzierend wirken (Zapf & Semmer, in Druck): Diese besagt, dass Situationen weniger stressend wirken, wenn man weiß, dass ihre Belastung eine bestimmte Grenze nicht überschreitet, weil man beispielsweise einen zu schwierigen oder zu unangenehmen Fall abgeben kann.

Eine wichtige externe Ressource am Arbeitsplatz ist die soziale Unterstützung durch Vorgesetzte (vgl. Abraham, 1998). Eine Führungskraft, die Verständnis für die Grenzposition der Call Center-Agents zeigt, die zwischen der Organisation und den Kunden arbeiten müssen, kann die Belastung für die Mitarbeiter abmildern. Beispielsweise können „emotionale" Schutzräume eingerichtet werden, in denen die Mitarbeiter eine Möglichkeit erhalten, sich nicht alle Unverschämtheiten von Kunden gefallen lassen zu müssen.

Abbau von emotionaler Dissonanz: Wie beschrieben, kommt es aus mehreren Gründen zu emotionalen Dissonanzen, so dass sich diesbezüglich mehrere Eingriffsmöglichkeiten ergeben. Emotionale Dissonanzen können reduziert werden, wenn die sog. Darstellungsregeln entsprechend gestaltet werden. Positiv wirkt es sich aus,
- wenn die Darstellungsregeln von den Dienstleistern akzeptiert werden (vgl. die Ergebnisse von Nerdinger & Röper, 1999), d.h. wenn ein Verständnis für die Regeln der Organisation vermittelt wurde;

- wenn sie nicht überzogen sind, sondern dem entsprechen, was ein qualifizierter Dienstleister erbringen kann.
- Vermeidung von sozialen Situationen, in denen Menschen normalerweise mit negativen Emotionen reagieren. Negative Dienstleister-Kunden-Interaktionen können vielerlei Gründe haben, die ein Agent nicht in jedem Fall beeinflussen kann. Einige Gründe liegen in der Organisation des Call Centers (Call-Zeiten, Wartezeiten etc.). Beispielsweise können durch arbeitsorganisatorische Probleme schwierige Situationen für einen Call Center-Agent entstehen, weil er seine Aufgabe aufgrund von Mängeln seitens der Organisation nicht optimal ausführen kann. Ein klassisches Beispiel dafür sind fehlende Informationen oder fehlendes Arbeitsmaterial. So kann es im Call Center beispielsweise vorkommen, dass Kunden von der Marketingabteilung vor den eigenen Mitarbeitern über neue Produkte informiert werden. Für Call Center-Agents entsteht dadurch eine schwierige Situation, sie haben einen Kunden in der Leitung und müssen diese Situation „ausbaden".

Weiterhin kommt es zu emotionalen Dissonanzen, wenn der oder die Dienstleister/-in negative Emotionen aufbaut, z.B. wegen negativer Interaktionen mit Kunden. Hilfreich können Möglichkeiten sein, diesen negativen Spannungszustand „back stage" abzureagieren: das heißt es gibt Rückzugsmöglichkeiten, wo sich die Mitarbeiter unbeobachtet von den Kunden abreagieren können und ihren Ärger z.B. laut los werden können (Katharsis). So ist der Ärgerausdruck funktional, unangemessen wäre es jedoch, wenn dieser Ärger in der sozialen Interaktion mit dem Kunden ausgedrückt würde.

In den meisten Untersuchungen (vgl. Zapf et al., 2001) korreliert emotionale Dissonanz mit Zeitdruck. Eine Reduktion von Zeitdruck durch geeignete Organisationsgestaltung kann also auch zur Reduzierung emotionaler Dissonanzen beitragen.

9. Personenbezogene Maßnahmen

In diesem Abschnitt gehen wir der Frage nach, wie Service-Mitarbeiter qualifiziert werden können, um ihre emotionsarbeitsbezogenen Bewältigungsmöglichkeiten zu erhöhen.

Optimierung der emotionalen Anforderungen: Emotionswahrnehmung und Emotionsausdruck können in verhaltensnahen Schulungen trainiert werden, z.B. angelehnt an Kommunikationstrainings nach Schulz von Thun (1984). Strategien des „deep acting" beinhalten, dass man versucht, seine inneren Empfindungen zu verändern. Das ist, wie ausgeführt, über Techniken möglich, wie sie einerseits im Schauspielunterricht (vgl. Hochschild, 1990), aber auch in Stressmanagement-Trainings (z.B. Meichenbaum, 1991; Semmer & Zapf, im Druck, s. auch Goleman, 1997, 1998) erfolgreich eingesetzt werden. Kognitive Restrukturierung, also Dinge aus einem anderen Blickwinkel zu sehen und damit das Stress-Appraisal zu beeinflussen, ist in solchen Trainings seit langem üblich. Übungen zur Aufmerksamkeitssteuerung im Sinne einer positiven Refokussierung – also die Vorstellung positiver Situationen, um die Stimmung zu verbessern, wurde erfolgreich in einer Trainingsstudie mit Lehrern eingesetzt (Totterdell &

Parkinson, 1999). Im Wesentlichen bestehen solche Techniken darin, sich bestimmte Situationen vorzustellen, die mit bestimmten erwünschten Gefühlen verbunden sind.

Aufbau von internen Ressourcen: Im Umgang mit Kunden ist für einen Call Center-Agent eine „gesunde" Distanzierung zur Arbeit wichtig. Dies kann unterstützt werden, indem die Rollenübernahme der Agents als Dienstleister bewusst gemacht wird. Dollard et al. (in press) sprechen in diesem Zusammenhang von Rollentrennung („role separation"). Dies impliziert die Kombination von positiver Wertschätzung gegenüber dem Kunden bei gleichzeitiger Fähigkeit, zwischen sich selbst und der eigenen Rolle im Dienstleistungsprozess differenzieren zu können. Dies erleichtert es, sich z.B. gegen Angriffe von Kunden zu schützen.

Abbau von Belastungen, insbesondere von emotionaler Dissonanz: Beim Abbau emotionaler Dissonanzen geht es vor allem darum, entstandene negative Emotionen wieder abzubauen. Dabei handelt es sich in erster Linie um Techniken der Ärgerregulation. Auch dazu können in Stressmanagement-Trainings gebräuchliche Techniken wie Entspannungstechniken oder kognitive Reinterpretationstechniken verwendet werden.

Seit etwa 10 Jahren nimmt die Bedeutung der Forschung zu Emotionsarbeit zu. Aus diesem Konzept lassen sich eine Reihe von Vorschlägen zur Qualifizierung von Dienstleistern und Gestaltung von Dienstleistungsarbeitsplätzen ableiten. Gefordert sind nun auch verstärkt Studien, die die Wirksamkeit solcher Maßnahmen überprüfen und über diesen Weg zur Weiterentwicklung des Konzeptes Emotionsarbeit beitragen.

Literatur

Abraham, R. (1998). Emotional dissonance in organizations: Antecedents, consequences and moderators. *Genetic, Social, and General Psychology Monographs, 124,* 229-246.

Adelmann, P. K. (1995). Emotional labor as a potential source of job stress. In S. L. Sauter & L. R. Murphy (Eds.), *Organizational risk factors for job stress* (pp. 371-381). Washington, DC: American Psychological Association.

Ashforth, B. E. & Humphrey, R. H. (1993). Emotional labor in service roles: The influence of identity. *Academy of Management Review, 18,* 88-115.

Brotheridge, C. M. & Grandey, A. A. (2002). Emotional labor and burnout: Comparing two perspectives of 'people work'. *Journal of Vocational Behavior, 60,* 17-39.

Brotheridge, C. M. & Lee, R. T. (2002). Testing a conservation of resources model of the dynamics of emotional labor. *Journal of Occupational Health Psychology, 7,* 57-67.

Brucks, U. (1998). *Arbeitspsychologie personbezogener Dienstleistungen.* Bern: Huber.

Büssing, A. & Glaser, J. (1999a). Interaktionsarbeit. Konzept und Methode der Erfassung im Krankenhaus. *Zeitschrift für Arbeitswissenschaft, 53,* 164-173.

Büssing, A. & Glaser, J. (1999b). Work stressors in nursing in the course of redesign: Implications for burnout and interactional stress. *European Journal of Work and Organizational Psychology, 8,* 401-426.

Buunk, B. P. & Schaufeli, W. B. (1999). Reciprocity in interpersonal relationships: An evolutionary perspective on its importance for health and well-being. In W. Stroebe & M. Hewstone (Eds.), *The European Review of Social Psychology* (Vol. 10, pp. 259-340). Chichester: Wiley.

Costa, P. T. & Mc Crae, R. (1992). *Revised NEO Personality Inventory (NEO PI-R) and NEO Five Factor Inventory. Professional manual.* Odessa, FL: Psychological Assessment Resources.

Desjardins, C. & Zapf, D. (2003). *Designing job control and increasing customer satisfaction in the service sector.* Goethe-Universität Frankfurt: FB Psychologie und Sportwissenschaften.

Dollard, M. F., Dormann, C., Boyd, C. M., Winefield, A. H. & Winefield, H. R. (in press). Unique aspects of stress in human service work. *Australian Psychologist. Special Issue: Work Stress and Wellbeing.*

Dormann, C. & Kaiser, D. (2002). Job conditions and customer satisfaction. *European Journal of Work & Organizational Psychology, 11,* 257-283.

Dormann, C. & Zapf, D. (2002). *Customer related social stressors and burnout.* J. W. Goethe-Universität Frankfurt: Department of Psychology. Paper submitted for publication.

Dormann, C. & Zapf, D. (in Druck). Kundenorientierung und Kundenzufriedenheit. In L. von Rosenstiel & D. Frey (Hrsg.), *Enzyklopädie der Psychologie, Bd. Psychologie des Marktes.* Göttingen: Hogrefe.

Dormann, C., Zapf, D. & Isic, A. (2002). Emotionale Arbeitsanforderungen und ihre Konsequenzen bei Call Center-Arbeitsplätzen. *Zeitschrift für Arbeits- und Organisationspsychologie, 46,* 201-215.

Ekman, P. & Friesen, W. V. (1982). Felt, false, and miserable smiles. *Journal of Nonverbal Behavior, 6* (4), 238-252.

Fischbach, A. (2002). Dienstleistungsarbeit. Was kostet ein Lächeln? In *Psychologisches Kolloquium des Georg-Elias-Müller-Instituts für Psychologie.* Göttingen: Georg-August-Universität Göttingen.

Fischbach, A. & Zapf, D. (2003). *Organizational socialization and professional identity as determinants of emotion work.* Göttingen University: Department of Psychology. Paper submitted for publication.

Fischbach, A. & Zapf, D. (2003). *The role of personality in emotion work – application of the big five personality dimensions.* Goethe-University Frankfurt: Department of Psychology. Paper submitted for publication.

Frese, M. & Zapf, D. (1994). Action as the core of work psychology; A German approach. In H. C. Triandis, M. D. Dunnette & L. M. Hough (Eds.), *Handbook of Industrial and Organizational Psychology* (Vol. 4, pp. 271-340). Palo Alto: Consulting Psychologists Press.

Goffman, E. (1969). *Wir alle spielen Theater. Die Selbstdarstellung im öffentlichen Leben.* München: Pieper.

Goleman, D. (1997). *Emotionale Intelligenz.* München: Deutscher Taschenbuch Verlag.

Goleman, D. (1998). *Working with emotional intelligence.* New York: Bantam Books.

Grandey, A. A. (1998). Emotional labor: A concept and its correlates. *Paper presented at the 1st Conference on Emotions in Organizational Life, 7.-8.8.98, San Diego, CA.*

Grandey, A. A. (2000). Emotion regulation in the workplace: A new way to conceptualize emotional labor. *Journal of Occupational Health Psychology, 5,* 95-110.

Grandey, A. A. & Brauburger, A. (in Druck). The emotion regulation behind the customer service smile. In R. Lord, R. Klimowski & R. Kanfer (Eds.), *Emotions in the workplace: Understanding the structure and role of emotions in organizational behavior.* San Francisco, CA: Jossey-Bass.

Greif, S., Bamberg, E. & Semmer, N. (Hrsg.). (1991). *Psychischer Streß am Arbeitsplatz.* Göttingen: Hogrefe.

Gross, J. J. (1998). Antecedent- and response-focused emotion regulation: Divergent consequences for experience, expression, and physiology. *Journal of Personality and Social Psychology, 74,* 224-237.

Gutek, B. A., Bhappu, A. D., Liao-Troth, M. A. & Cherry, B. (1999). Distinguishing between service relationships and service encounters. *Journal of Applied Psychology, 84,* 218-233.

Hacker, W. (1998). *Allgemeine Arbeitspsychologie. Psychische Regulation von Arbeitstätigkeiten* (4. Aufl.). Bern: Huber.

Hackman, J. R. (1969). Nature of the task as a determiner of job behavior. *Personnel Psychology, 22,* 435-444.

Hochschild, A. R. (1983). *The managed heart.* Berkley: University of California Press.

Hochschild, A. R. (1990). *Das gekaufte Herz. Zur Kommerzialisierung der Gefühle.* Frankfurt/M.: Campus.

Hodapp, V. (2000). Ärger. In J. H. Otto, H. A. Euler & H. Mandl (Hrsg.), *Emotionspsychologie. Ein Handbuch* (S. 199-208). Weinheim: Psychologie Verlags Union.

Isic, A. & Zapf, D. (2002). *Aufgaben- und kundenbezogene Arbeitsbedingungen in Call Centern und ihre Wirkung auf die Gesundheit.* Hamburg: Verwaltungs-Berufsgenossenschaft.

Kahn, R. L. & Byosiere, P. (1992). Stress in organizations. In M. D. Dunnette & L. M. Hough (Eds.), *Handbook of industrial and organizational psychology* (2nd ed., Vol. 3, pp. 571-650). Palo Alto, CA: Consulting Psychologists Press.

Mees, U. (1991). *Die Struktur der Emotionen.* Göttingen: Hogrefe.

Meichenbaum, D. (1991). *Intervention bei Stress. Anwendung und Wirkung des Stressimpfungstrainings.* Bern: Huber.

Morris, J. A. & Feldman, D. C. (1996). The dimensions, antecedents, and consequences of emotional labor. *Academy of Management Review, 21,* 986-1010.

Moynagh, M. & Worsley, R. (2002). Tomorrow's consumer: The shifting balance of power. *Journal of Consumer Behaviour, 1,* 293-301.

Nerdinger, F. W. (1994). *Zur Psychologie der Dienstleistung.* Stuttgart: Schäffer-Poeschel.

Nerdinger, F. W. & Röper, M. (1999). Emotionale Dissonanz und Burnout. Eine empirische Untersuchung im Pflegebereich eines Universitätskrankenhauses. *Zeitschrift für Arbeitswissenschaft, 53,* 187-193.

Paoli, P. (1997). *Second European survey on the work environment 1995.* Dublin: European Foundation for the Improvement of Living and Working Conditions.

Parker, S. K. & Axtell, C. M. (2001). Seeing another viewpoint: Antecedents and outcomes of employee perspective-taking. *Academy of Management Journal, 44,* 1085-1100.

Parkinson, B. (1991). Emotional stylists: Strategies of expressive management among hairdressers. *Cognition and Emotion, 5,* 419-434.

Parkinson, B. & Totterdell, P. (1999). Classifying affect-regulation strategies. *Cognition and Emotion, 13,* 277-303.

Pugh, S. D. (2001). Service with a smile: Emotional contagion in the service encounter. *Academy of Management Journal, 44,* 1018-1027.

Rafaeli, A. (1989a). When cashiers meet customers: An analysis of the role of supermarket cashiers. *Academy of Management Journal, 32,* 245-273.

Rafaeli, A. (1989b). When clerks meet customers: A test of variables related to emotional expression on the job. *Journal of Applied Psychology, 74,* 385-393.

Rafaeli, A. & Sutton, R. I. (1987). Expression of emotion as part of the work role. *Academy of Management Review, 12,* 23-37.

Riggio, R. E. (1986). Assessment of basic social skills. *Journal of Personality and Social Psychology, 48,* 649-660.

Schaubroeck, J. & Jones, J. R. (2000). Antecedents of workplace emotional labor dimensions and moderators of their effects on physical symptoms. *Journal of Organizational Behavior, 21,* 163-183.

Schaufeli, W. B. & Enzmann, D. (1998). *The burnout companion to study and practice: a critical analysis.* London: Taylor & Francis.

Schneider, B., White, S. S. & Paul, M. C. (1998). Linking service climate and customer perceptions of service quality: Test of a causal model. *Journal of Applied Psychology, 83,* 150-163.

Schulz von Thun, F. (1984). Psychologische Vorgänge in der zwischenmenschlichen Kommunikation. In B. Fittkau, H.-M. Müller-Wolf & F. Schulz von Thun (Hrsg.), *Kommunizieren lernen (und umlernen),* (S. 9-100). Braunschweig: Agentur Pedersen.

Seifert, C., Mertini, H. & Zapf, D. (1999). Emotionsarbeit in der Hotelbranche (Emotion work in the hotel branche). *Paper presented at the Berufsgenossenschaft Nahrung, 17.3.99.* Mannheim: BGN.

Semmer, N. K. (1990). Stress und Kontrollverlust. In F. Frei & I. Udris (Hrsg.), *Das Bild der Arbeit* (S. 190-207). Bern: Huber.

Semmer, N. K. & Zapf, D. (in Druck). Gesundheits- und verhaltensbezogene Interventionen in Organisationen. In H. Schuler (Hrsg.), *Enzyklopädie der Psychologie, Themenbereich D, Serie III, Band 3, Organisationspsychologie* (2. Aufl.). Göttingen: Hogrefe.

Strauss, A., Farahaugh, S., Suczek, B. & Wiener, C. (1980). Gefühlsarbeit. Ein Beitrag zur Arbeits- & Berufssoziologie. *Kölner Zeitschrift für Soziologie und Sozialpsychologie, 32,* 629-651.

Sutton, R. I. (1991). Maintaining norms about expressed emotions: The case of bill collectors. *Administrative Science Quarterly, 36,* 245-268.

Totterdell, P. & Holman, D. (2003). Emotion regulation in customer service roles: Testing a model of emotional labor. *Journal of Occupational Health Psychology, 8*, 55-73.

Totterdell, P. & Parkinson, B. (1999). Use and effectiveness of self-regulation strategies for improving mood in a group of trainee teachers. *Journal of Occupational Health Psychology, 4*, 219-232.

Ulich, E. (2001). *Arbeitspsychologie* (5. Aufl.). Stuttgart: Schäffer-Poeschel.

Van Maanen, J. & Kunda, G. (1989). „Real feelings": Emotional expression and organizational culture. In L. L. Cummings & B. M. Staw (Eds.), *Research in organizational behaviour* (Vol. 11, pp. 43-103). Greenwhich: JAI Press.

Weiss, H. & Cropanzano, R. (1996). Affective events theory: A theoretical discussion of the structure, causes, and consequences of affective experiences at work. *Research in Organizational Behavior, 18*, 1-74.

Zapf, D. (2002). Emotion work and psychological strain. A review of the literature and some conceptual considerations. *Human Resource Management Review, 12*, 237-268.

Zapf, D. & Holz, M. (2002). Psychometrische Daten der Skalen zur Erfassung der Emotionsarbeit (FEWS 4.0). In D. Zapf & M. Holz (Hrsg.), *Soziale Stressoren in Organisationen – Entwicklung eines Instrumentes und Evaluation in einer Längsschnittstudie. Verlängerungsantrag und die DFG.* Frankfurt: J. W. Goethe-Universität, Institut für Psychologie.

Zapf, D. & Holz, M. (2003). *The positive and negative effects of emotion work on burnout.* J. W. Goethe-University Frankfurt: Department of Psychology. Paper submitted for publication.

Zapf, D., Isic, A., Bechtoldt, M. & Blau, P. (2002). *What is typical for call center Jobs? Job characteristics, and agent-customer interactions in different call centers.* J. W. Goethe-University Frankfurt: Department of Psychology Paper submitted for publication.

Zapf, D., Mertini, H., Seifert, C., Vogt, C., Isic, A. & Fischbach, A. (2000). *Frankfurt Emotion Work Scales – Frankfurter Skalen zur Emotionsarbeit FEWS 4.0.* J. W. Goethe-University Frankfurt: Department of Psychology.

Zapf, D., Seifert, C., Mertini, H., Vogt, C., Holz, M., Vondran, E., Isic, A. & Schmutte, B. (2000). Emotionsarbeit in Organisationen und psychische Gesundheit. In H.-P. Muhsal & A. Eisenhauer (Hrsg.), *Psychologie der Arbeitssicherheit. 10. Workshop 1999* (S. 99-106). Heidelberg: Asanger.

Zapf, D., Seifert, C., Schmutte, B., Mertini, H. & Holz, M. (2001). Emotion work and job stressors and their effects on burnout. *Psychology and Health, 16*, 527-545.

Zapf, D. & Semmer, N. K. (in Druck). Stress und Gesundheit in Organisationen. In H. Schuler (Hrsg.), *Enzyklopädie der Psychologie, Themenbereich D, Serie III, Band 3, Organisationspsychologie* (2. Aufl.). Göttingen: Hogrefe.

Zapf, D., Vogt, C., Seifert, C., Mertini, H. & Isic, A. (1999). Emotion work as a source of stress. The concept and development of an instrument. *European Journal of Work and Organizational Psychology, 8*, 371-400.

Zeithaml, V. A., Berry, L. L. & Parasuraman, A. (1989). Communication and control processes in the delivery of service quality. *Journal of Marketing, 52* (2), 35-48.

Zeithaml, V. A., Berry, L. L. & Parasuraman, A. (1996). The behavioral consequences of service quality. *Journal of Marketing, 60* (2), 31-46.

Zeithaml, V. A. & Bitner, M. J. (2000). *Service marketing: Integrating customer focus across the firm* (2nd. ed.). Boston, MA: McGraw-Hill.

Zeithaml, V. A., Parasuraman, A. & Berry, L. L. (1990). *Delivering service quality: Balancing customer perceptions and expectations.* New York: Free Press.

III. Gruppe und Kommunikation

Kommunikation und Medieneinsatz bei Telearbeit

André Büssing

1. Einleitung

Mit dem Wandel der Markt- und Wettbewerbssituation in Richtung auf Globalisierung, Zunahme von Marktdynamik und Marktunsicherheit wird sich der Strukturwandel zur Dienstleistung weiter verstärken und mit einer steigenden Komplexität von Produkten und Dienstleistungen einhergehen. Das verlangt noch mehr an flexibler und verteilter Wertschöpfung als dies bislang der Fall ist. Arbeitsformen wie flexible Arbeitszeiten, Zeitarbeit oder Formen der funktionalen Flexibilisierung durch Vergrößerung der Einsatzfähigkeit (z.B. über Qualifikationsverbesserung) bieten ein erhebliches Potenzial für Flexibilisierung und unternehmens- bzw. branchenspezifisch geringere Koordinations- bzw. Transaktionskosten.

Zu den neuen flexiblen Arbeitsformen ist die Telearbeit zu zählen. Sie profitiert in einem besonderen Maße von zwei Entwicklungen, die sich als Fortschritte in der Informations- und Kommunikations(IuK)-Technik und als Wandel in Arbeitswelt und Gesellschaft umschreiben lassen. Die Fortschritte in der IuK-Technik auf der einen Seite und der dramatische Kostenverfall und rasante Leistungszuwachs mögen nicht beschleunigt so weiter verlaufen, doch die Potenziale im Bereich der IuK-Technik werden weiter wachsen und begünstigen somit den Einsatz neuer Medien und computerunterstützter Kommunikation in Organisationen und damit auch die Einführung und rasche Verbreitung von Telearbeit.

Der Wandel in Arbeitswelt und Gesellschaft spielt hier ebenfalls eine maßgebliche Rolle. Dieser Wandel ist durch zahlreiche Facetten gekennzeichnet. Darunter fallen unter anderem Veränderungen der Lebensstile (z.B. Zunahme von Single-Haushalten), der so genannte Wertewandel (z.B. Bedeutungszuwachs der Vereinbarkeit von Arbeit und Freizeit), Veränderungen der Qualifikationsstrukturen (z.B. Zunahme von Hochschulabschlüssen bei Frauen), demographischer Wandel (weniger Kinder, Altern der Bevölkerung), Umweltverhalten (z.B. in Bezug auf Autoverkehr). Mit diesem Wandel sind Präferenzen für neue Arbeitsformen wie die Telearbeit ebenso verknüpft wie die Einstellung zur Nutzung neuer Medien in Beruf und Freizeit. Dies haben u.a. vergleichende Untersuchungen bestätigt, die Präferenzen für Flexibilisierungsstrategien im Vergleich zwischen europäischen Ländern und Kulturen zu ermitteln versucht haben (Raghuram, London & Larsen, 2001).

Auch wenn Telearbeit und neue Medien Teil aktueller Diskussion in Wissenschaft und Öffentlichkeit sind, so sind doch beide Themen keineswegs neu. Bereits Ende der 70er Jahre fanden sich Vorreiter der Telearbeit, so die ersten Telecommuter in den USA, Telearbeiter in der Druckindustrie oder in Nachbarschaftsbüros etwa in Skandinavien. Doch stieß Telearbeit in den 80er Jahren insgesamt noch auf Ablehnung; mit ihr wurden vielfach Arbeitsverhältnisse im Sinne einfacher Heimarbeit, „Tagelöhnerei" o.Ä. verbunden.

Seit Beginn der Telearbeit mit den ersten Telecommutern in den USA im Zusammenhang mit der Ölkrise (Nilles, 1975) oder in Nachbarschaftsbüros, etwa in Skandinavien, war mit dieser Arbeitsorganisationsform eine Vielzahl von Erwartungen zur Bewältigung von organisationalen, sozialen und gesellschaftlichen Herausforderungen verbunden. Um nur einige zu nennen: Reduktion von Raumkosten, Erhöhung von Flexibilität, Verbesserung der Balance zwischen Arbeit und Familie, Reintegration von Behinderten in das Arbeitsleben oder Abbau von Individualverkehr und entsprechenden Umweltbelastungen.

Im Weiteren soll nach einer kurzen Einführung zur Telearbeit die Frage nach dem Zusammenhang von Kommunikation und dem Medieneinsatz unter Telearbeit im Vordergrund stehen. Dabei sind nicht technologische Aspekte sondern die Frage nach dem Einsatz von Kommunikation und neuen Medien in Abhängigkeit von organisatorischen und aufgabenbezogenen Bedingungen ausschlaggebend. Nach der Darstellung von Ergebnissen aus der Literatur werden Ergebnisse aus dem Projekt „Telearbeit und Qualität des Arbeitslebens (AQUATEL)" vorgestellt (u.a. Büssing, 1998; Büssing, Drodofsky & Hegendörfer, 2003).[1]

2. Telearbeit

2.1 Organisationsformen von Telearbeit

Telearbeit wird zumeist als Sammelbegriff für informations- und kommunikationstechnisch unterstützte Arbeitstätigkeiten verstanden, die räumlich entfernt vom Arbeitgeber verrichtet werden. Als Definition kann die Begriffsbestimmung der Bundesministerien für Arbeit und Sozialordnung [BMA], Wirtschaft [BMWI] und Bildung, Wissenschaft, Forschung und Technologie [BMBF] (2001) dienen, wonach

„Telearbeit ... jede auf Informations- und Kommunikationstechnik gestützte Tätigkeit [ist], die ausschließlich oder zeitweise an einem außerhalb der zentralen Betriebsstätte liegenden Arbeitsplatz verrichtet wird. Dieser Arbeitsplatz ist mit der zentralen Betriebsstätte durch elektronische Kommunikationsmittel verbunden" (S. 10).

Die einzelnen Organisationsformen, in denen Telearbeit ausgeübt wird, unterscheiden sich hinsichtlich der räumlichen, zeitlichen, vertraglichen und technischen Regelungen. Die *räumliche Gestaltung* bestimmt, an welchem Ort die Telearbeit ausgeübt wird. Räumliche und *zeitliche Gestaltung* von Telearbeit sind miteinander verschränkt (ausführlich Büssing, 1999, 2001a).

Wenn nahezu ausschließlich am häuslichen Arbeitsplatz gearbeitet und nur noch gelegentlich das Büro aufgesucht wird, spricht man von *Teleheimarbeit*. Diese Form war zu Beginn der Telearbeitsära häufiger anzutreffen, wird heute jedoch seltener realisiert.

---
[1] Teile dieses Beitrags beziehen sich auf Büssing, Hegendörfer und Drodofsky (2000) sowie Büssing, Drodofsky und Hegendörfer (2003).

Beispiel:
Ein Informatikdienstleister aus dem Bankensektor ermöglichte es einem langjährigen Mitarbeiter, der durch den Regierungswechsel mit seiner Familie von NRW nach Berlin wechselte, von zu Hause aus zu programmieren. Alle zwei Monate fährt er nun für Absprachen in das Unternehmen.

Eine Organisationsform, die die Teleheimarbeit weitgehend abgelöst hat, ist die *alternierende Telearbeit*. Als alternierende Telearbeit wird der regelmäßige Wechsel zwischen zentralem Arbeitsplatz im Unternehmen und dezentralem Arbeitsplatz (z.B. zu Hause) bezeichnet. Die Telearbeiter kommen in der Regel einmal pro Woche für mindestens einen Tag in das Unternehmen; häufig anzutreffende Aufteilungen sind beispielsweise drei Tage am häuslichen und zwei Tage am Büroarbeitsplatz.

Beispiel:
Die Allianz-Lebensversicherung-AG führte im Mai 1995 für Versicherungssachbearbeiter ohne Führungsaufgaben in Stuttgart und Hannover alternierende Telearbeit ein. Die Telearbeiter arbeiten jeweils vier Tage pro Woche zu Hause und an einem Tag pro Woche im Unternehmen (nach Reichwald, Möslein, Sachenbacher, Englberger & Oldenburg, 2000).

Unter *kollektiver Telearbeit* werden Telearbeitsplätze in Gemeinschaftsbüros zusammengefasst. Die bekanntesten Organisationsformen sind die Satelliten- oder Nachbarschaftsbüros. Satellitenbüros sind „Ableger" oder unter funktionalen Aspekten ausgelagerte organisationale Einheiten eines Unternehmens mit kunden- oder wohnortnahen Telearbeitsplätzen. Nachbarschaftsbüros werden von mehreren Unternehmen unterhalten und stellen ihren Arbeitenden wohnortnahe Telearbeitsplätze zur Verfügung. Weitere Formen kollektiver Telearbeit sind Teleservicecenter, Tele-Workcenter sowie Telezentren (Büssing & Aumann, 1997).

Beispiel:
Die Firma Alcatel errichtete 1996 im Süden von Wien ein Satellitenbüro. Das Zentralgebäude der Firma befindet sich hingegen im Norden der Stadt. Damit erspart sie ihren Mitarbeitern lange Anfahrtswege und Fahrten zu verkehrstechnisch ungünstigen Zeiten, wie z.B. die Stoßzeiten am Morgen oder den Feierabendverkehr (BMA, BMWI & BMBF, 2001).

In *mobilen Telearbeitsverhältnissen* kann der Arbeitsort völlig oder weitgehend ortsungebunden sein. Durch die Nutzung der modernen Informations- und Kommunikationstechnologien (z.B. Handy, Notebook, Fax) kann die mobile Telearbeit zur typischen Arbeitsweise etwa im Vertrieb und Außendienst werden. So wird flexibel beim Kunden, im häuslichen Büro, in der Zentrale sowie unterwegs im Zug, am Flughafen oder im Hotel Telearbeit verrichtet.

Beispiel:
Die empirica Gesellschaft für Kommunikations- und Technologieforschung mbH ermöglicht ihren 30 Mitarbeitern neben der alternierenden auch die mobile Telearbeit.

Mitarbeiter, die sich häufig auf Dienstreisen befinden, bekommen von der Firma ein Notebook zur Verfügung gestellt, so dass alle notwendigen Dokumente jederzeit elektronisch verfügbar sind und bei Kunden vor Ort ohne Medienbruch präsentiert und protokolliert werden können. Darüber hinaus können die Reisezeiten zur Vor- und Nachbereitung genutzt werden (empirica, 2002).

Die genannten vier Telearbeitsformen sind in Abbildung 1 zusammengefasst.

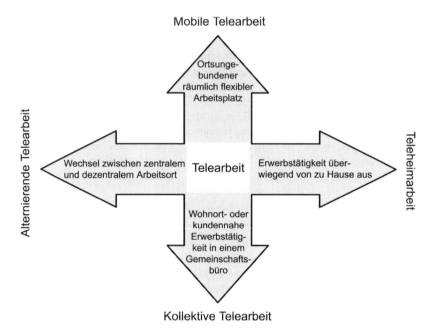

Abbildung 1: Organisationsformen der Telearbeit

Nach Gareis und Kordey (2000) können zwei große Gruppen von Telearbeitern unterschieden werden. Zum einen sind dies Telearbeiter, die den obigen Definitionen von alternierender, mobiler, kollektiver Telearbeit und Teleheimarbeit entsprechen. Zum anderen bezeichnen die Autoren auch diejenigen als Telearbeiter, die in der Regel weniger als einen Tag bzw. höchstens einen Tag in der Woche von zu Hause aus arbeiten, die so genannten *supplementary teleworker*.

Im europäischen Vergleich liegt Deutschland mit seiner gegenwärtigen Verbreitung von Telearbeit prozentual weit hinter den Ländern wie z.B. Finnland, Schweden oder den Niederlanden zurück, die ohne supplementary teleworker über 10.8 %, 8 % und 8.2 % und mit denselben über immerhin 16.8 %, 15.2 % und 14.5 % Telearbeiter verfügen sollen (nach einer Schätzung der ECaTT, Electronic Commerce and Telework Trends, 2000). Der Anteil der Telearbeiter in Deutschland liegt bei 4.4 Prozent der erwerbstätigen Bevölkerung, zählt man die supplementary teleworker von rd. 1.6 % hinzu kommt man auf 6 %, also etwa auf den europäischen Durchschnitt. Insgesamt liegt die Zahl der Telearbeiter nach neuen Erkenntnissen in der europäischen Union bei ca. neun Millionen, davon werden ca. drei Millionen zu den „supplementary teleworker" gerechnet (empirica, 2000; Gareis & Kordey, 2000).

2.2 Das Projekt „Telearbeit und Qualität des Arbeitslebens (AQUATEL)"

Im Rahmen des Forschungsprojekts „Telearbeit und Qualität des Arbeitslebens (AQUATEL)" wurden Untersuchungen bei drei Unternehmen durchgeführt. Neben einem Chemie- und Pharmakonzern, einem selbstständigen Rechenzentrum und Informatik-Dienstleister aus dem Bankensektor beteiligte sich eine Steuerverwaltung in Süddeutschland. Die Telearbeiter arbeiteten in der Form der alternierenden Telearbeit mit bis zu zwei Tagen pro Woche Anwesenheit in der Zentrale; an diesen Tagen fanden Übergaben, Gespräche mit Mitarbeitern, Kollegen und Vorgesetzten sowie Arbeitsvorbereitung statt.

Zusätzlich wurde durch die parallele Untersuchung der Telearbeiter und einer vergleichbaren Kontrollgruppe, die sich aus Mitarbeitern im zentralen Büro mit unmittelbar vergleichbaren Tätigkeitsfeldern zusammensetzte, gewährleistet, dass spezifische Aussagen über Telearbeit möglich sind. Dieses Kontrollgruppendesign dient zur Verbesserung der internen Validität der Untersuchung. Im Projekt AQUATEL wurden insgesamt 88 Personen untersucht, davon sind 56 als Telearbeiter tätig, 32 Personen bilden die Kontrollgruppe. Die Datenerhebungen (schriftliche Befragungen, mündliche Interviews, Arbeitsplatzbegehungen, Expertengespräche) fanden im Längsschnitt zu zwei Zeitpunkten im Zeitraum zwischen Sommer 1998 und Herbst 2000 statt (ausführlich Büssing et al., 2003). Hier werden Befragungsergebnisse der Zeitpunkte T1 und T2 berichtet.

3. Kommunikation bei Telearbeit

3.1 Kommunikation, Kooperation und Koordination

Gelungene Kommunikation, Kooperation und Koordination gehören ebenso wie der adäquate Einsatz von Medien in Abhängigkeit von der Verfügbarkeit, der Aufgabe und dem Inhalt zu den wichtigsten Bedingungen für eine erfolgreiche Realisierung von Telearbeit.

Grundsätzlich wird Kommunikation als Austausch von Mitteilungen zwischen Menschen bezeichnet. Dabei spielt eine Rolle, wer was zu wem sagt, womit, durch welches Medium, mit welcher Absicht und mit welchem Effekt. Es existieren unterschiedlich weit gefasste Definitionen von Kommunikation: auf der einen Seite das enge nachrichtentechnische Modell von Kommunikation und auf der anderen Seite das allgemein gefasste Verständnis von Kommunikation, wonach jeder Art von menschlichem Verhalten kommunikative Bedeutung zukommt, geprägt durch die Aussage von Watzlawick, Beavin und Jackson (1996) *„Man kann nicht* nicht *kommunizieren"* (S. 53). Für dieses weit gefasste Verständnis von menschlicher Kommunikation sind die Unterscheidung in den Sach- bzw. Beziehungsaspekt von Kommunikation und die damit verbundenen möglichen Störungen menschlicher Kommunikation ausschlaggebend.

Es werden unabhängig vom Medium (z.B. Telefon, Fax, E-Mail, Videoconferencing) zwei Formen von Kommunikation unterschieden. Die formelle Kommunikation bezieht sich auf die Arbeitsaufgabe und ist in organisatorische Strukturen und Regeln eingebunden; so kommuniziert der Telearbeiter mit seinem direkten Vorgesetzten und seinen Kollegen über die Aufgaben. Die sachbezogene Kommunikation von fachlicher Information steht dabei im Mittelpunkt. Die für die formelle Kommunikation geeigneten Medien stehen den Telearbeitern in der Regel zur Verfügung (z.B. Telefon, E-Mail) und unterstützen die Zusammenarbeit mit der Zentrale. Die informelle Kommunikation meint hingegen den nicht formal geregelten, gelegentlichen bzw. spontanen Austausch, nicht zuletzt in Form des persönlichen Face-to-Face-Gesprächs und mit stärkerer Betonung des Beziehungsaspekts als bei der formalen Kommunikation. Die informelle Kommunikation ist dem Telearbeiter nicht uneingeschränkt möglich; sie trägt jedoch maßgeblich zum Austausch von beruflich relevantem Wissen, zur prozessbegleitenden Qualifizierung, zum Lösen von Problemen und zur Knüpfung und Aufrechterhaltung sozialer Kontakte bei. Während bei der Kommunikation mit den Vorgesetzten zumeist die formelle Kommunikation im Mittelpunkt steht, spielt für die Kommunikation im Team bzw. mit den Kollegen die informelle Kommunikation verstärkt eine Rolle.

So wurde im Rahmen des Projekts „Telearbeit in Versicherungen" (Landesinitiative media NRW, 2000) Folgendes festgestellt:
- Die Kommunikation mit den Vorgesetzten und Kollegen ist konzentrierter und findet stärker geplant statt.
- Einige Vorgesetzte beklagen sich, dass sie auf die Telearbeiter nicht mehr so schnell und einfach zurückgreifen können und Kommunikation nun mit einem höheren Aufwand verbunden ist.
- In Bezug auf die informelle Kommunikation wurde bei der alternierenden Telearbeit kaum eine Verarmung der Kommunikation mit den Kollegen festgestellt. Die sozialen Kontakte konnten auf einem befriedigenden Niveau aufrecht erhalten werden.

Kooperation ist für arbeitsteilige Arbeitsprozesse essenziell, um die Leistungserbringung auf die organisationalen Ziele auszurichten. Nach dem Konzept der vollständigen Tätigkeit (Hacker, 1998) werden Kooperations- und Kommunikationsmöglichkeiten als Bedingungen für Persönlichkeitsförderung genannt. So fördern Kooperation und Kommunikation etwa die Entwicklung sozialer Kompetenzen nicht nur bei der Arbeit, sondern auch für Bereiche außerhalb des Arbeitslebens.

Unter Kooperation wird eine Arbeitsform verstanden, bei der mehrere Arbeitende einen Auftrag bzw. eine selbst gestellte Aufgabe gemeinschaftlich und unter gemeinsamen Zielstellungen verfolgen. Dabei stehen die Beteiligten in auftragsbezogener Kommunikation miteinander. Kommunikationsprozesse sind einerseits Voraussetzung, andererseits Folge der Kooperation. Durch Kommunikation werden im Arbeitsprozess Informationen über beabsichtigte und durchgeführte Handlungen ausgetauscht. Sie dient somit der wechselseitigen Abstimmung zwischen den Kooperationspartnern. Mit anderen Worten: Kooperation und Kommunikation sind wechselseitig miteinander verbunden (ausführlich in Spieß, 1998).

Wenn Aufgaben arbeitsteilig bearbeitet werden, müssen sie wieder zusammengeführt werden. Kooperation und Kommunikation allein reichen dazu nicht aus. Zusammenarbeit und ihre Bestimmung durch die Aufgaben und deren Ziele kann nicht auf das durch Normen, Konventionen, Sympathien usw. bestimmte Miteinander von Individuen reduziert werden. In Unternehmen steht vielmehr die Auseinandersetzung mit sachlichen Gegenständen und die damit verknüpfte Wertschöpfung im Vordergrund. Es bedarf also einer Koordination der arbeitsteiligen Prozesse. Dies gilt im besonderen Maße für die Telearbeit, die an Kooperation und Kommunikation wegen der neuen Form der Arbeitsteilung höhere Anforderungen stellt. Aus diesem Grund müssen Maßnahmen getroffen werden, um bei der Telearbeit ein koordiniertes Arbeiten mit geeigneter Kooperation und Kommunikation zu ermöglichen.

Sind Kooperation und Kommunikation aktive, handlungsgesteuerte Prozesse, so spielen bei der Koordination die Arbeitenden eher eine passive Rolle. Organisationen können sich einer Reihe von Koordinierungsinstrumenten bedienen (z.B. Staehle, 1999). Es ist möglich, Zusammenarbeit durch persönliche Weisungen zu regeln. Voraussetzung dafür ist, dass Vorgesetzter und Mitarbeiter persönlich miteinander kommunizieren. Dieses ist bei alternierender Telearbeit an den Bürotagen möglich. Bei wenig varianten, klar strukturierten Aufgaben könnten definierte Verfahrensregeln die Arbeitsabläufe der Tele- und Büroarbeiter koordinieren. Planung von Terminen, Kosten, Kapazitäten etc. leistet vor allem bei langfristig angelegten Aufgaben gute Dienste. Schließlich können die betroffenen Tele- und Büroarbeiter auch dazu ermächtigt werden, sich selbst untereinander zu koordinieren (Selbstabstimmung). Je nach Aufgabenbereich und Organisationsform der Telearbeit sind die einzelnen Koordinierungsinstrumente unterschiedlich gut geeignet.

Die Ergebnisse, die in der Literatur zur Kommunikation, Kooperation und Koordination unter Telearbeit berichtet werden, klingen insgesamt positiv und spiegeln nicht das eher negative Bild wider, das hin und wieder in der Presse dazu vermittelt wird.

Beispiel:
Laut Begleituntersuchung der Input Consulting GmbH (1998) bei der Telekom AG, bei der 30 Telearbeiter und 10 Co-Worker (arbeiten direkt mit dem Telearbeiter zusammen) untersucht wurden, nahmen 90 % der Co-Worker die Abstimmungsprozesse mit den Telearbeitern als unproblematisch wahr. Hingegen gab etwa die Hälfte der befragten Vorgesetzten eine Erhöhung des Koordinationsaufwands durch die Telearbeit an, von den Übrigen wurde der Aufwand als unverändert eingeschätzt.

Treten Mängel bei der Kooperation, Kommunikation und Koordination auf, können die Risiken und Folgen für die Telearbeiter und für das unmittelbare Arbeitsumfeld (Kollegen, Vorgesetzte) allerdings gravierend sein, so etwa:
- Reduzierung der informellen Kommunikation. Spontane Face-to-Face-Kontakte können wegfallen, soziale Beziehungen können sich lockern, und es besteht das Risiko sozialer Isolation (vgl. Rensmann & Gröpler, 1998).

- Als Folge reduzierter Kommunikation kann Vertrauen in Kollegen und Organisation abnehmen und die organisationale Bindung schwinden (Büssing, 2000, 2002).
- Durch Reorganisation und veränderte Koordination kann es zu Mehrarbeit für die Kollegen der Telearbeiter kommen (Kordey & Korte, 1996) bzw. Kollegen müssen Aufgaben übernehmen, die nicht in Telearbeit zu bearbeiten sind.

Eine besondere Bedeutung bei der Telearbeit dürfte den Veränderungen bei der informellen Kommunikation zukommen. So werden Telearbeiter nur noch an den Bürotagen das soziale und kreative Potenzial der gelegentlichen „Kaffee-Gespräche" zwischendurch, während Pausen oder beim Mittagessen nutzen können. Vor allem kleinere Probleme und Schwierigkeiten, die sich durch derartige Kommunikation häufig effizient und effektiv aus dem Weg räumen lassen, können bei der Telearbeit am häuslichen Arbeitsplatz nicht mehr in dieser Form angegangen werden.

3.2 Kommunikation, Kooperation und Koordination: Ergebnisse aus dem Projekt AQUATEL

Entscheidend für die Kommunikation und einen gelungenen Informationsaustausch bei der Telearbeit sind Art und Häufigkeit der Kommunikation. Die Tele- und Büroarbeiter wurden gefragt, wie häufig sie Kontakt zu Vorgesetzten, Kollegen, Geschäftspartnern etc. haben (Abb. 2).

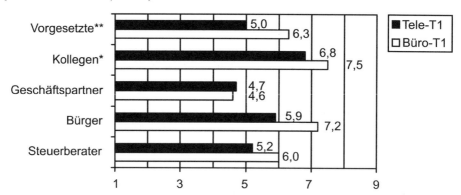

Anmerkung: Angabe der Mittelwerte. Antwortbereich der Items [1 = nie, 2 = alle paar Monate; 3 = einmal im Monat; 4 = mehrmals im Monat; 5 = einmal pro Woche; 6 = mehrmals in der Woche; 7 = einmal am Tag; 8 = mehrmals am Tag; 9 = fast stündlich]; **$p<.01$, *$p<.05$. für Mann-Whitney-U-Test mit Monte-Carlo-Signifikanz (100.000 Permutationen). Die Antwortvorgaben „Bürger" und „Steuerberater" wurden ausschließlich bei der Steuerverwaltung erhoben.
Abbildung 2: Kontakthäufigkeit mit verschiedenen Personen

Es zeigen sich signifikante Unterschiede zwischen Tele- und Büroarbeitern bei den beruflichen Kontakten mit Vorgesetzten und Kollegen. Die Büroarbeiter haben zu beiden Personengruppen nahe liegender Weise deutlich mehr Kontakte als die Telearbeiter.

Im Interview äußerten sich die Vorgesetzten des Informatik-Dienstleisters, dass sie sich bei der Kommunikation immer bewusst sein müssen, dass auch die Telearbeiter informiert werden. So sagten zwei Vorgesetzte zur Weitergabe von Informationen und zu Informationsdefiziten Folgendes:

Zitat aus AQUATEL:
„*Sich ... bewusst zu sein, dass man Dinge, die man so eben beim Frühstückstisch, beim Mittagstisch oder die man eben 'mal in den Raum rein ruft, dass das auch Informationen sind. Und auch die dürfen sie den Telearbeitern nicht vorenthalten.*"
Ein anderer Vorgesetzte sagt, dass er
„*... nicht mehr so die direkte Beziehung [zu den Telearbeitern] wie zu Kollegen, der am Arbeitsplatz ist, [hat]. ... . Man teilt das möglicherweise nur zweien mit und vergisst schon 'mal den Telearbeitskollegen.*"

Die Koordination kann durch persönliche Weisung, Planung, Verfahrensregeln oder Selbstabstimmung erfolgen. Abbildung 3 zeigt, wie diese Koordinierungsinstrumente aus Sicht der Tele- und Büroarbeiter zum Einsatz kommen.

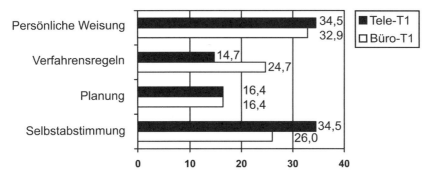

Anmerkung: Angaben in Prozent; Mehrfachantworten möglich.
Abbildung 3: Koordinierungsinstrumente

Die Telearbeiter arbeiten zu etwa gleichen Teilen mittels persönlicher Weisung durch Vorgesetzte bzw. durch Selbstabstimmung. Verfahrensregeln und Planung spielen für die Telearbeiter eine untergeordnete Rolle zur Koordinierung der Aufgaben. Die Büroarbeiter hingegen erhalten am häufigsten persönliche Weisungen, aber auch Verfahrensregeln spielen zur Koordinierung ihrer Aufgaben eine Rolle, während Selbstabstimmung einen deutlich geringeren Stellenwert für die Büroarbeiter im Vergleich zu den Telearbeitern einnimmt.

Die Ergebnisse verdeutlichen, dass bei der Telearbeit für die Koordination der Aufgaben die Kommunikation zum Vorgesetzten auf der einen Seite und die selbstständige Abstimmung mit den Kollegen auf der anderen Seite bestimmend sind, d.h. Kommunikation mit anderen Personen, und weniger sachliche Regel- und Planungsinstrumente im Vordergrund stehen.

4. Medieneinsatz bei Telearbeit

4.1 Medienwahl und Media Richness

Für eine erfolgreiche Durchführung der Telearbeit ist zweierlei von großer Bedeutung. Zum einen die Kommunikation und Abstimmung zwischen den Telearbeitern und den Kollegen im Büro, zum anderen der geeignete Medieneinsatz zur Kommunikation. Bei dem Einsatz von Medien zur Kommunikation kann es um eine breite Palette von Optionen gehen. So etwa um Telefon, Mobiltelefon, Fax, Voice-Mail, Fax-Mail, E-Mail, Filetransfer, Video-Kommunikation. Das Etikett „neu" ist in Bezug auf die Kommunikationsmedien einem steten Wandel unterlegen. Und das nicht nur im Hinblick auf die Hard- und Software, deren Halbwertszeiten sich zunehmend verkürzen, sondern auch hinsichtlich der Nutzungsgewohnheiten. Mit Ausnahme der Internettelefonie und der netzgestützten Video-Kommunikation, deren Verbreitung an regulären Dienstleistungsarbeitsplätzen noch nicht die Regel ist, dürften alle anderen neuen Medien heute modernen Dienstleistungsberufen zur Verfügung stehen.

Telearbeitern stehen heute in der Regel zur Aufrechterhaltung der Kommunikation neben dem Telefon, das Fax, die E-Mail und die Post am häuslichen Arbeitsplatz zur Verfügung. Persönliche Kontakte sind lediglich an den Bürotagen möglich. Diese spielen aber zur Knüpfung und Aufrechterhaltung der sozialen Kontakte nicht nur bei der aufgabenbezogenen, sondern vor allem bei der informellen Kommunikation eine wichtige Rolle (Godehardt, 1997).

In welcher Kommunikationssituation entscheidet sich der Telearbeiter für welches Medium? Die Kommunikationsforschung versucht herauszufinden, welche Faktoren die Medienwahl (Media Choice) beeinflussen. Einen interessanten Ansatz bietet die „Media-Richness-Theorie" von Daft und Lengel (1984). Nach dieser Theorie bestimmen vor allem die objektiven Eigenschaften des Mediums selbst den Einsatz für die Kommunikationsinhalte. Nach der Media-Richness-Theorie lassen sich die Medien zwei Formen zuordnen:
- „Reichere Medien": Sie greifen auf eine Vielzahl von Kommunikationskanälen parallel zurück (Sprache, Tonfall, Gestik etc.), wie es z.B. bei der persönlichen Kommunikation der Fall ist. Darüber hinaus ermöglichen sie ein unmittelbares Feedback und beispielsweise auch die Wahrnehmung von Stimmungen und Emotionen.
- „Ärmere Medien": Sie lassen die Informationen über einen Kanal (z.B. visuell) übermitteln. Zu den ärmeren Medien zählen demnach die Post und E-Mail.

Eine wesentliche Bedingung für die erfolgreiche Bewältigung von Telearbeit stellen der Medieneinsatz und die damit verbundene Medienwahl dar. Telearbeiter stehen vor der Frage, wann und zu welchem Zweck welche Medien in welcher Weise zur Organisation und Durchführung des Arbeitsalltags eingesetzt werden.

Die Wahl des Mediums – „Media Choice" – sollte in Abhängigkeit von der Komplexität und der notwendigen sozialen Präsenz der durchzuführenden Aufgabe erfolgen (vgl. Abb. 4). So sind bei der Bearbeitung von hoch strukturierten Aufgaben und bei Bedarf an Genauigkeit und Dokumentation Brief und Fax sehr geeignet; Telefon bzw. Voice-Mail und E-Mail kommen eher in Betracht, wenn die Aufgaben eine schnelle und bequeme Bearbeitung erfordern, ohne dass hohe soziale Präsenz vonnöten ist;

hingegen ist Face-to-Face-Kommunikation das Medium der Wahl, wenn geringe Aufgabenstrukturiertheit und dementsprechend hohe Komplexität sowie notwendige soziale Präsenz und Vertraulichkeit angezeigt sind. Bei der Telearbeit spielt die elektronische Kommunikation eine besondere Rolle: sie ist einfach zu handhaben, schnell und kostengünstig. Vor dem Hintergrund der aufgabenbezogenen Medienwahl kommt es also darauf an, das geeignete Medium in der entsprechenden Situation zum Einsatz zu bringen. Für schnell zu bearbeitende strukturierte Fachaufgaben wird die E-Mail häufig geeignet sein („ärmeres Medium"), während bei Abstimmungsaufgaben, die einen höheren Bedarf an sozialer Präsenz erfordern, ein Telefonat oder die Face-to-Face-Kommunikation probat sind („reichere Medien").

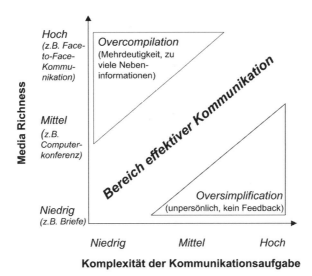

Abbildung 4: Das Media-Richness-Modell (Rice, 1992; in Anlehnung an Reichwald et al., 2000, S. 58)

Für die Analyse der Medienwahl ist zu beachten, dass Medien einer Entwicklung unterliegen und daher Kriterien und Empfehlungen nicht unbegrenzt gültig sein können. Während beispielsweise vormals E-Mail als „ärmeres" Medium zur Übermittlung einfacher Sachverhalte genutzt wurde, ist mittlerweile durch die Möglichkeit von Anhängen („Attachment", z.B. Grafiken, animierte Präsentationen) auch die E-Mail zur Übermittlung relativ komplexer Inhalte geeignet.

Beispiel:
Nach einer schriftlichen Befragung von 138 Telearbeitern durch die Input Consulting GmbH (1998) nutzten die Telearbeiter am häuslichen Arbeitsplatz das Telefon (77 %) und die E-Mail (76 %) am häufigsten. Videokonferenzsysteme wurden relativ selten eingesetzt (20 %), wohl auch, weil sie nicht entsprechend verfügbar waren. Auch für Abstimmungsprozesse wurde das Telefon (87 %) und die E-Mail (53 %) von den Telearbeitern bevorzugt.

Beispiel:
Konradt, Schmook, Wilm und Hertel (2000, S. 332) stellten im Rahmen eines Gesundheitszirkels, den sie mit 17 Telearbeitern aus unterschiedlichen Branchen und Organisationen durchführten, Folgendes fest: *„Participants' experiences regarding communication with the company were ambiguous. Some teleworkers reported that there had been no major changes after they had started teleworking, except that communication had shifted to telephone and E-mail. However, other participants stressed that their communication had changed strongly in content and function. In particular, informal communications with colleagues had decreased and were strongly missed."*

Bei der Telearbeit sind nicht nur Verfügbarkeit und Wahl des Mediums von Bedeutung, sondern die Kommunikation muss auch verstärkt initiiert werden, denn sie kann sich nicht wie im Unternehmen zufällig ergeben oder situativ bzw. spontan arrangiert werden. Veränderungen der Kommunikationsdichte und Kommunikationsdauer können die Folge sein.

Glaser und Glaser (1999) stellen mit ihren Untersuchungen bei der IBM Deutschland GmbH fest, dass sich die Wahl der Kommunikationsmedien bei der Telearbeit ändert: Nicht mögliche Face-to-Face-Kontakte werden häufig durch Telekommunikation, also eine erhöhte Zahl von Telefonaten und E-Mails vom häuslichen Arbeitsplatz abgelöst. Bei Gruppengesprächen und Meetings ergibt sich hingegen keine Veränderung; bei diesen Medien werden auf Seiten der Telearbeiter offenbar keine Freiheitsgrade für eine Verschiebung auf andere Medien gesehen. Im Unterschied zur Dichte der Kommunikation ändert sich die Dauer der einzelnen Kontakte mit den Medien bei der Telearbeit nicht.

Beispiel:
Glaser und Glaser (1999) untersuchten mit einem Vorher-Nachher-Design die Kommunikationsmuster von 18 alternierenden Telearbeitern anhand von Verhaltensprotokollen:
– Kommunikationsdichte: Bei der Telearbeit verringern sich erwartungsgemäß die Face-to-Face-Kontakte, während sich die Nutzung von Telefon und E-Mail entsprechend erhöht.
– Kommunikationsdauer: Die Dauer der Kontakte mit den einzelnen Medien hat sich bei der Telearbeit nicht geändert.
– Kommunikationsdauer bei der Nutzung der Telekommunikationsmedien verhält sich proportional zum Anteil an Arbeitszeit, die die Telearbeiter im Büro bzw. zu Hause verbringen.
– Dauer der gesamten Kommunikation nimmt entsprechend bei der Telearbeit ab.
– Die Zahl der Gruppengespräche und Meetings ändert sich nicht; sie finden an den Bürotagen der Telearbeiter statt.
Telearbeiter treffen nach dieser Untersuchung eine relativ stabile Medienwahl, die im Einklang mit der Media-Richness-Theorie steht.

Neben der Änderung der Wahl des Kommunikationsmediums in Abhängigkeit von Aufgabe und Inhalt, können die neuen Kommunikationsmedien wie E-Mail, Internet und Video-Konferenzen auch generelle Auswirkungen auf das Kommunikationsverhalten der Mitarbeiter haben.

Beispiel:
Eine empirische Studie in 50 Unternehmen (z.B. Produktion, Forschung und Entwicklung, Vertrieb und Management) von Frey (1999) zur Auswirkung der neuen Kommunikationsmedien zeigt, dass die neuen IuK-Medien stark in die zwischenmenschliche Kommunikation eingreifen. Es nehmen beispielsweise die Sprachanteile ab und werden durch Textteile, Grafiken und Bilder ersetzt.

4.2 Medieneinsatz bei der Telearbeit: Ergebnisse aus dem Projekt AQUATEL

Beide Gruppen – Tele- und Büroarbeiter – verwenden bei ihrer Arbeit den PC, Laptop bzw. die Workstation regelmäßig. Zur Kommunikation werden ganz überwiegend Telefon und E-Mail eingesetzt. Kaum eine Rolle spielen Video- bzw. Computerkonferenzen (weil praktisch kaum verfügbar) sowie Voice-Mail oder Telefonieren über das Internet.

Sowohl die Telearbeiter als auch die Büroarbeiter nutzen vor allen Dingen das Telefon, wenn bei der Kommunikation oder der Informationsweiterleitung Schnelligkeit erforderlich ist (Tab. 1). Wenn sie sich mit mehreren Personen abstimmen möchten oder wenn Missverständnisse zu vermeiden sind, ist die Medienwahl gemischt, es werden der persönliche Kontakt als auch der Austausch per Telefon oder E-Mail in etwa gleich häufig eingesetzt.

Sowohl Tele- als auch Büroarbeiter bevorzugen den persönlichen Kontakt, wenn die Aufgabenkomplexität hoch ist und die E-Mail, wenn Genauigkeit erforderlich ist. Letzteres lässt sich u.a. damit erklären, dass die E-Mail auch zu Dokumentationszwecken genutzt wird. So sagte beispielsweise ein Telearbeiter:

Zitat aus AQUATEL:
„Weil [mit der E-]Mail haben wir eine direkte Dokumentation, wenn wir fachliche Sachen abhandeln wollen. Da können sie [der Telearbeiter selbst] es auch immer 'mal angucken und nachprüfen. Das ist das einfachste. Da können sie auch andere Kollegen direkt mit [einer] Kopie informieren."

Generell bevorzugen die Telearbeiter das Telefon, während die Büroarbeiter die E-Mail am häufigsten nutzen. In Ermangelung von Face-to-Face-Kontakten bei der Telearbeit entspricht diese Medienwahl der Media-Richness-Theorie, ist doch das Telefon eher geeignet als die E-Mail, komplexe Aufgaben zu behandeln. Die folgende Aussage eines Telearbeiters erläutert diese Medienwahl:

Zitat aus AQUATEL:
„Man kann am besten [per Telefon] kommunizieren und die Fragen erörtern. Das können sie per E-Mail ja nicht. Was natürlich auch ein Problem ist, viele Leute sind sehr viel unterwegs. Gut, dann nimmt man das E-Mail als Brücke, schickt die Frage rüber und erwartet dann meistens einen Rückruf in der Hoffnung, dass die Frage richtig verstanden wird. Aber wir kommunizieren eigentlich auf allen Ebenen. Aber wenn es, wie gesagt, ein komplexeres Thema ist, finde ich den direkten Kontakt besser als den indirekten."

Tabelle 1: Einsatz verschiedener IuK-Technologien (T1; Auszug)

Welche Medien benutzen Sie, ...	Tele-T1			Büro-T1		
	Persönlich	Telefon	E-Mail	Persönlich	Telefon	E-Mail
... wenn Schnelligkeit erforderlich ist?	5.4	**62.5**	12.5	15.6	**71.9**	9.4
... um Missverständnisse zu vermeiden?	21.4	**35.7**	23.2	**34.4**	31.3	21.9
... um sich mit mehreren Personen abzustimmen?	26.8	**30.4**	28.6	**31.3**	25.0	28.1
... wenn die Aufgabenkomplexität hoch ist?	**46.4**	14.3	14.3	**46.9**	15.6	18.8
... wenn Genauigkeit erforderlich ist?	10.7	1.8	**55.4**	6.3	3.1	**50.0**
Generell bevorzugtes Medium:	8.9	**53.6**	19.6	18.8	25.0	**37.5**
Von Gesprächspartnern bevorzugtes Medium:	5.4	**37.5**	32.1	9.4	31.3	**40.6**

Anmerkung: Angaben in Prozent. Hervorhebungen verweisen auf Ergebnisse, auf die im Text Bezug genommen wird.

Neben inhaltlichen Gründen lassen sich auch technisch-organisatorische Umstände zur Erklärung der Medienwahl der Telearbeiter zum Zeitpunkt T1 heranziehen. In der Anfangsphase der Telearbeit hatte zwar die Mehrzahl der Telearbeiter die E-Mail-Funktion zur Verfügung, aber eben nicht alle Telearbeiter hatten die Möglichkeit, von zu Hause aus E-Mails zu verschicken. Mit zunehmender Verfügbarkeit der E-Mail wechselt das generell bevorzugte Medium: Während also zum ersten Untersuchungszeitpunkt die Telearbeiter das Telefon wählen, ist es zum zweiten Zeitpunkt eher die E-Mail (vgl. Tab. 2). Ein solcher Wechsel ist aus Sicht der Telearbeiter auch für das bevorzugte Medium der Gesprächspartner zu konstatieren, wobei hier Wechselwirkungen zwischen den Medienwahlen der Telearbeiter und ihrer Gesprächspartner nahe liegen.

Alle anderen Ergebnisse zur Medienwahl der Telearbeiter unterscheiden sich in Abhängigkeit vom Untersuchungszeitpunkt nicht wesentlich. Mit einer Ausnahme: Für das Vermeiden von Missverständnissen ebenso wie für das Abstimmen nutzen die Telearbeiter zu T2 verstärkt den Face-to-Face-Kontakt gegenüber dem Telefon zu T1. Womöglich spiegeln sich hier Erfahrungen der Telearbeiter wider, die gezeigt haben, dass das Telefon das persönliche Gespräch bei komplexen Anforderungen nicht ersetzen kann.

Insgesamt deutet die Wahl der Medien in Abhängigkeit von Aufgabenkomplexität, Schnelligkeit, Genauigkeit und notwendiger sozialer Präsenz darauf hin, dass sich Tele- und Büroarbeiter entsprechend der Media-Choice-Theorie verhalten und insbesondere die Telearbeiter ihre Wahlen im Verlauf der Telearbeit dort ändern, wo eine Verbesserung der Medienwahl möglich und angezeigt ist.

Tabelle 2: Einsatz verschiedener IuK-Technologien durch die Telearbeiter im zeitlichen Verlauf (T1 zu T2; Auszug)

Welche Medien benutzen Sie, …	Tele-T1			Tele-T2		
	Persönlich	Telefon	E-Mail	Persönlich	Telefon	E-Mail
… wenn Schnelligkeit erforderlich ist?	5.4	**62.5**	12.5	2.2	**62.2**	26.7
… um Missverständnisse zu vermeiden?	21.4	**35.7**	23.2	**32.6**	28.3	21.7
… um sich mit mehreren Personen abzustimmen?	26.8	**30.4**	28.6	**32.6**	23.9	32.6
… wenn die Aufgabenkomplexität hoch ist?	**46.4**	14.3	14.3	**50.0**	15.2	13.0
… wenn Genauigkeit erforderlich ist?	10.7	1.8	**55.4**	6.5	0.0	**63.0**
Generell bevorzugtes Medium:	8.9	**53.6**	19.6	13.0	26.1	**41.3**
Von Gesprächspartnern bevorzugtes Medium:	5.4	**37.5**	32.1	6.5	28.3	**54.3**

Anmerkung: Angaben in Prozent. Hervorhebungen verweisen auf Ergebnisse, auf die im Text Bezug genommen wird.

5. Diskussion und Schlussfolgerungen

Art und Häufigkeit von Kommunikation und Kooperation sind wesentliche Erfolgsfaktoren für die Telearbeit. Kommunikation und Kooperation sind vor allem bei der Telearbeit sowohl für die Telearbeiter als auch für die Kollegen im Büro und die Führungskräfte eine Hol- und Bringschuld. An den Büroarbeitstagen der Telearbeiter, an denen insbesondere die offiziellen Abteilungs- und Gruppengespräche usw. stattfinden, sollte Wert auf den Austausch mit Kollegen auf informellem Weg gelegt werden, und es sollten dafür ausreichend Spielräume zur Verfügung stehen.

Die Telearbeiter koordinieren ihre Aufgaben insbesondere durch Weisung von Seiten der Vorgesetzten und mittels Selbstabstimmung, während die Selbstabstimmung für die Büroarbeiter eine deutlich geringere Rolle spielt. Den Telearbeitern sollten alle notwendigen Medien zur Verfügung stehen, die eine veränderte Koordination erleichtern und eine effektive Aufgabenbewältigung als Unterstützung der Arbeitsteilung ermöglichen.

Der Koordinationsaufwand kann daher für die Telearbeiter ebenso wie in bestimmter Hinsicht für ihre Vorgesetzten verringert und den veränderten organisatorischen Umständen angepasst werden. Eine wesentliche Rolle für die Effizienz und Effektivität der Koordination und Kommunikation spielt die Art der Führung unter Telearbeit. Denn für die Telearbeit erfordern der Wegfall der direkten Kontrolle und die hohen Kosten für indirekte Kontrolle neue Wege der Führung. Insbesondere das „Management by Objectives" (MbO) wird als adäquate Führungsform für Telearbeit angesehen. Management by Objectives meint kurz gefasst „Führen mit Hilfe von Zielvereinbarungen", eine an die psychologische Zielsetzungstheorie angelehnte Methode (vgl. Locke & Latham, 1990). Im Idealfall ist das MbO eine im partnerschaftlichen Dialog erarbeitete Übereinkunft über Ziele, die herausfordernd, aber nicht zu schwierig sein sollten, die klar, möglichst exakt sind und für deren Erreichung die notwendigen Ressourcen sowie die notwendige Bindung an die Ziele vorhanden sein sollten. Obgleich MbO als das Führungskonzept für Telearbeit angesehen wird, zeigt sich, dass es bislang wenig empirisch untersucht wurde und tatsächlich nur eingeschränkt bei der Telearbeit Anwendung findet (z.B. Hager, Stary & Totter, 2000).

Für die Koordination und Kommunikation spielen neue Medien unter Telearbeit eine große Rolle. Dabei ist nicht so sehr das Vorhandensein der Medien, sondern die angemessene, aufgabenorientierte Nutzung ausschlaggebend; die entsprechenden Kompetenzen dazu sind sicher zu stellen. Bezüglich des Medieneinsatzes und der Medienwahl in Abhängigkeit von Aufgabenkomplexität, Schnelligkeit, Genauigkeit und notwendiger sozialer Präsenz zeigen die Ergebnisse, dass sich Tele- und Büroarbeiter entsprechend der Media-Richness-Theorie verhalten und insbesondere die Telearbeiter ihre Wahlen im Verlauf der Telearbeit dort ändern, wo eine Verbesserung der Medienwahl möglich und angezeigt ist.

Vor allem für sachbezogene Aufgaben kann es bei der Telearbeit mehr noch als unter bürozentrierter Arbeit hilfreich sein, auch videogestützte Internettelefonie betreiben zu können; wenn solche Videokonferenzen die Face-to-Face-Kommunikation auch nicht ersetzen können, so lassen sie doch Einschränkungen der Kommunikation über „ärmere" Kommunikationsmedien (z.B. E-Mail, Telefon) überbrücken. Beide Technologien finden jedoch bislang bei der Telearbeit wenig Einsatz.

Nach der Literatur wie auch nach den Ergebnissen des Projekts AQUATEL erfüllen die neuen Kommunikationsmedien die von ihnen erwartete Unterstützung zur Kommunikation. Obgleich die neuen elektronischen Kommunikationsmedien eine verlangsame Rückmeldung mit sich bringen und über weniger Kommunikationskanäle verfügen, obgleich sie unpersönlicher wirken und den Eindruck von Anonymität in der Kommunikation verstärken, und obwohl sie weniger Reichhaltigkeit bieten als die unmittelbare persönliche Kommunikation, können sie diese offenbar im Wesentlichen effizient und effektiv ergänzen, denn sie bieten vor allem Zeitersparnis und größere Flexibilität, darüber hinaus aber auch mehr Zeit zum Nachdenken und intensiven Arbeiten, geringere Eskalation von Konflikten durch räumliche Distanz, bessere Strukturierung und Dokumentation und eine im Großen und Ganzen erhöhte Gleichberechtigung der Kommunizierenden (vgl. Konradt & Hertel, 2002).

Der aufgaben- und inhaltsgerechte Einsatz von Medien ist somit ein wesentlicher Aspekt für das Gelingen von Kommunikation, Kooperation und Koordination bei der Telearbeit. Es stellt sich jedoch die Frage, ob mittels Telekooperation und dem damit verbundenen Einsatz neuer Medien hinreichend Vertrauen aufgebaut und aufrecht erhalten werden kann. Denn Vertrauen stellt eine zentrale Variable für den Aufbau und die Stabilität von leistungsbereitem und erfolgreichem Handeln sowie von Kooperation und Kommunikation im Unternehmen dar (Büssing, 2000) und ist maßgeblich für die Bindung an das Unternehmen und die Identifikation mit der Arbeit verantwortlich (z.B. Büssing, 2001b, 2002). Vor allem für die Initialisierung und den Aufbau von geschäftlichen Beziehungen mittels Telekooperation spielt das Vertrauen eine herausragende Rolle.

Untersuchungen haben gezeigt, dass der geeignete Einsatz von neuen Medien hier zwar hilfreich sein kann, doch persönliche Kontakte weiterhin eine Schlüsselrolle spielen. So konnten Büssing und Moranz (z.B. 2003a, 2003b) zeigen, dass Faktoren, die eher in einem unmittelbaren Miteinander zum Tragen kommen, also Faktoren, die an ein "facework" (Giddens, 1990) geknüpft sind, ebenso notwendig sind für Bildung und Aufrechterhaltung von Vertrauen in telekooperativ unterstützten geschäftlichen Beziehungen wie objektiv beurteilbare Aspekte. Nicht zuletzt wegen der Kategorie „Gespür/Erfahrung", wonach man aufgrund eines diffusen Gefühls jemandem vertraut oder misstraut. Vor dem Hintergrund des Konzepts des subjektivierenden Arbeitshandelns (z.B. Böhle & Schulze, 1999) ist zu fragen, ob diesen in Bezug auf Vertrauen nicht zu vernachlässigenden Aspekten überhaupt via elektronische Informations- und Kommunikationsmedien genüge getan werden kann (z.B. Springer, Simon & Schlick, 1997). Oder ob es sich nicht vielmehr so verhält, dass über den Austausch rein verbaler Informationen hinaus, der je nach Art der Arbeitsaufgaben – wie die Ergebnisse gezeigt haben – durchaus medial stattfinden kann, die Wahrnehmung der Person als Ganzes gewährleistet sein muss, um dauerhaft effektiv zu kooperieren. Zu nennen sind hier v.a. sensorische Reize, wie Mimik und Gestik oder die Bedeutung von Gerüchen (die landläufige Redewendung „jemanden gut riechen können" ist also durchaus wörtlich zu nehmen). Darüber hinaus sind es Informationen auf weitaus sublimerer Ebene, die eine Rolle spielen, und die erst im Zusammenspiel situationsgerecht im persönlichen Kontakt wahrgenommen werden können. Vielfach geht es um die „Intensität der Kommunikation", welche bei der persönlichen im Vergleich zur computergestützten Kommunikation als wesentlich höher eingestuft wird (vgl. Büssing & Moranz, 2003b). Was den Austausch sachlicher Informationen angeht, so wird letzterer zwar durchaus ein Vorteil eingeräumt, wenn es beispielsweise um die Schnelligkeit geht. Im Hinblick auf den Austausch „emotionaler Informationen" aber scheint der persönliche Kontakt unablässig.

Im Unterschied zu den die Kommunikation unterstützenden Medien, die in diesem Beitrag im Mittelpunkt standen, liegen für die Telearbeit wenig Ergebnisse zu Medien vor, die der Unterstützung von Koordination und Kooperation (z.B. Workflow-Management-Systeme) sowie der gemeinsamen Informationsnutzung (z.B. Shared-Desktop-Systeme) dienen (z.B. Borghoff & Schlichter, 1995). Diese Medien sind nicht zuletzt für die Telearbeit von großem Interesse. Vor allem Systeme zur Koordinations- und Kooperationsunterstützung könnten die Kommunikation entlasten von Routine und die Präzision, Verbindlichkeit und Dokumentation sachbezogener Kommunikation erhöhen. So wird es hilfreich sein, eine elektronische Informationsplattform einzurichten, auf der Informationen online für alle Mitarbeiter direkt verfügbar sind und auf die die Telearbeiter auch von zu Hause aus Zugriff haben. Die Koordination und Kooperation mit Workflow-Management- oder Shared-Desktop-Systemen entlastet die Telearbeiter und hilft ihnen, die nötigen Informationen und das generierte Wissen jederzeit zur Hand zu haben und mit anderen im Arbeitsprozess kommunizierbar zu halten. Diese die Koordination und Kooperation unterstützenden Technologien und ihr aufgabengerechter Einsatz sind im Rahmen von komplexen Dienstleistungsprozessen (z.B. Steuerverwaltung, Versicherung) nicht zuletzt für den Erfolg von Telearbeit von wachsender Bedeutung und werden auch dabei helfen, die aufgabenbezogene Kommunikation zu verbessern.

Literatur

Böhle, F. & Schulze, H. (1999). Subjektivierendes Arbeitshandeln. Zur Überwindung einer gespaltenen Subjektivität. In C. Schachtner (Hrsg.), *Technik und Subjektivität. Das Wechselverhältnis zwischen Mensch und Computer aus interdisziplinärer Sicht* (S. 26-46). Frankfurt: Campus.

Borghoff, U. M. & Schlichter, J. H. (1995). *Rechnergestütze Gruppenarbeit – Eine Einführung in Verteilte Anwendungen.* Berlin: Springer.

Bundesministerium für Arbeit und Sozialordnung [BMA], Bundesministerium für Wirtschaft [BMWI] & Bundesministerium für Bildung, Wissenschaft, Forschung und Technologie [BMBF] (Hrsg.). (2001). *Telearbeit. Leitfaden für flexibles Arbeiten in der Praxis.* Braunschweig: Westermann.

Büssing, A. (1998). Teleworking and quality of life. In P. Jackson & J. van der Wielen (Eds.), *Teleworking: International perspectives. From telecommuting to the virtual organization* (pp. 144-165). London: Routledge.

Büssing, A. (Hrsg.). (1999). Telearbeit aus psychologischer Sicht. *Themenheft der Zeitschrift für Arbeits- und Organisationspsychologie, 43,* 119-175.

Büssing, A. (2000). Identität und Vertrauen durch Arbeit in virtuellen Organisationen? In M. Boos, K. J. Jonas & K. Sassenberg (Hrsg.), *Computervermittelte Kommunikation in Organisationen* (S. 57-72). Göttingen: Hogrefe.

Büssing, A. (2001a). Telework. In W. Karwowski (Ed.), *International encyclopedia of ergonomics and human factors* (Vol. 3, pp. 1723-1725). London: Taylor & Francis.

Büssing, A. (2001b). Telearbeit und die Rolle von Vertrauen. In I. Matuschek, A. Henninger & F. Kleemann (Hrsg.), *Neue Medien im Arbeitsalltag. Empirische Befunde – Gestaltungskonzepte – Theoretische Perspektiven* (S. 89-108). Opladen: Westdeutscher Verlag.

Büssing, A. (2002). Trust and its relation to commitment and involvement in work and organisations. *Journal of Industrial Psychology, 28,* 33-39.

Büssing, A. & Aumann, S. (1997). Telezentren – die bessere Form der Telearbeit? *Zeitschrift für Arbeitswissenschaft, 51,* 240-250.

Büssing, A., Drodofsky, A. & Hegendörfer, K. (2003). *Telearbeit und Qualität des Arbeitslebens – Ein Leitfaden zur Analyse, Bewertung und Gestaltung.* Göttingen: Hogrefe.

Büssing, A., Hegendörfer, K. & Drodofsky, A. (2000). Kommunikationsformen und Medieneinsatz unter Telearbeit. In R. Reichwald & J. Schlichter (Hrsg.), *Verteiltes Arbeiten – Arbeit der Zukunft (D-CSCW 2000)* (S. 261-262). Stuttgart: Teubner Verlag.

Büssing, A. & Moranz, C. (2003a). Initiales Vertrauen in virtualisierten Geschäftsbeziehungen. *Zeitschrift für Arbeits- und Organisationspsychologie,* 47, 95-103.

Büssing, A. & Moranz, C. (2003b). Die Rolle von Face-to-Face Kommunikation beim Aufbau von Vertrauen in telekooperativen Geschäftsbeziehungen. *Zeitschrift für Arbeitswissenschaft, 57,* 27-34.

Daft, R. L. & Lengel, R. H. (1984). Information richness: A new approach to managerial behavior and organization design. *Research in Organizational Behavior*, 6, 191-233.

Electronic Commerce and Telework Trends [ECaTT] (2000). *ECaTT final report: Benchmarking progress on new ways of working and new forms of business across Europe* [Internet]. Als PDF-Dokument verfügbar unter: http://www.ecatt.com; Link „Final Report" [07.01.2003].

empirica (2000). *Telearbeit – Zukunft der Arbeit* [Internet]. Verfügbar unter: http://www.empirica.de/telearbeit; Link „Potentielle Nachteile der Telearbeit – Telearbeit – Soziale Isolation" [07.01.2003].

empirica (2002). *Fallstudien in deutschen kleinen und mittleren Unternehmen* [Internet]. Verfügbar unter: http://www.empirica.com/telearbeit/fallstudien.html [07.01.2003]

Frey, H. (1999). *E-Mail: Revolution im Unternehmen. Wie sich Motivation, Kommunikation und Innovationsgeist der Mitarbeiter wandeln.* Studie im Auftrag des Bundesforschungsministeriums mit einer Befragung von 50 Unternehmen. Neuwied: Luchterhand.

Gareis, K. & Kordey, N. (2000). *The spread of telework in 2005*. Bonn: empirica. Oder: Gareis, K. & Kordey, N. (2000). The spread of telework in 2005. In B. Stanford-Schmith & P. T. Kidd (Eds.), *E-Business – Key issues, applications, technologies* (pp. 83-89). Amsterdam: IOS Press.

Giddens, A. (1990). *The consequences of modernity*. Oxford: Oxford University Press.

Glaser, W. R. & Glaser, M. O. (1999). Wie ändert sich das Kommunikationsmuster bei alternierender Telearbeit? – Eine Verhaltensanalyse. *Zeitschrift für Arbeits- und Organisationspsychologie, 43*, 134-141.

Godehardt, B. (1997). *Telearbeit. Rahmenbedingungen und Potentiale*. Opladen: Westdeutscher Verlag.

Hacker, W. (1998). *Allgemeine Arbeitspsychologie. Psychische Regulation von Arbeitstätigkeiten*. Bern: Huber.

Hager, C., Stary, C. & Totter, A. (2000). Management-By-Objectives als Führungskonzept in der betrieblichen Praxis bei Telearbeit. *Zeitschrift für Arbeitswissenschaft, 3*, 25-36.

Input Consulting GmbH (1998, Juni). *Begleitforschung zur Erprobung alternierender Teleheimarbeit bei der Deutschen Telekom AG*. Unveröffentlichte Präsentation vor dem Telekom Vorstand, Bereich Öffentlichkeitsarbeit, Düsseldorf.

Konradt, U. & Hertel, G. (2002). *Management virtueller Teams – Von der Telearbeit zum virtuellen Unternehmen*. Weinheim: Beltz.

Konradt, U., Schmook, R., Wilm, A. & Hertel, G. (2000). Health circles for teleworkers: selective results on stress, strain and coping styles. *Health Education Research, 15*, 327-338.

Kordey, N. & Korte, W. B. (1996). *Telearbeit erfolgreich realisieren. Das umfassende, aktuelle Handbuch für Entscheidungsträger und Projektverantwortliche*. Wiesbaden: Vieweg.

Landesinitiative media NRW (2000). *Telearbeit in Versicherungen* (Band 18). Düsseldorf: Landespresse und Informationsamt.

Locke, E. A. & Latham, G. P. (1990). *A theory of goal setting and task performance*. Englewood Cliffs: Prentice-Hall.

Nilles, J. M. (1975). Telecommunication and organizational decentralization. *IEEE Transactions On Communications, 23*, 1142-1147.

Raghuram, S., London, M. & Larsen, H. H. (2001). Flexible employment practices in Europe: Country versus culture. *International Journal of Human Resource Management, 12*, 738-753.

Reichwald, R., Möslein, K., Sachenbacher, H., Englberger, H. & Oldenburg, S. (2000). *Telekooperation*. Berlin: Springer.

Rensmann, J. H. & Gröpler, K. (1998). *Telearbeit – Ein praktischer Wegweiser*. Berlin: Springer.

Rice, R. E. (1992). Task analysability, use of new media, and effectiveness: A multisite exploration of media richness. *Organization Science, 3*, 475-500.

Spieß, E. (Hrsg.). (1998). *Formen der Kooperation*. Göttingen: Verlag für Angewandte Psychologie.

Springer, J., Simon, S. & Schlick, Ch. (1997). Kommunikationsergonomie – Organisatorische und technische Implikationen zur Bewältigung von Informationsflut und -armut. *Zeitschrift für Arbeitswissenschaft, 23*, 224-231.

Staehle, W. H. (1999). *Management*. München: Vahlen.

Watzlawick, P., Beavin, J. H. & Jackson, D. D. (1996). *Menschliche Kommunikation: Formen, Störungen, Paradoxien*. Bern: Huber.

Was unterscheidet erfolgreiche von weniger erfolgreichen Gruppen?

Heiner Dunckel und Andreas Krause

1. Einleitung

Der folgende Beitrag beschäftigt sich mit der Einführung von Gruppenarbeit in einem Dienstleistungsunternehmen. Im ersten Teil des Beitrages werden das Projekt „Gruppenarbeit in der Reinigung", das Untersuchungsdesign und die Untersuchungsmethoden kurz vorgestellt und zentrale Ergebnisse dieser Längsschnittuntersuchung dargestellt. Es zeigt sich, dass die Einführung von Gruppenarbeit auch im Bereich der Straßenreinigung positive Effekte für die Organisation und die Beschäftigten hat. Im zweiten Teil wird der Frage nachgegangen, welche Prozesse zu diesen positiven Effekten führen. Im Rahmen dieser explorativen Studie wurden erfolgreiche und weniger erfolgreiche Gruppen gegenübergestellt. Die Unterschiede zwischen diesen Gruppen bezüglich ihrer Produktivität und Zufriedenheit lassen sich vorrangig durch sozialpsychologische Variablen erklären, also Prozesse innerhalb der Gruppen wie z.B. die Identifikation mit der Gruppenarbeit, die Qualität der Zusammenarbeit und Unterstützung, das Verhältnis zu den Vorgesetzten.

2. Das Projekt „Gruppenarbeit in der Reinigung"

2.1 Ziel und Untersuchungsfeld

Ziel des Projektes war die Einführung von Gruppenarbeit in einem kommunalen Dienstleistungsunternehmen einer deutschen Großstadt. Zum Zeitpunkt des Projekts waren in dem Unternehmen mehr als 6.500 Mitarbeiter beschäftigt. Zu den Hauptaufgaben des Unternehmens gehören die Entsorgung (z.B. Müllabfuhr, Sperrmüll), die Straßen- und Gehwegreinigung sowie der Werkstattservice (z.B. Wartungsarbeiten, Reparaturen). Angesichts wandelnder Rahmenbedingungen (z.B. Wegfall der Monopolstellung und wachsender Konkurrenz) war das Unternehmen bestrebt, die Flexibilität und Effizienz zu steigern. Dabei wurde Wert gelegt auf eine mitarbeiterorientierte Organisationsentwicklung. Angesichts der potenziellen positiven Auswirkungen, die mit der Einführung teilautonomer Gruppenarbeit bezüglich mitarbeiter- und unternehmensorientierter Indikatoren (z.B. Antoni, 1996; Ulich, 2001) erreicht werden können, wurde nach ausführlichen Diskussionen mit dem Vorstand und dem Personalrat entschieden, zu prüfen, ob Gruppenarbeit sowohl die Effizienz als auch die Qualität der Arbeit verbessern kann.

Arbeitsanalysen der Osnabrücker Projektgruppe zeigten, dass die Arbeitsplätze im Bereich der Straßen- und Gehwegreinigung nach arbeitspsychologischen Kriterien als besonders gestaltungsbedürftig gelten: Die Arbeitsplätze zeichneten sich durch geringe Anforderungen an Denk- und Planungsprozesse (vgl. Volpert et al., 1983), hohe körperliche Belastungen sowie geringe Anforderungen an die Kooperation und Kommunikation (vgl. Dunckel et al., 1993) aus. Zudem wurde in Workshops der Wunsch der Arbeitenden nach Veränderung und mehr Beteiligung deutlich.

Da eine Anreicherung dieser körperlich beanspruchenden, aber wenig Planung erforderlichen Tätigkeiten kaum möglich ist, schien die Gruppenarbeit als arbeitsgestalterische Methode der Wahl.

Es wurde deshalb 1995 entschieden, im Rahmen eines Pilotprojektes mit der Einführung teilautonomer Gruppenarbeit im Bereich der Straßen- und Gehwegreinigung zu beginnen.

2.2 Teilautonome Gruppenarbeit im Bereich der Straßen- und Gehwegreinigung

Vor Einführung der Gruppenarbeit überwog in diesem Unternehmensbereich eine tayloristische Arbeitsorganisation. Zu Beginn der Arbeit wurden die Arbeitenden von ihrem Vorgesetzten für ein bestimmtes Reinigungsgebiet eingeteilt, das die Arbeitenden dann weitgehend isoliert bearbeiten mussten. Das Reinigungsgebiet konnte von Tag zu Tag wechseln, ohne dass den Arbeitenden die entsprechenden Planungen bekannt waren. Zu ihrem Einsatzort wurden die Arbeitenden mit einem Fahrzeug gefahren, dessen Besetzung ebenfalls häufig wechselte.

Die Einführung der Gruppenarbeit führte zu einer deutlich geänderten Organisationsform: Sechs bis acht Arbeitende wurden in einer festen Gruppe zusammengefasst, deren Aufgabe in der manuellen und maschinellen Reinigung von Gehwegen und kleineren Grünflächen in einem bestimmten Gebiet („Revier") besteht. Ein Gruppenmitglied ist als Fahrer für die Transportaufgaben zuständig, ein weiteres Gruppenmitglied führt als Fahrer eine so genannte Kleinkehrmaschine. Die weiteren Gruppenmitglieder sind Straßen- und Grünflächenreiniger („SGR"), wobei darauf geachtet wird, dass pro Gruppe eine ausreichende Zahl von SGR die Fahrzeuge als Ersatzvertreter fahren kann. Den Grundgedanken des soziotechnischen Systemansatzes folgend wurden Planungs- und Kontrolltätigkeiten in die Gruppe integriert (s.u.), so dass Absprachen z.B. über den Arbeitseinsatz notwendig sind. Demmer, Gohde und Kötter (1991) kennzeichnen diesen Teil gemeinsamer Aufgabenbewältigung als Kernaufgabe, sofern (1) alle Mitarbeiter zu einer organisatorischen Einheit zusammengefasst werden; (2) der Gruppe eine Arbeitsaufgabe übertragen wird, für deren Erledigung die Mitglieder gemeinsam verantwortlich sind; (3) die kooperative Zusammenarbeit eine gemeinsame Planungsphase erfordert (vgl. auch Gohde & Kötter, 1990; Weber, 1997).

Insbesondere folgende Planungsaufgaben werden von den Gruppen übernommen:
- Tourenplanung: Mit Touren werden Pläne bezeichnet, in denen festgelegt wird, in welchen Straßen an welchem Tag gereinigt werden soll. Die Gruppen haben die

Möglichkeit, die Touren innerhalb ihres Reviers selbst festzulegen und gemäß aktueller Anforderungen zu ändern.
- Arbeitseinsatzplanung bzw. Arbeitsverteilung: Die Gruppe legt selbst fest, welcher Arbeitende in welchem Revierteil zu welcher Zeit arbeitet und wann gegenseitige Unterstützung sinnvoll ist. Damit ist die Möglichkeit gegeben, dass innerhalb der Gruppe über die Aufgabenzuteilung entschieden wird.
- Technikeinsatzplanung: Die Gruppen haben die Möglichkeit, technische Unterstützung (Großtechnik) direkt bei den technischen Einsatzleitern anzufordern. Kleintechnik und v.a. die Kleinkehrmaschine ist in die Gruppe integriert und kann entsprechend direkt eingeplant werden.
- Urlaubsplanung: Die Gruppen nehmen selbstständig sowohl die langfristige Jahresurlaubsplanung als auch die kurzfristigen Beurlaubungen vor.
- Selbstbewertung der Reinigungsleistung: Die Gruppe bewertet ihre Reinigungsleistung mit Hilfe von – unter Beteiligung der Gruppen – entwickelten Wochenberichten. Es wird für jede Straße sowohl täglich die erbrachte Reinigungsleistung (Quantität) als auch wöchentlich der Sauberkeitszustand (Qualität) bewertet.
- Durchführung von Gruppentreffen: Die Treffen können sowohl internen Fragen (z.B. Konflikte lösen, gerechte Verteilung der Aufgaben) als auch anderen Themen (z.B. Verbesserungsvorschläge entwickeln) dienen.
- Wahl des Gruppensprechers (gruppeninterne Selbstverwaltung): Die Gruppe ist frei in der Wahl des Gruppensprechers und kann Neuwahlen durchführen.

Auch nach Einführung der Gruppenarbeit bleibt die Reinigungstätigkeit selbst durch wiederkehrende Routinen und geringe Denk- und Planungsprozesse gekennzeichnet. Allerdings wurde erwartet, dass durch die Einführung der Gruppenarbeit eine Kernaufgabe mit entsprechenden Denk- und Planungsprozessen geschaffen werden kann, die Kooperation erhöht und durch die selbstständige Planung der Arbeit die Belastungen vermindert werden können. Damit kann durch Gruppenarbeit auch in diesem Bereich eine Verbesserung zentraler Humankriterien (vgl. Dunckel, 1996) erreicht werden.

2.3 Evaluation

Die Einführung von Gruppenarbeit in der Reinigung wurde in allen Phasen wissenschaftlich begleitet. Ziel war es, ausführliche Daten über die Veränderungen bereitzustellen, wobei der Schwerpunkt auf unternehmens- und mitarbeiterbezogenen Indikatoren lag.

2.3.1 Untersuchungsdesign

Die Untersuchung wurde in eine Pilot- und eine Umsetzungsphase unterteilt. 1996 begann das Pilotprojekt auf der Grundlage eines quasi-experimentellen Designs: Zwei Untersuchungs- und zwei Kontrollgruppen waren in jeweils vergleichbaren Revieren für die Reinigung zuständig. In der auf ein halbes Jahr angelegten Pilotphase sollte geprüft werden, ob Gruppenarbeit eine geeignete Arbeitsorganisationsform ist, die zu einer Verbesserung der Arbeitssituation (für die Arbeitenden) und der Produktivität führt.

Nach positiven Ergebnissen in der Pilotphase (Dunckel, 1997) begann die Umsetzungsphase, die als Wartegruppendesign gekennzeichnet werden kann. Schrittweise wurde Gruppenarbeit ab 1997 in den verschiedenen Bereichen und Arbeitsstätten des Unternehmens eingeführt, so dass bis zum Sommer 1999 jeweils ein Teil der Beschäftigten unter den früheren Arbeitsbedingungen weiter arbeitete. Im Rahmen der Umsetzungsphase wurden im Laufe von drei Jahren insgesamt 167 Arbeitsgruppen mit knapp 1.200 Gruppenmitgliedern gebildet. Das Design lässt sich als quasi-experimentelles Längsschnittdesign kennzeichnen.

2.3.2 Evaluationsformen

Die Evaluation beinhaltete sowohl in der Pilot- als auch der Umsetzungsphase Methoden der formativen und der summativen Evaluation (vgl. z.B. Hager, Patry & Brezing, 2000). Zur *formativen bzw. Prozess-Evaluation* gehörte beispielsweise
- die Durchführung von Workshops, um Gestaltungsmöglichkeiten aus Sicht der Beteiligten zu erheben;
- regelmäßige Gespräche mit den Gruppen und den Führungskräften, um die Veränderungen und Schwachstellen zeitnah zu erheben und Handlungsbedarf zu ermitteln;
- regelmäßige Rückmeldungen positiver und negativer Ergebnisse auf den verschiedenen Hierarchieebenen (von der Regiegruppe über die mittleren Führungskräfte bis hin zu den einzelnen Gruppen).

Die *summative bzw. Ergebnis-Evaluation* diente anhand von Vorher-Nachher-Vergleichen sowie Kontrollgruppendesigns insbesondere dem Ziel, Aussagen über den Erfolg der Einführung von Gruppenarbeit treffen zu können. Der Erfolg von Gruppenarbeit sollte – auch schriftlich festgelegt anhand einer betrieblichen Dienstvereinbarung – sowohl über unternehmens- als auch mitarbeiterorientierte Indikatoren ermittelt werden.

2.3.3 Erhobene Merkmale der summativen Evaluation

Das Erreichen *mitarbeiterorientierter* Ziele wurde durch folgende Variablen geprüft:
- Mit dem Fragebogen SALSA von Rimann und Udris (1997) wurde die *Qualität der Arbeit* (insbesondere Belastungen und Ressourcen in der alltäglichen Arbeit) aus Sicht der Beschäftigten vor und nach Einführung der Gruppenarbeit eingeschätzt.
- Die *Arbeitszufriedenheit* wurde regelmäßig schriftlich mit einer Kurzversion des Arbeitsbeschreibungsbogens ABB von Neuberger (vgl. Neuberger & Allerbeck, 1978) sowie einem Fragebogen von Semmer und Baillod (1991) erhoben. Letzterer erhebt zusätzlich den Faktor Resignation und unterscheidet in Anlehnung an das Bruggemann-Modell (Bruggemann, Groskurth & Ulich, 1975) verschiedene Qualitäten der Arbeitszufriedenheit.
- Schließlich wurde die *Arbeitssituation* aus Sicht der Befragten im Rahmen von Workshops vor und nach der Einführung von Gruppenarbeit bewertet, u.a. mit einer Erhebungsmethode in Anlehnung an die Subjektive Arbeitsanalyse von Ulich (2001).

Bei den *unternehmensbezogenen* Kriterien wurden insbesondere die folgenden Variablen berücksichtigt:
- Die Reinigungsleistung und -qualität wurde fortlaufend von den Gruppen beurteilt. Dafür wurden so genannte Wochenberichte entwickelt, in denen die jeweilige Gruppe ihre Planungen festhielt. Anhand dieser Planungen wurde dann von den Arbeitenden protokolliert, welche Straßenabschnitte gereinigt wurden und – unter Angabe der Gründe – welche Abschnitte nicht geschafft wurden. Auf diese Weise konnte die Reinigungsleistung sowohl in absoluten „Leistungsmetern" ausgedrückt werden als auch in relativen Werten (wie viel Prozent der Soll-Vorgaben wurde erreicht?). Die Beurteilung der Reinigungsqualität war in ein umfassendes Qualitätsmanagementsystem eingebunden, z.B. wurden die Gruppen geschult, ihre Qualitätsangaben anhand bestimmter beobachtbarer Kriterien fest zu machen.
- Die Fehlzeiten wurden von dem Unternehmen bereits vor dem Gruppenarbeitsprojekt regelmäßig erfasst. Hier war es lediglich notwendig, in der entsprechenden Unternehmensdatenbank eine Variable einzuführen, die die Gruppenzugehörigkeit bezeichnet.
- Die Kundenzufriedenheit wurde während der Pilotphase in allen Revieren, während der Umsetzungsphase in mehr als 30 Revieren über einen Zeitraum von jeweils zwei Jahren dreimal erhoben. Dazu wurde ein spezieller Fragebogen entwickelt (Krause, Steinhübel & Strobel, 1997), der von zufällig ausgewählten Anwohnern auszufüllen war. Pro Revier wurden jeweils ca. 150 bis 200 Personen bei den wiederholten Messungen einbezogen.

Zur summativen Evaluation sind auch abschließende Interviews mit Führungskräften und Gruppensprechern zu zählen, die zum Abschluss des Projekts in den Jahren 2001 und 2002 durchgeführt wurden, und bei denen die Befragten ausführlich angaben, was sich durch die Gruppenarbeit verändert hat.

2.4 Zentrale Ergebnisse

Die Ergebnisse der summativen Evaluation sprechen insgesamt für schwache, jedoch eindeutig positive und statistisch signifikante Effekte der Gruppenarbeit sowohl hinsichtlich der mitarbeiter- als auch der unternehmensbezogenen Ziele. Als wesentliche Ergebnisse können hier festgehalten werden (vgl. auch Dunckel, 1997):
- Die Qualität der Arbeit, beurteilt mit dem SALSA, ist gestiegen. Der Vergleich der ersten Messung vor Einführung der Gruppenarbeit und der zweiten Messung im Abstand zwischem einem und drei Jahren (aufgrund des Wartegruppendesigns) von 88 Gruppen ergab, dass durch die Gruppenarbeit die quantitative Überforderung, das belastende Sozialklima und das belastende Vorgesetztenverhalten verringert, während der Tätigkeitsspielraum, die Partizipationsmöglichkeiten und die persönlichen Gestaltungsmöglichkeiten wie auch die soziale Unterstützung und die sozialen Ressourcen erhöht werden konnten.
- Verglichen mit dem im Sommer 1996 gemessenen Ausgangsniveau (N=81 Beschäftigte) stieg auch die Zufriedenheit mit der Tätigkeit. Dieser Effekt blieb auch über einen Zeitraum von drei Jahren konstant.

- Schließlich haben die Arbeitenden in den Workshops immer wieder betont, dass sie nicht zu der alten oder einer vergleichbaren Arbeitsform zurückkehren wollen.
- Die Kundenzufriedenheit in den Gruppenrevieren ist gestiegen. Der Vergleich der ersten Befragung vor Einführung der Gruppenarbeit mit der zweiten Befragung (1 Jahr nach der Einführung) und der dritten Befragung (2 Jahre nach der Einführung) ergab ebenfalls eine leichte, aber über die Jahre stabile Erhöhung der Kundenzufriedenheit (N = 7780 Fragebögen).
- Schließlich kann festgestellt werden, dass sowohl die Reinigungsleistung gestiegen ist (verglichen mit einer im Sommer 1997 gemessenen Ausgangsleistung) als auch die Fehlzeiten gesunken sind (im 2-Jahres-Durchschnitt beträgt der Unterschied zwischen den Fehlzeiten der Gruppenmitglieder mit der Vergleichsstichprobe der noch nicht gruppenarbeitenden Beschäftigten 1,5 Prozent).

Die Auswertungen entsprechen bekannten Ergebnissen anderer Studien (vgl. z.B. Beekun, 1989; Macy & Izumi, 1993; Pasmore, Francis, Haldeman & Shani, 1982). Als Besonderheit der hier vorgestellten Untersuchung kann dabei das methodisch anspruchsvollere Längsschnittdesign hervorgehoben werden.

Somit kann (nicht nur in dem hier angeführten Projekt) inzwischen von nachgewiesenen positiven Effekten der Einführung von Gruppenarbeit ausgegangen werden – insbesondere hinsichtlich verschiedener Produktivitäts- und Effektivitätskriterien. Ferner können weitergehende Aussagen zur Verbreitung von Gruppenarbeit getroffen werden (z.B. Bungard & Jöns, 1997; Benders, Huijgen & Pekruhl, 2000).

3. Teilprojekt „Erfolgreiche Gruppen in der Reinigung"

Im hier nur kurz skizzierten Gesamtprojekt konnte somit auch für diesen Dienstleistungsbereich nachgewiesen werden, dass die Einführung von Gruppenarbeit positive Effekte sowohl für das Unternehmen als auch für die Beschäftigten hat.

Wesentlich unklarer ist jedoch bislang der empirisch gesicherte Wissensstand bezüglich der Prozesse, die zu diese positiven Effekten führen. Es liegen verschiedene Modelle vor, die eine Vielzahl von Variablen aufführen (z.B. Hackman, 1987; vgl. auch Antoni, 1996) und Hinweise geben, worauf bei der Einführung von Gruppenarbeit zu achten ist. Dabei wird sowohl auf die Bedeutung zahlreicher Inputvariablen (z.B. Gruppendesign) als auch verschiedener Prozessvariablen (z.B. Angemessenheit der Bearbeitungsstrategien und soziale Prozesse innerhalb der Gruppe) hingewiesen. Hier zeigt sich eine interessante Schnittstelle zwischen der Arbeits- und Organisationspsychologie und der Sozialpsychologie. Bislang wird diese Schnittstelle noch eher selten detailliert beleuchtet. Beispielsweise zeigen die bibliometrischen Analysen von Fisch, Daniel und Beck (1991) ein Nebeneinander verschiedener Forschungsdisziplinen in der Kleingruppenforschung auf, die auch nach Auffassung dieser Autoren stärker integriert werden sollten.

In der Umsetzungsphase konnten die erforderliche detaillierte Betrachtung und Analysen der Prozesse aus Kapazitätsgründen nicht realisiert werden. Nachdem die neue Arbeitsorganisationsform unternehmensweit und stabil eingeführt worden war, bestand die Möglichkeit, die *Variablen* stärker zu untersuchen, die zu den genannten Effekten führen könnten.

3.1 Fragestellung

Zentrale Fragestellung dieses als explorative Studie angelegten Teilprojektes war, warum bestimmte Gruppen erfolgreich sind und andere nicht. Aus diesem Grunde wurden insbesondere die erfolgreichen Gruppen (zur Messung erfolgreicher Gruppen s.u.) untersucht und mit den weniger erfolgreichen Gruppen verglichen.

Diese Untersuchung ist nicht nur von wissenschaftlichem Interesse, sondern auch für das Unternehmen von praktischer Bedeutung. Dies soll kurz erläutert werden: Die Rahmenbedingungen der 167 Gruppen waren unternehmensweit weitgehend gleich. Dennoch zeigte sich im Laufe der Evaluation, dass es große Unterschiede wischen den Gruppen hinsichtlich des Erreichens verschiedener unternehmens- und mitarbeiterbezogene Ziele gab. Entsprechend bestand seitens der Verantwortlichen im Unternehmen das Erkenntnisinteresse, worauf die Unterschiede zurückzuführen waren. Nach der flächendeckenden Einführung von Gruppenarbeit (1997 bis 1999) wurde deshalb im Jahr 2000 eine Untersuchung der Bedingungen unterschiedlicher Gruppenerfolge durchgeführt. Diese Fragestellung wurde als Teilprojekt „Erfolgreiche Gruppen" bezeichnet. Besonderes Gewicht wurde bei diesem Teilprojekt auf die Berücksichtigung der Prozessvariablen (s.u.) gelegt.

3.2 Rahmenmodell

In der Literatur sind mittlerweile eine Reihe von Modellen aufgeführt, in deren Rahmen eine Vielzahl von Variablen zur Erklärung der Effektivität von Gruppenarbeit untersucht und dargestellt worden sind (vgl. Campion, Medsker & Higgs, 1993; Campion, Papper & Medsker, 1996; Cummings, 1978 ; Gladstein, 1984; Hackman, 1987; vgl. auch Antoni, 2000; Guzzo & Dickson, 1996; Gemünden & Högl, 1998; Högl, 1998; Kleinbeck, 2001; McGrath, 1964; Paris, Salas & Cannon-Bowers, 2000; Tannenbaum, Beard & Salas, 1992).

Diese Untersuchungen und Modelle sind von uns genutzt worden, um die relevanten Einflussgrößen und Wirkmechanismen im Kontext von Entsorgungsunternehmen zu identifizieren und zu systematisieren (im Folgenden als „Rahmenmodell" bezeichnet).

Die Herleitung des Rahmenmodells erfolgte in drei Schritten: Zunächst wurden die in den vorliegenden Modellen aufgeführten zentralen Variablen zusammengestellt. Anschließend erfolgte eine Anpassung dieser an die Besonderheiten des Reinigungsunternehmens, beispielsweise sollten bei den Inputvariablen die verschiedenen Besonderheiten der Reinigungsreviere („Reviermerkmale") berücksichtigt werden. Im dritten Schritt fanden Workshops mit den Vorgesetzten der Gruppen statt, um anhand der Urteile der Führungskräfte vor Ort das „Modell" zu diskutieren und ggf. zu präzisieren. Dabei ging es nicht um eine Überprüfung des Modells, sondern um eine

Einschätzung der Führungskräfte, auf welche Variablen im Rahmen unserer Erhebung besonderer Wert gelegt werden sollte. Dieser dritte Schritt hatte zudem die Funktion, die Akzeptanz der Führungskräfte für das Teilprojekt zu erhöhen: Zum einen war ihre Unterstützung bei der Datenerhebung notwendig, und zum anderen wurde die Basis für spätere Handlungsempfehlungen und -umsetzungen geschaffen.

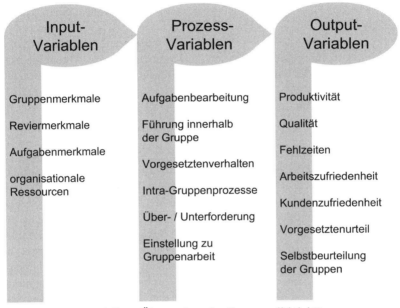

Abbildung 1: Rahmenmodell zur Überprüfung der Gruppeneffektivität

In Abbildung 1 wird das Rahmenmodell veranschaulicht. Die Einführung von Gruppenarbeit ist stets ein umfassender Eingriff in die bestehende Organisationsstruktur und Arbeitsteilung, und es werden – gemäß des soziotechnischen Modells der Gruppeneffektivität von Cummings (1978; vgl. auch Antoni, 1996, S. 61 ff.) – insbesondere Entscheidungen bezüglich des organisationalen Kontexts (z.B. Entgeltsystem), des Gruppendesigns und der Einführungsstrategie notwendig. Diese Aspekte können als Einflussfaktoren bzw. *Input-Variablen* bezeichnet werden. Bei dem Entsorgungsunternehmen war die Einführungsstrategie für alle Gruppen identisch. Verschiedene Aspekte des organisationalen Kontexts wie das Entgeltsystem und das Trainingsprogramm unterschieden sich *nicht* zwischen den Gruppen.[1] In dem Modell wurde auf die Aufnahme solcher Variablen verzichtet, die zwar grundsätzlich wichtig, in diesem Unternehmen jedoch für alle Gruppen weitestgehend identisch sind. Diese Variablen können den unterschiedlichen Erfolg der Gruppen nicht erklären.

---

[1] In einer speziellen Dienstvereinbarung für Gruppenarbeit wurden die Rahmenbedingungen schriftlich fixiert.

Zu den hier berücksichtigten *Inputfaktoren* zählen:
- Gruppenmerkmale (z.B. Gruppengröße, Altersstruktur, Familiarität, Qualifikationen),
- Reviermerkmale (z.B. Entfernung von der Betriebsstelle und Fahrtdauer, Verschmutzungsgrad, Anzahl der Anwohner und Geschäfte),
- Aufgabenmerkmale (z.B. Ganzheitlichkeit der Aufgabe),
- Organisationale Ressourcen (z.B. Partizipationsmöglichkeiten, Spielraum für private Dinge).

Zu den *Prozessvariablen* gehören in unserem Rahmenmodell folgende Variablen:
- Aufgabenbearbeitung (z.B. Innovation der Gruppen, effektiver Technikeinsatz),
- Führung innerhalb der Gruppe (z.B. Art der Führung, Zufriedenheit mit dem Gruppensprecher),
- Vorgesetztenverhalten (z.B. mitarbeiterorientiertes Vorgesetztenverhalten),
- Intra-Gruppenprozesse (z.B. Wir-Gefühl in der Gruppe, soziale Unterstützung durch Kollegen),
- Aspekte der Über- und Unterforderung sowie
- die Einstellung zur Gruppenarbeit (z.B. Identifikation mit der Gruppenarbeit).

Bezüglich der *Outputvariablen* bzw. der Gruppeneffektivität wurde den Aspekten der Produktivität besonderes Gewicht beigemessen. Daneben sind aus arbeitspsychologischer Sicht mitarbeiterbezogene Indikatoren als gleichbedeutend anzusehen. Entsprechend gehört die Arbeitszufriedenheit zu den relevanten Outputvariablen. Bei weiteren mitarbeiterbezogenen Variablen ist eine Zuordnung zu den Prozess- oder zu den Outputvariablen schwierig: Dies gilt insbesondere für das Wir-Gefühl einer Gruppe und die Einstellung zur Gruppenarbeit, die durchaus sinnvoll als Outputfaktoren betrachtet werden können, da sie Indikatoren für die Fähigkeit der Gruppenmitglieder zur weiteren Zusammenarbeit sind – ein Aspekt, der bei Hackman (1987; vgl. auch Antoni, 1996) zur Gruppeneffektivität gezählt wird. In dem unserer Untersuchung zugrunde liegenden Modell sollten Variablen hinsichtlich des sozialen Geschehens jedoch als Prozessvariablen eingeordnet werden.

Berücksichtigt wurden bei den *Outputvariablen* Aspekte der
- Produktivität (Reinigungsleistung),
- Qualität,
- Fehlzeiten,
- Arbeitszufriedenheit,
- Kundenzufriedenheit.
- Zudem wurde der Gesamterfolg der Gruppe von den Gruppen selbst sowie von dem direkten Vorgesetzten beurteilt.

3.3 Erhobene Merkmale

Das Teilprojekt erforderte die Erhebung weiterer Daten, insbesondere bezüglich der Input- und Prozessvariablen. Bei den Outputvariablen konnte überwiegend auf vorhandenes Datenmaterial zurückgegriffen werden (vgl. Abschnitte 2.3 und 2.4). In Tabelle 1 wird ein Überblick über die verschiedenen Variablen und deren Erhebung gegeben.

Die Daten wurden jeweils auf Gruppenebene aggregiert, d.h. auf Individualebene erhobene Informationen wie die Arbeitszufriedenheit wurden auf Gruppenebene über Mittelwertsbildung zusammengefasst. Die über einen längeren Zeitraum erhobenen bzw. wiederholt gemessenen Variablen (z.B. Fehlzeiten) wurden für die Auswertung auf einen Wert aggregiert, d.h. beispielsweise die Berechnung eines durchschnittlichen Fehlzeitenwertes für den gesamten Untersuchungszeitraum, der je nach Einführungszeitpunkt der Gruppenarbeit bis zu 3.5 Jahren betrug.

Tabelle 1: Übersicht zu den Variablen und den Erhebungsmethoden

Variablen	Erhebungsmethoden
Inputvariablen	
Gruppenmerkmale 1. Alter der Gruppenmitglieder 2. Gruppenalter (Startjahr) 3. Gruppengröße 4. Besonderheiten der Gruppenmitglieder (Anteil Zeitkräfte, Schwerbehinderte usw.) 5. Qualifikation (Anzahl der Fahrer/Reservefahrer) 6. Stabilität (Anzahl der Wechsler) 7. Familiarität (Kennen/Zusammenarbeit vor Beginn der Gruppenarbeit)	Dokumentenanalysen sowie Befragung der direkten Vorgesetzten auf der Grundlage eines standardisierten Leitfadens.
Reviermerkmale 1. Reviergröße in Metern 2. Verteilung der Reinigungsklassen im Revier (Reinigungsklassen geben die notwendige Häufigkeit der Reinigung an) 3. Umfang der Reinigung, die von der Technik übernommen wird 4. Reviereinheit 5. Entfernung des Reviers von der Betriebsstelle 6. Fahrtdauer bis zum Revier 7. Fahrtwege im Revier 8. Verschmutzungsaufkommen im Revier 9. Anzahl der Kippstellen 10. Menge des Laubs 11. Anzahl der Geschäfte 12. Anzahl der Anwohner 13. Sauberkeitsverhalten der Anwohner 14. Reviereinschätzung (Gesamturteil)	Dokumentenanalysen sowie Befragung der direkten Vorgesetzten auf der Grundlage eines standardisierten Leitfadens (Variablen 1-4). Bei den Variablen 5-14 wurden im Rahmen eines Einzelinterviews Rangordnungen der Gruppen durch den Vorgesetzten gebildet.

(Fortsetzung nächste Seite)

Aufgabenmerkmale 1. Qualifikationsanforderungen 2. Ganzheitlichkeit der Aufgaben	Schriftliche Befragung der Gruppenmitglieder mit dem Fragebogen SALSA. Ergebnisse wurden auf Gruppenebene aggregiert.
Organisationale Ressourcen 1. Aufgabenvielfalt 2. Partizipationsmöglichkeiten 3. Qualifikationspotenzial 4. Tätigkeitsspielraum 5. Persönliche Gestaltungsmöglichkeiten 6. Spielraum für private und persönliche Dinge	Schriftliche Befragung der Gruppenmitglieder mit dem Fragebogen SALSA. Ergebnisse wurden auf Gruppenebene aggregiert.
Prozessvariablen	
Aufgabenbearbeitung 1. Effektiver Einsatz der Kleintechnik 2. Effektiver Einsatz der Großtechnik 3. Planungsfähigkeit und -flexibilität 4. Bereitschaft zur Zusammenarbeit mit anderen Gruppen 5. Bereitschaft zur Zusammenarbeit mit dem Vorgesetzten 6. Veränderungsstreben und eigene Ideen 7. Tourenplanung der Gruppe: Stammtouren; feste Touren, Rotation 8. Durchführung von Gruppentreffen	Für die Variablen 1-6 wurden im Rahmen eines Einzelinterviews Rangordnungen der Gruppen durch den Vorgesetzten gebildet. Die Variablen 7-8 wurden im Rahmen von Workshops durch die Gruppen eingeschätzt (Gruppendiskussion).
Führung innerhalb der Gruppen 1. Führungsstil	Beschreibung des Führungsstils im Rahmen der Workshops durch die Gruppen (Gruppendiskussion). Insbesondere wurde die Verteilung von Führungsaufgaben in der Gruppe geklärt und erfragt, ob und wie diese von einer einzelnen Person („Chef") umgesetzt wurden.
Vorgesetztenverhalten 1. Zufriedenheit mit dem Vorgesetzten 2. Mitarbeiterorientiertes Vorgesetztenverhalten 3. Soziale Unterstützung durch Vorgesetzte	Schriftliche Befragung der Gruppenmitglieder mit dem Fragebogen SALSA und einem Arbeitszufriedenheitsbogen. Ergebnisse wurden auf Gruppenebene aggregiert.

(Fortsetzung nächste Seite)

Intra-Gruppenprozesse 1. Zufriedenheit mit den Kollegen 2. Belastendes Sozialklima 3. Positives Sozialklima 4. Soziale Unterstützung durch Arbeitskollegen 5. Fähigkeit zur Lösung von Konflikten in der Gruppe 6. Wir-Gefühl 7. „Wir sind ein richtiges Team" 8. „Konflikte werden angesprochen" 9. „Wir unterstützen uns gegenseitig"	Die Variablen 1-4 wurden bei der schriftlichen Befragung der Gruppenmitglieder erhoben. Für die Variablen 5-6 wurden im Rahmen eines Einzelinterviews Rangordnungen der Gruppen durch den Vorgesetzten gebildet. Die Variablen 7-9 wurden von den Gruppenmitgliedern im Rahmen von Workshops auf einer Leiterskala (0-100 %) eingeschätzt (Einzelurteile wurden auf Gruppenebene aggregiert).
Über-/Unterforderung 1. quantitative Überforderung 2. qualitative Überforderung 3. qualitative Unterforderung	Schriftliche Befragung der Gruppenmitglieder mit dem Fragebogen SALSA. Ergebnisse wurden auf Gruppenebene aggregiert.
Einstellung zu Gruppenarbeit 1. Einstellung zur Arbeit (Ehrgeiz, Lust auf Leistung) 2. Note für Gruppenarbeit (Workshop)	Die erste Variable wurde vom Vorgesetzten über Rangordnungen der Gruppen eingestuft. Die zweite Variable wurde von den Gruppenmitgliedern im Rahmen der Workshops eingestuft (Punktabfrage).
Outputvariablen	
Produktivität: (Sommerliche) Reinigungsleistung	Selbstbewertung der Gruppen in „Wochenberichten", in denen die gereinigten Straßen(-abschnitte) anzugeben waren. Die tatsächlich gereinigten Meter wurden in Bezug zum Soll gestellt, so dass ein relativer Wert (in Prozent) entstand. Für die Auswertung wurde die sommerliche Reinigungsleistung der Kalenderwochen 14 bis 40 herangezogen, da diese weniger von Umweltschwankungen (z.B. Schnee, Laub) abhängen.
Fehlzeiten	Dokumentenanalyse
Kundenzufriedenheit	Standardisierte, schriftliche Befragung von Kunden in ausgewählten Revieren. Pro Revier fanden drei Befragungen im Abstand jeweils eines Jahres statt. Es wurden Differenzwerte (Veränderungen) zwischen den Messzeitpunkten berechnet.
Arbeitszufriedenheit	Standardisierte Befragung der Gruppenmitglieder mit einem Arbeitszufriedenheitsbogen von Semmer und Baillod (1991).

(Fortsetzung nächste Seite)

Vorgesetztenurteil zum Erfolg der Gruppen	Die direkten Vorgesetzten unterteilten die ihnen zugeordneten Gruppen im Rahmen eines Einzelinterviews in erfolgreiche und nicht-erfolgreiche Gruppen.
Selbstbewertung des Gruppenerfolgs	Die Gruppen stuften ihren Erfolg auf einer Leiterskala (0-100 %) im Rahmen von Workshops selbst ein. Die Einzelurteile wurden anschließend aggregiert.
Qualität	Es fand eine regelmäßige Qualitätsbewertung des Reviers durch die Gruppen statt. Ferner wurden die Sauberkeit des Reviers sowie die Anzahl der Beschwerden vom Vorgesetzten beurteilt.

Tabelle 1 zeigt die Variablen und Erhebungsmethoden, die im Rahmen dieses Teilprojektes eingesetzt wurden. Überwiegend wurden Dokumentenanalysen und Befragungsmethoden kombiniert. Während die Dokumentenanalysen und die standardisierten Fragebögen vergleichsweise leicht nachvollziehbar sind und an dieser Stelle nicht ausführlicher erläutert werden, soll auf die Befragung der Vorgesetzten kurz eingegangen werden: Für das Teilprojekt waren die Urteile der direkten Vorgesetzten von besonderer Bedeutung, da diese einen intensiven Austausch mit den Gruppen pflegten und einen guten Überblick über die Reviergegebenheiten besaßen. Jedem Vorgesetzten sind in dem Unternehmen 6 bis 12 Gruppen zugeordnet.

Die Vorgesetzten wurden im Rahmen eines zweistündigen Einzelinterviews aufgefordert, die ihnen zugeordneten Gruppen bezüglich der verschiedenen Kriterien (z.B. Effektivität des Einsatzes der Technik, Planungsfähigkeit der Gruppe, vgl. Tab. 1) in überdurchschnittliche, durchschnittliche und unterdurchschnittliche Gruppen zu unterteilen. Die Vorgesetzten wurden aufgefordert, zumindest jeweils ein Viertel der Gruppen als über- sowie unterdurchschnittlich einzustufen.

Neben den differenzierten Urteilen zu einzelnen Kriterien wurde ein Gesamturteil zum Erfolg der Gruppe eingeholt. Der Vorgesetzte sollte also beurteilen, welche Gruppen aus seiner Sicht als erfolgreich einzustufen waren. Eingebunden war das Gesamturteil in geplante Workshops mit den erfolgreichen Gruppen – die Frage lautete: „Im Folgenden sind wir an Ihrer Empfehlung interessiert. Welche Gruppen auf Ihrer Betriebsstelle sind erfolgreich und sollten zu dem Workshop eingeladen werden?" Ziel war es, für den Arbeitsbereich des Vorgesetzten („Betriebsstelle") zwei bis vier *erfolgreiche* Gruppen zu gewinnen.

Mit diesen erfolgreichen Gruppen wurden die ersten Workshops durchgeführt, wenige Woche später folgten die Workshops mit den restlichen Gruppen. In die folgenden Auswertungen gingen die Werte von 104 Gruppen ein, die von ihren Vorgesetzten beurteilt wurden.

3.4 Ergebnisse

3.4.1 Identifikation erfolgreicher Gruppen

Ausgangspunkt des Teilprojekts war die Feststellung, dass es bei den Outputvariablen erhebliche Unterschiede zwischen den Gruppen gab.

Im ersten Schritt der Analyse sollte geklärt werden, durch welche Outputvariablen sich erfolgreiche von weniger erfolgreichen Gruppen unterscheiden lassen. Dabei wurde davon ausgegangen, dass erfolgreiche Gruppen sich nicht nur durch positive Ergebnisse bei einzelnen Variablen auszeichnen, sondern bei mehreren oder möglichst allen Outputvariablen überdurchschnittliche Werte aufweisen: Erfolgreiche Gruppen zeichnen sich demnach durch bessere Reinigungsleistung und -qualität, niedrigere Fehlzeiten, höhere Kunden- und Arbeitszufriedenheit aus.

Anhand des Gesamturteils des direkten Vorgesetzten wurden die Gruppen zunächst als erfolgreich bzw. nicht-erfolgreich gekennzeichnet. Von den insgesamt 104 berücksichtigten Gruppen wurden 31 Gruppen als erfolgreich eingestuft. Die Frage ist, ob sich das Vorgesetztenurteil, das u.a. durch die Beziehungen zu den Gruppen und den Gruppenmitgliedern geprägt und verzerrt sein kann, auch in den anderen Outputvariablen widerspiegelt.

Es zeigte sich bezüglich der verschiedenen Outputvariablen durchgängig, dass sich die vom Vorgesetzten als erfolgreich eingestuften Gruppen von den restlichen Gruppen unterschieden. Die erfolgreichen Gruppen wiesen – statistisch signifikant[2] – insbesondere

- eine höhere Produktivität auf; so war die Reinigungsleistung im Sommer 2000 durchschnittlich 5 % höher ($t_{102} = 2.23; p < .05$),
- um 1,6 % niedrigere Fehlzeiten ($t_{102} = 2.02; p < .05$) waren festzustellen,
- es bestand eine höhere Kundenzufriedenheit in ihren Gebieten; so stieg die angegebene Sauberkeit bei den erfolgreichen Gruppen im zweiten Jahr nach Einführung von Gruppenarbeit, während sie bei den restlichen Gruppen stagnierte ($t_{17} = 2.78; p < .05$),
- die Arbeitszufriedenheit war höher ($t_{96} = 2.88; p < .05$),
- auch in der Selbstbewertung schätzten sich diese Gruppen um knapp 12 % erfolgreicher als die anderen Gruppen ein ($t_{58} = 3.37; p < .05$).

Es zeigte sich somit:
1. Es gibt bedeutende Unterschiede zwischen erfolgreichen und nicht erfolgreichen teilautonomen Arbeitsgruppen.
2. Erfolgreiche Gruppen sind durch bessere Ergebnisse in allen wichtigen Output-Variablen gekennzeichnet.
3. Das Vorgesetztenurteil ist geeignet, erfolgreiche und nicht erfolgreiche Gruppen zu unterscheiden.

---

[2] Die Signifikanzprüfung erfolgte über t-Tests.

3.4.2 Unterschiede zwischen erfolgreichen und nicht erfolgreichen Gruppen bezüglich der Inputvariablen

Unternehmensintern wurde mehrfach die Annahme formuliert, Gruppen seien vor allem aufgrund des höheren Anteils jüngerer Arbeitender erfolgreich („Olympiamannschaften-These"). Entgegen dieser Annahme zeigte sich bezüglich dieses Merkmals, dass die erfolgreichen Gruppen sogar einen etwas höheren Anteil älterer Arbeitnehmer aufwiesen (vgl. Abb. 2).

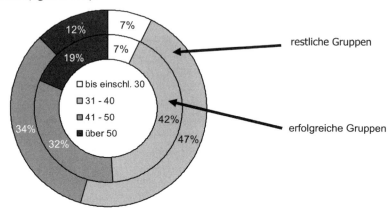

Abbildung 2: Altersstruktur in erfolgreichen und den restlichen Gruppen

Weitere Aspekte der Gruppenzusammensetzung spielten ebenfalls keine Rolle: So kannten sich die Mitglieder der erfolgreichen Gruppen vor Einführung der Gruppenarbeit *nicht* besser und hatten vorher *nicht* häufiger zusammengearbeitet. Die hierüber erfasste Familiarität wirkte sich somit nicht aus. Erfolgreiche Gruppen können aufgrund ihrer Zusammensetzung nicht als „Olympiamannschaften" bezeichnet werden, da die erfolgreichen Gruppen *ebenso viele* Mitglieder mit Auffälligkeiten (z.B. Schwerbehinderte) in ihren Reihen hatten.

Auch bei den *Reviermerkmalen* wie z.B. dem (von der Gruppe unabhängigen) Verschmutzungsgrad, dem Sauberkeitsverhalten der Anwohner oder dem Fahrtweg bis zum Revier zeigten sich keine wesentlichen Unterschiede zwischen den erfolgreichen und den restlichen Gruppen. Lediglich bei einem Gesamturteil des Vorgesetzten zum Revier, das von der Leistung der Gruppe unabhängig sein sollte, zeigte sich, dass die Reviere der erfolgreichen Gruppen insgesamt als tendenziell besser eingeschätzt wurden ($t_{102} = 2.40; p < .05$).

Keine Unterschiede zeigten sich bei den (über die Gruppenmitglieder eingeschätzten) *Aufgabenmerkmalen* und *organisationalen Ressourcen*: Erfolgreiche Gruppen schätzten z.B. ihre Partizipationsmöglichkeiten und die Gestaltungsmöglichkeiten am Arbeitsplatz *nicht* höher ein. Der Spielraum für private und persönliche Dinge wurde von den erfolgreichen Gruppen sogar als niedriger angegeben ($t_{52} = 2.16; p < .05$).

Die *Input-Variablen* erwiesen sich als eher wenig aussagekräftig, um den Erfolg der Gruppen vorherzusagen. Gleichwohl können die Daten nicht als Beleg für eine fehlende Bedeutung von Input-Faktoren angesehen werden. Es ist zu berücksichtigen, dass die Rahmenbedingungen für die Gruppen in diesem Unternehmen recht homogen waren und somit wenig Varianz bestand.

3.4.3 Unterschiede zwischen erfolgreichen und nicht erfolgreichen Gruppen bezüglich der Prozessvariablen

Erfolgreiche Gruppen unterscheiden sich statistisch bedeutsam von weniger erfolgreichen Gruppen bei den *Prozessvariablen*.

Erfolgreiche Gruppen
- identifizierten sich stärker mit Gruppenarbeit ($t_{102} = 6.35; p < .01$) und bewerteten Gruppenarbeit (als neue Arbeitsorganisationsform) positiver ($t_{41.61} = 4.81; p < .01$);
- sie waren mit dem direkten Vorgesetzten zufriedener ($t_{95} = 2.73; p < .01$) und das Vorgesetztenverhalten wurde als mitarbeiterorientierter und sozial unterstützender angegeben ($t_{51.88} = 2.09; p < .05$). Die Bereitschaft zur Zusammenarbeit mit dem Vorgesetzten war größer ($t_{102} = 7.09; p < .01$).
- Die erfolgreichen Gruppen waren mit den Kollegen in der Gruppe zufriedener ($t_{96} = 3.54; p < .01$), hatten ein größeres Wir-Gefühl ($t_{102} = 7.66; p < .01$), fühlten sich eher als „richtiges Team" ($t_{41.63} = 3.22; p < .01$) und unterstützten sich stärker gegenseitig bei der Arbeit ($t_{41.28} = 2.30; p < .05$).
- Sie hatten größere Fähigkeiten zur Lösung von Konflikten ($t_{102} = 6.87; p < .01$),
- waren bei ihren Planungen der Klein- und Großtechnik flexibler und setzten die Technik besser ein (bei Kleintechnik $t_{98} = 3.97; p < .01$; bei Großtechnik $t_{102} = 5.57; p < .01$),
- machten mehr innovative Vorschläge ($t_{102} = 6.02; p < .01$).

Die angeführten Indikatoren hingen mit dem Erfolg der Gruppen eng zusammen. Für die Validität der Ergebnisse spricht, dass mit verschiedenen Erhebungsmethoden ermittelte Daten zu den gleichen Ergebnissen kamen: Beispielsweise schätzten die Vorgesetzten die Bereitschaft zur Kooperation bei den erfolgreichen Gruppen höher ein. Die unabhängig davon erhobenen Bewertungen der Gruppenmitglieder zum Vorgesetztenverhalten (mit dem Fragebogen SALSA) zeigten, dass die erfolgreichen Gruppen mit dem Vorgesetzten zufriedener waren. Zudem zeigten sich Zusammenhänge zwischen den Prozessvariablen und den weiteren Outputvariablen (z.B. hing die vom Vorgesetzten eingeschätzte Planungsfähigkeit der Gruppen mit der tatsächlichen Reinigungsleistung zusammen).

Interessant erscheint noch, welche Begründungen die erfolgreichen Gruppen selbst für ihren Erfolg angeben. In den Workshops wurde die Frage gestellt, welche Gründe für den Erfolg der Gruppe gesehen werden. Die häufigsten Antworten lauteten (Grundlage sind die Antworten von 29 erfolgreichen Gruppen):
- Die Kollegen in der Gruppen verstehen sich gut, kommen gut miteinander aus, halten zusammen und versuchen Probleme gemeinsam zu lösen (20 Gruppen). Es sei angemerkt, dass keine einzige Gruppe die Notwendigkeit eines „Chefs" als wichtige Voraussetzung für den Erfolg ansah.
- Erfolg der Gruppe ist auf gute Einteilung, Organisation, Planung und Abstimmung zurückzuführen (15 Gruppen).

- Gute Arbeitseinstellung der Kollegen in der Gruppe, alle denken und arbeiten mit, gegenseitige Unterstützung in der Arbeit findet statt (13 Gruppen). Hier sei angemerkt, dass nur vier Gruppen der Meinung waren, dass der Erfolg wesentlich vom (guten) Revier beeinflusst wurde.
- Geringe Fehlzeiten in der Gruppe, gute Besetzung (8 Gruppen).
- Stabilität der Gruppe, langes Zusammenarbeiten in einer weitestgehend gleichen Besetzung (7 Gruppen).

Als wesentliche Ergebnisse des Teilprojekts kann festgehalten werden:
1. Erfolgreiche Gruppen unterscheiden sich weniger in Input- als vielmehr in zahlreichen Prozess-Variablen von den nicht erfolgreichen Gruppen.
2. Intra-Gruppenprozesse wirken sich auf den Erfolg von Gruppen aus und sind nach Meinung der Gruppenmitglieder die wichtigsten Faktoren.
3. Viele erfolgsrelevante Variablen liegen im Bereich der Führung von Teams und sind somit (von Führungskräften) beeinflussbar.

4. Diskussion

Unsere hier nur kurz skizzierten Ergebnisse zeigen, dass die Einführung von Gruppenarbeit auch im Bereich der Straßenreinigung positive Effekte für die Organisation und die Beschäftigten hat, und zwar selbst dann, wenn der größere Teil der Arbeit nach wie vor durch geringe Denk- und Planungserfordernisse und durch hohe körperliche Belastungen gekennzeichnet werden muss.

Unser Untersuchungsdesign erlaubt die Aussage, dass diese Effekte auch über eine längere Zeit stabil sind und mit einiger Sicherheit auf die Einführung von Gruppenarbeit zurückzuführen sind.

Die von uns untersuchten Gruppen arbeiten unter weitgehend gleichen Rahmenbedingungen. Umso erstaunlicher ist, dass es erhebliche Unterschiede zwischen den Gruppen bezüglich ihrer Produktivität und Zufriedenheit gibt. Wir haben in diesem Beitrag einige Variablen vorgestellt, die diese Unterschiede erklären könnten. Es sind vorrangig Variablen, die sich auf die Prozesse innerhalb einer Gruppe beziehen – also sozialpsychologische Variablen. Damit zeigt sich einmal mehr, dass die von Siegfried Greif immer wieder geforderte Integration von Arbeits- und Sozialpsychologie Sinn macht – eine Integration, die sich schon seit vielen Jahren in den Schriften von Siegfried Greif findet (z.B. Greif, 1983). Darüber hinaus zeigen unsere Ergebnisse, dass die stärkere Berücksichtigung sozialpsychologischer Variablen auch von großer praktischer Bedeutung ist, denn diese spielen offensichtlich eine bedeutende Rolle für die Produktivität und Qualität der Arbeit.

Wir hoffen mit unserer Untersuchung dem Anspruch von Siegfried Greif gerecht geworden zu sein, *eine* Antwort auf die Frage zu geben, „... wie man die Leistungen der Menschen in Organisationen verbessern kann, ohne Zufriedenheit und Wohlbefinden sowie Bedürfnis- und Persönlichkeitsentwicklung zu beeinträchtigen" (Greif, 1983, S. 13).

Literatur

Antoni, C. H. (1996). *Teilautonome Arbeitsgruppen. Ein Königsweg zu mehr Produktivität und einer menschengerechten Arbeit?* Weinheim: Psychologie Verlags Union.

Antoni, C. H. (2000). *Teamarbeit gestalten: Grundlagen, Analysen, Lösungen.* Weinheim: Beltz.

Beekun, R. I. (1989). Assessing the Effectiveness of Sociotechnical Interventions: Antidote or Fad? *Human Relations, 42*, 877-897.

Benders, J., Huijgen, F. & Pekruhl, U. (2000). Gruppenarbeit in Europa – ein Überblick. *WSI Mitteilungen, 53*, 365-374.

Bollinger, G. & Greif, S. (1983). Innovationsprozesse. In M. Irle (Hrsg.), *Methoden und Anwendungen in der Marktpsychologie. Handbuch der Psychologie, Band 12* (S. 396-482). Göttingen: Hogrefe.

Bruggemann, A., Groskurth, P. & Ulich, E. (1975). *Arbeitszufriedenheit.* Bern: Huber.

Bungard, W. & Jöns, I. (1997). Gruppenarbeit in Deutschland – eine Zwischenbilanz. *Zeitschrift für Arbeits- und Organisationspsychologie, 41*, 104-119.

Campion, M. A., Medsker, G. J. & Higgs, A. C. (1993). Relations between work group characteristics and effectiveness: Implications for designing effective work groups. *Personnel Psychology, 46*, 823-850.

Campion, M. A., Papper, E. M. & Medsker, G. J. (1996). Relations between work group characteristics and effectiveness: A replication and extension. *Personnel Psychology, 49*, 429-452.

Cummings, T. G. (1978). Self-regulating work-groups: A socio-technical synthesis. *Academy of management review, 3*, 625-634.

Demmer, B., Gohde, H. E. & Kötter, W. (1991). Komplettbearbeitung in eigener Regie. *Technische Rundschau, 83*, 18-26.

Dunckel, H. (1996). *Psychologisch orientierte Systemanalyse im Büro.* Bern: Huber.

Dunckel, H. (1997). Ist Gruppenarbeit effizient? In H. Mandl (Hrsg.), *Bericht über den 40. Kongreß der Deutschen Gesellschaft für Psychologie in München 1996. Schwerpunktthema Wissen und Handeln* (S. 573-580). Göttingen: Hogrefe.

Dunckel, H., Volpert, W., Zölch, M., Kreutner, U., Pleiss, C. & Hennes, K. (unter Mitarbeit von Oesterreich, R. & Resch, M.) (1993). *Kontrastive Aufgabenanalyse im Büro. Der KABA-Leitfaden.* Zürich: vdf und Stuttgart: Teubner.

Fisch, R., Daniel H.-D. & Beck, D. (1991). Kleingruppenforschung – Forschungsschwerpunkte und Forschungstrends. *Gruppendynamik, 22*, 237-261.

Frey, D. & Greif, S. (Hrsg.). (1997). *Sozialpsychologie. Ein Handbuch in Schlüsselbegriffen* (4. Aufl.). Weinheim: Psychologie Verlags Union.

Gemünden, H. G. & Högl, M. (1998). Teamarbeit in innovativen Projekten: eine kritische Bestandsaufnahme der empirischen Forschung. *Zeitschrift für Personalforschung, 12*, 277-301.

Gladstein, D. L. (1984). Groups in context: A model of task group effectiveness. *Administrative Science Quarterly, 29*, 499-517.

Gohde, H. E. & Kötter, W. (1990). Gruppenarbeit in Fertigungsinseln: Nur Schönheitsfehler oder mehr? *Technische Rundschau, 44*, 66-69.
Guzzo, R. A. & Dickson, M. W. (1996). Teams in organizations: recent research on performance and effectiveness. *Annual Review of Psychology, 47*, 307-338.
Greif, S. (1983). *Konzepte der Organisationspsychologie*. Bern: Huber.
Greif, S., Holling, H. & Nicholson, N. (Hrsg.). (1995). *Arbeits- und Organisationspsychologie. Ein internationales Handbuch in Schlüsselbegriffen* (2. Aufl.). Weinheim: Psychologie Verlags Union.
Greif, S. & Kurtz, H.-J. (1998). (Hrsg.). *Handbuch Selbstorganisiertes Lernen* (2. Aufl.). Göttingen: Verlag für Angewandte Psychologie.
Hackman, J. R. (1987). The design of work teams. In J. W. Lorsch (Ed.), *Handbook of Organizational Behavior* (pp. 315-342). Englewood Cliffs: Prentice-Hall.
Hager, W., Patry, J.-L. & Brezing, H. (Hrsg.). (2000). *Evaluation psychologischer Interventionsmaßnahmen*. Bern: Huber.
Högl, M. (1998). *Teamarbeit in innovativen Projekten. Einflußgrößen und Wirkungen*. Wiesbaden: Deutscher Universitäts Verlag.
Kleinbeck, U. (2001). Das Management von Arbeitsgruppen. In H. Schuler (Hrsg.), *Lehrbuch der Personalpsychologie* (S. 509-528). Göttingen: Hogrefe.
Krause, A., Steinhübel, A. & Strobel, G. (1997). *Evaluation der Einführung von Gruppenarbeit in einem kommunalen Dienstleistungsbetrieb mit dem Schwerpunkt Kundenzufriedenheit*. Unveröffentlichte Diplomarbeit, Universität Osnabrück.
Macy, B. A. & Izumi, H. (1993). Organizational change, design, and work innovation: A meta-analysis of 131 North American field studies – 1961-1991. In R.W. Woodman & W.A. Pasmore (Eds.), *Research in organizational change and development: An annual series featuring advances in theory, methodology, and research (Volume 7)*. Greenwich, Connecticut: Jai Press.
McGrath, J. E. (1964). *Social psychology: a brief introduction*. New York: Holt, Rinehart and Winston.
Neuberger, O. & Allerbeck, M. (1978). *Messung und Analyse von Arbeitszufriedenheit*. Bern: Huber.
Paris, C. R., Salas, E. & Cannon-Bowers, J. A. (2000). Teamwork in multi-person systems: a review and analysis. *Ergonomics, 43*, 1052-1075.
Pasmore, W. A., Francis, C., Haldeman, J. & Shani, A. (1982). Sociotechnical systems: A North American reflection on empirical studies of the seventies. *Human Relations, 35*, 1179-1204.
Rimann, M. & Udris, I. (1997). Subjektive Arbeitsanalyse: Der Fragebogen SALSA. In O. Strohm & E. Ulich (Hrsg.), *Unternehmen arbeitspsychologisch bewerten. Ein Mehr-Ebenen-Ansatz unter besonderer Berücksichtigung von Mensch, Technik und Organisation* (S. 281-298). Zürich: vdf Hochschulverlag.
Semmer, N. & Baillod, J. (1991). *Different forms of job satisfaction*. Paper presented at the Congress of the Swiss Society of Psychology, Lausanne, 1991.
Tannenbaum, S. I., Beard, S. L. & Salas, E. (1992). Team building and ist influence on team effectiveness: An examination of conceptual and empirical developments. In K. Kelly (Ed.), *Issues, theory, and research in industrial/organizational psychology* (pp. 117-153). Amsterdam: Elsevier.

Ulich, E. (2001). *Arbeitspsychologie* (5., vollst. überarb. u. erw. Aufl.). Zürich: vdf.

Volpert, W., Oesterreich, R., Gablenz-Kolakoviç, S., Krogoll, T. & Resch, M. (1983). *Verfahren zur Ermittlung von Regulationserfordernissen in der Arbeitstätigkeit (VERA)*. Köln: Verlag TÜV Rheinland.

Weber, W. G. (1997). *Analyse von Gruppenarbeit: kollektive Handlungsregulation in soziotechnischen Systemen*. Bern: Huber.

Gruppen als informationsverarbeitende und handelnde Systeme – Konsequenzen für Gruppentraining

Franziska Tschan und Mario von Cranach

1. Einleitung

Im Alltag erleben und sehen wir Gruppen als reale Entitäten: Man setzt Gruppen Ziele (Knight, Durham & Locke, 2001; Matsui, Kayuama & Uy Onglatco, 1987; Michell & Silver, 1990; O'Leary-Kelly, Martocchio & Frink, 1994), gibt Gruppen Feedback (Pritchard, Jones, Roth, Stuebig & Ekeberg, 1988), und konstatiert, dass manche Gruppen motivierter scheinen oder ein besseres Klima haben als andere (Patterson, Payne & West, 1996). Wir sehen Gruppen auch als handelnde Einheiten: Sie drehen Filme (Carter & West, 1998), behandeln PatientInnen (Cottier, 2001), spielen Karten (Zurcher, 1970) oder entwickeln Software (Sonnentag, 2001).

Schon 1924 hat sich Floyd Allport in seiner Einführung in die Sozialpsychologie vehement dagegen ausgesprochen, Gruppen, Massen oder anderen sozialen Systemen den Status einer Entität zuzuordnen und ihnen spezifische, von Individuen unabhängige Eigenschaften zu attribuieren (Allport, 1924). Allport hat damals auf die Arbeiten von LeBon (1885/1947) und Durkheim reagiert (1897/1981) und diese als Opfer einer ‚group fallacy' bezeichnet: „The most flagrant form of the group fallacy is the notion of ‚crowd consciousness' (...) consciousness (is) dependent upon the functioning of neural structures (…) there is no nervous system of the crowd" (Allport, 1924, S. 4 ff.).

Allport schließt denn auch in seiner Definition von Sozialpsychologie konsequenterweise „Gruppen als Untersuchungsgegenstand" kategorisch aus: "Social psychology is the science which studies the behavior of the *individual* in so far as his behavior stimulates other individuals, or is itself a reaction to their behavior; and which describes the consciousness of the individual in so far as it is a consciousness of social objects and social relations" (p. 12). Gruppen, sagte er, können nicht als Gruppen handeln, denken, fühlen: "No matter how closely we look, we can never actually experience any group who is performing such actions" (Allport, 1962).

Weil Allports Einführung in die Sozialpsychologie ein so wegweisendes Werk war, verwundert nicht, dass seine Ausführungen die Gruppenpsychologie nachhaltig beeinflusst haben. Prominente Forschungsthemen der Gruppenpsychologie bezogen und beziehen sich auf das Verhalten von Individuen in sozialen Situationen oder den Einfluss von sozialen Situationen auf Individuen in Gruppen. Obwohl von vielen Autoren nicht generell an der ‚Realität' von Gruppen gezweifelt wurde (McGrath, 1997), hat Allports Verschreibung wohl dazu geführt, dass Fragestellungen auf „Gruppenebene" wie etwa: „Wie handelt eine Gruppe?" oder „Könnte eine Gruppe ein Gedächtnis haben?" lange Zeit kaum bearbeitet wurden.

Das hat bis heute auch Auswirkungen auf Gruppentraining. Viele Kurse im Bereich Teamtraining und Teammanagement behandeln Themen wie Zuhören, die Analyse der eigenen Rolle in der Gruppe, Feedback entgegennehmen und geben, social loafing etc., konzentrieren sich also auf individuelles Verhalten in Gruppen (z.B. Hayes, 1997). In Trainings wird zudem in der Regel in Gruppen gearbeitet, die nur zu Trainingszwecken gebildet werden, und oft werden als Beispiele Aufgaben bearbeitet, die nichts mit den Alltagsaufgaben der Teams zu tun haben. Solche Trainings sind dann sinnvoll, wenn Fähigkeiten und Fertigkeiten trainiert werden können, die unabhängig von konkreten Aufgaben und unabhängig von spezifischen Gruppen wichtig für Teamarbeit sind. Wenn man aber davon ausgeht, dass Gruppen und Teams handelnde und lernende Systeme sind, die durch Erfahrungen und die eigene Geschichte beeinflusst werden, wird schnell klar, dass Trainingskonzepte, welche unabhängig von Aufgaben und unabhängig vom Team sind, ergänzungsbedürftig sind.

In den letzten Jahren wurden verschiedene Konzepte von Gruppen- und Teamarbeit entwickelt, die Gruppen als informationsverarbeitende und handelnde Systeme sehen. Diese Konzepte haben gemeinsam, dass sie den Fokus (auch) auf die Gruppenebene legen und Gruppen als „Aktoren" betrachten. In diesem Kapitel stellen wir zuerst solche Konzepte vor. Vereinfacht gesagt wird angenommen, (1) dass Gruppen Informationen in einem Gedächtnis speichern müssen, dass sie diese Informationen wieder abrufen und der Gruppe zur Verfügung stellen müssen; (2) dass Gruppen ein gutes Mentales Modell der Aufgabe und der Interaktion haben müssen, um optimale Strategien zur Aufgabenbearbeitung und zur Zusammenarbeit entwickeln zu können, (3) und dass die Ausführung der Gruppenhandlung durch Regulationsprozesse in der Gruppe beeinflusst wird. Zu jedem dieser drei Aspekte stellen wir kurz einige zentrale Konzepte vor, zitieren exemplarisch einige empirische Arbeiten und zeigen, welche Konsequenzen für Teamtraining gezogen werden können.

2. Gruppen als informationsverarbeitende und handelnde Systeme

2.1 Gruppen als informationsverarbeitende Systseme

Erst etliche Jahrzehnte nach Allports Warnungen erschien eine Reihe programmatischer Publikationen in der Kleingruppenforschung, die Gruppen als „problemlösende Einheiten" (Larson & Christensen, 1993); als „informationsverarbeitende Systeme" (Hinsz, Tindale, & Vollrath, 1997) oder als „komplexe Systeme" (Arrow, McGrath & Berdahl, 2000) beschreiben. Jede dieser Konzeptionen geht von Modellen aus, die in der Individualpsychologie entwickelt wurden und überträgt diese auf Gruppen: Die Gruppe wird als System verstanden, das Probleme löst, Informationen verarbeitet, oder Entscheidungen trifft.

Larson und Christensen (1993) beispielsweise nehmen an, dass Gruppen mittels Kommunikation Probleme identifizieren, Informationen akquirieren und teilen und diese Informationen zur Problemlösung einsetzen. Gruppen tun dies auf dem Hintergrund eines gemeinsamen Problemraumes, aufgrund von im „Gruppengedächtnis" gespeicherten Informationen und dank Metawissen darüber, bei wem sich welche

Information befindet. Hier machen die Autoren explizit Anleihen bei der kognitiven Psychologie und übertragen ein für Individuen konzipiertes Modell von Informationsverarbeitung auf die Gruppenstufe, natürlich mit einer Warnung vor einer Überstrapazierung dieser Analogie: Wenn eine Information in einer Gruppe erwähnt wird, ist das nicht dasselbe, wie wenn ein Individuum an eine Information denkt, aber es erfüllt für die Gruppe dieselbe *Funktion* im Problemlöseprozess wie das Vergegenwärtigen einer Information in einer Problemsituation für ein Individuum. Auch (Hinsz et al., 1997) machen für ihr Modell der informationsverarbeitenden Gruppe Anleihen an Modellen individueller Informationsverarbeitung. Sie gehen davon aus, dass Gruppen Informationen (selektiv) aufnehmen, dass sie enkodiert, repräsentiert und in Gedächtnissen aufbewahrt und wieder abgerufen werden. Sie postulieren zudem einen „processing work space", in dem die Information auf der Basis von Regeln, Strategien und Prozeduren weiter verarbeitet und – für die Gruppe – handlungsrelevant wird. Dieser processing work space ist oft die Gruppendiskussion.

2.2 Gruppen als handelnde Systeme

Sowohl Larson und Christensen (1993) als auch Hinsz (1997) und andere neuere Arbeiten, (z.B. Tindale & Kameda, 2000) beschränken sich in ihrer Diskussion von Gruppen als informationsverarbeitende Systeme auf Gruppen, welche Problemlöse- oder Entscheidungsaufgaben bearbeiten – Aufgaben also, bei denen die Diskussion und die Interaktion bereits die Aufgabenlösung ist. Neben Problemlöse- und Entscheidungsaufgaben müssen Gruppen aber oft Aufgaben mit manuellen Anteilen bearbeiten (McGrath, 1984; Tschan & von Cranach, 1996). Cranach hat deshalb Gruppen als „handelnde Systeme" beschrieben und vorgeschlagen, Konzepte der individuellen Handlungspsychologie für handelnde Gruppen zu adaptieren (Cranach, 1996; von Cranach, Ochsenbein, Tschan & Kohler, 1989; Frese & Zapf, 1994; Hacker, 1998; McGrath & Tschan, in press; Tschan, 2000). In diesen Arbeiten werden Gruppen als Akteure, als handelnde Einheiten betrachtet, in dem Sinne, dass die Gruppe als *Gruppe* ein Ziel verfolgt oder eine Aufgabe erledigt.

Kann eine Gruppe ein eigenes Ziel haben? Streng genommen natürlich nicht, Ziele können nur Individuen haben. Jedoch können Gruppenmitglieder gemeinsame Ziele entwickeln. Zudem kann koordiniertes Handeln zielorientiert sein – und dies teilweise durchaus unabhängig von den Intentionen der Mitglieder; es genügt, dass sie an den koordinierten Aktivitäten teilnehmen (Katz & Kahn, 1978). Insofern kann durchaus ein Individuum das „Gruppenziel" bestimmen – nämlich insoweit, als es ihm gelingt, das Handeln der anderen auf dieses Ziel hin zu koordinieren. Dass dies teilweise im Widerspruch zu den Zielen Einzelner stehen kann, dass Individuen durchaus weitergehende Ziele (hidden agendas) haben können, und dass die Koordination auf ein Gruppenziel hin keineswegs dessen Erreichen garantiert, steht dazu ebenso wenig im Widerspruch wie die Möglichkeit, dass eine Gruppe mal dem einen, mal dem anderen Ziel folgt. (All dieses findet sich im Übrigen durchaus auch bei Individuen, die in intrapsychischen Konflikten – die ja Zielkonflikte sind – gefangen sein können, oder die es allenfalls schaffen, ein dominantes Ziel gegen andere „abzuschirmen" (z.B. Kuhl, 1984).

Prototyp der „handelnden Gruppe" ist eine Gruppe, deren Mitglieder sich zur gleichen Zeit am selben Ort befinden und kooperativ eine Handlung ausführen, die auch manuelle Anteile hat. Ein Beispiel einer solchen Gruppe ist ein Team von Krankenschwestern und Ärzten, das einen Patienten nach einem Herzstillstand reanimiert. In diesem Fall übernimmt eine Person das Beatmen des Patienten, eine andere die Herzmassage, wieder jemand anderes kann den Defibrillator bedienen, während jemand die Medikamente bereitstellt, etc.. Diese individuellen Handlungen sind in diesem Falle hoch interdependent, weil die Ausführung einer Teilaufgabe die Ausführung der anderen Teilaufgaben direkt beeinflusst. Beispielsweise kann man nicht gleichzeitig beatmen und Herzmassage durchführen, sondern muss das koordiniert, aber sequentiell machen; während der Defibrillation darf niemand den Patienten berühren; Beatmung und Herzmassage müssen aber innerhalb von Sekunden nach erfolgter Defibrillation wieder aufgenommen werden, etc. (Marsch et al., 2001). In diesem Fall dient die Kommunikation der Abstimmung und Verschränkung der individuellen Handlungsregulationen (beispielsweise kündigt die Person, die den Defibrillator bedient, den Stomstoß mit dem Kommando „weg vom Bett" an; oder die Person, welche Herzmassage macht, zeigt an, wann sie diese unterbricht, damit Beatmung stattfinden kann).

Wenn Gruppen weniger interdependent arbeiten und individuell auszuführende Teilaufgaben auf die verschiedenen Personen verteilen können, muss die Verteilung der Aufgaben und deren Integration, allenfalls die Synchronisation, geregelt werden (Grosz & Krauss, 1996), oder es kann genügen, wenn die Übergabe der Aufgaben oder deren zeitliche Koordination kommuniziert werden. Zölch zeigt etwa in ihrer Analyse von Kooperation in Betrieben, dass am häufigsten kommuniziert wird, was jemand gerade tut. Dadurch können individuell ausgeführte Teilhandlungen einander angepasst und zeitlich synchronisiert werden (Zölch, 2001).

Mit „Gruppen als handelnden Systemen" ist nun nicht gemeint, dass Gruppen nun doch ein „eigenes zentrales Nervensystem" besäßen oder dergl. Das Konzept des Gruppenhandelns ist ein funktionales Konzept: Die einzelnen Einheiten (Individuen) müssen auf eine spezifische Art und Weise zusammenwirken – sich über Ziele verständigen, Informationen einbringen, abrufen und speichern, koordiniert und selbstorganisiert handeln, usw. (Greif & Kurtz, 1996). Diese Konstellation ist weder auf individuelle Eigenheiten noch auf individuelles Handeln reduzierbar; sie entsteht aus ihrem spezifischen *Zusammenwirken*. Insofern wird durch das Ko-Agieren von Individuen ein System geschaffen, das eigene Gesetzmässigkeiten aufweist – obwohl natürlich Intentionen, Gedächtnis, etc. an Individuen als Träger gebunden bleiben.

3. Determinanten der Gruppenleistung

Handlungsregulationstheorien beschreiben nicht nur, wie Menschen handeln, sie können auch dazu dienen, vorauszusagen, wie sich erfolgreiche Handlungsregulation von weniger erfolgreicher Regulation unterscheidet, und sie können damit Hinweise auf Trainingskonzepte geben. Das gilt sowohl für individuelle Handlungsregulation als auch für Handlungsregulation in Gruppen (Tschan, 2000). Etwas vereinfacht gesagt, werden Handlungen dann gut ausgeführt, wenn das handelnde System über genügend handlungsrelevantes Wissen verfügt, und dieses Wissen zur richtigen Zeit aus dem Gedächtnis abrufen kann. Eine gute Repräsentation des Problems und der Interventionsmöglichkeiten (ein gutes Mentales Modell oder ein gutes Operatives Abbildsystem) sind ebenfalls leistungsrelevant, weil sie erlauben, das vorhandene Wissen optimal für die Handlung einzusetzen und gute Strategien zu entwickeln und anzuwenden (Gentner & Gentner, 1983; Hacker, 1998; Rouse & Morris, 1986; Thompson, Gentner & Loewenstein, 2000). Bei der Ausführung der Handlung ist schliesslich leistungsrelevant, dass die Handlungsregulation vollständig und optimal ist (Volpert, 1987).

Man kann davon ausgehen, dass für gute Gruppenhandlung diese Aspekte ebenfalls eine Rolle spielen. Bei Gruppen ist aber nicht nur wichtig, dass das Wissen vorhanden ist, dass die Problemrepräsentation stimmt, und dass die Regulation optimal ist – Wissen, Repräsentationen und Handlungsregulation müssen in der Gruppe geteilt, ähnlich koordiniert und synchronisiert sein, damit eine einheitliche und kohärente „Gruppenhandlung" zustande kommen kann.

3.1 Das Wissen der Gruppenmitglieder allen zugänglich machen: Transaktives Gedächtnis

Gedächtnisfunktionen werden in allen Konzepten zu Gruppen als informationsverarbeitende Systeme postuliert. Dabei wird davon ausgegangen, dass die Informationen eines „Gruppengedächtnisses" – da hatte Allport durchaus Recht – entweder bei den Individuen oder in Artefakten (beispielsweise in einem Computer) gespeichert werden. Um auf diese Gedächtnisinhalte zugreifen zu können, muss die Gruppe die Information dort abrufen können, wo sie aufbewahrt wird. Wichtig ist deshalb nicht nur, dass Gedächtnisinhalte gespeichert werden, wichtig ist auch das Metawissen darüber, wo welche Informationen abzurufen sind, also etwa, wer was weiß. Wegner hat für dieses Phänomen das Konzept des transaktiven Gedächtnisses geprägt (für eine gute Übersicht über Theorien und Forschungsarbeiten siehe Brauner, 2002). Wegner zeigt in seinen Untersuchungen, dass in bestehenden Gruppen (z.B. bei Ehepaaren) sich Individuen auf bestimmte Gedächtnisinhalte spezialisieren und das auch in der Gruppe bekannt ist. Wenn man weiß, dass sich eine Person besonders gut in einem Gebiet auskennt, wird automatisch angenommen, dass es diese Person ist, welche die neu hinzukommenden, passenden Informationen am besten speichert, und dass Informationen zum ‚Spezialgebiet' auch in Zukunft bei dieser Person abrufbar sein werden (Wegner, Erber & Raymond, 1991; Wegner, 1987). Gruppen, deren Mitglieder sich besser kennen, sollten deshalb auch ein besseres transaktives Gedächtnis bilden können.

Die Bildung und die Nutzung des transaktiven Gedächtnisses kann in der Gruppeninteraktion nachgewiesen werden (Bangerter, 2002; von Cranach, Bangerter & Arn, 1997). Sie wird gefördert, wenn die Gruppe die Möglichkeit hat, gemeinsam zu planen und zu entscheiden (Weber, 1999). Auch Gruppen, deren Mitglieder bereits über eine größere gemeinsame Wissensbasis verfügen und Gruppen, deren Mitglieder eine bessere Perspektivenübernahme haben, entwickeln ein besseres transaktives Gedächtnis (Brauner, 2002).

Verschiedene Arbeiten zeigen, dass ein gut funktionierendes transaktives Gedächtnis tatsächlich ein Leistungsvorteil für Gruppen ist (Moreland, Argote & Krishnan, 1996).

Es liegt auf der Hand, dass sich ein transaktives Gedächtnis nicht unabhängig von der Gruppe und unabhängig von der Aufgabe bilden kann. Will man also transaktive Gedächtnisprozesse fördern, sollten Gruppen gemeinsam und an der Aufgabe trainiert werden. In der Tat konnte gezeigt werden, dass Gruppen, deren Mitglieder gemeinsam trainiert wurden, ein besseres transaktives Gedächtnis entwickeln, und sie erbringen auch bessere Leistungen als Gruppen, deren Mitglieder in genau denselben Inhalten, aber getrennt voneinander trainiert wurden – und dies, obwohl in gemeinsam und getrennt trainierten Gruppen genau dasselbe Wissen vorhanden ist (Hollingshead, 1998; Moreland et al., 1996; Wei Liang, Moreland & Argote, 1995). Argote (1993) hat zudem gezeigt, dass auch Gruppenwissen vergessen wird – ähnlich wie Individuen Gelerntes wieder vergessen. In Gruppen hängt, wie bei Individuen, Vergessen ab vom Gebrauch der Informationen. Weil aber Individuen auch Gedächtnisspeicher für Gruppen sind, sind Gruppen, deren Mitglieder häufiger wechseln, besonders von Vergessen betroffen. Argote weist deshalb auch auf die Notwendigkeit hin, regelmäßig Gelerntes zu wiederholen. Nur in begrenztem Mass werden für die Unterstützung eines transaktiven Gedächtnisses Trainings auf individueller Ebene sinnvoll sein. Auf dem Hintergrund der Ergebnisse, dass höhere Fähigkeit zur Perspektivenübernahme die Bildung eines transaktiven Gedächtnisses fördert, könnte allenfalls ein individuelles Training zur Perspektivenübernahme sinnvoll sein.

3.2 Eine gute, geteilte Repräsentation der Handlung, der Kooperation und von Strategien entwickeln: Geteilte Mentale Modelle

Hacker und andere zeigen, dass eine gute Repräsentation der Aufgabe, also ein gutes Operatives Abbildsystem, bei Individuen zu besserer Leistung führt (Hacker, 1998; Miller, Galanter & Pribram, 1960; Sachse & Hacker, 1995; Sachse, Hacker, Leinert & Reimer, 1999; Volpert, 1992). Arbeiten zu Mentalen Modellen (Duncan et al., 1996) und Arbeiten über Expertise (Sonnentag & Schmidt-Brasse, 1998) stützen diese Annahme. Mentale Modelle helfen, Informationen auszuwählen, zu interpretieren, einzuordnen; sie helfen dem Handelnden Prioritäten zu setzen; sie helfen, Hypothesen zu bilden, um nicht vorhandene Informationen zu ergänzen, und sie erlauben, mentale Probeläufe der Aufgabenausführung zu machen – sie sind also Hintergrund für Handlungsplanungen, Strategieentwicklungen, für Ausführungen von Handlungen, aber auch für das Bewerten von Handlungen.

Wenn man nun von der Annahme ausgeht, dass Gruppen handelnde Systeme sind, die Ziele verfolgen, stellt sich die Frage, welche Mentalen Modelle in der Gruppe vorhanden sein müssen, und wie sie in der Gruppenhandlung zum Zuge kommen. Studien zeigen, dass Gruppen Schwierigkeiten haben, das handlungsrelevante Wissen einzelner Gruppenmitglieder auch wirklich für die Gruppe nutzbar zu machen (Wittenbaum & Stasser, 1996). Terborg et al. (1976, Salas, Dickinson, Converse & Tannenbaum, 1992) finden, dass nur etwa 3 % der Varianz von Gruppenleistung durch individuelles

Wissen und Fähigkeiten erklärt wird, und O'Brien und Owens (1969) zeigen, dass bei Aufgaben, in denen eine enge Kooperation nötig ist, der Zusammenhang zwischen individuellem Wissen und Leistung kleiner ist als wenn arbeitsteilig gearbeitet wird. Für gute Gruppenleistung genügt also nicht, wenn Wissen oder bestimmte Mentale Modelle bei einzelnen Gruppenmitgliedern vorhanden sind – dieses Wissen muss geteilt werden, um für die Gruppe leistungsrelevant zu werden.

Vor einigen Jahren wurde in der Gruppenpsychologie in Analogie zu individuellen Mentalen Modellen der Begriff „Geteiltes Mentales Modell" eingeführt (Cannon-Bowers, Salas & Converse, 1993; Cooke, Salas, Cannon-Bowers & Stout, 2000; Klimoski & Mohammed, 1994; Tschan & Semmer, 2001). Geteilte Mentale Modelle gibt es für verschiedene Aspekte der Gruppenarbeit. Das „Aufgabenmodell" enthält Wissen über die Aufgabe, deren Strukturen, Regeln oder Prozeduren, über Strategien und mögliche Szenarien. Handlungstheoretisch gesehen ist es sozusagen das Operative Abbildsystem auf Gruppenstufe (für ein ähnliches Konzept siehe Weber, 1999). Zum Geteilten Mentalen Modell über die Aufgabe kommt natürlich auch Wissen über die zur Verfügung stehende Technologie (das „Technologie-Modell") und über die Umgebungsbedingungen (das „Umgebungs-Modell"). Zur Gruppenhandlung gehört aber nicht nur das Wissen über die Aufgabe und deren Ausführungsbedingungen, sondern auch Wissen über die Rollen und Verantwortungsbereiche, Stärken und Schwächen der anderen Gruppenmitglieder sowie über die Koordinationsregeln in der Gruppe. Cannon-Bowers nennt dieses Modell das „Interaktionsmodell" (Cannon-Bowers et al., 1993; Tschan & Semmer, 2001).

Gruppen sind dann besonders leistungsfähig, wenn die Gruppenmitglieder über qualitativ gute und ähnliche Mentale Modelle der Aufgabe und der Interaktion verfügen: Torrance (1954) zeigte etwa, dass Teams, die lebensbedrohliche Situationen besser meisterten, dies aufgrund geteilter Einschätzungen über die Lage und über die Strategien und Ziele taten. Orasanu (1994) belegte in ihren Untersuchungen, dass Cockpit-Crews, welche Szenarien für Notfälle durchsprachen und sich damit ein gemeinsames Mentales Modell erarbeiteten, auch in Situationen leistungsfähiger waren, für die sie nicht spezifisch geplant hatten. Auch andere Untersuchungen zeigen, dass der Grad der Ähnlichkeit von Mentalen Modellen die Kooperation erleichtert und damit zur Leistungssteigerung beiträgt (Argote, 1993; Gurtner, 2002; Gurtner, Tschan, Nägele & Semmer, 2002; Marks, Sabella, Burke & Zaccarro, 2002; Mathieu, Heffner, Goodwin, Salas & Cannon-Bowers, 2000; Serfaty, Entin & Johnston, 1998).

In den meisten Untersuchungen über Geteilte Mentale Modelle und deren Wirkung in Gruppen bearbeiten die Gruppen Aufgaben, die relativ wenig Möglichkeiten zur Arbeitsteilung beinhalten. Für solche Aufgaben ist tatsächlich anzunehmen, dass die Gruppe dann am leistungsfähigsten ist, wenn jedes Mitglied ein möglichst ähnliches Mentales Modell der Aufgabe hat. Es stellt sich aber die Frage, inwieweit und wo ein Mentales Modell von der ganzen Gruppe geteilt werden muss, wenn die Aufgabe die Integration von Expertenwissen verlangt, wenn also die Gruppe von den unterschiedlichen Wissensbasen der einzelnen Mitglieder profitieren soll. Nägele und andere haben beispielsweise gezeigt, dass in einer Aufgabe, in der die Gruppenmitglieder nicht mit allen, sondern nur mit bestimmten Personen eng zusammenarbeiten mussten, nicht die Übereinstimmung der Mentalen Modelle der Gesamtgruppe leistungsrelevant sind, sondern die Übereinstimmung der Mentalen Modelle derjenigen Personen, die besonders eng kooperieren (Nägele, Gurtner, Tschan & Semmer, 2002). Es ist allerdings anzunehmen, dass diese partielle Uebereinstimmung vor allem für das Aufgabenmodell und bei Arbeitsteilung genügt, dass hingegen das Interaktionsmodell, welches Wissen über Rollen und Regeln der Zusammenarbeit enthält, in den meisten Gruppen geteilt werden sollte (Argote, 1989).

Die Ähnlichkeit Mentaler Modelle in der Gruppe hängt von verschiedenen Aspekten ab. Für einige Aufgaben bringen Gruppenmitglieder bereits Mentale Modelle mit: So haben viele Leute ähnliches Wissen darüber, wie Sitzungen ablaufen; so dass auch Personen, welche sich nicht kennen, auf der Basis von relativ übereinstimmenden Erwartungen rasch handlungsfähig sind (Wittenbaum, Vaughan & Stasser, 1998). Allerdings kann ein so „importiertes Mentales Modell" auch Nachteile haben: Tindale und Kollegen finden, dass Gruppen oft auf der Basis von ähnlichen importierten Modellen Entscheidungen fällen, und deshalb dieselben Urteilsfehler machen, wie man sie bei individuellen Entscheidungen häufig findet (Tindale, Smith, Thomas, Filkins & Sheffey, 1996).

Sogar wenn Personen sehr ähnliche Mentale Modelle in die Gruppe mitbringen, werden durch die gemeinsame Arbeit und die Erfahrungen in der Gruppe die Strategien und Mentalen Modelle oft noch verfeinert und verbessert. Diese Feinabstimmung der Mentalen Modelle in der Gruppe kann wesentliche Leistungsvorteile haben (Foushee, 1984; Gersick & Hackman, 1990). „

Gruppen vergrößern die Übereinstimmung von Mentalen Modellen also durch gemeinsame Erfahrungen und Interaktionen. Allerdings genügt Erfahrung – im Sinne der reinen „Expositionsdauer" – allein oft nicht. Wie bei Forschungen zu individueller Expertise zeigt sich auch für Gruppen, dass Erfahrungen reflektiert werden müssen, damit die Expertise vergrössert und das Mentale Modell verbessert wird. In Gruppen steigt die Übereinstimmung der Mentalen Modelle vor allem, wenn sie gemeinsam planen und ihre Vorgehensweisen explizit diskutieren (Brauner, 1994; Gurtner et al., 2002; Orasanu & Salas, 1993; Stout, Cannon-Bowers, Salas, & Milanovich, 1999).

Man kann Geteilte Mentale Modelle mit geeigneten Maßnahmen trainieren (Duncan et al., 1996; Marks et al., 2002; Salas, Cannon-Bowers & Blickensderfer, 1997; Volpe, Cannon-Bowers, Salas & Spector, 1996). Auch hier drängt sich auf, dass bestehende Gruppen an realen Aufgaben trainiert werden sollten, vor allem, wenn es darum geht, das Aufgabenmodell zu verbessern. Nur für hoch standardisierte Situationen kann dieses Training auch unabhängig von der Gruppe erfolgen, die nachher zusammenarbeitet. Beispiele für „individuelles" Training in Geteilten Mentalen Modellen findet man in der Pilotenausbildung oder im medizinischen Bereich, wo oft hoch standardisierte Prozeduren an Individuen vermittelt werden, welche dann in unterschiedlichster Gruppenzusammensetzung arbeiten werden. Das gruppenunabhängige Training hat den Vorteil, dass aus einem Pool gleich trainierter Einzelpersonen beliebig Crews zusammengesetzt werden können, die sofort funktionsfähig sind. Allerdings zeigt sich bei Untersuchungen im Cockpit, dass Crews, welche miteinander geflogen sind, also gemeinsame Erfahrungen haben, bessere Leistungen erbringen als neu zusammengesetzte Crews. Der Gewinn an Leistung durch gemeinsames Arbeiten machte in einer Untersuchung sogar die Effekte von Müdigkeit wett (Foushee, 1984). Bei einer

Untersuchung von ad-hoc zusammengestellten Gruppen von Ärzten, die eine Notfallsituation bewältigen mussten, zeigte sich zudem, dass trotz gut bekanntem und hoch übereinstimmendem Aufgabenmodell Probleme in der Zusammenarbeit die Leistung drastisch vermindern können – ein weiterer Hinweis darauf, dass es nicht genügt, wenn die Individuen ein gutes Aufgabenmodell mitbringen (Marsch, Spychiger, Mueller & Hunziker, 2002), sondern dass darüber hinaus die gemeinsame und wiederholte Ausführung der Aufgabe die Feinabstimmung der Mentalen Modelle erleichtert.

In einer Untersuchung über die Einführung einer neuen operativen Interventionsmethode wurde belegt, dass vor allem diejenigen Gruppen die neue Prozedur schneller und qualitativ besser ausführen konnten, welche *gemeinsam* am Training teilgenommen hatten. In Spitälern, die Personen ins Training sandten, welche nachher nicht in denselben Operationsteams arbeiteten, dauerte die Zeit bis zur erfolgreichen Einführung der neuen Prozedur deutlich länger oder die Einführung scheiterte sogar (Pisano, Bohmer & Edmondson, 2001).

Für beide Mentalen Modelle, das Aufgabenmodell und das Interaktionsmodell, ist also vorteilhaft, bestehenden Gruppen in Bezug auf ihre eigenen Aufgaben zu trainieren. Man kann beispielsweise Gruppen anleiten, gemeinsam zu planen und eigene Vorgehensweisen und Strategien zu überdenken. Dies entspricht dem Konzept der „Reflexivity" von West und Kollegen (Swift & West, 1998; West, 1996). Natürlich muss man sich nun fragen, ob in Teams „gemeinsames Planen" oder „Entwickeln von gemeinsamen Strategien" tatsächlich ein Trainingsinhalt sein muss – oder ob Teams das nicht sowieso tun. Frühe Studien von Hackman (Hackman, Brousseau & Weiss, 1976) und auch spätere Arbeiten aus dieser Gruppe (Hackman & Wageman, 2001) zeigen, dass Gruppen oft ungenügend planen und oft spontan wenig Strategien entwickeln. Auf diesem Hintergrund scheint es sinnvoll, Trainingskonzepte anzuwenden, in denen Reflexion über die eigene Zusammenarbeit und die Entwicklung von Strategien angeregt werden (Greif, 1996a). In einer Untersuchung über computer-vermittelte Gruppenarbeit konnte gezeigt werden, dass Reflexivität (das geleitete Nachdenken oder Diskutieren über das beste Vorgehen in der Gruppe) sowohl den Grad der Ähnlichkeit der Mentalen Modelle als auch die Umsetzung von aufgabenadäquaten Strategien verbesserten (Gurtner, 2003; Gurtner et al., 2003). Allerdings braucht die Gruppe bestimmte Voraussetzungen, um von einer Phase der Reflexivität wirklich profitieren zu können. In diesen Untersuchungen hat sich gezeigt, dass vor allem diejenigen Gruppen, welche bereits einige gute Strategien entwickelt hatten, von einer Reflexivität profitieren konnten, während Gruppen, die nicht aus dem Anfängerstadium herausgekommen waren, wohl von einem inhaltlichen Training mehr profitiert hätten. Hackman und Wageman (2001) gehen in ihrem Ansatz von Teamcoaching von einer ähnlichen Annahme aus. Sie postulieren, dass Coaching, welches die Vorgehensstrategien einer Gruppe in Bezug auf eine Aufgabe verbessern soll, nicht zu Beginn der Aufgabenlösung geschehen soll. Weil die Gruppe erste Erfahrungen machen muss, sollte Coaching zur Strategieverbesserung erst nach etwa der ersten Hälfte der Aufgabenbearbeitung einsetzen.

Aber auch bei Gruppen mit Spezialistenrollen kann das Gemeinsame Mentale Modell verbessert werden, wenn Personen die Rolle der anderen Gruppenmitglieder besser kennen. Sehr gute Effekte können erreicht werden, wenn Teammitglieder

Kenntnisse über Aufgaben und Rollen der anderen Personen erhalten, offensichtlich genügen hier sogar relativ kurze Einführungen (Volpe et al., 1996).

Weil Mentale Modelle aufgabenspezifisch sind, und weil die Ähnlichkeit von Mentalen Modellen gruppenspezifisch ist, werden Trainingsmassnahmen, die bestehende Gruppen als ihren Aufgaben trainieren oder die bestehende Gruppen dazu anleiten, über ihre Aufgaben und über ihre Zusammenarbeit zu reflektieren, wohl auch hier am vielversprechendsten sein (Greif, 1996a; Salas et al., 1997).

3.3 Die Handlung optimal regulieren: Handlungsregulationsprozesse in Gruppen

Die Arbeiten zu Mentalen Modellen und die Arbeiten zum transaktiven Gedächtnis befassen sich mit dem in der Gruppe vorhandenen und eingesetzten Wissen. Gruppen führen aber auch Handlungen aus, und die Regulation von Gruppenhandlungen muss für eine gute Gruppenleistung optimal sein. Handlungsregulationstheorien postulieren einen Regulationszyklus, der die Ausführung einer Handlung steuert: Ein *Ziel* wird gewählt oder übernommen, es muss eine Vorbereitung der Handlung geschehen, in dem sich der Aktor *orientiert* und die Handlung *plant*. Während der Handlungsausführung muss der Fortschritt der Handlung in Bezug auf die Zielerreichung *überwacht* werden, und nach der Handlung wird diese *evaluiert* (von Cranach et al., 1980; Hacker, 1998; Miller et al., 1960; Volpert, 1987).

Diese Konzepte implizieren zwei Gütekriterien von Handlungsregulationszyklen: (1) Um eine Handlung optimal zu regulieren, muss sie vorbereitet und während der Ausführung überwacht werden und nach Abschluss der Handlung muss diese evaluiert werden – die Regulation sollte also vollständig ausgeführt sein. In der Tat haben Fehlerforschungen gezeigt, dass unvollständige Handlungsregulation eine häufige Fehlerursache ist (Reason, 1990; Zapf, Brodbeck & Frese, 1992). (2) Neben der Vollständigkeit der Handlungsregulation macht es Sinn anzunehmen, dass eine bestimmte zeitliche Abfolge der Funktionen in der Handlungsregulation wichtig ist – Orientierung und Planung von Handlungen sollten zu Beginn des Regulationszyklus stehen, weil sie vor der Handlungsausführung stattfinden sollten, und Evaluation der Handlung sollte am Schluss des Regulationszyklus erfolgen. Die Handlungsregulation muss also zeitlich logisch organisiert sein (Volpert, 1987).

Interessanterweise gibt es auch in der individuellen Handlungspsychologie nur wenig empirische Arbeiten darüber, ob die Handlungsregulation tatsächlich diesen Qualitätskriterien folgt, und ob diese Kriterien auch leistungsrelevant sind. Noch weniger empirische Arbeiten gibt es, welche diese Fragen für Gruppenhandlungen stellen. Aus diesem Grund stellen wir hier eigene Arbeiten etwas ausführlicher vor.

In kürzlich veröffentlichten Studien haben wir die Qualität der Handlungsregulationszyklen von Individuen, Dyaden und Dreiergruppen untersucht und miteinander verglichen (Tschan, 1995; Tschan, 2000, 2002; Tschan & Semmer, 2001). Individuen, Dyaden oder Dreiergruppen haben dieselbe Aufgabe erhalten, sie mussten aus Plastikteilen eine Murmelbahn zusammenstellen. Die Handlungsregulation wurde bei Individuen durch die Methode des Lauten Denkens erfasst (Ericsson & Simon, 1984), bei Dyaden und Triaden wurde die Kommunikation analysiert.

Die Resultate zeigen sowohl für Individuen als auch für Dyaden und Triaden, dass die Leistung von der Qualität der Handlungsregulationszyklen abhängt.

Individuelle Handlungen: Die Analyse der geäusserten Kognitionen während des individuellen Handelns ergab, dass bei der gestellten Aufgabe etwas mehr als die Hälfte aller Zyklen als „ideal" bezeichnet werden können – sie beginnen mit einer Handlungsvorbereitung und enden mit Evaluation. Zudem zeigte sich, dass Personen, welche einen höheren Anteil an idealen Regulationszyklen aufweisen, bessere Leistung erbringen als Individuen, denen nicht so häufig eine solche Regulation gelingt. Unter dem Vorbehalt, dass die Methode des Lauten Denkens tatsächlich die handlungsbegleitenden Kognitionen adäquat abzubilden vermag, ist dieses Resultat ein Hinweis darauf, dass optimale Handlungsregulation in diesem Fall tatsächlich Leistungsvorteile bietet (Tschan, 2002).

Gruppenhandlungen: Cranach (1996) geht davon aus, dass in Gruppen Handlungsregulation durch Kommunikation sicher gestellt wird. Er nimmt damit Kommunikation als funktional analog zu individuellen kognitiven Prozessen an. Damit geht Cranach über die im Grundgedanken (Kommunikation hilft der Handlungsregulation) ähnliche Konzeption von Oesterreich und Resch (1985) hinaus, die annehmen, dass kommunikative Akte in der Kooperation vor allem dazu dienen, den Kooperationspartnern mitzuteilen, wo der individuelle Aktor sich bezüglich der Handlungsregulation gerade „befindet".

Cranachs Konzeption vermeidet dennoch Allports „group fallacy", weil nicht angenommen wird, dass die Gruppe unabhängig von Individuen „handle" oder „denke": Er postuliert, dass Gruppenhandlung immer zweistufig ist – Individuen kognizieren die individuelle Handlungsregulation und kommunizieren zur Handlungsregulation auf Gruppenstufe. Für die Analyse von Gruppenhandlungen steht dann konsequenterweise nicht „Kooperation von Individuen" im Vordergrund, sondern Handlungsregulation auf Gruppenstufe.

In unseren Experimenten haben Dyaden und Triaden dieselbe Aufgabe gelöst wie Individuen, auch sie mussten aus Plastikteilen eine Murmelbahn konstruieren. In Gruppen ausgeführt ist dies eine hoch interdependente Aufgabe, weil nur eine Struktur konstruiert wird; Arbeitsteilung ist nur begrenzt möglich.

Im Vergleich zu Individuen, welche insgesamt 52 % aller Handlungsregulationszyklen in idealer Weise (also vollständig und in richtiger Reihenfolge) kommunizierten, zeigten Dyaden mit einem Anteil von 38.7 % weniger ideale Kommunikationszyklen, Triaden hatten noch 35.8 % ideale Zyklen – das weist auf Koordinationsverluste in Gruppen hin. Wie bei den Individuen zeigte sich aber sowohl für Dyaden als auch für Triaden, dass ein höherer Anteil ideal strukturierter Regulationszyklen mit besserer Leistung einhergeht (Tschan, 1995; Tschan, 2002). Die Hypothese, dass dieselben Merkmale der Handlungsregulation bei individueller Kognition für individuelle Handlung und als Kommunikation der Gruppenhandlung leistungsrelevant sind, kann deshalb aufrecht erhalten werden.

Ein- versus Mehrpersonenzyklen: Regulationszyklen auf Gruppenstufe sind definiert als eine Sequenz inhaltlich zusammenhängender Kommunikationseinheiten (Tschan, 2000). Bei dieser Definition spielt keine Rolle, ob eine einzige Person den ganzen Regulationszyklus „bestreitet" (Einpersonenzyklen) oder ob mehrere Personen zu einem Zyklus beitragen (Mehrpersonenzyklen). Grundsätzlich sind während einer Gruppenhandlung sowohl Einpersonenzyklen als auch Mehrpersonenzyklen zu erwarten. Man kann davon ausgehen, dass die Beteiligung mehrerer Personen an einem Regulationszyklus einen höheren Koordinationsaufwand bedeutet als die sequentielle Abfolge von Einpersonenzyklen. Im ersteren Fall müssen sich die Gruppenmitglieder sowohl inhaltlich als auch sequentiell sehr fein synchronisieren, sie können sich nicht darauf beschränken, die Teilhandlungen zu übergeben.

Es ist deshalb wichtig zu wissen, wie häufig in Gruppen die Regulationszyklen von Einzelpersonen stammen und wie oft mehrere Personen an einem Regulationszyklus beteiligt sind. Weiter interessiert, ob die Qualität der Regulationszyklen von der Anzahl der Beteiligten beeinflusst wird, und schliesslich stellt sich die Frage, ob der Zusammenhang zwischen idealer Handlungsregulation und Leistung, wie wir sie in Gruppen gefunden haben, durch „Einpersonenzyklen" oder durch „Mehrpersonenzyklen" zustande kommt. Um diese Fragen zu beantworten, haben wir entsprechende Analysen der Daten von Triaden aus den beiden oben zitierten Studien durchgeführt. Es wurden Daten von 33 Triaden aus zwei Experimenten für diese Auswertung kombiniert.

Durchschnittlich wurden während der halben Stunde, in welcher die Triaden arbeiteten, 120.7 Zyklen (SD = 24.2) kommuniziert. In den Gruppen beteiligen sich an der Mehrheit dieser Zyklen zwei Personen (58.3 %, SD = 6.5). Einpersonenzyklen sind relativ selten (16.1 %, SD = 4.9) und Zyklen mit allen drei Personen machen nur Viertel aller Zyklen aus (25.6 %, SD = 6.1). Die Handlungsregulation wird also bei dieser hoch interdependenten Aufgabe am häufigsten von zwei Personen wahrgenommen.

So bald aber mehrere Personen an einem Zyklus beteiligt sind, ist der Koordinationsaufwand höher. Es liegt nun nahe anzunehmen, dass der Anteil ideal strukturierter Zyklen kleiner wird bei Mehrpersonenzyklen. Dies konnte allerdings in den Triaden nicht beobachtet werden, im Gegenteil: Insgesamt sind im Durchschnitt über alle Triaden 35.8 % aller Zyklen ideal strukturiert. Vergleicht man jetzt den Anteil ideal strukturierter Zyklen bei Ein-, Zwei- oder Dreipersonenzyklen, zeigt sich, dass Dreipersonenzyklen relativ häufig ideal strukturiert sind (43.4 %, SD = 12.2). Zweipersonenzyklen (33.4 %, SD = 9.3) und Einpersonenzyklen (35.3 %, SD = 14.1) weisen seltener die ideale Struktur aus. Die Beteiligung von mehreren Personen scheint also in der Gruppe einen eher strukturierenden Effekt zu haben, und die Qualität der Handlungsregulation leidet bei Mehrpersonenzyklen nicht.

Wir haben oben berichtet, dass ein größerer Anteil ideal strukturierter Zyklen auch für Triaden leistungsrelevant ist. Es stellt sich nun die Frage, ob dieser Effekt eher wegen Zyklen zustande kommt, an denen eine oder an denen mehrere Personen beteiligt sind. Bivariate Korrelationsanalysen zeigen, dass die Proportion idealer Einpersonenzyklen in Triaden nicht mit Leistung zusammenhängt ($r = .08$, ns.), während die Proportion idealer Zweipersonenzyklen ($r = .55**$) und Dreipersonenzyklen ($r = .43*$) je mit Leistung korrelieren.

Um zu eruieren, ob eher die Zyklen, an denen sich zwei oder alle drei Personen beteiligen, leistungsrelevant sind, wurde eine hierarchische Regression gerechnet. Im ersten Schritt wurde die Häufigkeit von Ein-, Zwei- und Dreipersonenzyklen (unabhängig von deren Qualität) kontrolliert. Im zweiten Schritt wurde die Qualität der

Ein-, Zwei- und Dreipersonenzyklen in die Gleichung aufgenommen (jeweils als Proportionen idealer Zyklen an Ein- Zwei- oder Dreipersonenzyklen). Es zeigt sich, dass die Proportion idealer Einpersonenzyklen sogar eher einen negativen Effekt auf die Leistung hat β = .-36, p = .056). Die Proportion idealer Dreipersonenzyklen zeigt keinen signifikanten Zusammenhang zu Leistung mehr (β = .15, p = 38). Hingegen zeigt die Proportion von Zweipersonenzyklen einen starken, signifikanten Zusammenhang zu Leistung (β = .75, p = .002). Insgesamt wird mit diesem Modell 39 % der Varianz der Leistung aufgeklärt. Aus diesen Analysen lässt sich schließen, dass diejenigen Gruppen, denen die ideale Regulation auf Gruppenstufe mit zwei Personen gelingt, leistungsfähiger sind.

Aufgrund unserer Analysen lässt sich zeigen, dass Mikrostrukturen in der Kommunikation von Gruppen leistungsrelevant sind. Andere Forschungen bestätigen diese Annahme. So zeigen etwa Analysen von Cockpitkommunikation, dass so genannte Closed-loop-Kommunikationen (das explizite Bestätigen von Aussagen des Partners) zu besserer Leistung beitragen (Kanki, Folk & Irwin, 1991). In sehr standardisierten Settings, wie etwa im Militär und in der Aviatik, werden denn auch formalisierte Kommunikationszyklen vorgeschrieben (Achille, Schulze & Schmidt-Nielsen, 1995; Kanki, Lozito & Foushee, 1989).

Wie kann man Gruppen helfen, Mikrostrukturen in der Kommunikation zu verbessern? Das Training von Mikrostrukturen in der Kommunikation ist schwierig, weil man sich beim Kommunizieren in der Regel auf den Inhalt und nicht auf die Form konzentriert. Außerdem ist kommunikativer Austausch oft automatisiert – man ist sich beim Kommunizieren nicht bewusst, wie genau man etwas ausdrückt. Man kann allenfalls in der Rückschau sagen, dass die Kommunikation „komisch" oder „stockend" war, es ist aber schwierig, die strukturellen Merkmale in der Kommunikation zu benennen und voraussehend zu planen.

Bei stark formalisierten Aufgaben, etwa im Air-Traffic-Control-Bereich, im Bereich der Cockpitkommunikation oder im medizinischen Bereich werden deshalb Mikrostrukturen der Kommunikation oft genau vorgeschrieben und können so mit Erfolg trainiert werden (z.B. Cardosi, 1993; Kanki & Foushee, 1989). So zeigte eine Studie über militärische Kommunikation, dass sich nach einem entsprechenden Training die Mikrostruktur in der Kommunikation tatsächlich verändert hatte. Diese neue Mikrostruktur wurde von den Personen automatisiert eingesetzt, und sie hatten bei Trainingsende den Eindruck, die Kommunikation verlaufe reibungsloser und sei einfacher geworden.

Unsere Untersuchungen haben aber gezeigt, dass Mikrostrukturen auch bei einer nicht-formalisierten Aufgabe leistungsrelevant sind; es wäre deshalb wichtig, Trainings zu entwickeln, um die Fähigkeit zu Kommunikation in koordinierten Mikrostrukturen zu vermitteln. Geeignete Trainingsmethoden sind hier sicher Simulationen und Rollenspiele in Gruppen mit anschließender Videokonfrontation (Greif, 1996b), bei der Gruppen genaues Feedback über Mikrostrukturen erhalten (Marsch, Scheidegger, Staender & Harms, 2000). Untersuchungen von Boos (mündliche Mitteilung, 2001) haben gezeigt, dass Kommunikation in idealen Zyklen als hoch kohärente Kommunikation wahrgenommen wird. Bangerter und Clark (in press) zeigen zudem, dass bestimmte so genannte Back-Channel-Äußerungen wie „m-hm" oder „ok" nicht nur als Hinweise darüber dienen, dass die zuhörende Person noch aufmerksam ist, sondern dass sie überzufällig dann vorkommen, wenn von einer Teilhandlung zu einer anderen gewechselt wird. Beide Untersuchungen können für Trainings in dem Sinne genutzt werden, dass Personen unterstützt werden, auf Kohärenz zu achten und Bestätigungen auch und im richtigen Moment zu äussern. Training von Mikrostrukturen der Kommunikation ist sicher dann besonders nützlich, wenn bestehende Gruppen an einer realen Aufgabe trainiert werden können. Man kann aber wohl davon ausgehen, dass in diesem Bereich Training an anderen Aufgaben und Training in unterschiedlichen Gruppenzusammensetzungen ebenfalls erfolgreich sein kann.

4. Konklusion

Allport hatte recht: Gruppen haben kein Nervensystem, die Gruppe kann nicht denken – aber sie kann handeln, sie kann Informationen verarbeiten, sie kann sich ein Gedächtnis organisieren. Über viele Jahre hat die Kleingruppenforschung die „group fallacy" umgangen, indem sie Individuen in Gruppen untersucht hat, aber es vermieden hat, Gruppen selber – als handelnde und informationsverarbeitende Systeme – anzuschauen. Wenn man das tut, muss aber auch heute noch gezeigt werden, dass berechtigte Bedenken Allports berücksichtigt werden.

Die Konzepte des transaktiven Gedächtnisses, des Mentalen Modells und der Handlungsregulation, die hier vorgestellt wurden, stammen tatsächlich aus der individuellen Psychologie – oder genauer, es werden hier dieselben Analogien verwendet (z.B. die Computeranalogie) wie sie auch Konzepten der individuellen Psychologie zugrunde liegen (Kerr, Niedermeier & Kaplan, 2000). Obwohl hier Anleihen an der Individualpsychologie gemacht und auf Gruppen übertragen werden, besteht unseres Erachtens nicht die Gefahr, die Gruppe im Sinne von Allports Befürchtungen zu anthropomorphisieren: Transaktive Gedächtnisinhalte werden bei Individuen oder in Artefakten lokalisiert, und es ist das Metawissen der Individuen, wo was gespeichert ist, welches möglich macht, dass der Gruppe die Gedächtnisinhalte zur Verfügung stehen. Die Wirksamkeit Geteilter Mentaler Modelle liegt in deren Geteiltheit, die in vielen Studien erfasst wird, indem Wissensstrukturen von Individuen verglichen werden; und bei der Analyse der Kommunikation zur Handlungsregulation wird zwar eine funktionelle Analogie von Kommunikation für die Regulation von Gruppenhandlungen zu individueller, kognitiver Handlungsregulation angenommen, aber es wird nicht postuliert, dass Kommunikation und Kognition dasselbe seien.

Trainings von Gruppen passen sich der Konzeption von Gruppen als informationsverarbeitende und handelnde Systeme nur langsam an. Noch oft wird in Gruppen mit Aufgaben gearbeitet, die kaum mit der Alltagsaufgabe zu tun haben, und sehr oft werden Teamtrainings aus praktischen Gründen nur an einzelne Personen aus einem Team vermittelt. Wenn die Konzepte zu Gruppen als informationsverarbeitende und handelnde Systeme auch im Training ernst genommen werden, müssten neben diesen Trainings häufiger bestehende Gruppen in Bezug auf ihre eigenen Aufgaben trainiert werden.

Literatur

Achille, L. B., Schulze, K. G. & Schmidt-Nielsen, A. (1995). An analysis of communication and the use of military terms in navy team training. *Military Psychology, 7*, 95-108.

Allport, F. H. (1924). *SocialPsychology*. Boston, MA: Houghton-Mufflin.

Allport, F. H. (1962). A structuronomic conception of behavior: Individual and collective. *Journal of Abnormal and Social Psychology, 64*, 3-30.

Argote, L. (1989). Agreement about norms and work-unit effectiveness: Evidence from the field. *Basic and Applied Social Psychology, 10*, 131-140.

Argote, L. (1993). Group and organizational learning curves: Individual, system and environmental components. *British Journal of Social Psychology, 32*, 31-55.

Arrow, H., McGrath, J. E. & Berdahl, J. L. (2000). *Small Groups as Complex Systems: Formation, Coordination, Development, and Adaptation*. Newbury Park, CA: Sage.

Bangerter, A. (2002). Maintaining interpersonal continuity in groups: the role of collective memory processes in redistributing information. *Group Processes and Intergroup Relations, 5*, 203-219.

Bangerter, A. & Clark, H. H. (in press). Navigating joint projects with dialogue. *Cognitive Science*.

Brauner, E. (1994). *Soziale Interaktion und mentale Modelle. Planungs- und Entscheidungsprozesse in Planspielgruppen*. Münster: Waxmann.

Brauner, E. (2002). *Transactive Knowledge Systems in Groups and Organizations*. Berlin: Humboldt Universität.

Cannon-Bowers, J. A., Salas, E. & Converse, S. (1993). Shared mental models in expert team decision making. In J. N. John Castellan (Ed.), *Individual and Group Decision Making* (pp. 221-246). Hillsdale, NJ: Lawrence Erlbaum.

Cardosi, K. M. (1993). Time required for transmission of time-critical air traffic control messages in an en route environment. *The International Journal of Aviation Psychology, 3*, 303-313.

Carter, S. M. & West, M. A. (1998). Reflexivity, effectiveness, and mental health in BBC-TV production Teams. *Small Group Research, 29*, 583-601.

Cooke, N. J., Salas, E., Cannon-Bowers, J. A. & Stout, R. (2000). Measuring team knowledge. *Human Factors, 42*, 151-173.

Cottier, S. C. (2001). Was hat ein Eisbär in der Supervision verloren? Szenisches Verstehen mit Hilfe von Katathymen Imaginationen, Objekten und gestalterischen Mitteln in der Fallsupervision. *Imagination, 2*, 5-33.

Cranach, M. v. (1996). Towards a theory of the acting group. In E. Witte & J. Davis (Eds.), *Understanding Group Behavior. Vol. 2: Small Group Processes and Interpersonal Relations*. Hillsdale, NJ: Erlbaum.

Cranach, M. v. (1986). Leadership as a function of group action. In C. F. Graumann & S. Moscovici (Eds.). *Changing Conceptions of Leadership* (pp. 115-134). New York: Springer.

Cranach, M. v., Bangerter, A. & Arn, C. (1997). Gedächtnisprozesse handelnder Gruppen. In G. Lüer & U. Lass (Hrsg.), *Erinnern und Behalten: Wege zur Erforschung des menschlichen Gedächtnisses* (S. 302-320). Göttingen: Vandenhoeck & Ruprecht.

Cranach, M. v., Kalbermatten, U., Indermuehle, K. & Gugler, B. (1980). *Zielgerichtetes Handeln*. Bern: Huber.

Cranach, M. v., Ochsenbein, G., Tschan, F. & Kohler, H. (1989). Untersuchungen zum Handeln sozialer Systeme, Bericht über ein Forschungsprogramm. *Schweizerische Zeitschrift für Psychologie, 46*, 213-226.

Duncan, P. C., Rouse, W. B., Johnston, J. H., Cannon-Bowers, J. A., Salas, E. & Burns, J. J. (1996). Training teams working in complex systems: A mental model-based approach. In W. B. Rouse (Ed.), *Human-Technology Interaction in Complex Systems* (Vol. 8, pp. 173-231). Greenwich, CT: JAI Press.

Durkheim, E. (1897/1981). *Le suicide, étude de sociologie*. Paris: PUF.

Ericsson, K. A. & Simon, H. A. (1984). *Protocol Analysis. Verbal Reports as Data*. Cambridge, MA: The MI Press.

Foushee, H. C. (1984). Dyads and Triads at 35,000 feet: Factors affecting group process and aircrew performance. *American Psychologist, 39*, 886-893.

Frese, M. & Zapf, D. (1994). Action as the core of work psychology: A German approach. In H. C. Triandis, M. D. Dunnette & L. Hough (Eds.), *Handbook of Industrial and Organizational Psychology* (Vol. 4, pp. 271-340). Palo Alto, California: Consulting Psychologists Press.

Gentner, D. & Gentner, D. R. (1983). Flowing waters or teeming crowds: Mental models of electricity. In D. Gentner & A. L. Stevens (Eds.), *Mental Models* (pp. 99-130). Hillsdale, NJ: Erlbaum.

Gersick, C. J. & Hackman, J. R. (1990). Habitual routines in task-performing groups. *Organizational Behavior and Human Decision Processes, 47*, 65-97.

Greif, S. & Kurtz, H. J. (1996) Selbstorganisation, Selbstbestimmung und Kultur. In S. Greif & H. J. Kurtz (Hrsg.), *Handbuch selbstorganisiertes Lernen* (S. 19-31). Göttingen: Verlag Angewandte Psychologie.

Greif, S. (1996a). Teamfähigkeiten und Selbstorganisationskompetenzen. In S. Greif & H. J. Kurtz (Hrsg.), *Handbuch selbstorganisiertes Lernen* (S. 161-178). Göttingen: Verlag Angewandte Psychologie.

Greif, S. (1996b). Selbstorganisationsspiele und Video-Selbstkonfrontation. In S. Greif & H.J. Kurtz (Hrsg.), *Handbuch selbstorganisiertes Lernen* (S. 283-300). Göttingen: Verlag Angewandte Psychologie.

Gurtner, A. (2002). *Zweimal musst du es schon sagen. Strategieentwicklung und Kommunikationsmuster in hierarchisch orientierten Teams. (Saying it at least twice: Strategy development and leader communication patterns.)*. Unpublished Doctoral thesis, Universität Bern, Institut für Psychologie, Bern.

Gurtner, A., Tschan, F., Nägele, C. & Semmer, N. (2002). Reflexivity, planning, shared mental models, and team coordination: do they facilitate high performance? *Manuscript submitted for publication*.

Hacker, W. (1998). *Allgemeine Arbeitspsychologie. Psychische Regulation von Arbeitstätigkeiten*. Bern: Huber.

Hackman, J. R. & Wageman, R. (2001). *A theory of team coaching*. Unpublished manuscript.

Hackman, R. J., Brousseau, K. R. & Weiss, J. A. (1976). The interaction of task design and group performance strategies in determining group effectiveness. *Organizational Behavior and Human Performance, 16*, 350-365.

Hayes, N. (1997). *Successful Team Management*. London: ITP.

Hinsz, V. B., Tindale, R. S. & Vollrath, D. A. (1997). The emerging conceptualization of groups as information processors. *Psychological Bulletin, 121*, 43-64.

Hollingshead, A. B. (1998). Communication, learning, and retrieval in transactive memory systems. *Journal of Experimental Psychology, 34*, 423-442.

Kanki, B. G., Folk, V. G. & Irwin, C. M. (1991). Communication variations and aircrew performance. *The International Journal of Aviation Psychology, 1*, 149-162.

Kanki, B. G. & Foushee, H. C. (1989). Communication as group process mediator of aircrew performance. *Aviation, Space and Environmental Medicine, 4*, 402-410.

Kanki, B. G., Lozito, S. & Foushee, H. C. (1989). Communication indices of crew coordination. *Aviatio, Space, and Environmental Medicine, 60*, 56-60.

Katz, D. & Kahn, R. L. (1978). *The Social Psychology of Organizations*. New York: Wiley.

Kerr, N. L., Niedermeier, K. E. & Kaplan, M. F. (2000). On the virtues of assuming minimal differences in information processing in individuals and groups. *Group Processes and Intergroup Relations, 3*, 203-217.

Klimoski, R. & Mohammed, S. (1994). Team mental model: Construct of metaphor? *Journal of Management Development, 20*, 403-437.

Knight, D., Durham, C. C. & Locke, E. A. (2001). The relationship of team goals, incentives, and efficacy to strategic risk, tactical implementation, and performance. *Academy of Management Journal, 44*, 326-338.

Kuhl, J. (1984). Volitional mediators of cognition-behavior consistency: Self-regulatory processes and action versus state orientation. In J. Kuhl & J. Beckmann (Eds.), *Action Control: From Cognition to Behavior* (pp. 101-128). New York: Springer.

Larson, J. R. J. & Christensen, C. (1993). Group as problem-solving units: Toward an new meaning of social cognition. *British Journal of Social Psychology, 32*, 5-30.

LeBon, G. (1885/1947). *La psychologie des foules*. Paris: PUF.

Marks, M. A., Sabella, M. J., Burke, C. S. & Zaccarro, S. J. (2002). The impact of cross-training on team effectiveness. *Journal of Applied Psychology, 87*, 3-13.

Marsch, S., Scheidegger, D., Staender, S. & Harms, C. (2000). Team training using simulator technology. *Journal of Anesthesiology, 4*, 209-211.

Marsch, S., Spychiger, M., Mueller, C. & Hunziker, P. (2002). Adherence to algorithms in simulated cardiac arrest due to asystole. *Schweizerisches Medizinisches Forum, 35*, 8.

Marsch, S. C., Marquardt, K., Conrad, G., Spychiger, M., Eriksson, U. & Hunziker, P. R. (2001). The success rate of cardiopulmonary resuscitation depends on the quality of team building. *Intensive Care Medicine*, abstract.

Mathieu, J. E., Heffner, T. S., Goodwin, G. F., Salas, E. & Cannon-Bowers, J. A. (2000). The influence of shared mental models on team process and performance. *Journal of Applied Psychology, 85*, 273-283.

Matsui, T., Kayuama, T. & Uy Onglatco, L. U. (1987). Effects of goal and feedback in performance in groups. *Journal of Applied Psychology, 72*, 407-415.

McGrath, J. (1997). Small group research, that once and future field: An interpretation of the past with an eye to the future. *Group Dynamics, 1*, 7-27.

McGrath, J. E. (1984). *Groups, interaction and performance*. Englewood Cliffs, NJ: Prentice-Hall.

McGrath, J. E. & Tschan, F. (in press). Dynamics in groups and teams: Groups as complex action systems. In M. S. Poole (Ed.), *Handbook of Organizational Change and Development*. Oxford, UK: Oxford University Press.

Michell, T. R. & Silver, W. S. (1990). Individual and group goals when workers are interdependent: Effects on task strategies and performance. *Journal of Applied Psychology, 75*, 185-193.

Miller, G. A., Galanter, E. & Pribram, K. H. (1960). *Plans and the Structure of Behavior*. New York: Holt, Rinehart & Winston.

Moreland, R. L., Argote, L. & Krishnan, R. (1996). Socially shared cognition at work. Transactive memory and group performance. In J. L. Nye & A. M. Brower (Eds.), *What's Social About Social Cognition?* (pp. 57-84). Thousand Oaks: Sage.

Nägele, C., Gurtner, A., Tschan, F. & Semmer, N. (2002). Geteilte Mentale Modell über Aufgaben und Werkzeuge. Integration und Differenzierung. *Vortrag am Kongress der Deutschen Gesellschaft für Psychologie in Berlin*.

O'Brien, G. E. & Owens, A. G. (1969). Effects of organizational structure on correlations between member abilities and group productivity. *Journal of Applied Psychology, 53*, 525-530.

Oesterreich, R. & Resch, M. (1985). Zur Analyse arbeitsbezogener Kommunikation. *Zeitschrift für Sozialforschung und Erziehungssoziologie, 2*, 271-291.

O'Leary-Kelly, A., Martocchio, J. J. & Frink, D. D. (1994). A review of the influence of group goals on group performance. *Academy of Management Journal, 37*, 1285-1301.

Orasanu, J. M. (1994). Shared problem models and flight crew performance. In N. Johnston, N. McDonald & R. Fuller (Eds.), *Aviation Psychology in Practice* (pp. 255-285). Hants: Avebury Technical.

Orasanu, J. M. & Salas, E. (1993). Team decision making in complex environment. In G. A. Klein & J. Orasanu & R. Calderwood & C. E. Zsambok (Eds.), *Decision making in action: Models and methods* (pp. 327-345). Norwood: NJ: Ablex.

Patterson, M., Payne, R. & West, M. (1996). Collective climates: A test of their sociopsychological significance. *Academy of Management Journal, 39*, 1675-1691.

Pisano, G. P., Bohmer, R. M. & Edmondson, A. C. (2001). Organizational differences in rates of learning: Evidence from the adoption of minimally invasive cardiac surgery. *Management Science, 47*, 752-768.

Pritchard, R. D., Jones, S. D., Roth, P. R., Stuebig, K. K. & Ekeberg, S. E. (1988). Effects of group feedback, goal setting, and incentives on organizational productivity. *Journal of Applied Psychology, 73*, 337-358.

Reason, J. (1990). *Human error*. New York: Cambridge University Press.

Rouse, W. B. & Morris, N. M. (1986). On looking into the black box: Prospects and limits in the search for mental models. *Psychological Bulletin, 100*, 349-363.

Sachse, P. & Hacker, W. (1995). *Early low-cost prototyping: Zur Funktion von Modellen im konstruktiven Entwicklungsprozess*, Forschungsberichte Bd. 19, Institut für Allgemeine Psychologie und Methoden der Psychologie. Dresden: Technische Universität.

Sachse, P., Hacker, W., Leinert, S. & Reimer, S. (1999). Prototyping als Unterstützungsmöglichkeit des Denkens und Handelns beim Konstruieren. *Zeitschrift für Arbeits und Organisationspsychologie, 43*, 71-82.

Salas, E., Cannon-Bowers, J. A. & Blickensderfer, E. (1997). Enhancing reciprocity between training theory and practice: principles, guidelines, and specifications. In M. S. Teachout (Ed.), *Improving Training Effectiveness in Organizations*. Mahwah, New Jersey: Lawrence Erlbaum.

Salas, E., Dickinson, T., Converse, S. A. & Tannenbaum, S. I. (1992). Toward an understanding of team performance and training. In R. W. Sweezy & E. Salas (Eds.), *Teams: Their Training and Performance* (pp. 3-29). Norwood, NJ: Ablex.

Serfaty, D., Entin, E. E. & Johnston, J. H. (1998). Team coordination training. In J. A. Cannon-Bowers & E. Salas (Eds.), *Making Decisions under Stress. Implications for Individual and Team Training* (pp. 221-245). Washington: APA.

Sonnentag, S. (2001). High performance and meeting participation: An observational study in software design teams. *Group Dynamics: Theory, Research and Practice, 5*, 3-18.

Sonnentag, S. & Schmidt-Brasse, U. (1998). Expertise at work: Research perspectives and practical interventions for ensuring excellent performance at the workplace. *European Journal of Work and Organizational Psychology, 7*, 449-454.

Stout, R. J., Cannon-Bowers, J. A., Salas, E. & Milanovich, D. M. (1999). Planning, shared mental models, and coordinated performance: An empirical link is established. *Human Factors, 41*, 61-71.

Swift, T. A. & West, M. A. (1998). *Reflexivity and Group Processes: Research and Practice*. Sheffield: University of Sheffield.

Thompson, L., Gentner, D. & Loewenstein, J. (2000). Avoiding missed opportunities in managerial life: Analogical training is more powerful than individual case training. *Organizational Behavior and Human Decision Processes, 82*, 60-75.

Tindale, R. S. & Kameda, T. (2000). ‚Social sharedness' as a unifying theme for information processing in groups. *Group Processes and Intergroup Relations, 3*, 123-140.

Tindale, R. S., Smith, C. M., Thomas, L. S., Filkins, J. & Sheffey, S. (1996). Shared representations and asymmetric social influence processes in small groups. In J. H. Witte & E. H. Davis (Eds.), *Understanding group behavior: Consensual action by small groups* (Vol. 1, pp. 81-103). Mahwah, NJ: Erlbaum.

Torrance, E. P. (1954). The behavior of small groups under the stress conditions of "survival". *American Sociological Review, 19*, 751-755.

Tschan, F. (1995). Communication enhances small group performance if it conforms to task requirements: The concept of ideal communication cycles. *Basic and Applied Social Psychology, 17*, 371-393.

Tschan, F. (2000). *Produktivität in Kleingruppen. Was machen produktive Gruppen anders und besser?* Bern: Huber.

Tschan, F. (2002). Ideal cycles of communication (or cognition) in triads, dyads, and individuals. *Small Group Research, 33*, 615-143.

Tschan, F. & Semmer, N. (2001). Wenn alle dasselbe denken: Geteilte mentale Modelle und Leistung in der Teamarbeit. In R. Fisch, D. Beck & B. Englich (Hrsg.), *Projektgruppen in Organisationen*. Göttingen: Verlag für Angewandte Psychologie.

Tschan, F. & von Cranach, M. (1996). Group task structure, processes and outcome. In M. West (Ed.), *Handbook of Work Group Psychology* (pp. 95 - 121). Chichester: Wiley.

Volpe, C. E., Cannon-Bowers, J. A., Salas, E. & Spector, P. E. (1996). The impact of cross-training on team functioning: An empirical investigation. *Human Factors, 38)*, 87-100.

Volpert, W. (1987). Psychische Regulation von Arbeitstätigkeiten. In U. Kleinbeck & J. Rutenfranz (Hrsg.), *Arbeitspsychologie* (Bd. 1, S. 1-42). Göttingen: Hogrefe.

Volpert, W. (1992). *Wie wir handeln – was wir können: ein Disput als Einführung in die Handlungspsychologie*. Heidelberg: Roland Asanger.

Weber, W. G. (1999). Kollektive Handlungsregulation, kooperative Handlungsbereitschaften und gemeinsame Vergegenständlichungen in industriellen Arbeitsgruppen. *Zeitschrift für Arbeits- und Organisationspsychologie, 43*(4), 202-215.

Wegner, D., Erber, R. & Raymond, P. (1991). Transactive memory in close relationships. *Journal of Personality and Social Psychology, 61*, 923-929.

Wegner, D. M. (1987). Transactive memory: A contemporary analysis of the group mind. In B. M. G. Goethals (Ed.), *Theories of Group Behavior* (pp. 185-208). New York: Springer.

Wei Liang, D., Moreland, R. & Argote, L. (1995). Group versus individual training and group performance: The mediating role of transactive memory. *Personality and Social Psychology, 21*, 384-393.

West, M. (1996). Reflexivity and work group effectiveness: A conceptual integration. In M. West (Ed.), *Handbook of work group psychology* (pp. 555-579). Chichester: Wiley.

Wittenbaum, G. M. & Stasser, G. (1996). Management of information in small groups. In J. L. Nye & A. M. Brower (Eds.), *What's Social About Social Cognition?* (pp. 3-28). Thousand Oaks, CA: Sage.

Wittenbaum, G. M., Vaughan, S. I. & Stasser, G. (1998). Coordination in task-performing groups. In R. S. Tindale, L. Heath, J. Edwards, E. J. Posovac, F. B. Bryant, Y. Suarez-Balcazar, E. Henderson-King & J. Myers (Eds.), *Theory and Research on Small Groups* (pp. 177-204). New York: Plenum.

Zapf, D., Brodbeck, F. C. & Frese, M. (1992). Errors in working with office computers: A first validation of a taxonomy for observed errors in a field setting. *International Journal of Human-Computer Interaction, 4*, 311-339.

Zölch, M. (2001). *Zeitliche Koordination in der Produktion: Aktivitäten der Handlungsverschränkung*. Bern: Huber.

Zurcher, L. A. J. (1970). The friendly poker game: A study of an ephemeral role. *Social Forces, 49*, 173-186.

IV. Organisationsentwicklung

Organisationsberatung – aus der Perspektive der Arbeitspsychologie

Eva Bamberg

1. Einleitung

Nachdem trojanische Späher entdeckt hatten, dass der Feind verschwunden war und eine seltsame Figur zurückgelassen hatte, entwickelten die Berater von Priamos unterschiedliche und widersprüchliche Vorschläge. Thymoetes rät, das Pferd zum Tempel in die Burg zu bringen, Kapys meint, Troja sei gut beraten, wenn es die Opfergabe sofort verbrennen würde oder wenigstens mit Äxten aufbrechen würde, um nachzuschauen, was sich im Bauch verbirgt. Laokoon, ein Priester im Tempel des Apollo, warnt vor der vermeintlichen Opfergabe und schleudert einen Speer auf das Pferd. Die Trojaner schwanken: Sollen sie die Opfergabe annehmen oder zerstören? Da entsteigt dem Meer ein Schlangenpaar und setzt dem Leben von Laokoon und dessen Söhnen ein Ende. Die Trojaner lassen sich nach diesem vermeintlichen Zeichen auch durch Warnungen namenloser Mächte nicht von ihrem Vorhaben abhalten, das Pferd in die Stadt zu bringen. Sie brechen dazu Mauern und Tor auf, demontieren so ihren eigenen Schutz (Homer, Ilias; vgl. z.B. Tuchmann, 1995).

Raten kann, das geht aus dem Beispiel hervor, im Sinne von „hin und her raten" oder im Sinne von „jemandem etwas raten" verstanden werden. Beratung wird zwar meist mit der zweitgenannten Bedeutung verwendet, die erstgenannte schwingt aber mit: Jemandem etwas raten, heißt oft auch (gemeinsam) spekulieren. Beratung in dieser doppelten Bedeutung hat in der Mythologie und in der Geschichte eine lange Tradition. Im Alten Testament spielten Berater eine Rolle, Könige hielten sich einen ganzen Stamm von Beratern und auch Politiker ließen und lassen sich beraten. Neben den jeweiligen Experten und Sachkundigen dienten und dienen Hofnarren, Astrologen, Pfarrer, Philosophen, Wahrsager und Mitglieder anderer Zünfte als Berater.

Die Vorschläge von Beraterinnen und Beratern fallen recht unterschiedlich aus. Welche Ratschläge aufgegriffen werden, ob und wie diese umgesetzt werden, ist offen. Was Rat Suchende erwarten (bzw. erwarten können), welche Aufgaben Beraterinnen und Berater haben, ist unklar. Schließlich gibt es keinen Konsens darüber, was die Qualität von Beratung ausmacht, wie Qualität bestimmt werden kann. Wer sich mit dem Thema beschäftigt, stößt auf viele Fragen – Fragen, die angesichts der Verbreitung von Beratung einer Antwort bedürfen.

Wenngleich kontrovers diskutiert wird, was Beratung eigentlich ist (vgl. z.B. Steyrer, 1991), so lassen sich doch charakteristische Merkmale von Beratung benennen. Beratung setzt die Beteiligung von mindestens zwei Personen voraus: die eines Klienten, der Bedarf an Unterstützung oder Rat hat, und die eines Beraters, der dies zur Verfügung stellt – sei es in Form von Diagnosen, von Wissen, von Interpretationen oder von Prognosen. Beratung zielt auf einen begrenzten Prozess, den Beratungsgegenstand, ab; Beratung ist von Entscheidungs- und Handlungsprozessen zu trennen.

Im Folgenden wird es um Beratung von Organisationen gehen – von Verbänden, Vereinen, Dienststellen und Betrieben. Im Vordergrund steht dabei Beratung zur Gestaltung von Veränderungsprozessen in Unternehmen – häufig auch als Prozessberatung bezeichnet.

Nennenswerte Gründungen von Unternehmensberatungen begannen in den USA Ende des 19. und setzten sich zu Beginn des 20. Jahrhunderts fort (Kolbeck, 2001). In der Folgezeit boomte der amerikanische Beratermarkt. Ab Ende der 50er Jahre eröffneten zunächst McKinsey, in der Folgezeit andere große Beratungsfirmen auch in Europa Büros. Ab Mitte der 70er Jahre entstanden zum Teil aus der Kritik an den klassischen Beratungsunternehmen (Kolbeck, 2001), zum Teil aufgrund zunehmender Outsourcing-Prozesse in Großbetrieben (Wimmer, 1995) mehr und mehr kleinere Beratungsfirmen.

Der Beratungsmarkt gewinnt an Bedeutung. Nach Angaben des Bundesverbandes Deutscher Unternehmensberater (BDU) steigt der Gesamtumsatz der Unternehmensberater seit 1991 von 5,4 Milliarden Euro auf knapp 13 Milliarden Euro. 2001 waren in Deutschland 70.000 Berater in 14.500 Beratungsunternehmen tätig. Die 40 größten Beratungsunternehmen, lediglich 0,3 % der Unternehmen, erzielten fast 50 % des Gesamtumsatzes (BDU, 2001).

Wenngleich der BDU für 2001 ein geringeres Wachstum als in den vergangenen Jahren feststellt, allerorts über Einbrüche geklagt wird, Entwicklungen auf dem Beratungsmarkt gar mit dem Schweinezyklus verglichen werden (Demmer, 2002), so signalisieren die genannten Zahlen doch, dass nach wie vor ein hoher Bedarf an Beratung besteht. Immer wieder wird aber auch Kritik an der Branche laut.

2. Eine windige Zunft?

Publikationen über Unternehmensberatungen werden überwiegend von Personen verfasst, die selbst beraterisch tätig sind und das auch hervorheben, lässt sich damit doch zeigen, dass sie über praktische Expertise verfügen. Und sie scheinen zu den Exzellenzen ihres Faches zu gehören. In nahezu jeder Publikation von Unternehmensberatern, oder in selteneren Fällen Beraterinnen, findet man Beispiele, die demonstrieren, dass der Autor proaktiv, aber auch sensibel und einfühlsam ein Unternehmen – und zwar nicht ein langweiliges, x-beliebiges, sondern eines, das international, aufstrebend, innovativ, IT-orientiert ist – berät. Er ist damit meist erfolgreich, das Unternehmen ist zufrieden und hat seinen Veränderungsprozess eingeleitet. Sollte der Erfolg ausbleiben, dann hat entweder (in der Mehrzahl der Fälle) das Unternehmen bzw. eine maßgebliche Person im Unternehmen irgendetwas getan, was gegen das Konzept des Beraters/Autors verstieß, oder (was sehr viel seltener ist) dem Berater ist ein Fehler unterlaufen, ein Fehler, der letztlich doch erforderlich war, um der eigenen Person,

Auftraggebern und LeserInnen zu zeigen, dass der Berater, wenn nicht klug, dann doch wenigstens außerordentlich lernfähig ist. Angesichts der Kritik an der Branche ist diese Selbstdarstellung verwunderlich.

2.1 Kritik an Organisationsberatungen

Nur ein kleiner Teil der Unternehmen scheint mit der Beratungsleistung voll zufrieden zu sein. Das Ziel der Beratung wird nach Einschätzungen der betroffenen Unternehmen in mehr als 60 % der Fälle nicht erreicht, über 75 % der Unternehmen sind nur teilweise zufrieden oder gar unzufrieden (vgl. z.B. Kolbeck, 2001; Maas, Schüller & Strasmann, 1992; Mohe & Pfriem, 2002; Steyrer, 1991). McKinsey-Berater kommen in einer internen Studie zu dem Ergebnis, dass zwei Drittel der Veränderungsprozesse nicht aufgrund der inhaltlichen Qualität der Beratung scheitern, sondern an der mangelnden Fähigkeit in der Umsetzung (nach Wimmer, 1995). Die Kritik an Unternehmensberatungen wird nicht nur von Klienten, sondern auch aus eigenen Reihen formuliert. Sie bezieht sich auf unterschiedliche Punkte:

1. *Schwerpunkte der Tätigkeit und Selbstverständnis des Beraters:* Unter dem Titel Organisationsberater – Kein Job für mich! begründet Klaus Brosius (2001), warum er als Supervisor und nicht als Organisationsberater tätig sei: Er arbeite primär am Menschen, nicht an Strukturen. Die Bescheidenheit des Autors sind für seine Kollegen keine Selbstverständlichkeit. Strukturelle Aspekte bleiben im Beratungsprozess vielfach und durchaus bewusst (s.u.) ausgeklammert, Kommunikation steht im Vordergrund. Nachreiner (1992) bezeichnet diese Schwerpunktsetzung als falsch. An einem Projekt zum Thema Fehlzeiten zeigt er auf, dass eine nachhaltige Problemlösung nur unter Einbeziehung struktureller Veränderungen möglich ist. In der Tat ist bekannt, dass in Organisationen die Tendenz besteht, strukturelle Ursachen personal zu attribuieren. Konflikte mit Kollegen werden nicht auf knappe Ressourcen, sondern auf die Unverträglichkeit von Personen zurückgeführt, Zeitdruck nicht auf hohe Arbeitsintensität, sondern auf faule Mitmenschen, organisatorische Probleme nicht auf Strukturen, sondern auf die Schlamperei Einzelner. Inwieweit das bei Veränderungsprozessen vielfach als charakteristisch bezeichnete „Tal der Tränen" durch negative Erfahrungen, mangelnde Transparenz und/oder unklare Perspektiven der Beteiligten begünstigt wird, wird nicht diskutiert.
2. *Theoretische Fundierung:* Es gibt in der Branche eine Fülle von Konzeptionen und Methoden, die aber von Schlagwörtern nicht immer zu unterscheiden sind: Teamentwicklung, Gruppenarbeit, Kundenorientierung, Zielvereinbarungsmethoden, Lean Management, etc. Wenngleich in der Organisationsberatung regelmäßig auf eine Reihe von Theorien verwiesen wird (s.u.), dann sind doch viele Konzeptionen und Methoden der Organisationsberatung kaum theoretisch begründet, unscharf, in sich widersprüchlich und nicht operational formuliert (Kolbeck, 2001). Doch selbst wenn die Konzeption theoretisch fundiert ist, bleibt offen, inwieweit dies für die Berater überhaupt handlungsrelevant ist. Untersuchungen dazu fehlen.

3. *Verständnis von Beratung:* Auf dem Hintergrund der genannten Kritikpunkte ist es nicht verwunderlich, dass eine Differenzierung von Beratung bislang weitgehend ausgeblieben ist. Es gibt kein konsensuales Konzept dazu, welche Beratungssituationen sich unterscheiden lassen, welche Anforderungen von Bedeutung sind, etc.
4. *Evaluation:* Evaluation der Beratungtätigkeit ist eine schwierige Aufgabe. Ein Diskurs über Erfolgskriterien ist zu führen, diese sind zu operationalisieren, geeignete Instrumente sind zu entwickeln. Evaluationsstudien sind in der Regel teuer, bringen Unruhe und sind oft gar nicht erwünscht – denn wem nutzt das Wissen, dass die Beratung in manchen Fällen nur wenig erfolgreich war? Und ist nicht allgemeine Zufriedenheit nach einem Beratungsprozess oder gar die hohe Nachfrage nach Beratung die beste Evaluation? Es ist deshalb nicht verwunderlich, dass eine Überprüfung des Erfolgs von Beratungsprojekten selten stattfindet bzw. sich auf Zufriedenheitsaussagen der Kunden beschränkt.
5. *Professionalisierung:* Eine wesentliche Kritik an der Organisationsberatung bezieht sich darauf, dass Qualitätsentwicklung weitgehend vernachlässigt werde, Organisationsberatern professionelles Selbstverständnis fehle, kein einheitliches Berufsfeld, keine Mindeststandards bestehen würden. Verschiedene Autoren sprechen deshalb von einer Profession ohne Professionalisierung (Kühl, 2000; Kolbeck, 2001).

Wie Kritik und Zufriedenheit generell, so dürfte auch die Kritik bzw. Zufriedenheit mit Unternehmensberatung zum einen von der Beratung, zum anderen aber auch von den Haltungen und Erwartungen an die Unternehmensberatung abhängig sein.

2.2 Gesucht: Der omnipotente Berater

Neutraler Dritter, Feuerwehrmann, Moderator, Arzt, Pfarrer, Co-Pilot, Promotor oder Jongleur – Beraterinnen und Berater haben zahlreiche Rollen zu erfüllen (Schmidt-Braße, 1997; Wohlgemuth, 1991; Kolbeck, 2001). Der Markt verlangt viel von ihnen. Aktuelle wirtschaftliche Prozesse müssen sie kennen, wenn nicht gar vorhersagen können, neue Managementmethoden müssen sie nicht nur beherrschen, sondern auch kreieren und popularisieren – Berater als Modedesigner von Managementkonzepten (Heitger, nach Wimmer, 1995). Theorien, aber auch Titel, die auf wissenschaftliche Kompetenz verweisen, sind als Verpackung hilfreich. Ihrem Klientel müssen die Berater Veränderungs- aber auch Versagensängste nehmen und tiefsitzende Absicherungsbedürfnisse erfüllen (Demmer & Hoerner, 2001). Dabei soll Beratung gleichzeitig noch einen gewissen Unterhaltungswert erfüllen (Geißler, 2000).

An die Ausbildung werden hohe Anforderungen gestellt: Zwar gibt es hinsichtlich des Studienfachs der Berater und Beraterinnen keine konkreten Voraussetzungen, im Studium selbst sollte der zukünftige Nachwuchs dennoch strebsam, fleißig und zielgerichtet sein. Die Wahl der besten Hochschule, ein Studium im In- und Ausland, in Rekordzeit mit den besten Noten, einschlägige Praktika, Fremdsprachen fließend und Computerkenntnisse sind eine Selbstverständlichkeit (Demmer, 2002).

Es scheint aus Sicht der Profession aber weniger ein Bedarf an Einfühlsamkeit und Fachkenntnissen zu bestehen, sondern vor allem an geschicktem Auftreten, sich verkaufen zu können. Berater müssen Wissen, Kompetenz, Seriosität und Kreativität ausstrahlen. Gefragt nach den erforderlichen Soft Skills drückt sich Michael Schorn, ein Management-Berater, in einem Interview in der Süddeutschen Zeitung (2002, S. 25) so aus: „zuerst mal alle heute anzeigenüblichen, also Kommunikationsstärke, Teamorientierung, Mobilität,....Begeisterungsfähigkeit und ein gewisser Biss,...um die eigenen Vorschläge gegenüber den erfahrenen Kollegen begründen und durchsetzen zu können".

Auch in der wissenschaftlichen Fachliteratur wird darauf verwiesen, dass von Beraterinnen und Beratern viel verlangt wird. Handlungsrelevante Haltungen und Einstellungen sowie Kompetenzen sind erforderlich. Beides, Haltungen und Einstellungen auf der einen Seite und Kompetenzen auf der anderen Seite, betreffen die eigene Person und den Beratungsgegenstand.

Bezogen auf die eigene Person wird hervorgehoben, dass Berater über eine realistische Einschätzung der eigenen Person (Kremer & Cords-Michalzik, 1999), über Selbstbekenntnis (Lippitt & Lippitt, 1995) verfügen sollten, sie sollten ein Selbstverständnis, die sog. Eigenpositionierung, entwickeln und sie müssen sich durch ein hohes Ausmaß an Selbstorganisation auszeichnen.

Bei den Handlungsvoraussetzungen, die sich auf den Beratungsprozess beziehen, sei auf die klassische Unterscheidung zwischen fachlicher oder inhaltlicher Kompetenz (z.B. arbeitswissenschaftliche, wirtschaftswissenschaftliche, juristische Kenntnisse), sozialer Kompetenz (Verhandlungsgeschick, Moderationskenntnisse) und Prozesskompetenz (einschließlich Methodenkompetenz) verwiesen.

In der Literatur werden immer wieder verschiedene Phasenmodelle von Beratung aufgegriffen (s.u.). Welches Phasenmodell angemessen und nützlich ist, soll an dieser Stelle nicht diskutiert werden. Wichtig ist, dass die Phasen mit unterschiedlichen Anforderungen verbunden sind. Es kann zwischen phasenübergreifenden und phasenspezifischen Handlungskompetenzen getrennt werden (Kremer & Cords-Michalzik, 1999). Zu den phasenspezifischen Handlungskompetenzen zählen z.B. in der Kontaktphase fachliche Kompetenzen bezogen auf juristische Aspekte der Vertragsgestaltung oder soziale Kompetenzen im Sinne von Verhandlungsgeschick im Umgang mit Vertragspartnern. Zu den phasenübergreifenden Kompetenzen gehören in erster Linie Problemlösekompetenzen sowie die Fähigkeit, Transparenz und kontinuierliche, offene Kommunikation über Prozesse zu gestalten, Konflikte zu lösen und Widerstände positiv zu überwinden (Kremer & Cords-Michalzik, 1999).

2.3 Der Klient: Ahnungslos?

Die hohen Anforderungen, die an Beraterinnen und Berater gestellt werden, könnten darauf zurückzuführen sein, dass das Klientel überzogene Erwartungen hat. In der Tat impliziert die Nachfrage nach Beratung einen Gegenüber, der überzogene Selbstdarstellung verlangt und akzeptiert (Neuberger, 2002). Und dies ist nicht der einzige Kritikpunkt, der an die Klienten gerichtet ist. Klienten seien einfältig, schlecht vorbereitet und nur wenig kooperativ (Mohe & Pfriem, 2002). Zu den Kennzeichen unprofessioneller Klienten gehöre etwa eine unsichere und falsche Einschätzung des Beraterbedarfs, Beratung mit dem Ziel der Legitimation statt Problemlösung, das Zulassen von Problemumdeutungen seitens des Beraters, keine oder falsche Beraterauswahl, verfrühter Abbruch der Beratung, Einsatz überforderter Mitarbeiter in den Beratungsprojekten, keine Evaluation der Beratung und vieles andere mehr (Mohe & Pfriem, 2002). Klienten müssten sich demnach „einen Gutteil ihrer eigenen Unzufriedenheit mit Beratungsleistungen selbst anlasten" (Mohe & Pfriem, 2002, S. 37).

Berater und Beraterinnen befinden sich in einem Dilemma: Wenn sie ihre Potentiale anpreisen, ihre Möglichkeiten und Kompetenzen hervorheben, dann können sie sich dadurch Märkte schaffen – wenn sie dadurch aber überhöhte Erwartungen unterstützen, dann ist die Gefahr von Enttäuschungen, Frustration und Kritik groß. Erforderlich ist also, überzogene Vorstellungen durch realistische Einschätzungen zu ersetzen. Dies setzt eine differenzierte Beschreibung der Tätigkeit und der Leistungen von Beraterinnen und Beratern voraus. Auf dieser Grundlage können sie ihr Angebot, ihre Möglichkeiten und Grenzen adäquat benennen. Kunden sind dann in der Lage, ihren Bedarf, ihre Erwartungen und die Angebote der Berater einzuordnen. Ein Blick auf Konzepte zum Thema Beratung zeigt, dass es eine Fülle von Ansätzen gibt, auf die zurückgegriffen werden kann.

3. Vom Orakel zur Dienstleistung

Frühformen der Organisationsberatung, etwa durch Experten, Priester oder Hofnarren, wurden weiter oben benannt. Historisch gesehen lässt sich die Entwicklung der Organisationsberatung als eigene Disziplin mit der Entwicklung der Arbeitswissenschaft in Bezug setzen. Dies betrifft vor allem die Beratungsinhalte und erst in zweiter Linie die Beratungsmethoden.

3.1 Beratungsinhalte: Historische und aktuelle Positionen

In der Geschichte der Arbeitswissenschaft, besonders der Arbeits- und Organisationspsychologie (vgl. Greif, 1993; Volpert, 1975; Ulich, 2001), werden verschiedene Phasen oder Strömungen benannt, die nicht abgeschlossen sind, sondern bis heute ihre Wirkung zeigen. Jede Phase impliziert ein spezifisches Verständnis von Organisationsberatung, vor allem der inhaltlichen Schwerpunkte der Organisationsberatung. Heute aktuelle Schulen und Konzepte greifen diese Phasen auf.

Die *wissenschaftliche Betriebsführung* (Taylor, 1911) zielte darauf ab, in den Betrieben eine möglichst ökonomische Variante der Arbeitsteilung und der Arbeitsausführung zu entwickeln. Dies erfolgte durch den Versuch der Trennung der ausführenden Tätigkeit von der geistigen Tätigkeit, durch die Zergliederung der Arbeitsausführung in einzelne Schritte, die Ermittlung des „one best way" bei der Ausführung der Tätigkeit und durch entsprechendes Training. Beratung in dieser Tradition beschäftigt sich mit der Frage, wie Arbeitsabläufe im Sinne einer möglichst rationellen Arbeitstätigkeit effektiviert werden können.

Auch die zentralen Themen der Psychotechnik (z.B. Münsterberg, 1912), wie vor allem Eignungsdiagnostik, Gestaltung von Trainingsverfahren, die Entwicklung von Werbemaßnahmen, sind heute noch aktuelle Problembereiche der Beratung.

Der *Human-Relation-Ansatz*, wesentlich beeinflusst durch die Arbeiten von Roethlisberger und Dickson (1939), schenkte der Wertschätzung der Arbeitenden und ihrem Rückhalt im Sozialgefüge besondere Aufmerksamkeit. Beratung auf dieser Grundlage zielt darauf ab, soziale Beziehungen auf der horizontalen Ebene, unter den Mitarbeitern, und auf der vertikalen Ebene, zwischen Mitarbeitern und Vorgesetzten, zu verbessern.

Einer Beratung, die sich dem Gedanken der *Humanisierung des Arbeitslebens* verpflichtet fühlte, ging es darum, die Mitbestimmungsmöglichkeiten in Organisationen zu erhöhen, Belastungen zu reduzieren und entwicklungsförderliche Arbeitsbedingungen zu schaffen. Ziel kann etwa sein, individuelle oder organisationale Voraussetzungen von Partizipation zu verbessern, durch komplexere Tätigkeit oder die Einführung von Gruppenarbeit Monotonie zu verringern.

Bei der wissenschaftlichen Betriebsführung, dem Human-Relation-Ansatz und der Psychotechnik, steht, wie Volpert (1975) betont, die menschliche Leistungsfähigkeit im Vordergrund. Es geht darum, den Menschen bzw. die Arbeitsfähigkeit des Menschen den Arbeitsbedingungen anzupassen. Anders bei der Humanisierung der Arbeit: Hier ist, zumindest programmatisch, die Entwicklungsfähigkeit des Menschen Ausgangspunkt. Arbeitsbedingungen sind so zu gestalten, dass Entwicklungspotentiale gefördert werden können.

Organisationsberatung auf der Grundlage des *soziotechnischen Systemansatzes* (Emery & Thorsrud, 1982; Ulich, 2001) wurde in der Tradition des Humanisierungsansatzes entwickelt und teilt diese Programmatik. Der soziotechnische Systemansatz unterscheidet zwei Teilsysteme, die sich beide wechselseitig bedingen: das technische und das soziale System. Beratung befasst sich mit der Technikgestaltung in Organisationen, mit den organisationalen Strukturen, d.h. der Arbeitsteilung, und mit personalen Faktoren, z.B. der Kompetenzentwicklung. Eine besondere Bedeutung kommt der Gestaltung der Arbeitsaufgabe zu, denn die Arbeitsaufgabe ist die Schnittstelle zwischen Technik, Organisation und Mensch. Arbeitsaufgaben sollen vollständig sein, d.h. Zielentwicklung, Planung, Ausführung und Kontrolle erfolgen durch die arbeitende Person. Die Vollständigkeit der Arbeitsaufgabe wird einerseits durch die Arbeitsgestaltung erreicht. Andererseits ist aber auch Qualifizierung erforderlich, damit die Arbeitenden die vollständige Aufgabe erfüllen können.

Die genannten Positionen formulieren Annahmen über zentrale Merkmale und Prozesse in Organisationen. Daraus ergeben sich, wie gezeigt wurde, Aussagen über Inhalte der Beratung, also darüber, was auf der Grundlage des jeweiligen Ansatzes Gegenstand der Beratung ist. Der Prozess der Beratung, wie Berater vorzugehen haben und die Strategie der Beratung bleiben weitgehend ausgeklammert. Eine Reihe jüngerer Konzepte zu Veränderungsprozessen in Organisationen setzt hier den Schwerpunkt.

3.2 Der Prozess der Organisationsberatung

Beratung auf der Grundlage der oben genannten Konzepte kann als Expertenberatung durchgeführt werden. Bei Expertenberatung strukturiert sich Beratung entsprechend eines Problemlöseprozesses. Es erfolgt eine gemeinsame Problemlösung durch Experten und Führungskräfte, wobei Ersterem großer Einfluss zukommt. Er führt nachhaltige Veränderungen im Unternehmen herbei. Ein Unternehmen wird als offenes, soziotechnisches, zielgerichtetes System gesehen, geprägt durch das Zusammenwirken von Mensch, Maschine und Technik. Expertenberatung ist die heute am weitesten verbreitete Beratungsform; sie wird nach Walger (1995) durch die großen Beratungsgesellschaften praktiziert.

Walger (1995) verweist auf die Grenzen dieses Ansatzes. Er schildert als Beispiel ein Projekt, das dazu diente, ein neues Mitarbeiterbeurteilungssystem zu entwickeln. Eine Projektgruppe entwickelte in Abstimmung mit den Fachabteilungen einen Vorschlag, der vom Betriebsrat aber abgelehnt wurde. Das Projekt scheiterte. Der Autor führt dies darauf zurück, dass die Betroffenen weder bei der Problemdefinition noch bei der Problemlösung einbezogen waren – ein Defizit, das nach anderen Beratungsansätzen verlange.

Beratung nach dem Konzept der *Organisationsentwicklung* berücksichtigt, dass die Menschen, die Mitglieder der Organisationen, Veränderungen vollziehen müssen, wenn sich eine Organisation verändern soll, und nicht die Berater. Berater werden als Experten für die Initiierung von Lernen, für das Begleiten von Lernprozessen, verstanden. Berater ermöglichen Reflexion. Sie halten den Organisationsmitgliedern den Spiegel vor.

Beratung auf der Grundlage des oben angeführten Humanisierungsansatzes, des Human-Relation-Ansatzes und des soziotechnischen Systemansatzes ist auch als Organisationsentwicklung möglich. Die Erarbeitung von Lösungen erfolgt dann weniger durch die Berater, sondern durch die Beteiligten selbst.

Systemische Beratung, die ihre Wurzeln in Systemtheorie und der Familientherapie hat, ist in den letzten Jahren besonders populär geworden (z.B. Königswieser & Exner, 1998; Luhmann & Fuchs, 1989). Kernaussage dieses Konzeptes ist, dass soziale Systeme über Beobachtungen ihre systemspezifische Realität gestalten. Systeme haben ein für sie jeweils charakteristisches Ordnungs- und Bewertungsmuster. So wird ein Beratungssystem ein anderes Bewertungs- und Unterscheidungsschema anlegen als ein Klientensystem. Durch ihre Ordnungs- und Bewertungssysteme schaffen sich Organisationen das, was für das jeweilige System wichtig ist, anderes wird ausgeklammert. Systeme können beobachten, wie und mit welcher Selektivität andere beobachten (Beobachtung zweiter Ordnung). Ein Anspruch auf Wahrheit besteht dabei aber nicht und wird auch nicht angestrebt. Wesentlich für Beratung im systemischen Sinn ist zu beobachten, wie eine Organisation sich selbst und ihre Umwelt beobachtet und wie diese Beobachtung verarbeitet wird. Über eine Differenz von interner und externer Beobachtung lassen sich Möglichkeiten der Beobachtung nutzen, die durch Selbstbeobachtung nicht zu realisieren sind (Luhmann & Fuchs, 1989). Systemische Beratung sieht die Kernaufgabe des Klientensystems darin, dass es sich eine anregende, fruchtbare Problemsicht zu erarbeiten hat. Es soll Distanz zu eingespielten Wahrnehmungs- und Erklärungsmustern gewinnen und neue entwickeln. Systemische Beratung hat aber nicht das Ziel der Beeinflussung, Veränderung oder Entwicklung des Klienten. Sie schafft lediglich Irritationen als Möglichkeit zur Verunsicherung herrschender Wahrnehmungs- und Erklärungsmuster. Letztlich geht es um die Selbstreflexion der Organisation (Walger, 1995).

Die Konzepte zur Organisationsberatung implizieren jeweils spezifische Vorstellungen von Beratungs- und Veränderungsprozessen. Aber auch innerhalb der hier nur sehr knapp zusammengefaßten Ansätze gibt es Unterschiede. Exemplarisch soll dies am Beispiel einer Gegenüberstellung, die Edmondson (1996) publiziert hat, gezeigt werden. Der Autor legt drei bekannten Wissenschaftlern, die der Organisationsentwicklung zugerechnet werden können, Edgar Schein, Peter Senge und Chris Argyris, ein Fallbeispiel vor, in dem es darum geht, in einem Betrieb mit sinkendem Umsatz die Kundenorientierung zu verbessern. Die Organisationswissenschaftler werden aufgefordert, mögliche Ursachen der betrieblichen Entwicklung zu benennen und eine Interventionsstrategie vorzuschlagen. Die Wissenschaftler verfolgen einen kognitiven Ansatz. Sie gehen von der gemeinsamen Überlegung aus, dass die Akteure in dem Betrieb unangemessene Grundannahmen haben und dass diese Grundannahmen offengelegt werden müssen. Sie betonen die Notwendigkeit einer Intervention von außen. Die Wissenschaftler unterscheiden sich aber erheblich in der weiteren Konkretisierung.

Scheins Schwerpunkt liegt auf der Organisationskultur. Grundeinheiten der Organisationskultur sind unausgesprochene Annahmen, Regeln, Werte, Spielregeln etc., die das Verhalten in Organisationen beeinflussen. Sie sind ein Ergebnis von Gruppenerfahrung. Schein schlägt vor, (ohne Hilfsmittel) zu beobachten, sich mit Kommentaren zurückzuhalten, bis man die Organisation versteht; erst zu einem späteren Zeitpunkt sollte versucht werden, grundlegende Annahmen der Organisationskultur, die eine Veränderung verhindern, in Sitzungen zu thematisieren. Ergebnisse sind Kenntnisse über in der Organisation verbreitete, grundlegende Annahmen, die einen Wechsel behindern. Durch diese Kenntnisse kann die Gruppe zusammen am Veränderungsprozess arbeiten.

Senge stellt kognitive Barrieren gegenüber organisationalem Lernen in den Vordergrund. Wichtig ist, nicht an Symptomen anzusetzen, sondern an den jeweiligen Ursachen. Dies ist allerdings deshalb schwierig, weil Ursachen in der Regel in Organisationen zu anderen Zeiten und an anderen Orten zu finden sind als die Folgen. Führungskräfte treffen deshalb Entscheidungen, ohne alle Konsequenzen zu kennen. Führungskräfte sollen lernen, ihr System zu diagnostizieren. Zentral für Senge ist die Bedeutung von Lernen und von lernenden Organisationen. Dabei geht es etwa darum zu lernen, inwieweit das eigene Verhalten Ursache für bestimmte unerwünschte Effekte ist.

Arbeitshypothese ist, dass in dem Betrieb, der als Fallbeispiel dient, aus Kostengründen in die Kundenbetreuung in der Vergangenheit zu wenig investiert wurde, ohne die Kosten dieser Einsparungen zu berücksichtigen. Senge schlägt vor, ein Team aus Wissenschaftlern und Managern der Firma zu bilden. Dieses Team soll Daten sammeln, die die Irrationalitäten des Systems wiedergeben. Lernlaboratorien sollen gebildet werden, die andere zu Lernprozessen bezüglich der Systemdynamik befähigen, um auf dieser Grundlage Veränderungen einzuleiten. Ergebnis ist hier ein Modell, wie die Entscheidungen des Betriebes seine Position auf dem Markt bestimmen.

Nach *Argyris* werden immer wieder Fehler entdeckt, ohne zugrunde liegende, z.T. dysfunktionale Annahmen und Werte in Frage zu stellen. Damit wird verhindert, dass Informationen ausgetauscht werden, dass Personen sensibel für Feedback sind, dass offene Kommunikation erfolgt. Es findet lediglich single-loop, nicht aber double-loop-learning statt.

Argyris schlägt vor, an Sitzungen teilzunehmen, um defensive Kommunikation unter Führungskräften zu identifizieren. Aufzeichnungen sollen erstellt werden. Den Managern soll verdeutlicht werden, dass ihre impliziten Annahmen über effektive Handlungen andere in die Defensive drängen. Durch Coaching sollen sie lernen, dies zu überwinden. Ergebnis ist ein Modell der Interaktion wesentlicher Werte, individueller Strategien und organisationaler Konsequenzen.

Die Gegenüberstellung der Strategien von Schein, Senge und Argyris zeigt, dass die Vorstellungen, die Beraterinnen und Berater über Veränderungsprozesse haben, ihre Leitbilder, zur Gestaltung dieser Prozesse beitragen.

3.3 Prozessleitbilder

Prozessleitbilder beinhalten Modelle der Beratung, Vorstellungen und Entwürfe über individuelle, betriebliche und professionelle Standards. Sie betreffen die Vorbereitung, Planung und Realisierung betrieblicher Innovationsvorhaben (Kötter, 1999).

Prozessleitbilder beziehen sich auf das Bild vom Projektgegenstand und von einem guten Projektergebnis, die Vorstellung vom Projektablauf, vom Stellenwert der unterschiedlichen Projektphasen, von der Art der Steuerung und Beteiligung.

Theoretische oder alltagstheoretische Konzepte mögen für Prozessleitbilder eine Bedeutung haben, wesentlich ist aber vor allem, dass Akteure aufgrund ihrer spezifischen Handlungsbedingungen und Anforderungen, ihrer Aufgaben und ihres Status, Prozessleitbilder entwickeln. Kötter (1999) nennt auf diesem Hintergrund verschiedene Leitbild-Typen (Planer, Entwickler, Produktioner, Politiker, Arbeitsgestalter, PE/OE). Exemplarisch und verkürzt sei hier die Unterscheidung zwischen Politiker-Modell, Arbeitsgestalter-Modell und O/PE-Modell aufgeführt (vgl. Abb. 1).

Die Systematik von Kötter verbindet Vorstellungen zum Beratungsinhalt und zum Ablauf von Beratung. Beides hat Konsequenzen für die Gestaltung des Beratungsprozesses (vgl. dazu z.B. Ulich, 2001a). Eine wesentliche Frage dabei ist die nach der Direktivität der Beraterinnen und Berater: Inwieweit sind sie diejenigen, die Veränderungen initiieren, provozieren, leiten, steuern, überwachen? Greifen sie aktiv in den Prozess ein? Sind sie zurückhaltende Beobachter?

Dimension Leitbild	Gegenstandsmodell	Ablaufmodell	Steuerungsmodell	Ziel-/ Ergebnisorientierung
„Politiker"-Modell	Organisation (Personal)	Kampagne, Feldzug	Hierarchie, Generalstab, Drahtzieher, Verhandlungen Spitzengespräche	„Regelung", Entscheidung, pers. Status, mat. Gewinn
„Arbeitsgestalter"-Modell	Personal / Arbeitsaufgabe \ Technik — Organisation	„Wendeltreppe": zyklische Folge von Analyse-, Konzept-, Planungs- und Umsetzungsphasen im Gesamtprojekt	Beteiligungsorientiertes Projektmanagement	Effizienz und Mitarbeiterzufriedenheit durch „gute Arbeit"
O/PE-Modell	Struktur / \ Kultur \ / Prozess	Offener Prozess	Mehr-Ebenen-Prozesseigenschaft	„Organisationales Lernen", Funktionale Struktur und Kultur

Abbildung 1: Typologie der Prozessleitbilder (Kötter, 1999, S. 128)

3.4 Direktiv oder nicht direktiv – eine alte Kontroverse

Beeinflusst von Auseinandersetzungen in und zwischen therapeutischen Schulen wurden Sinn, Möglichkeiten sowie Vor- und Nachteile von Direktivität und Nichtdirektivität in den siebziger Jahren vor allem in der Trainingsforschung ausführlich diskutiert (Greif, 1976a, b; Rieger & Schmidt-Hieber, 1978).

Eine nichtdirektive Haltung zeigt sich darin, dass Interpretationen von Problemen, Entwicklung von Lösungen und deren Umsetzung durch die Klienten selbst erfolgt (Muchielli, 1972). Direktive Verhaltensweisen sind dagegen Anregungen, Vorschläge, Feedback, Verstärkungen und andere verbale und nonverbale Handlungen, die zielgerichtet durch den Berater eingesetzt werden.

Bei Organisationsberatung betrifft Direktivität und Nondirektivität zum einen die jeweils konkrete Interaktion, d.h. die Frage, inwieweit der Berater bei Beratungsgesprächen, Workshops, Trainings zielgerichtet steuert. Direktivität und Nondirektivität betrifft zum anderen Art und Ausmaß der Beeinflussung des gesamten Beratungsprozesses.

In der Diskussion wird immer wieder nondirektives Verhalten mit starker Einbeziehung des Klienten, mit Partizipation oder gar mit einem demokratischen Vorgehen gleichgesetzt. Der nondirektive Berater sei derjenige, der hinsichtlich Inhalt und Verlauf von Beratungsprozessen weitgehend auf die Bedürfnisse der Klienten reagieren würde, während der direktive Berater Strategie und Inhalte vorgeben würde. Dies ist jedoch nicht nur verkürzt, sondern auch falsch: Ein direktiver Berater, der seine Strategie offen legt und zur Diskussion stellt, kann seinen Klienten mehr einbeziehen als sein nondirektiver Kollege, dessen Verhalten für die Klienten nicht transparent sein muss.

In den siebziger Jahren schienen die Kontroversen zwischen Vertretern direktiver und nichtdirektiver Konzepte kaum zu überbrücken. Direktiven Konzepten wurde vorgeworfen, dass sie auf eine Beteiligung der Akteure weitgehend verzichten würden. Dies ist vergleichbar mit aktueller Kritik an Expertenberatung (s.o.). Nichtdirektive Konzepte waren außerordentlich stark nachgefragt. Dies wurde vor allem ihrem emanzipatorischen Charakter zugeschrieben. Ihre Wirkung war jedoch umstritten (Greif, 1976).

In der aktuellen Auseinandersetzung wird einbezogen, dass Direktivität und Nondirektivität nicht als Alternativen zu diskutieren sind, sondern dass das Ausmaß der Direktivität in Abhängigkeit von Situationskonstellation, Akteuren und Handlungszielen variieren wird (vgl. Beddies, 1999).

3.5 Die arbeitspsychologische Perspektive

Es gibt, wie in den vorausgehenden Abschnitten gezeigt wurde, eine Fülle von interessanten und nützlichen Konzepten zu Beratung. Sie formulieren häufig einen Bezug zu Veränderungsprozessen in Organisationen. Diese Ansätze zur Beratung sind verbunden mit jeweils unterschiedlichen Konzeptualisierungen der Beratungsziele, -strategien und der Beratungstätigkeit.

Kötter (1999) hebt bei der Diskussion der Prozessleitbilder hervor, dass diese eng verknüpft sind mit Rolle, Funktion und Erfahrung der Akteure. Auch das Leitbild der Berater wird in erster Linie durch ihre Erfahrungen, ihre Funktion, die Anforderungen, mit denen sie konfrontiert sind, beeinflusst. Schulen und Theorien dürften allenfalls eine sekundäre Rolle spielen.

Eine Konzeptualisierung von Beratung muss damit auf Handlungsanforderungen der Akteure Bezug nehmen – eine Notwendigkeit, die selbstverständlich ist, wenn Beratung als Dienstleistung gesehen wird.

Wie andere Dienstleistungen, so ist auch Beratung mit unterschiedlichen (und zum Teil widersprüchlichen) Erfordernissen konfrontiert: Erfordernisse des Marktes, Erfordernisse, die durch die Profession, das Beratersystem, das Klientensystem formuliert werden und Erfordernisse, die sich aus den Handlungsbedingungen des Auftrags ergeben.

Für die Erarbeitung einer Theorie oder eines Konzeptes zu Beratung reicht ein Bezug auf Veränderungsprozesse in Organisationen nicht aus. Leitbild und Ziele des Beraters, situative Anforderungen und Vorstellungen der Kunden sind wesentliche Dimensionen, die zu berücksichtigen sind. Durch eine arbeitspsychologische Perspektive der Organisationsberatung wird dies möglich.

Organisationsberatung arbeitspsychologisch zu betrachten heißt, die Tätigkeit von Beratern im Kontext ihrer Handlungsbedingungen zu sehen. Eine Analyse der Arbeitstätigkeit von Beratern wird damit erforderlich.

Nun verfügt die Arbeitspsychologie zwar grundsätzlich über eine Reihe bewährter Arbeitsanalyseverfahren (vgl. im Überblick Dunckel, 2000), für eine Analyse sehr komplexer Arbeitstätigkeiten und geistiger Arbeit sind diese jedoch nur begrenzt von Nutzen. So besteht auch hinsichtlich der Analysemethoden, die für die Arbeitstätigkeit von Organisationsberatern geeignet sind, erheblicher Entwicklungsbedarf. Von daher kann hier lediglich eine erste Systematisierung vorgestellt werden, die Ausgangspunkt für weitere Entwicklungen sein mag.

4. Übergeordnete Handlungsbedingungen

Die Tätigkeit von Organisationsberaterinnen, deren Anforderungen, Belastungen und Ressourcen sind von einer Reihe übergeordneter Bedingungen abhängig. So werden Angebot und Nachfrage von Organisationsberatung, damit auch Entwicklung der Profession, Stand der Qualitätsentwicklung und Interessenvertretung durch den *Markt* bestimmt. Deutlich wird dies etwa an Ausführungen des Bundes Deutscher Unternehmensberater (BDU). „Die Chancen der Zukunft werden auch von den politischen Rahmenbedingungen bestimmt. Diese sind in Deutschland nach wie vor von verkrusteten Regulierungen dominiert. Durch den Euro bieten sich auf europäischer Ebene Vereinfachungen der internationalen Geschäftsausrichtung...Wer hier die Chancen am schnellsten realisieren kann, wird in naher Zukunft deutliche Wettbewerbsvorteile erlangen" (BDU, 2001, S. 12). Der BDU formuliert weitere Prognosen, wie die Entwicklung der verschiedenen Branchen den Beratungsmarkt bestimmen wird. Auf diesem Hintergrund wird auch diskutiert, bei welcher Art von Beratung besonders günstige Entwicklungen angenommen werden können – so wird etwa eine Ausweitung des Outsourcing-Geschäftes erwartet. Deutlich wird damit, wie weitreichend Beratungsinhalte und Beratungsgegenstand vom Markt bestimmt sind.

Charakteristika der zu beratenden Organisation haben mehrfache Wirkungen auf den Beratungsprozess. So können die Ziele, die die Akteure des Klientensystems mit Beratung verbinden, nicht unabhängig von Organisationszielen und -strukturen, von der Arbeitsteilung in der Organisation und von der Organisationskultur gesehen werden. Welche Ziele entwickelt werden und inwieweit sich diese realisieren lassen, wird von der Marktstellung und von der Prosperität der zu beratenden Organisation abhängig sein.

Angebote und Möglichkeiten der Beratungsunternehmen sind je nach Größe und Struktur sehr unterschiedlich. Die Beratungsstrategie und die Handlungsspielräume der Berater sind je nach *Organisation des Beratungsunternehmens*, insbesondere je nach Arbeitsteilung im Beratungsunternehmen, verschieden. Auch die Kunden haben differierende Erwartungen, je nachdem, ob sie sich ein Unternehmen der big ten einkaufen oder ein Ein-Mann-/Eine-Frau-Unternehmen. Die Organisation des Beratungsunternehmens beeinflusst die Kommunikations- und Kooperationsanforderungen; sie hat wesentliche Wirkungen auf die Ressourcen, die den Beratern zur Verfügung stehen.

Wie jede Arbeitstätigkeit, so ist auch die Tätigkeit von Beraterinnen und Beratern auf dem Hintergrund ihrer *gesamten Arbeitstätigkeit* zu sehen. Die Anforderungen, Belastungen und Ressourcen der Erwerbsarbeit, der freiwilligen Arbeit, der Eigenarbeit beeinflussen die Handlungsnotwendigkeiten und Möglichkeiten von Beraterinnen und Beratern. Wie viel Zeit für einzelne Beratungsprojekte zur Verfügung steht, inwieweit auf Unterstützung zurückgegriffen werden kann, inwieweit verschiedene Anforderungen zu koordinieren sind, welche Netzwerkpflege erforderlich ist, das alles sind Fragen, die sich nur auf dem Hintergrund der Gesamtarbeitssituation beantworten lassen.

5. Beratungsfall/Beratungsprojekt

Organisationsberatungsfälle unterscheiden sich in einer Reihe von Merkmalen, vor allem hinsichtlich der offiziellen und inoffiziellen Funktionen und Ziele, der beteiligten Akteure und hinsichtlich der Ausgestaltung des Ablaufs.

5.1 Funktionen und Ziele

Organisationen haben eine Vielzahl von Gründen, Rat und Unterstützung einzuholen. Beratung hat somit viele Funktionen. Häufig geht es um Prozesse der Veränderung von Organisationen oder Organisationseinheiten. Diese sind zu initiieren, vorzubereiten, einzuleiten und zu begleiten. In anderen Fällen sollen Konfliktfelder reduziert und Schwachstellen überwunden werden. Letztlich soll die Stabilität des Systems gewährleistet werden.

Es gibt eine Reihe mehr oder weniger differenzierter Systematisierungen der Funktionen von Beratung (vgl. z.B. Neuberger, 2002). Gemeinsamer Kern der Beratung ist, dass Organisationen, Organisationseinheiten und/oder Akteure bei Problemlösungen im weitesten Sinne zu unterstützen sind. Dies kann erfolgen, indem (1) Wissen zur Verfügung gestellt wird und/oder (2), indem die Perspektive der Wahrnehmung und Bewertung modifiziert, systematisiert, differenziert und/oder erweitert wird.

Eine wichtige Zielsetzung, die mit Beratung verbunden ist, ist Wissen, Erfahrungen und Know-how im weitesten Sinne zur Verfügung zu stellen. Dabei geht es um inhaltliches Wissen oder Kenntnisse – z.B.: Welche Instrumente der Personalentwicklung sind für welche Aufgabenfelder geeignet? Es geht auch um Prozess- oder Methodenwissen, z.B.: Wie wird die Fusion von zwei Unternehmen gestaltet? Von Beratern wird erwartet, dass sie für ihre Auftraggeber nicht nur explizites Wissen aufbereiten, sondern dass sie auch über Möglichkeiten verfügen, implizites Wissen, Erfahrungswissen, zur Verfügung zu stellen.

Der Berater kann mit diesem Wissen die Problemlösung seines Klienten unterstützen, indem er etwa Vor- und Nachteile verschiedener Strategien der Personalentwicklung verdeutlicht. Er kann aber auch einen Vorschlag zur Problemlösung, z.B. ein neues Personalentwicklungskonzept, erarbeiten.

Beispiel: Herr Z. hat sich einen Traum erfüllt. Er hat einen Zigarrenhandel eröffnet. Er wusste viel über Zigarren und er mochte Zigarren – ansonsten hatte er nur wenig Kompetenzen, die für diese Tätigkeit erforderlich sind. Er engagierte einen Berater, der ihm ein Konzept der Unternehmensgründung vorschlug und der ihn in den ersten Phasen der Unternehmensgründung und Konsolidierung begleitete.

Eine – wenn wir an Hofnarren – denken sehr alte Funktion von Beratung ist, das zu bieten oder zu initiieren, was dem Klienten fehlt, das andere: eine konträre Sicht der Dinge, andere Bewertungssysteme, unorthodoxe Lösungsvorschläge. Berater können dazu beitragen, dass ihre Klienten alternative Perspektiven entwickeln, möglich ist aber auch, dass die Berater selbst diese Alternativen einbringen – im Sinne von Querdenkern. Querdenker sind mehrfach nützlich. Sie entwickeln Lösungen, an die Orthodoxe nicht im Traume denken würden; befremdlich ist für sie das, was sich eingespielt hat; nichts ist selbstverständlich; Bewährtes wird in Frage gestellt, Bedrohungen werden begrüßt. Auch wenn Vorschläge von Querdenkern nur teilweise umgesetzt werden, so haben sie doch eine wichtige sozialisierende Wirkung auf Organisationsmitglieder, eröffnen sie ihnen doch den weiten Horizont der Möglichkeiten.

Beispiel: Der Schauspieler X lebt weniger von den von ihm gestalteten Theaterstücken. Wesentliche Einnahmequelle ist vielmehr Beratungstätigkeit in Organisationen. Er begleitet Führungskräfte und Teams in Unternehmen für eine gewisse Zeit. Er spiegelt ihr Verhalten wider, indem er Episoden und Szenarien schauspielerisch umsetzt. Er diskutiert mit den Beteiligten über seine und ihre Beobachtungen, Interpretationen und Wertungen. Gemeinsam werden Verhaltenskonsequenzen erarbeitet, Alternativen entwickelt.

Eine in der Literatur häufig zu findende Unterscheidung ist die zwischen personenbezogener und bedingungsbezogener Beratung (vgl. z.B. Beddies, 1999). Bei personenbezogener Beratung steht die Person im Zentrum, es geht um die Veränderungen der internen Regulationsgrundlagen von Individuen. Die bedingungsbezogene Beratung bezieht sich auf die Gestaltung von Bedingungen des Handelns, auf die eine Person einwirken kann oder über die sie entscheidet. Bedingungsbezogene Beratung lässt sich weiter differenzieren in Beratung mit personalem und strukturalem Schwerpunkt (Beddies, 1999; v. Rosenstiel, 1992). Bei personalem Schwerpunkt wird versucht, über eine Änderung von Kompetenzen, Einstellungen und Verhalten der beteiligten Individuen eine Veränderung der Organisation zu erreichen. Bei strukturalem Schwerpunkt steht die Arbeitsorganisation im Vordergrund. Arbeitsaufgaben und Abläufe werden rekonstruiert, Weisungsverhältnisse und Hierarchiesysteme modifiziert etc.

Beratung hat, wenn wir den genannten Unterscheidungen folgen, eine kognitive, eine emotionale und eine soziale Seite. Die kognitive Seite betrifft vor allem die erste der oben genannten Funktionen von Beratung, Vermittlung von Wissen und Knowhow. Die emotionale Seite betrifft die zweite der genannten Zielsetzungen, Perspektivwechsel, Veränderungen von Einschätzungen und Bewertungen. Die soziale Seite schließlich betrifft die Kommunikation mit den Klienten. Die Funktionen der Organisationsberatung, Wissensmanagement und Perspektivwechsel, die kognitive, die emotionale und die soziale Seite der Beratung, ergänzen sich: Perspektivwechsel zum

Beispiel ist häufig erforderlich, damit es überhaupt zur Aneignung von Wissen kommen kann. Die Gewichtung kognitiver, emotionaler und sozialer Prozesse wird sich im Lauf der Beratung verändern. Die einen treten mehr in den Vorder-, die anderen mehr in den Hintergrund.

5.2 Ablauf

Beratung zielt auf Veränderung ab. Nahezu alle Autoren, die sich mit dem Thema beschäftigen, beziehen ein, dass im Laufe des Veränderungsprozesses auch der Charakter der Beratung wechselt. Beratung wird im Rahmen von Ablaufmodellen beschrieben, die zum Teil rekursiv, zum Teil linear konzipiert werden (Beddies, 1999). Klassisch und vielzitiert ist das Phasenmodell von Lewin, nach dem drei Phasen zu unterscheiden sind, die Auflockerung des bestehenden Niveaus, das Hinüberleiten in und die Transformation zu einem neuen Niveau sowie dessen Verfestigung. Lewin hebt in seinem Konzept die Bedeutung der Veränderungsdynamik hervor. Lippitt, Watson und Westley (1958) und Lippitt und Lippitt (1995) haben das Modell von Lewin weiter differenziert und auf dieser Grundlage einen Leitfaden für Beraterinnen und Berater ausgearbeitet, der detaillierte Hinweise für die Planung und Durchführung einer Beratung enthält. Die Autoren formulieren ein lineares Konzept, das sich am Problemlöseansatz orientiert. French und Bell (1977) gehen dagegen von fortlaufenden, sich wiederholenden Zyklen aus. Glasl (1975) und de la Houssayse (1975) sehen die Entwicklung einer globalen Zukunftskonzeption vor. Schein (1988) schließlich betont, dass sein Ansatz mehr Philosophie als Beratungsmodell darstelle und legt Wert auf eine konfrontierende Intervention (vgl. Beddies, 1999). Ein eher formales Phasenmodell formuliert Neuberger (2002).

Innerhalb der Ablaufmodelle werden unterschiedliche Methoden präferiert. Rieckmann und Neumann (1995) beschreiben ein Projekt, bei dem die Verbesserung von Geschäftsprozessen über eine Optimierung der internen Kommunikations- und Führungskultur erreicht werden sollte. Die Autoren, die sich einem sozio-techno-ökonomischen Systemansatz und besonders der Theorie selbstreferentieller Systeme verpflichtet fühlen, zeigen, dass je nach Bearbeitungsstand eines Auftrags ein unterschiedliches Selbstverständnis und unterschiedliche Strategien gefragt sind – vom Prozessreflektor bis zum Manager auf Zeit. Rieckmann und Neumann (1995) beschreiben, dass sie durch die Betonung von Business/Geschäft den Lebensnerv der Organisation getroffen hätten und so das System stimuliert und aktiviert hätten. Dadurch, dass sie nicht Strukturen, sondern Prozesse in den Vordergrund gestellt hätten, hätten sie ein hohes Maß an Mitmachmotivation erreicht. Eine Änderung von Strukturen würde sich als Folgewirkung der Änderung von Prozessen ergeben.

5.3 Akteure

Berater und Beraterinnen unterscheiden sich hinsichtlich ihrer Ausbildung, ihrer Erfahrung und ihres beruflichen Selbstverständnisses. Sie arbeiten entweder intern als

Mitglieder des Unternehmens, in dem beraten wird, oder extern als Einzelkämpfer, als Mitglieder einer kleineren Organisation oder einer großen Unternehmensberatung.

Beraten werden einzelne Personen als Repräsentanten einer Organisation oder eines Unternehmens. Beraten werden Teilsysteme von Organisationen oder die Beratung richtet sich an die ganze Organisation. In dem zu beratenden System sind unterschiedliche Akteursgruppen zu berücksichtigen, wie etwa die Führungskräfte unterschiedlicher Hierarchieebenen, die Interessenvertretung und die Mitarbeiter.

In den genannten Gruppen und zwischen ihnen müssen keineswegs übereinstimmende Zielvorstellungen von Beratung bestehen. Die Funktionen, Ziele und Schwerpunkte der Beratung sind vielmehr Ergebnis eines Aushandlungsprozesses innerhalb und zwischen den Berater- und Klientensystemen.

Die Komplexität eines Beratungsprojektes wird im Wesentlichen davon abhängig sein, inwieweit die Akteursgruppen bekannt, stabil und überschaubar sind und inwieweit sie übereinstimmende oder differierende Ziele und Vorstellungen haben. Dabei spielen nicht nur die offiziellen, sondern auch die inoffiziellen Ziele eine Rolle.

5.4 (Mikro-)Politik

Bislang wurde vor allem die zielgerichtete, rationale Seite von Beratung berücksichtigt: Auftraggeber und Auftragnehmer formulieren Ziele, entsprechend dieser Ziele wird der Beratungsprozess gestaltet, die Beratungstätigkeit ausgerichtet. Nun kann aber nur eingeschränkt von einem gemeinsamen Ziel ausgegangen werden. Die Führungskräfte eines Unternehmens haben nur teilweise übereinstimmende Ziele. Die Arbeitnehmervertreter haben Vorstellungen und Befürchtungen für die Zukunft, die sich von denen der Geschäftsleitung unterscheiden. Neben den divergierenden organisationalen Zielen haben die Akteure auch eigene Interessen, etwa die, ihre Position zu stärken, die ihrer Gegner zu schwächen oder das Interesse, ihre Arbeitskraft zu sichern (Reproduktionsinteressen, vgl. Greif, 1981). Diese Interessen betreffen Einzelne, sie betreffen aber auch Gruppen von Beschäftigten (Greif, 1981). Bei der Beratung spielen also offizielle und inoffizielle Ziele sowie Ziele von Einzelnen, Gruppen und Organisationen eine Rolle.

Beratung bewegt sich damit auch in einem Feld unterschiedlicher, zum Teil widersprüchlicher, mehr oder weniger explizierter Ziele, Interessen und Werte. (Mikro-)politische Ziele, Strategien und Taktiken sind von Bedeutung und im Beratungsprozess zu berücksichtigen. Den Beratern fallen dabei unterschiedliche Aufgaben zu: die des Moderators, die desjenigen, der bestimmte Positionen stärken soll, die des Schuldigen für bestimmte Entwicklungen (die vielleicht schon vor seiner Zeit gelaufen sind) oder die Position des neutralen Dritten, der wertfrei oder auf dem Hintergrund bestimmter Leitlinien Vorschläge entwickeln soll. Vielfach wird durch die Wahl des Beraters bereits entschieden, in welche Richtung die Vorschläge zu gehen haben – ohne dass dies allen Beteiligten bekannt sein muss. So mag z.B. die Begründung „Neutraler Dritter" hervorgehoben werden; es geht zentralen Akteuren aber faktisch um die Unterstützung einer bestimmten Position, um die Legitimation des Handelns oder der Macht.

6. Tätigkeiten von Beraterinnen und Beratern

Bei Prozessberatung in Organisationen stellt der Berater dem Klienten Unterstützung in Form von Diagnosen, Wissen, Interpretationen und Prognosen, die sich auf Veränderungsprozesse in Organisationen beziehen, zur Verfügung (s.o.). Der Ablauf von Beratungsprozessen lässt sich in verschiedene Phasen unterteilen: Akquise von Aufträgen (z.B. Werbung, Kontaktpflege), Auftragsklärung (z.B. Konkretisierungen der Kundenwünsche, Entwicklung und Abstimmung von Vorschlägen), Umsetzung von Aufträgen (z.B. Durchführung von Trainings, Workshops) und Ermöglichung von Aufträgen (z.B. Abrechnungen, Weiterbildung).

Die Tätigkeiten von Beraterinnen und Beratern, die diesen Phasen zugeordnet werden können, richten sich an Klienten, d.h. an die Auftraggeber oder die Mitglieder der Organisation des Klienten. Um die Beratung durchführen zu können, um diese zu gewährleisten oder zu unterstützen, sind aber auch Tätigkeiten erforderlich, die sich an die Organisation des Beraters richten. Schließlich sind mittel- und langfristig Ressourcen zu sichern.

Wie die verschiedenen Phasen zu gewichten sind und worauf die Beratungstätigkeit vor allem ausgerichtet ist, das dürfte von den übergeordneten Handlungsbedingungen und von den Beratungsaufträgen abhängig sein.

In der Literatur wird dies in der Regel nicht berücksichtigt. Die Publikationen zum Thema Beratung beziehen sich auf einen Ausschnitt des Beratungsprozesses, auf die Bearbeitung eines Beratungsauftrags. Diesen Ausschnitt des Beratungsprozesses thematisiert auch Beddies (1999).

Charakteristisch für Beratungstätigkeit ist demnach der vermittelte Bezug zu gegenständlichen Veränderungen betrieblicher Bedingungen. Die beraterische Tätigkeit fließt über mehrere Akteursgruppen in die Veränderung der gegenständlichen Bedingungen ein. Der Berater bereitet Veränderungen vor, vollzieht sie in der Regel jedoch nicht. Beratung geschieht als Wechsel zwischen gegenstandsbezogener Tätigkeit und Kommunikation (Beddies, 1999). In der gegenstandsbezogenen Tätigkeit werden allgemeine Informationen verarbeitet und aufbereitet – zu Gutachten, Konzepten etc. In der kommunikativen Tätigkeit wird dieses Wissen vermittelt, abgestimmt, in Ziele eingearbeitet, und es werden Pläne zur Umsetzung erarbeitet.

Je nach Hauptaspekt der kommunikativen Tätigkeit differenziert Beddies (1999) drei Arten von Beratung: instrumentell, kommunikativ und strategisch orientierte Beratung. Instrumentell orientierte Beratung vermittelt in erster Linie Wissen, in der kommunikativ orientierten Beratung werden im Wesentlichen gemeinsam mit den Beratern Ziele und Pläne entwickelt. Die strategisch orientierte Beratung beinhaltet vor allem Verhandlungsprozesse. Eine integrierte Beratung vereint alle drei Aspekte.

In Erweiterung der Unterscheidung von Beddies kann getrennt werden, inwieweit es sich bei Beratung um kommunikative oder gegenständliche Tätigkeit handelt und ob die Tätigkeit auf das Klientensystem, auf das Beratersystem oder auf übergeordnete Ressourcen ausgerichtet ist. Hinsichtlich des Klientensystems ist ferner zu unterscheiden, ob sich die Beratungstätigkeit (a) auf den Auftraggeber oder (b) auf Mitglieder der Organisation bezieht (vgl. Tab. 1).

Tabelle 1: Tätigkeiten von Beraterinnen und Beratern – Beispiele

	Kommunikativ	**Gegenständlich**
Klientensystem (a)	Auftragsklärung	Auftragsausarbeitung
Klientensystem (b)	Workshops	Erstellung Infomaterial
Beratersystem	Absprachen zur Arbeitsteilung	Zeitplan für Arbeitsgruppe
Ressourcen	Supervision	Marktrecherchen

In den Konzepten zu Beratung wird meist nur die erste Gruppe der Tätigkeiten, die Kommunikation mit dem Klientensystem, berücksichtigt, kaum aber die anderen Gruppen. Vernachlässigt wird dabei, dass Letztere Voraussetzung für Erstere sind. Vernachlässigt wird auch, dass die Gewichtung dieser Gruppen in hohem Maße vom Beratungssystem und von der Arbeitsteilung im Beratungssystem abhängig sein dürfte.

7. (Regulations-)Anforderungen bei der Beratungstätigkeit

Aufgaben, die zu erfüllen sind, sind mit Anforderungen an die psychische Regulation von Tätigkeiten verbunden (vgl. etwa Hacker, 1998, 1999; Oesterreich, 1998). Von daher werden die Anforderungen an Berater hier als Regulationsanforderungen beschrieben. Je nach Komplexität werden verschiedene Ebenen der Regulation unterschieden. Auf der untersten Ebene geht es um die sensumotorische Regulation von (automatisiertem) Verhalten, auf den oberen Ebenen um schöpferische Tätigkeiten, um die Koordination verschiedener Handlungsbereiche (z.B. verschiedene Projekte und Vorhaben) und um die Erschließung neuer Handlungsfelder.

Weiter oben wurden Einflussfaktoren der Beratungstätigkeit und der Regulationsanforderungen bei der Beratungstätigkeit genannt. Es wäre verkürzt, Berater und Beraterinnen vor allem in ihrer Abhängigkeit von den aufgeführten Faktoren zu sehen. Im Gegenteil: Beraterinnen und Berater tragen ganz wesentlich zur Gestaltung dieser Bedingungen bei. Sie müssen verschiedene Handlungsbereiche, wie etwa Bearbeitung mehrerer Projekte, Akquise neuer Projekte, eigene Weiterbildung aufeinander beziehen und sie in ihren Arbeitsalltag integrieren. Sie müssen verschiedene Beratungsaufträge abstimmen. So könnte z.B. der Beratungsauftrag einer Firma deshalb attraktiv (bzw. unattraktiv) sein, weil dadurch die Chancen bei einer anderen steigen (bzw. sinken). Sie müssen des Weiteren verschiedene Lebensbereiche koordinieren. So könnte ein Beraterauftrag mit so viel Reisen verbunden sein, dass familiäre Anforderungen unter Umständen nicht mehr erfüllt werden können. Sie müssen schließlich insofern mittel- und langfristig planen, als dass zu prüfen ist, inwieweit Aufträge Optionen für die Zukunft erhalten oder reduzieren. Eine wesentliche Regulationsanforderung ist damit durch die Notwendigkeit der *Gestaltung des Arbeitsalltags und der Zukunftsperspektive* gegeben. Diese Regulationsanforderungen werden davon abhängig sein, wie viele

Handlungsbereiche Berater zu integrieren haben, inwieweit diese Handlungsbereiche mit widersprüchlichen oder vereinbaren Anforderungen verbunden sind, und wie stabil bzw. flexibel Anforderungen aus unterschiedlichen Bereichen sind.

Beratungsaufträge sind häufig unkonkret, unklar, diffus und sogar widersprüchlich. Sie lassen Interpretationsspielräume der Akteure zu. Beraterinnen und Berater haben damit auf die Differenzierung und Spezifizierung ihrer verschiedenen Aufträge Einfluss. In vielen Fällen bestehen nicht nur Gestaltungsmöglichkeiten, sondern es ist erforderlich, Aufträge zu gestalten. Von Beratern wird verlangt, dass sie Aufträge selbst akquirieren, dass sie aufgrund vager Vorstellungen der Klienten einen klaren, realistischen Auftrag entwickeln. Dies umfasst die Entwicklung und Gewichtung konkreter Ziele und Kriterien, die Zuordnung von Ressourcen, Zeitplanung etc. Die Auftragsklärung wird deshalb von allen Beratern als besonders wichtig angesehen. Die Regulationsanforderungen sind auch hier vor allem von der Komplexität, der Transparenz und der Neuheit der Situation bestimmt.

Wenn die Auftragsklärung erfolgt ist, Ziele, Teilziele und Kriterien festgelegt sind, dann sind *Aufträge und Teilaufträge zu bearbeiten*, Vorgaben zu erfüllen. Die Regulationsanforderungen werden in diesen Fällen weitgehend durch die Komplexität, die Transparenz und die Neuheit der Aufträge bestimmt.

Bei der Beschreibung der Regulationsanforderungen in den vorausgehenden Abschnitten standen Prozesse wie Strukturierung von Problembereichen, Priorisierung von Zielen, Differenzierung von Teilzielen und Kriterien im Vordergrund. Die *kognitive* Seite der Regulationsprozesse allein zu berücksichtigen, wäre jedoch verkürzt. Auch die *Regulation von Emotionen und Motivation* ist einzubeziehen. Wenn Ziele und Kriterien der Zielerreichung nur vage formuliert sind, wenn die Arbeitsausführung nicht durch Dritte vorgegeben ist, ist es erforderlich, aktuelle Ziele mit übergreifenden Zielstellungen und Werten in Verbindung zu stellen, intrinsische Arbeitsmotivation zu entwickeln, sich selbst zu disziplinieren, Interesse an der Arbeit zu gewinnen und aufrecht zu erhalten. Der Regulation von Motivation und Emotionen kommt damit ein hoher Stellenwert zu. Sie bezieht sich auf die Förderung und Unterstützung der eigenen Arbeitsmotivation und auf die Steuerung der Haltungen und Gefühle gegenüber der eigenen Arbeitstätigkeit. Sie bezieht sich auch auf andere – auf Kunden und Kollegen.

Beratungsarbeit ist insofern Emotionsarbeit, als dass es darum geht, neben den eigenen Emotionen die der anderen zu beeinflussen. Dies betrifft die Emotionen der Kooperationspartner gegenüber dem Berater und dessen Vorschlägen und die Emotionen der Organisationsmitglieder gegenüber Veränderungsprozessen in Organisationen. Die Entwicklung von Commitment, die Schaffung von Loyalität, die Förderung von Vertrauen sind hier zu nennen.

Beratungstätigkeit ist dialogische Tätigkeit, ist eine Tätigkeit mit und in Kooperation für andere. *Die Regulation der sozialen Beziehungen* ist damit wichtig. Ganz allgemein ist Kommunikation und Kooperation mit anderen Organisationen und Organisationseinheiten zu fördern, dabei sind die Grenzen des eigenen Arbeitssystems zu definieren und ggf. zu schützen. Grenzregulation ist damit erforderlich.

Die Handlungsziele bei der Beratungstätigkeit beziehen sich auf den Kooperationspartner, die Handlungen werden mit ihm oder gar von ihm vollzogen. Erforderlich ist damit eine Abstimmung oder Angleichung von Handlungszielen und Handlungsplänen.

Die Entscheidungen zu Strategien, Konzepten, dem individuellen Beraterverhalten und damit auch der Direktivität des Verhaltens, betrifft nicht allein die Beraterinnen und Berater, sondern auch (und vor allem) die Klienten. Inhalte, Strategien und Leitbilder, die Berater und Beraterinnen verfolgen, müssen konsens- und abschlussfähig sein. Beraterinnen und Berater müssen ihr individuelles Beratungskonzept mit anderen abstimmen – wie es bei Dienstleistungen immer der Fall ist. Die Akteure sind dabei nur zum Teil konstant und bekannt. Sie verfolgen unterschiedliche Ziele, die ebenfalls nur zum Teil bekannt sind oder offen gelegt werden.

Um ihre Arbeitskapazität zu sichern, müssen Berater Netzwerkpflege betreiben. Sie müssen die Beziehungen zu potentiellen Kundinnen und Kunden, Kolleginnen und Kollegen fördern und pflegen.

Zusammenfassend: Die Anforderungen von Beraterinnen und Beratern lassen sich unterschiedlichen Zielbereichen zuordnen:
- Die Arbeitsaufgabe und die *Beratungstätigkeit im engeren Sinne* ist zu planen, auszuführen und zu bewerten.
- Der Kontext der *Organisation (des Kunden)* ist einzubeziehen, d.h. spezifische Bedingungen der Organisation müssen berücksichtigt werden; Abstimmungsprozesse mit anderen sind erforderlich.
- Eine Analyse und Beobachtung des *Marktes* ist erforderlich, um eine berufliche Perspektive zu entwickeln.
- Ein *Netzwerk* mit anderen Beraterinnen und Beratern ist für Kooperation und Lernprozesse erforderlich.
- Die *Organisation (der Beratungsinstitution)* muss entwickelt werden.
- Die Entwicklungsmöglichkeiten der eigenen *Person* sind zu sichern und zu fördern.

8. Resümee

Viele Absolventinnen und Absolventen der Arbeits- und Organisationspsychologie finden heute in der Organisationsberatung ein Tätigkeitsfeld. Auch andere Professionen, wie Wirtschaftswissenschaftler, Pädagogen, Juristen, Theologen und Sozialarbeiter, sind beraterisch tätig. Das Selbstverständnis der Berater variiert: Sie verstehen sich als Mediator oder Moderator, Trainer, Supervisor oder change agent. Berater verfügen über höchst unterschiedliche Ausbildungen. Es gibt keinen Konsens über das Berufsbild und über die Qualifikationsvoraussetzungen. Es gibt die unterschiedlichsten Lern- und Weiterbildungsmöglichkeiten: innerbetrieblich, im Rahmen von – in der Regel privatwirtschaftlich organisierten – Weiterbildungsinstitutionen, durch Verbände, in Netzwerken. Es gibt zahlreiche Schulen, wie etwa Gruppendynamik, gestaltpsychologische, systemische oder analytische Ansätze.

Die Heterogenität der Qualifikationen und des beruflichen Selbstverständnisses kann Vorteile haben. Für die Berater eröffnet sie einen umfangreichen und differenzierten Handlungsrahmen, für die Kunden ermöglicht sie eine Vielfalt der Kompetenzen. Die Heterogenität kann aber auch mit Nachteilen verbunden sein: Für die Kunden ist der Markt kaum zu durchschauen, für die Berater ist das berufliche Selbstverständnis diffus, Qualifizierungsmöglichkeiten sind unklar. Ein Konsens zu Qualitätsentwicklung kann auf dieser Grundlage kaum entstehen. Dies ist deshalb problematisch, da an Beratung weitreichende Kritik geübt wird – Kritik, die den Blick auf die Erfolge und auf die Leistungsmöglichkeiten der Organisationsberaterinnen und Berater verstellt.

Die Anforderungen sind hoch. Beraterinnen und Berater haben eine Vielzahl von verschiedenen Tätigkeiten zu erbringen: Sie akquirieren Projekte, sie beginnen das eine und beenden das andere, während das dritte Projekt sich gerade eingespielt hat. Sie pflegen ihr Netzwerk, sie betreiben Weiterbildung, sie sind administrativ in ihrer oder für ihre Organisation tätig. Welche konkreten Anforderungen dabei bestehen, ist von der Tätigkeit der Beraterinnen und Berater und von ihren Handlungsbedingungen abhängig.

In den letzten Jahren wurden interessante und nützliche Ansätze zu Beratung entwickelt. Sie unterscheiden sich in der Konzeptualisierung dessen, was eine Organisation konstituiert, in den Vorstellungen über die zentralen Prozesse, die dazu beitragen, dass Organisationen ihre Ziele realisieren können, dass Organisationen sich entwickeln, verändern oder auch scheitern.

Weiter oben wurde eine Publikation von Edmondson (1996) vorgestellt, der die Ansätze von Schein, Senge und Argyris gegenübergestellt hat. Bezogen auf ein vorgegebenes Fallbeispiel gingen die drei Autoren von gemeinsamen Überlegungen zu unangemessenen Grundannahmen der Akteure im Fallbeispiel aus und schlugen jeweils auf dem Hintergrund ihres Konzepts unterschiedliche Strategien vor. Die Publikation von Edmondson ist deshalb interessant, da sie verdeutlicht, wie Theorien der Akteure Wirkungen auf Beratungsprozesse haben können. Sie ist aber auch verkürzt, denn über die Problemkonstellation hinausgehende Bedingungen bleiben ausgeklammert. Welche Vorstellungen Kunden von Beratungsprozessen haben, welche Organisationspathologien bestehen, die konkreten Handlungsbedingungen im Unternehmen spielen hier keine Rolle. Von Bedeutung sind allein die Vorannahmen, die die Berater über (Veränderungs-)Prozesse in Organisationen haben.

Die Ansätze oder „Schulen" zu Beratung werden meist alternativ diskutiert, d.h. die Vorteile der jeweiligen Schule des Autors oder der Autorin werden hervorgehoben und ggf. den Mängeln anderer Ansätze gegenübergestellt. Nun ist aber die Überlegenheit einer Schule der Organisationsberatung keineswegs belegt und auch nicht zu erwarten: Angesichts der beschriebenen Heterogenität von Beratung und angesichts der unterschiedlichen Anforderungen, die mit Beratung verbunden sind, ist vielmehr davon auszugehen, dass je nach Handlungsbedingungen verschiedene Schulen, Prozessleitbilder und damit auch verschiedene Methoden angemessen sind.

Organisationsberatung – aus der Perspektive der Arbeitspsychologie

Rahmenbedingungen
Markt: Nachfrage, Angebot, Entwicklung der Profession
Klientensystem: Ziele, Stellung am Markt, Größe, Organisation/Arbeitsteilung, Geschichte, Kultur
Beratersystem: Ziele, Stellung am Markt, Größe, Organisation/Arbeitsteilung, Geschichte, Kultur
Arbeitsbereiche: Erwerbsarbeit, Eigenarbeit/Reproduktionsarbeit

Beratungsaufträge
Akteure: Berater/Klienten, Offizielle/ Inoffizielle, Anzahl, Stabilität, Rolle/Status, Schule/Prozessleitbilder, Qualifikation, Interessen
Funktionen/Ziele:
Offiziell/inoffiziell, Micropolitik, Personen-/Bedingungsbezogen, Wissen/Bewertung
Stand der Bearbeitung

Beratungstätigkeiten –
Regulationsanforderungen
Gegenständlich-Kommunikativ
Bezogen auf: Klientensystem/ Auftraggeber, Klientensystem/ Organisationsmitglieder, Beratersystem, Ressourcen
Gegenstand:
Gestaltung des Arbeitsalltags und der Zukunft,
Gestaltung von Aufträgen,
Bearbeitung von Aufträgen
Ebenen:
Kognitionen,
Emotionen,
Soziale Beziehungen

Abbildung 2: Handlungsbedingungen und Regulationsanforderungen bei der Beratungstätigkeit

Weiter oben wurden zwei Gruppen von Handlungsbedingungen unterschieden (vgl. Abb. 2), und zwar die Rahmenbedingungen, die vor allem durch Marktbedingungen der Berater, durch die Organisation der Berater und der Klienten und durch die Arbeitsbereiche der Berater gegeben sind, und die Beratungsaufträge, d.h. die Akteure, Funktionen und Ziele der Aufträge, sowie der Stand der Bearbeitung. Berater müssen nicht nur über eine Vielzahl von Konzepten und Methoden verfügen, die sie je nach Rahmenbedingungen und Beratungsauftrag flexibel einsetzen können. Zentral ist, dass sie darüber hinaus Rahmenbedingungen und Beratungsauftrag proaktiv gestalten.

Für eine weitere Auseinandersetzung mit dem Thema Beratung ergeben sich zwei vordringliche Aufgaben: Die Gestaltungsleistung zu konzeptualisieren und die Angemessenheit und Nützlichkeit von Beratungsansätzen in Abhängigkeit der jeweiligen Handlungsbedingungen zu diskutieren. In dem Forschungsprojekt alubia – Untersuchung von Anforderungen und Gestaltung von Lernprozessen bei der Unternehmensberatung – ein Beitrag zur innovativen Arbeitsgestaltung[1] – beschäftigen wir uns mit

---
[1] ProjektmitarbeiterInnen: Zlatko Bodrozic, Dr. Kathrin Hänel, Jana Schmidt, gefördert durch das BMBF, Förderkennzeichen 01 HW 0193.

einem Teilaspekt dieses Themas. Dort soll untersucht werden, welche Anforderungen für Unternehmensberaterinnen und -berater bestehen, wie gelernt wird, Anforderungen zu erfüllen und wie die Lernprozesse unterstützt werden können.

Literatur

BDU (2001). *Facts und Figures zum Beratermarkt 2001.* (12). Bundesverband Deutscher Unternehmensberater e.V.

Beddies, A. (1999). *Beratung im Betrieb zwischen kommunikativem und strategischem Handeln. Handlungs- und kommunikationstheoretische Überlegungen zur Beratung der betrieblichen Interessenvertretung bei der Veränderung von Arbeitsbedingungen.* Berlin: Mensch & Buch.

Brosius, K. (2001). Organisationsberater – kein Job für mich! *Supervisionen,* (1), 30-31.

Demmer, C. (2002). Feuerpause im Kampf um Talente. *Süddeutsche Zeitung,* 24. [Branchenreport: Consulting].

Demmer, C. & Hoerner, R. (2001). *Heiße Luft in neuen Schläuchen. Ein kritischer Führer durch die Managementkonzepte.* Frankfurt/Main: Eichborn.

Dunckel, H. (Hrsg.). (1999). *Handbuch psychologischer Arbeitsanalyseverfahren.* Zürich: vdf Hochschulverlag.

Edmondson, A. C. (1996). Three Faces of Eden. The persistence of competing theories and multiple diagnoses in organizational intervention research. *Human Relations, 49,* 571-595.

Emery, F. & Thorsrud, E. (1982). *Industrielle Demokratie. Bericht über das norwegische Programm der industriellen Demokratie. Schriften zur Arbeitspsychologie, Bd. 25.* Stuttgart: Huber.

French, W. L. & Bell, C. H. (1977). *Organisationsentwicklung. Sozialwissenschaftliche Strategien zur Organisationsveränderung.* Bern: Haupt Verlag.

Geißler, K. A. (2000). Vom Beten zur Beratung ohne Ende. *Supervision,* (2), 36-40.

Greif, S. (1983). *Konzepte der Organisationspsychologie. Eine Einführung in grundlegende theoretische Ansätze.* Bern: Huber.

Greif, S. (1976). Direktives Verhaltenstraining. *Gruppendynamik, 7,* 29-46.

Greif, S. (1976b). Effekte Gruppendynamischer Trainingsprogramme. *Zeitschrift für Sozialpsychologie, 7,* 327-339.

Greif, S. (1981). Individuelles und kollektives Handeln für bessere Arbeitsbedingungen. *Forum Kritische Psychologie, 8,* 8-48.

Greif, S. (1993). Geschichte der Organisationspsychologie. In H. Schuler (Hrsg.), *Lehrbuch Organisationspsychologie* (S. 15-48). Göttingen: Verlag Hans Huber.

Hacker, W. (1998). *Arbeitspsychologie.* Bern: Huber.

Hacker, W. (1999). Regulation und Struktur von Arbeitstätigkeiten. In C. G. Hoyos & D. Frey (Hrsg.), *Arbeits- und Organisationspsychologie. Ein Lehrbuch.* (S. 385-397). Weinheim: Psychologie Verlags Union.

Hofmann, M. (Hrsg.). (1991). *Theorie und Praxis der Unternehmensberatung. Bestandsaufnahme und Entwicklungsperspektiven.* Heidelberg: Physica-Verlag.

Houssaye, L. de la (1975). Das Organisations-Entwicklungs-Modell des NPI. In F. Glasl & L. de la Houssaye (Hrsg.), *Organisationsentwicklung. Das Modell des Niederländischen Intituts für Organisationsentwicklung und seine praktische Bewährung* (S. 15-28). Bern: Haupt Verlag.

Kolbeck, C. (2001). *Zukunftsperspektiven des Beratungsmarktes. Eine Studie zur klassischen und systemischen Beratungsphilosophie.* (1). Wiesbaden: Deutscher Universitäts-Verlag.

Königswieser, R. & Exner, A. (1998). Systemische Intervention in der Beratung. Architekturen und Designs für Berater und Veränderungsmanager. *Systemische Intervention* (S. 15-43). Stuttgart: Klett-Cotta.

Kötter, W. (1999). Prozeßbilder für betriebliche Innovationsvorhaben – hilfreiche Reiseführer oder Wegweiser in der Sackgasse? In P. Brödner & W. Kötter (Hrsg.), *Frischer Wind in der Fabrik. Spielregeln und Leitbilder von Veränderungsprozessen.* (S. 121-148). Berlin: Springer.

Kremer, S. & Cords-Michalzik, D. (1999). *QUATRO-Transfer-Projekt.* Gestaltungswissen für betriebliche Reorganisationsprozesse. Gelsenkirchen: Institut Arbeit u. Technik, Wissenschaftszentrum Nordrhein-Westfalen. Verfügbar unter: http:/iat-info.iatge.de.

Kühl, S. (2000). *Von den Schwierigkeiten aus einem Handwerk eine Profession zu machen.* Sieben Szenarien zur Zukunft der Organisationsentwicklung. München: Universität, Institut für Soziologie.

Lippitt, G. & Lippitt, R. (1995). *Beratung als Prozeß: Was Berater und ihre Kunden wissen sollten.* Leonberg: Rosenberger Fachverlag.

Lippitt, R., Watson, J. & Westley, B. (1958). *Planned change. A comparative study of principles and techniques.* New York: Harcourt, Brace & World, Inc.

Luhmann, N. & Fuchs, P. (1989). *Reden und Schweigen.* Frankfurt/Main: Suhrkamp.

Maas, P., Schueller, A. & Strasmann, J. (1992). *Beratung von Organisationen – Zukunftsperspektiven praktischer und theoretischer Konzepte.* Stuttgart: Enke.

Mohe, M. & Pfriem, R. (2002). Where are the professional clients? Möglichkeiten zur konzeptionellen Weiterentwicklung von Meta-Beratung. In M. Mohe, H. J. Heinecke & R. Pfriem. (Hrsg.), *Consulting – Problemlösung als Geschäftsmodell. Theorie, Praxis, Markt.* Stuttgart: Klett-Cotta.

Mucchielli, R. (1972). *Das nicht-direktive Beratungsgespräch.* Salzburg: Otto Müller Verlag.

Münsterberg, H. (1912). *Psychologie und Wirtschaftserleben. Ein Beitrag zur angewandten Experimental-Psychologie.* Leipzig: Barth.

Nachreiner, F. (1992). Arbeits- und ingenieurpsychologische Beratung. In Maas, P., Schüller, A. & Strasmann, J. (Hrsg.), *Beratung von Organisationen – Zukunftsperspektiven praktischer und theoretischer Konzepte* (S. 113-124). Stuttgart: Enke.

Neuberger, O. (2002). Rate mal! Phantome, Philosophien und Phasen der Beratung. In Mohe, M., Heinecke, H. J. & Pfriem, R. (Hrsg.), *Consulting – Problemlösung als Geschäftsmodell. Theorie, Praxis, Markt* (S. 135-161). Stuttgart: Klett-Cotta.

Oesterreich, R. (1998). *Handlungsregulation und Kontrolle.* München, Wien, Baltimore: Urban & Schwarzenberg.

Rieckmann, H. & Neumann, R. (1995). Organisationsentwicklung, Beratungseffizienz und Klientennutzen – Eine Fallanalyse und ihre findings. In G. Walger (Hrsg.), *Formen der Unternehmensberatung. Systemische Unternehmensberatung, Organisationsentwicklung, Expertenberatung und gutachterliche Beratungstätigkeit in Theorie und Praxis* (S. 202-238). Köln: Dr. Otto Schmidt.

Rieger, A. & Schmidt-Hieber, E. (1979). Direktiv-nondirektiv. In W. Grunwald (Hrsg.), *Kritische Stichwörter. Gesprächspsychotherapie* (S. 47-55). München: Wilhelm Fink Verlag.

Roethlisberger, F. J. & Dickson, W. J. (1939). *Management and the worker.* Cambridge MA: Harvard University Press.

Rosenstiel, L. von (1992). *Grundlagen der Organisationspsychologie.* (3). Stuttgart: Schaeffer-Poeschel.

Schmidt-Braße, U. (1997). *Verschiedene Rollen des Beraters/der Beraterin.* Beratung – was ist das? Unveröffentlichtes Manuskript, Wildeshausen: Psycon.

Schorn, M. (2002). Wo ist das Problem? *Süddeutsche Zeitung,* 25-26.

Sperling, H. J. & Ittermann, P. (1998). *Unternehmensberatung. Eine Dienstleistungsbranche im Aufwind.* München, Mering: Rainer Hampp Verlag.

Steyrer, J. (1991). „Unternehmensberatung" – Stand der deutschsprachigen Theorienbildung und empirischen Forschung. In M. Hofmann (Hrsg.), *Theorie und Praxis der Unternehmensberatung. Bestandsaufnahme und Entwicklungsperspektiven* (S. 1-44). Heidelberg: Physica-Verlag.

Taylor, F.W. (1911). *Principles of scientific management.* New York: Harper.

Tuchmann, B. (1995). *Die Torheit der Regierenden. Von Troja bis Vietnam.* Frankfurt/Main: Fischer.

Ulich, E. (2001). *Arbeitspsychologie.* (5). Hochschulverlag an der ETH Zuerich: vdf.

Ulich, E. (2001). Keine Beratung ohne Forschung - nur ein Postulat. In W. R. Heinz, H. Kotthoff & G. Peter (Hrsg.), *Beratung ohne Forschung – Forschung ohne Beratung* (S. 95-109). Münster: LIT Verlag.

Volpert, W. (1975). *Handlungsstrukturanalyse als Beitrag zur Qualifikationsforschung.* Köln: Pahl-Rugenstein.

Walger, G. (1995). *Formen der Unternehmensberatung. Systemische Unternehmensberatung, Organisationsentwicklung, Expertenberatung und gutachterliche Beratungstätigkeit in Theorie und Praxis.* Köln: Dr. Otto Schmidt.

Walger, G. (1995). Idealtypen der Unternehmensberatung. In G. Walger (Hrsg.), *Formen der Unternehmensberatung. Systemische Unternehmensberatung, Organisationsentwicklung, Expertenberatung und gutachterliche Beratungstätigkeit in Theorie und Praxis* (S. 1-18). Köln: Dr. Otto Schmidt.

Wimmer, R. (1995). *Organisationsberatung. Neue Wege und Konzepte.* Wiesbaden: Gabler.

Neun (Beratungs-)Konzepte zum organisationalen Lernen

Annette Kluge

Das Thema Organisationales Lernen (OL) und Lernende Organisation (LO) ist fast vollständig aus den Schlagzeilen verschwunden. Das die Managementliteratur bestimmende Konzept der 90er Jahre hat an Zugkraft verloren. Haben sich die Organisationen mit Ihrem Anspruch übernommen? Als Organisation lernen zu können, scheint die Kräfte doch überstiegen zu haben, oder? Diese Frage kann und soll beantwortet werden, nach dem zuvor in diesem Beitrag die Ansätze zum Organisationalen Lernen (d.h. wie lernen Organisationen?) mit den Ansätzen zur lernenden Organisation (d.h. wie sollten Organisationen lernen?, vgl. Kluge & Schilling, 2002) verbunden wurden. Um nicht selbst der Gefahr zu erliegen, sich zu übernehmen, erfolgt die Verbindung in kleinen überschaubaren Päckchen, in denen Theorie und Beratungspraxis von neun Konzepten zum Organisationalen Lernen aufgearbeitet werden. Eine kritische Bewertung zum Stand der Theorie und Empirie des Organisationalen Lernens erfolgte bereits an anderer Stelle (Kluge & Schilling, 2000). Der Fokus dieses Beitrags liegt auf der Passung von Lernbedarf und Beratungskonzept. Einer bisher vernachlässigten „Anti-Perspektive" wird in dem Zusammenhang eine besondere Stellung und besonderer Raum eingeräumt – dem Thema Macht, Emotion und Widerstand beim OL.

1. Konzepte und Beratungspraxis zur lernenden Organisation

Die neun (Beratungs-)Konzepte werden in Anlehnung an Easterby-Smith (1997; Easterby-Smith, Snell & Gherardi, 1998) entlang verschiedener Disziplinen (Wirtschaftsinformatik, Betriebswirtschaftslehre, Fertigungstechnik, Psychologie, Soziologie, Ethnologie und Politikwissenschaft) dargestellt, die sich aus unterschiedlichen Perspektiven mit Organisationen beschäftigen. Diese Disziplinen schauen sich Organisationen auf der Ebene der Aufgabe, des Individuums, der Gruppe oder der Organisation an. Die Kombination von Disziplin und Betrachtungsebene führt zu den Überschriften *Informationsverarbeitung, Informationstechnologie, Wissensmanagement, Strategische Unternehmensführung, Fertigungssteuerung, Organisationskultur, Gruppe, Organisationsentwicklung* und *Mikropolitik*. Diese Einteilung in neun Perspektiven ist zu einem gewissen Maße subjektiv geprägt, bietet jedoch den Vorteil, die einzelnen Forschungsagenden in ihren Zielsetzungen voneinander abgrenzen zu können. In Tabelle 1 werden die zentralen Konstrukte und Annahmen sowie praktische Umsetzungen gegenübergestellt.

Tabelle 1: Zentrale Konzepte der OL/LO-Forschung und Beratung im Vergleich

OL-Beratungs-perspektive	Zentrale Veröffentlichungen	Zielsetzungen	Begriffe und Annahmen	Praktische Umsetzung
Selbststeuerung durch Resultatefeedback	Argyris & Schön (1978), Duncan & Weiss (1979), Huber (1991), March (1991), Walsh & Ungson (1991), Kim (1993), Bood (1998), Klimecki & Lassleben (1998)	Informationsfluss in der Organisation optimieren.	Wissen über Handlungsfolgen führt zu Single-Loop oder Double-Loop-Lernen. Fluktuation führt zu organisationalem Vergessen. Informelle Kommunikation in sozialen Netzwerken führt zu shared mental models.	Mapping des Ausmaßes geteilten Wissens und Anzahl variierter Interpretationen. Aufbau organisationaler Wissenserwerbs-, Interpretations-, Diffusions- und Speichersysteme.
Spezifikation von Transport- und Speichermedien	Huber (1990), Kühn & Abecker (1997), Andreu & Ciborra (1996), Romhardt (1997), Ciborra & Lanzara (1994)	Implizites Wissen explizieren und IT nutzen, um Wissen zu speichern und distribuieren.	Versorgung aller Organisationsmitglieder mit relevanten Informationen führt zu Organisationalem Lernen.	Nutzung von Kooperations- (z.B. CSCW/ CSCL), Logistik- (z.B. Intranet, Business TV) und Speichersystemen (z.B. Datenbanken, Datawarehouses).
Geschäftsprozess „Wissensmanagement"	Rehäuser & Kermar (1996), Nonaka & Takeuchi (1997), Reinhardt & Pawlowsky (1997), Bullinger et al. (1997), Wehner (1998), Brooking (1999)	Wissensbedarfsdeckung organisieren, kontrollieren und das intellectual capital messen.	Konsequentes Nutzen von Wissensmanagement erhöht das „intellectual capital" des Unternehmens.	Durchlaufen der Phasen des organisationalen Lernprozesses. Aufbau einer Lerninfrastruktur. Messung des „intellectual capital" (z.B. Zahl der Patente).
Kooperationspartner suchen	Fiol & Lyles (1985), Hannan & Freeman (1988), Parke (1991), Dodgson (1991), Zander & Kogut (1995), Lant & Mezias (1992), Inkpen & Crossan (1996)	Durch organisationales Lernen strategische Wettbewerbsvorteile ausbauen.	Sich Anpassen, um Leistung in Übereinstimmung mit der sich verändernden Umwelt zu erbringen, führt zum Überleben.	Eingehen von Allianzen und Joint Ventures, um higher-level learning zu fördern.
Tätigkeiten simplifizieren	Yelle (1979), Stata (1989), Argote et al. (1990), Epple et al. (1991), Wildemann (1995), Adler & Cole (1993)	Durch höchgeübte Tätigkeiten die Fertigungskosten reduzieren.	Produktionskosten sinken durch Übung proportional zur kumulierten Anzahl gefertigter Stückzahlen. Standardisierte Arbeitsprozesse maximieren organisationales Lernen.	Erfassung individueller Lernkurven und der verantwortlichen Einflussvariablen. Gestaltung lernförderlicher Produktionssysteme.
Lernfördernde Werte leben	Sullivan & Nonaka (1986), Sonntag (1996), Weick & Westley (1996), Shibata, Tse, Vertinsky & Wehrung (1991)	Eine Lernkultur aufbauen und gemeinsame Bedeutungen schaffen.	Landes- und Unternehmenskultur beeinflussen Prozess und Natur Organisationalen Lernens.	Erfassung kulturell bedingter Managementpraktiken. Schaffung von Arbeitsumgebungen mit lernauffordernden Charakter. Erfassung der kulturellen Speicher organisationalen Lernens (Sprache, Handlungsroutinen).
Novizen zu Insidern machen	Orr (1990), Brown & Duguid (1991), Scardamalia & Bereiter (1992), Spender (1996), Tyre & von Hippel (1997)	Novizen werden zu Insidern und haben an den Denkwerkzeugen der Experten teil.	Praxisgemeinschaften führen zur Einbindung von Novizen und zur Weitergabe impliziten Wissens.	Schaffung von communities-of-practice. Nutzung multipler Kontexte für die Arbeit von Projektteams.
Die Kausalmodelle gegenseitig verstehen	Argyris (1993), Watkins & Golembiewski (1995), Baitsch, Knoepfel & Eberle (1996), Senge (1996), Cavaleri & Sterman (1997), Isaacs (1993)	Kommunikations- und Kooperationsbeziehungen optimieren und lokale Theorien verändern.	OL/OE-Interventionen führen zur Veränderung der mentalen Modelle der Organisationsmitglieder.	Nutzung von Action learning, Lernlaboratorien und Trainings zum systemischen Denken. Veränderung der lokalen Theorien durch Spiegeln der „espoused" und der „theories-in-use".
Aufdecken von Widerständen	Kanter (1989), Talbot & Harrow (1993), Coopey (1995), Easterby-Smith (1997), Dovey (1997)	Durch Macht und Eigeninteressen bedingte Lernbarrieren in Organisationen aufdecken.	Machtasymmetrien und persönliche Eigeninteressen verhindern eine umfassende Wissensweitergabe. Die Umsetzung von OL verstärkt mikropolitische Aktivitäten in Unternehmen.	Erfassung mikropolitischer Taktiken (z.B. Informationskontrolle), Spiele und Machtbasen.

1.1 Selbststeuerung durch Resultatefeedback in informationsverarbeitenden Systemen

Die Perspektive der Organisation als informationsverarbeitendes System (Duncan & Weiss, 1979) macht deutlich, dass Lernen – auf der Basis erfahrungsbasierter Lernzyklen (Kim, 1993; Kluge 1999a) – der Verbesserung des Wissens über Input, Output und die Wirkungen organisationaler Handlungen auf die Umwelt dient (Single-Loop- und Double-Loop-Lernen; Argyris & Schön, 1978). Lernen erfolgt als Reaktion auf Abweichungen der tatsächlichen von den erwarteten Resultaten. Organisationen werden unter dieser Perspektive als kognitive Systeme verstanden, in denen die Art und Weise, wie sie Informationen (z.B. über Märkte, Konkurrenten, Kunden) verarbeiten, Aussagen darüber zulässt, wie sie lernen. Zentrales Rahmenmodell dieser Forschungsrichtung ist die von Huber (1991) vorgeschlagene Einteilung des Lernvorgangs in vier Phasen. Beim *Wissenserwerb* werden andere Firmen imitiert (z.B. in Form von Benchmarking), eigene Erfahrungen gesammelt, Literatur genutzt oder Experten bzw. Berater eingekauft. Bei der *Wissensdiffusion* wird das erworbene Wissen weitergegeben und in der Organisation zugänglich gemacht. Mittels einer gemeinsamen *Interpretation* des Wissens soll ein Prozess der Veränderung und des Angleichens der mentalen Modelle (oder kognitiver Landkarten) der Organisationsmitglieder einsetzen. Das Lernergebnis spiegelt sich in der Modifikation kognitiver Landkarten wider (Senge, 1990; Kim, 1993; Sterman, 1989, 1994). Die *Speicherung von Wissen* erfolgt nach Walsh und Ungson (1991) in unterschiedlichen Speicherbehältern: Gedächtnisse der Mitglieder, Unternehmenskultur, Transformationen und Strukturen der Organisation, physikalische Struktur des Arbeitsplatzes und in externen Archiven. Zusätzlich zur Speicherung wird organisationales Vergessen thematisiert, das insbesondere mit dem Ausscheiden von MitarbeiterInnen in Zusammenhang gebracht wird.

Das meiste Wissen in der Organisation resultiert nach March (1991), wenn diese schnell von den Individuen lernt, die sich selbst nur langsam sozialisieren (da die Organisation nur von Mitgliedern lernen kann, deren Wissen von bereits Bekanntem abweicht). Entsprechend erhöht eine mäßige Fluktuation (durch den Eintritt von gering sozialisierten Personen) das Wissen in der Organisation. Teams erweisen sich als anfälliger für Wissensverlust als Hierarchien, die eher in der Lage sind, den Verlust eines Mitglieds auszugleichen (Carley, 1992). Aber gerade informelle und selbstorganisierte Kommunikation im Netzwerk führt zu verändertem organisationalen Wissen (Klimecki & Lassleben, 1998).

Beratungspraxis: Wenn eine Organisation der Meinung ist, dass sie nicht weiß, wie sich das Verhalten z.B. in Form von Entscheidungen auf die Umwelt auswirkt und Schwierigkeiten hat, Feedback aus der Umwelt in die eigenen Entscheidungsroutinen einfließen zu lassen, dann bieten sich die Konzepte der VertreterInnen der Informationsverarbeitungsperspektive an. Die Analyse umfasst dabei die Suche nach relevanten Informationsquellen, die das richtige Feedback vom Markt beinhalten, um damit die Regulation der zukünftigen Entscheidungen zu bewerkstelligen. Die relevanten und für die Selbststeuerung wichtigen Rückmeldeinformationen zu bestimmen sowie eine Verhaltensänderung aufgrund dieser Rückmeldung anzustoßen sind die zentralen Anliegen.

Um die gefundenen Informationsquellen nicht wieder in Vergessenheit geraten zu lassen, gilt es, passende Speicherbehälter auszusuchen, die einen drohenden Verlust verhindern. Es bietet sich an, die Rückmelderesultate und Lernerfolge in der Struktur der Organisation in Routinen und Prozesse zu verteilen und zu verankern, damit fluktuierende Mitarbeiter nichts Brauchbares mitnehmen.

Eine besondere Herausforderung für die BeraterInnen wird die Gradwanderung zwischen der gewünschten geteilten Interpretation als Lernresultat einerseits (Was sagt uns das Feedback über die Güte der Entscheidungen?) und der Vielfalt der Interpretationen als Lerngewinn andererseits (weil nicht eindeutig feststeht, wer die „richtige" Interpretation besitzt). Der Wunsch der Organisationen, neue MitarbeiterInnen schnell zu sozialisieren und anzupassen, muss dabei gebremst werden, damit die neuen MitareiterInnen sich möglichst lange ihr eigenes und (hoffentlich) von der organisationalen Wissensbasis verschiedenartiges Rückmelde-Wissen über den Markt erhalten. Die Lernerfolge sollen dann in Routinen vor Verlust gesichert werden, die jedoch nur begrenzt Anwendung finden werden, wenn man sich vor Augen hält, dass sich das Wissen vor allem durch informelle Netzwerke und Kontakte zu verändern scheint.

1.2 Spezifikation von Transport- und Speichermedien in informationstechnologischen Nervenbahnen

In den Ansätzen zur Informationstechnologie wird der Informationsfluss innerhalb der Organisation als zentrale Variable vorgestellt, wobei es das Ziel ist, Informationen möglichst schnell und an alle, für die sie relevant sind, zu distribuieren (Huber, 1990; Kühn & Abecker, 1997; Romhardt, 1997; Ciborra & Lanzara, 1994). *Lernen* findet hier seinen Ausdruck im Externalisieren von Wissen und der anschließenden Versorgung aller Mitglieder mit relevanten Informationen. Das Beherrschen der Daten und Informationen in Organisationen erfordert deren effektive und effiziente Bereitstellung und Nutzung durch den Einsatz von neuen Technologien: (a) *interaktive Dienste* (z.B. Multimedia-Mail) zur Unterstützung der Empfangs- und Sendebereitschaft im Informationsaustausch; (b) *Verteil-Dienste* (z.B. Interaktives Fernsehen: Business TV) für eine Verbreitung von Informationen an eine größere bzw. ausgewählte Zielgruppe; (c) *Telekooperationsdienste* (z.B. CSCW: Computer Supported Collaborative Work) für eine gemeinsame Bearbeitung von Dokumenten, Abstimmungs- und Entscheidungsprozesse zwischen räumlich verteilten Geschäftspartnern; (d) *Speicher in Datenbankformaten* (Organizational Memory Information System; Kühn & Abecker, 1997). Die Prinzipien des Corporate Memory basieren auf den Erfolgen von Datenbanken und Hypertext-Systemen (wie Workflow-Management-Systemen, Inter- und Intranets), die relevante Informationen speichern und zur Verfügung stellen, jedoch die Interpretation und Evaluation der Information (in Bezug auf die spezielle Fragestellung) dem Problemlöser überlassen.

Beratungspraxis: Ein Unternehmen mit Problemen der technischen Informationslogistik ist mit diesem Beratungsansatz gut bedient. Die Fragen, die sich hier stellen, zielen darauf ab, das geeignete Transport- und Speichermedium für organisationsbezogene Informationen zu spezifizieren. Eine Analyse müsste zusätzlich unterbrochene Informationsflüsse in die Organisation hinein und in ihr drin aufdecken. Es soll aufgespürt werden, an welcher Stelle Kanäle entstopft werden müssten. Informationssackgassen, Sickergruben oder Lehmschichten sind zu orten und mit den Organisationsmitgliedern wieder „frei zu pusten". Neben dem Durchfluss muss als nächstes die Speicherung relevanter Informationen erarbeitet werden. Das, was wichtig ist, soll wieder auffindbar gesichert werden, indem eine Archivierungs- und Katalogisierungstechnik erarbeitet wird, die das Auffinden der vermeidlich wichtigen Information ermöglicht. Die besondere Herausforderung wird darin bestehen, einerseits alles Relevante zu speichern, aber gleichzeitig den Zugriff eines Informationsnutzers nicht durch den Überfluss zu behindern. Die Themen menschliche Informationsverarbeitung und NutzerInnen-freundliche Systeme erhalten besonderes Gewicht. Eine weitere Herausforderung besteht in der Unmöglichkeit der Speicherung von Wissen ohne Relevanzkontext. Ohne Relevanzkontext verkommt das Wissen zur Information, das ohne Indizierung wertlos brach liegt, da der Bedeutungszusammenhang unbekannt bleibt (Willke, 1999).

1.3 Geschäftsprozess „Wissensmanagement"

Für Wehner (1998) lassen sich Informationsverarbeitung und -technologie unter dem Dach „Wissensmanagement" zusammenfügen. *Lernen* bedeutet hier eine Deckung des organisationalen Wissensbedarfs. Damit wird die Vorstellung, dass eine bedarfsgerechte Bereitstellung benötigten Wissens zu den materiellen und nicht-materiellen Vermögenswerten der Organisation beiträgt, zur zentralen Aussage dieser Perspektive. Ziel organisationaler Lernprozesse ist nach Pautzke (1989) alles Wissen (insbesondere das zunächst nicht zugängliche individuelle Wissen) in „von allen geteiltes Wissen" zu überführen, um es für die Organisation nutzbar zu machen. Dies kann nach Nonaka (1994; Nonaka & Takeuchi; 1997) durch *Sozialisation* (implizit-implizit: Enkulturation z.B. durch Training-on-the-job oder Modelllernen), *Externalisation* (implizit-explizit: mit Hilfe von Metaphern), *Kombination* (explizit-explizit: mittels Face-to-Face- oder elektronischer Kommunikation) und *Internalisation* (explizit-implizit: im Sinne einer Automatisierung durch hochgeübte Tätigkeiten) erfolgen. Für Reinhardt und Pawlowsky (1997) beinhaltet Wissensmanagement das Durchlaufen des vollständigen organisationalen Lernprozesses, dessen Steuerung anhand geeigneter Tools und seine Organisation mittels einer entsprechenden Lerninfrastruktur sowie seine Überwachung anhand geeigneter Messgrößen. In Anlehnung an Probst, Raub und Romhard (1996) lassen sich folgende *Phasen des organisationalen Lernprozesses* unterscheiden, die als Bausteine eines sich wiederholenden Zyklus zu verstehen sind: Entwickeln von Wissenszielen, Wissensbewahrung, Wissensnutzung, Wissens(ver-)teilung, Wissensentwicklung, Wissenserwerb und Wissensidentifikation. Managementprozesse lassen sich somit in logische Phasen unterteilen. Es werden Ansätze für Interventionen und Instrumente abgeleitet und ein erprobtes Raster für die Suche nach Ursachen von Wissensproblemen geliefert (Bullinger, Wörner & Prieto, 1997). Schließlich rückt das *Messen von intellektuellem Kapital* (intellectual capital) in eine zentrale Position (Schneider, 1999; Brooking, 1999), wobei stärker als bisher die immateriellen Vermögenswerte wie die Expertise der MitarbeiterInnen, Geschäftsprozesse, Wissensbesitz sowie Marktwert im Sinne von Kundenloyalität kalkuliert werden sollen.

Beratungspraxis: Das Wissensmanagement befriedigt den Bedarf an Organisations- und Führungswerkzeugen, wenn eine Organisation ihren zukünftigen Wissensbedarf definieren und messbar decken will. Bei einer Analyse rückt der inhaltliche Aspekt des Wissensbedarfs, der sich aus den strategischen Zielen ableiten lässt, sowie die Deckung desselben in den Vordergrund.

Die Beratungsherausforderung wird dabei – wie auch bei allen anderen Geschäftsprozessen – darin bestehen, sich an ein Regelwerk und formale Abläufe zu halten. Denn Bullinger et al. (1997) bestätigen die Vermutung, dass die Wissensbedarfsdeckung sich eher auf informellem und individuellem Wege vollzieht. Das maßgebliche technische Hilfsmittel im Kontext von Wissensmanagement sei das Telefon, während als Methoden des Wissens*erwerbs* klassische Weiterbildungsmaßnahmen vor Kooperation mit Kunden sowie Recherchen in Fachzeitschriften rangieren. Zur Wissens*entwicklung* nutzen die Mitarbeiter vor allem informellen Austausch, der *Transfer* erfolgt überwiegend auf der Basis formeller und informeller Netzwerke, in denen optimale Lösungen („best practices") und schlechte Erfahrungen ausgetauscht werden (vgl. Greif, Runde, Seeberg & Ansmann, 2002). *Barrieren* werden vor allem in Zeitknappheit und fehlendem Bewusstsein gesehen, aber auch die Unkenntnis über Wissensbedarfe, die Einstellung „Wissen ist Macht" und fehlende Anreizsysteme tragen zu unzureichendem Wissensmanagement bei.

Das Besondere für die Beratungspraxis besteht in Abgrenzung zur IT-Perspektive auf der mitschwingenden Emotionalität des Themas. Wenn „Wissen = Macht" ist, wer wird sich dann von seinem Wissen „depersonalisieren" lassen und es anderen zur Verfügung stellen? Und wenn Erfolge das eigene Weiterkommen in der Organisation sichern, wer wird dann über misslungene Projekte sprechen? Zusätzlich sollten BeraterInnen berücksichtigen, dass sich MitarbeiterInnen eher auf vertrauenswürdige Quellen (KollegInnen, „die man kennt") verlassen, als auf „formalisierte Expertise", auch wenn die Wissensqualität und Nützlichkeit im zweiten Fall höher ist (Kluge, 1999).

1.4 Kooperationspartner suchen im Kampf um Märkte

OL wird hier aus einer wettbewerbsorientierten Sichtweise favorisiert und erhält seinen Wert durch das Übervorteilen von Mitbewerbern (z.B. Parke, 1991; Dodgson, 1991; Pedler, Boydell & Burgoyne, 1989). *Lernen* heißt unter dieser Perspektive die gerichtete Veränderung der eigenen Ziele, Kompetenzen und Strukturen, um Leistungen in Übereinstimmung mit einer sich verändernden Umwelt zu erbringen. Es wird als eine Suche nach passenden Regulationsmechanismen betrachtet, um für alle Eventualitäten gerüstet zu sein, gepaart mit der Fähigkeit, angemessene Strukturen und Subsysteme zu etablieren, um diese Strategien zu implementieren (Bierly & Hämäläinen, 1995). Zentrale Aussage dieser Perspektive ist es, dass die organisationale Lernfähigkeit – manifestiert in der Anpassung des Unternehmens an sich verändernde Markt- und Wettbewerbsbedingungen – das Überleben sichert. Während in diesen Modellen die *Anpassung* zum Schlüsselkonzept für erfolgreiches strategisches Management wird, sehen die Vertreter des populationsökologischen Ansatzes (z.B. Hannan & Freeman, 1988) die Möglichkeiten von Organisationen, ihr eigenes Überleben zu sichern, eher skeptisch. Sie gehen stattdessen davon aus, dass die organisationale Umwelt (z.B. Weltwirtschaft, Konkurrenz, Kunden) bestimmt, welche Organisationen Erfolg haben und welche nicht (*Selektion*). Denjenigen Autoren, die Organisationen für prinzipiell lern- und anpassungsfähig halten, gilt Lernen unter strategischem Gesichtspunkt als ein *Lernen höherer Ordnung* (z.B. Dodgson, 1991; Fiol & Lyles, 1985; Senge, 1990), bei der bestehende Praktiken und Ziele grundsätzlich infrage gestellt und verändert werden. Gefördert wird dies insbesondere durch strategische Allianzen und Joint Ventures, unter der Bedingung, dass die Partner komplementäre Interessen verfolgen (Parke, 1991). Gegenseitiges Lernen kann hier etwa durch den Transfer von Patenten oder auch Synergieeffekte in Form eines gemeinsam erarbeiteten Lerngewinns erfolgen (Dodgson, 1993).

Sowohl F&E-Verbindungen als auch andere strategische Kooperationen fördern die Kompetenzen in deren Management (Powell, Koput & Smith-Doerr, 1996). Je mehr Erfahrung und Expertise diesbezüglich erworben wurde, desto eher wurden zentrale Positionen in Netzwerken eingenommen mit der Konsequenz, dass sich ein besonderer Zugang zu wichtigen Informationen und Ressourcen in der Branche ergibt, die internes Wachstum fördern.

Beratungspraxis: Will eine Organisation in bestimmten Segmenten möglichst zügig erfolgreicher sein, z.B. ein Händlernetz in Asien etablieren, die eigene Produktsparte ohne hohe F&E-Kosten erweitern, etc., dann bieten sich die Lernstrategien der Joint Ventures und strategischen Kooperationen an. Eine Analyse wird sich mit dem Kooperationsbedarf befassen, z.B. bei einer Expansionsstrategie im Ausland. Der Auftrag der BeraterInnen wird darin bestehen, geeignete Kooperationspartner ausfindig zu machen, die das gewünschte Produkt- oder Vertriebswissen einbringen können, oder Netzwerke aufzubauen. Besondere Herausforderungen entstehen bei der Integration der wahrscheinlich unterschiedlichen Unternehmens- und ggf. auch Landeskulturen, wenn Unternehmensbereiche kooperieren sollen. Ein weiteres Problem ergibt sich bei Produktmerkmalen hinsichtlich ihrer Nutzbarkeit von Kooperationspartnern. Vor allem die Produktmerkmale Kodierbarkeit und Vermittelbarkeit tragen dazu bei, den Transfer zu erhöhen, jedoch mit dem Nachteil, dass Produkte, die einfach zu kodieren und zu erklären sind, auch schneller von Mitbewerbern imitiert werden können (Zander & Kogut, 1995).

1.5 Tätigkeiten simplifizieren und automatisieren

Die Sichtweise der Fertigungssteuerung nutzt Lernen als Mittel zur Steigerung von Produktivität, Effizienz und zur Verringerung der Systemreaktionszeiten (Stata, 1989). Die Fertigungssteuerung sieht *Lernen* (ergebnisorientiert) als institutionalisierte Erfahrung (Shrivastava, 1983) und korrespondiert mit der Schule der Lernkurven (Argote, Beckman & Epple, 1990), die nach Nicolini und Meznar (1995) als früher Ausdruck von OL betrachtet werden können. *Lernkurven* bilden ab, wie sich Produktionskosten proportional zur kumulierten Anzahl gefertigter Stückzahlen verringern. Einflussvariablen sind hier Managementfähigkeiten, Produktionsfaktoren, Werkzeuge, Qualitätskontrolle und Organisationsstruktur (Wright, 1936). Yelle (1979) unterscheidet zwischen *arbeitsbezogenem Lernen* (Lerngewinne lassen sich auf die Mitarbeiter zurückführen) und *organisationalem, technologiebezogenem Lernen* (Lerngewinne werden unabhängig von der Erfahrung der Arbeiter erzielt und lassen sich auf die Organisation zurückführen).

Ein vielzitiertes Beispiel im Rahmen von Produktionssystemen ist der Vergleich der Arbeitsorganisation des Toyota-General Motors Joint-Ventures NUMMI mit der Volvo-Fertigungsstätte in Uddevalla (Adler & Cole, 1993). Während in Uddevalla erweiterte Tätigkeitszyklen und eine Wiedereinführung von ganzheitlichen Tätigkeiten als lernförderlich propagiert wurden, geht das am Lean Management orientierte NUMMI-Modell davon aus, dass Lernen maximiert wird, indem klar definierte und abgegrenzte Tätigkeiten (mit moderater Job-rotation und kurzen Taktzyklen) mittels standardisierter Arbeitsprozesse geschaffen werden. NUMMI schnitt im Vergleich deutlich positiver ab. Die hochstandardisierten Produktionsprozesse sprechen den Autoren zufolge dafür, dass die Expertise durch intensives Training und intrinsisches Feedback dazu führt, dass eine Idee, die in einem Fertigungsabschnitt entwickelt wurde, leicht auf einen anderen Abschnitt übertragen wird.

Beratungspraxis: Dieser OL-Ansatz passt auf den Beratungsbedarf von Fertigungsorganisationen, die möglichst schnell über standardisierte Fertigungsprozesse kostengünstig produzieren wollen. Eine Analyse würde darin bestehen, Arbeitstätigkeiten und -abläufe auf Vereinfachungsmöglichkeiten hin zu untersuchen. Beratungsaufgabe wird es sein, möglichst leicht zu erlernende Tätigkeiten zu gestalten, die dann hochgeübt und hoch automatisiert mit hoher Qualität ausgeführt werden können. So lassen sich schnelle Lernerfolge erzielen, die sich an den Lernkurven ablesen lassen. Das Dilemma der Beratung wird darin bestehen, die Tätigkeiten mit einem Maximum an Routineanteilen und gleichzeitigem Minimum an Freiheitsgraden für eventuelle flexibilisierte Produktionsformen für kürzer werdende Produktzyklen auszustatten. Gleichzeitig ist darauf zu achten, dass die Persönlichkeitsförderlichkeit und Ganzheitlichkeit der Tätigkeiten (Ulich, 2001) und damit der Qualifikationserhalt der MitarbeiterInnen gewährleistet ist.

1.6 Lernfördernde Werte leben

Die Literatur zur lernfördernden Unternehmenskultur beschäftigt sich einerseits mit den Fragen, inwieweit OL durch spezifische Landeskulturen beeinflusst wird (*Kultur als externe Variable*) und andererseits mit der Frage, durch welche Attribute eine organisationale Lernkultur gekennzeichnet ist (*Kultur als interne Variable*). Demgegenüber steht die Grundauffassung, dass Organisationen per se nicht erfahrbar sind, sondern nur indirekt in kulturellen Artefakten wie Routinen und Sprache ihren Ausdruck finden (*Kultur als Metapher*). Entsprechend wird *Lernen* als das Erwerben, Aufrechterhalten und Verändern organisationaler Artefakte und intersubjektiver Bedeutungen durch gemeinschaftliches Handeln verstanden. Die Untersuchungen von Shibata, Tse, Vertinsky und Wehrung (1991) und Sullivan und Nonaka (1986) geben indirekt Hinweise auf die Wirkung unterschiedlicher *Landeskulturen* auf OL, wonach japanische Manager (im Vergleich zu amerikanischen) stärker Innovation und Risikobereitschaft fördern, den Informationsfluss erleichtern sowie Gruppen in Entscheidungsprozesse einbeziehen.

Für Sonntag (1996) bedeutet *Lernkultur* (als interne Variable) die Pflege („cultura") des Lernens im Unternehmen in Abhängigkeit von normativen Setzungen der Unternehmenspolitik oder deren Leitbilder. Die Leitbilder geben Aufschluss darüber, welche organisationalen und personalen Ressourcen dem Lernen zur Verfügung gestellt werden. Es gilt hier vor allem arbeitsplatznahe Lernumgebungen zu gestalten, die reflexive Prozesse und damit letztlich den kollektiven Wissensbestand und die Problemlösefähigkeit der Organisation fördern.

Weick und Westley (1996) als Vertreter des Metaphernansatzes verstehen Organisationskultur als Symbol und Speicher der bisher in der Gemeinschaft gelernten, kreierten, verteilten und übertragenen Artefakte. Kultur zeigt sich einmal in einer spezifischen *Sprache* und dient dabei als Werkzeug der Reflexion sowie als Speicher für Lerngewinne. Weiterhin wird sie erfahrbar durch *Artefakte* und offenbart sich in *koordinierten Handlungsroutinen* (vorhersagbaren sozialen Austauschbeziehungen und stilisierten Ritualen). Facilitatoren organisationalen Lernens bestehen im *humor*vollen Umgang mit organisationalen Spannungen, im *Improvisieren* als flexible Anknüpfung an ein sich retrospektiv ergebenes Handlungsmuster sowie in *kleinen Erfolgen* als kontrollierbare Gelegenheiten, um sichtbare Veränderungsergebnisse zu produzieren (Weick & Westley, 1996).

Beratungspraxis: Der Beratungsbedarf kann sich auf zwei Bereiche beziehen. Zum einen kann eine Organisation, wenn sie sich mit einem anderen Unternehmen zusammenschließt, von der kulturellen Differenz lernen (Kultur als externe Variable). Der Wunsch, sich in einer anderen Kultur wirtschaftlich zurecht zu finden, wird dabei wahrscheinlich begleitet von dem Unwissen über Unterschiede oder auch durch Vorbehalte gegenüber dem Fremden. Wollen BeraterInnen in einer Organisation eine Lernkultur einführen (Kultur als interne Variable), können sie an den normativen Leitbilder oder unbewusst handlungsleitenden Werten ansetzen. Eine Analyse im Sinne einer Kulturdiagnose (vgl. Kluge, 2002) kann Ausgangspunkt sein, um hemmende und fördernde Werte, wie z.B. gegenseitige Unterstützung oder Betonung von persönlichem Wachstum, für das OL zu identifizieren. Im zweiten Schritt müssten dann über das Werkzeug Sprache die gemeinsam geteilten Artefakte über kleine Gewinne verändert werden. Besonders herausfordernd ist der Kulturansatz für die Beratung, da sich Kulturveränderungen sehr langsam vollziehen und unbewusst handlungsleitend und somit einer von außen initiierten Veränderung zunächst schwer zugänglich sind. Zusätzlich besteht ein großes Dilemma der Beratung hinsichtlich der Lernkultur darin, dass sie gleichsam als Voraussetzung und Konsequenz des Lernens erachtet wird, und die Medien der Veränderung gleichzeitig ihr Inhalt sind, wie bei der Sprache.

1.7 Novizen zu Insidern machen

Im Folgenden werden Lernprozesse von Gemeinschaften erläutert, in denen Interaktionen zwischen ExpertInnen und Novizen eine zentrale Bedeutung gewinnen (Spender, 1996). *Lernen* bedeutet hier, die eigene Problemlösekompetenz (z.B. die Nutzung von Denkwerkzeugen) durch die Interaktion mit erfahrenen Organisationsmitgliedern einer Expertengruppe zu erweitern. Eine Gruppe profitiert dabei besonders von sozialen

Vergleichen und dem Infragestellen von Annahmen durch soziale Agenten (Brown & Palincsar, 1989) und wird zur *„knowledge building community"* (Scardamalia & Bereiter, 1992). Als Argumentationsgrundlage dient das Konzept der Zone der proximalen Entwicklung (Vygotsky, 1978) als Differenz zwischen dem individuellen Fähigkeitslevel des selbstständigen Problemlösens und dem Level der potentiellen Problemlöseleistung, die durch Interaktionen mit Peers oder Experten erreicht werden könnte. Die gemeinsam geteilten Wissenselemente in Praxis- bzw. Tätigkeitsgemeinschaften ergeben sich nach Brown und Duguid (1991) durch die Teilhabe an Erzählungen über Störungsbeseitigungen, die die eigene Diagnoseleistung unterstützen sowie Kausalstrukturen offenlegen (Orr, 1987, 1990). Lernen findet in diesem Sinne in Praxisgemeinschaften („*Communities-of-practice*") statt. Das zentrale Anliegen eines jeden Gruppenmitglieds ist es, ein „Insider" zu werden. Die Lern- und Instruktionspsychologie greift diesen Ansatz in der Methode des *cognitive-apprenticeship* auf, innerhalb dessen der Lerner an verbalisierten Problemlöseprozessen (modelling) partizipiert, bei seinen ersten eigenständigen Lösungsversuchen Coaching und Denkhilfen erhält (scaffolding), die mit zunehmender Selbstständigkeit in ihrer Intensivität zurückgenommen werden (fading out). OL kann dann gefördert werden, indem Novizen Zugang zu Praxisgemeinschaften erhalten – und nicht durch eine explizierte Abstraktion individuellen Wissens.

Arbeiten zu kollaborativen Problemlöseprozessen in Kombination mit Projektrückschauen finden sich bei Busby (1999), Tyre und van Hippel (1997) und Kluge (1999b). Hier zeigte sich, dass gemeinsame Reflexionen abgeschlossener Projekte dazu dienen, die mentalen Modelle der Teilnehmer um divergente Aspekte zu ergänzen und in Kernaspekten zu vereinheitlichen. Problematisch erwies sich jedoch die Umsetzung der mentalen Modelle in konkrete, abgestimmte Handlungen alltäglicher Führungsarbeit.

Beratungspraxis: Dieser OL-Ansatz passt zum Bedarf einer Organisation, Novizen zu Experten werden zu lassen. Eine Analyse würde versuchen aufzudecken, welche Problemlösetechniken den Erfolg einer ExpertInnengruppe im Unternehmen ausmachen. Nicht das Wissen allein wird zum Erfolgsfaktor, sondern die Wissensanwendung in einem situativen Anwendungskontext, wenn es darum geht, konkrete Probleme zu lösen. Dazu muss zunächst das relevante Problemlösewissen spezifiziert werden. Anschließend geht es darum, unerfahrene Mitarbeiter an die Denkweisen und Bedeutungskontexte der Erfahrenden heranzuführen, dann gelten die communities-of-practice als ein geeigneter Lernraum. BeraterInnen müssen innerhalb dieses OL-Konzeptes die gemeinsame Problemlösung interagierender Experten und Novizen fördern, die durch das gemeinsame Bearbeiten von Projekten Wissen zu teilen lernen, so dass es als sozial geteiltes Wissen der Gruppe erhalten bleibt. Dabei kommt es auf die Auswahl der TeilnehmerInnen und der Problemlöseaufgabe an und das gleichzeitige Beachten von fördernden und hemmenden Prozessen in der Gruppe. Diese Lernprozesse zu initiieren und aufrecht zu erhalten ist zeitintensiv und führt letztendlich aufgrund der begrenzten TeilnehmerInnenzahl solcher Lerngruppen eher zu individualisiertem Wissen der Gruppenmitglieder.

1.8 Die Kausalmodelle gegenseitig verstehen lernen

Watkins und Golembiewski (1995) verstehen Lernen als kontinuierlichen, strategisch ausgerichteten Prozess, der in und parallel zur Arbeit abläuft und in Wissen, Überzeugungen und Verhalten sichtbar wird. *Lernen* vollzieht sich, wenn Organisationsmitglieder (z.B. durch „Action Technologies"; Cummings, 1995) ihre eigenen Veränderungen diagnostizieren, implementieren und evaluieren, indem sie das eigene Vorgehen modifizieren, um sich den selbst gesetzten Zielen anzunähern. Der OL-Ansatz ergänzt die OE um Mechanismen, wie Lernerfahrungen mit anderen erhalten und geteilt werden können (d.h. OL impliziert Theorien der Veränderung *und* des Lernens). Umgekehrt bringt die OE aber auch drei neue Facetten in die OL-Diskussion ein (Watkins & Golembiewski, 1995): die Idee *unterstützender Interaktionssysteme,* die *humanistischen Leitwerte* und die *Sensibilität gegenüber strukturellen Alternativen* (z.B. Job-Enrichment, Geschäftsprozessoptimierung und Empowerment). Während in den Arbeiten zur Managementlehre häufig wie selbstverständlich davon ausgegangen wird, dass die Bereitstellung von Informationen ausreicht, um die mentalen Modelle der Organisationsmitglieder zu verändern, geht die psychologisch-orientierte OE im Besonderen der Frage nach, wie Arbeit und Interaktion gestaltet werden müssen, um gemeinsam geteilte Interpretationen der organisationalen Wirklichkeit („*Lokale Theorien*": Baitsch, Knoepfel & Eberle, 1996) zu erreichen oder zu verändern. Einen besonderen Schwerpunkt der Organisationsentwicklungs-Perspektive bilden schließlich die Arbeiten der System Dynamics-Gruppe, bei denen Organisationen als computergestützte Modelle abgebildet werden und ein Experimentieren mit relevanten Systemvariablen in Lern-Laboratorien zugelassen wird. Eine Sammlung von Fallstudien finden sich als Illustration des Vorgehens bei Senge, Kleiner, Roberts, Ross und Smith (1994). Die Organisationsmitglieder erlernen mit Hilfe der sog. Management-Flight-Simulatoren zum einen grundlegende, sich wiederholende Verhaltensweisen von Systemen (Systemarchetypen) sowie zum anderen den vertrauensvollen Umgang und Dialog miteinander (Isaacs & Senge, 1992; Isaacs, 1993). Diese Methode unterscheidet sich von üblichen Planspielen insofern, als nicht nur ein grundlegendes Verständnis für den Umgang mit Systemen erworben wird (systemisches Denken), sondern auch durch Interaktion erlernt wird, welche Basisannahmen („Weltanschauungen") die MitarbeiterInnen ihren Entscheidungen zugrunde legen.

Beratungspraxis: Diese Beratungskonzeption passt zu Organisationen, die einen Bedarf darin sehen, dass ihre MitarbeiterInnen und Führungskräfte die individuellen Entscheidungsrationale sowie die Auswirkungen und Rückkopplungen Ihrer Entscheidungen verstehen lernen. BeraterInnen unterstützen die MitarbeiterInnen in einer Organisation dahingehend, dass diese ihre Kausalmodelle und Weltanschauungen offen legen und sich dadurch mit ihren Entscheidungen besser verstehen lernen. Ziel ist ein einheitlicheres von allen „geteiltes" Mentales Modell über die Organisation und ihre erfolgsrelevanten Einflussgrößen zu entwickeln, um zu intern aufeinander abgestimmten Entscheidungen zu gelangen.

1.9 Aufdecken von Widerständen – Macht und Emotion

Die *Politisierung* der Organisationstheorie bezieht sich auf die Auffassung, dass sich eine Organisation als „politische Arena" (vgl. Morgan, 1986) darstellt, in der von persönlichen Interessen, Zielen und Wünschen geleitete Individuen in ihren Interaktionen eine temporäre Ordnung der sozialen Verhältnisse herstellen. Einfluss auf das Feld des Organisationalen Lernens gewinnt diese Perspektive dadurch, dass sie deutlich macht, dass Wissen und die Wissensweitergabe in einer Organisation durch persönliche Interessen und Ziele beeinflusst werden. Wissen ist in diesem Sinne als Machtressource in Unternehmen zu sehen, welche zum Zwecke persönlicher Ziele und Vorteile verändert, verzerrt, zurückgehalten, gestreut etc. werden kann. So nennt Neuberger (1995) die Informationskontrolle als einen wichtigen Block mikropolitischer Taktiken. Die handelnden Akteure beeinflussen sich auch jenseits formaler Weisungsbefugnisse gegenseitig. Insgesamt handelt es sich bei den politikorientierten Ansätzen um eine stark soziologisch geprägte Richtung der Organisationstheorie, allerdings hat der Bereich der Mikropolitik in den vergangenen Jahren ein zunehmendes Interesse auch in der Organisationspsychologie gefunden (vgl. z.B. Neuberger, 1996; Blickle et al., 1997).

So kritisiert Coopey (1995) die Idealisierung des offenen und freien Informationsaustauschs (häufig stillschweigend vorausgesetzt) als „politisch naiv." Der mikropolitische Ansatz weist demgegenüber auf Hierarchie- und Machtverhältnisse hin, von persönlichen Interessen geleitetes Handeln, Kontrolle und Zurückhalten von Informationen, Konflikte und lernhinderliche Strukturen gelten als Normalitäten sozialer Systeme (Easterby-Smith, 1997; Talbot & Harrow, 1993), die auch nicht durch bessere Informationssysteme vermieden werden können. Da die organisationalen Akteure über unterschiedlich große Handlungsspielräume und von anderen begehrte Ressourcen verfügen, entstehen *Interessens-, Beurteilungs- und Verteilungskonflikte*. Das OL-Konzept, das Strukturen und Formalismen zugunsten von experimentellen Vorgehensweisen und offenem Informationsfluss abbauen will, fördert Mehrdeutigkeiten und verstärkt somit die politische Aktivität in Organisationen eher noch (Kanter, 1989). Coopey (1995) thematisiert schließlich die Gefahr, dass die OL-Thematik lediglich als eine Ideologie des Commitments oder als Motivationswerkzeug missbraucht wird. In diesem Sinne könnte auch die Diskussion um gemeinsames Lernen und freien Informationsaustausch in Unternehmen selbst als Machtmittel eingesetzt werden.

Vince (2001) thematisiert OL als einen sozialen Prozess, der nicht davon ausgeht, dass politische Aktivitäten OL im Weg stehen oder ein Hindernis beim Lernen darstellen. Politik sei ein natürliches Merkmal des Organisierens und Lernens. Macht-Beziehungen gelten nach Vince (2001) als Mediatoren für interpretative Prozesse. Information und Wissen sind ihrerseits politischer Natur. Um so wichtiger ist es zu beachten, dass Informationen und Wissen durch Machtbeziehungen ausgedrückt und vermittelt werden. Beim sozialen Lernen ergeben sich emotionale Reaktionen auf Macht- und Führungsbeziehungen, die OL fördern und hemmen. Lernen vollzieht sich primär im Kontext sozialer Beziehungen, die selbst durch individuelle und kollektive Emotionen beeinflusst werden. Vince trifft folgende Aussagen: (1) Der Lernprozess ist direkt durch Machtbeziehungen vermittelt, (2) Emotionen determinieren die Möglichkeiten und Grenzen des Lernens und Organisierens, (3) Es existieren organisationale Dynamiken, die mehr sind als die Summe des individuellen oder kollektiven Lernens.

Zu (1): OL wird sichtbar in der organisationalen Dynamik durch die Interaktion von Politik und Emotion. Manager müssen in dieser Perspektive darüber nachdenken, was Sie wissen und wie es kommt, dass sie dies wissen. Dazu muss das „Regime of truth" hinterfragt und angezweifelt werden, das mit ihrem Dazutun erst kreiert werden konnte.

Zu (2): Mitglieder und Führungskräfte in Organisationen stehen miteinander in Beziehung. Über die Projektion und Erwartungen der Geführten an den Führer wird deutlich, wie Führung in der Organisation gelebt wird. „Relatedness" beinhaltet eine Spannbreite an emotionalen Ebenen der Verbindungen zwischen den Personen, Rollen und der Organisation. Die relationale Natur basiert auf Emotionen, die bewusst und unbewusst auf das Organisieren wirken. Insofern seien Emotionen „politisch". Kollektive Emotionen, generiert durch den Organisationsprozess, definieren die politischen Aktivitäten und Machtbeziehungen. Die Machtbeziehungen wiederum haben Auswirkungen auf mögliche und legitime emotionale Reaktionen. Es stellt sich die Frage, wie durch Machtbeziehungen Emotionen ignoriert und vermieden werden und das, was ignoriert wird, den Organisationsprozess beeinflusst.

Zu (3): Es existiert eine organisationale Dynamik in Form eines „Establishments". Das Establishment bildet die Verbindung zwischen Emotion und Macht. Das Establishment erklärt wie Machtbeziehungen „Wahrheit und Realität" schaffen und kontrollieren. Es bindet und grenzt das Lernen ein, so dass es in bestehende Machtrelationen eingebracht werden kann, ohne sie zu gefährden. Emotionen werden z.B. durch Erwartungen von MitarbeiterInnen, KollegInnen und Führungskräften an den Erfolg von Tätigkeiten ausgelöst. Durch den Einsatz von Statistiken, Balanced Score-Cards, Zielvereinbarungssystemen etc. bildet sich ein macht-getriebenes Beziehungsgeflecht an emotionalen Reaktionsmustern.

Weitere emotionale Reaktionen im Prozess des Organisierens thematisiert Bain (1998) unter dem Begriff „Soziale Abwehr". Alle Organisationen besäßen sozial konstruierte Abwehrhaltungen gegen die Angst, die sich aus der Primäraufgabe ergibt. Diese soziale Abwehr entwickelt sich unbewusst. Das Konzept der sozialen Abwehr geht auf Menzies (1970) zurück, die Abwehrmechanismen des Pflegepersonals in Krankenhäusern erforschte. Die Abwehr bestand gegen die Angst, alleine das Gewicht der Verantwortung für eine/n Patienten/in tragen zu müssen. Die Abwehr manifestierte sich durch die Leugnung von Gefühlen und Depersonalisierung der Patienten („Die Leber in Zimmer 11") im System durch Kontrollen und Gegenkontrollen, vielfältige Job-Rotationsformen und einer Verteilung der Verantwortlichkeiten auf viele Pflegepersonen und Ärzte. Je nach Branche oder Domäne entstehen eigene Abwehrmechanismen. Eine Schule verteilte z.B. die Verantwortung für das Weiterkommen der Schüler auf die Eltern, aus Angst vor der primären Aufgabe der „Schulischen Erziehung", die mit der Verneinung von Unterschieden und Machtgefällen einher ging.

Die sozialen Abwehr-Mechanismen gegen die Primäraufgabe, die z.B. mit Machtausübung zu tun hat (z.B. wenn es um Personalentscheidungen geht, den Verkauf von Unternehmensteilen, die Kundenzufriedenheit), sind tief in den Organisationsprozess verankert und finden sich in Rollen, Strukturen und Autoritätssystemen, der Politik, Informationssystemen und Verantwortlichkeiten, der Art der Personalentwicklung, der Repräsentationssysteme wie Gewerkschaften und den Finanzierungsquellen. Es gibt Aufsichtsräte, die den Vorstand kontrollieren, Betriebsräte, die die Personalentscheidungen mit absegnen, Unternehmensleitbilder, Qualitätshandbücher, ISO 9000 Zertifizierungen, Betriebsvereinbarungen etc., die die Angst vor der Verantwortung, die primäre Aufgabe auszuführen, auf viele Instanzen und allgemeine Regelwerke verteilen.

Emotionen, die in Lernenden Organisationen auftreten, beinhalten nach Wolfram Cox (1997) des Weiteren ein Verlusterleben. Das Erleben von Verlust betrachtet die Organisation auf einer horizontalen Ebene in einem kontextualisierten und prozessualen Zeitrahmen. Die zeitliche Verbundenheit und der Zusammenhang bezieht sich auf Erwartungen der Zukunft, gegenwärtige Ereignisse und historische Verantwortlichkeiten. Neben den Primärverlusten wie Verlust von Gehaltsanteilen (Gehaltseinbußen), Statusverlust, Auflösungen von Abteilungen oder Weggang von Führungskräften, Verlust der Qualität oder des gewerkschaftlichen Einflusses, arbeitet Wolfram Cox (1997) die sekundären Verluste heraus, die unterschiedliche Bewegungsrichtungen zwischen Vergangenheit, Gegenwart und Zukunft ausdrücken.

Verlust als ein Bedauern bezieht sich auf etwas, was in der Vergangenheit (schöner und rosiger) gewesen ist und erfordert eine Bewegung zurück. Die Veränderung wird als Fehler betrachtet.

Verlust als eine Rückkehr bezieht sich darauf, dass man den Eindruck hat, durch die Veränderung sei man nun wieder da, wo man vorher gewesen sei, im Sinne einer Kreisbewegung. Ohne die Veränderung hätte es eine positivere Entwicklung in der Zukunft gegeben, auf deren Weg man sich schon sah. Nun aber würde man „wieder zu der Bürokratie, die wir vor 5 Jahren schon hatten" zurückkehren.

Verlust als Abhilfe (Relief) bedeutet eine Vorwärtsbewegung, in dem Sinne, dass Veränderung nun eintreten kann, weil man sich auf eine bessere Zukunft zu bewegt. Die Vergangenheit wird als Sprungbrett für die Entwicklung der Zukunft genutzt.

Verlust als eine Befreiung (Release), räumt die Hindernisse weg, die Veränderungsbemühungen bisher klein gehalten haben, so dass es nun zu einer Aufwärtsbewegung kommt. Etwas, was einen bisher beschwert hat, z.B. „das Beamtentum", „Der Wasserkopf", der als unbeweglich oder kostspielig galt, wird beseitigt.

Beratungspraxis: Ein Bedarf nach Beratung im politischen Sinne von OL kann sich ergeben, wenn sich Lernen am Erfolg bzw. Misserfolg keineswegs im Verändern bzw. Beibehalten der eigenen Strategie niederschlägt. Informationsschönungen für das Management bei Misserfolg sowie komplexe Rückmeldeinformationen, die keine Zuordnung von Erfolg oder Misserfolg zulassen, verhindern Lernen. Entsprechend liefert die Untersuchung erste Hinweise darauf, dass bei OL mit mikropolitischen Einflüssen zu rechnen ist.

„Unternehmenswandel gegen Widerstände" heißt eine neue Veröffentlichung von Doppler, Fuhrmann, Lebbe-Waschke und Voigt (2002). Die AutorInnen kommen darin zu der „überraschenden" Erkenntnis, dass nur die Menschen neue Strukturen mit Leben füllen können und einen Wandlungsprozess scheitern lassen können. Da die Veröffentlichung kein Literaturverzeichnis besitzt, muss wohl davon auszugehen sein, dass die Inhalte die Allein-Denkleistung der AutorInnen abbilden. Das Buch scheint einen Bedarf nach „Rezepten" im Umgang mit Widerständen zu decken. Will man OL fördern, so müssen sich die Führungskräfte klar werden, wie das Establishment durch Emotionen und Machtbeziehungen getragen und verstärkt wird. OL wird nicht möglich sein, wenn dadurch die aktuellen politischen Aktivitäten in Gefahr geraten. OL bedeute deshalb nicht, dass einzelne Mitglieder ihr Wissen der Organisation zur Verfügung stellen, sondern dass die Organisation das sich selbst begrenzende Establishment transformiert, dass es selbst zur Aufrechterhaltung von Macht entwickelt hat.

Für die Beratung hieße dies, die Natur und Auswirkung des Establishments untersuchen, dass das Organisieren hervorbringt, um dann die limitierende Dynamik zu reflektieren (Vince, 2001). Es ist Bestandteil der Beratungsleistung mit den Mitgliedern politische und Macht-Beziehungen aufzudecken, die als Promotoren oder Behinderer des Lernens agieren. Das Lernen ergibt sich dann durch das Lernen vom Prozess des „Organisierens".

Bain (1998) schlägt für die Beratung vor, mit den Beteiligten ein organisationales Bewusstsein für soziale Abwehrmechanismen zu entwickeln, durch das die soziale Abwehr verändert und modifiziert werden kann, so dass die primäre Aufgabe kreativ und innovativ den Umweltbedingungen angepasst werden kann.

Für die Beratungspraxis lassen sich nach Wolfram Cox (1997) Maßnahmen zum Umgang mit der Interpretation der Vergangenheit, Gegenwart und Zukunft ableiten. Aus der differenzierten Betrachtung von Verlust in einer Rückwärts- oder motivierenden Vorwärtsbewegung kann der lernenden Organisation geholfen werden, sich mit Emotionen bei der erlebten Veränderung auseinanderzusetzen.

2. Resumee

Die neun Konzepte zum OL führen zu neun unterschiedlichen Beratungsansätzen, die sich nicht gegenseitig ausschließen, sondern sinnvolle Ergänzungen je nach organisationalem Lernbedarf darstellen. Die Eingangsfrage lautete: Haben sich die Organisationen mit ihrem Anspruch des OL übernommen? Ich denke, die meisten Organisationen haben sich mit dem allumfassenden Anspruch der OL oder LO um „kleine Erfolge" (Weick & Westley, 1996) gebracht und damit die Lust verloren, indem sie den Geltungsbereich und -anspruch zu unscharf fassten. Die neun (Beratungs-)Konzepte machen jedoch offensichtlich, dass die Lernbedarfe je nach Organisation sehr unterschiedlich sein können. Die einzelnen Bedarfe lassen es zu, spezifische Evaluationsziele abzuleiten und ermöglichen darüber kleine Erfolge als Meilensteine auf dem Weg zur Lernenden Organisation und zum Organisationalen Lernen zu feiern.

Literatur

Adler, P. S. & Cole, R. E. (1993). Designed for Learning: A Tale of two Auto plants. *Sloan Management Review, 34* (3), 85-94.

Andreu, R. & Ciborra, C. (1996). Core capabilities and information technology: An organizational learning approach. In B. Moingeon & A. Edmondson (Eds.), *Organizational learning and competitive advantage* (pp. 121-139). London: Sage.

Argote, L., Beckman, S. L. & Epple, D. (1990). The persistance and transfer of learning in industrial settings. *Management Science, 36* (2), 140-154.

Argyris, C. & Schön, D. (1978). *Organizational Learning: A Theory of Action Perspective*. Reading: Addison-Wesley.

Bain, A. (1998). Social Defenses against organizational Learning. *Human Relations, 51*, 413-429

Baitsch, C., Knoepfel. P. & Eberle, A. (1996). Prinzipien und Instrumente organisationalen Lernens. *Organisationsentwicklung, 15*, 4-21.

Bierly, P. E. & Hämäläinen, T. (1995). Organizational Learning and Strategy. *Scandinavian Journal of Management, 11* (3), 209-224.

Blickle, G., Hepperle, S., Hoeschele, I., Klein, E., Pikal, E., Diebold, U. & Flemming, H. (1997). Fremdwahrnehmung, Motive und Machtressourcen der Einflußnahme in Organisationen: Sechs empirische Studien. *Zeitschrift für Arbeits- und Organisationspsychologie, 41* (N.F. 15), 48-61.

Bood, R. P. (1998). Charting Organizational Learning: a comparison of multiple mapping techniques. In C. Eden & J. Spender (Eds.), *Managerial and Organizational Cognition: Theory, Methods and Research* (pp.210-230). London: Sage.

Brooking, A. (1999). *Corporate Memory. Strategies for Knowledge Management.* London: Thompson Business Press.

Brown, A. L. & Palincsar, A. S. (1989). Guided, Cooperative Learning and Individual Knowledge Acquisition. In L. B. Resnik (Ed), *Knowing, Learning and Instruction* (pp. 393-453). Hillsdale, N.J.: Erlbaum.

Brown, J. S. & Duguid, P. (1991). Organizational Learning and communities-of-practice: Toward a unified view of working, learning, and innovation. *Organization Science, 2*(1), 40-57.

Bullinger, H. J., Wörner, K. & Prieto, J. (1997). *Wissensmanagement heute. Daten, Fakten, Trends.* Stuttgart: Fraunhofer Institut für Arbeitswirtschaft und Organisation.

Busby, J. S. (1999). The effectiveness of collective retrospection as a mechanism of organizational learning. *The Journal of Applied Behavioral Science, 35* (1), 109-129.

Carley, K. (1992). Organizational Learning and Personnel Turnover. *Organization Science, 3,* 20-46.

Cavaleri, S. & Sterman, J. D. (1997). Towards evaluation of systems thinking interventions: a case study. *System Dynamics Review, 13,* 171-186.

Ciborra, C. U. & Lanzara, G. F. (1994). Designing networks in action. Formative contexts and reflective intervention. In J. H. E. Andriessen & R. A. Roe (Eds.), *Telematics and work* (pp. 391-409). Hove/Hillsdale: Lawrence Erlbaum.

Coopey, J. (1995). The Learning Organization: power, politics and ideology. *Management Learning, 26* (2), 193-214.

Cummings, T. G. (1995). From programmed change to self-design: learning how to change organizations. *Organzation Development Journal, 13*, 20-32.

Dodgson, M. (1991). Technology learning, technology strategy and competitive pressures. *British Journal of Management, 2*(3), 132-149.

Dodgson, M. (1993). Learning, trust and technolgical collaboration. *Human Relations, 46*(1), 77-95.

Doppler, K., Fuhrmann, H., Lebbe-Waschke, & Voigt, B. (2002). *Unternehmenswandel gegen Widerstände.* Frankfurt: Campus.

Dovey, K. (1997). The learning organization and the organization of learning. Power, transformation and the search for forming learning organizations. *Management Learning, 28,* 331-349.

Duncan, R. & Weiss, A. (1979). Organizational Learning: Implications for organizational design. In L. L. Cummings & B. M. Staw, (Eds.), *Research in organizational behavior. Vol. 1* (pp. 75-123). Greenwich: JAI Press.

Easterby-Smith, M. (1997). Disciplines of organizational learning: Contributions and critiques. *Human Relations,* 50(9), 1085-1113.

Easterby-Smith, M., Snell, R. & Gherardi, S. (1998). Organizational Learning: Diverging Communities of Practice? *Management Learning, 29*(3), 259-272.

Epple, D., Argote, L. & Devadas, R. (1991). Organizational Learning curves: A method for investigating intra-plant transfer of knowledge acquired through learning by doing. *Organization Science, 2*(1), 58-70.

Fiol, C. M. & Lyles, M. A. (1985). Organizational Learning. *Academy of Management Review, 10*, 803-813.

Greif, S., Runde, B., Seeberg, I. & Ansmann, A. (2002). *Erfolg und Misserfolg von Veränderungen.* Unveröffentlichtes Manuskript, Universität Osnabrück.

Hannan, M. T. & Freeman, J. (1988). *Organizational ecology.* Cambridge, MA: Harvard University Press.

Hannan, M. T. & Freeman, J. H. (1977). The population ecology of organizations. *American Journal of Sociology, 82*, 929-964.

Huber, G. P. (1991). Organizational learning: The contributing processes and the literatures. *Organization Science, 2*, 88-115.

Huber, G. P. (1990). A Theory of the effects of advanced information technologies on organizational design, intelligence and decision making. *Academy of Management Reveiw, 15*(1), 47-71.

Inkpen, A. C. & Crossan, M. M. (1996). Believing is seeing. Joint ventures and organizational learning. In D. Russ-Eft, H. Preskill & C. Sleezer (Eds.), *Human Resource Development Review. Research and Implications* (pp. 299-329). Thousand Oaks: Sage.

Isaacs, W. & Senge, P. (1992). Overcoming limits to learning in computer-based learning environments. *European Journal of Operational Research, 59,* 187-190.

Isaacs, W. N. (1993). Taking flight: dialogue, collective thinking and organizational learning. *Organizational Dynamics, 22*(2), 24-39.

Kanter, R. M. (1989). The new managerial work. *Harvard Business Review,* Nov.-Dec., 85-92.

Kim, D. H. (1993). Creating Learning Organizations: Understanding the link between individual and organizational learning. *MIT Sloan School of Management, 3,* 1-33.

Klimecki, R. & Lassleben, H. (1998). Modes of Organizational Learning. Indications from an empirical study. *Management Learning, 29*(4), 405-430.

Kluge, A. (2002). Assessment of Organizational Culture. In R. Fernandez-Ballesteros (Ed.), *Encyclopedia of Psychological Assessment.* (pp. 649-657). London: Sage.

Kluge, A. (1999a). *Erfahrungsmanagement in lernenden Organisationen.* Göttingen: Verlag für Angewandte Psychologie.

Kluge, A. (1999b). Lernen und Wachsen an den eigenen Projekten: Problembasiertes selbstorganisiertes Lernen im Team. In H. Goorhius, H. Hanse, H. Landholt & B. Sigrist (Hrsg.), *Bildung und Arbeit – Das Ende einer Differenz?* (S. 245-257). Aarau: Sauerländer.

Kluge, A. & Schilling, J. (2000). Organisationales Lernen und Lernende Organisation – ein Überblick zum Stand von Theorie und Empirie. *Zeitschrift für Arbeits- und Organisationspsychologie, 18,* 179-192.

Kühn, O. & Abecker, A. (1997). Coporate Memories for Knowledge Management in Industrial Practice: Prospects and Challenges. *Journal of Universal Computer Sciences, 3*(8), 929-954.

Lant, T. K. & Mezias, S. J. (1992). An organizational learning model of convergence and reorientation. *Organization Science, 3*(1), 47-71.

Lave, J. & Wenger, E. (1991). *Situated Learning: Legitimate Peripheral Participation.* Cambridge: Cambridge University Press.

March, J. G. (1991). Exploration and exploitation in organizational learning. *Organization Science, 2,* 71-87.

March, J. G., Sproull, L. S. & Tamuz, M. (1991). Learning from samples of one or fewer. *Organization Science, 2,* 1-13.

Menzies, I. E. P. (1970). *The functioning of social systems against anxiety: A report on a study of the nursering service of a general hospital.* London: Tavistock Institute of Human Relation.

Neuberger, O. (1995). *Mikropolitik.* Stuttgart: Enke.

Neuberger, O. (1996). Mikropolitik. In L.v. Rosenstiel, C. D. Hockel & W. Molt (Hrsg.), *Handbuch der angewandten Psychologie: Grundlagen – Methoden – Praxis* (Abschnitt VI-4.3.2.). Landsberg: ecomed.

Nicolini, D. & Meznar, M. B. (1995). The social Construction of Organizational Learning: Conceptual and Practical Issues in the Field. *Human Relation, 48,* 727-746.

Nonaka, I. & Takeuchi, H. (1997). *Die Organisation des Wissens: Wie japanische Unternehmen eine brachliegende Ressource nutzbar machen.* Frankfurt: Campus.

Nonaka, I. (1994). A dynamic theory of organizational knowledge creation. *Organization Science, 5*(1), 14-37.

Orr, J. (1987). Narratives at work: Story telling as corporate diagnostic activity. *Field Science Manager,* June, 47-60.

Orr, J. (1990). Sharing knowledge, celebrating identity: War stories and community memory in a service culture. In Middleton, D. S. & Edwards, D. (Eds.), *Collective remembering: Memory in Society.* Beverly Hills: Sage.

Parke, A. (1991). Interfirm diversity, organizational learning and longevity in global strategic alliances. *Journal of International Business Studies*, 22(4), 579-601.

Pautzke, G. (1989). *Die Evolution der organisatorischen Wissensbasis: Bausteine zu einer Theorie des organisatorischen Lernens*. München: Verlag Barbara Kirsch.

Pedler, M., Boydell, T. & Burgoyne, J. (1989). Towards the learning company. *Management Education and Development*, 20(1), 1-8.

Powell, W. W., Koput, K. W. & Smith-Doerr, L. (1996). Interorganizational Collaboration and the Locus of Innovation: Networks of Learning in Biotechnology. *Admintrative Science Quaterly*, 41, 116-145.

Probst, G. J. B., Raub, S. & Romhardt, K. (1997). *Wissen managen: Wie Unternehmen ihre wertvollste Ressource optimal nutzen*. Wiesbaden: Gabler.

Rehäuser, J. & Krcmar, H. (1996). Wissensmanagement im Unternehmen. In G. Schreyögg, & P. Conrad (Hrsg.), *Wissensmanagement*. Managementforschung 6 (S. 1-41). Berlin: de Gruyter.

Reinhardt, R. & Pawlowsky, P. (1997). Wissensmanagement: Ein integrativer Ansatz zur Gestaltung organisationaler Lernprozesse. In: Wieselhuber & Partner (Hrsg.). *Handbuch Lernende Organisation* (145-156). Wiesbaden: Gabler.

Romhardt, K. (1997). Processes of knowledge preservation: Away from a technology dominated approach. *Journal of Universal Computer Sciences*, 3 (8), 555-568.

Scardamalia, M. & Bereiter, C. (1992). An Architecture for Collaborative Knowledge Building. In E. De Corte (Ed.), *Computer-based Learning Environments and Problemsolving* (pp. 41-66). New York: Springer.

Schneider, U. (1999). Die Wissensgesellschaft weiss nicht, was sie weiss. In H. Hansen, B. Sigrist, B., H. Goorhuis & H. Landolt (Hrsg.) *Bildung und Arbeit. Das Ende einer Differenz?* (S. 291-303). Aarau: Sauerländer.

Senge, P. M. (1990). *The Fifth Discipline*. New York: Doubleday.

Senge, P. M., Kleiner, A., Roberts, C., Ross, R. B. & Smith, B. J. (1994). *The Fifth Discipline Fieldbook – Strategies and Tools for Building a Learning Organization*. New York: Currency and Doubleday.

Shibata, G., Tse, D., Vertinsky, I. & Wehrung, D. (1991). Do norms of decision making styles, organizational design and management affect performance of japanese firms? An exploratory study on medium and large firms. *Managerial and Decision Economics*, 12 (2), 135-146.

Shrivastava, P. A. (1983). A typology of organizational learning systems. *Journal of Management Studies*, 20(1), 7-28.

Sonntag, K. (1996). *Lernen im Unternehmen. Effiziente Organisation durch Lernkultur*. München: Beck.

Spender, J.-C. (1996). Organizational knowledge, learning and memory: three concepts in search of a theory. *Journal of Organizational Change Management*, 9(1), 63-78.

Stata, R. (1989). Organizational Learning – The key to Management Innovation. *Sloan Management Review*, 63-74.

Sterman, J. (1994). Learning in and about Complex Systems. *System Dynamics Review*, 10 (2-3), 291-330.

Sterman, J. D. (1989). Modeling Managerial Behavior: Misperceptions of Feedback in a Dynamic Decision Making Experiment. *Management Science, 33*, 321-339.

Sullivan, J. J. & Nonaka, I. (1986). The application of organizational learning theory to Japanese and American management. *Journal of international Business Studies, 17*, 127-147.

Talbot, C. & Harrow, J. (1993). *Sharing or witholding knowledge? An exploration of changing values in managerial and organizational learning.* Paper for British Academy of Management Conference, Milton Keynes, September 1993.

Tyre, M. J. & von Hippel, E. (1997). The situated nature of adaptive learning in organizations. *Organization Science, 8*(1), 71-83

Ulich, E. (2001). *Arbeitspsychologie*. Zürich: vdf, Hochschulverlag der ETH Zürich.

Van de Ven, A. H. & Polley, D. (1992). Learning while innovating. *Organization Science, 3*(1), 92-116.

Vince, R. (2001). Power and emotion in organizational learning. *Human Relations, 54*, 1325-1351.

Vygotsky, L. S. (1978). *Mind in society: The development of higher psychological processes.* Edited by Cole, M., John-Steiner, V., Scriber, S. & Souberman, E. (Eds.). Cambridge, MA: Harvard University Press.

Walsh, J. P. & Ungson, G. R. (1991). Organizational Memory. *Academy of Management Review, 16*, 57-91.

Watkins, K. E. & Golembiewski, R. T. (1995). Rethinking organizational development for the learning organization. *International Journal of Organizational Analysis, 3*(1), 86-101.

Wehner, T. (1998). *State of the Art Wissens- und Know-How-Management.* Einführung in ein transdisziplinäres Thema und Darstellung der arbeits- und sozialwissenschaftlichen Perspektive. Zürich, Institut für Arbeitspsychologie der ETH-Zürich.

Weick, K. E. & Westley, F. (1996). Organizational Learning: Affirming an Oximoron. In S. R. Clegg, C. Hardy & W. R. Nord (Eds.), *Handbook of Organization Studies* (pp. 440-458). London: Sage.

Wildemann, H. (1995). Ein Ansatz zur Steigerung der Reorganisationsgeschwindigkeit von Unternehmen: Die Lernende Organisation. In H. Albach & H. Wildemann (Hrsg.), *Lernende Unternehmen*. Zeitschrift für Betriebswirtschaft, Ergänzungsheft 3/95, 1-25. Wiesbaden: Gabler.

Willke, H. (1998). *Systemisches Wissensmanagement*. Stuttgart: Lucius und Lucius.

Wolfram Cox, J. R. (1997). Manufacturing the Past: Loss and Absence in Organizational Change. *Organization Studies, 18*, 623-654.

Wright, T. P. (1936). Factors affecting the costs of airplanes. *Journal of the Aeronautical Sciences, 3*, 122-128.

Yelle, L. (1979).The learning curve: Historical review and comprehensive survey. *Decision Science, 10*, 302-378.

Zander, U. & Kogut, B. (1995). Knowledge and the speed of the transfer and imitation of organizational capabilities: an empirical test. *Organization Science, 6*, 76-92.

Organisationale Integration: Vom „Ich" zum „Wir"

Gisela Mohr

1. Einleitung

Erzählungen des Stahlkochers Georg Blos über seinen Großvater, der schon in der Maxhütte Sulzbach-Rosenberg gearbeitet hat und über seine beiden Neffen und den Sohn, die auch in der Hütte beschäftigt waren (Barta, 1991), muten uns inzwischen wie ein Bericht aus längst vergangenen Zeiten an.

Auf einer Tagung über die Arbeitsbedingungen in der IT-Branche wird die Hauptrednerin folgendermaßen vorgestellt: Als sie zu Beginn der langfristigen Tagungsplanung um einen Beitrag gebeten wurde, war sie Abteilungsleiterin in einem mittelständischen Unternehmen. Die Einladung musste einige Monate später an die Anschrift eines Großunternehmens verschickt werden, in dem sie nun tätig war. Zum Zeitpunkt der Tagung wird sie dem Publikum als Geschäftsführerin einer von ihr aufgebauten Personalentwicklungsgesellschaft vorgestellt.

Dasselbe und doch ein anderes Bild auf der Teilnehmerseite: angemeldet vor wenigen Wochen als Mitarbeiter einer Bankgesellschaft, anwesend nun als Beschäftigter einer Systementwicklungsgesellschaft, demnächst möglicherweise tätig in einer Auffanggesellschaft. Der Arbeitsplatz, die Arbeitsaufgabe, sogar die Räumlichkeiten und die meisten sozialen Beziehungen sind für ihn unverändert geblieben, lediglich die Organisationsform ist neu.

Nicht selten werden heutzutage Tätigkeiten, die lange Jahre im Angestelltenverhältnis durchgeführt wurden, nach organisationalen Veränderungen in der Position eines selbstständigen „Beraters" weitergeführt (vgl. Feldman, 1995), häufig jedoch nach wie vor für den bisherigen Arbeitgeber, so dass sich die „Kernaufgabe" nur wenig ändert, lediglich Verwaltungsaufgaben müssen zusätzlich übernommen werden, die früher von betrieblicher Seite erfüllt wurden (z. B. Lohnabrechnung usw.).

Das Thema „Organisationale Integration" kann also heutzutage nicht mehr assoziiert werden mit jahrzehntelangen, gar lebens- oder generationsübergreifenden Prozessen in *einer* Organisation. Gleichwohl wird die Vorstellung ausgelöst, dass es sich um einen Prozess handelt. Prozesse sind durch eine Zeitachse gekennzeichnet.

Wie lange muss diese sein, um sagen zu können, dass organisationale Integration stattfindet?

Der freiwillige oder unfreiwillige Wechsel des Arbeitgebers oder die Veränderungen von Firmenkonstruktionen gehörten schon immer für einen Teil der Beschäftigten zum Lebenslauf. Neu ist die zeitliche Beschleunigung und das Ausmaß, in dem das geschieht.

Virtuelle Organisationen, Leiharbeitsfirmen, die „Ich-AG", „free-lancer", das mobile Büro, Teleheimarbeit, freiwillige und unfreiwillige Patchwork-Biografien, die Zunahme befristeter Arbeitsverhältnisse, Erwerbslosigkeitsrisiko selbst für Hochqualifizierte, „mergers", „downsizing", „outsourcing" usw. lassen beim Thema Integration die Frage aufkommen: Integration in *welche* Organisation?

Menschen erleben grundsätzlich andere Arbeitsbiografien als noch vor 40 Jahren. Gesellschaftliche Umbrüche wie in der Bundesrepublik Deutschland die Wiedervereinigung und technologische Entwicklungen, die zu enormen Produktivitätssteigerungen und damit zur „Freisetzung" menschlicher Arbeit führen, tragen zur Beschleunigung der Veränderungen bei.

Wie also kann organisationale Integration in Zeiten der Beschleunigung stattfinden? Macht es überhaupt noch Sinn, sich unter diesen Bedingungen dem Thema organisationaler Integration weiter zuzuwenden, oder ist es nicht viel mehr Programm, organisationale Integration zu vermeiden, um Flexibilität zu sichern? Gehört das Thema organisationale Integration in die Mottenkiste der Arbeits- bzw. Organisationspsychologie?

2. Was meint „organisationale Integration"? Ein Abgrenzungsversuch

In der arbeits- und organisationspsychologischen Literatur ist der Begriff der organisationalen oder beruflichen *Sozialisation* verbreitet, hingegen wird organisationale *Integration* kaum behandelt. Es stellt sich die Frage, ob die Begriffe austauschbar sind.

Der Blick in die Literatur zeigt, dass der Begriff der organisationalen *Sozialisation* sich auf die Auseinandersetzung bzw. Aneignung von Werten, Zielen, Einstellungen, Normen, Wissen, Strategien usw. im Prozess der Arbeit in Organisationen bezieht. Organisationale Sozialisation beschreibt „... den Einfluss der Organisation auf die *Persönlichkeit* der Mitglieder" (v. Rosenstiel, Molt & Rüttinger, 1995, S. 150). Im Mittelpunkt stehen die Veränderungen, die das Individuum erfährt. Die organisationale Sozialisation ist dabei prinzipiell denkbar als ein Prozess, der sich über die Tätigkeit in *verschiedenen* Organisationen entwickelt.

Organisationale Integration richtet sich hingegen auf die Frage, wie Integration in *eine* Organisation zu erklären, zu beschreiben oder gestaltbar ist. Im Mittelpunkt steht hier nicht (nur) die Veränderung des Individuums, sondern die Passung zwischen Individuum und Organisation.

Auch der Begriff der beruflichen Sozialisation erscheint im Vergleich dazu umfassender, da hierfür z. B. auch organisationsübergreifende Prozesse – wie z. B. Berufsausbildungssysteme, die unabhängig von der Organisation bestehen können – betrachtet werden.

3. Organisationale Integration: Ein Denkmodell

Drei Ausgangsbedingungen, unter denen organisationale Integration stattfindet, können bestimmt werden: 1) Intergration ist ein Prozess, somit gebunden an einen zeitlichen Verlauf. 2) Zwei Seiten sind involviert in diesen Prozess: die Organisation und das Individuum. 3) Es kann angenommen werden, dass eine gegenseitige Beeinflussung stattfindet, d.h. nicht nur die Organisation wirkt auf das Individuum, sondern auch das Individuum auf die Organisation.

Dies kann abgeleitet werden aus der Definition einer Organisation nach Kieser und Kubicek (2002), wonach Organisationen soziale Gebilde sind, d.h. die Individuen, die durch die Organisation integriert werden, sind zugleich ein Teil dieser Organisation. Gängige Definitionen von Organisation nach Kieser und Kubicek (2002) betonen ferner, dass Organisationen überdauernde Ziele verfolgen.

Daraus ließe sich ableiten, dass organisationale Integration bedeutet, den Organisationsmitgliedern die Ziele zu vermitteln und deren Umsetzung zu fördern unter der Maßgabe optimaler Ressourcennutzung. Dabei gilt es, Zieldiskrepanzen zwischen den Zielen der Organisation und den Zielen der Organisationsmitglieder zu minimieren. Da Ziele der Organisation und des Individuums sich ändern können, ist der Prozess der organisationalen Integration ein permanenter (Zielanpassungs-)Prozess.

Es kann also nicht davon ausgegangen werden, dass organisationale Integration auf Neulinge im Betrieb beschränkt werden kann, bei denen in besonderem Maß ein Informationsdefizit hinsichtlich der Ziele der Organisation bestehen wird.

Ziele der Organisation und der Individuen sind prinzipiell nicht „neutral", sondern wertbezogen. Im Kontext der beruflichen Sozialisationsforschung von Hochschulabgängern unterscheiden Wittman und Maier (1998) zwischen Werten als „zentrale Größen...., die Individuen im Verlauf ihrer Einbindung in die menschliche Gesellschaft übernehmen" (S. 27). Sie haben dispositionalen Charakter und leiten individuelles Handeln, indem sie Kriterien zur Gewichtung von Handlungsoptionen bieten. Aus ihnen gehen situationsspezifische Konzepte hervor, wie z. B. berufliche Orientierungen. Berufsorientierungen werden – mehr als allgemeine Werthaltungen – in einem engeren Zusammenhang zu berufsbezogenen Handeln gesehen. Sie werden – mehr als dies für generalisierte Werthaltungen gilt – als handlungssteuernd für berufliches Handeln betrachtet. Organisationale Integration bedeutet also auch immer, die individuellen berufs- oder arbeitsbezogenen Werte und die daraus abgeleiteten spezifischen Einstellungen mit den Zielvorstellungen der Organisation in Übereinklang zu bringen.

Es kann angenommen werden, dass die Interaktionspartner einem utilitaristischen Prinzip folgen, d.h. Zielanpassung nur insoweit erfolgt, wie daraus eine positive Bilanz im Hinblick auf die Realisierung eigener Interessen vorliegt. Diese Bilanz kann zeitweise im Ungleichgewicht sein, führt aber nicht sofort zum Abbruch der Interaktion, wenn die Perspektive auf einen späteren Ausgleich besteht.

Aus der Perspektive der Organisation könnte die optimale Umsetzung der Organisationsziele demzufolge als Erfolgskriterium gelungener organisationaler Integration verstanden werden. Schon hier deutet sich ein erstes Problem an: Organisationen haben vielerlei Ziele, die durchaus widersprüchlich sein können. Welches erfüllte Organisationsziel gilt als Kriterium gelungener Integration? Organisationen mögen das Ziel haben, dass Mitarbeiter ihre Qualifikation weiterentwickeln und flexibel einsetzbar sind. Qualifizierte Mitarbeiter sind jedoch tendenziell auch flexibler auf dem Arbeitsmarkt, d.h. ihre Chancen auf eine Neuanstellung – zu besseren Konditionen in einem anderen Betrieb – nehmen zu. Hier kann also die Erfüllung des Organisationsziels in Widerspruch geraten zu dem Interesse, die Kündigungsrate und damit den Aufwand für Ersatzeinstellungen gering zu halten. Der Hinweis von Zwarg und Nerdinger (1998), dass Berufsanfänger mit hoher Aufstiegserwartung zu 85 % einen Organisationswechsel mit einplanen, illustriert dies. Ebenso kann die Erreichung eines hohen Commitments – ein häufiges Kriterium gelungener organisationaler Integration – kontraproduktiv sein, wenn in Zeiten des „downsizing", d.h. von Belegschaftsreduzierungen gewünscht ist, dass der Anteil derjenigen, die freiwillig den Betrieb verlassen, möglichst hoch ist.

Deutlich wird daraus, dass Kriterien gelungener Integration vom jeweiligen Kontext bzw. der Zielgewichtung abhängig sind, sowohl aus der Perspektive des Betriebes betrachtet als auch aus der Perspektive der Beschäftigten.

Da Organisationale Integration ein Interaktionengeschehen zwischen Individuum und Organisation ist, sind also Merkmale der Person und Merkmale der Organisation – teils sozial konstruierte Merkmale, da die Organisation sich u. a. aus den Individuen konstituiert – im Prozess der organisationalen Integration relevant.

4. Organisationale Integration: Ein Definitionsversuch

Im Unterschied zur organisationalen Sozialisation ist der Begriff der organisationalen Integration darauf bezogen, wie Integration in *eine* Organisation zu erklären ist (s.o.).

Organisationale Integration ist zu verstehen als ein wechselseitiger Austauschprozess von Zielen und den damit verbundenen Werten zwischen Individuum und der Organisation.

Zieldiskrepanzen zwischen Individuum und Organisation müssen in diesem Prozess soweit minimiert werden, dass einerseits für die Organisation relevante Ziele noch erreichbar sind, andererseits für das Individuum keine identitätsbedrohende Veränderung erforderlich ist. Letzteres ist daraus ableitbar, dass erlebte Identitätsbedrohung die Handlungsfähigkeit einschränkt, was die Zielerreichung behindern würde.

Für beide Seiten muss der Prozess der Zielerkennung, der Zielangleichung und der Zielumsetzung mit positiven Folgen verbunden sein, um die Handlungsmotivation in diesem Prozess aufrecht zu erhalten.

5. Zielgruppen organisationaler Integration

Organisationale Integration ist keineswegs auf den Prozess des Einstiegs in die Organisation beschränkt, da – wie oben dargestellt – Ziele von Organisationen und auch Individuen sich verändern, von daher ein beständiger Zielanpassungsprozess erforderlich ist. So sind alle Beschäftigten beständig Zielgruppe der organisationalen Integration. Jedoch lassen sich spezifische Subgruppen benennen, für die der Prozess der organisationalen Integration Besonderheiten aufweisen wird.

Es liegt auf der Hand, dass die Integration in eine Organisation für BerufsanfängerInnen einen psychologisch anderen Prozess darstellen wird als für jemanden, der den Arbeitgeber wechselt. Jeweils spezifische Bedingungen sind anzunehmen für die Integration nach dem Erziehungsurlaub, nach (Langzeit-)Erwerbslosigkeit, nach einer längeren Qualifzierungsmaßnahme oder nach längerer Krankheit.

Für die Gruppe der BerufsanfängerInnen existiert eine umfangreiche Forschungsliteratur (vgl. hierzu Abele, 2002; Arnold & Reicherts, 2000; Claes & Quintanilla, 1998; Blickle, 1998; Hoff, Grote, Hohner & Dettmer, 2000; v. Rosenstiel, Nerdinger & Spieß, 1998; Sieverding, 1990), in der verschiedene idealtypische normative Phasenmodelle, Bewältigungstypologien des Berufseinstiegs und kulturabhängige Einstiegsmuster dargestellt werden. Anders als für BetriebswechslerInnen oder andere Gruppen ist ein Spezifikum der BerufsanfängerInnen die erstmalige Orientierungs- und Anpassungsleistung in einer Arbeitsorganisation. Innerhalb der Gruppe der BerufsanfängerInnen muss m. E. unterschieden werden in die Gruppe derjenigen, die die so genannte „duale" Ausbildung durchlaufen haben – oder in anderen Ländern ein Training „on the job" – und denjenigen, die nach einer längeren theoretisch orientierten Ausbildung erstmals in einer Organisation tätig sind. Während die erste Gruppe bereits in ihrer Ausbildung mit Prozessen der Zielvermittlung von Organisationen vertraut wird – z. B. in der Gestalt des Ausbildungsmeisters, der auf Pünktlichkeit und andere Arbeitshaltungen wert legt, – ist die zweite Gruppe häufig erstmals mit den Zielvorstellungen und den Betriebskulturen und Regelungen konfrontiert (und dies eventuell von Beginn an in verantwortlicher Position). Es ist nahe liegend anzunehmen – jedoch bislang nicht untersucht –, dass Erfahrungen in Nichterwerbsorganisationen und aus anderen Rollen – z. B. im Elternausschuss der Kindertagesstätte – übertragbare Vorerfahrungen mit sich bringen, weil beispielsweise das Prinzip divergierender Ziele erkannt wird.

Betrachtet man, welche Hochschulabgänger den Weg in die Organisation einschlagen (statt in die Erwerbslosigkeit oder in die Selbstständigkeit), dann erweisen sich – auch unter Berücksichtigung der unterschiedlichen Studienrichtungen – geringes alternatives Engagement und eine hohe Karriereorientierung als bedeutsame Prädiktoren für den Einstieg, mithin also diejenigen Orientierungen, die mit organisationalen Werthaltungen eine größere Übereinstimmung zeigen (Lang-von Wins, 1998).

Der Prozess der Werteangleichung spielt jedoch nicht nur beim Zugang in den Betrieb eine Rolle. In der Studie von v. Rosenstiel (1989) steht das Konzept des „fit", der Passung zwischen den in der vorberuflichen Sozialisation erworbenen Wertorientierungen der Beschäftigten und denen der Organisation im Vordergrund. Die Studie zeigt, wie sich im Laufe der Zugehörigkeit zur Organisation Orientierungen in unterschiedlichem Ausmaß verändern. Während die (organisationskonforme) Karriereorientierung eine Stabilisierung erfährt, wechselt ein Teil der zuvor Freizeitorientierten bei andauernder Mitgliedschaft in der Organisation zu den Karriereorientierten, wohingegen sich die Alternativorientierten der Freizeitorientierung zuwenden.

Organisationale Integration nach einem Wechsel des Arbeitgebers wird sich vermutlich unterscheiden in Abhängigkeit davon, ob der Wechsel selbstbestimmt gestaltet wurde oder erzwungenermaßen stattfand. Im letzteren Fall sind die Optionen eingeschränkt, die Organisation nach eigenen Interessen und Wertvorstellungen auszusuchen. Eine Folge davon kann sein, dass größere Zieldiskrepanzen bewältigt werden müssen.

Personen nach einem Erziehungsurlaub sind – insbesondere wenn sie in denselben Betrieb zurückkehren – bereits mit den Zielen bzw. Werten der Organisation vertraut. Hier bezieht sich die zu verarbeitende Differenz mehr auf die Auseinandersetzung mit der Weiterentwicklung des Wissens oder dem veränderten sozialen Umfeld.

Bedenkt man, dass zwei Drittel aller Wiedereingestellten innerhalb von vier Jahren erneut erwerbslos werden (Klein, 1990), so kann man zunächst die These aufstellen, dass offenbar organisationale Integration nur für eine kleinen Teil der Erwerbslosen stattfindet oder zumindest nicht gelingt. Problematisch ist hier allerdings der Ansatz, dass schon allein der Verbleib im Betrieb als Kriterium gelungener organisationaler Integration betrachtet wird. Unklar ist, welche betrieblichen Bedingungen den Verbleib begünstigt haben. In diesem Zusammenhang aufschlussreich ist die Evaluation einer Maßnahme für schwervermittelbare Langzeiterwerbslose von Kieselbach, Klink, Scharf und Schulz (1998). Zu den instabil Wiederbeschäftigten gehören jene, die während eines betrieblichen Praktikums seltener Lob und Anerkennung und weniger Akzeptanz von Vorgesetzten und Kollegen erleben.

Wieweit die organisationale Integration nach einer Qualifizierungsmaßnahme gelingt, wird im Wesentlichen davon abhängig sein, ob der Betrieb eine Weiterbeschäftigungszusage vorlegt und ob die neue Tätigkeit eine Möglichkeit bietet, das erworbene Wissen anzuwenden. Wie Wardanjan (2000) darlegt, sind positive Effekte einer Qualifizierungsmaßnahme für die berufliche Selbstwirksamkeitserwartung vor allem dann zu verzeichnen, wenn die Arbeitsaufgabe „lernhaltig" ist. Die Lernhaltigkeit bestimmt sich aus dem Tätigkeitsspielraum, der Anforderungsvielfalt und der Transparenz.

Auf die Bedingungen der organisationalen Integration nach längerer Krankheit soll nicht weiter eingegangen werden. Im Rahmen der Rehabilitationspsychologie findet eine notwendige Differenzierung in Abhängigkeit von den spezifischen Krankheitsbildern statt. Neben einer dem Gesundheitszustand entsprechenden Aufgabenzuweisung wird vor allem das soziale Klima, mithin die Einstellung des Betriebes bzw. der Beschäftigten gegenüber Rehabilitanden die relevante Größe sein für den Prozess der organisationalen (Re-)Integration.

Die bisher genannten Gruppen – BerufsanfängerInnen, WechslerInnen, Wiedereinstieg nach Erziehungsurlaub, (Langzeit-)Erwerbslosigkeit, Qualifizierung oder Krankheit – sind unterscheidbar nach den organisationalen Vorerfahrungen und den Erfahrungen während einer Unterbrechung, die in den Prozess der organisationalen Integration eingebracht werden.

In westlichen Industriegesellschaften und insbesondere in der Bundesrepublik Deutschland (BRD) wird prognostiziert, dass bis zum Jahre 2040 die klassische Alterspyramide nicht mehr gültig ist, weil der Anteil der Jüngeren an der Bevölkerung geringer sein wird als der Anteil der älteren Menschen. Um dem Problem zu begegnen, dass immer weniger Erwerbstätige einen immer größeren Anteil RentnerInnen im System der sozialen Sicherung „ernähren" müssen, wird eine Lösung in der verstärkten Einbindung verschiedener Gruppen in die aktive Arbeitsgesellschaft gesehen. Welche besonderen Integrationsanforderungen stellen sich bei der verstärkten Einbeziehung dieser Gruppen?

5.1 Die Zunahme von Älteren in der Arbeitswelt

Ältere ArbeitnehmerInnen werden länger erwerbstätig sein. Länger meint hier zunächst einmal nicht zwingend länger als bis zum 65. Lebensjahr. Derzeit sind in den meisten Betrieben kaum mehr ArbeitnehmerInnen über 50 Jahre entsprechend ihrem Anteil an der Bevölkerung vertreten. Generell ist aus arbeitspsychologischer Perspektive Erwerbstätigkeit bis zum 65. oder 70. Lebensjahr ohne weiteres denkbar, da die meisten Arbeitsanforderungen auch von älteren Menschen bewältigbar sind – eine lebenslängliche humane Arbeitsgestaltung vorausgesetzt, mit der die menschliche Ressource „nachhaltig" genutzt wird.

Ein solches Szenario würde allerdings verlangen, dass auch ältere Menschen jenseits von 50 eine Chance auf (Wieder-)Einstellung haben, was heutzutage fast undenkbar ist, betrachtet man den Anteil der älteren Arbeitnehmer und Arbeitnehmerinnen an den Langzeiterwerbslosen (vgl. Mohr, 2001).

Die Integration eines älteren Menschen erfordert jedoch, die Besonderheiten dieser Gruppe zu berücksichtigen. Sind sie bekannt, so können daraus Synergieeffekte entstehen. So macht Brandstädter (2000) deutlich, dass mit dem Alter die „zeittranszendente" Orientierung zunimmt. Eine Orientierung an Zielen, die über den Zeithorizont des eigenen Lebens hinausweisen, wie z. B. Fürsorge für späteren Generationen. Eine Integration älterer Beschäftigter könnte sich diese spezifischen Orientierungen zunutze machen mit einer entsprechenden Aufgabenzuweisung: Aufgaben, bei denen Erfahrung und Wissen relevant sind und einen Blick in die weitere Zukunft über den eigenen Lebenshorizont und die persönlichen Ziele hinaus verlangen. Gegenüber den aktiv-problemlösenden Bewältigungsformen nimmt mit zunehmendem Alter die flexible Zielanpassung zu. Hingegen nimmt das Gefühl, nicht mehr mitzukommen, offenbar erst nach dem 75. Lebensjahr sehr deutlich zu. Brandstätter geht davon aus, dass dies keineswegs einen Kohorteneffekt darstellt, sondern ein systematischer ontogenetischer Effekt festzustellen ist. Die Valenz der Zukunft nimmt ab: Mit Versprechungen und Zukunftsplänen sind ältere Menschen nicht zu integrieren.

„Wert- und Sinnrationale gewinnen in der Lebensführung und Handlungsorganisation des älteren Menschen an Gewicht" (Brandstädter, 2000, S. 251).

Integration bedeutet das gemeinsame Teilen von Zielen und Wertvorstellungen. Wie können ältere Menschen integriert werden, wenn bei diesen zugleich eine sehr deutliche Reduktion der Offenheit und eine starke Vergangenheitsorientierung festzustellen ist (Brandstädter, 2000), die zu Diskrepanzen mit den Wertvorstellungen von Jüngeren und Älteren führen müssen? Zugleich kann angenommen werden, dass ältere Beschäftigte von ihrer sozialen Umwelt als weniger leistungsfähig eingestuft werden, da dem Laien die Bedeutung von Erfahrung für den Erhalt des Leistungsniveaus nicht bekannt ist – und zudem die betriebliche Personalpolitik leistungsfähige ältere Beschäftigte nicht erfahrbar macht. Eine stärkere Einbeziehung von älteren Mitarbeitern/Mitarbeiterinnen würde demnach Bemühungen des Werteaustauschs bzw. der Wertevermittlung zwischen den Generationen als neue betriebliche Aufgabe erfordern.

5.2 Die stärkere Einbindung von Frauen

In der Bundesrepublik Deutschland ist die Frauenerwerbsquote in den vergangenen Jahren kontinuierlich gestiegen, liegt jedoch in 2002 erst bei 58 % (im Vergleich zu 73 % bei den Männern, Bundesministerium für Familie, Senioren, Frauen und Jugend, 2002). Frauen und Mädchen haben heutzutage kein geringeres Ausbildungsniveau als Jungen bzw. Männer: Erstmals in der Geschichte der über 800-jährigen Universitäten im deutschsprachigen Bereich gab es 1995 genauso viele weibliche wie männliche Studienanfänger (Parmentier, Schade & Schreyer, 1998). Diese Zahlen zeigen, dass hier noch ein Erwerbspotential zu erschließen wäre, wenn es darum geht, die Alterspyramide vom Kopf auf die Füße zu stellen. Was bedeutet eine verstärkte Einbindung dieser Gruppe für die organisationale Integration?

Wenn – wie zuvor angemerkt – organisationale Integration eine Angleichung von Zielvorstellungen und den damit verbundenen Werten bedeutet, dann fällt der Blick auf die Frage, ob diese Gruppe mit anderen Werten in die Erwerbstätigkeit eintritt als ihre männlichen Kollegen. Bekanntlich ist bei derart groben Vergleichen die Varianz innerhalb der Gruppe meist ebenso groß – wenn nicht gar größer – als die Varianz über die beiden zu vergleichenden Gruppen, so dass sich die Frage stellt, ob der Vergleich Sinn macht. Dies gilt umso mehr, als davon auszugehen ist, dass Werteangleichung in einem interaktionistischen Prozess geschieht (vgl. der obige Definitionsversuch). Von daher kann angenommen werden, dass im Prozess der organisationalen Integration eine Angleichung von Männern und Frauen stattfindet, da sie ähnlichen Prozessen ausgesetzt sind. Zumindest auf der Ebene des Führungsverhaltens kann dies als bestätigt betrachtet werden: Während sich in Laboruntersuchungen Unterschiede im männlichen und weiblichen Führungsverhalten (bei meist studentischen Stichproben) deutlich zeigen, sind nur noch wenig Unterschiede bei Untersuchungen im realen Kontext festzustellen (Eagly & Johnson, 1990).

Nach wie vor weist die Literatur darauf hin, dass Frauen und Mädchen andere berufliche Interessen aufweisen als Jungen bzw. Männer. So zeigen Avallone und Delle Fratte (2000), dass noch immer bei den Mädchen die Interessen mehr auf menschliche Beziehungen gerichtet sind und die Erwerbsarbeit bei ihnen stärker als bei den Jungen mit dem Bedürfnis nach Selbstverwirklichung und Erleben einer Herausforderung verbunden wird. Nach wie vor zeigen Mädchen bzw. Frauen im System der dualen Ausbildung ein stark eingeschränktes Berufswahlverhalten (wenngleich schon 1986 die Unterschiede deutlich geringer sind als 1934 bzw. 1946, vgl. Bamberg, 1996).

Auch bei Frauen mit Hochschulabschluss zeigen sich Unterschiede in beruflichen Orientierungen. So berichtet Rappensberger (1998), dass Frauen weniger karriereorientiert sind als Männer. Blickle (1998) kommt zu einem ähnlichen Ergebnis mit Absolventen und Absolventinnen von Fachhochschulen. Allerdings verdeutlicht Sieverding (1990) anhand einer Untersuchung mit Studierenden der Medizin, dass die Karriereorientierung der Frauen zu Beginn des Studiums höher liegt als die der Männer, am Ende des Studiums ist es umgekehrt. Die Karriereorientierung – so die Autorin – erweist sich als veränderbare Größe angesichts antizipierter Erschwernisse. Da die Karriereorientierung offenbar eine hohe Übereinstimmung mit organisationalen Werten darstellt und mit einem längeren Verbleib im Betrieb einhergeht (vgl. v. Rosenstiel, 1989), liegt für Frauen demzufolge eine größere Wertediskrepanz vor. Es wäre allerdings zu einfach, schon allein daraus eine geringere organisationale Integration zu folgern, denn eine geringere Karriereorientierung schließt beispielsweise ein Interesse an Selbstverwirklichung durch die Arbeitsaufgabe nicht aus, was aus der Perspektive des Betriebes durchaus ein der organisationalen Integration förderliches Berufsziel sein kann. Studien, die Berufsverläufe über einen längeren Zeitraum betrachten, bestätigen allerdings Unterschiede, die eher für eine geringere Integration von Frauen sprechen. So zeigt sich bei Hoff u. a. (2000) für die Gruppe der Psychologinnen und Ärztinnen ein deutlich höherer Anteil an diskontinuierlichen Berufsverläufen. Würde man also allein die Dauer der Betriebszugehörigkeit als Kriterium gelungener Integration wählen, müsste man für Frauen eine deutlich geringer Integration konstatieren. Wählt man das Einkommen als Indikator gelungener Integration, so wäre auch nach diesem Kriterium eine geringere Integration von Frauen zu verzeichnen, denn sie haben bereits zu Anfang trotz gleicher Qualifikation ein geringeres Einstiegsgehalt (Rappensberger, 1998), und diese Schere öffnet sich weiter im Laufe der Berufsbiografie (ohne dass dies durch unterschiedliche Wochenarbeitszeit erklärbar ist). Hoff u.a. (2000) sprechen für die Gruppe der Frauen von einer „kumulativen Wirkung immer neuer Barrieren" (S. 220).

Die Frage, was Merkmale sein können, um die zumindest nach diesen Kriterien weniger gelungene organisationale Integration von Frauen zu erklären, ist nicht einfach mit dem Hinweis auf Kinder als Integrationshemmnis zu lösen. Ohnehin müsste ein solches Erklärungsmuster auch die Frage beantworten, warum dies für Mütter, nicht aber für Väter gilt. In diesem Zusammenhang bedeutsam ist aus der Studie mit Hochschulabgängern unterschiedlicher Fächer von Abele (2002) der Hinweis, dass auch Frauen ohne Kinder einen weniger erfolgreichen Berufseinstieg aufweisen, und zwar auch dann, wenn sie sich in der Studienleistung, der beruflichen Selbstwirksamkeitserwartung und den beruflichen Zielen nicht unterscheiden. Dies legt nahe, den Blick vor allem auf Prozesse im Betrieb zu lenken, die – trotz Annäherungen der beruflichen Ziele und der Qualifikation zwischen den Geschlechtern – unterschiedliche Verläufe begünstigen. Die Führungsforschung lehrt, den Blick auf innerbetriebliche Bewertungsprozesse zu lenken (Eagly, Makhijani & Klonsky, 1992). Damit sind nicht nur formale (Personal-)Beurteilungs- oder Bewertungsprozesse gemeint, sondern die alltägliche Wahrnehmung und Bewertung des weiblichen vs. männlichen Verhaltens. Die Wahrnehmung des Verhaltens ist eine Grundlage für das in der Interaktion gezeigte Verhalten und dies wiederum die Grundlage für das Handeln der wahrgenommenen Person.

Aus den angeführten Überlegungen lässt sich schlussfolgern, dass eine organisationale Integration für die Gruppe der Frauen nur gelingen wird, wenn ein Wertewandel eingetreten ist, der sich nicht nur in geänderten betrieblichen Leitbildern und Hochglanzbroschüren niederschlägt, sondern in der Änderung alltäglicher Einstellungen und Wertvorstellungen aller Beschäftigten. Verbesserte Kinderbetreuungsmöglichkeiten und ähnliche praktische Maßnahmen, die in der Regel als der Königsweg einer stärkeren Einbeziehung der Frauen in die Erwerbstätigkeit genannt werden, können lediglich eine quantitative Veränderung der Integration erbringen, nicht jedoch eine qualitative Verbesserung der Integration.

5.3 Die Zunahme von Arbeitsimmigranten

Der dritte Weg, den Konturverlust der Alterspyramide bis zum Jahr 2040 aufzuhalten, kann darin gesehen werden, den Anteil der Beschäftigten zu erhöhen, die aus anderen Ländern nach Deutschland kommen. Anders als seit den sechziger Jahren werden diese Immigranten jedoch nicht mehr vorrangig aus dem europäischen Kulturraum kommen. Sind schon zwischen den Beschäftigten in Ost- und Westdeutschland noch Unterschiede in den beruflichen Zielen festzustellen (vgl. Rappensberger & Maier, 1998), wie viel mehr können unterschiedliche Ziele und Werte für Personen aus anderen Kulturkreisen vermutet werden? Damit stehen auch Betriebe in Deutschland vor der Aufgabenstellung des „managing diversity". Folgt man dem Utilitarismusprinzip (s.o.), dann kann man vermuten, dass die bereits investierten hohen Kosten (Trennung von der Familie, Übersiedlungskosten, Erlernen einer neuen Sprache usw.) einen erhöhten Anpassungsdruck für die ausländischen Beschäftigten erzeugen. Die organisationale Integration würde unter dieser Perspektive vor allem eine Anpassung des Individuums an die Organisation implizieren. Allerdings ist zu berücksichtigen, dass Arbeitsimmigranten zunehmend auch zur Gruppe der Hochqualifizierten gehören. Für diese bieten sich auch andere nationale Arbeitsmärkte an, die weniger Vorinvestition erfordern, weil z. B. die Amtssprache des Mutterlandes genutzt werden kann. Nicht nur aus moralisch-ethischen Gründen, sondern auch aus solcherart praktischen Gründen wird sich also das „managing diversity" bei der Wahl dieses dritten Wegs als Aufgabe für die Organisation stellen.

Ob diese drei Gruppen verstärkt Zielgruppen der organisationalen Integration sein werden, ist m. E. jedoch fraglich. Die weitere technologische Entwicklung wird zu Produktivitätssteigerung führen und damit zu einem geringeren Bedarf an menschlicher Arbeitskraft (es sei denn, es werden neue und notwendige Produkte entwickelt). So ist in der Zeit von 1991 bis 1996 zwar jeder dritte Arbeitsplatz in der Industrie weggefallen, dennoch sind die Umsätze pro Beschäftigten um 40 % gestiegen (vgl. Wieland, 2000).

Nachdem die derzeitigen und potentiellen Adressaten der organisationalen Integration skizziert wurden, soll der Frage nachgegangen werden, was Kriterium gelungener organisationaler Integration sein kann und von wem und wie organisationale Integration „gemacht" wird.

6. Erfolgskriterien gelungener organisationaler Integration

Betrachtet man die u. g. drei „Agenten" der organisationalen Integration, dann kann der Erfolg aus drei Perspektiven betrachtet werden: aus der Sicht der Organisation, aus der Sicht des Individuums und aus gesellschaftlicher Perspektive.

6.1 Erfolgreiche Integration aus der Perspektive der Organisation

Generell kann man für die Perspektive der Organisation davon ausgehen, dass die Integration dann gelungen ist, wenn sie mit möglichst wenig Aufwand zu höchstmöglichem Ertrag geführt hat. Der Erfolg ist also nicht unabhängig vom Einsatz zu sehen.

Auf diesem Hintergrund liegt es nahe, die Verweildauer im Betrieb als Kriterium gelungener Integration zu sehen, denn Personalauswahl und Integration sind aufwändige Prozesse, verbrauchen Ressourcen und je länger eine Person im Betrieb verbleibt, desto mehr – so scheint es auf den ersten Blick – hat sich deren Einsatz gelohnt. Dass diese Sichtweise auch aus organisationaler Perspektive offenbar nicht gilt, wird schon daraus ersichtlich, dass ältere Beschäftigte in großem Umfang viele Jahre vor Erreichung des Rentenalters ausscheiden. Daraus ließe sich ableiten, dass ab einem bestimmten Alter Fluktuation bzw. der Ausstieg aus dem Erwerbsleben offenbar geradezu erwünscht ist.

Der Blick richtet sich damit weniger auf die Dauer der Zugehörigkeit im Betrieb, sondern auf die Qualität der Beziehung während der Mitgliedschaft. Dimensionen wie „commitment", d.h. der Bindung an die Organisation und OCB, Organizational Citizenship-Behavior, d.h. das Engagement über die im Arbeitsvertrag definierte Aufgabe hinaus, sind eher qualitativ orientierte Kriterien. Auch hier gilt jedoch, dass die Kriterien je nach Situation des Betriebes unterschiedlich zu gewichten sind. Ein hohes Commitment an den Betrieb – auch dann noch, wenn ein krisenbedingter Wechsel in die betriebseigene Auffanggesellschaft stattgefunden hat (vgl. Czerkalla & Werner, 2001) – kann sich als hinderlich erweisen, da die Neuvermittlung erschwert wird.

Am ehesten erscheinen solche Kriterien sinnvoll, die unmittelbar die Qualität und Quantität der Arbeit beeinflussen, wie z. B. das OCB, fehlerfreies qualitätsbewusstes Arbeiten, geringe Abwesenheitsrate, hohe Loyalität bzw. geringes kontraproduktives Verhalten. Zwar werden auch diese Kriterien multideterminiert sein. Beispielsweise wird fehlerfreies Arbeiten auch von den zur Verfügung stehenden Arbeitsmitteln abhängig sein. Jedoch sind die genannten Indikatoren relativ einfach zu messen und weniger komplex determiniert als z. B. allgemeine Produktionsziffern. Dabei ist zu beachten, dass kontraproduktives Verhalten ein von OCB unabhängiger Faktor zu sein scheint (Marcus, 2000). Die beiden Indikatoren sind also nicht austauschbar.

Offen ist m. E. die Frage, ob das Betriebsklima ein Indikator gelungener bzw. misslungener Integration darstellt oder ein Mittel zur Integration. Das Betriebsklima enthält u.a. einen mit Werten behafteten Umgangskodex. Dies erfordert, dass die Beschäftigten sich diese Werte zu eigen machen. Insofern kann darin ein Mittel zur Integration gesehen werden. Das Betriebsklima finden die Beschäftigten aber nicht nur vor, sie gestalten es auch selbst mit. Die Untersuchung von Lang-von Wins und Kaschube (1998) verdeutlicht, dass Organisationswechsler generell unzufriedener sind, aber signifikant vor allem bezüglich der Dimensionen Tätigkeit, Arbeitsbedingungen, Organisation und Leitung. Die beiden Letzteren werden von den Autoren als Betriebsklimafaktoren betrachtet. Die Zufriedenheit mit den Kollegen und Vorgesetzten, jene Aspekte, die sich mehr auf die sozialen Facetten des Betriebsklimas beschränken, war hingegen bei den Betriebswechslern nicht geringer ausgeprägt. Will man Betriebsklima als Indikator gelungener Integration betrachten, dann erscheint demzufolge eine Differenzierung in die entsprechenden Subkategorien erforderlich.

6.2 Erfolgreiche Integration aus der Perspektive des Individuums

Geht man auch für die Beschäftigten im Betrieb von einem Kosten-Nutzen-Kalkül aus, so kann eine erfolgreiche Integration daran festgemacht werden, dass der Person die Erfüllung der Arbeitsaufgaben möglich ist, ohne dass in besonderem Ausmaß psychische Energie aufgewendet werden muss für die Verarbeitung von Wertediskrepanzen oder gar das Erkennen der bestehenden Ziele und Werte. Dabei ist für das Individuum relevant, ob die individuellen (beruflichen) Zielvorstellungen verwirklicht werden können. In der Studie von Lang-von Wins und Kaschube (1998) benennen die befragten Hochschulabgänger als Ziele für die weitere berufliche Laufbahn an erster Stelle „Selbstständigkeit beim Arbeiten", an zweiter Stelle „erweitertes Aufgabenfeld" und an dritter Stelle „eine Position mit Aufstiegschancen". Erst an vierter Stelle wird die berufliche Position und an fünfter Stelle die finanzielle Verbesserung aufgeführt. Nahe liegend wäre die Annahme, dass sich eine derartige Betonung entwicklungsorientierter beruflicher Ziele vor allem bei Hochqualifizierten ergibt. Interessanterweise zeigen Daten des Instituts für Arbeitsmarkt- und Berufsforschung, dass das Gefühl der Unterforderungen (was allerdings nicht automatisch gleichzusetzen ist mit der Formulierung von Entwicklungszielen) auf *allen* Qualifikationsstufen weiter verbreitet ist als das Gefühl der Überforderung (Institut für Arbeitsmarkt- und Berufsforschung, 2000)!

Es spricht also einiges dafür, als Kriterien erfolgreicher Integration des Individuums nicht nur so genannte „harte" Kriterien wie Aufstieg und Einkommen zu betrachten, sondern auch Maße der subjektiven Zufriedenheit oder psychischer Stabilität. Das theoretische Modell zur Arbeitszufriedenheit von Bruggemann (1976, s.u.) macht deutlich, dass Arbeitszufriedenheit nicht per se als Indikator gelungener Integration zu werten ist, da sich u.a. auch resignative Prozesse oder Pseudoarbeitszufriedenheit in Zufriedenheitsäußerungen niederschlagen können.

Indikatoren psychischer Stabilität zeigen zumeist einen positiven Zusammenhang zu organisationalen Kriterien gelungener Integration. Beispielsweise erweist sich eine gute berufliche Selbstwirksamkeit positiv korreliert mit affektivem Commitment (Schyns & v. Collani, 2002).

Berufliche Ziele des Individuums sind eingebettet in den gesamten Lebenskontext. Menschen haben – ebenso wie Organisationen – vielfältige Ziele, zeitbezogene d.h. veränderliche Ziele und teilweise sich widersprechende oder gar konfligierende Ziele.

Da Zielkonflikte psychische Energie zur Bewältigung verlangen, macht es Sinn, die Reduzierung der Zielkonflikte von beruflichen und außerberuflichen Zielen als Indikator gelungener Integration zu werten. Unter einem solchen Blickwinkel wird auch das Erreichen der „work-life-balance" ein Kriterium gelungener Integration.

6.3 Erfolgreiche Integration aus der Perspektive der Gesellschaft

Die Gesellschaft ist beteiligt am Prozess der organisationalen Integration – wie weiter unten ausgeführt wird. Aus der Perspektive der Gesellschaft könnte zunächst vor allem die Erwerbsbeteiligung und der Verbleib im Betrieb als Kriterium erfolgreicher Integration betrachtet werden, da Erwerbstätige die öffentlichen Haushalte weniger belasten als Erwerbslose. Jedoch legt sich auch hier eine längerfristige Sichtweise nahe: Nur Erwerbstätige, deren Einkommen existenzsichernd ist und deren Arbeitsbedingungen nicht krank machen, können aus gesellschaftlicher Perspektive als erfolgreich integriert betrachtet werden. Wie Winefield, Tiggemann und Winefield (1991) aufgezeigt haben, weisen jene Jugendliche, die den Einstieg in den Arbeitsmarkt in Form von so genannten „bad jobs" oder „underemployment" geschafft haben, keinen Zugewinn an psychischer Stabilität durch die Erwerbstätigkeit auf. Wenngleich diese erwerbstätigen Jugendlichen die Gesellschaft zunächst weniger „kosten", können langfristig höhere Kosten entstehen. Damit ist aus gesellschaftlicher Perspektive ebenfalls qualitativen Bewertungsmaßstäben der Vorzug zu geben vor einer quantitativen Sichtweise, deren Kriterium lediglich der Verbleib im Betrieb ist.

Aus gesellschaftlicher Perspektive liegt es nahe, ein Kriterium darin zu sehen, ob sich die öffentlichen Mittel für Bildung in einer adäquaten Integration in die Organisation niederschlagen. Dieses Kriterium wird zur Zeit für viele Jugendliche und für einen erheblichen Teil gut ausgebildeter Frauen noch immer nicht realisiert (s.o.).

7. Organisationale Integration: Macher und Methoden

Geht man davon aus, dass organisationale Integration ein Austauschprozess zwischen Individuum und Organisation darstellt, dann heißt dies, dass sie von beiden Seiten „gemacht" wird. Da die Angleichung von Werthaltungen ein zentraler Aspekt in der organisationalen Integration darstellt, kommt als dritte Größe die Gesellschaft als wertevermittelnde Instanz dazu. Auf diese Weise können die Organisation, das Individuum und die Gesellschaft als Akteure der organisationalen Integration betrachtet werden.

7.1 Integration durch die Organisation

Da ein zentrales Moment der organisationalen Integration die Vermittlung der organisationalen Ziele ist, sind vielfältige Methoden der Zielkommunikation beteiligt am Prozess der organisationalen Integration:

Führungskräfte haben die Aufgabe, die Ziele der Organisation als Arbeitsaufgaben zu definieren und diese an die Beschäftigten zu delegieren und auf die Erfüllung zu achten. Insofern sind die Führungskräfte zentrale Träger der organisationalen Integration. Eine wesentliche Dimension des Führungsverhaltens ist die Informationsvermittlung. Wie Maier (1998) aufzeigt, ist die Informationsweitergabe in der Einarbeitungsphase für die Arbeitszufriedenheit, die organisationale Verbundenheit und die Kündigungsabsicht zwei Jahre später prädiktiv. Neben der Vermittlung der Organisationsziele durch die Führungskraft wird es jedoch auch erforderlich sein, dass Führungskräfte die beruflichen Ziele der Beschäftigten identifizieren können, um sich an dem Prozess der Angleichung zwischen individuellen und organisationalen Zielen aktiv beteiligen zu können (vgl. Rappensberger & Maier, 1998).

Generell vertritt eine Organisation Leistungsziele. Merkmale leistungsförderlicher Ziele sind nach Locke und Latham (1990) hohe Bindung, Konkretheit und hoher Herausforderungsgrad. Daraus lässt sich ableiten, dass auch Arbeits(aufgaben-)gestaltung zum Medium organisationaler Integration genutzt werden kann, da der Arbeitsinhalt und die für die Bewältigung der Aufgabe vorhandenen Bedingungen entscheidend dafür sind, ob eine Aufgabe als Herausforderung erlebt wird und zu positiven Emotionen führt.

Aufgaben sind jedoch auch über Aufgabenteilung im Betrieb und der damit verbundenen Stellenbildung festgelegt. Insofern stellt die Zuweisung einer Person zu einer definierten Stelle bereits ein Medium der organisationalen Integration dar, da mit der Benennung der Aufgabe definiert wird, zu welchem Teilziel ein Beitrag geleistet werden soll. Für zugewiesene Aufgaben bestehen häufig Ausführungsregeln, Arbeitsnormen, Qualitätsstandards usw. Diese können detailliert festgelegt sein in Form von DIN-Normen, ISO-Richtlinien usw. oder lediglich grob skizziert werden als „mission statements" (Der Kunde ist König), Leitlinien („immer einen Schritt schneller als die Konkurrenz"). Sie enthalten (wertbezogene) Zielvorgaben, die die Beschäftigten mit ihren eigenen Werten in Übereinstimmung bringen müssen.

Damit kann organisationale Integration also über die persönliche Kommunikation vermittelt werden oder über Strukturmerkmale der Organisation und nonverbale Vermittlung.

Strukturmerkmale der Organisation und nonverbale Vermittlung müssen dabei nicht in direktem Zusammenhang mit der individuellen Position im Betrieb stehen. Eine Organisation, die ein Programm zur betrieblichen Suchtprävention etabliert hat oder eine Anlaufstelle für Mobbing oder sexuelle Belästigung eingerichtet hat, vermittelt darüber Wertvorstellungen, die über die spezifische Arbeitsaufgabe hinausgehen. Dies gilt allerdings nur, wenn über diese Einrichtungen auch informiert und kommuniziert wird.

Damit wird deutlich, dass sich organisationale Integration weitaus vielfältigerer Methoden bedient, als derjenigen, die explizit als solche benannt werden: Coaching und Mentoring, Patensysteme oder Trainee-Programme, formale Orientierungsveranstaltungen, Schulungen, Aktivitäten im Kollegenkreis, Karriereentwicklungspläne (vgl. Moser & Schmook, 2001), usw. Während es sich bei Trainee-Programmen in der Regel um eine Einführung in den Betrieb für neu Eingestellte handelt – mithin der andauernde Prozess der organisationalen Integration damit nicht geleistet wird – sind Karriereentwicklungsprogramme, Coaching, Mentoren- oder Patenprogramme in unterschiedlichen Stufen des beruflichen Werdeganges denkbar. Letztere haben den Vorteil, dass Informationen spezifisch auf die Bedürfnisse der zu integrierenden Person abgestimmt werden können. Ferner können Mentoren oder Paten Insider-Wissen zur Verfügung stellen und damit einen wichtigen Beitrag dazu leisten, dass neue Mitarbeiter mit ihren persönlichen Zielen vorankommen.

So stellen v. Rosenstiel, Spieß und Meier (1998) fest, dass auch über einen Zeitraum von zwei Jahren noch Zusammenhänge zwischen Integrationshilfen und dem Gelingen der Eingliederung neuer Mitarbeiter feststellbar sind. Allerdings wird aus dieser Studie mit Hochschulabsolventen auch deutlich, dass ca. 40 % dieser hochqualifizierten Berufseinsteiger keinen Ansprechpartner für sinnstiftende Informationen über die Bedeutung und Ziele ihrer Arbeitstätigkeit hatten (vgl. Maier, 1998, S. 108). In einer eigenen Studie mit Absolventen des Diplomstudienganges Psychologie geben knapp die Hälfte der Befragten an, keinerlei Einweisung in ihre Aufgaben erhalten zu haben (Mohr, 2003).

Nicht zu übersehen ist, dass schon der Prozess der Personalauswahl eine zentrale Rolle im Gesamtprozess der organisationalen Integration zukommt: Eine international tätige Firma mit einer multinationalen Belegschaft wird bereits in der Personalauswahl darauf achten, ob Bewerber vorurteilsfrei mit anderen Kulturen umgehen. Eine mögliche Werte- oder Zieldiskrepanz wird also schon durch die Auswahl minimiert.

Eine Softwarefirma, die jemand für die Beschwerde-Hotline sucht, wird gut daran tun, die Kandidaten schon in der Auswahlsituation über diese Aufgabenstellung im Sinne eines „realistic job preview" zu informieren. Empirisch bestätigt wird der positive Effekt einer realistischen Tätigkeitsvorschau durch Meier (1998): Die realistische Information erwies sich als bedeutsam für die drei Jahre später gemessene Arbeitszufriedenheit, die organisationale Verbundenheit und die Kündigungsabsicht.

Als ein weiterer „Träger" der organisationalen Integration ist die Rolle der „Peers" zu beachten, d.h. die soziale Einbindung des zu integrierenden Individuums. Im Alltag sind Beschäftigte nicht unbedingt jeden Tag mit den Zielvorstellungen der Führungskraft konfrontiert, aber täglich mit denen der Kolleginnen und Kollegen. Beschäftigte sind konfrontiert mit Normen, die sich in Gruppen herausbilden, bzw. sind an deren Entwicklungsprozess beteiligt. Für die Organisation relevant ist insbesondere der Prozess der Entwicklung von Leistungsnormen. Greif (1983) entwickelt einen Ansatz, um auf der Basis von Gerechtigkeitstheorien die Entstehung von Leistungsnormen in Arbeitsgruppen zu erklären (sieht diese jedoch nur als geeignet für die Erklärung von Normentwicklungen bei Beschäftigten mit „niedriger gesellschaftlicher Stellung". Damit sind Arbeitsverhältnisse gemeint, die sich durch ein geringeres Einkommensniveau, wenig Aufstiegsmöglichkeiten, wenig objektive Freiheitsgrade, d.h. Einfluss auf die Arbeitsbedingungen, eine geringe öffentliche Wertschätzung und ein erhöhtes Erwerbslosigkeitsrisiko auszeichnen). Dies spricht dafür, dass das Erkennen von Gerechtigkeitsvorstellungen für die Organisation ein Werkzeug im Prozess der organisationalen Integration darstellen kann.

7.2 Die Integrationsleistung des Individuums

Es fällt auf, dass in Bezug auf die Organisation vielfältige Medien der organisationalen Integration genannt werden können. Wie aber „macht" das Individuum die organisationale Integration? Wie wird die potentielle Zieldiskrepanz zwischen den Zielen der Organisation und denen des Individuums aufgelöst?

Auf der Seite der Person unterscheidet Abele (2002) z. B. zwischen beruflichen Lern- und Wachstumszielen, beruflichen Ergebniszielen, Beziehungszielen und Abwechslungszielen. Die Einbeziehung außerorganisationaler Ziele ist in den letztgenannten mit enthalten und kann m. E. nicht unberücksichtigt bleiben, da auch Personen divergierende und multiple Ziele haben, die bedeutsam sind bei der Reduzierung der Zieldiskrepanz zwischen Organisation und Individuum.

Die Studien über Hochschulabgänger zeigen auf, dass Zieldiskrepanzen u. a. durch Organisationswechsel gelöst werden (v. Rosenstiel, 1989). Daraus lässt sich ableiten, dass Neueingestellte in der Organisation vermutlich umso weniger Integrationsleistung erfordern, je mehr sie die Organisation aus eigenem Antrieb gewechselt haben, da Individuen sich „passende" Organisationen suchen bzw. Organisationen im Prozess der Personalauswahl Individuen mit passenden Werthaltungen auswählen. Daraus lässt sich die Annahme ableiten, dass mit der Anzahl der Organisationswechsel die Diskrepanz zwischen den Zielvorstellungen der Organisationen und des Individuums abnehmen müsste, vorausgesetzt der Arbeitsmarkt bietet ausreichende Wahloptionen.

Das Arbeitszufriedenheitsmodell von Bruggeman (1976) ist geeignet zu erklären, wie Personen Anpassungsprozesse leisten, ohne die Organisation zu wechseln. Bruggemann geht davon aus, dass Beschäftigte einen Vergleich zwischen Ist und Soll durchführen. Negativ erlebte Diskrepanzen werden durch Senkung des Anspruchsniveaus gelöst oder durch Verfälschung der Situationswahrnehmung. Eine fixierte Arbeitsunzufriedenheit wird postuliert, wenn Problemlöseversuche ausbleiben.

7.3 Der Integrationsbeitrag der Gesellschaft

Die Gesellschaft leistet eine wesentliche Vorarbeit für die organisationale Integration. In der Bundesrepublik Deutschland durchläuft jeder Bürger bzw. jede Bürgerin ein mindestens zehnjähriges Training zum Erwerb der protestantischen Arbeitsethik im Rahmen der Schulpflicht: Pünktlichkeit, Verlässlichkeit, Pflichterfüllung, etc.

Das familiäre Interesse, dass Kinder ökonomisch selbstständig werden, – in anderen Gesellschaften das Interesse, dass Kinder die Elterngeneration im Alter unterstützen – begünstigt, dass auch in der familiären Sozialisation diese protestantische Arbeitsethik in der Regel gefördert wird.

Die bereits für die organisationale Integration als förderlich benannte Karriereorientierung wird durch gesellschaftliche Anerkennung von Berufsstatus oder Einkommen bzw. materieller Lage verstärkt.

Über diese Wertevermittlung hinaus werden durch die Gesellschaft jedoch auch Rollenbilder geprägt. Rollenbilder enthalten Handlungserwartungen und Werthaltungen. Als gesellschaftlich vermittelte Rollenbilder existieren sie als Wissen außerhalb des Betriebes, können aber auch für das innerbetriebliche Handeln herangezogen werden. Beispielsweise besteht die gesellschaftliche Erwartung, dass eine Krankenschwester fürsorglich ist und Interesse am Menschen hat. Von einer Frau in einer Führungsposition wird erwartet, dass sie sich nicht wie ein Mann in einer solchen Position verhält, sondern weiterhin „weiblich" (vgl. Eagly u. a., 1992). Beide genannte Beispiele sind gut geeignet zu verdeutlichen, dass gesellschaftlich vermittelte Rollenbilder für die organisationale Integration die Zieldiskrepanzen auch erhöhen können statt zur Minimierung beizutragen (wenn die Krankenschwester erfährt, dass für den Kontakt zu dem Patienten im Klinikalltag kaum Zeit bleibt; wenn die weibliche Führungskraft im oberen Management feststellt, dass ihr notwendiges und erfolgreiches Führungsverhalten als männlich bezeichnet wird).

Auch Traditionen sind gesellschaftlich vermittelt: „Beim Daimler schaffe go..." oder im Stahlwerk anfangen, weil dort der Vater, der Bruder, der Onkel arbeitet (s.o.). Solche Traditionen vermitteln mehr oder weniger explizit Vorstellungen darüber, was die Organisation von den Beschäftigten erwartet und was die Beschäftigten von der Organisation erwarten können. Diese werden auch außerhalb des Betriebes im weiteren sozialen Umfeld erlebbar.

8. Organisationale Integration in Zeiten des beschleunigten Wandels

Anfangs wurde die Frage aufgeworfen, ob organisationale Integration heute noch ein Thema der Arbeits- und Organisationspsychologie sein kann. Macht organisationale Integration noch Sinn, wenn das Ende des Arbeitsverhältnisses schon von Anfang an in Sicht ist und die Organisation immer mehr zur virtuellen Organisation wird? Um diesen Fragen nachzugehen, soll zunächst ein genauerer Blick auf den beschleunigten Wandel geworfen werden.

Wird neue Erwerbsarbeit im nennenswerten Umfang in den westlichen Industrieländern nicht geschaffen, dann wird – aus gesellschaftlicher Sicht, um den Erhalt des sozialen Friedens zu sichern – eine Neuverteilung der vorhandenen bezahlten (und unbezahlten) Arbeit unumgänglich sein. (Das volkswirtschaftliche Problem, dass die Neuverteilung eines Kuchens, der nicht größer geworden ist, prinzipiell nicht mehr bieten kann zur Versorgung der Älteren, kann hier nicht ausdiskutiert werden). Hinzu kommt eine Neuorganisation der Arbeit aus betrieblicher Sicht: Arbeit kann ausgelagert werden (z. B. in Form von Telearbeit). Zudem gehen Firmen dazu über, Arbeit nur dann „abzurufen", wenn sie gebraucht wird. Unterschiedlichste Formen der Zeitkonten oder die Vermittlung von Arbeit durch Leiharbeitsfirmen führen zum Wechsel zwischen Erwerbsarbeit und erwerbsarbeitsfreier Zeit für die Beschäftigten. Neue Arbeitsformen wie Teilzeitarbeit, befristete Arbeitsverhältnisse und Leiharbeit sind damit verbunden. Ein Blick auf einige Zahlen zeigt, dass diese Entwicklungen gerade erst begonnen haben.

Der Anteil der befristet Beschäftigten hat sich in der Bundesrepublik Deutschland von 1995 bis 2001 lediglich von 6,8 % auf 8 % erhöht (IAB, 2002).

Nur 18 % von allen Erwerbstätigen der BRD arbeiten 1998 in Teilzeit (im Vergleich zu 39 % in Holland, IAB, 2000). Bis 2001 lagen die jährlichen Zuwächse lediglich bei 1 % (IAB, 2002).

Die atypischen Arbeitsformen insgesamt (in Abgrenzung zum „Normalarbeitsverhältnis" mit dem eine unbefristet vollzeitbeschäftigte Person gemeint sind), liegen 1998 bei 26 %. Vergleichswerte anderer europäischer Länder zeigen die Veränderungspotentiale. In Holland haben diese atypischen Arbeitsverhältnisse einen Anteil von 45 %.

Telearbeit wird in der BRD von 17 % der Beschäftigten durchgeführt. In den europäischen Ländern liegt er zur Zeit in Holland am höchsten mit 25 % (*www.bmwi.de; www.empirica.de*).

Über Arbeitszeitkonten verfügen mittlerweile 37 % der abhängig Beschäftigten in der BRD (Groß, Munz, & Seiffert, 2000).

Seit den 80er Jahren ist in der Bundesrepublik ein kontinuierlicher Zuwachs sowohl an Verleihfirmen als auch der Zahl von über solche Firmen Erwerbstätige festzustellen. Der Anteil der Beschäftigten in Leiharbeitsfirmen an allen Beschäftigten ist jedoch mit 0,8 % für 1999 noch sehr gering (WZB, 2002). Eine sehr rasche Steigerung ist hier für die nächsten Jahre zu erwarten. Aufgrund von rechnergestützten Szenarien gehen Arbeitsmarktexperten allerdings nicht davon aus, dass damit zwingend eine Verringerung der Normalarbeitsverhältnisse einhergeht, solange ein Übergang aus der Zeitarbeit in das Normalarbeitsverhältnis stattfindet (WZB, 2002).

Ein Überblick über die Anzahl der Arbeitgeberwechsel der Bundesanstalt für Arbeit weist aus, dass von den qualifiziert Beschäftigten lediglich zwischen 22 % bis 26 % bei vier und mehr Arbeitgebern tätig waren. Lediglich bei der Gruppe der Meister/ Poliere liegt der Anteil bei 33 % und mit 39 % am höchsten bei den An-und Ungelernten (Dostal, Jansen & Parmentier, 2000). Stephan und Westhoff (2002) schätzen, dass Führungskräfte eine durchschnittliche Verweildauer im Betrieb von 7 bis 7,5 Jahren haben. Für ein Drittel der Beschäftigten gilt, dass sie bisher nur bei einem Arbeitgeber tätig waren (bei den An-und Ungelernten liegt dieser Anteil mit 15 % entsprechend niedriger, vgl. Dostal u.a., 2000. Allerdings fehlt bei diesen Zahlen ein Bezug zum Berufsalter).

Die Zahlen ergeben so m. E. insgesamt das Bild, dass der beschleunigte Wandel derzeit noch gemäßigt stattfindet. Deutlich unterschiedliche Zahlen sind vorgelegt worden für Substichproben (z. B. Wieland, 2000). Es ist zu vermuten, dass das Bild des beschleunigten Wandels sich derzeit vor allem aus branchenspezifischen Turbulenzen (z. B. in der new economy) speist.

Der beständige Betriebswechsel scheint weder aus der Perspektive des Betriebes noch aus der Perspektive der Beschäftigten zur neuen Zielvorgabe zu werden (Struck & Simonson, 2001). Organisationale Integration bleibt somit eine weiterhin aktuelle Fragestellung für die Arbeits- und Organisationspsychologie, jedoch unter veränderten Bedingungen: Beschäftigte sind weniger im Betrieb anwesend, sei es durch veränderte Arbeitzeiten, sei es durch veränderte Technologien oder durch eine andere Arbeitsorganisation. Traditionelle Methoden der organisationalen Integration, die auf den persönlichen Kontakt angewiesen sind (z. B. Führung, Mentoring, Coaching, Trainee-

Programme, Einfluss der Peers, Erfahrung des Betriebsklimas, usw.) stehen vor neuen Anforderungen.

Es stellt sich somit die Frage, wie organisationale Integration stattfinden kann bei weniger räumlicher, sozialer und physischer Nähe. Können Beschäftigte noch zum „Wir" finden, wenn sie im eigenen Wohnzimmer arbeiten?

M. E. gewinnen damit vor allem zwei Aspekte ein besonderes Gewicht: Die Gestaltung einer befriedigenden Arbeitsaufgabe und die Option, berufliche Ziele mit anderen Lebenszielen vereinbaren zu können.

Die Arbeitsaufgabe bzw. das, was die Beschäftigten durch die Erfüllung dieser Arbeitsaufgabe erhalten, stellt nach wie vor das zentrale Bindeglied zum Betrieb dar: Anerkennung, materieller und sozialer Status, Existenzsicherung, Entwicklungsmöglichkeiten, Austausch, Realisierung von (beruflichen) Zielvorstellungen, Identität, Erfolgserlebnisse. „Subjektiv wichtige Verbesserungen der individuellen Lage fördern eine affirmative Orientierung gegenüber denjenigen Kräften, die als hauptsächliche Ursache der Verbesserung angesehen werden" formuliert Greif (1983, S. 194).

Bei zukünftig geringerer zeitlicher, sozialer und örtlicher Einbindung – insbesondere, wenn die Patchworkbiografie, d. h. der Wechsel von Erwerbsarbeit, unbezahlter Arbeit, Qualifizierungszeit und anderen Nicht-Erwerbsphasen zum Normalmodell werden sollte – werden die Beschäftigten mehr als bisher mit nicht-beruflichen Zielen und Orientierungen konfrontiert sein.

Für Organisationen würde dies bedeuten, auch nicht-berufliche (Lebens-)Ziele der Beschäftigten zu unterstützen, statt sie als Karrierehemmnis zu betrachten. Dies kann einerseits durch veränderte Werthaltungen geschehen, aber auch durch praktische Maßnahmen: Betriebliche Aktivitäten zur Freizeitgestaltung, kulturelle Angebote, soziale Einrichtungen (für Sport, Bildung, Kinderbetreuung), Bildungsangebote usw., gemeinhin in Zeiten ökonomischer Krisen als unerwünschte Kostenfaktoren betrachtet, könnten sich als Integrationsmittel erweisen, und zwar vor allem dann, wenn die Beschäftigten gerade nicht für den Betrieb tätig sind.

Das derzeit expandierende Forschungsgebiet zum „psychologischen Vertrag" (Schalk & Rousseau, 2001) wird zeigen, wieviel beschleunigter Wandel die Arbeitswelt verträgt, ohne dass die Kosten den Nutzen übersteigen.

Literatur

Abele, A. E. (2002). Ein Modell und empirische Befunde zur beruflichen Laufbahnentwicklung unter besonderer Berücksichtigung des Geschlechtsvergleichs. *Psychologische Rundschau, 53*(3), 109-118.

Arnold, J. & Reicherts, M. (2000). The transition into work – An editorial commentary. *Swiss Journal of Psychology, 59*, 221-226.

Avallone, F. & Delle Fratte, A. (2000). Future challenges for work socialisation process with regards to newcomers. In M. Vartiainen, F. Avallone & N. Anderson (Eds.), *Innovative theories, tools, and practices in Work and Organizational Psychology* (pp. 243-253). Göttingen: Hogrefe Publishers.

Bamberg, E. (1996). *Wenn ich ein Junge wäre.* Göttingen: Hogrefe.

Barta, R. (1991). Vier Generationen im Dienst der Maxhütte. In U. Achten (Hrsg.), *Hüttenfeuer. Der Kampf um unsere Arbeitsplätze – Maxhütte* (S. 22-26). Düsseldorf: WI Verlag.

Blickle, G. (1998). Berufsorientierung und Motive. Eine Längsschnittstudie. *Zeitschrift für Differentielle und Diagnostische Psychologie, 19*(3), 164-178.

Brandstädter, J. (2000). Zeit, Handeln und Sinn: Veränderung der Zeit und Zukunftsperspektive im Alter. In J. Möller, B. Strauß und M. Jürgensen (Hrsg.), *Psychologie der Zukunft* (S. 241-254). Göttingen: Hogrefe.

Bruggemann, A. (1976). Zur empirischen Untersuchung verschiedener Formen der Arbeitszufriedenheit. *Zeitschrift für Arbeitswissenschaften, 30,* 71-74.

Bundesministerium für Familie, Senioren, Frauen und Jugend (BMFSFJ). (2002). *Frauen in Deutschland – von der Frauen- zur Gleichstellungspolitik.* Berlin: BMFSFJ.

Claes, R. & Ruiz-Quintanilla, S. (1998). Influences of early career expriences, occupational group and national culture on proactive career behavior. *Journal of Vocational Behavior, 52,* 357-378.

Czerkalla, L. & Werner, M. (2001). *Das Konstrukt berufliche Mobilitätsbereitschaft. Eine empirische Untersuchung an der Stichprobe eines internen Personalmarketing- Dienstleistungsunternehmens.* Unveröffentlichte Diplomarbeit, Universität Leipzig.

Eagly, A. H. & Johnson, B. T. (1990). Gender and leadership style: A meta-analysis. In *Psychological Bulletin.* APA.

Eagly, A. H., Makhijani, M. G. & Klonsky, B. G. (1992). Gender and evaluation of leaders: A meta-analysis. *Psychological Bulletin, 111* (1), 3-22.

Feldman, D. C. (1995). Managing part-time and temporary employment relationships: Individual needs and organizational demands. In M. London (Ed.), *Employees, careers, and job creation: Developing growth oriented human resource strategies and programms.* San Francisco: Jossey Bass.

Greif, S. (1983). *Konzepte der Organisationspsychologie. Eine Einführung in grundlegende theoretische Ansätze.* Bern: Huber.

Groß, H., Munz, E. & Seifert, H. (2000). Verbreitung und Struktur von Arbeitszeitkonten. *Arbeit, 9,* 217-229.

Hoff, E.-H., Grote, S., Hohner, H.-U. & Dettmer, S. (2000). Berufsverlaufsmuster und Geschlecht in Medizin und Psychologie. *Zeitschrift für Politische Psychologie, 8,* 203-223.

Hoffmann, E. & Walwei, U. (2000). Strukturwandel in der Erwerbsarbeit. Was ist eigentlich noch „normal"? In *IAB Kurzbericht* (Bd. 14). Nürnberg: Bundesanstalt für Arbeit.

IAB: Institut für Arbeitsmarkt- und Berufsforschung. (2000). *Zahlenfibel.* Nürnberg: Eigenverlag.

IAB: Institut für Arbeitsmarkt- und Berufsforschung. (2002). *Zahlenfibel.* Nürnberg: Eigenverlag.

Kieselbach, T., Klink, F., Schart, G. & Schulz, S.-O. (1998). „Ich wäre ja sonst nie mehr an Arbeit rangekommen!" Evaluation einer Reintegrationsmaßnahme für

Langzeiterwerbslose. In *Psychologie sozialer Ungleichheit*. Weinheim: Deutscher Studien Verlag.

Kieser, A. & Kubicek, H. (2002). *Organisation.(5. Auflage)* Berlin, New York: Walter de Gruyter.

Klein, D. (1990). *Stressreaktionen bei Industriearbeitern: Arbeitsplatzbelastung und koronares Risiko*. Frankkfurt/Main: Campus Verlag.

Lang-von Wins, T. (1998). Der Übergang von der Hochschule in den Beruf: Berufsorientierungen und Wege in die Arbeitslosigkeit, selbständige und abhängige Beschäftigung. In L. v. Rosenstiel, F. W. Nerdinger & E. Spieß (Hrsg.), *Von der Hochschule in den Beruf* (S. 57-78). Göttingen: Verlag für Angewandte Psychologie.

Lang-von Wins, T. & Kaschube, J. (1998). Der Organisationswechsel. In L. v. Rosenstiel, F. W. Nerdinger & E. Spieß (Hrsg.), *Von der Hochschule in den Beruf* (S. 185-200). Göttingen: Verlag für Angewandte Psychologie.

Locke, E. A. & Latham, G. P. (1990). *A theory of goal setting and task performance*. Engelwood Cliffs N. J.: Prentice Hall.

Maier, G. W. (1998). Die erfolgreiche Eingliederung neuer Mitarbeiter: Das Ergebnis von Stellensuche und Einarbeitung. In L. v. Rosenstiel, F. W. Nerdinger & E. Spieß (Hrsg.), *Von der Hochschule in den Beruf* (S. 99-114). Göttingen: Verlag für Angewandte Psychologie.

Marcus, B. (2000). *Kontraproduktives Verhalten im Betrieb. Eine individuumbezogene Perspektive*. Göttingen: Hogrefe.

Matthews, G., Davies, D. R., Westerman, S. J. & Stammers, R. (2000). *Human performance, cognition, stress and individual differences*. Philadelphia, P. A.: Taylor & Francis.

Mohr, G. (2001). Langzeiterwerbslosigkeit. In J. Zempel, J. Bacher & K. Moser (Hrsg.), *Erwerbslosigkeit. Ursachen, Auswirkungen und Interventionen* (S. 111-131). Opladen: Leske + Buderich.

Mohr, G. (2003). Absolventinnen des Psychologiestudiums in Leipzig. Determinanten des Berufserfolgs. *Vortrag auf dem Sozialpsychologischen Kolloquium der Universität Erlangen. 30.3.2003*.

Moser, K. & Schmook, R. (2001). Berufliche und organisationale Sozialisation. In H. Schuler (Hrsg.), *Lehrbuch der Personalpsychologie* (S. 215-239). Göttingen: Hogrefe.

Parmentier, K., Schade, H.-J. & Schreyer, F. (1998). Akademiker/innen – Studium und Arbeitsmarkt. *Materialien der Arbeitsmarkt und Berufsforschung, 1.7*, 4-50.

Rappensberger, G. (1998). Berufseinstieg unter geschlechtspezifischer Perspektive. In L. v. Rosenstiel, F. W. Nerdinger & E. Spieß (Hrsg.), *Von der Hochschule in den Beruf* (S. 127-143). Göttingen: Verlag für Angewandte Psychologie.

Rappensberger, G. & Maier, G. W. (1998). Arbeitsbezogene Werthaltung und berufliche Ziele beim Berufseinstieg: Ein Vergleich von potentiellen Führungskräften aus den alten und neuen Bundesländern. In L. v. Rosenstiel, F. W. Nerdinger & E. Spieß (Hrsg.), *Von der Hochschule in den Beruf* (S. 79-97). Göttingen: Verlag für Angewandte Psychologie.

Rosenstiel, L. v. (1989). Selektions- und Sozialisationseffekte beim Übergang vom Bildungs- ins Beschäftigungssystem. *Zeitschrift für Arbeits- und Organisationspsychologie, 33,* 21-31.

Rosenstiel, L., Molt, W. & Rüttinger, B. (1995). *Organisationspsychologie.* Stuttgart: Kohlhammer.

Rosenstiel, L., Spieß, E. & Maier, G. (1998). Wege des Handelns: Perspektiven für die Personal- und Organisationsentwicklung. In L. v. Rosenstiel, F. W. Nerdinger & E. Spieß (Hrsg.), *Von der Hochschule in den Beruf* (S. 201-215). Göttingen: Verlag für Angewandte Psychologie.

Rosenstiel v. L., Nerdinger, F. W. & Spieß, E. (Hrsg.). (1998). *Von der Hochschule in den Beruf.* Göttingen: Verlag für Angewandte Psychologie.

Schalk, R. & Rousseau, D. M. (2001). Psychological contracts in employment. In: N. Anderson, D. S. Ones, H. Kepir, C. Sinangil & Viswesvaran, (Eds.), *Handbook industrial work and organizational psychology, Vol. 2, Organizational Psychology* (pp. 133-142). Thoasand Oaks: Sage.

Schyns, B. & v. Collani, G. (2002). A new occupational self-efficacy scale and its relation to personality constructs and organizational variables. *European Journal of Work and Organizational Psychology, 11;* 219-241.

Semmer, N. & Schallberger, U. (1996). Selection, socialisation and mutual adaption: resolving disrepancies between people and work. *Applied Psychology: An International Review, 45,* 263-288.

Siegrist, J. (1996). *Soziale Krisen und Gesundheit.* Göttingen: Hogrefe.

Sieverding, M. (1990). *Psychologische Barrieren in der beruflichen Entwicklung von Frauen. Das Beispiel der Medizinerinnen.* Stuttgart: Enke.

Stephan, U. & Westhoff, K. (2002). Personalauswahlgespräche im Führunskräftebereich des deutschen Mittelstandes: Bestandsaufnahme und Einsparungspotenzial durch strukturierte Gespräche. *Wirtschaftspsychologie, 3,* 3.

Stief, M. (2001). *Selbstwirksamkeitserwartungen, Ziele und Berufserfolg: Eine Längsschnittstudie.* Aachen: Shaker.

Wandel der Erwerbsarbeit: Arbeitssituation, Informatisierung, berufliche Mobilität und Weiterbildung. (2000). In W. Dostal, R. Jansen & K. Parmentier (Hrsg.), *Beiträge aus der Arbeitsmarkt- und Berufsforschung* (Bd. 231). Nürnberg: Eigenverlag.

Wardanjan, B. (2000). Berufsbiografie und Kompetenzentwicklung. In B. Bergmann, A. Fritsch, P. Göpfert, F. Richter, B. Wardanjan & S. Wilczek (Hrsg.), *Kompetenzentwicklung und Berufsarbeit* (S. 133-179). Münster: Waxmann.

Wieland, R. & Scherrer, K. (2000). *Arbeitswelten von morgen.* Opladen: Westdeutscher Verlag.

Winefield, A. H., Tiggemann, M. & Winefield, H. R. (1991). The psychological impact of unemployed and unsatisfactory employment in young men and women: Longitudinal and cross sectional data. *British Journal of Psychology, 82,* 473-486.

Wittmann, A. & Maier, G. W. (1998). Übergang von der Hochschule in den Beruf: Der Untersuchungsrahmen des Forschungsprojekts „Selektion und Sozialisation des Führungsnachwuchses". In L. v. Rosenstiel, F. W. Nerdinger & E. Spieß (Hrsg.), *Von der Hochschule in den Beruf* (S. 25-40). Göttingen: Verlag für Angewandte Psychologie.

WZB (Wissenschaftszentrum Berlin). (2002). Immer mehr Zeitarbeit. In *WZB-Mitteilungen* (Bd. 96, S. 18-20). Berlin: Eigenverlag.

Zwarg, I. & Nerdinger. F. (1998). Aufstiegserwartung in den neuen Bundesländern: Realistische Bewertung der Aufstiegschancen oder sozialisationsbedingte Altlast? In L. v. Rosenstiel, F. W. Nerdinger & E. Spieß (Hrsg.), *Von der Hochschule in den Beruf* (S. 169-183). Göttingen: Verlag für Angewandte Psychologie.

Zehn Erfolgsfaktoren für die Gestaltung von effektiven Folgeprozessen in Mitarbeiterbefragungen

Franz G. Deitering

1. Einleitung

Es ist zunehmend feststellbar, dass Veränderungsinitiativen in Unternehmen nicht den gewünschten Erfolg erzielen. Dies gilt nicht nur für Themen wie Total Quality Management (TQM), Business Process Reengineering, Veränderung der Organisationskultur etc., sondern betrifft auch die Effektivität der Planung und Umsetzung von Mitarbeiterbefragungen (MAB). Hierbei ist ein besonderes Augenmerk auf das Design und die Umsetzung der Folgeprozesse zu legen. Basierend auf langjähriger Erfahrung mit weltweiten MABs in der IT-Industrie soll dieser Beitrag Praktikern und unter Umständen auch Wissenschaftlern Anregungen zur Planung und Umsetzung aber ggf. auch zum Redesign existierender MABs geben.

Im Mai 1999 hat Alan Kraut, der seit über 30 Jahren zu den Experten von MABs in den USA zählt, im Rahmen eines Symposiums der IT-Survey Group, des weltweit führenden Benchmarking Konsortiums der IT-Industrie in Bezug auf Mitarbeiterbefragungen, in einer Untersuchung 30 Projektleitern von Mitarbeiterbefragungen aus 15 international agierenden Konzernen die folgenden beiden Fragen gestellt (vgl. Kraut, 2000):
1. Was sind die größten Wertbeiträge von MABs? (93 Kommentare)
2. Was sind die größten Schwächen von MABs? (89 Kommentare)
Die Kommentare wurden kodiert und in Clustern zusammengefasst. Die Tabelle 1 zeigt einen Überblick mit einigen typischen Kommentaren. Die Ergebnisse dieser Studie von Kraut sollen hier nur als Einstieg in das Thema dienen. Uns beschäftigen im Folgenden die Fragen „Was macht Folgeprozesse in MABs erfolgreich? Woran können die Folgeprozesse scheitern? Was sind die zehn kritischen Erfolgsfaktoren für die Planung und Durchführung von MABs?"

2. Worauf basieren die zehn Erfolgsfaktoren?

Die zehn Erfolgsfaktoren für die Gestaltung effektiver Folgeprozesse in MABs, die in diesem Beitrag vorgestellt werden sollen, resultieren aus drei Hauptquellen. Zum einen haben wir eine umfassende Benchmarkingstudie mit acht weltweit agieren IT-Konzernen zum Thema Folgeprozesse in MABs durchgeführt. Zum anderen wurde die aktuelle Literatur zum Thema Folgeprozesse analysiert. Weiterhin wurde innerhalb eines IT-Konzerns (hier XY-AG genannt) im Zeitraum von 1996 bis 2001 eine systematische Evaluation von Mitarbeiterbefragungen durchgeführt (vgl. Fivelstad, 2001).

Vor dem Hintergrund der vorgenommenen Literaturanalyse werden im Folgenden die Ergebnisse der Benchmarking Studie dargestellt (*Ergebnisse der Benchmarkstudie*) und mit den Befunden aus der Evaluationsuntersuchung der XY-AG kontrastiert (*Wie geht die XY-AG vor?*).

Die einzelnen Erfolgsfaktoren werden im Überblick dargestellt. Eine umfassendere und detailliertere Darstellung der Ergebnisse wird in Kürze im selben Verlag wie dieser Beitrag erscheinen.

Tabelle 1: Überblick mit typischen Kommentaren

Was sind die größten Wertbeiträge („value driver") von MABs?

	Verbesserte Funktionstüchtigkeit der Organisation (57 %)
21 %	Verbesserungen werden direkt umgesetzt
12 %	Ermöglicht eine Bewertung von laufenden Programmen u. Initiativen
11 %	Ist eine Hilfe bei der Entwicklung neuer Strategien
9 %	Hilft bei der Identifikation von Problemen in der Organisation
5 %	Ist eine effiziente und systematische Methode eine große Menge an relevanten Daten der Gesamtorganisation zu bekommen
	Verbesserte Kommunikation (43 %)
22 %	Verbesserung des Informationsflusses zwischen Manager und Mitarbeiter
10 %	Kommuniziert Werte und strategische Themen vom Management zu den Mitarbeitern
11 %	Unterstützt die Kommunikation (allgemein)

Was sind die größten Schwächen von MABs?

42 %	Es werden keine Maßnahmen basierend auf den MAB Ergebnissen entwickelt
19 %	Fragwürdige Relevanz – Die MAB berührt keine erfolgskritischen Aspekte
15 %	Der gesamte MAB Prozess ist zu schwierig und komplex
13 %	Desinteresse des Managements in die MAB und deren Ergebnisse
8 %	Die MAB bleibt nur an der Oberfläche und ist nicht fähig komplexe Zusammenhänge zu erfassen
3 %	Negative Einstellung der Mitarbeiter gegenüber der MAB

3. Die zehn Erfolgsfaktoren

Sinn und Zweck der zehn Erfolgsfaktoren ist es, beim Design von neuen MABs aber auch bei der Überprüfung existierender Prozesse und Verfahren von MABs behilflich zu sein. Durch die Berücksichtigung dieser Erfolgsfaktoren können die Effizienz und die Effektivität der MAB nachhaltig erhöht werden.

Einer der wichtigsten Grundgedanken für die Erfolgsfaktoren wurde von Kraut (1996, S. 152) erwähnt: „Begin with the end in mind!" Logisch übersetzt heißt das: „Am Anfang steht die Positionierung der MAB!"

3.1 Die Positionierung

Neben Nadler (1996) hat in den letzten Jahren im deutschen Sprachraum vor allem Borg (2002, 2000) zum zentralen Thema der Positionierung der MAB publiziert und gearbeitet. Mit der Positionierung der MAB werden folgende Kernfragen beantwortet:
- Was ist der Zweck der MAB?
- Welche spezifischen Ziele sollen erreicht werden?
- Welche Grundvoraussetzungen und welche Richtlinien gelten für die MAB?

Die Positionierung stellt damit auch die Basis für die Kommunikationsstrategie dar. Sie nimmt Ängste, die vor allem im mittleren Management aufkommen können.

Die *Inhalte* der MAB sind ebenfalls Bestandteil der Positionierung. Was soll zu welchem Zweck gefragt werden? Was ist der Einfluss dieser Fragen auf die Folgeprozesse? Von wem werden die Ergebnisse wie genutzt? In Tabelle 2 ist aufgeführt, welche Typen von MABs nach Borg (2000, S. 22) die Basis für die Positionierung legen können.

Ergebnisse der Benchmarkstudie

Unter den acht Unternehmen war nur eines (vgl. Tab. 2) das explizit und transparent für alle beteiligten Gruppen eine umfassende Positionierung der MAB mit sieben Kernbestandteilen vorgenommen hatte. Diese bildete den roten Faden für die gesamte MAB aber insbesondere für die Folgeprozesse und die Kommunikations- und Einbindungsstrategie.

Wie geht die XY-AG vor?

Die XY-AG, ein weltweit agierender IT-Konzern mit ca. 25.000 Mitarbeiten, führt seit 1996 systematisch MABs durch. Die erste MAB wurde 1996 als Papier-und-Bleistift-Befragung im Stammsitz der Firma durchgeführt. Für die Führungskräfte war die Basis eine Vollerhebung und für alle Mitarbeiter eine 10-prozentige repräsentative Zufallsstichprobe. Es wurde ein MAB-Standardfragebogen der IT-Industrie verwendet. Der *Zweck* der MAB war, eine aktuelle, strukturierte Übersicht zur Arbeitssituation aus Sicht der Mitarbeiter zu erhalten und auf dieser Basis zu erkennen wo die Stärken der XY-AG liegen und wo Verbesserungspotenzial besteht. In Folgeworkshops wurde auf allen Ebenen auf die Ergebnisse reagiert.

Nach erfolgreicher Durchführung beschloss der Vorstand, für 1998 weltweit eine Vollerhebung intranetbasiert in zwölf Sprachen durchzuführen. Der Standardfragebogen wurde dabei komplett auf die XY-AG angepasst. Der Vorstand entwickelte global gültige Items, die von der aktuellen Unternehmensstrategie abgeleitet wurden. Darüber hinaus hatten die wichtigsten Topmanager unterhalb des Vorstands die Möglichkeit, eigene Items für ihren Geschäftsbereich zu definieren. 1998 war der *Zweck* der MAB, die Zufriedenheit und die Leistungsfähigkeit zu *messen*, die *Einbindung* auf allen Ebenen zu erhöhen und damit die *Feedbackkultur* global weiter zu entwickeln.

Tabelle 2: Die fünf Haupttypen von Mitarbeiterbefragungen und einige ihrer Merkmale.

Typ	Zweck	Methode	Einbettung
Meinungsumfrage	Verstehen, wie die Mitarbeiter die Dinge sehen	Interviews, Fokusgruppen, Stichprobenumfragen	„Erst mal sehen"
Benchmarkingumfrage	Weiche Faktoren messen, um relative Position und Trends zu sehen	Umfrage an repräsentativer Stichprobe	Regelmäßige Wiederholung zu festen Terminen
Klimabefragung mit Rückspiegelung	Klima und Zufriedenheit verbessern, Schwachstellen „vor Ort" beseitigen	Vollbefragung der Basis mit nachfolgenden Workshops	Einzelaktion
Aufbau- und Einbindungsmanagement-Programm (AEMP)	Leistung und Zufriedenheit erhöhen unter Einbindung aller Mitarbeiter	Vollbefragung aller Mitarbeiter aller Ebenen, integrierte Vorlauf- und Nachfolgeprozesse	Zyklisches Verbesserungs- und Veränderungsprogramm
Systemische MAB	Führen mit Kennzahlen	Wie AEMP, aber inhaltlich und zeitlich verzahnt mit anderen Systemen	Integraler Bestandteil der Systeme

Für das Jahr 2000 entschied der Vorstand, die MAB als *strategisches Führungsinstrument* weiter zu entwickeln. Sie soll alle zwei Jahre als Vollerhebung weltweit durchgeführt werden. Die Grundpositionierung war jetzt „*Messen, um den Fortschritt zu managen*". Zu den o.g. Zielen kamen noch zwei hinzu. Zum einen sollte ein noch intensiveres in- und externes *Benchmarking* der Ergebnisse stattfinden. Der Beitritt der XY-AG zur *IT-Survey Group* (vgl. www.itsg.org) war eine Konsequenz daraus (vgl. Deitering, 2003). Zum anderen sollte durch die MAB ein verstärktes Ausrichten der gesamten Organisation an der *Strategie* (Zielvereinbarungen, Führung, Verhalten) unterstützt werden. Die Ziele bezüglich der *Prozesse der MAB* waren die MAB noch schneller umzusetzen und in den Folgeprozessen noch flexibler zu werden. Zum anderen sollte die Verantwortlichkeit für die Folgeprozesse konsequent in der Linie bleiben. Die MAB Positionierung bestand im Wesentlichen aus sieben Bestandteilen (vgl. Tab. 3). Auf die Punkte drei, fünf und sieben wird im Rahmen anderer Erfolgsfaktoren später eingegangen.

Tabelle 3: Die sieben Bestandteile zur Positionierung der MAB der XY-AG

	Die wichtigsten sieben Bestandteile zur MAB-Positionierung der XY-AG
1.	Zweck und Ziele der MAB
2.	Erwartungen des Vorstandes
3.	Nutzen der MAB für das Top Management, Führungskräfte und Mitarbeiter
4.	Mindestanforderungen für die Folgeprozesse
5.	Inhalte und Themenbereiche der MAB
6.	Richtlinien bzgl. Anonymität und Distribution der Daten
7.	Ressourcen und Infrastruktur

Der Vorstand kommunizierte im Vorfeld die Erwartungen an alle Mitarbeiter und Führungskräfte. Diese waren Kernbestandteile der Kommunikationsstrategie und wurden durch den Nutzen der MAB aus der Perspektive der Mitarbeiter, der Führungskräfte und des Vorstandes ergänzt (vgl. Erfolgsfaktor „Commitment"). An die Mitarbeiter wurde adressiert, an der MAB teilzunehmen, offen und ehrlich Feedback zu geben und sich in den Folgeprozessen daran zu beteiligen, Lösungen zu finden und Maßnahmen zu implementieren. Von den Führungskräften erwartete der Vorstand, dass sie sich dafür einsetzen, dass sie ihren Teams die Grundregegeln der MAB erklären und dafür sorgen, dass sich jedes Teammitglied aktiv an der MAB beteiligt. Weiterhin sollten sie sich ernsthaft mit ihren MAB-Ergebnissen auseinandersetzen und gerade in den Folgeprozessen offen sein und zuhören, was ihre Mitarbeiter ihnen mitteilen. Sie sollen die Ergebnisse der MAB für Verbesserungen einsetzen, die einen nachhaltigen Nutzen liefern.

Ein Evaluierungsergebnis der MAB 1998 war, dass die Folgeprozesse weltweit sehr uneinheitlich gestaltet wurden. Daraufhin wurden vom Vorstand Mindestanforderungen für die Folgeprozesse verabschiedet. Durch die Kommunikationsstrategie wurden diese immer wieder als Zielgerade in den Konzern getragen, aber auch durch entsprechende Trainings der MAB-Koordinatoren und der Führungskräfte unterstützt (vgl. Erfolgsfaktor „Infrastruktur, Organisation und Support"). So sollten alle Mitarbeiter über die Ergebnisse der MAB informiert werden. Es wurde empfohlen, dies in direkter Kommunikation mit dem Team zu tun, was in vielen asiatischen und südamerikanischen Ländern sehr unüblich war. Den Mitarbeitern sollte eine Möglichkeit gegeben werden, die Ergebnisse der MAB mit ihren Managern zu diskutieren. Hier wurde empfohlen, die Prozesse und Maßnahmen nach der MAB in existierende Managementprozesse zu integrieren. Jede Organisationseinheit sollte mit spezifischen Maßnahmen auf die MAB-Ergebnisse reagieren, die die operativen und strategischen Ziele unterstützen. Die Implementierung der Maßnahmen sollte systematisch überprüft werden. Weiterhin sollen Mitarbeiter regelmäßig über den Status der Maßnahmen informiert werden. Alle Regeln der MAB und der Folgeprozesse (Anonymitätsschutz, Distribution der MAB Ergebnisse, Workshop Regeln etc.) müssen strikt eingehalten werden. Für alle Aktivitäten der Folgeprozesse sollen soweit wie möglich existierende Managementprozesse genutzt werden.

Wichtig war auch Kernaussagen zum Thema Anonymität und Distribution der Daten zu machen. Sämtliche Grundsatzfragen wurden mit dem Beirat diskutiert und vom Vorstand verabschiedet (vgl. auch die Erfolgsfaktoren „Infrastruktur" und „Einbindung"). Zum Thema Anonymität wurden die bewährten Standards bei der Durchführung von MABs vom Datenschutzbeauftragten überprüft und anschließend vor allem die technische Realisierung bei der Online-Befragung proaktiv kommuniziert, um möglichen Befürchtungen vorzubauen. Mit einer Rücklaufquote von 89,3 % in 1998 war bereits eine gute Vertrauensbasis der Online-MAB erreicht worden. Für die Folgeprozesse lagen noch Potenziale in der intensiveren Nutzung der Daten auf der Grundlage von Quervergleichen. Die Distribution der MAB-Daten basierte auf folgenden Grundprinzipien. Die Organisation X kann die Ergebnisse seiner Einheit relativ zu dem Durchschnittswert der darüber liegenden organisatorischen Einheit zu der X gehört im Aufwärtsvergleich sehen. Manager, die für verschiedene Organisationseinheiten verantwortlich sind, können deren Ergebnisse im Quervergleich sehen. Dieses gilt nur für die erste Ebene. Vorstände, Manager von Regionen und Ländern können Quervergleiche ihrer Geschäftsbereiche erhalten. Das Feedback der MAB-Ergebnisse kaskadiert in einem Top-Down-Ansatz in die Organisation: Der Vorstand wird zuerst informiert; die Manager erhalten die Ergebnisse für ihre Organisationseinheiten kurz bevor die Mitarbeiter informiert werden.

3.2 Die Folgeprozesse unterstützen die Ziele der MAB

Das Design der Folgeprozesse muss konsequent an dem MAB-Typen, der Positionierung und den spezifischen Zielen der MAB ausgerichtet sein (vgl. Borg, 2000). Abhängig von dem MAB-Typen werden die Folgeprozesse sehr unterschiedlich aussehen. Von wem sollen/können die Daten genutzt werden? Bis zu welcher Ebene werden sie kommuniziert? Welchem Zweck dient die MAB? Falls es sich zum Beispiel um eine 5-prozentige repräsentative Stichprobe in einem der größten IT-Konzerne der Welt handelt, in dem die MAB als so genannter „Pulse Survey" der strategischen Steuerung des Konzerns dient, macht es wenig Sinn, einen Top-Down/Bottom-Up-Prozess nach Borg (2000) mit tausenden Ergebnisberichten bis auf Teams von acht Mitarbeitern runterzubrechen.

Der Top-Down/Bottom-Up-Prozess bietet sich nach Borg (2000) vor allem dann an, wenn die MAB schnell und effektiv entlang der existierenden Hierarchie durchgeführt werden soll, ohne eine zusätzliche By-Pass-Organisation zu schaffen.

Wenn die Einbindung der Mitarbeiter und der Führungskräfte erklärtes Ziel der MAB ist, reicht es nach Trost, Jöns und Bungard (1998) nicht aus, sie nur über die Ergebnisse der MAB zu informieren, sondern sie müssen von Anfang an am Design und der Umsetzung der Folgeprozesse aktiv beteiligt werden.

Church und Waclawski (1998) weisen auch auf die Bedeutung hin, sich vor der Distribution der Ergebnisse im Klaren zu sein wie, welche Daten, wann, an wen, mit welchem Ziel präsentiert werden. All das sollte sich primär an den Zielen der MAB orientieren.

Ergebnisse der Benchmarkstudie

Es ist sehr interessant, dass die meisten der Firmen in der Benchmarking-Studie weder eine klare Positionierung Ihrer MAB hatten noch spezifische und messbare Ziele. Wie aber können effektive Folgeprozesse geplant, entwickelt und umgesetzt werden, wenn die Ziele nicht vorhanden oder unklar sind?

Wie geht die XY-AG vor?

Aus den Evaluationsergebnissen der MAB in 1996 und 1998 ist eindeutig hervorgegangen, wie wichtig es für alle Betroffenen ist zu wissen, was der Zweck der MAB ist und was damit erreicht werden soll. Durch die Transparenz und klare Kommunikation der Ziele wird Vertrauen geschaffen und eine solide Erwartungshaltung vermittelt.

Zum anderen ist es wichtig, ganz nach dem Motto „Der Weg ist das Ziel", sich im Vorfeld im Projektteam zu überlegen, wie diese Ziele mit flexiblen Designs von Folgeprozessen unterstützt werden können. Aus der Sicht des Programmverantwortlichen heißt dies auch oft, den Entscheidern über die MAB-Ziele unterschiedliche Möglichkeiten und Risiken zur Positionierung, aber auch deren Konsequenzen bzgl. Ressourcen, Organisationsdynamik, Zeit, Kosten etc. aufzuzeigen.

3.3 Die Information und die Kommunikation

Wenn es neben der Positionierung der MAB einen weiteren „Key Success Factor" gibt, dann ist es eine gezielte Information und Kommunikation in allen Phasen der MAB.

Borg (2000) differenziert folgende Phasen (vgl. Abb. 1) in einer MAB, die als Auftau- und Einbindungsprozess (AEMP) positioniert ist. Wichtig ist, in allen Phasen zielgerichtet zu informieren und zu kommunizieren. Inhalte und Zweck können dabei je nach Zeitpunkt, Medium und Zielgruppe unterschiedlich sein.

Neben dem Kommunizieren *über* die MAB als solche sind auch die *operativen Folgeprozesse*, das heißt das Zurücktragen der MAB-Ergebnisse in die Organisation wichtig. Nach Borg (2000) kommt es hier vor allem darauf an, dass die Ergebnisse so vermittelt werden, dass sie von den verschiedenen Zielgruppen verstanden und auch akzeptiert werden. Ein klassischer Top-Down/Bottom-Up-Ansatz kann nach Borg (2000) aussehen, wie in Abbildung 2 dargestellt.

Die Konsequenzen bzw. die verschiedenen Möglichkeiten auf diese Ergebnisse zu antworten sind nach Borg (2002, S. 90 ff.) vielfältig. Neben *offiziellen/öffentlichen Reaktionen* zum Beispiel in Workshops können auch Gespräche zwischen einzelnen Topmanagern und ihren Führungskräften zu deren MAB-Ergebnisse stattfinden (*Dialogische Reaktion*). Hier wird die MAB in den ganz normalen Führungsalltag integriert. Darüber hinaus kann es auch zu ganz *individuellen Reaktionen* einzelner Manager kommen, die gar nicht so direkt nach außen sichtbar werden.

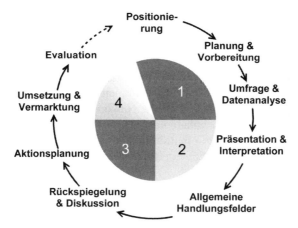

Abbildung 1: Phasen und Schritte eines AEMP (Borg, 2000, S. 24)

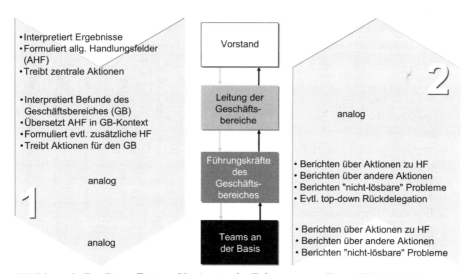

Abbildung 2: Top-Down/Bottom-Up-Ansatz der Folgeprozesse (Borg, 2000, S. 206)

Ergebnisse der Benchmarkstudie

Aus der Benchmarking-Studie ging eindeutig hervor, dass sich die Mitarbeiter in vielen Fällen im Vorfeld nicht ausreichend informiert fühlen. Bei den operativen Folgeprozessen ist es oft der Fall, dass die Ergebnisse nicht mit den Mitarbeitern diskutiert werden bzw. Maßnahmen erarbeitet werden, die nachhaltig zu einer Verbesserung der

Handlungsfelder führen. Oftmals werden aber auch viele Aktionen, Programme und Projekte, die durch die Ergebnisse der MAB initiiert wurden, dieser gar nicht zugeordnet. Dieses gilt vor allem, wenn die MAB einige Zeit zurück liegt. Zitate wie „Da ist ja doch nichts rausgekommen" sind dann häufig anzutreffen.

Wie geht die XY-AG vor?

Gerade bei den ersten MABs wurde eine differenzierte Marketingstrategie (vgl. Abb. 3/4) entwickelt und umgesetzt. Sie beinhaltet einen konkreten Plan zur Einbindung, Kommunikation, Information und gezielten Nutzung verschiedener Medien in unterschiedlichen Phasen. Nur so konnte eine entsprechende Aufmerksamkeit erzielt werden. Neben sachgerechter Information und Aufklärung bzgl. der MAB steht natürlich auch das Ziel der Motivation zur Teilnahme und der aktiven Mitarbeit in den Folgeprozessen.

Innerhalb des gesamten MAB-Projektes gab es ein definiertes Teilprojekt „Marketing & Kommunikation". In den folgenden MABs wurde dieses wichtige Themengebiet noch weiter ausdifferenziert und ein weiteres Teilprojekt „Folgeprozesse" definiert. Das zeigt welche Bedeutung dieser Bereich innerhalb des MAB-Prozesses hat. Mehr dazu im Erfolgsfaktor „Infrastruktur, Organisation und Support".

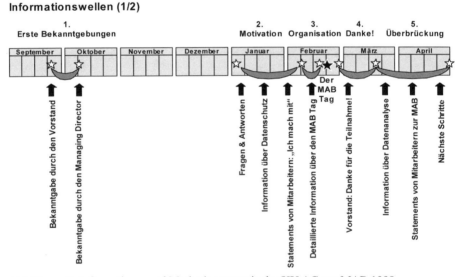

Abbildung 3: Informations- und Marketingstrategie der XY-AG zur MAB 1998

Informationswellen (2/2)

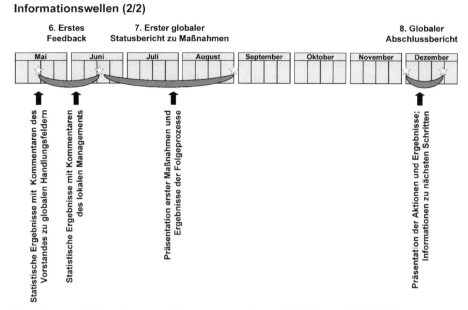

Abbildung 4: Informations- und Marketingstrategie der XY-AG zur MAB 1998

3.4 100 % Commitment

Es ist eine gängige Einsicht, dass ohne das Commitment der Führungskräfte – besonders des Topmanagements – gar nichts geht. Aber was beeinflusst dieses Commitment? Welche konkreten Maßnahmen können ergriffen werden, um Commitment zu erreichen und auch zu halten?

Church und Waclawski (1998) sagen es sehr deutlich: Eine gut entwickelte und integrierte MAB ist eine Verschwendung von Ressourcen und führt nur zu Frustration, wenn das Top Management der MAB keine Wertschätzung gibt und den Nutzen der MAB nicht versteht. Kraut (1996) hält es für unumgänglich, den Vorstand von Anfang an aktiv einzubinden, das Verständnis für Chancen und Risiken zu schaffen und einen klaren Businessbezug der MAB aus Sicht des Managements herzustellen. Borg (2000) stellt die Bedeutung des CEOs heraus. Gerade weil viele MABs in der Verantwortung des Peronalbereiches liegen, ist es wichtig, dass ein sichtbares Commitment bzgl. der MAB vom CEO kommt. Ohne ein echtes Commitment des gesamten Vorstandes kann es passieren, dass die MAB zum Spielball des Managements wird. „Jetzt ist gerade kein guter Zeitpunkt für die MAB. Wir setzen dieses Mal aus" oder „Wir pfeifen das ganze Projekt zurück, andere Dinge sind jetzt wichtiger" können in solchen Fällen Aussagen sein, die in der Folge sehr viel Schaden und Vertrauensverlust bewirken.

Ergebnisse der Benchmarkstudie

In den befragten Konzernen war ein eindeutiger Trend feststellbar. Der Vorstand stand aus Sicht der befragten MAB-Verantwortlichen annähernd zu 100 % hinter den Mitarbeiterbefragungen. Die Ebene direkt unterhalb des Vorstandes wurde mit ca. 90 % eingeschätzt. Mit 50-70 % war beim mittleren Management ein deutlicher Einbruch zu verzeichnen. Das Commitment der Mitarbeiter wurde wiederum mit 80-90 % deutlich höher eingestuft.

Was können die Gründe für das relativ niedrige Commitment des mittleren Managements sein? Oftmals wird es vom Top Management nicht ausreichend informiert und bzgl. Ziele, Inhalte und Vorgehensweise nicht eingebunden. Gleichzeitig geht aber von den Mitarbeitern ein immenser Erwartungsdruck an diese Führungskräfte aus. Aus dieser „Sandwich-Position" resultiert oft Frustration, Angst, Überforderung und Reaktanz. Das Top Management hat einen großen Informationsvorsprung und ist gewöhnlich sehr eng im Prozess der Positionierung eingebunden. Der Nutzen der MAB aus strategischer Sicht wird auf dieser Ebene eher erkannt als im mittleren Management.

Wie geht die XY-AG vor?

Die Ergebnisse der Benchmarking-Studie finden sich auch in den Evaluationsergebnissen von 1996 und zum Teil 1998 wieder. Das Commitment auf Top Managementebene wurde vor allem durch konkrete Mitarbeit an der Positionierung der MAB erreicht. Auf den ersten beiden Managementebenen wurde die Möglichkeit, eigene Items zu formulieren, sehr positiv aufgenommen. So wurde die MAB – obwohl sie von der Zentrale kam – für viele Landeschefs zum „eigenen Baby". Darüber hinaus ist es sehr wichtig, immer wieder den Nutzen (vgl. Abb. 5) der MAB aus der Perspektive der einzelnen Zielgruppen herauszustellen.

Mitarbeiter
- Sich Gehör verschaffen
- Strategische Entscheidungen beeinflussen
- Die Arbeitssituation vebessern
- Möglichkeit zum Aufwärts-Feedback
- Die Sichtweise anderer kennenlernen

Top Manager
- Messung von Faktoren, die Leistung beeinflussen
- Systematisches managen „weicher Faktoren"
- Beschleunigte Strategieumsetzung
- Bessere strategische Ausrichtung über die Grenzen einzelner Organisationseinheiten hinweg
- Intensivere Partizipation und Kooperation

Führungskräfte
- Die Sichtweise ihrer Mitarbeiter kennen
- Verdeckte Widerstände und Chancen für zukünftigen Erfolge erkennen und nutzen
- Effektive Maßnahmen aufsetzen
- Mehr Commitment durch Einbindung
- Teamzusammenhalt fördern
- Wege zum Dialog eröffnen

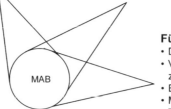

Abbildung 5: Der Nutzen der MAB 2000 der XY-AG aus drei Perspektiven

Gerade auf der Ebene des mittleren Managements gibt es Handlungsbedarf. Hier galt es, Vertrauen zu schaffen durch Information. Wichtig ist gerade diesen Führungskräften im Training und zum Teil in der Einzelberatung die konkreten Chancen und Möglichkeiten aufzuzeigen, ihnen aber auch mit Rat und Tat besonders in den Folgeprozessen zur Verfügung zu stehen. Mehr dazu bei dem Erfolgsfaktor „Infrastruktur, Organisation & Support" und „Einbindung".

3.5 Das theoretische Fundament

Nichts ist praktischer als eine gute Theorie – vor allem dann, wenn sie aus Sicht von Entscheidern einsichtig und nachvollziehbar ist und einen klaren Bezug zum Geschäftserfolg hat. Vor diesem Hintergrund gibt es unterschiedliche Modelle, Konzepte und theoretische Überlegungen, die hier genutzt werden können.

Einige Unternehmen kommen über die *Qualität* zum Thema MAB und nutzen das europäische *EFQM-Modell* oder den *Malcolm Baldridge Award* in den USA (vgl. Borg, 2000). In diesen Modellen werden Kriterien wie Führung, Mitarbeiterorientierung, Unternehmensstrategie, Prozesse, Kunden- und Mitarbeiterzufriedenheit aber auch die Geschäftsergebnisse zugrunde gelegt. Die *Messung* dieser Kriterien ist hier eine Grundvoraussetzung.

Andere Konzerne nehmen Konzepte wie die *Service-Profit-Chain* (vgl. Abb. 6) von Heskett et al. (1994) als Basis.

Abbildung 6: Service-Profit-Chain von Heskett et al. (1994)

Zum anderen gibt es aber auch *psychologische Modelle* wie zum Beispiel der *Leistungs-Zufriedenheitsmotor* von Borg (1995), der auch von der XY-AG genutzt wird (s.u.). Aus Platzgründen ist es hier leider nicht möglich, auf weitere Modelle einzugehen.

Neben diesen Modellen können nach Borg (2000, S. 92 ff.) auch spezifische *Itemtypen* einen massiven Einfluss auf die Folgeprozesse haben. Gewöhnlich ist der

Zweck von Items möglichst reliabel und valide zu *messen*. Es kann aber auch sein, dass mit einem Item ein bestimmtes Thema *transportiert* werden soll. Zum Beispiel soll „leistungsgerechte Bezahlung" als Thema in das Unternehmen getragen werden. Wohlwissend, wie gewöhnlich das Antwortverhalten von Mitarbeitern in diesem Bereich aussieht, dient es dem Vorstand in der Folge als Legitimation zur Einführung eines bonusrelevanten Leistungsbeurteilungssystems. Zum anderen kann durch *Aktionsitems* die spätere Einbindung der Mitarbeiter zu bestimmten Themen wie Kosten, Qualität oder Produktivität vorbereitet werden. Da diese Themen vor allem das Top Management interessieren, stoßen Zustimmungswerte von oft über 70 % zu Aussagen wie „Unter Veränderung von bestimmten Rahmenbedingungen könnte ich meine Produktivität erheblich (>15 %) steigern" auf großes Interesse. In den folgenden Workshops kann dann mit diesen Mitarbeitern konkret an Ursachen und Aktionen gearbeitet werden, um die Produktivität entsprechend zu steigern.

Ergebnisse der Benchmarkstudie

Interessant ist, dass lediglich zwei von acht befragten Unternehmen explizit ein Modell als Grundlage ihrer MAB nutzen. Bei der Entwicklung des Fragebogens gingen die sechs Unternehmen eher Thema für Thema durch und bestimmten, welche Fragen aufgenommen werden. Wiederum andere kopierten mehr oder weniger gängige Fragebögen oder MABs von Wettbewerbern.

Grundthemen der MAB im Zusammenhang

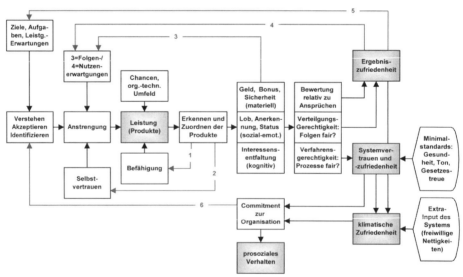

Abbildung 7: Die Inhalte der MAB 1998 der XY-AG basierend auf den LZ-Motor von Borg (1995)

Wie geht die XY-AG vor?

Der Standardfragebogen der MAB 1996 wurde 1998 konsequent nach dem Modell des Leistungs-Zufriedenheitsmotors (LZ-Motor) von Borg (1995) überarbeitet (vgl. Abbildubg 7).

Je nach strategischer Intention wurden die verschiedenen Itemtypen eingesetzt. Sowohl der LZ-Motor als auch die Itemtypen fanden im Top Management eine hohe Akzeptanz, da hier zum einen die Zusammenhänge klar wurden und zum anderen der strategische Bezug zum Geschäftserfolg einsichtig war. So wurde auch die Vorstandspräsentation 1998 konsequent entlang des LZ-Motors durchgeführt.

3.6 Die Infrastruktur, die Organisation und der Support

Die MAB braucht eine solide Infrastruktur, eine gute Projektorganisation und in allen Phasen hervorragenden Support für alle beteiligten Gruppen.

In der angelsächsischen Literatur wird dieses Thema nur sehr knapp oder gar nicht behandelt (vgl. Kraut, 1996, S. 152) oder Church und Waclawski (1998, S. 38). Lediglich Trost et al. (1998, S. 41-48) und Borg (2000, S. 65-78) gehen intensiver auf Themen wie Projektplanung, -architektur und -organisation ein. Hier gilt es vor allem, die Rollen, Verantwortlichkeiten, Ressourcen, Meilensteine etc. zu planen, abzustimmen und umzusetzen. Gerade bei weltweiten Projekten gilt es, diese Punkte mit dem Topmanagement im Vorfeld abzustimmen.

Ergebnisse der Benchmarkstudie

Die Ergebnisse der Benchmarkingstudie zeigen, dass es sehr wichtig ist, lokale Unterstützung bei der Administration der MAB zu haben. In den meisten Fällen handelt es sich um Mitarbeiter der lokalen Personalabteilung. Die Auswahl der unterstützenden Funktion und der Personen hat hierbei einen massiven Einfluss auf das Image und die Qualität der Folgeprozesse. Die Qualifikation und die Akzeptanz des lokalen MAB-Koordinators ist ein entscheidender Faktor für die erfolgreiche lokale Umsetzung der MAB.

Wie geht die XY-AG vor?

Die MAB wird alle zwei Jahre als Projekt aufgesetzt und beginnt mit der Nominierung des *Projektleiters* durch den weltweiten *Personalleiter*. Der Projektleiter hat direkten Zugang zum *Vorstandsmitglied und Sponsor* der MAB. Dieser Sponsor vertritt alle wichtigen Entscheidungen wie zum Beispiel die Positionierung im Vorstand. Der *MAB-Beirat* ist besonders in der Entwicklungsphase als Feedbackgeber gefordert. In ihm sind Führungskräfte, Mitarbeitervertreter, Personalchef, Projektleiter und der externe Berater vertreten. Im Beirat werden Konzepte diskutiert, angepasst und Entscheidungsvorlagen für den Vorstand entwickelt. Der Projektleiter entwirft die grobe *Projektarchitektur* (vgl. Abb. 8) und stellt sein *Kernteam* zusammen. Das Kernteam beinhaltet den Projektleiter, den externen Berater und die Teilprojektleiter für die

„Online-Befragung", „Items & Übersetzung", „Marketing & Kommunikation" und „Folgeprozesse". Neben diesem Kernteam unterstützen die *Support-Koordinatoren* aus der Zentrale heraus ca. 70 dezentrale *MAB-Koordinatoren*. Die regionalen MAB-Koordinatoren wie z. B. in der Region Asien/Pazifik haben auf Landesebene bis zu 12 lokale MAB-Koordinatoren, die in dieser Rolle fachlich an den regionalen MAB-Koordinator berichten.

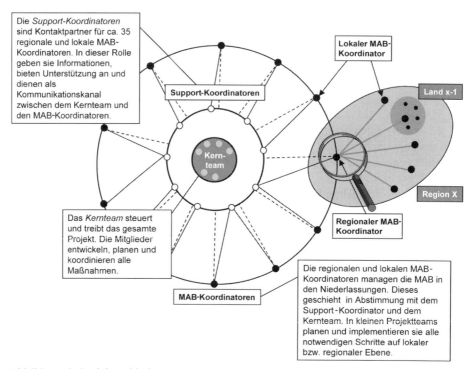

Abbildung 8: Projektarchitektur der MAB 1998 der XY-AG

Neben der Projektplanung und -architektur ist die Ausbildung der MAB-Koordinatoren und die Information und das Training der Führungskräfte sehr wichtig für den Erfolg der MAB und der Folgeprozesse. Daneben gilt es bei Bedarf die nötige Anzahl an Moderatoren für Workshops zu qualifizieren. Ggf. sind hierfür Train-the-Trainer-Ansätze für den weltweiten Roll Out sinnvoll. Über die benötigten Ressourcen in Zeit und Geld gilt es mit der Positionierung der MAB die Zustimmung des Vorstandes und der nächsten Managementebene zu erhalten. Wenn das Budget und die Positionierung stehen kann ein grober Projektplan (vgl. Abb. 9) mit Meilensteinen erstellt werden.

Zeitrahmen und Meilensteine

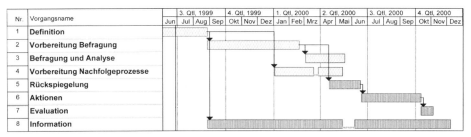

Abbildung 9: Projektplan der MAB 2000 der XY-AG

3.7 Die systematische Integration der MAB und der Folgeprozesse

Oft werden MABs als isolierte Programme erlebt. Ohne eine konsequente und systematische Integration in existierende Managementprozesse können MABs nicht ihr volles Potenzial entfalten, ja ggf. sogar kontraproduktiv wirken.

Nach Church und Waclawski (1998) ist es wichtig, die MAB von Anfang an integriert zu planen und dabei Interdependenzen zu berücksichtigen. Dabei können *Change*-Modelle wie zum Beispiel das von Burke-Litwin (1992) genutzt werden (vgl. Abb. 10).

Borg (2000, S. 24 f.) spricht in diesem Zusammenhang von systemischen MABs, die weder als Projekt noch als Programm durchgeführt werden, sondern zum ganz normalen Managementsystem des Konzerns gehört. Hierbei ist insbesondere die Verzahnung von strategischen Führungssystemen wie z. B. die Balanced Scorecard aber auch Leistungsbeurteilungs- und Vergütungssysteme zu berücksichtigen.

Ergebnisse der Benchmarkstudie

Die volle Integration in die existierenden Managementsysteme ist eher die Ausnahme als die Regel. In Teilen bestehen allerdings unterschiedliche Ansätze der Integration. So werden die MAB-Daten in zwei von acht Konzernen für die Balanced Scorecard genutzt. In fünf der Konzerne werden die Ergebnisse mit in das MbO-Konzept übernommen und sind damit für die Führungskräfte bonusrelevant. In zwei Fällen werden die Daten zu so genannten „Linkage Research" (vgl. Wiley 1996, S. 330 ff.) genutzt. Hier werden die MAB-Ergebnisse in einen statistischen Bezug zu anderen geschäftsrelevanten Daten wie Kundenzufriedenheit, Umsatz, Qualität, Fluktuation etc. gebracht. Dieser Ansatz ist in den USA in den letzten fünf Jahren sehr stark weiter entwickelt worden und findet gerade im Topmanagement eine sehr hohe Akzeptanz.

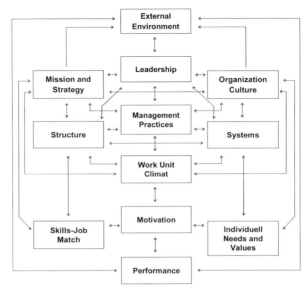

Abbildung 10: Change Modell von Burke-Litwin (1992, S. 538)

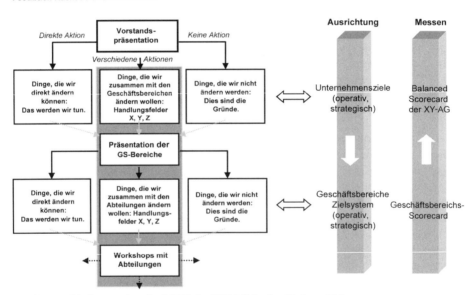

Abbildung 11: Integration der MAB der XY-AG in das Ziel- und Messsystem

Wie geht die XY-AG vor?

Inhaltlich betrachtet wurden 1998 mit der Neupositionierung der Standard-MAB von 1996 vor allem auch Items der Unternehmenskultur berücksichtigt. Ebenso wurden in

2000 Elemente des global gültigen Kompetenzmodells und neue Standards zur Führung eingebracht. Schritt für Schritt wird die MAB in das Ziel- und Mess-System (vgl. Abb. 11) der XY-AG integriert.

3.8 Die Politik

Die politische Dimension ist bei einer weltweiten MAB nicht zu unterschätzen. Wie bei jedem größeren Veränderungsprojekt, ist es hier gerade für den Projektleiter wichtig, Trends und Strömungen im Konzern mit zu berücksichtigen.

Borg (2002, S. 32 ff.) spricht in diesem Zusammenhang von *hidden agendas*. Gemeint sind damit oft persönliche Ziele einzelner Personen oder Gruppen in der Organisation. Church und Waclawski (1998, S. 20) sehen das „pooling of intellectual and political resources" als einen wichtigen Erfolgsfaktor an. Dazu gehört ihrer Meinung nach das Bilden von Allianzen, aber auch die Gewährleistung des Commitments und der Unterstützung von Key Playern in der Organisation in den entsprechenden Phasen. Das kann konkret bedeuten, vor der Präsentation der MAB-Ergebnisse im Vorstand die Ziele und den Ablauf des Meetings mit dem CEO abzustimmen.

Ergebnisse der Benchmarkstudie

Die Einflussnahme des Projektleiters auf Entscheider im Konzern ist ein wichtiger Erfolgsfaktor für die MAB. Daher ist die Person und die Position des MAB-Verantwortlichen sehr wichtig. Der direkte Draht dieser Person zum CEO ist aber bei den meisten der acht Konzerne nicht gegeben. Stattdessen können durchaus zwei bis teilweise vier Hierarchieebenen dazwischen liegen.

Wie geht die XY-AG vor?

Der Zugang zum Vorstand war in allen MABs seit 1996 gewährleistet. Durch eine sehr offene und transparente Positionierung der MAB war eine gute Vertrauensgrundlage geschaffen. Das gleiche galt von Anfang an für die Offenheit im Vorstand selber. Auf die Frage des Projektleiters an den CEO 1996, ob denn die MAB-Ergebnisse im Vorstand im Quervergleich gezeigt werden sollten, antwortete dieser: „Wie sollen wir als Vorstandsteam diesen Konzern führen, wenn wir nicht bei uns selbst anfangen transparent mit den Ergebnissen umzugehen?" Diese Form der Offenheit wurde von MAB zu MAB auch international konsequent auf weitere Ebenen ausgebaut.

Die MAB 1998 war das erste weltweite HR-Projekt, das zwar vom Vorstand als Sponsor getragen, aber vom Personalbereich als „Functional Owner" operativ umgesetzt wurde. In einem damals sehr dezentral organisierten Konzern war es ein Balanceakt, zum einen neue weltweite Standards durchzusetzen, zum anderen genügend Freiheit zur individuellen Gestaltung zu lassen. Gerade in diesem Zusammenhang war die Einbindung der Manager aller Ebenen und der Mitarbeitervertreter sehr wichtig.

3.9 Die aktive Einbindung aller wichtigen Parteien

Gerade bei der erstmaligen Entwicklung, Positionierung und Implementierung einer MAB ist die Einbindung aller wichtigen Akteure auf dem Parkett der zentrale Erfolgsfaktor. Aber auch bei der Vorbereitung und Durchführung weiterer MABs bringt das Investment in Einbindung einen guten Return on Investment.

Die Wichtigkeit der Einbindung des Vorstandes und der Mitarbeitervertretung bei der erstmaligen Positionierung der MAB wird von nahezu allen Quellen in der Literatur unterstrichen (vgl. Borg, 2000; Church & Waclawski, 1998; Nadler, 1996; Kraut, 1996; Trost et al., 1999). Das Ziel ist, durch die Einbindung die Qualität der MAB zu erhöhen. So können mit der MAB verbundenen Erwartungen der einzelnen Parteien eher erfüllt werden, wenn sie von Anfang an im Prozess integriert sind. Das gleiche gilt auch für Führungskräfte und Mitarbeiter, die in repräsentativer Form an einer Erstpositionierung mitwirken können.

Abhängig von der Zielsetzung ist bei der Durchführung der MAB sehr genau zu überlegen, ob eine Vollerhebung gemacht wird oder eine repräsentative Zufallsstichprobe gezogen wird. Technologisch gesehen ist der Aufwand bei Online-Befragungen im Gegensatz zu Stichproben kaum größer bzw. kann sogar niedriger sein. Das Faktum der Einbindung aller Mitarbeiter sollte hier allerdings aus psychologischen Gründen nicht unterschätzt werden (vgl. Borg, 2000, S. 62 f.). Einbindung führt gewöhnlich zu einem höheren Commitment.

Gerade in den Folgeprozessen ist die Einbindung auf allen Ebenen essentiell wichtig. Besonders Hinrichs (1996, S. 255 ff.), Nadler (1996, S. 177 ff.) und Kraut (1996, S. 149 ff.) weisen auf die Bedeutung der Einbindung des Vorstandes, der Führungskräfte und insbesondere der Mitarbeiter hin. Hier stehen der Feedbackprozess, die Definition von Handlungsbedarfen und die Aktionsplanung im Vordergrund.

Ergebnisse der Benchmarkstudie

Die meisten Konzerne haben bei der Erstpositionierung auf eine sehr breite Einbindung verzichtet. Es sind eher kleine Konzeptteams, die die MAB entwickeln und dann mit dem Personalchef und dem CEO oft auch ohne die anderen Vorstände auf den Weg bringen. In den Folgeprozessen werden die Ergebnisse in der Regel Top-Down bis auf Teamebene in die Organisation gegossen. Die Ergebnisse aus den Workshops werden gewöhnlich einem konsequenten Monitoring und Controlling unterworfen. Die Möglichkeit eigene Items einzubringen gab es nur in einem Konzern. Das gleiche gilt für das Einrichten eines MAB-Beirates (s.o.).

Wie geht die XY-AG vor?

Einbindung wird im XY-Konzern groß geschrieben. Neben der oben beschriebenen Positionierung der MAB auf Konzernebene sind die MAB-Koordinatoren ausgebildet worden, auch lokal eine Positionierung der MAB umzusetzen. Sie involvieren ihren Topmanager und sein Führungsteam bei der Definition der lokalen Items für das Land oder den Geschäftsbereich. Auch die Feinanpassung der globalen MAB auf die lokalen Bedürfnisse wird hier diskutiert und entschieden.

Die ca. 100 Topmanager des Konzerns haben weiterhin die Möglichkeit, ihre persönliche *Prognose* abzugeben, welche Ergebniswerte Sie bei der MAB erwarten.

Ein wichtiges Gremium bei der Planung und Umsetzung der MAB ist der weiter oben beschriebene MAB-Beirat.

Der wichtigste Einbindungspunkt liegt allerdings in den Folgeprozessen, die im Laufe der Zeit immer weiter differenziert und flexibler gestaltet wurden. Die Hauptziele für die Feedback-Workshops sind, die MAB-Ergebnisse zu verstehen und zu akzeptieren. Weiter gilt es auf diese Ergebnisse zu reagieren und entsprechend zu kommunizieren.

Über die verschiedenen Ebenen hinweg gab es *unterschiedliche Formen von Folgeprozessen* (vgl. Abb. 12), die von den MAB-Koordinatoren in Absprache mit ihrem Top Management flexibel an die lokalen Bedürfnisse angepasst wurden. Hierbei wurden die Struktur, die Kultur, die Prozesse und die strategischen Ziele der Organisation berücksichtigt. Der Respekt vor lokalen Unterschieden und die Möglichkeit zur flexiblen Gestaltung der eigenen Folgeprozesse war eine wesentliche Veränderung von 1998 zur MAB 2000. 1998 wurde ausschließlich der traditionelle MAB-Workshop weltweit ausgerollt.

Eine weitere Form der indirekten Einbindung wird durch die *Evaluierung* der MAB seit 1996 gewährleistet. Die Beteiligung aller Interessengruppen sowohl an der Positionierung als auch an der konsequenten Weiterentwicklung der MAB fördert die Identifikation mit der MAB.

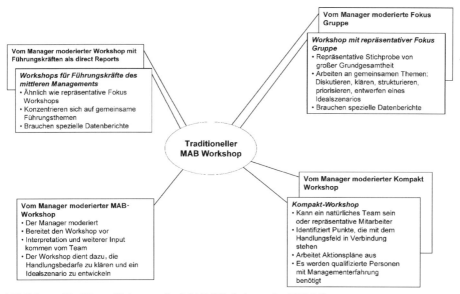

Abbildung 12: Diversifizierung der MAB-Workshops der XY-AG

3.10 Die eindeutige Fokussierung auf das Business

Die meisten Mitarbeiterbefragungen sind längst aus dem Zeitalter raus, in dem es darum ging, rein „hygienische" Aspekte in der Organisation zu messen, die dann mit mehr oder minder humanistischen Zielen im Zufriedenheitskontext weiter diskutiert wurden. Beide Aspekte – die *Mitarbeiterzufriedenheit und die Leistungsfähigkeit* des Konzerns – stehen gemeinsam und im Zusammenhang im Fokus. Wie aus der bereits eingangs erwähnten Studie von Kraut (2000) ebenfalls hervor geht, wird aus Sicht von ca. 20 % der befragten MAB-Profis die Relevanz der MAB für das Business bezweifelt.

Nadler (1996, S. 187 ff.) und Kraut (1996, S. 149 f.) stellen beide die konsequente Fokussierung auf die Unternehmensstrategie und vor allem auf die Businessorientierung durch eine aktive Einbindung des Vorstands heraus. Borg (2000, S. 35 ff.) sieht die Optimierung der *Strategieumsetzung* als ein zentrales Ziel der MAB. Die subjektive Wahrnehmung der Relevanz für das Business kann auch ein Ergebnis der Kommunikationsstrategie sein. Wenn ein angesehener Topmanager wie zum Beispiel der CEO die Bedeutung der MAB für das Unternehmen konsequent über die einzelnen Phasen hinweg immer wieder hervorhebt und die Ergebnisse für die Steuerung des Konzern nutzt, wird der Wert der MAB deutlich stärker geschätzt.

Ergebnisse der Benchmarkstudie

In den meisten Konzernen ist der Pesonalbereich „Functional Owner" und oft auch Initiator der MAB. Die Zuständigkeit für scheinbar „weiche Themen" wie die Zufriedenheit der Mitarbeiter wird oft bei den „Personalern" gesehen bzw. dorthin delegiert. Zum anderen wird diesem Bereich oft eine gewisse administrative Kompetenz zugesprochen – leider manchmal auch eine strategische Kompetenz eher abgesprochen. In einzelnen Großkonzernen gibt es riesige „Research"-Abteilungen, die aber oft eher auf statistische Signifikanz, denn auf Businessrelevanz schauen. Beides ist aber wichtig. Die systematische aber auch systemische Einbettung der MAB als strategisches Managementwerkzeug nach Borg (2000) ist immer noch eher die Ausnahme als die Regel.

Wie geht die XY-AG vor?

Für eine klare businessorientierte MAB ist es wichtig, dass der MAB-Verantwortliche und das Kernteam ein gutes Verständnis vom Geschäft und der Unternehmensstrategie haben. Wenn sowohl die Positionierung als auch die Verantwortlichkeit in den Folgeprozessen in den Händen der Linie bleibt, ist eine wichtige Grundvoraussetzung für den Fokus auf das Business bereits erreicht. Bei einer glaubhaften, fundierten und konsequenten Umsetzung der Positionierung des *Personalbereiches als „Business Partner"* sind mit der Einführung und Umsetzung der MAB sehr viele Chancen verbunden. Das Geschäftsmodell des Konzerns (s.o. „Service Profit Chain") kann gemeinsam im Managementteam konsequent auf die Positionierung, die Prozesse und die Potenziale der Ergebnisnutzung übertragen werden. Hierzu kann die Integration der MAB in eine

Balanced Scorecard genauso gehören wie das ganzheitliche Design von Performance Managementsystemen. Nicht zuletzt ist der Erfolg oder Misserfolg der MAB eng verbunden mit der individuellen Führungskraft. Während einige Manager die MAB als Bedrohung empfinden, so sehen es andere als eine Chance für sich und ihr Team. In diesen Fällen hilft Coaching und das Lernen voneinander und miteinander.

4. Fazit

Am Anfang stehen der Sinn, der Zweck und die Ziele der Mitarbeiterbefragung. Eine transparente Positionierung mit einem klaren Bezug zum Business unter Einbeziehung aller Interessengruppen gehören zu den Faktoren, die MABs und die Folgeprozesse erfolgreich werden lassen. Ein professionelles Projekt- und Changemanagement mit einem besonderen Fokus auf Einbindung, Information und Kommunikation in allen Phasen der MAB liefert einen weiteren Beitrag zum Erfolg. Die systematische Integration der MAB in das strategische Managementsystem des Konzerns bietet weitere Synergien.

Die Gegenüberstellung der Ergebnisse der Literatur als auch aus der Benchmarkingstudie mit acht weltweiten IT-Konzernen sowie der Evaluationsergebnisse der XY-AG von 1996 bis 2001 stellt Stärken und Defizite zur aktuellen Gestaltung von MABs und Folgeprozessen heraus. Vor diesem Hintergrund ist eine noch engere Verzahnung von praxisbezogener Forschung sehr sinnvoll und erstrebenswert.

Literatur

Borg, I. (1995). *Mitarbeiterbefragungen: Strategisches Auftau- und Einbindungsmanagement*. Stuttgart: Verlag für Angewandte Psychologie.
Borg, I. (2000). *Führungsinsinstrument Mitarbeiterbefragung*. Göttingen: Verlag für Angewandte Psychologie.
Borg, I. (2002). *Mitarbeiterbefragungen - kompakt*. Göttingen: Hogrefe.
Bungard, W. & Jöns, I. (Hrsg.). (1997). *Mitarbeiterbefragung: Ein Instrument des Innovations- und Qualitätsmanagements*. Weinheim: Beltz.
Burke, W. W. & Litwin, G. H. (1992). A causal model of organizational performance and change. *Journal of Management*, 18,(3), 523-545.
Church, A. H. & Waclawski, J. (1998). *Designing and using organizational surveys*. Brookfield, Vermont: Gower.
Deitering, F. G. (2000). *The power of follow up processes*. Paper presented at the annual conference of the Society for Industrial and Organizational Psychology (SIOP) in New Orleans.
Deitering, F. G. (2003). *IT Survey Group: Best Practices and Challenges in sharing survey data among high tech companies*. Paper presented as Chairman of the ITSG in a symposium at the annual conference of the Society for Industrial and Organizational Psychology (SIOP) in Orlando.

Fivelstad, S. (2001). *Evaluation der Folgeprozesse des SAP Employee Survey 2000*. Unveröffentlichte Diplomarbeit, Universität Trier, Lehrstuhl für Psychologie I.

Heskett, J. L., Sasser, W. E. & Schlesinger, L. A. (1994). Putting the Service-Profit Chain to Work. *Harvard Business Review*, 72, 164-174.

Hinrichs, J. R. (1996). Feedback, action planning, and follow-through. In A. I. Kraut (Ed.), *Organizational Surveys: Tools for Assessment and Change* (pp. 255 - 280). San Francisco, CA: Jossey-Bass.

Kraut, A. I. (2000). *Meaningful action can follow organizational surveys*. Paper presented at the conference of the Society for Industrial and Organizational Psychology (SIOP) in New Orleans.

Kraut, A. I. (1996). Planning and conducting the survey: Keeping strategic purpose in mind. In A. I. Kraut (Ed.), *Organizational Surveys: Tools for Assessment and Change* (pp. 152-176). San Francisco, CA: Jossey-Bass.

Kraut, A. I. (Ed.). (1996). *Organizational Surveys: Tools for Assessment and Change*. San Francisco, CA: Jossey-Bass.

Nadler, D. A. (1996). Setting expectations and reporting results. Conversations with top manageament. In A. I. Kraut (Ed.), *Organizational Surveys: Tools for Assessment and Change* (pp. 177-203). San Francisco, CA: Jossey-Bass.

Trost, A., Jöns, I. & Bungard, W. (1999). *Mitarbeiterbefragung*. Augsburg: Weka.

Wiley, J. W. (1996). Linking survey results to customer satisfaction and business performance. In A. I. Kraut (Ed.), *Organizational Surveys: Tools for Assessment and Change* (pp. 330-359). San Francisco, CA: Jossey-Bass.

Erfolg und Misserfolg beim Change Management

Ilka Seeberg

1. Einleitung

Seit Anfang der 90er Jahre hat sich das *Management von Veränderungen* mit wachsender Geschwindigkeit und Bedeutung zu einem in Wissenschaft und Unternehmenspraxis allgegenwärtigen Thema entwickelt. Organisationen und Unternehmen unterschiedlichster Größe und Branche unterliegen mittlerweile einem nahezu permanenten Veränderungsdruck sowie einem kontinuierlich steigenden Innovationstempo. Die Entwicklung neuer, komplexerer und innovativerer Aufgabenfelder, Umstrukturierungsmaßnahmen, Verkürzung von Zeithorizonten und Produktlebenszyklen zwingen Unternehmen, zukünftig flexibler als zuvor zu reagieren (vgl. Perich, 1993). Durch verstärkte Globalisierungs- und Internationalisierungsprozesse wächst darüber hinaus die Bedeutung der Integration interkultureller Aspekte bei der Steuerung organisationaler Veränderungen. Insgesamt zählt die Entwicklung von Fähigkeiten und Kompetenzen zum Veränderungsmanagement heute zu den wichtigsten Lernaufgaben in Organisationen. Dies impliziert, dass die Unternehmensführung Veränderungsprozesse nicht als Ausnahme, sondern zunehmend als Regelfall betrachten sollte (French & Bell, 1995). Bisherige Praxiserfahrungen und empirische Studien haben gezeigt, dass Veränderungsprojekte in der Praxis eine große Herausforderung für Organisationen darstellen und mit hohen Misserfolgsrisiken behaftet sind. Durchschnittlich können nur 20 bis 50 Prozent der Veränderungsvorhaben in der Praxis als erfolgreich angesehen werden (Lührmann, 2000; IMA, Inc. 1997; vgl. Diekhoff et al., 2001; Boonstra, 2000). Entsprechend hoch darf der Bedarf an praxisorientierten und wissenschaftlich fundierten Lösungskonzepten angesehen werden. Die wissenschaftliche Organisationsforschung hat Veränderungen in Organisationen seit Kurt Lewin immer wieder zum Gegenstand ihrer Forschungsbemühungen gemacht. Über Konzepte des geplanten organisationalen Wandels bis hin zur Metapher der Lernenden Organisation (vgl. Argyris & Schön, 1996; Senge, 2000) wird auf die wachsende Bedeutung organisationaler Veränderungen als dem zentralen Anliegen der Organisationsforschung hingewiesen.

Grundlage dieses Beitrags ist das Projekt „Erfolge und Misserfolge bei Veränderungen"[1] (Greif, Runde & Seeberg, 2002). Innerhalb dieses Projekts wurde untersucht,

---

[1] Das vorliegende Projekt wurde im Rahmen eines vom Bundesministerium für Bildung und Forschung (BMBF) im Programm „Identifizierung und Bilanzierung erfolgreicher Veränderungen in der Arbeitsgestaltung und Unternehmensorganisation" unter der Projektträgerschaft des Deutschen Zentrums für Luft- und Raumfahrt (DLR) mit dem Förderkennzeichen 01HV0001 finanziert und vom Fachgebiet Arbeits- und Organisationspsychologie der Universität Osnabrück (Leitung Prof. Dr. Siegfried Greif) durchgeführt (Juli 2000 bis Februar 2002). Eine ausführliche Darstellung des Projekts ist unter *http://www.psycho.uni-osnabrueck.de/fach/aspsych/www/profil.htm* verfügbar.

welche Bedingungen und Faktoren einen erfolgreichen Verlauf von Veränderungsprojekten und -prozessen unterstützen und hemmen und zu einem Erfolg oder Misserfolg von Veränderungen beitragen.

Nach einer Kurzdarstellung des Forschungsprojekts folgen dessen theoretische Einbettung sowie eine Klärung der grundlegendsten Begriffe und theoretischen Bezüge. Praxisorientierte Ansätze für ein erfolgreiches Change Management sowie Implikationen für die Praxis werden abschließend diskutiert. Die wichtigsten Ergebnisse der Studie von Greif, Runde und Seeberg (2002) fließen in sämtliche Darstellungen mit ein.

1.1 Das Forschungsprojekt „Erfolge und Misserfolge von Veränderungen"

In der Studie erklärten sich mehr als 300 Praxisexpertinnen und -experten aus sieben Ländern bereit, jeweils die erfolgreichsten und am wenigsten erfolgreichen Projekte (oder „größten Misserfolge") zu beschreiben und zu analysieren. Ziel des Projekts war die Entwicklung eines praktisch umsetzbaren Konzepts für die Gestaltung erfolgreicher Veränderungsprozesse in Industrieunternehmen und anderen Organisationen. In der Untersuchung wurden sowohl unterschiedliche „Veränderungstypen", gruppiert nach den Projektklassen Personalentwicklung, Reorganisation und Total Quality Management, als auch unterschiedliche personenbezogene Perspektiven berücksichtigt. Im Gegensatz zu thematisch ähnlich angelegten Studien wurde bewusst ein multiperspektivisches Untersuchungsdesign gewählt: Personen mit unterschiedlichen Rollen und Funktionen in einem Veränderungsprojekt wie Geschäftsführer und Projektleiter wurden ebenso systematisch interviewt wie Mitarbeiter, Unternehmensberater und Personalvertreter. Für die Datenerhebung per Interview wurde das Instrument Change Explorer (Greif, Runde & Seeberg, 2002) entwickelt. Dabei handelt es sich um einen teilstrukturierten Interviewleitfaden zur Identifizierung individueller rollenspezifischer Bewertungsmerkmale und Erfolgfaktoren aus Sicht erfahrener Praktiker(innen) im Rahmen eines Veränderungsprojekts. Das Interview beinhaltete außerdem eine Karten- und Strukturlegetechnik zur Visualisierung des Projektverlaufs und wurde durch zwei standardisierte Fragebögen zur Erfassung von Bewertungsmerkmalen und Erfolgsfaktoren ergänzt. Die Befragung unterschiedlicher Personen, Branchen und Bereiche erstreckte sich sowohl auf die Untersuchung von Indikatoren oder Kriterien für Erfolg (sog. Bewertungsmerkmale, s. Abschnitt 2.2) als auch auf die Analyse von Erfolgsursachen (sog. Erfolgsfaktoren, s. Abschnitt 2.2). Dem Untersuchungsdesign liegt die Annahme zugrunde, dass die Berücksichtigung und Integration der verschiedenen Ziele, Sichtweisen und Perspektiven der am Projekt aktiv beteiligten Schlüsselpersonen und Gruppen eine der wesentlichen Vorraussetzungen dafür ist, dass die Veränderungen in der Organisation allgemein als Erfolg angesehen werden. Ziele des Forschungsprojekts waren somit die Ermittlung von Erfolgs- und Misserfolgsfaktoren für Veränderungen (wahrgenommene Gründe), die Identifikation der Kriterien, anhand derer Erfolge von Veränderungen festgemacht werden (subjektive Indikatoren oder Bewertungsmerkmale) sowie die Analyse von Optimierungspotenzialen in Veränderungsprojekten durch Berücksichtigung der Sichtweisen relevanter Personen.

2. Begriffsklärung und theoretischer Bezugsrahmen

2.1 Veränderungen und Veränderungsmanagement

In Anlehnung an Nippa (1997) werden Veränderungsprojekte als bewusst gesteuerte, längerfristig orientierte Vorgänge der umfassenden Anpassung von Unternehmensstrukturen, Geschäftsprozessen, Arbeitsweisen, Regeln und Normen, Denk- und Verhaltensweisen zum Zweck der Verbesserung der unternehmerischen und individuellen Leistungserfüllung und Zielerreichung auf der Basis eines vorhandenen Sollkonzepts verstanden. Im Hinblick auf verschiedene Arten von Veränderungen existieren unterschiedliche forschungsbasierte Klassifikationen, Definitionen und Modelle mit unterschiedlichen Schwerpunkten (vgl. Nippa, 1997; Reiß, 1997).

Veränderungsmanagement bedeutet nach Reiß, „Infrastrukturen" für Veränderungen zu schaffen (vgl. Reiß, 1997) und umfasst alle Maßnahmen, die zur Initiierung und Umsetzung von neuen Strategien, Strukturen, Systemen und Verhaltensweisen notwendig sind. Mit Blick auf die diesbezüglich erforderlichen Maßnahmen und Aufgaben kann unter Veränderungsmanagement auch die systematische Planung, Organisation und Überwachung von Maßnahmen verstanden werden, die zur Veränderung der Organisation mit dem übergeordneten Ziel einer Verbesserung der Effektivität (Maximierung der Ergebnisse) oder Effizienz (Verhältnis der Ergebnisse zum Aufwand) durchgeführt wird. Darunter fallen Maßnahmen zur (1) Analyse des Änderungsbedarfs, (2) Klärung und Definition der strategischen und operativen Ziele, (3) Entwicklung, Bewertung und Entscheidung über geeignete Maßnahmen, (4) Leitung, Planung und Organisation der Umsetzung, (5) Kontrolle und Evaluation der Ergebnisse. Die Bewältigung dieser Aufgaben wird in der Praxis in der Regel von verschiedenen Schlüsselpersonen im Veränderungsprozess, wie Führungskräften, Projektleitern, oft auch im Zusammenwirken mit den Mitarbeiter(innen) übernommen. Andere wichtige Personen sind externe oder interne Unternehmensberater und ganze Projektteams.

2.2 Subjektive Wahrnehmung von Erfolg und Misserfolg

Aus Sicht von Greif, Runde und Seeberg (2002) ist ein zentraler Aspekt hinsichtlich eines erfolgreichen Veränderungsmanagements die Berücksichtigung der verschiedenen Perspektiven der am Projekt beteiligten Personen als eine wesentliche Vorraussetzung dafür, dass Erfolg für die Gesamtheit aller an einem organisationalen Veränderungsprozess Beteiligten überhaupt definiert werden kann. Ein und dieselbe Organisationsveränderung kann von verschiedenen Anspruchsgruppen höchst unterschiedlich bewertet werden (Gomez, 1993; Greif et al., 1998; Berger, 2000). Ein weiterer Aspekt ist die Berücksichtigung der kontextspezifischen Realität in einer Organisation bzw. die individuell vorhandene Organisationswirklichkeit, in die ein Veränderungsprojekt eingebettet ist. Reaktionen und Handlungen von Individuen und Gruppen in Organisationen sind zu einem nicht unwesentlichen Teil abhängig vom Kontext und den Biografien ihrer Mitglieder. In der Vergangenheit konnte gezeigt werden, dass es nicht nur eine Vielzahl von Erfolgs*faktoren* gibt, die im Veränderungsmanagement berücksichtigt werden müssen, sondern auch eine Vielzahl von Erfolgs*kriterien*. Erfolg kann aus der Sicht verschiedener theoretischer Positionen, Perspektiven oder individueller Überzeugungen ganz unterschiedlich definiert werden. Nach Shapiro und Carr (1991) besitzt jede Person ein mentales Modell über die Funktionsweise der Organisation, der sie angehört. Organisationen bestehen demnach nicht nur aus realen „greifbaren" Faktoren wie anderen Personen, Gebäuden und Produkten, sondern auch aus der Interaktion individueller mentaler Modelle. Die Bedeutung all dieser Faktoren zusammengenommen ist den Autoren zufolge kontextabhängig und die mentalen Modelle sind nicht statisch, sondern das Ergebnis dynamischer wechselseitiger Prozesse. Auch nach Carnall (1986) kann die Bewertung oder Einschätzung eines Erfolgs von Veränderungen über individuelle Perspektiven hinweg stark variieren. Seine Annahmen bezogen sich vor allem darauf, dass Gruppen von Organisationsmitgliedern sich in ihren Interessen in Abhängigkeit ihres sozialen Status innerhalb der Organisation unterscheiden und potenziell konfligieren. Ihm ging es nicht um die Konzeption eines rein quantitativen Messverfahrens, sondern vielmehr darum, wie Personen organisationalen Wandel erfahren und darauf reagieren. Er plädierte dafür, dass die Evaluation von Veränderungen sich auf eine interpretative Perspektive konzentrieren sollte. Nach Carnall ergibt sich die individuelle Erfolgsbewertung aufgrund der subjektiven Wahrnehmung einzelner Personen in Abhängigkeit von ihrer jeweiligen Position innerhalb eines Netzwerks organisationaler Austauschbeziehungen. Die Art dieser Beziehungen ergibt sich wiederum aus dem zu bewertenden Veränderungsprozess. Sein Vorschlag lautet, dass sich die Evaluation von Veränderungen auf die Bewertung durch die einzelnen (betroffenen und beteiligten) Personen, deren Wahrnehmung der Veränderung und ihre Reaktion auf diese Veränderungen konzentrieren sollte. Nach Vince (2000) hat jede Organisation einen eigenen Begriff bzw. ein eigenes Verständnis von organisationsrelevanten Begriffen, wie beispielsweise „organisationales Lernen" oder „Veränderung". In allen Ansätzen findet sich die auf Kelly (1955) zurückgehende sozialkonstruktivistische Theorie wieder, nach der Menschen ihre Umgebung bei allen beobachtbaren Handlungen mit individuell unterschiedlichen subjektiven Konzepten, so genannten Konstrukten, analysieren, verstehen und strukturieren.

Nach den Ergebnissen einer Vorstudie (Greif et al., 1998) berücksichtigen sowohl viele Unternehmensberater als auch interne betriebliche Experten – allerdings teilweise mit unterschiedlicher Gewichtung – insgesamt ein breites und differenziertes Spektrum wirtschaftlicher, sozialer, humaner und ökologischer Aspekte als Kriterien für die Definition des Erfolgs von Veränderungen. Indikatoren für den Erfolg von Veränderungen werden allgemein als Bewertungsmerkmale bezeichnet. Sie sind eine Voraussetzung dafür, dass Veränderungen bzw. Ergebnisse organisationaler Veränderungen hinsichtlich ihres Erfolgs oder Misserfolgs überhaupt beurteilt werden können. Kern der Betrachtung sind hier also nicht die Ursachen für einen Erfolg oder Misserfolg (aus individueller Perspektive), sondern diejenigen Merkmale, an denen Erfolge oder Misserfolge von Veränderungen subjektiv festgemacht werden bzw. wie ein Erfolg oder Misserfolg individuell definiert oder was darunter subjektiv verstanden wird. Demnach können Bewertungsmerkmale als eine Klasse von Konstrukten definiert werden, anhand derer der Erfolg von Projekten bewertet werden kann (z.B. Kundenzufriedenheit). Diese Konstrukte beziehen sich in der Regel sowohl auf vorher festgesetzte Ziele als auch auf Nebenfolgen, die unabhängig von den eigentlichen Zielen auftreten. Bewertungsmerkmale lassen sich in unterschiedliche Klassen einordnen. In der Literatur wird beispielsweise neben „harten" leistungsbezogenen Daten und „weichen" Kriterien (vgl. Gebert, 1995) auch nach direkten prozessbezogenen organisatorischen und indirekten Indikatoren (Kreder, 1983) für Unternehmenserfolg unterschieden (vgl. Nippa, 1997; Steinle, Kirschbaum & Kirschbaum, 1996).

Genauso wie der Erfolg oder Misserfolg von Veränderungen in Abhängigkeit von subjektiven Aspekten wie individueller Wahrnehmung und Erfahrung definiert werden kann, genauso können auch die wahrgenommenen Gründe und Ursachen für einen Erfolg oder Misserfolg interindividuell unterschiedlich sein. Letzteres bezieht sich auf das Konzept der Erfolgsfaktoren. Darunter werden analog zur Literatur alle Faktoren gefasst, die potenziell ursächlich für den Erfolg von Veränderungen sein können bzw. Gründe für den Erfolg oder Misserfolg darstellen (Pfohl, 1988, S. 814; Krüger & Schwarz, 1990, S. 179). Ähnlich wie beim Konzept der Bewertungsmerkmale wurden in der Vergangenheit auch Erfolgsfaktoren für Veränderungen forschungsbasiert klassifiziert, wobei die Literatur zu Erfolgsfaktoren weitaus umfangreicher als die entsprechende Literatur zu den oben erwähnten Bewertungsmerkmalen ist (Steinle et al., 1996; Mustafa, 2000; Nippa, 1997). Oftmals fokussieren die Studien und daraus gezogene Erkenntnisse jedoch auf ganz bestimmte Branchen oder Arten von Veränderungsprojekten.

Interessante Ergebnisse liefert die Studie von Bennebroeck, Gravenhorst, Wekman und Boonstra (2000), die in diesem Zusammenhang das Konzept der „change capacity" einführen. Unter „change capacity" verstehen die Autoren das Ausmaß, in dem Aspekte der Organisation *und* Aspekte des Veränderungsprozesses die Veränderungen behindern oder aber fördern. Die Autoren ermitteln empirisch so genannte „Erfolgskonfigurationen", die sich aus der Ausprägung von organisationsbezogenen Variablen (z. B. Ziele, Struktur, Kultur) und prozessbezogenen Variablen (Ziele, Technologien, Zeitplanung etc.) ergeben und berücksichtigen damit das Vorhandensein multipler Erfolgsfaktoren. Zusammenfassend lässt sich feststellen, dass sich die bisherigen Forschungsbemühungen zu Bewertungsmerkmalen und Erfolgsfaktoren von Veränderungen im Wesentlichen auf zahlreiche repräsentative und standardisierte Fragebogenuntersuchungen mit jedoch häufig sehr geringen Rücklaufquoten konzentrieren. Die Kritik umfasst darüber hinaus insbesondere Aspekte der Identifizierbarkeit eindeutig isolierter Faktoren, Erklärungsdefizite aufgrund lediglich korrelativer Zusammenhänge zwischen den Variablen, mangelnde Generalisierbarkeit, da unternehmens- und branchenindividuelle Besonderheiten vernachlässigt werden sowie mangelnde Prognosevalidität, da der zukünftige Erfolg einzelner Handlungsoptionen sich nicht unabhängig von vergangenen, irreversiblen Entscheidungen im Unternehmen planen lässt. Vor allem die Analyse von Erfolgsfaktoren zeigt notwendige, aber kaum hinreichende Bedingungen für den Erfolg von Veränderungsprojekten auf. In jüngerer Zeit wurde im Rahmen verschiedener – vielfach interviewgestützter – Studien versucht, neue Erkenntnisse über Erfolge und Misserfolge geplanter Veränderungen in Industrieunternehmen und anderen Organisationen zu gewinnen (Günther & Sandow, 1998; Greif et al., 1998; Offermanns, 1999; Schiffer, 1999).

Zur Identifizierung von Bewertungsmerkmalen und Erfolgsfaktoren wurden in der Studie von Greif et al. (2002) die Fragen gestellt, (a) woran die jeweilige befragte Person den Erfolg oder Misserfolg des jeweiligen Veränderungsprojekts festmacht und (b) worauf die jeweiligen Bewertungsmerkmale und Ergebnisse ursächlich zurückgeführt werden. Die Bewertung von Veränderungsprojekten ist von unterschiedlichen Faktoren abhängig. Auf der einen Seite sind die Inhalte und die Art des Projekts von besonderer Bedeutung. So zeigte die Studie von Greif et al. (2002), dass beispielsweise Personalentwicklungsprojekte wesentlich stärker an den Folgen für die Mitarbeiter(innen) gemessen werden, wohingegen Reorganisationsprojekte stärker zielfokussiert bzgl. einer tatsächlichen Verbesserung der internen Abläufe beurteilt werden. Auf der anderen Seite ist die Erfolgsbewertung der Projekte von der Perspektive der beobachtenden und (be-)urteilenden Person abhängig. Geschäftsführer, Unternehmensberater, Mitarbeiter, Projektleiter und die Personalvertretung geben ihr Urteil vor dem Hintergrund ihres eigenen Erfahrungs- und Bezugsrahmens ab. Sie nutzen genau die Kategorien, mit denen sie täglich konfrontiert werden. So nutzen beispielsweise Betriebsräte offenbar nur selten Merkmale der Projektorganisation, um zu einer Erfolgsbewertung zu gelangen. Geschäftsführer dagegen sind oftmals die einzigen Personen, die quantitativ wirtschaftliche Merkmale zur Beurteilung des Projekts nutzen.

Die folgenden Abbildungen und Tabellen zeigen die wichtigsten Ergebnisse des Forschungsprojekts.

Tabelle 1 zeigt, dass der Erfolg oder Misserfolg eines Projekts mit Abstand am häufigsten an Folgen für die Mitarbeiter (ca. 37 %) festgemacht wird. An zweiter Stelle werden Merkmale der Projektorganisation (ca. 20 %) genannt und danach qualitativ wirtschaftliche Merkmale (ca. 15 %). Innerhalb der mitarbeiterbezogenen Bewertungsmerkmale sind vor allem die Zufriedenheit mit und Akzeptanz der Maßnahmen, Motivationsveränderungen und die Qualifizierung und Zusammenarbeit der Mitarbeiter bzw. mit den direkten Vorgesetzten ausschlaggebend. Unter qualitativ wirtschaftlichen Merkmalen werden u.a. Reduzierungen von Schnittstellen und Verbesserungen der Prozessabläufe genannt. Erfolge von Projekten werden also weniger an monetären/finanziellen Aspekten festgemacht, sondern an dem, was sich für die Mitarbeiter im konkreten Arbeitsablauf positiv ändert. Wie einige Interviewpartner herausstellten, ist es „selbstverständlich", dass die Veränderungen auch an quantitativen Kriterien der Wirtschaftlichkeit gemessen (Kosteneinsparungen, Rentabilität oder Return on Investment) erfolgreich sind. Wichtiger, weil kritischer für die Erfolgsbewertung, sind jedoch die oben genannten Merkmale. Merkmale der Projektorganisation beziehen sich vor allem auf zeit- und strukturbezogene Planung sowie mangelnde Weitsicht in der Umsetzbarkeit der Maßnahmen bzw. Arbeitsschritte. Merkmale der Projektorganisation werden interessanterweise wesentlich häufiger zur Beschreibung von Schwächen eines Projektes genannt, wohingegen qualitativ wirtschaftliche Merkmale wesentlich häufiger für die Beschreibung der Stärken eines Projektes verwendet werden.

Tabelle 1: Perspektiven- und projektklassenübergreifende Bewertungsmerkmale von organisationalen Veränderungsprojekten (Greif, Runde & Seeberg, 2002), (Häufigkeit der Nennungen in %)

	Erfolgreiche Projekte	Weniger erfolgreiche Projekte
Qualitative Wirtschaftlichkeit	17 %	14 %
Quantitative Wirtschaftlichkeit	6 %	5 %
Folgen für Kooperationspartner	2 %	1 %
Folgen für Kunden	3 %	2 %
Folgen für die Geschäftsführung	3 %	5 %
Folgen für Mitarbeiter	41 %	33 %
Folgen für das Projektteam	1 %	2 %
Projektorganisation	16 %	24 %
Folgen für die Standortregion	2 %	1 %
Zielerreichung	1 %	2 %
Nachhaltige Wirtschaftlichkeit	2 %	3 %

Tabelle 2: Perspektiven- und projektklassenübergreifende Erfolgsfaktoren von organisatiolen Veränderungsprojekten (Greif, Runde & Seeberg, 2002), (Häufigkeit der Nennungen in %)

	Erfolgreiche Projekte	Weniger erfolgreiche Projekte
Qualitative Wirtschaftlichkeit	14 %	10 %
Quantitative Wirtschaftlichkeit	1 %	1 %
Kooperationspartner	1 %	2 %
Kunden	2 %	3 %
Arbeitnehmervertretung	2 %	1 %
Mitarbeiter und untere Führung	27 %	21 %
Projektteam	4 %	3 %
Projektorganisation	23 %	25 %
Unternehmensberater	5 %	4 %
Geschäftsführung	8 %	16 %

Tabelle 2 zeigt ein ähnliches Bild für die identifizierten Erfolgsfaktoren. Sowohl bei der Beurteilung als auch bei der Ursachenzuschreibung von Erfolgen und Misserfolgen von Veränderungsprojekten spielen mitarbeiterbezogene Faktoren (ca. 24 %) neben der Projektorganisation (ca. 24 %) und qualitativ wirtschaftlichen Merkmalen (ca. 12 %) eine wesentliche Rolle. Darüber hinaus wurde bei den wichtigsten Ursachen für den Erfolg oder Misserfolg eines Projektes die Rolle der Geschäftsführung (ca. 12 %) thematisiert.

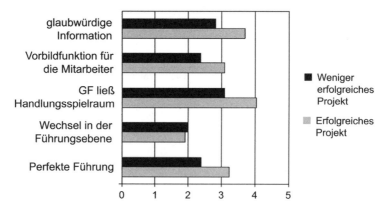

Abbildung 1: Die Rolle der Geschäftsführung in Veränderungsprojekten (Greif, Runde & Seeberg, 2002); (0 = „Trifft nicht zu" bis 5 = „Trifft voll zu")

Bei Misserfolgsprojekten wird die Rolle und damit die Verantwortung der Geschäftführung als besonders bedeutsam eingeschätzt (s. Abb.1). Interessanterweise mit Ausnahme der Mitglieder des Betriebsrates, ist diese primäre Verantwortungszuweisung für Misserfolge an die Geschäftsleitung bei allen übrigen Gruppen sehr übereinstimmend. Geschäftsführer versuchen mitunter die Verantwortung für Misserfolge bei Veränderungen anderen zuzuschreiben und sich selbst eher mit Erfolgen zu verbinden. Wenn ihnen aber von Projektleitern, Beratern und Mitarbeiter(innen) vor allem die Misserfolge zugeschrieben werden, und die Annahme richtig ist, dass sich langfristig die informelle Bewertungskommunikation durchsetzt, können zu viele Misserfolge für sie sehr kritisch werden. Bei erfolgreichen Projekten wurde die Geschäftsführung nur in 8 % aller Fälle als Ursache für den Erfolg genannt. Bei Misserfolgsprojekten wird sie jedoch in 16 % der Nennungen für das Misslingen verantwortlich gemacht. Eine differenzierte Betrachtung der Personengruppe der Geschäftsführer zeigt außerdem, dass diese Erfolgsprojekte positiver und Misserfolgsprojekte negativer beurteilen als die übrigen Auskunftspersonen. Besonders bei Misserfolgsprojekten nehmen Geschäftsführer eine differenziertere Ursachenzuschreibung vor. Das heißt, sie neigen dazu, mehr Ursachen als misserfolgsrelevant anzusehen, als dies die anderen Gruppen tun. Des Weiteren stellen sie die einzige Gruppe von Funktionsträgern dar, die quantitativ wirtschaftliche Merkmale mit hoher Priorität zur Erfolgsbewertung der Projekte heranzieht. Mitarbeiterbezogene Merkmale hingegen werden von Geschäftsführern weniger häufig als Ursache für den Erfolg und Misserfolg gesehen, als dies andere Befragte (ausgenommen die Unternehmensberater) tun. Gleichzeitig schätzen sie den Erfolg von Projekten nicht als weniger groß ein, wenn die negativen Folgen für die Mitarbeiter zunehmen, wie dies bei Unternehmensberatern, der Projektleitung und dem Betriebsrat der Fall ist. Ein solches Defizit in der Berücksichtigung mitarbeiterbezogener Aspekte seitens der Geschäftsführung kann zu Bewertungskonflikten und Umsetzungsproblemen führen. Hier kann ein Zusammenhang zu einem weiteren Ergebnis hergestellt werden. Aus Sicht der übrigen Beteiligten ist ein unterstützendes

Verhalten der Geschäftsführung häufig mit positiven Folgen für die Mitarbeiter verbunden und stellt eine wichtige Grundlage für eine optimale Projektorganisation dar.

2.3 Implizites Erfahrungswissen und informelle Bewertungsprozesse

Eine dem Forschungsprojekt zugrunde liegende Annahme lautet, dass sich die an Veränderungsprojekten beteiligten Personen in der Regel weniger auf offiziell vertretene, ausformulierte Theorien oder genaues Faktenwissen stützen (auf das so genannte explizierte/explizite Wissen), sondern überwiegend auf beiläufig erworbenes (implizites) Erfahrungswissen. Da im Verlauf von Veränderungen unvorhergesehene Probleme und mehr oder weniger kritische Misserfolge immer wieder auftreten können, ist das Interesse von Praktikern sehr groß, einen Weg zu finden, wie derartig heikles, aber für den Erfolg wichtiges Insider-Erfahrungswissen ausgetauscht und für die zukünftige Verbesserung von Veränderungsprozessen genutzt werden kann. Im Zusammenhang mit organisationalem Lernen und Change Management wird vielfach die Bedeutung impliziten Wissens für den Erfolg und das Lernen in innovativen Organisationen diskutiert (Reichwald, 2002; Nonaka, 1998). Implizites Wissen für andere oder die Organisation nutzbar zu machen, indem es ausformuliert und weitergegeben wird, ist jedoch mit einigen Schwierigkeiten verbunden. Vielfach wird die Ansicht vertreten, dass eine Explizierung von implizitem Erfahrungswissen, wenn überhaupt, nur in begrenzter Form bzw. partiell möglich ist. Erfahrungen sind ein sehr subjektiv geprägtes, individuelles Phänomen. Im Vergleich zu aktuellen Konzepten zum *Wissensmanagement,* in denen zu einem großen Teil das explizierte Wissen thematisiert wird (Bullinger, Wörner & Prieto, 1997), hat Kluge (1999) bisherige Konzepte um ein von ihr entwickeltes theoretisches Konzept zum *Erfahrungsmanagement* erweitert. Greif et al. (2002) gingen in ihrer Studie davon aus, dass es möglich und praktisch nützlich ist, das Erfahrungswissen von Praktikern durch geeignete Methoden teilweise zu explizieren und – zusammen mit dem expliziten Wissen und wissenschaftlichen Erkenntnissen – zur Entwicklung praxisbezogener Theorien zum Veränderungsmanagement heranzuziehen. Ziel ihres Projekts war es daher, sowohl das praxisrelevante explizite als auch das implizite Erfahrungswissen systematisch zu erfassen und zu beschreiben, soweit dies mit heutigen Methoden möglich erscheint. In ihrer Studie haben sie dies mit dem Instrument *Change Explorer* realisiert. Nach Greif et al. (2002) ist die Sichtbarmachung unterschiedlicher Perspektiven eine notwendige Vorbedingung, um Projekte erfolgreich zu managen. Erst wenn das Wissen über die verschiedenen Perspektiven vorliegt, bestehen Möglichkeiten, diese in angemessener Weise zu berücksichtigen.

3. Lösungsansätze für erfolgreiches Change Management

3.1 Misserfolgsprävention durch systematische Exploration und Prozessreflektion mit dem Change Explorer

Mit Hilfe des *Change Explorers* (Greif, Runde & Seeberg, 2002) werden Gemeinsamkeiten und Unterschiede in den subjektiven Bewertungen von Ergebnissen organisationaler Veränderungen aus Sicht der Beteiligten sowie deren Erklärung für Erfolge oder Misserfolge dieser Veränderungen exploriert und expliziert. Der Change Explorer ist ein teilstrukturierter Interviewleitfaden zur Explikation von Erfahrungen und subjektivem Veränderungswissen. Im Interview werden dabei die subjektiven Erfahrungen und Sichtweisen der Befragten schrittweise verbalisiert und durch eine an die Strukturlegetechnik angelehnte (vgl. Scheele & Groeben, 1988) und vereinfachte Kartentechnik in einem Strukturbild visualisiert. Auf diese Weise wird gemeinsam mit dem befragten Praxisexperten dessen subjektive Theorie zur Beschreibung und Erklärung der Fallbeispiele für erfolgreiche und weniger erfolgreiche Veränderungen, an denen sie aktiv beteiligt waren, erarbeitet. Die Ergebnisse können auf einem Auswertungs-Workshop präsentiert und diskutiert werden, um explizite oder implizite Meinungsunterschiede und Bewertungskonflikte zu klären und eine *gemeinsame Veränderungstheorie* zu erarbeiten (Greif et al., 2002). Dadurch können bisher unerkannte Misserfolgsrisiken und informelle Bewertungen entdeckt und gemeinsam praktische Verbesserungsvorschläge generiert werden.[2] Der Change Explorer kann sowohl im Verlauf eines Veränderungsprojekts im Sinne einer formativen Evaluation als auch zur summativen Evaluation (vgl. Wottawa & Thierau, 1998; Greif, in Druck) am Ende eines Projekts für eine abschließende Bewertung eingesetzt werden. Als formatives Evaluationsinstrument kann er dabei einen wichtigen Beitrag zur Ableitung von frühzeitigen Gegensteuerungsmaßnahmen bei erkennbaren Misserfolgsrisiken, beispielsweise bei stark voneinander abweichenden Wahrnehmungen der befragten Personen, leisten. Misserfolgsbewertungen in aktuellen oder abgeschlossenen Projekten können in diesem Zusammenhang genutzt werden, um in nachfolgenden Projekten die wahrgenommenen Schwächen stärker als bisher zu beachten. Diese Art der Prozessreflektion ist in aktuellen Veränderungsprojekten wohl eher selten anzutreffen. Oftmals werden Projekte nach deren Abschluss „schön-" oder „schlecht-geredet", je nachdem, welche Partei aktuell die stärkste Lobby im Unternehmen besitzt. Angemessene inhaltliche oder organisatorische Verbesserungen für zukünftige Projekte ergeben sich daraus kaum. Das „Schön-„ oder „Schlechtreden" verweist aber auf ein kritisches Defizit in der *gemeinsamen* Analyse und Interpretation von Veränderungen. Unternehmen und ihre Mitglieder aller Ebenen müssen miteinander kommunizieren, um ihre unterschiedli-

---

[2] Zur Explikation von subjektiven Erfahrungen und implizitem Wissen von Praktikern wurden in den letzten Jahren neben dem vorgestellten Change Explorer bereits unterschiedliche Methoden, die im Rahmen von Veränderungs- oder Lern- und Kooperationsprozessen angewendet werden können, konzipiert. Beispielhaft sind hier so genannte Mapping-Techniken (vgl. Mandl & Fischer, 2000) oder die Next Expertizer-Methode (Raeithel & Kruse, 1994) zu nennen.

chen Meinungen und Einschätzungen untereinander abzugleichen und gemeinsam aus Erfolgen und Misserfolgen lernen zu können. Das dargestellte Instrument dient somit der Überprüfung der Unterschiede der Analysen und Interpretationen der Veränderungen und ist für eine gemeinsame Projektevaluation geeignet. Um Problembereiche und Schwachstellen im Rahmen eines Veränderungsprojektes/-prozesses zeitnah identifizieren zu können, sollten in einem Projekt alle Schlüsselpersonen frühzeitig per Interview und/oder Fragebogen befragt werden. Auf diese Weise können gezielte und bedarfsbezogene Gegensteuerungsmaßnahmen während des Prozesses eingeleitet werden, um einen erfolgreichen Abschluss zu unterstützen. Darüber hinaus fördert es die Reflexion des eigenen Verhaltens bzw. der eigenen Rolle als Projektbeteiligte(r) bei organisationalen Veränderungen. Zur prozessorientierten Bewertung oder Evaluation von Veränderungsmaßnahmen kann das Instrumentarium (Interview und Fragebogen) in vereinfachter Form im Rahmen laufender Veränderungsprojekte eingesetzt werden. Mögliche Einzelkriterien für den Erfolg der durchgeführten Veränderungen können auf diese Weise frühzeitig im Verlauf des Veränderungsprozesses aus Sicht verschiedener beteiligter Personengruppen identifiziert und ein erfolgreicher Projektabschluss gesichert werden. Nach Greif et al. (2002) kann ein Projekt erst dann insgesamt als Erfolg bezeichnet werden, wenn es aus den unterschiedlichen Perspektiven der beteiligten und betroffenen Organisationsmitglieder als erfolgreich bezeichnet wird, also aus Sicht der Geschäftsführung genauso wie aus Sicht der Mitarbeiter sowie des Betriebsrats. Darüber hinaus lässt sich durch die frühzeitige Anwendung des Instruments weiterer Veränderungsbedarf identifizieren. Auf dieser Basis können neue weiterführende Maßnahmen geplant werden, die dann ebenfalls evaluiert werden können.

3.2 Ergebnisevaluation

Die Bewertung oder Evaluation von Veränderungen durch betroffene Mitarbeiter(innen) und beteiligte Schlüsselpersonen zu Abschluss eines Projekts kann sowohl per Fragebogen als auch per Interview oder als eine Kombination der beiden Instrumente erfolgen. Aus ökonomischer Sicht bietet sich der Einsatz eines Fragenbogens als einfaches, summatives Screening zur ganzheitlichen und perspektivenübergreifenden Einschätzung des Erfolgs und Misserfolgs am Ende eines Veränderungsprojekts an. Darüber hinaus können aufgrund des modularen Aufbaus des Fragebogens je nach Projekt einzelne Merkmalsbereiche ausgewählt werden. Demgegenüber bietet der entwickelte Interviewleitfaden (Change Explorer) die Möglichkeit zu einer umfassenden, stärker subjektorientierten Ergebnisbewertung. Mit Hilfe eines Kategoriensystems können die Äußerungen strukturiert ausgewertet und in einen, auch für externe Beobachter nachvollziehbaren Zusammenhang gebracht werden.

3.3 Anforderungen an Schlüsselpersonen in Veränderungsprozessen und deren Qualifizierung

Die Ergebnisse der Studie von Greif et al. (2002) weisen auf den starken Einfluss der Rollen- und Funktionsträger in Projekten hin. In Misserfolgsprojekten wird auffallend häufig die Geschäftsführung mit dem Misserfolg in Zusammenhang gebracht. Fehlende Kompetenzen der Führungskräfte und Projektleiter, die Veränderungen in Organisationen managen sollen, werden erstaunlich häufig und offen als Ursache für Misserfolge thematisiert. Die Qualifizierung der Projektleiter und Führungskräfte für diese Kernaufgabe ist deshalb ein wichtiges Ziel. Neben Kompetenzen des Projektmanagements sind es vor allem interpersonelle bzw. soziale Kompetenzen (vgl. Runde, 2001 und in diesem Band), die eine wesentliche Rolle spielen. Die Verantwortlichen in Projekten müssen sich der unterschiedlichen Personen und deren Einflussmöglichkeiten bewusst werden. Von daher muss es im Rahmen von Qualifizierungsmöglichkeiten zunächst um eine Sensibilisierung für das Prozessgeschehen gehen. Diese Sensibilisierung beginnt bereits in der Phase der Zieldefinition. Zwar fehlt in kaum einem Artikel oder Buch zum Thema „Veränderungsmanagement" der Hinweis auf eine sorgfältige Definition des Zielsystems, dennoch scheinen diese Hinweise wenig Einfluss auf die Praxis auszuüben. Denn die Interviewergebnisse zeigen eindeutig, dass Misserfolge oftmals auf frühe Fehler in der Phase der Zieldefinition zurückzuführen sind. Relevante Personen, so genannte Stakeholder, wurden nicht ausreichend eingebunden, die Umsetzbarkeit wurde kaum thematisiert oder es wurde einfach zu wenig Zeit für diese Phase eingeplant. Ein wichtiger Aspekt hinsichtlich der Rolle der Führungskräfte betrifft deren Glaubwürdigkeit, die oftmals eng mit dem praktizierten Informationsmanagement zusammenhängt. Hier geht es weniger um quantitative Gesichtspunkte, sondern vielmehr um die Qualität der Informationsweitergabe. Rechtzeitige Kommunikation drohender Probleme, rasche Rückmeldung selbst über kleine Erfolge, verständliches und transparentes Projekt-Controlling auch für die Mitarbeiter(innen) sind Anforderungen, die die Projektbeteiligten äußern. Die in der Studie gewonnenen Erkenntnisse sind auf alle Phasen eines Veränderungsprojekts anwendbar. Es erscheint daher vorteilhaft, den Teilnehmern an Qualifizierungsmaßnahmen die Möglichkeit zu bieten, ihre eigenen Projekte bzw. ihre Projekterfahrungen mitzubringen, damit diese durch andere Perspektiven und Kompetenzen differenziert bzw. optimiert werden. Die konkreten Fallbeispiele über Erfolge, so genannte „Best-Practice-Modelle", wie sie in vielen Projekten erhoben wurden, können als exemplarische Vorbilder zum Lernen herangezogen werden, mehr noch die Beispiele für Misserfolge oder „Bad-Practice-Modelle". Sie können praxisnahe und erfolgkritische Situationen, Szenarien und Verhaltensweisen liefern, zu denen gezielt Fragen bearbeitet werden, wie man Problemsituationen erkennen und bewältigen kann.

Zielgruppen für derartige Qualifizierungsmaßnahmen sind nicht nur Projektleiter und Führungskräfte, sondern auch Spezialisten, die eine wichtige Rolle in Projekten haben, interne und externe Prozessberater sowie auch Betriebsräte und Personalvertreter, die im Interesse der Mitarbeiter(innen) aufmerksam die Veränderungen und ihre Ergebnisse beobachten, und Unternehmensberater. Je wichtiger eine aktive Beteiligung am Veränderungsprozess ist, desto größer wird der zu qualifizierende Personenkreis, der im Rahmen eines Veränderungsprojekts wichtige Aufgaben und verantwortungsvolle Funktionen übernehmen muss.

Greif et al. haben im Rahmen ihrer Studie mit der Entwicklung eines umfangreichen Lern- und Trainingskonzepts begonnen, das im Kern aus folgenden Teilbereichen besteht:

a) Darstellung wesentlicher Ergebnisse des Forschungsprojekts in einem Kurzvortrag zur Herstellung einer gemeinsamen Diskussionsbasis.
b) Diskussion und Ableitung von Erfolgsfaktoren auf der Grundlage von praxisnahen Fallstudien, die zum einen aus den Interviewergebnissen der Studie abgeleitet wurden bzw. die im Vorfeld mit den Teilnehmern auf der Grundlage ihrer eigenen Projekterfahrungen mit dem Change Explorer ermittelt wurden.
c) Prozessreflexion der eigenen Veränderungsprojekte mit Hilfe der aus dem systemischen Therapie- und Beratungskontext bekannten Reflecting-Team-Methode (vgl. Andersen, 1990; von Schlippe & Schweitzer, 1996).
d) Selbstorganisierte Erarbeitung wesentlicher Kenntnisse zum Management von Veränderungen anhand minimaler Informationstexte zu unterschiedlichen Themen (z.B. Methoden des Projektmanagements, Widerstand und Wandel, Informationsmanagement etc.).
e) Transfersicherung durch anschließende prozessorientierte Einzelberatung.

3.4 Interkulturelles Veränderungsmanagement

Vor dem Hintergrund von Globalisierung und Internationalisierung nimmt die Bedeutung interkultureller Aspekte beim Veränderungsmanagement kontinuierlich zu. Die Belegschaften großer Unternehmen werden in ihrer Zusammensetzung zunehmend multikultureller, viele Unternehmen expandieren mit internationalen Standorten. Gleichzeitig finden jedoch auch hier Veränderungsprozesse statt, die es zu bewältigen gilt. Es wird künftig immer wichtiger werden, zusätzlich international und interkulturell unterschiedliche Sichtweisen zu erkennen und miteinander zu integrieren.

Die interkulturelle Forschung der letzten Jahre (vgl. Smith & Bond, 1998) hat sehr eindrucksvoll gezeigt, dass es kulturabhängig starke Unterschiede in Personen- und Verhaltensmerkmalen gibt, die für die vorliegende Fragestellung von Bedeutung sind (Macht, Autorität und Führungsverhalten, individuelle oder kollektive innovative Problemlösungen, Suche nach Harmonie, Entscheidungen und Verhalten in neuen Situationen, Erklärungen für Erfolge und Misserfolge, Erwartungen und Verhalten in Konflikten). Smith und Bond (1998) gehen wie viele andere Forscher davon aus, dass selbst die Erkenntnisse, die gemeinhin als kulturübergreifend gültig angesehen werden, einer Überprüfung bedürfen. Die meisten der heute von Unternehmensberatungen propagierten Veränderungskonzepte stammen aus den USA. Es ist jedoch anzunehmen, dass Erfolgsmodelle aus den USA und anderen Ländern und Kulturen möglicherweise nicht ohne weiteres auf deutsche Unternehmen übertragen werden können. Insbesondere im Zuge der Globalisierung der Unternehmen wären vergleichende Untersuchungen erforderlich. In einem ersten Schritt müssen dazu Untersuchungsinstrumente entwickelt und erprobt werden, mit denen solche vergleichenden Untersuchungen durchgeführt und praktisch verwertbare Erkenntnisse erhoben werden können. Erfahrungsberichte (Grube & Töpfer, 2002) zeigen, dass interkulturelle Probleme bei Firmenübernahmen aus anderen Ländern oder Fusionen sehr gravierende Folgen haben können. An bekannten Beispielen aus der Praxis konnte dies beobachtet werden (BMW und Rover, DaimlerChrysler). Die Details kulturell bedingter Differenziertheit sind wichtig für das Verstehen sozialen Verhaltens, durch welches auch Veränderungsprozesse jeglicher Art und Zielsetzung zu einem nicht unwesentlichen Teil – im Hinblick auf ihren erfolgreichen oder weniger erfolgreichen Verlauf – bestimmt werden.

Greif, Runde und Seeberg (2002) konnten im Rahmen ihrer Studie Pilotuntersuchungen in den USA, in europäischen Nachbarländern (Großbritannien, den Niederlanden, Spanien und Griechenland) sowie in Korea und Ungarn (Komaromi, 2002) durchführen. Nach einer ersten allgemeinen, allerdings aufgrund der Stichprobengröße als tentativ einzustufenden Auswertung lassen sich insgesamt kaum augenfällige und plausible kulturelle Unterschiede zwischen den Stichproben finden. Unabhängig vom kulturellen Kontext werden in allen Stichproben relativ häufig die Folgen für die Mitarbeiter, Merkmale der Projektorganisation und Aspekte der qualitativen Wirtschaftlichkeit zur Bewertung der Projekte herangezogen. Ebenfalls kulturübergreifend können Merkmale der Projektorganisation, Merkmale der Mitarbeiter sowie qualitativ wirtschaftliche Merkmale als typische Ursachen für Erfolgsprojekte gefunden werden. Der Einfluss der Geschäftsführung wird allgemein häufig angesprochen, allerdings wesentlich seltener von den befragten niederländischen und griechischen Auskunftspersonen.

Ein interessanter und plausibler Unterschied wurde in Bezug auf die Bedeutung der kundenbezogenen Bewertungsmerkmale gefunden. Hier fällt auf, dass koreanische, spanische und niederländische Auskunftspersonen deutlich häufiger kundenbezogene Merkmale zur Bewertung eines Erfolgsprojektes nutzen, als dies für die übrigen Nationen der Fall ist. In Deutschland wird oft eine fehlende Kundenorientierung bemängelt. Das Ergebnis könnte vorsichtig als Hinweis in diese Richtung gesehen werden.

4. Fazit: Ganzheitliches und erfahrungsgeleitetes Managen von Veränderungen

Aus der Sicht von Experten und Expertinnen aus der Praxis gibt es eine Vielzahl von Faktoren, die bei geplanten Veränderungen der Arbeit und Organisation in einem Unternehmen wichtig sind und durch Veränderungsmanagement so weit wie möglich gesteuert werden müssen, damit Misserfolge vermieden und eindeutige Erfolge erzielt werden können. Die bisherige Forschung konnte keine „Patentrezepte", aber Hinweise auf relevante Faktoren für ein erfolgreiches Veränderungsmanagement liefern. Die Ergebnisse von Greif, Runde und Seeberg (2002) weisen auf die Wichtigkeit hin, unterschiedliche Rollen und Perspektiven zu berücksichtigen. Neben einer perspektiven- und kulturübergreifenden Präferenz von Bewertungsmerkmalen und Erfolgsfaktoren, welche Mitarbeiter, qualitativ wirtschaftliche Merkmale und die Projektorganisation betreffen, zeigen die Befunde von Greif et al. deutlich, dass bei einer differenzierten Analyse auch theoretisch plausible, stark rollenabhängige Unterschiede festgestellt werden können. Sowohl die verschiedenen Rollen in einem Projekt als auch die verschiedenen Arten von Projekten sind mit unterschiedlichen Bewertungsmerkmalen und Erfolgsfaktoren verbunden. Nach den zugrunde liegenden theoretischen Annahmen ist es wichtig, diese rollenbedingten Unterschiede der Perspektiven sichtbar zu machen und beim Veränderungsmanagement zu berücksichtigen. So ist beispielsweise die Berücksichtigung der verschiedenen Kriterien, nach denen die einzelnen Funktionsträger den Erfolg eines Projektes bewerten, ganz entscheidend für die Definition von Projektzielen, die von allen Beteiligten als gewinnbringend angesehen werden können. Implizite, nicht explizierte und vermittelte Unterschiede in der Bewertung können zu erheblichen Konflikten im Verlauf der Veränderungen führen. Bei zunehmender internationaler Zusammenarbeit ist es darüber hinaus wichtig, kulturelle Unterschiede bei der Projektbewertung und Problemanalyse zu berücksichtigen, um typischen Missverständnissen in der interkulturellen Kommunikation vorzubeugen. Bewertungsmerkmale und Erfolgsfaktoren, die über kulturelle Grenzen hinweg von allen Beteiligten als wichtig angesehen werden, können hingegen genutzt werden, um einen Grundkonsens der beteiligten Personen zu schaffen, auf dem sich unterschiedliche Positionen leichter verhandeln lassen. Im Sinne des skizzierten multiperspektivischen Ansatzes scheint die Annahme berechtigt, dass es problematisch ist, wenn Geschäftsführer, Projektleiter, Unternehmensberater und Mitarbeiter(innen) die Ergebnisse desselben Veränderungsprojekts ausschließlich aus ihrer jeweiligen Rollenperspektive nach tendenziell verschiedenen, durch ihre Funktion und ihre Gruppeninteressen beeinflussten Nützlichkeitsabwägungen und Kriterien – und somit nicht ganzheitlich – bewerten. Hier kann die Zusammenführung der unterschiedlichen Betrachtungsweisen, z.B. im Rahmen eines Workshops, hilfreich sein. Da Veränderungen kaum jemals ausschließlich eine Positionsebene oder Gruppe betreffen und eine aktive Beteiligung und Zusammenarbeit von Personen und Gruppen verschiedener Ebenen erfordern, ist außerdem anzunehmen, dass ganzheitliche, perspektiven- und gruppenübergreifende Zielkriterien wichtige Erfolgsvoraussetzungen sind. Veränderungen, die sich ausschließlich an einer einzigen Perspektive orientieren (z.B. nur an wirtschaftlichen Erfolgskriterien oder nur an der Verbesserung der Arbeitsbedingungen), können kaum die erforderliche ganzheitliche und breite Mobilisierung aller Beteiligtengruppen bewirken. Für erfolgreiche Veränderungen ist diese Mobilisierung jedoch erforderlich. Personen, die – unabhängig von ihrer Position im Unternehmen und ihrer Rolle im Projekt – in ihrer Bewertung die Perspektiven anderer Positionen und Gruppen berücksichtigen, können für den Gesamterfolg des Projekts einen bedeutsamen Faktor darstellen. Projektleiter mit perspektivenübergreifenden Zielvorstellungen und Erfolgsdefinitionen sind eher in der Lage, zwischen verschiedenen Positionen und Gruppen zu vermitteln, als diejenigen, die einzig und allein die eigene Perspektive und die der Geschäftsführung berücksichtigen. Diese multiperspektivische Betrachtungsweise lässt sich zudem aufgrund der ökonomischen, ökologischen und sozialen Umwelt, in die ein Unternehmen eingebettet ist, im Hinblick auf weitere Akteure, mit Ansprüchen an das Unternehmen (Kunden, Lieferanten u. a.), erweitern.

Organisationen sind komplexe Gebilde, die zahlreichen internen und externen Einflussfaktoren unterliegen. Dies spricht gegen potenziell verfügbare „Patentrezepte", die auf alle Formen des organisatorischen Wandels anwendbar sind und mit denen Veränderungsprojekte „garantiert" zu einem erfolgreichen Abschluss gebracht werden können. Die spezifische Vorgeschichte und Kultur einer Organisation, ihre aktuelle wirtschaftliche Situation, Struktur und Ablauforganisation sowie die individuellen Biografien, spezifische Stärken und Schwächen der Schlüsselpersonen im Verände-

rungsprozess sind bedeutsame Einflussfaktoren, die beim Change Management berücksichtigt werden müssen. Spezifische Charakteristika des einzelnen Falls dürfen und können nicht vernachlässigt werden. Greif et al. haben durch das Design ihrer Studie versucht, die Besonderheit des Einzelfalls methodisch zu berücksichtigen. Der in ihrer Studie eingesetzte Interviewleitfaden wird kontinuierlich weiterentwickelt und versteht sich vor dem Hintergrund der Bedeutung spezifischer Merkmale des jeweiligen Einzelfalls als Instrumentarium zur Entwicklung eines wissensorientierten, für kontextuale Besonderheiten offenen Analyserahmens. Um die Erfolgschancen eines Veränderungsprojekts weiter zu verbessern und einen „vollen Erfolg" aus Sicht aller beteiligten und betroffenen Personengruppen zu erzielen, ist es erforderlich, so früh wie möglich alle erkennbaren Schwierigkeiten, Probleme und Misserfolgsrisiken bei Veränderungen zu analysieren und Maßnahmen zu ihrer Überwindung einzuleiten. Der Change Explorer kann im Rahmen eines so verstandenen systematischen Veränderungsmanagements folgende Funktionen erfüllen:
- Exploration und Sensibilisierung,
- Formative und summative Evaluation,
- Beschleunigung und Optimierung organisationaler Lernprozesse.

Das Vorhandensein organisationsspezifischer Besonderheiten als Kernmerkmal jedweder Organisationsveränderung spricht für die Entwicklung von Theorien und wissenschaftlichen Methoden zum Veränderungsmanagement, mit denen sowohl Gemeinsamkeiten als auch Besonderheiten der jeweiligen Veränderungen systematisch untersucht und beschrieben werden können. Erforderlich sind dafür sowohl Methoden zum Vergleich als auch zur Analyse und Veränderung von Einzelfällen, wie sie im Forschungsdesign von Greif, Runde und Seeberg (2002) in dargestellter Form erstmals zum Einsatz gekommen sind. Allgemein wissenschaftliche Theorien der Veränderungen und zum Veränderungsmanagement liefern oft nur sehr abstrakte Klassifikationen und Analysen konkreter Veränderungsdynamiken in Organisationen, die für die Generierung praktischer Interventionen in der Regel wenig nützlich sind. Diese Diskrepanz zwischen wissenschaftlichen Ansprüchen und praxisrelevanten Anforderungen wird von Praktikern immer wieder kritisch angemerkt. Spezialisten und Mitarbeiter(innen) einer Organisation beschäftigen sich durchaus mit präzisen kritischen Fragen zum angedachten Veränderungskonzept und dessen Übertragbarkeit auf das eigene Unternehmen. Zukünftige Forschungsbemühungen zum Change Management sollten daher von einer engen Zusammenarbeit zwischen Wissenschaft und Praxis auf der Basis von Bedürfnissen aus der Praxis begleitet werden. Besonders in anwendungsorientierten Disziplinen wie der Arbeits- und Organisationspsychologie ist eine kooperative Zusammenarbeit beider Felder für die Entwicklung praxistauglicher und fundierter Lösungskonzepte unabdingbar. Es scheint, dass Change Management auch zukünftig eine Herausforderung für Wissenschaft und Praxis darstellen wird.

Literatur

Andersen, T. (1990). *Das Reflektierende Team*. Dortmund: Verlag Modernes Lernen.
Argyris, C. & Schön, D. A. (1996). *Organizational Learning II: Theory, Method, and Practice*. Reading, Mass.: Addison-Wesley Longman.
Bennebroek Gravenhorst, K. M., Werkman, R. A. & Boonstra, J. J. (2000). *The change capacity of organizations: General assessment and five configurations*. Unpublished manuscript, University of Amsterdam.
Berger, P. (2000). Zum Umgang mit den Begriffen „Erfolg, Erfolgsfaktoren, Typisierung..." *im Projekt Erfolgsfaktoren qualitätsorientierter Arbeitsgestaltung*. Arbeitspapier der Fachhochschule Hamburg. Verfügbar unter: http://www.bilanzierung-arbeitsgestaltung.de .
Boonstra, J. (2000). De zinsloosheid van HRM bij organisatieverendering. *Tijdschrift voor HRM, 3*, 25-51.
Bullinger, H.-J., Wörner, K. & Prieto, J. (1997). *Wissensmanagement heute. Daten, Fakten, Trends*. Stuttgart: Frauenhofer Institut für Arbeitswissenschaft und Organisation.
Carnall, C. A. (1986). Toward a Theory for the Evaluation of Organizational Change. *Human Relations, Volume 39*, Number 8, 745-766.
Diekhoff, K. Hoffmann, T., Schreurs, M. & Schröter, W. (2001). Arbeitsinnovationen in kleinen und mittelständischen Unternehmen. Ergebnisse einer Repräsentativbefragung von mittelständischen Unternehmen des verarbeitenden Gewerbes. In *Angewandte Arbeitswissenschaft, Nr. 170*. Verfügbar unter: http://www.innovative-arbeitswelten.de/start3.html.
French, W. L. & Bell, C. H. (1995). *Organization development: Behavioral science interventions for organization improvement (5th ed.)*. Englewood Cliffs, NJ: Prentice Hall.
Gebert, D. (1995). Interventionen in Organisationen. In H. Schuler (Hrsg.), *Lehrbuch Organisationspsychologie* (2., korr. Aufl., S. 481-494) Bern: Huber.
Gomez, P. (1993) *Wertmanagement*. Düsseldorf: Econ.
Greif, S. (in Druck). Evaluation der Prozesse und Ergebnisse von Teamentwicklungsmaßnahmen. Beitrag für A. Thomas & S. Stumpf (Hrsg.), *Teambuilding*. Göttingen: Hogrefe.
Greif, S. (2002). *Veränderungen erfolgreich managen*. Vortrag beim Forum 1 der 1. Tagung Innovative Arbeitsgestaltung – Zukunft der Arbeit in Berlin 2002. Berlin: Bundesministerium für Bildung und Forschung.
Greif, S. (2002). *Success and failure of organizational changes*. Seminar at the London Business School.
Greif, S., Runde, B., Seeberg, I. & Ansmann, A. (2002). *Erfolg und Misserfolg von Veränderungen*. Kurzfassung des Schlussberichts zum Forschungsprojekt „Erfolg und Misserfolg von Veränderungen". Osnabrück: Universität, Fachgebiet Arbeits- und Organisationspsychologie. Verfügbar unter: http://www.psycho.uni-osnabrueck.de/fach/aopsych/www/profil.htm.

Greif, S., Runde, B. & Seeberg, I. (2002). *Kurzdarstellung und Interviewleitfaden*. Osnabrück: Universität, Fachgebiet Arbeits- und Organisationspsychologie. Verfügbar unter: http://www.psycho.uni-osnabrueck.de/fach/aopsych/www/profil.htm.

Greif, B., Runde, B. & Seeberg, I. (2002). *Erfolg und Misserfolg von Veränderungen. Langfassung des Schlussberichts zum Forschungsprojekt „Erfolg und Misserfolg von Veränderungen"*. Osnabrück: Universität, Fachgebiet Arbeits- und Organisationspsychologie. Verfügbar unter: http://www.psycho.uni-osnabrueck.de/fach/aopsych/www/profil.htm.

Greif, S., Schiffer, P., Bemmann, P., Offermanns, M., Kluge, S., Krone, Th. & Domcke, J. (1998). *Erfolg und Misserfolg von Veränderungen nach Erfahrungen von Insidern*. Unveröffentlichter Bericht eines Studienprojekts, Universität Osnabrück.

Grube, R. & Töpfer, A. (2002). *Post-Merger-Integration. Erfolgsfaktoren für das Zusammenwachsen von Unternehmen*. Stuttgart: Schäffer-Poeschel.

Günther, U. & Sandow, A.-K. (1998). *Erfolgsfaktoren im Organisationsentwicklungsprozess*. Unveröffentlichte Diplomarbeit, Universität Osnabrück.

IMA Management Group, Inc. (1997). *Evaluation Study – cf.* Verfügbar unter: http://www.imamg.com.

Lührmann, H. (2000). *Change Management*. Introduction to the Conference on Change Management jointly by the Unit Work and Organizational Psychology of Giessen University and Andersen Consulting.

Kelly, G. A. (1955). *The Psychology of Personal Constructs* (2 Vols.). New York: Norton.

Kluge, A. (1999). *Erfahrungsmanagement in lernenden Organisationen*. Göttingen: Verlag für Angewandte Psychologie.

Komaromi, M. (2002). *Erfolg und Misserfolg von Veränderungen. Eine Pilotstudie in Ungarn*. Unveröffentlichte Diplomarbeit, Universität Osnabrück.

Kreder, M. (1983). *Situation-Struktur-Erfolg: Eine Analyse des Erfolgsbeitrags situationsadäquater Strukturformen*. München.

Krüger, W. & Schwarz, G. (1990). Konzeptionelle Analyse und praktische Bestimmung von Erfolgsfaktoren und Erfolgspotentialen. In K. Bleicher & P. Gomez (Hrsg.), *Zukunftsperspektiven der Organisation. Festschrift zum 65. Geburtstag von R. Staerkle* (S. 179-209). Bern: Huber.

Mandl, H. & Fischer, F. (2000). (Hrsg.). *Wissen sichtbar machen. Wissensmanagement mit Mapping-Techniken*. Göttingen: Hogrefe.

Mustafa, A. (2000). *Critical Success Factors that effect the implementation of innovation: a multinational experience*. Unpublished dissertation, Leiden University.

Nippa, M. (1997). Erfolgsfaktoren organisatorischer Veränderungsprozesse in Unternehmen. Ergebnisse einer Expertenbefragung. In M. Nippa & H. Scharfenberg (Hrsg.), *Implementierungsmanagement. Über die Kunst, Reengineeringkonzepte erfolgreich umzusetzen* (S. 21-51). Wiesbaden: Gabler.

Nonaka, I. (1998). The Knowledge-Creating Company. In *Harvard Business Review on Knowledge Management* (pp. 21-46). Boston, MA: Harvard Business Review Paperback.

Offermanns, M. (1998). *Systemisches Konfliktgespräch – Ein Personalentwicklungsinstrument für Leiter von Veränderungsprojekten.* Unveröffentlichte Diplomarbeit, Universität Osnabrück.

Perich, R. (1993). *Unternehmensdynamik* (2. Aufl.). Bern: Springer.

Pfohl, H.-C. (1988). Strategische Kontrolle. In H. A. Henzler (Hrsg.), *Handbuch Strategische Führung* (S. 801-824). Wiesbaden: Gabler.

Raeithel, A. & Kruse, P. (1994). *Using Diagrams of Common View in Formative Evaluation and Counceling.* Paper presented at the 2nd Conference of the European Personal Construct Association St. Andreasberg.

Reichwald, R. (2002). *Arbeit und Wissen – Neue Formen der Arbeitsgestaltung.* Eröffnungsvortrag zur 1. Tagung Innovative Arbeitsgestaltung Zukunft der Arbeit des Bundesministeriums für Bildung und Forschung in Berlin 2002. Berlin: Bundesministerium für Bildung und Forschung.

Reiß, M. (1997). Change Management als Herausforderung. In M. Reiß, L. v. Rosenstiel & Anette Lanz (Hrsg.), *Change Management. Programme, Projekte und Prozesse* (S. 5-31). Stuttgart: Schäffer-Poeschel Verlag.

Runde, B. (2001). *Multimodales Assessment sozialer Kompetenzen.* Bissendorf: Methodos, Reihe Evaluation, Nr. 3.

Scheele, B. & Groeben, N. (1988). *Dialog-Konsens-Methoden zur Rekonstruktion subjektiver Theorien.* Tübingen: Francke.

Schiffer, P. (1999). *Erfolg und Misserfolg von Umweltschutzprojekten.* Unveröffentlichte Diplomarbeit, Universität Osnabrück.

Schlippe, A. v. & Schweitzer, J. (1996). *Lehrbuch der systemischen Therapie und Beratung.* Göttingen: Vandenhoeck & Ruprecht.

Senge, P. (2000). *The Dance of Change: die 10 Herausforderungen tiefgreifender Veränderungen in Organisationen.* Wien: Signum-Verlag.

Shapiro, E. R. & Carr, A. W. (1991). *Lost in familiar places: creating new connections between the individual and society.* New Haven, CT: Yale University Press.

Smith, P. B. & Bond, M. H. (1998). *Social Psychology Across Cultures.* Boston: Allyn and Bacon.

Steinle, C., Kirschbaum, J. & Kirschbaum, V. (1996). *Erfolgreich überlegen. Erfolgsfaktoren und ihre Gestaltung in der Praxis.* Frankfurt/M.: Edition Blickbuch Wirtschaft.

Vince, R. (2002). Organizing Reflection. *Management Learning, Vol. 33* (1), 63-78. London: Sage Publications.

Wottawa, H. & Thierau, H. (1998). *Lehrbuch Evaluation* (2., überarb. Auflage). Bern: Huber.

Autorenverzeichnis

Eva Bamberg (*1951), Prof. Dr. Arbeitsschwerpunkte: Stress, betriebliche Gesundheitsförderung, Veränderungsprozesse in Organisationen. Adresse: Psychologisches Institut I, Universität Hamburg, Von-Melle-Park 11, D-20146 Hamburg.

Wolfram Boucsein (*1944), Studium der Psychologie in Gießen (gemeinsam mit Siegfried Greif) und München. Assistententätigkeit am psychologischen Institut Gießen (1967-1971). Akademischer Rat/Oberrat am Psychologischen Institut der Universität Düsseldorf (1971-1974) und wissenschaftlicher Rat und Professor für Differentielle Psychologie an der Universität Duisburg (1975-1982). Seit 1982 Lehrstuhlinhaber für Physiologische Psychologie an der Universität Wuppertal.

André Büssing (*1950), Studium an der RWTH Aachen mit Abschluss Dipl.-Mathematiker und Dipl.-Psychologe. Dr. phil. 1982, Dr. rer. nat. habil. und Privat-Dozent 1987 in Osnabrück. Leitender Angestellter in der Privatwirtschaft (1987-1988), Univ.-Professor für Arbeits- und Organisationspsychologie (1988-1993, Universität Konstanz), Univ.-Professor für Psychologie (seit 1993, Technische Universität München). Arbeitsschwerpunkte: Arbeits- und Organisationsanalyse, Arbeitszufriedenheit, Arbeit, Familie und Freizeit, Interaktionsarbeit, Krankenhaus und Pflege, Stress und Burnout, Telearbeit und Telekooperation, Wissen und Handeln in Organisationen. Adresse: Lehrstuhl für Psychologie, Technische Universität München, Lothstr. 17, D-80335 München. E-Mail: buessing@wi.tum.de.

Franz G. Deitering (*1962), Studium der Psychologie in Osnabrück. Nach verantwortlichen Positionen in deutschen und amerikanischen Konzernen ab 1996 Leiter der weltweiten Personal- und Organisationsentwicklung eines führenden IT-Konzerns in Europa. 2001 Wechsel in den Vertrieb. Neben der Tätigkeit in der Wirtschaft liegen weitere Arbeitsschwerpunkte in den Bereichen Selbstgesteuertes Lernen, Innovations-Management, Strategieunterstützende Personalentwicklung, Interkulturelles Management und Mitarbeiterbefragungen (Publikationen und Lehraufträge an den Universitäten Osnabrück, Heidelberg und Mannheim). Seit 2001 ehrenamtlicher Vorsitzender der IT-Survey Group (www.ITSG.org), dem weltweit führenden Benchmarking-Konsortium der IT-Industrie zu Mitarbeiterbefragungen.

Christian Dormann (*1966), Studium der Psychologie in Gießen. Wissenschaftlicher Mitarbeiter in Konstanz und Frankfurt. Seit 2000 wissenschaftlicher Assistent an der Johann Wolfgang Goethe-Universität Frankfurt. Arbeitsschwerpunkte: Stress am Arbeitsplatz, Arbeitszufriedenheit, soziale Konflikte im Betrieb und mit Kunden, arbeits- und organisationspsychologische Ursachen von Kundenzufriedenheit, psychologische Aspekte der Dienstleistungsarbeit. Adresse: Johann Wolfgang Goethe-Universität Frankfurt, Institut für Psychologie, Mertonstr. 17, D-60054 Frankfurt am Main. E-Mail: dormano@psych.uni-frankfurt.de.

Heiner Dunckel (*1954), Studium der Psychologie und Soziologie in Mannheim und Berlin. Promotion 1985 in Osnabrück, Habilitation 1994 in Berlin. Gastprofessor an der Universität Salzburg. Seit 1996 Professor für Arbeits- und Organisationspsychologie an der Universität Flensburg, Internationales Institut für Management. Seit 2001 Rektor der Universität Flensburg. Arbeitsschwerpunkte: Arbeitsanalyse und Arbeitsbewertung, Leistungsmessung, Arbeit und Gesundheit, Gruppenarbeit, Organisationsentwicklung. Adresse: Universität Flensburg, Internationales Institut für Management, Fachgebiet Arbeits- und Organisationspsychologie, Auf dem Campus 1, D-24943 Flensburg.

Günther Gediga (*1953), Studium der Informatik in Dortmund, Studium der Mathematik in Osnabrück. Promotion 1986 und Habilitation 1994 in Osnabrück. Seit 2002 Professor für Computer Science an der Brock University, St. Catharines, Ontario, Kanada. Arbeitsschwerpunkt: Mathematisch/statistische Modellierung in der Informatik. Adresse: 44 Welland Str. South, Thorold, L2V 2B5, Ontario, Canada.

Andreas Grass (*1964), Studium der Psychologie in Kiel und Aachen (1984-1990). Forschungsassistent am Lehrstuhl für Physiologische Psychologie der Universität Wuppertal (1990-1995). Promotion 1995. Seit 1995 wissenschaftliche Tätigkeit in der pharmazeutischen Industrie (Head of electronic data capture, Bayer Vital GmbH Leverkusen).

Anke Finger-Hamborg (*1963), Studium der Psychologie in Marburg und Osnabrück. Seit 1990 als Unternehmensberaterin tätig. Arbeitsschwerpunkte: Organisationsentwicklung, Ausbildung und Training, Selbstorganisiertes Lernen, Team- und Konfliktberatung, Coaching, Lehrbeauftragte der Universität Osnabrück. Adresse: Beethovenstraße 35, D-49076 Osnabrück.

Andrea Fischbach (*1969), Studium der Psychologie und Soziologie in Frankfurt am Main, Diplom in Psychologie 1999 an der Johann Wolfgang Goethe-Universität Frankfurt. Seit 1999 wissenschaftliche Mitarbeiterin in der Abteilung für Kognitions- und Arbeitspsychologie am Georg-Elias-Müller-Institut für Psychologie, Georg-August-Universität Göttingen. Arbeitsschwerpunkte: Emotionsarbeit, Emotionale und Soziale Kompetenz, Berufliche Sozialisation, Arbeit und Persönlichkeit. Adresse: Goßlerstraße 14, D-37073 Göttingen.

Winfried Hacker (*1934), Dipl. Psych. 1957 in Dresden, Dr. rer. nat. Dresden, Dr. rer. nat. habil. 1966 Dresden. Vormals Professor für Allgemeine Psychologie, Technische Universität Dresden. Adresse: Technische Universität Dresden, Institut für Psychologie I, Arbeitsgruppe „Wissen-Denken-Handeln" Objekt Falkenbrunnen, D-01062 Dresden. E-Mail: hacker@psychologie.tu-dresden.de.

Kai-Christoph Hamborg (*1961), Dipl. Psych. 1989, Dr. rer. nat. 1994, Dr. rer. nat. habil. 2002 in Osnabrück. Privatdozent an der Universität Osnabrück im Fachgebiet Arbeits- und Organisationspsychologie. Kooptiertes Mitglied des Instituts für Kognitionswissenschaften der Universität Osnabrück, Leitung des zugehörigen Usability-Labors. Arbeitsschwerpunkte: Electronic-Human-Resources, Mensch-Computer-Interaktion, Evaluation, Arbeits- und Anforderungsanalysen. Adresse: Universität Osnabrück, FB Humanwissenschaften, Arbeits- und Organisationspsychologie, Seminarstr. 20, D-49069 Osnabrück. E-Mail: khamborg@uos.de.

Heinz Holling (*1950), Dipl. Psych. 1974 Würzburg, Dipl.-Soz. 1976 Berlin, Dr. phil. 1980 Berlin, Dr. rer. nat. habil. 1987 Osnabrück. Professor für Evaluation, Forschungsmethoden und Organisationspsychologie, Universität Münster. Arbeitsschwerpunkte: multiattributive Nutzenanalyse, Personalmanagement, Versuchsplanung. Adresse: Westfälische Wilhelms-Universität Münster, Fliednerstr. 21, D-48149 Münster.

Amela Isic (*1967), Studium der Psychologie in Frankfurt am Main. Von Oktober 2000 bis Mai 2002 Mitarbeiterin im Projekt „Modellvorhaben zur Verbesserung der Arbeitsbedingungen in Call Centern". Seit Juni 2002 im Projekt „Existenzgründung – Gesund und sicher starten" tätig. Arbeitsschwerpunkte: Call Center, Emotionsarbeit, Ärgeremotion in Dienstleistungsberufen, Arbeits- und Gesundheitsschutz. Adresse: Idsteiner Straße 190, D-60326 Frankfurt.

Nicola Jacobshagen (*1970), lic. phil. hist., 1999 Universität Fribourg, Schweiz. Wissenschaftliche Mitarbeiterin am Lehrstuhl für Arbeits- und Organisationspsychologie an der Universität Bern (Prof. Dr. Semmer). Arbeitsschwerpunkte: Selbstwert und Stress am Arbeitsplatz sowie Verbitterung, Arbeitsbedingungen und lumbaler Rückenschmerz. Dissertationsvorhaben zum Thema „Stress as Offence to Self". Adresse: Universität Bern, Institut für Psychologie, Muesmattstr. 45, CH-3000 Bern 9. E-Mail: nicola.jacobshagen@psy.unibe.ch.

Annette Kluge (*1967), Dozentin am Lehrstuhl für Organisationspsychologie der Universität St. Gallen, Schweiz. Studium der Betriebs- und Organisationspsychologie an der Universität Köln sowie an der Rheinisch Westfälischen Technischen Hochschule Aachen. Promotion 1994 (Dr. rer. pol.) an der Universität Kassel im Bereich Arbeitswissenschaften und Berufspädagogik. Freiberufliche Tätigkeit in der Industrie (Einführung Teilautonomer Gruppenarbeit und TQM-Systeme). Ab 1996 wissenschaftliche Assistentin am Institut für Psychologie der RWTH Aachen. 2002 Wechsel an die Universität St. Gallen. Arbeitsschwerpunkte: Personalentwicklung und Training, Lernende Organisation, Lernen in Organisationen, Wissenserwerb zum Steuern komplexer Systeme, Cultural Change.

Jürgen Kriz (*1944), Studium der Psychologie, Astronomie, Philosophie in Hamburg und Wien. Promotion 1969 in Wien. Professor für Statistik, Forschungsmethoden und Wissenschaftstheorie in Bielefeld und Osnabrück, seit 1981 für Psychotherapie und Klinische Psychologie in Osnabrück (z.Zt. Paul-Lazarsfeld-Professor Universität Wien). Arbeitsschwerpunkte: Verbindung Systemtheorie mit Psychologie und Psychotherapie, Forschungsmethoden. Adresse: Universität Osnabrück, FB 8, D-49069 Osnabrück.

Alexandra Krone (*1974), Dipl.-Psych., Studium der Arbeits- und Organisationspsychologie in Osnabrück. Seit 2000 wissenschaftliche Mitarbeiterin im Fachgebiet Arbeits- und Organisationspsychologie der Universität Osnabrück sowie freiberufliche Tätigkeit in der Personalentwicklung und Erwachsenenbildung. Gesellschafterin des Instituts für wirtschaftspsychologische Forschung und Beratung (IwFB). Arbeitsschwerpunkte: Arbeit und Emotion, psychologische Fehlerforschung. Adresse: Universität Osnabrück, FB Humanwissenschaften, Fachgebiet Arbeits- und Organisationspsychologie, D-49069 Osnabrück. E-Mail: akrone@uos.de.

Gisela Mohr (*1950), Studium der Psychologie in Konstanz und Berlin. Promotion 1985 und Habilitation 1993 an der Universität Osnabrück. Seit 1995 Professorin für Arbeits- und Organisationspsychologie an der Universität Leipzig. Arbeitsschwerpunkte: Führung, Frauen und Arbeit, Risiken und Herausforderungen durch neue Formen der Arbeit, Stress am Arbeitsplatz, Berufliche Selbstwirksamkeit.

Martina Offermanns (*1974), Studium der Psychologie an der Universität Osnabrück, anschließend Führungsnachwuchskraft im Gesundheitswesen. Seit 2000 selbstständig als systemischer Coach und Trainerin, Lehrbeauftragte an der Universität Osnabrück, Mitglied der Gesellschaft für Systemische Organisationsberatung (GSOB), Mitglied der Interessensgemeinschaft Coaching. Arbeitsschwerpunkte: Einzel- und Teamcoaching, die Begleitung von Veränderungsprojekten sowie das Durchführen von Workshops nach FlowStyle zur Förderung von Selbstorganisation in Gruppen. Adresse: Meinsen & Steinhübel, Franz-Lenz-Str. 2, D-49084 Osnabrück. E-Mail: offermanns@meinsen-steinhuebel.de.

Robert D. Pritchard (*1945), Studium der Psychologie. 1969 PhD, University of Minnesota. 1969-1974 Assistant Professor; 1974-1977 Associate Professor; seit 1977 Professor. Arbeitsschwerpunkte: Produktivitätsmessung und -verbeserung, Motivation, Einstellung zur Arbeit. Adresse: Department of Psychology, University of Central Florida, P.O. Box 161390, Orlando, FL 32816-1390, USA.

Bernd Runde (*1965), Studium der Psychologie in Osnabrück, Göttingen und Münster. Promotion 2001 in Osnabrück. Seit 2002 Geschäftsführender Gesellschafter des Instituts für wirtschaftspsychologische Forschung und Beratung GmbH. Darüber hinaus seit 2003 beim Sozialwissenschaftlichen Dienst der Polizei Nordrhein-Westfalen tätig. Arbeitsschwerpunkte: Diagnose und Entwicklung Sozialer Kompetenzen, Personalauswahl, Management von Veränderungen.

Ilka Seeberg (*1969), Dipl.-Psych. 2000 in Osnabrück, Studium mit dem Schwerpunkt der Arbeits- und Organisationspsychologie in Osnabrück. Seit 2002 wissenschaftliche Mitarbeiterin im Fachgebiet Arbeits- und Organisationspsychologie an der Universität Osnabrück. 2000 bis 2002 Forschungsprojekt „Erfolg und Misserfolg von Veränderungen" (BMBF-Projekt), Fachgebiet A&O, Uni OS. Seit 2002 Kooperationsprojekt „Erfolg und Misserfolg von Veränderungen bei der Polizei" von Polizeiführungsakademie Münster/Hiltrup, Erasmus Universität Rotterdam und IwFB. Gesellschafterin des Instituts für wirtschaftspsychologische Forschung und Beratung. Seit 1997 praktische Tätigkeit im Bereich Personal- und Organisationsentwicklung.

Norbert Semmer (*1949), Dipl.-Psych. 1976 FU Berlin, Dr. phil. und habil. 1987 TU Berlin. Professor für Arbeits- und Organisationspsychologie an der Universität Bern. Arbeitsschwerpunkte: Stress am Arbeitsplatz, Entwicklung und Förderung effizienter Arbeitsstrategien bei Individuen und Gruppen, Fehlhandlungen und Qualitätssicherung, Arbeitszufriedenheit. Wichtige Buchveröffentlichungen: Industrielle Psychopathologie (1978, gem. mit Frese und Greif; Stressbezogene Tätigkeitsanalyse (1984), Psychischer Stress am Arbeitsplatz (1991, gem. mit Greif und Bamberg)). Adresse: Universität Bern, Institut für Psychologie, Muesmattstr. 45, CH-3000 Bern 9. E-Mail: norbert.semmer@psy.unibe.ch.

Andreas Steinhübel (*1970), Dipl.-Psych., Studium in Osnabrück. Ausbildung zum Systemischen Organisationsberater und Coach im Wissenschaftlichen Institut für Beratung und Kommunikation. Seit 1999 selbstständiger Coach und Trainer. Gesellschafter bei der Meinsen & Steinhübel-Organisationsberatung. Lehrbeauftragter der Universitäten Osnabrück und Flensburg sowie der Fachhochschule Osnabrück. Arbeitsschwerpunkte: Ausbildung von Coaches nach dem integrativen Ansatz von Rauen & Steinhübel, Coaching von Führungskräften, Begleitung von Veränderungsprojekten. Adresse: Meinsen & Steinhübel, Franz-Lenz-Str. 2, D-49082 Osnabrück. E-Mail: steinhuebel@meinsen-steinhuebel.de.

Franziska Tschan (*1956), Studium der Psychologie, Pädagogik und Psychopathologie in Bern. Doktorat in Sozialpsychologie, Bern (M. Von Cranach), Habilitation. Seit 1995 OP für Psychologie Sociale du Travail an der Universität Neuchâtel, Schweiz. Forschungsschwerpunkte: Gruppen- und Teamarbeit, Soziale Beziehungen und Interaktionen an der Arbeit, Zeit in Gruppen und Organisationen.

Dieter Zapf (*1955), Studium der Psychologie und Evangelischen Theologie in Neuendettelsau, Erlangen, Marburg und Berlin. Promotion in Psychologie 1988 an der Freien Universität Berlin, Habilitation 1993 an der Universität Gießen. Professuren in Bielefeld und Konstanz. Seit 1997 Professor für Arbeits- & Organisationspsychologie an der Johann Wolfgang Goethe-Universität Frankfurt. Arbeitsschwerpunkte: Stress am Arbeitsplatz, Psychologische Arbeitsanalyse, Arbeitszufriedenheit, psychologische Fehlerforschung, soziale Kompetenzen, Mobbing, Emotionsarbeit, psychologische Aspekte der Dienstleistungsarbeit. Adresse: Johann Wolfgang Goethe-Universität Frankfurt, Institut für Psychologie, Mertonstr. 17, D-60054 Frankfurt am Main. E-Mail: D.Zapf@psych.uni-frankfurt.de.

Franz G. Deitering
Selbstgesteuertes Lernen
(Innovatives Management, Band 4)
2., unveränderte Auflage 2001,
159 Seiten, geb.,
€ 32,95 / sFr. 51,–
ISBN 3-8017-0827-6

Joachim Freimuth (Hrsg.)
Die Angst der Manager
(Innovatives Management, Band 7)
1999, 312 Seiten, geb.,
€ 39,95 / sFr. 69,–
ISBN 3-8017-0886-1

Christopher Rauen
Coaching
Innovative Konzepte im Vergleich
(Innovatives Management, Band 6)
3., unveränderte Auflage 2003,
231 Seiten, geb.,
€ 36,95 / sFr. 62,–
ISBN 3-8017-1433-0

Uwe D. Wucknitz
Mitarbeiter-Marketing
(Innovatives Management, Band 9)
2000, 225 Seiten, geb.,
€ 36,95 / sFr. 60,–
ISBN 3-8017-1274-5

Annette Kluge
Erfahrungs-management in lernenden Organisationen
(Innovatives Management, Band 8)
1999, XII/265 Seiten, geb.,
€ 39,95 / sFr. 69,–
ISBN 3-8017-1174-9

Johannes Kirsch
Verkauf als Dienstleistung
Analyse der Kommunikationsstruktur zwischen Dienstleister und Kunde
(Innovatives Management, Band 11)
2001, 160 Seiten, geb.,
€ 32,95 / sFr. 51,–
ISBN 3-8017-0839-X

Christopher Rauen (Hrsg.)
Handbuch Coaching
(Innovatives Management, Band 10)
2., überarbeitete und erweiterte Auflage 2002,
485 Seiten, geb.,
€ 49,95 / sFr. 86,–
ISBN 3-8017-1477-2

Stefan Etzel
Anja Küppers
Innovative Management-diagnostik
(Innovatives Management, Band 12)
2002, 240 Seiten, geb.,
€ 34,95 / sFr. 59,–
ISBN 3-8017-1630-9

Besuchen Sie uns im Internet:
http://www.hogrefe.de

Hogrefe-Verlag

Hogrefe

Martin Kleinmann
Bernd Strauß (Hrsg.)

Potentialfeststellung und Personalentwicklung

(Psychologie für das Personalmanagement)
2., überarbeitete und erweiterte Auflage 2000, 290 Seiten,
€ 39,95 / sFr. 69,–
ISBN 3-8017-1349-0

Uwe Peter Kanning
Heinz Holling (Hrsg.)

Handbuch personaldiagnostischer Instrumente

2002, 595 Seiten, geb.,
€ 59,95 / sFr. 99,–
ISBN 3-8017-1443-8

Das Buch bietet einen aktuellen Überblick zu wissenschaftlichen Erkenntnissen und praktischen Erfahrungen mit Potentialanalyse- und Personalentwicklungsinstrumenten.

Das Buch stellt zahlreiche personaldiagnostische Verfahren im Detail vor, vermittelt die notwendigen Grundlagen zu ihrer erfolgreichen Anwendung und richtet sich dabei an all diejenigen, die in der Praxis der Personalarbeit tätig sind.

Martin Kleinmann

Assessment-Center

(Reihe: Praxis der Personalpsychologie, Band 3)
2003, VI/82 Seiten,
€ 19,95 / sFr. 33,90
(Im Reihenabonnement
€ 15,95 / sFr. 27,80)
ISBN 3-8017-1493-4

Heinz Schuler (Hrsg.)

Lehrbuch der Personalpsychologie

2001, VI/664 Seiten, Großformat,
€ 49,95 / sFr. 85,–
ISBN 3-8017-0944-2

Das Buch stellt praxisorientiert alle notwendigen Vorüberlegungen, Ablaufschritte und Folgeprozesse zur Durchführung und Implementierung von Assessment-Center-Verfahren dar.

In 23 Kapiteln wird das Gesamtgebiet der Personalpsychologie, auf dem neuesten Stand der Forschung und gleichzeitig an den praktischen Aufgaben des Personalwesens orientiert, aufgezeigt.

Heinz Schuler

Das Einstellungsinterview

(Wirtschaftspsychologie)
2002, X/328 Seiten, geb.,
€ 34,95 / sFr. 59,–
ISBN 3-8017-0883-7

Werner Sarges (Hrsg.)

Management-Diagnostik

3., unveränderte Auflage 2000,
XII/980 Seiten, geb.,
€ 99,95 / sFr. 168,–
ISBN 3-8017-0740-7

Der Band zeigt Möglichkeiten auf, Auswahlgespräche zu verbessern. Er stellt ein Interviewsystem vor, das in seiner Treffsicherheit den aufwändigsten multiplen Auswahlverfahren ebenbürtig ist.

Das Handbuch liefert einen einzigartigen Überblick zur Management-Diagnostik. Es bietet eine umfassende Zusammenfassung der Probleme und Möglichkeiten psychologischer Diagnostik für das besondere Anwendungsgebiet des Managements.

Hogrefe

Hogrefe-Verlag

E-Mail: verlag@hogrefe.de
Internet: www.hogrefe.de